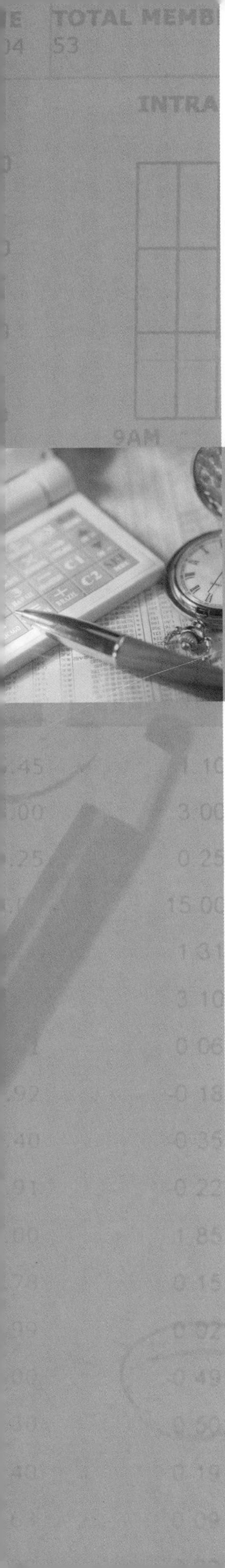

上财会计

U0890723

上海财经大学会计专业系列教材

高级财务会计

第三版

陈信元　钱逢胜　曾庆生◎编著

Advanced Financial Accounting

- 根据我国会计准则及相关规范的最新变化，在内容上进行了重大的**补充和修订**
- 每章均设计有**学习提要、思考题、阅读材料、练习题**及**案例分析题**，以及丰富的**业务例题**
- 本教材配有单独的**教学指导用书**，内含大量**练习题**和**案例题**
- 配备有**教学课件**和**练习题答案**

上海财经大学出版社

图书在版编目(CIP)数据

高级财务会计/陈信元,钱逢胜,曾庆生编著. —3 版. —上海:
上海财经大学出版社,2018.9
上海财经大学会计专业系列教材
ISBN 978-7-5642-3097-5/F·3097

Ⅰ.①高… Ⅱ.①陈…②钱…③曾… Ⅲ.①财务会计—高等学校—教材
Ⅳ.①F234.4

中国版本图书馆 CIP 数据核字(2018)第 185847 号

□ 责任编辑 王 芳 廖沛昕
□ 封面设计 张克瑶

高级财务会计
(第三版)
陈信元 钱逢胜 曾庆生 编著

上海财经大学出版社出版发行
(上海市中山北一路 369 号 邮编 200083)
网 址:http://www.sufep.com
电子邮箱:webmaster @ sufep.com
全国新华书店经销
上海华教印务有限公司印刷装订
2018 年 9 月第 3 版 2018 年 9 月第 1 次印刷

787mm×1092mm 1/16 35.25 印张(插页: 1) 858 千字
印数: 22 001—30 000 定价: 68.00 元

总　序

本套“上海财经大学会计专业系列教材”是上海财经大学会计学院编写的第四套会计系列教材(2002 年版)的修订版。它包括《基础会计》《中级财务会计》《高级财务会计》《成本会计》《管理会计》《审计》和《会计信息系统》七种。

随着经济全球化和会计国际趋同的发展趋势,从 2005 年开始,财政部在总结我国会计改革经验的基础上,顺应我国市场经济发展对会计提出的要求,全面启动了企业会计准则体系和审计准则体系的建设,在“十一五”规划的开局之年,我国企业会计准则体系和审计准则体系正式发布,2007 年 1 月 1 日起在上市公司范围内实施。从 2008 年 1 月 1 日起,企业会计准则体系的实施范围也逐步扩大到所有金融企业、中央大中型企业及部分地方企业,会计师事务所则执行审计准则体系,实现与国际财务报告准则和国际审计准则的实质趋同。同时,互联网的迅速普及和应用,可扩展的企业报告语言(XBRL)的开发,为会计的国际趋同提供了技术支持。

为了适应会计、审计领域中出现的重大变化,建立一套内容新颖、结构合理、体系科学、切合实际的会计、审计系列教材,既是当前经济发展的必然要求,也是培养会计、审计人才所必需的,因此,上海财经大学会计学院又开始了新一轮的会计系列教材的修订工作。

综观这套系列教材,我感到具有以下几个显著特点:

一是新颖性和前瞻性——本系列教材既密切联系中国实际,又反映会计理论与实务在世界范围的现状和可能的发展变化;既立足于当前,又着眼于未来。

二是科学性——本系列教材力求材料充实,方法多样,论理透彻。在展现各种会计方法和手段时,注意从理论上进行解释,引导学生从根本上去认识和把握。

三是先进性——本系列教材配有应用软件,既能供教师授课演示之用,又能满足学生练习之需,从而使学生能够熟练地运用电脑辅助系统处理会计业务。

四是通用性——本系列教材的内容打破了行业、所有制的界限,适用于各行业和各种企业组织形式。因此,它不仅适用于高等院校会计教学,对于从事不同层次会计教学工作的教师、从事会计实务的管理人员,乃至从事经济管理工作的干部来说,都是适用的。

五是全面性——本系列教材每一章都配有富有启发性的复习思考题和练习题,帮助学生进一步消化所学的内容,“学”与“思”相结合。另外,还配有学习指导书。指导书包括学习每章的内容提要、应掌握的学习要点、复习思考题和案例分析等,使学生更多地接触实际问题,锻炼学生综合分析问题和解决问题的能力。

本套丛书的编写,先后进行了反复讨论,力求减少错误,但也极有可能还有考虑不够周到以及安排和表述不妥当的地方,甚至有些失误恐亦难以避免,恳请读者批评指正。

王松年

2011 年 7 月

第三版前言

2008年席卷西方世界的金融危机，引发了会计规范的重大变化，国际会计准则理事会(IASB)修订了若干会计准则。2010年4月，财政部发布了《中国企业会计准则与国际财务报告准则持续趋同路线图》，明确了中国企业会计准则将保持与国际财务报告准则的持续趋同，持续趋同的时间安排与IASB的进度保持同步。根据这一原则，我国会计准则也相应地进行了大幅度的调整，以适应新形势的需要。

与本教材相关的准则(包括新发布与修订)的部分，计有《企业会计准则第40号——合营安排》(2014年发布)、《企业会计准则第41号——在其他主体中权益的披露》(2014年发布)、《企业会计准则第2号——长期股权投资》(2014年修订)、《企业会计准则第9号——职工薪酬》(2014年修订)、《企业会计准则第33号——合并财务报表》(2014年修订)、《企业会计准则第22号——金融工具确认和计量》(2017年修订)、《企业会计准则第24号——套期会计》(2017年修订)、《企业会计准则第37号——金融工具列报》(2014年修订)。

除准则颁布与修订外，财政部还发布了若干新的《解释公告》，有关破产清算的会计规范——《企业破产清算有关会计处理规定》，也进行了修订(2016年修订)。

除财政部的相关规范发生重大变化之外，中国证监会有关信息披露的要求也发生了较大的变化。

有鉴于此，2016年，编写组就启动了本教材的修订工作，修订后的教材在上海财经大学会计学专业试用了两个学期，反应良好。

《高级财务会计》(第三版)依然沿用第二版的基本框架。但与第二版相比，在内容上进行了重大的补充和修订，主要变化如下：

1. 第二章有关合并范围的表述发生了重要的变化，即以控制为标准。

2. 第七章，纳入了购买少数股东权益、未丧失控制权情况下处置部分股权、丧失控制权情况下处置部分股权、反向收购、权益性交易等内容。

3. 第八章补充了结构化主体、合并所得税等内容。

4. 第九章根据最新的监管规范进行了更新。

5. 将原外币交易与外币财务报表折算合并为一章，即第十一章，外币业务。

6. 第十三章租赁中，简单补充了国际会计准则有关租赁的新变化。

7. 第十四章,衍生工具中的套期,根据最新的会计准则进行了修订,同时,对其他衍生工具,也根据金融工具会计准则进行了完善。

8. 第十五章补充了设定受益计划这一部分内容(全新)。

9. 第十六章,根据最新的会计规范,对破产清算部分进行了更新。

本教材由陈信元教授、钱逢胜副教授和曾庆生教授编写,其中,第一章至第八章由陈信元教授编写,第九章、第十一章至第十四章及第十六章由钱逢胜副教授编写,第十章与第十五章由曾庆生教授编写。

陈信元教授对全书进行了总纂。

在编写过程中,研究生助教陈旻佳、罗艳芳、龚静姝同学做了许多有益的工作,在此深表感谢。

尽管编者对编写教材之事慎之又慎,但百密必有一疏,书中错误之处肯定难免,恳请读者不吝指正,若有问题,请邮件至 qfsheng@mail. shufe. edu. cn。

编 者

2018 年 8 月

目录

第三篇 外币业务会计

第四篇 其 他 专 题

第一篇

企业合并与合并财务报表

第一章
企业合并

学习提要

企业合并，是指将两个或者两个以上单独的企业合并形成一个报告主体的交易或事项。按法律形式，企业合并可分为吸收合并、新设合并和控股合并三种；按涉及的行业，企业合并可分为横向合并、纵向合并和混业合并。吸收合并使被吸收的企业丧失法人资格；新设合并使参与合并的原企业解散，成立新的企业；控股合并方式下，合并方（或购买方）在企业合并中取得对被合并方（或被购买方）的控制权，被合并方（或被购买方）在合并后仍保持其独立的法人资格并继续经营。

历史上，处理企业合并的会计方法有购买法和权益结合法两种。购买法视企业合并为购入资产，并入的资产和负债按公允价值记录，合并成本超过可辨认净资产公允价值的差额，确认为商誉，商誉在确认后定期进行减值测试。在购买法下，被并企业的留存收益不能并入；只有合并后的利润才能并入主并企业的财务报表。我国《企业会计准则第20号——企业合并》规定，非同一控制下的企业合并应当采用购买法处理。

权益结合法视企业合并为各企业所有者权益的合并，即合并各方净资产、风险和收益的联合，所以，资产和负债仍按原来的账面价值记录，在账上也不确认商誉。在权益结合法下，被并企业的留存收益应全部并入，不论合并发生在年度的哪一时点，被并企业当年的利润均要全部并入。同一控制下的企业合并采用与权益结合法类似的方法。

企业合并，也称企业兼并，是指将两个或者两个以上单独的企业合并形成一个报告主体的交易或事项。通过企业合并，两家以上企业的经济资源和经营活动置于一个管理机构或集团控制之下，形成了一个新的经济实体。通过取得股份或净资产将原来彼此独立的几家企业联合起来，是企业扩充生产经营规模、寻求发展的一种重要方式。自20世纪80年代中期进行城市经济体制改革以来，我国开始出现大量的企业兼并事件。进入90年代，随着证券市场的建立和发展，以及国有企业的转制，企业兼并更是方兴未艾，并成功地实现了多起跨国兼并。1998年以来，还出现了多起上市公司换股合并非上市公司的事例。

1999年6月，清华同方股份有限公司以换股方式吸收合并了鲁颖电子股份有限公司，这是我国证券市场首起以换股方式实现的企业合并；2004年11月，第一百货股份有限公司以换股合并方式吸收合并了华联商厦股份有限公司，合并后的公司改称上海百联集团股份有限公司，这是我国主板市场两家上市公司以换股方式实现的企业合并；2007年6月，海通证券股份有限公司借壳都市股份有限公司，成为首家以换股吸收合并方式成功上市的证券公司。

上市公司的并购重组一直是资本市场的持续热点，不仅并购公司多，规模也不断创纪录。根据 Wind 中国并购库，2017 年度，境内并购（交易买方及标的方均为境内公司）和出境并购（交易买方为境内公司，标的方为境外公司），以完成日为基准，2015～2017 年分别发生 2 903 单、3 021 单、4 175 单，交易金额分别为 1.59 万亿元、1.69 万亿元、1.62 万亿元。

本章主要以我国上市公司合并的实践为背景，论述企业合并及其会计处理。

第一节　企业合并的动因、含义与方式

一、企业合并的动因

任何一个销售商品或提供劳务的企业，不仅是一定生产要素的有机结合，而且还是各种权益在特定状况下的集中表现。生产要素的组合情况反映了社会一定的科学技术水平，而企业的权益构成则体现着社会属性，权益的变动和转移最终反映着人们利益趋向的变化。在市场经济条件下，企业按照特定的生产技术条件将生产要素结合起来，进行生产和经营活动，用取得的收入弥补成本、费用，获取利润，求得生存和发展。

但在充分竞争条件下，企业会处于不同的发展状态。有些企业外部条件好，经营管理得当，在市场中处于优势地位；另一些企业则处境维艰，难以生存。企业的所有者必然会对这种状况作出灵活的反应。在经济状况良好、市场前景广阔时，会不断地扩大投资，以获取更大的盈利；当企业经营不善、前景黯淡时，势必会采取相应的措施，其中包括转让其企业，换取货币性资产，以避免遭受更大的损失。

即便有些企业经营状况较好，但通过被其他企业合并，其资产可望得到更加有效的利用，因此，也有被合并的期望。另一方面，一些经营管理良好的企业，为进一步扩大市场份额，提高企业的资信，也有扩张的动机，要求以合理的价格获取现有的经济资源，包括已经形成的生产能力。因此，在市场经济条件下，由于企业间的竞争而引发的产权转让，以及产权转让过程中产权交易市场的形成，终将导致企业间的合并。近年来，一些企业由于上市资格的管制，以及条件局限，无法直接上市，因此会通过“借壳”的方式实现上市，典型的如 2007 年 6 月海通证券股份有限公司“借壳”都市股份有限公司的上市。“借壳上市”是一种特殊的企业合并行为。

从宏观经济的角度看，企业合并具有现实的经济意义。

第一，从整个社会考察，让经营良好的企业合并那些经营管理不善的企业，至少可以做到现有资本的保全，终止亏损企业对经济资源的浪费，避免给社会造成负面影响。由于将被并企业的生产要素按照经营良好的企业的客观条件进行组合，原来效益不佳的经济资源在新的组合下可望实现增值的目的。

第二，由企业股权转让引起的合并，促使有限的经济资源流向社会需要的产业，从而引起产业结构和产品结构的调整。通过优化生产要素组合，调整了生产能力，提高了资产的使用效益。坚持优胜劣汰，通过合并手段，实现生产要素的合理流动，对国民经济的良性循环

具有重要意义。

第三，与破产这一避免资本损耗的最终手段相比，企业合并无疑是一种积极的措施。企业合并不是破坏被并企业的生产能力，而是将其生产要素按新的要求重新组合，可以避免企业破产给社会带来的震荡，不失为阻止资本损耗的明智之举。

从微观经济的角度看，企业扩大规模可以采取多种办法，其中之一就是通过合并其他企业，而不是新建厂房、自置设备的方式。诚然，企业合并有各种各样的原因，但主要可概括如下：

(1) 节约成本。通常，一家企业通过企业合并取得所需设备和生产能力，比自己新建同样的设备，形成同样的生产能力，费用可能更节省。

(2) 降低风险。购买已有的产品生产线或业务线，接受现有的市场，通常比开发新产品、拓展新市场风险要小。当企业以分散风险为目标实施企业合并时，尤其如此。

(3) 能较早利用生产能力。通过企业合并取得的固定资产，可望在短期内投入运行，马上转化为生产能力。而企业新建设备会耗用较长的建造时间，从而延误生产或销售时机。

(4) 取得无形资产。企业合并可能是为了取得有形的经济资源，但更可能是为了取得无形资产，如专利权、专营权、管理技术、优越的地理位置，甚至是进出口特许权等。这可能是发生某些企业合并的主要动因。

(5) 实现协同效应。协同是指通过合并双方优势的单向或双向转移，而使合并后双方的价值总和大于合并前双方价值的简单相加值。优势企业的强强联合，或优势互补，可以使合并产生多种协同效应。

(6) 取得上市资格。由于我国证券监管部门对上市资格的严格审核和管制，一些企业无法在短期内直接上市，选择一家已上市公司作为收购对象，受让其"壳资源"，取得上市资格，从而通过资本市场扩大企业经营规模，成为近年来我国资本市场发生企业合并的重要动机之一。而一些经营不善的上市公司又可以通过"让壳"，避免退市甚至破产清算的局面。

二、企业合并的含义

2001 年 6 月，美国财务会计准则委员会(Financial Accounting Standard Board, FASB)颁布了第 141 号公告《企业合并》，该公告指出：

当一个主体取得了构成一项业务的净资产，或者取得了一个或几个其他主体的权益并取得了对后者的控制时，就发生了企业合并。

2004 年 3 月，国际会计准则理事会(International Accounting Standard Board, IASB)颁布了第 3 号国际财务报告准则《企业合并》，对企业合并所下的定义如下：

企业合并就是将几个独立的主体或业务置于一个报告主体。

2006 年 2 月，我国财政部颁布了《企业会计准则第 20 号——企业合并》，对企业合并的定义如下：

企业合并，是指将两个或者两个以上单独的企业合并形成一个报告主体的交易或事项。

虽然上述权威机构对企业合并概念的表述有所差异，但意思大体相同。

企业合并概念说明，参与合并的企业在合并之前是独立的，合并之后形成了新的会计主体(经济实体)。虽然一家或几家企业可能丧失其独立的法人资格，但从会计上看，法人资格的消失并不是企业合并的必要条件。

因此,只要以前彼此独立的企业合成一个会计主体,而且它们的经济资源和经营活动处于单一的管理机构控制之下,就构成了企业合并。合并的实质是控制,而不是法律主体的解散。一家或几家企业成为别的企业的子公司,一家企业将其净资产转移给另一家企业,以及几家企业将其净资产转移给一家新建立的企业,均可认为实施了企业合并。同样,一家企业持有了另一家企业的多数有投票表决权股份,也是企业合并。

从理论上说,只有投资企业持股的份额占被投资企业有投票表决权的股份50%以上,才达到控制的目的。所以,即使一家企业持有另一家企业不到100%的股权,只要在50%以上,也就完成了企业合并。

现实生活中,由于公众公司股份分散在众多股东手中,因此,一家企业购买了另一家企业不足50%(如30%或更低)的有投票表决权股份,就足以达到控制的目的。可见,完全控制另一家企业经营和财务方针所需的持股比例并不是绝对的。合并的概念应以投资企业对被投资企业的生产经营管理是否有控制能力为准,而不论其持股比例多少。本书将一家企业拥有的足以控制另一家企业的股份,称为控制性股份。

在企业合并时,主并企业所采用的对价形式,主要有让渡资产(包括现金和非现金资产)、承担债务和发行股份等。也就是,主并企业可以向被并企业的所有者或股东交付资产,签发债务证书(如票据、债券等),还可以向被并企业的股东定向增发股份。以交换股份方式完成合并的,称为换股合并。

三、企业合并的方式

企业合并可按不同的方式加以分类。最常见的是按照法律形式和合并所涉及的行业加以分类。

1. 按照法律形式,企业合并可分为吸收合并、新设合并和控股合并三种

吸收合并(merger),也称兼并,指两家或更多家企业合并成一家企业。经过吸收合并,参与合并的企业通常只有其中一家继续保留其法人地位,另一家或几家企业在合并后丧失法人地位,成为主并企业的分支机构(如分公司、分厂、分部等),即甲+乙=甲。例如,甲、乙两家公司合并,乙公司被甲公司所吸收,并丧失法人资格,成为甲公司的分公司或分部。甲公司因此扩大了业务和经营规模。吸收合并的具体办法,可以由继续存在的甲公司以现款购买,发给股份或签发出资证明书等形式向乙公司的原股东换取不复存在的乙公司的各种资产,并承担后者的全部债务。

新设合并(consolidation),也称创立合并,是指创建新企业的合并。经过新设合并,原有的各家企业均不复存在,而是合并成一家新的企业。例如,甲公司与乙公司合并成丙公司。参与合并的甲、乙两家公司的法人地位均告消失,成为新成立的丙公司的分公司或分部,即甲+乙=丙。新组建的丙公司接受甲、乙两家公司的资产和负债,并向其所有者签发出资证明书(或股份)。如果甲、乙两家公司的原所有者不再是新建的丙公司的所有者,那么,丙公司的所有者应向甲、乙公司的原所有者支付股份转让价款,原所有者不再继续参与新建丙公司的经营管理,也不再有权分享新建丙公司以后实现的税后利润。

控股合并(acquisition of controlling interests),是指一家企业买入或取得了另一家企业有投票表决权的股份或出资证明书,且已达到能控制后者经营和财务方针的持股比例。例如,当甲公司购入乙公司50%以上股份时,可完全掌握乙公司的生产经营管理大权,甲公司

成为控股公司，也称母公司，乙公司成为甲公司的附属公司，也称子公司。这时，甲公司要编制合并财务报表，从会计上说，即甲＋乙＝甲、乙的合并财务报表。

2. 按照企业合并所涉及的行业，合并可分为横向合并、纵向合并和混业合并三种

横向合并(horizontal integration)，也称水平式合并，是指生产工艺、产品、劳务相同或相近的企业间合并。例如，世界著名的德国奔驰汽车公司和美国克莱斯勒汽车公司进行的合并，上海第一百货股份有限公司与华联商厦股份有限公司的合并。横向合并的目的在于，把一些产品或业务相似的企业联合起来，组成企业集团，以实现规模效益；或者是利用现有生产设备，增加产量，提高市场占有率，或者是整合业务，使企业在激烈的竞争中处于有利的地位；或者是优势互补，实现协同效应。横向合并会削弱企业间的竞争，甚至造成垄断的局面，在一些国家(包括我国)受到反垄断法的限制。

纵向合并(vertical integration)，也称垂直式合并，是指生产工艺、产品、劳务虽不相同或相近，但具有前后联系的企业间合并。参与合并的各家企业，其产品相互配套，或有一定内在联系，形成产、供、销一条龙。譬如，汽车制造企业合并橡胶轮胎厂或零配件厂，可保证汽车轮胎和零配件的供应。又如，钢铁冶炼厂合并铁矿石采掘企业和运输企业，组成钢铁联合公司，既保证了钢铁冶炼所需的原材料，又可使产品、原材料的运输得以畅通。

混业合并(conglomeration)，也称多种经营合并，是指生产工艺、产品、劳务没有内在联系的企业间合并。这种合并的主要目的在于分散经营风险，提高企业的生存和发展能力；或者是一方利用另一方的环境条件，进一步拓展市场。经过混业合并，一般会形成跨行业的企业集团。例如，成立于1992年的国内著名民营企业复星集团，起初主要是房地产开发和医药业务，2002年起分别投资建龙集团(钢铁)和豫园商城(商业)，并控制了豫园商城，这属于典型的混业合并。

我国《公司法》第172条站在法律的角度指出，公司合并可以采取吸收合并和新设合并两种形式，但未提及实质上合并的控股合并。事实上，控股合并这种形式是客观存在的。

依照《公司法》规定，公司合并应当由合并各方签订合并协议，并编制资产负债表及财产清单。公司合并时，合并各方的债权、债务，应当由主并公司或者新设的公司承继。

企业合并的会计包括主并企业和被并企业两个方面，本章主要从主并企业的角度加以论述。以下各节主要讨论处理企业合并业务的会计方法。

第二节　企业合并的会计方法

一、企业合并会计方法的简要历史

对企业合并的会计处理，是财务会计理论和实务中非常令人兴奋且颇具争议的重要领域之一。从历史上看，企业合并的会计处理一直存在着使用权益结合法(pooling of interests method)还是购买法(purchase method)的争论。

1950年，美国会计程序委员会(Committee of Accounting Procedure，CAP)发布了第40号会计研究公报(Accounting Research Bulletin，ARB)，开始认可权益结合法在实务中的应用。有关权益结合法的会计处理，参见本章附录。

虽然对权益结合法的概念认定存在一些困难,但第 40 号会计研究公报允许企业根据不同的情况选择企业合并的会计方法,即权益结合法或购买法。由于企业合并涉及巨大的财务利益,而不同的会计方法会对各方的利益产生影响,尤其是权益结合法通常会对主并企业的业绩产生有利的影响。1970 年,美国会计原则委员会(Accounting Principle Board, APB)颁布的第 16 号意见书(Opinions)《企业合并》明确规定,只有在满足全部 12 个条件的情况下才可以使用权益结合法,否则只能采用购买法处理。

直到 2001 年,美国财务会计准则委员会(FASB)发布的第 141 号公告《企业合并》才取消了权益结合法,规定企业合并只能采用购买法,并改进了购买法。取消权益结合法的主要理由如下:

(1) 由于权益结合法对被并企业的净资产采用账面价值计价,在崇尚公允价值计价的今天,权益结合法向报表使用者提供的信息相关性较差。

(2) 由于坚持按账面价值计价,权益结合法无视企业合并所发生的公允价值,从而不可能合理评价合并后企业的业绩。

(3) 如果允许选用企业合并会计方法,那么投资者就难以比较采用不同方法的企业经营成果和财务状况。

因此,权益结合法的主要问题在于使用历史成本,而不是以交易日净资产公允价值记录企业合并业务,而近年来国际上的趋势是采用公允价值记录取得的净资产。进一步而言,美国财务会计准则委员会(FASB)认为权益结合法的经济概念在企业合并中很少存在,即交易通常以公允价值而不是以账面价值为基础。现实中几乎所有的合并均是购买行为,即一家企业以购买方式取得了对另一家企业的控制权。

美国财务会计准则第 141 号公告规定,2001 年 6 月 30 日之后发生的所有企业合并均不得采用权益结合法,而必须采用购买法,并改进了购买法。而对该准则颁布前实施的企业合并,则不受新准则约束。换言之,此前发生的企业合并,既有按权益结合法处理的,又有按购买法处理的,可以继续沿用;对原来采用权益结合法处理的,不需按购买法调整。但对购买法下产生的未摊销商誉则停止摊销,需要定期进行减值测试。

从国际上看,法国、德国和日本等重要经济体一贯禁止使用权益结合法,而国际会计准则理事会(IASB)在 2004 年 3 月之前允许在满足条件时采用权益结合法,2004 年 3 月颁布的国际财务报告准则第 3 号(IFRS 3)《企业合并》要求企业合并采用购买法,禁止使用权益结合法。这标志着在企业合并会计领域迈出了高质量会计准则的重要一步,最终在这一领域实现了国际趋同。

鉴于我国 20 世纪 90 年代中期企业收购兼并业务的日趋频繁,1997 年,财政部发布了《企业兼并有关会计处理问题暂行规定》,虽然其中没有提到购买法的概念,但实际上要求企业采用购买法。然而,1998 年 10 月清华同方与鲁颖电子宣告换股合并,拉开了中国上市公司换股合并的序幕,之后新潮实业等一批上市公司陆续宣告与其他非上市公司进行换股合并,2004 年 11 月第一百货股份有限公司以换股合并方式吸收合并华联商厦股份有限公司,这些合并均采用了权益结合法,而且得到了监管机构的批准。这意味着尽管财政部没有对换股合并业务另出规定,但权益结合法在上市公司换股合并的业务中得到了广泛应用。

2006 年 2 月,财政部颁布的《企业会计准则第 20 号——企业合并》规定,对同一控制下的企业合并采用类似于权益结合法的方法。参与合并的企业在合并前后均受同一方或相同的多方最终控制，且该控制并非暂时性的，即为同一控制下的企业合并。对非同一控制下的企业合并，要求采用购买法。这样，非同一控制下的企业合并会计方法基本上实现了与国际会计准则和主要国家会计准则的趋同，而同一控制下的企业合并会计处理，仍保留了中国制度背景的特殊性。

二、购买法的特点

在许多企业合并中，往往是主并企业以现金或其他对价取得对另一家企业的控制权。购买法假定，企业合并是一家企业取得被并企业净资产的一项交易，这一交易与企业直接从外界购入机器设备、存货等资产并无区别，所以，购买法有如下特点：

(1) 主并企业应根据公允价值记录所收到的资产和承担的债务，取得被并企业的成本要按与其他经济业务相同的方法加以确定，即将合并成本按合并日各自的公允价值分配到所取得的可辨认资产和所承担的债务。

(2) 合并成本超过所取得的被并企业净资产公允价值的差额，记为商誉，但在控股合并方式下，合并分录中不出现商誉。有关商誉的问题，将在下文另行讨论。

(3) 主并企业的损益既包括当年自身实现的损益，还包括合并日后被并企业所实现的损益。

(4) 被并企业的留存收益不能转入主并企业。

采用购买法，需要解决合并日的确定，被并企业净资产的确认和评估、合并费用的处理，以及商誉和负商誉等问题。兹分述之。

(一) 合并日的确定

企业合并涉及合并方案的设计、有关方面的谈判、董事会和股东大会决议、确定资产评估基准日、政府有关部门审批、办理产权交割手续等，往往耗时较长，如何确定合并日，既涉及财务会计的基本理论问题，又关乎主并企业各方的利益。从理论上说，应以被并企业对净资产和经营活动的控制权转移到主并企业的日期为合并日，即被并企业以其净资产和经营活动的控制权上的主要风险和报酬已经转移，并且相关利益能够流入主并企业为标志。在具体实务中，判断控制权是否转移的条件包括：

(1) 企业合并合同或协议已获股东大会等通过。

(2) 企业合并事项需要经过国家有关主管部门审批的，已获得批准。

(3) 参与合并各方已办理了必要的财产权转移手续。

(4) 合并方或购买方已支付了合并价款的大部分(一般应超过 50%)，并且有能力、有计划支付剩余款项。

(5) 合并方或购买方实际上已经控制了被合并方或被购买方的财务和经营政策，并享有相应的利益、承担相应的风险。

(二) 被并企业净资产的确认和评估

在吸收合并和新设合并的情况下，被并企业的法人资格消失。这时通常需要进行财产清查、资产评估和结束旧账的工作。分述如下：

首先，被并企业应当编造财产清册，检查和核实账面记录是否正确，账实是否相符，债权债务是否存在。对财产清查过程中发现的资产盘盈、盘亏、毁损、报废等，应当按照正常会计程序进行处理，并进行结账。

需要指出的是,被并企业账面上的预付费用项目(如预付保险费和购买的印花税票等),在以后仍然可能让主并企业受益的,应当继续保留这些账户的余额。另一方面,由于企业合并造成的产业结构调整,生产经营活动有所变化,被并企业的一部分预付费用项目不能继续在以后各期为主并企业服务的,应确认为损失。

此外,被并企业在合并过程中会支付各种清理维护费用,包括合并过程中发给职工的基本工资、价格补贴、福利费用、设备维修费、管理费等,应由被并企业负担,从其所有者权益中扣除。

其次,要对确认的资产、负债项目进行评估。在多数情况下,被并企业净资产的账面价值与其公允价值不相一致。例如,由于供需变化,期末存货的账面价值很可能与当时的市场价值大相径庭。又如,固定资产会因估计的折旧年限与实际情况不符,或选用的折旧方法不能完全反映固定资产的实际损耗程度,而导致其账面价值与合并时的公允价值不一致。负债也会发生类似的情况。所以,在企业合并时,必须对被并企业的净资产加以评估。经双方协商后,可以聘请独立的专业资产评估机构或会计师事务所评估被并企业净资产的公允价值,评估价值应得到双方的同意和确认。如果被并企业是国有企业,资产评估结果需报经国有资产管理部门审批确认。

在实际工作中,资产评估可根据实际情况,采用账面价值调整法、重置成本法、现行市价法和收益现值法等。评估增值或减值调整"资本公积"账户。最后,被并企业结束旧账,即结清所有账户余额。

在控股合并方式下,被并企业保留法人资格,则可继续沿用原账册,也可结束旧账,另立新账。但对资产评估结果,从理论上说被并企业存在调账和不调账两种做法。这一点将在第二章第四节"下推会计"中详细讨论。

(三)合并费用的处理

企业合并中,合并方会发生与企业合并相关的交易费用。企业合并中的交易费用,是指可直接归属于企业合并的增量费用。增量费用,是指合并方不发生企业合并就不会发生的费用。

合并方为进行企业合并发生的各项直接相关费用,包括为进行企业合并而支付的审计费用、评估费用、法律服务费用等,应当于发生时计入当期损益。

为企业合并发行的债券或承担其他债务支付的手续费、佣金等,应当计入所发行债券及其他债务的初始计量金额。

企业合并中发行权益性证券发生的交易费用(如登记费,承销费,法律、会计、评估及其他专业服务费用,印刷成本和印花税等),可直接归属于权益性交易的,应当从权益(资本溢价)中扣减;溢价收入不足冲减的,冲减留存收益。终止的未完成权益性交易所发生的交易费用,应当计入当期损益。

(四)商誉和负商誉

会计上,商誉是指合并成本超过被并企业净资产公允价值的差额。一家企业因其所处的地理位置优越,或由于信誉良好而获得了客户的信任,或由于经营管理人员能力超群,或由于历史悠久,积累了丰富的从事本行业的经验,或由于技术先进,掌握了生产的诀窍等原因,均会形成商誉。商誉的实质在于,它是一家企业超过本行业平均获利水平或正常投资回报率的超额盈利能力。

商誉是一种不可辨认的无形资产，不能独立于企业存在，也不能单独出售。计算商誉主要有利润资本化价值法和超额利润现值法两种，但由于商誉的价值存在着许多不确定性，它难以确切计量。会计上，往往将合并成本减去被并企业可辨认净资产公允价值的差额确认为商誉的价值。商誉的存在意味着企业的整体价值大于可辨认净资产的公允价值。有关商誉的计算方法，已在本丛书《中级财务会计》第十二章阐述。在实际工作中，企业合并的成交价格，往往是在考虑上述因素的基础上，经双方讨价还价后形成的。

在会计上，对于合并时出现的商誉，主要有以下三种处理方法：

一是将其单独确认为一项资产，并在其预计的有效年限内加以摊销，或者列为费用，或者冲销留存收益。持这一观点的理由是，主并企业为了取得以后若干年度的超额利润支付了溢价，这种溢价表明被并企业有商誉存在；虽然商誉在形态上不同于其他资产，但在本质上并无区别。换言之，商誉同样符合资产的定义。此外，按照配比原则，为取得外购商誉所发生的费用应与以后各期产生的超额利润加以配比。

二是在合并时立即注销，直接冲减留存收益。理由是，商誉的价值很不确定，不能单独存在和变现，而且形成商誉的因素难以为企业所控制，在合并之后，商誉是否继续存在令人置疑。所以，将其列为商誉不符合谨慎原则。虽然在合并时，企业多付了一部分价款，但它仅仅是与合并业务相关的费用。最后，在企业被迫清算的情况下，商誉毫无价值。

三是将商誉作为一项永久性资产，不予摊销，除非有证据表明其价值发生了下跌（减值）。理由是，外购商誉的价值不会下降，因为以后的经营活动能够不断地维持这种无形价值。此外，在企业正常生产经营过程中发生的各项费用形成了商誉，即自创商誉，这些费用已计入损益，再摊销外购商誉，未免重复。这种方法更多地体现了资产计价观。

从各国情况来看，历史上第一种方法应用较多，直到近年来才开始采用第三种方法。美国 2001 年发布的第 141 号和第 142 号公告、国际会计准则理事会 2004 年颁布的国际财务报告准则第 3 号，以及我国财政部 2006 年颁布的第 20 号准则均要求确认商誉，不予摊销，而是定期进行减值测试，减值损失确认为当期损失。有关商誉的减值测试，将在后文讨论。

在极少数情况下，合并时所取得的净资产公允价值会超过合并成本，这就是负商誉。负商誉的存在可能是由于被并企业还有一些账面上未能反映的不利因素，这些因素影响企业将来的经营活动，导致以后各期利润低于正常数。例如，企业缺乏技术，职工士气低落，已发生长期亏损，这类因素使被并企业处于不利的境地，主并企业会要求以低于净资产公允价值的代价合并。

对于负商誉，一般不是简单地记入“负商誉”账户。第一种做法是，将可辨认净资产公允价值超过合并成本的差额分摊到除长期有价证券之外的非流动资产，如果这些非流动资产已降低到零值，则未分摊的差额记作“递延贷项”。这一办法含有两个假定：(1) 由于除长期有价证券以外的非流动资产，其公允价值通常不易确定，很可能其公允价值被高估了，而实际上并不是什么负商誉；(2) 由于流动资产、负债和长期有价证券的公允价值一般容易确定，其公允价值发生错误的可能性要少于实际存在负商誉的可能性。

第二种做法是，将净资产公允价值超过合并成本的差额直接记入“资本公积”或“其他综合收益”账户，即承认它是一种未实现的公积，也可以在将来相关的资产折旧或变现时逐渐或一次转入留存收益（未分配利润），即已实现的公积。

第三种做法是，将负商誉在发生时全部确认为收益，以简化会计处理。国际会计准则、美国会计准则和我国会计准则均规定对负商誉采用发生时直接确认为收益的做法。事实上，第一种做法避免了在合并当期确认收益，而按比例调低有关净资产公允价值则减少了以后会计期的费用，相对比较稳健，但会计处理较为复杂。第三种做法的优、缺点正好与第一种做法相反。

可以看出，将被并企业可辨认净资产的公允价值大于合并成本的差额直接计入当期收益是一种实用主义的方法，但在购买时直接确认收益有悖常理。我国《企业会计准则第20号——企业合并》要求，购买方对合并成本小于合并中取得的被购买方可辨认净资产公允价值份额的差额，应当按照下列规定处理：

(1) 对取得的被购买方各项可辨认资产、负债及或有负债的公允价值以及合并成本的计量进行复核；

(2) 经复核后，合并成本仍小于合并中取得的被购买方可辨认净资产公允价值份额的，其差额应当计入当期损益。

三、购买法的应用

以下举例说明购买法的应用。

【例1】 2017年12月31日，乙公司被甲公司吸收合并，丧失法人资格，甲公司继续存在。两家公司在资产、负债、收入、费用等方面的会计处理均采用相同的原则，会计年度均采用日历年度。当时甲公司发行了2 000 000股每股面值1元的股份(每股市价2元)，换取乙公司股东持有的每股面值1元的1 200 000股股份(换股比率为0.6∶1，即甲公司每1股换取乙公司0.6股)。此外，甲公司还发生了下列与合并业务相关的费用：

股份登记发行费	140 000
其他与权益性证券无关的合并费用	87 000
合计	227 000

在合并之前，乙公司经确认的资产负债表如表1-1所示。

表1-1 乙公司资产负债表

2017年12月31日 单位：元

资产		负债和所有者权益	
银行存款	160 000	短期借款	320 000
应收账款(净)	420 000	应付账款	454 000
存货	720 000	长期借款	1 280 000
长期股权投资	600 000	股本	1 200 000
固定资产(净)	3 000 000	资本公积	1 500 000
无形资产	200 000	盈余公积	300 000
		未分配利润	46 000
资产合计	5 100 000	负债和所有者权益合计	5 100 000

依照规定,乙公司聘请了独立的资产评估机构,对上述净资产加以评估,经评估确认的各项资产和负债的公允价值如表1-2所示。

表1-2　　经评估确认的各项资产和负债的公允价值　　单位:元

项　目	公允价值
银行存款	160 000
应收账款(净)	400 000
存货	825 000
长期股权投资	705 000
固定资产(净)	3 200 000
无形资产	180 000
短期借款	(320 000)
应付账款	(454 000)
长期借款	(1 096 000)
净资产	3 600 000

再进一步假定乙公司不存在或有项目。根据上述全部资料,甲公司应编制会计分录如下:

(1) 按购买法记录这一吸收合并业务:

借:长期股权投资(2 000 000×2)	4 000 000	
贷:股本		2 000 000
资本公积		2 000 000

(2) 记录合并业务的相关费用:

借:管理费用	87 000	
资本公积	140 000	
贷:银行存款		227 000

(3) 将投资成本分摊到可辨认资产和负债,余额记为商誉:

借:银行存款	160 000	
应收账款(净)	400 000	
存货	825 000	
长期股权投资	705 000	
固定资产(净)	3 200 000	
无形资产	180 000	
商誉	400 000	
贷:短期借款		320 000
应付账款		454 000
长期借款		1 096 000
长期股权投资		4 000 000

在这一分录中,商誉可计算如下:

合并成本总额	4 000 000
减:可辨认净资产的公允价值	3 600 000
商誉	400 000

实务中,如果合并周期较短,对吸收合并业务,可以不通过“长期股权投资”账户过渡,直接将前述分录中的(1)和(3)合并为:

借:银行存款	160 000	
应收账款(净)	400 000	
存货	825 000	
长期股权投资	705 000	
固定资产(净)	3 200 000	
无形资产	180 000	
商誉	400 000	
贷:短期借款		320 000
应付账款		454 000
长期借款		1 096 000
股本		2 000 000
资本公积		2 000 000

需要注意的是,甲公司作为主并企业,其自身的净资产账面价值不需要调整为公允价值。另一方面,被并的乙公司应当在其账上反映资产评估结果,并编制结束旧账的会计分录,以反映企业的解散和法人资格的丧失。

(1) 对资产评估结果加以调整:

借:存货	105 000	
长期股权投资	105 000	
固定资产(净)	200 000	
长期借款	184 000	
贷:应收账款(净)		20 000
无形资产		20 000
资本公积		554 000

(2) 结束旧账,反映法人资格的消失:

借:短期借款	320 000	
应付账款	454 000	
长期借款	1 096 000	
股本	1 200 000	
资本公积	2 054 000	
盈余公积	300 000	
未分配利润	46 000	
贷:银行存款		160 000
应收账款(净)		400 000

存货	825 000
长期股权投资	705 000
固定资产(净)	3 200 000
无形资产	180 000

下面讨论出现负商誉的合并业务。

【例 2】　2017 年 12 月 31 日，丙公司直接用 500 000 元银行存款以吸收合并方式购入了丁公司的全部净资产，并支付有关费用 45 000 元。在合并之前，丁公司资产负债表的有关资料如表 1－3 所示。

表 1－3　丁公司资产负债表

2017 年 12 月 31 日　　单位：元

	账面价值	公允价值
资产：		
流动资产	210 000	220 000
持有至到期投资	80 000	90 000
固定资产(净)	870 000	900 000
无形资产	40 000	90 000
资产合计	1 200 000	1 300 000
负债和所有者权益：		
流动负债	180 000	180 000
非流动负债	500 000	520 000
负债合计	680 000	700 000
股本	600 000	
资本公积	100 000	
未分配利润	(180 000)	
所有者权益合计	520 000	
负债和所有者权益合计	1 200 000	

上述数据表明，丙公司以成本 500 000 元的代价取得了公允价值为 600 000 元(1 300 000－700 000)的净资产公允价值，净资产公允价值超过合并成本的差额为 100 000 元(600 000－500 000)。按照我国会计准则规定，对于这一差额，丙公司应当对所取得的丁公司的各项可辨认资产、负债及或有负债的公允价值以及合并成本的计量进行复核，经复核后合并成本仍小于合并中所取得的丁公司可辨认净资产公允价值份额的，其差额应当计入当期损益。假定经企业复核，无形资产的公允价值为 50 000 元，而非原来的 90 000 元，其他项目的公允价值以及合并成本经复核后无误，这样仍存在 60 000 元(560 000－500 000)的差额，应计入当期损益。

根据上述计算结果，丙公司取得被并丁公司净资产并支付法律费用 45 000 元的会计分录如下：

(1) 记录取得丁公司的净资产：

借：流动资产 220 000

持有至到期投资 90 000

固定资产 900 000

无形资产 50 000

贷：流动负债 180 000

非流动负债 520 000

银行存款 500 000

营业外收入——合并产生的负商誉 60 000

(2) 记录取得丁公司净资产时所支付的法律费用：

借：管理费用 45 000

贷：银行存款 45 000

以上以吸收合并为例，说明了购买法的具体做法，这同样适用于新设合并和控股合并的情形。但是，在控股合并方式下，借记“长期股权投资”账户后，不需要再转到各净资产项目。

在某些情况下，主并企业需要根据被收购企业未来的事项(如未来盈利水平或股价)额外支付给被并企业的原股东一定的价款，支付的方式包括现金与非现金资产和股份等。在合并时能够确定金额的或有对价，应确认为合并成本的一部分，而且应在以后随着或有事项的进展情况调整合并成本(或商誉)；不能确定的，待能够确定时才能加以记录。通常与未来盈利水平相关的或有对价，可直接确认为合并成本的一部分；而基于股份价格变化的或有对价不影响合并成本，而是调整已发行股份的账面价值。

【例 3】 假定 A 公司合并 B 公司，协议规定，在合并日支付 10 000 000 元的价款后，若以后 3 年的年平均净利润达到 1 000 000 元，则 A 公司尚需向 B 公司的原股东支付 500 000 元。B 公司过去的年净利润大约在 900 000 元至 1 100 000 元之间。按照正常情况，A 公司很有可能在未来向 B 公司的原股东支付额外的 500 000 元。据此，A 公司应编制会计分录如下：

借：长期股权投资 10 500 000

贷：银行存款 10 000 000

预计负债 500 000

若合并后第一年并入的 B 公司仅实现 400 000 元，考虑到以后 2 年累计实现 2 600 000 元(平均每年实现 1 300 000 元)的可能性很小，应将 500 000 元预计负债注销，同时减少合并成本。由于合并时可辨认净资产的公允价值是确定的，减少合并成本实际上也就减少了合并商誉，如果合并时的商誉不足 500 000 元，则不足部分不能冲销合并成本，而应该确认为当期收益。

【例 4】 假定 C 公司以定向增发方式合并了 D 公司，协议规定，C 公司向 D 公司的股东增发面值 1 元的 10 000 000 股股份，每股市价 10 元，换取 D 公司的全部股份。考虑到这部分增发的股份有 3 年的锁定期，锁定期满后股份的市价可能会下跌，若股价低于当初的市价，C 公司应向 D 公司的原股东以新增股份补足差额。

这样，C 公司是否会增加额外的股份支付取决于锁定期结束股价是否下跌，而股份是否下跌在合并当时既无法估计，也不能确定额外增发的股份数，因此，这种或有对价不构成合并成本。在不考虑其他相关费用的情况下，向D公司股东增发股份的会计分录为：

借：长期股权投资　　100 000 000
　贷：股本　　10 000 000
　　资本公积　　90 000 000

若锁定期满，股份的每股市价在10元以上，C公司不需要支付额外的股份，也不编制任何会计分录。若锁定期满，股份的每股市价下降为8元，则C公司应向D公司股东支付额外的2 500 000股[(10−8)×10 000 000÷8]，编制会计分录如下：

借：资本公积　　2 500 000
　贷：股本　　2 500 000

第三节　企业合并的其他问题

上一节主要介绍了企业合并会计方法的沿革和购买法，本节将继续讨论企业合并中的一些其他问题，包括主并企业的认定、商誉的减值测试、同一控制下的企业合并，以及企业合并的信息披露等。

一、主并企业的认定

诚如上述，企业合并本质上是一家企业取得对另一(几)家企业的控制，在多数情况下，主并企业是比较容易认定的。但有时主并企业的认定并不容易。而参与合并的企业中究竟哪一家是主并企业，哪家(些)企业又是被并企业，在购买法下显得尤其重要，因为按照购买法，主并企业的净资产计价不变，而被并企业的净资产则要按公允价值计价。

通过企业合并，一家企业会取得对另一家企业的控制，从而能够控制后者的财务和经营政策。企业是否取得对另一家企业的控制，通常具有如下某些或全部的标志：

(1) 在合并后的企业中拥有半数以上的投票表决权；

(2) 有能力任命或解聘半数以上的董事会成员；

(3) 有能力在董事会上行使半数以上的投票权；

(4) 参与被投资单位的相关活动；

(5) 能够通过相关权力取得可变回报；

(6) 有能力决定合并后企业的管理团队等。

若一家企业具备了部分或全部这些标志，那么该企业就是合并中的主并企业，除非另有协议规定影响了对合并后企业的控制。如果合并协议过于复杂，难以确定主并企业，那么通常可以按以下标志加以判断：

(1) 参与合并的一家企业的公允价值显著大于另一家企业的公允价值，那么公允价值较大的企业很可能就是主并企业；

(2) 如果企业合并是通过以有投票表决权的股份换取现金或其他资产的方式完成，那么放弃现金或其他资产的企业很可能就是主并企业；

(3) 如果企业合并后参与合并的某一方管理层能够主导合并后企业管理团队的选举，

那么能够主导的一方很可能就是主并企业。

在现实生活中,如果发生比较复杂的合并业务,主并企业的确定就需要综合考虑各种因素,必要时运用职业判断能力。

按照国际会计准则的规定,在通过发行权益证券实施新设合并时,需要将合并前的某一家公司认定为主并企业,也就是说,从会计的角度看,在法律上取得参与合并企业的新设企业不能被认定为主并企业,这样就需要根据上述有关条件来判断合并前的哪一家公司是主并企业。

【例 5】 假定 E 公司与 F 公司签订企业合并协议,条款如下:

(1) 合并后新设成立 G 公司;

(2) E 公司原股东拥有 G 公司 60%的股份,F 公司原股东拥有 40%的股份;

(3) 在新成立的 G 公司中,E 公司的总经理和财务总监继续担任相应的职位;

(4) E 公司的净资产公允价值为 1 亿元,而 F 公司的净资产公允价值为 8 000 万元。

如果没有其他相反的证据,可以判断 E 公司就是主并企业,因此,合并后的 G 公司就要在 E 公司账面基础上以公允价值计量 F 公司的净资产。

从会计的角度看,将某一方认定为主并企业可能与法律上所规定的导致反向收购(reverse acquisition)的交易有所不同。所谓"反向收购",又称买(借)壳上市,是指非上市公司股东通过收购一家上市公司(壳公司)的股份控制该公司,再由该公司反向收购非上市公司的资产和业务,使之成为上市公司的子公司,原非上市公司的股东一般可以获得上市公司 70%~90%的控股权。一个典型的买壳上市由两个交易步骤组成:一是买壳交易,非上市公司股东以收购上市公司股份的形式,绝对或相对地控制一家已经上市的股份公司;二是资产转让交易,上市公司收购非上市公司而控制非上市公司的资产及营运。

【例 6】 假定 H 公司(上市公司)与 I 公司签订了企业合并协议,条款如下:

(1) H 公司取得了 I 公司全部的股份(全部净资产);

(2) I 公司原股东以其拥有的股份(净资产)获得了 H 公司新发的股份,占 H 公司总股份的 75%;

(3) I 公司的总经理和财务总监担任了 H 公司相应的职位;

(4) H 公司的净资产公允价值为 1 亿元,而 I 公司的净资产公允价值为 3 亿元。

从法律上看,H 公司是主并企业(收购方),由于 I 公司的原股东和管理层控制了 H 公司,这就形成了反向收购。但从会计上看,I 公司是主并企业。

一旦认定了主并企业,合并后企业的财务报告就要在主并企业持续经营的财务报告基础上编制,主并企业的会计政策应该在合并后企业得以延续。

二、商誉的减值测试

《企业会计准则第 8 号——资产减值》第 23 条规定,企业合并所形成的商誉,至少应当在每年年度终了进行减值测试。商誉应当结合与其相关的资产组或资产组组合进行减值测试。

企业在对包含商誉的相关资产组或资产组组合进行减值测试时,如与商誉相关的资产组或资产组组合存在减值迹象时,应当首先对不包含商誉的资产组或资产组组合进行减值测试,计算可收回金额,并与相关账面价值相比较,确认相应的减值损失。所谓"资产组",是指企业可以认定的最小资产组合,其产生的现金流入应当基本上独立于其他资产或资产组产生的现金流入，资产组应当由创造现金流入相关的资产组成。资产组的账面价值包括商誉。

其次，再对包含商誉的资产组或资产组组合进行减值测试，比较这些相关资产组或资产组组合的账面价值(包括所分摊的商誉的账面价值部分)与其可收回金额，如有相关资产组或资产组组合的可收回金额低于其账面价值，应当将其差额确认为减值损失，减值损失的金额应当首先抵减分摊至资产组或资产组组合中商誉的账面价值。

最后，根据资产组或资产组组合中除商誉之外的其他各项资产的账面价值所占比重，按比例抵减其他各项资产的账面价值。

【例7】 2017 年 1 月 3 日，J 公司以 1 400 000 元吸收合并了 K 公司，取得了后者的全部净资产，合并时 K 公司有关资产和负债的账面价值和公允价值的信息如表 1-4 所示。

表 1-4　　合并时 K 公司有关资产和负债的账面价值和公允价值　　单位：元

项　目	账面价值	公允价值
资产		
货币资金	50 000	50 000
应收账款(净)	150 000	140 000
存货	200 000	250 000
固定资产(净)	600 000	950 000
无形资产	—	50 000
资产合计	1 000 000	1 440 000
负债		
应付账款	60 000	60 000
长期借款	190 000	180 000
负债合计	250 000	240 000
净资产	750 000	1 200 000

根据上述资料，可以计算确定商誉为 200 000 元(1 400 000－1 200 000)。J 公司将以购买法记录合并业务，即 K 公司的全部净资产将按公允价值入账，并确认 200 000 元商誉。

2017 年 12 月 31 日，K 公司有关资产和负债的账面价值和公允价值如表 1-5 所示。

表 1-5　　2017 年 12 月 31 日 K 公司有关资产和负债的账面价值和公允价值　　单位：元

项　目	账面价值	公允价值
资产		
货币资金	70 000	70 000
应收账款(净)	200 000	200 000
存货	280 000	290 000
固定资产(净)	900 000	910 000
无形资产	50 000	50 000

续 表

项　　目	账面价值	公允价值
资产合计	1 500 000	1 520 000
负债		
应付账款	70 000	70 000
长期借款	180 000	180 000
负债合计	250 000	250 000
净资产	1 250 000	1 270 000

资产组的账面价值应当包括可直接归属于资产组与可以合理和一致地分摊至资产组的账面价值，通常不包括已确认负债的账面价值，除非该项负债的金额直接与资产组可收回金额的确定有关。假定K公司的全部资产符合资产组或资产组组合的条件。根据表1-5中的资料，可知K公司不包含商誉的资产组的公允价值为1 520 000元，高于资产组的账面价值(1 500 000元)，不需要计提减值损失(如果各项资产的公允价值小于账面价值或公允价值难以取得，则应当计算确定这些资产未来现金流量的贴现值，以确定是否应当计提资产减值损失)。

假定按照未来现金流贴现法测算，包含商誉的该资产组的可收回金额为1 600 000元，而包含商誉的资产组的账面价值为1 700 000元(1 500 000+200 000)，发生减值100 000元，首先应当减值商誉的账面价值，并编制会计分录如下：

借：资产减值损失　　　　100 000

　贷：商誉　　　　100 000

【例8】 2017年1月5日，P公司以1 200万元的总价定向增发方式取得了Q公司80%的股份，Q公司的法人资格继续保留，成为P公司的子公司，并满足《企业会计准则第8号——资产减值》所规定的资产组组合的条件。该日，Q公司可辨认净资产的公允价值为1 000万元，整体价值为1 500万元，整体商誉为500万元。P公司合并时取得80%Q公司股份产生了400万元商誉。

2017年12月31日，Q公司可辨认资产的账面价值为1 200万元，包含整体商誉的资产组账面价值为1 700万元(1 200+500)。假定P公司将Q公司包含商誉的所有资产作为一个资产组，确定了其收回金额为1 100万元，则该资产组可发生减值损失600万元(1 700-1 100)，应当首先冲减商誉的账面价值，再将剩余部分的损失分摊至资产组中的其他资产。即商誉减值损失500万元，其他可辨认资产减值损失100万元。

由于我国企业会计准则只要求在合并报表中认列归属于多数股权的商誉，因此，P公司只需要确认商誉减值损失400万元，并编制会计分录如下：

借：资产减值损失　　　　4 000 000

　贷：长期股权投资——商誉减值　　　　4 000 000

需要注意的是，例7与例8中商誉减值的贷记账户是有差异的，因为例7是吸收合并，而例8是控股合并。其他资产的减值100万元，在编制合并财务报表时再进行调整。

有关合并财务报表及少数股东权益等问题，将在第二章开始讨论。

三、同一控制下的企业合并

我国《企业会计准则第 20 号——企业合并》还专门就同一控制下的企业合并问题进行了规定。

所谓“同一控制下的企业合并”，是指参与合并的企业在合并前后均受同一方或相同的多方最终控制且该控制并非暂时性的企业合并。

同一控制下的企业合并，在合并日取得对其他参与合并企业控制权的一方为合并方（主并企业），参与合并的其他企业为被合并方（被并企业）。这时有关主并企业的认定方法，与本节第一部分所述完全相同。

由于我国存在大量的国有企业之间的合并，而上市公司中大多数也是国有控制公司，所以从最终控制人的角度判断是否属于同一控制，很有可能绝大多数企业合并均属于同一控制下的企业合并。因此，该准则排斥了国家间接控股的企业间合并为同一控制下的企业合并。例如，中央国资委控制的企业合并了地方国资委控制的企业，就不属于同一控制下的企业合并。但中央国资委直接控制的企业间合并、地方国资委直接控制的企业间合并，则属于同一控制下的企业合并。在同一层次国资委间接控制的企业间合并是否属于同一控制下的合并，则要视该合并是否受该层政府（国资委）的直接影响。如果不受影响，则属于非同一控制下的企业合并，否则就属于同一控制下的企业合并。这时判断是否属于同一控制下的企业合并殊为不易。

例如，若上海市国资委直属的光明集团与百联集团发生合并，或者百联集团控制的联华超市股份有限公司与华联超市股份有限公司发生合并，那么两者均属于同一控制下的企业合并；若光明集团控制下的农工商超市股份有限公司与百联集团控制下的联华超市股份有限公司发生合并，则属于非同一控制下的企业合并，除非有证据表明这起合并是由上海市政府（国资委）主导发起的。

通常认为，同一控制下的企业合并往往缺乏公平交易的基础，因此，我国企业会计准则规定，主并企业对所取得的净资产按照被并企业的账面价值计量；主并企业取得的净资产账面价值与支付的合并对价账面价值（或发行股份面值总额）的差额，调整资本公积；资本公积不足冲减的，调整留存收益。

【例 9】 2017 年 1 月 3 日，甲公司以 1 000 000 元吸收合并了乙公司，取得了后者的全部净资产，合并时乙公司净资产账面价值为 800 000 元。这宗合并属于同一控制下的企业合并。甲公司应编制会计分录如下：

借：净资产	800 000	
资本公积	200 000	
贷：银行存款		1 000 000

若甲公司的资本公积只有 100 000 元，则上述分录应修改为：

借：净资产	800 000	
资本公积	100 000	
盈余公积或未分配利润	100 000	
贷：银行存款		1 000 000

若甲公司实际支付的对价（如 700 000 元）小于乙公司净资产账面价值，则差额增加资本

公积。

在控股合并下,只要将上述分录中的净资产改为“长期股权投资”即可。

在同一控制下,主并企业为进行合并所发生的各项直接费用,如审计费用、资产评估费用和法律费用等,应计入当期损益。为企业合并发行债券或承担其他债务所支付的手续费、佣金等,应当计入所发行债务的初始计量金额。若采用发行权益性证券的方式完成合并,则所发生的相关费用应当冲减权益性证券的溢价收入(资本公积);溢价收入不足冲减的,冲减留存收益。

需要指出的是,同一控制下的企业合并中,若被并企业采用的会计政策与主并企业不一致的,主并企业在合并日应当按照本企业会计政策对被并企业的有关项目进行调整,在此基础上编制合并分录。

与同一控制下的企业合并相对应的概念是非同一控制下的企业合并。参与合并的各方在合并前后不受同一方或相同的多方最终控制的,为非同一控制下的企业合并。

四、企业合并在财务报表中的披露

由于企业合并的复杂性及其对合并后企业财务状况和经营成果的影响,主并企业需要在合并当期对合并业务进行详细的披露。因同一控制下的企业合并与非同一控制下的企业合并所采用的会计处理方法不同,因此,在财务报表中的披露也有所不同,兹分别说明如下。

1. 对同一控制下的企业合并,主并企业应当披露以下信息:

(1) 参与合并企业的基本情况。

(2) 属于同一控制下企业合并的判断依据。

(3) 合并日的确定依据。

(4) 以支付现金、转让非现金资产以及承担债务作为合并对价的,所支付对价在合并日的账面价值;以发行权益性证券作为合并对价的,合并中发行权益性证券的数量及定价原则,以及参与合并各方交换有表决权股份的比例。

(5) 被并企业的资产、负债在上一会计期间资产负债表日及合并日的账面价值,被并企业自合并当期期初至合并日的收入、净利润、现金流量等情况。

(6) 合并协议所约定的主并企业承担被并企业或有负债的情况。

(7) 被并企业采用的会计政策与主并企业不一致所做调整情况的说明。

(8) 合并后已处置或准备处置并入资产、负债的账面价值、处置价格等。

2. 对非同一控制下的企业合并,主并企业应当披露以下信息:

(1) 参与合并企业的基本情况。

(2) 合并日的确定依据。

(3) 合并成本的构成,被并企业净资产的账面价值和公允价值,以及公允价值的确定依据。

(4) 被并企业的各项可辨认资产、负债在上一会计期间资产负债表日及合并日的账面价值和公允价值。

(5) 合并协议所约定的主并企业承担被并企业或有负债的情况。

(6) 被并企业自合并日起至报告期期末的收入、净利润、现金流量等情况。

(7) 商誉的金额及其确定方法。

(8) 因合并成本小于合并中取得的被并企业可辨认净资产公允价值的份额计入当期损益的金额。

(9) 合并后已处置或准备处置并入资产、负债的账面价值、处置价格等。

附录 权益结合法

一、权益结合法的特点

诚如上述,权益结合法曾经是处理企业合并的另一种会计方法。权益结合法的前提是,主并企业发行股份与其他参与合并企业的股东交换股份完成合并,其实质是现有的股东权益在新的会计主体的联合和继续,而不是取得资产或筹集资金。参与合并公司的股东,仍然与以前一样,在合并后的企业,继续保持其股东权益的相对份额,参与重大决策。以这种方式完成的企业合并不是一种购买行为,不存在购买价格,没有新的计价基础。权益结合法具有以下特点:

(1) 既然没有新的计价基础,参与合并的企业,其净资产均按账面价值计价。

(2) 既然企业合并不是购买行为,没有购买价格,也就不存在合并成本超过净资产公允价值的差额,即商誉,所以在账上不予反映。

(3) 不论合并发生在会计年度的哪一时点,参与合并企业的整个年度的损益要全部包括在合并后的企业。

(4) 同样,参与合并企业的留存收益(包括未弥补亏损)均应转入合并后的企业。

(5) 企业合并时发生的全部相关费用,不论是直接的还是间接的,均确认为当期费用。

二、权益结合法的应用

按权益结合法记账,应当注意几个问题。第一,与购买法一样,需要对参与合并的其他企业的资产和负债加以确认,并作出调整。例如,对今后经营活动没有作用的预付费用,应加以注销;又如,对账实不符的项目,也应调整为实际数。第二,在企业合并谈判时,也应考虑净资产账面价值与公允价值的差异,从而也需要进行资产评估。最后,主并企业要与参与合并的各企业所有者就换股比率进行协商,对有关资产、负债项目的公允价值及可能存在的商誉达成一致意见(是否存在商誉与是否记账是两个不同的概念)。例如,1998年发生的我国第一起上市公司换股合并业务——清华同方吸收合并鲁颖电子,就是按照每股净资产账面价值加成的方法确定换股比率的。

在明确这些问题后,再讨论权益结合法的会计处理。按照此法,当主并企业通过换股合并取得被并企业全部净资产或股权时,在主并企业的账上,换入的被并企业净资产(股权)按账面价值入账(借记),换出的股份则按被并企业所有者权益总额予以记录(贷记)。通常,记入的投入资本应当等于被并企业的投入资本,留存收益也应等于被并企业的留存收益。若换出股份的面值低于换入股份的面值,则差额增加资本公积;若换出股份的面值高于换入股份的面值,则差额减记资本公积,甚至冲销主并企业的资本公积;若主并企业的资本公积还不足以抵偿差额,先减记并入的留存收益,若仍不足,则冲销主并企业的留存收益。可见,当主并企业的资本公积不足以抵偿差额时,就需调整留存收益,合并分录中的留存收益就不可能等于被并企业留存收益的份额。

以下举例说明权益结合法的具体应用。仍然采用例1甲公司吸收合并乙公司的数据。假定在企业合并之前甲、乙公司股东权益的有关账户余额如表1-6所示。

表 1－6　　甲、乙公司股东权益的有关账户余额　　单位：元

	甲公司	乙公司	合　计
股本,面值1元	2 000 000	1 200 000	3 200 000
资本公积	300 000	1 500 000	1 800 000
投入资本合计	2 300 000	2 700 000	5 000 000
盈余公积	1 004 000	300 000	1 304 000
未分配利润	750 000	46 000	796 000
净资产和股东权益	4 054 000	3 046 000	7 100 000

当时甲公司发行了 2 000 000 股每股面值 1 元的股份(每股市价 2 元),换取乙公司股东持有的每股面值 1 元的 1 200 000 股股份,同时还发生相关费用 227 000 元。依照权益结合法,甲公司应编制会计分录如下:

(1) 记录与乙公司的合并:

借:银行存款	160 000	
应收账款(净)	420 000	
存货	720 000	
长期股权投资	600 000	
固定资产(净)	3 000 000	
无形资产	200 000	
贷:短期借款		320 000
应付账款		454 000
长期借款		1 280 000
股本		2 000 000
资本公积		700 000
盈余公积		300 000
未分配利润		46 000

(2) 记录与合并业务相关的费用:

借:管理费用	227 000	
贷:银行存款		227 000

这里,乙公司(被并企业)的投入资本(2 700 000 元)大于甲公司(主并企业)所换出股份的面值(2 000 000 元)。以下为简化会计分录,进一步讨论吸收合并下的其他几种情形,将此例中的各项资产和负债合为"净资产"一个项目,金额为 3 046 000 元。

情形一　换出股份的面值等于换入股份的面值。假定甲公司发出 1 200 000 股面值 1 元的股份,换取乙公司全部股份,即换股比例为 1∶1。这时,乙公司的股本、资本公积和盈余公积被全部记入甲公司。记录合并业务的会计分录为:

借:净资产	3 046 000	
贷:股本		1 200 000
资本公积		1 500 000
盈余公积		300 000
未分配利润		46 000

合并后的甲公司,其股本为 3 200 000 元,资本公积为 1 800 000 元,盈余公积为 1 304 000 元,未分配利

润为 796 000 元,股东权益合计仍为 7 100 000 元,保持不变。

情形二　换出股份的面值大于换入股份的面值。假定甲公司发出 2 700 000 股面值 1 元的股份,换取乙公司的全部股份。这时,换出股份的面值等于乙公司的投入资本,资本公积没有任何变化,乙公司的盈余公积全部转入。记录合并业务的会计分录为:

借:净资产　3 046 000
　贷:股本　2 700 000
　　盈余公积　300 000
　　未分配利润　46 000

此分录中,似乎在合并前,乙公司先将资本公积转增了股本,使股本数等于发行的股本 2 700 000 股(1 200 000+1 500 000)。合并后的甲公司,其股本为 4 700 000 元,资本公积为 300 000 元,盈余公积为 1 304 000 元,未分配利润为 796 000 元,股东权益合计仍为 7 100 000 元,保持不变。

情形三　换出股份的面值大于被并企业投入资本。假定甲公司发出 3 300 000 股面值 1 元的股份,换取乙公司的全部股份。这时,就应当冲销甲公司的资本公积 300 000 元,不足部分少记留存收益,由于盈余公积是拨定用途的留存收益,未分配利润是未拨定用途的留存收益,理论上应该先减少未分配利润,未分配利润不足的冲销公司提取的任意盈余公积,尚有差额,则只能列为未分配利润的借方,留待以后年度的利润弥补。法定盈余公积一般应该保留,不应冲销。记录合并业务的会计分录为:

借:净资产　3 046 000
　资本公积　300 000
　贷:股本　3 300 000
　　未分配利润　46 000

注意这笔分录,类似于乙企业先将资本公积和盈余公积转增了股本,再将甲公司的资本公积转增股本 300 000 股,使股本数等于 3 300 000 股(1 200 000+1 500 000+300 000+300 000)。合并后的甲公司,其股本为 5 300 000 元,资本公积为 0 元,盈余公积为 1 004 000 元,未分配利润为 796 000 元,股东权益合计仍为 7 100 000 元,保持不变。

情形四　换出股份的面值大于被并企业投入资本。假定甲公司发出 4 000 000 股面值 1 元的股份,换取乙公司的全部股份。这时,不仅应冲销甲公司的资本公积,不记留存收益,而且不足部分还应先后冲销甲公司的盈余公积和未分配利润。记录合并业务的会计分录为:

借:净资产　3 046 000
　资本公积　300 000
　盈余公积　654 000
　贷:股本　4 000 000

合并后的甲公司,其股本为 6 000 000 元,资本公积为 0 元,盈余公积为 350 000 元,未分配利润为 750 000 元,股东权益合计仍为 7 100 000 元,保持不变。

兹将上述企业合并四种情形下净资产的数额、股东权益的结构和总额列表概括,如表 1-7 所示。

表 1-7　各种合并条件下股东权益的比较　单位:元

情　形	吸收合并(甲公司)			
	一	二	三	四
净资产	7 100 000	7 100 000	7 100 000	7 100 000
股本	3 200 000	4 700 000	5 300 000	6 000 000
资本公积	1 800 000	300 000	—	—

续 表

情 形	吸收合并(甲公司)			
	一	二	三	四
投入资本合计	5 000 000	5 000 000	5 300 000	6 000 000
盈余公积	1 304 000	1 304 000	1 004 000	350 000
未分配利润	796 000	796 000	796 000	750 000
股东权益	7 100 000	7 100 000	7 100 000	7 100 000

在控股合并方式下,采用权益结合法处理的会计分录一般如下:

借:长期股权投资(账面价值)　××

　贷:股本(换出股份面值)　××

　　资本公积(轧差数)　××

　　盈余公积(被并企业的金额)　××

　　未分配利润(被并企业的金额)　××

若出现特殊情况,则其处理原则与上述吸收合并相同。

思考题

1. 试解释企业合并的含义。
2. 企业合并按其法律形式可分为哪几种?试说明它们的区别。
3. 原有企业的解散(法人资格的丧失)是企业合并的必要条件吗?为什么?
4. 试阐述购买法和权益结合法的特点,并说明它们的主要差异。为什么美国和国际会计准则会取消权益结合法?
5. 处理企业合并业务的会计方法与企业合并的法律形式有关吗?为什么?
6. 1998 年财会字 66 号文规定,公司购买其他企业,应以被购买企业对净资产和经营的控制权实际上转让给购买公司的日期作为购买日,即被购买企业以其净资产和经营的控制权上的主要风险和报酬已经转移,并且相关的经济利益能够流入购买公司为标志。为什么购买日的确定是重要的?
7. 在按购买法处理的企业合并中,如何将合并成本分配到有关资产和负债?
8. 在复杂的企业合并中,如何确定主并企业?
9. 何谓反向收购?法律上的主并企业与会计上的主并企业是一致的吗?为什么?
10. 商誉是怎样产生的?应当如何进行减值测试?
11. 在财务报表注释中应如何披露企业合并业务?

阅读材料

1. 财政部:《企业会计准则第 6 号——无形资产》,2006 年。
2. 财政部:《企业会计准则第 8 号——资产减值》,2006 年。
3. 财政部:《企业会计准则第 20 号——企业合并》,2006 年。
4. 财政部:《企业会计准则第 2 号——长期股权投资》,2014 年。
5. International Financial Reporting Standard 3 (IFRS 3), Business Combinations. International Accounting Standard Board, 2004.

6. Statement of Financial Accounting Standards No. 141, Business Combinations. Financial Accounting Standard Board, 2001.

7. 陈信元、曾庆生:《我国上市公司换股合并的会计方法选择》,《会计研究》2001年第5期。

8. 王大力:《券商借壳上市的会计劫:海通证券能否成样本》,《证券市场周刊》2007年6月9日。

9. 王纪平:《反向收购会计方法选择》,《财务与会计(综合版)》2008年第3期。

练习题

练习一

一、目的:练习合并成本的确定。

二、资料:2016年1月5日,亚通公司吸收合并了证通公司,发生了与合并相关的费用如下:

(1) 向证通公司的原股东发行20 000 000股新股,每股市价5元;

(2) 向证通公司的原股东支付10 000 000元银行存款;

(3) 若合并后的证通公司在未来3年的净资产收益率平均达到10%(扣除非经常性损益),亚通公司尚需支付10 000 000元银行存款;

(4) 向中介机构支付500 000元会计服务费用,300 000元法律服务费用;

(5) 为了向证通公司的股东支付银行存款,办理了到期借款的续借手续,支付1 000元手续费,并预计发生利息费用800 000元;

(6) 公司专设的并购部在合并期间发生运行费用1 600 000元,估计有40%用在合并证通公司的事项上;

(7) 为了使证通公司的会计信息系统与其一致,亚通公司支付了1 000 000元的系统更新费用。

三、要求:试确定上述费用哪些归属于合并成本,哪些在发生时计入当期损益,并说明理由。

练习二

一、目的:掌握企业合并的会计处理。

二、资料:2017年1月10日,兴华公司发行1 000 000股每股面值1元的股份,换取航天公司的全部股份,这些股份的公允价值为2 940 000元。此外,兴华公司还发生了如下合并费用(单位:元):

法律费用(直接与合并相关)	18 000
证交所登记费	14 400
股份发行费	3 600
其他费用(间接)	20 000

在这一吸收合并之前,航天公司资产和权益的有关资料如表1-8所示。

表1-8 航天公司的资产和权益 单位:元

项 目	账面价值	公允价值
流动资产	1 200 000	1 320 000
固定资产	1 800 000	2 400 000
负债	360 000	360 000
股本	2 000 000	
资本公积	400 000	
盈余公积	200 000	
未分配利润	40 000	

三、要求：

(1) 假定该合并业务属于同一控制下的企业合并，请为兴华公司编制合并时的相关分录。

(2) 假定该合并业务属于非同一控制下的企业合并，请为兴华公司编制合并时的相关分录。

练习三

一、目的：练习企业合并商誉的计算。

二、资料：华宝公司 2016 年 12 月 31 日资产负债表的有关数据如表 1-9 所示。

表 1-9　　华宝公司资产负债表

2016 年 12 月 31 日　　单位：元

资　产		负债和所有者权益	
银行存款	20 000	流动负债	70 000
存货	60 000	非流动负债	210 000
应收账款	50 000	股本	200 000
其他流动资产	30 000	资本公积	100 000
持有至到期投资	40 000	盈余公积	200 000
固定资产(净)	700 000	未分配利润	120 000
资产合计	900 000	负债和所有者权益合计	900 000

2017 年 1 月 3 日，钦州公司支付银行存款 700 000 元，购入了华宝公司除银行存款外的净资产。华宝公司的存货、固定资产和长期负债的公允价值分别为 80 000 元、860 000 元和 200 000 元，其余项目的公允价值与账面价值相同。此外，钦州公司还发生与合并有关的费用 100 000 元。

三、要求：计算这一合并业务所产生的商誉。

练习四

一、目的：练习企业合并业务的会计处理。

二、资料：银江公司发行了每股面值 1 元的 1 440 000 股的股份(总市值 30 600 000 元)，以换取滨江公司发行在外的全部股份。合并后滨江公司的法人资格消失。银江公司所发生的与合并相关的费用如下(单位：元)：

法律费用	300 000
股份登记费用	180 000
其他间接费用	240 000

企业合并前，滨江公司有关资产和负债的公允价值如表 1-10 所示。

表 1-10　　滨江公司有关资产和负债的公允价值　　单位：元

项　目	账 面 价 值	公 允 价 值
流动资产	1 200 000	1 320 000
固定资产	1 800 000	2 640 000
负债	360 000	360 000
净资产	2 640 000	

三、要求：分别按同一控制和非同一控制两种情况为银江公司编制合并时的会计分录。

练习五

一、目的：练习企业合并业务的会计处理。

二、资料：2017 年 1 月 2 日，华润公司支付 600 000 元银行存款购入利泰公司的全部股份，此外还支付了与合并有关的法律费用 60 000 元，合并前利泰公司的资产负债表如表 1－11 所示。

表 1－11　　利泰公司资产负债表(合并前)　　单位：元

资　　产		负债和所有者权益	
银行存款	40 000	流动负债	145 000
应收账款	50 000	非流动负债	475 000
存货	230 000	股本	300 000
固定资产(净)	760 000	资本公积	130 000
无形资产	120 000	盈余公积	100 000
		未分配利润	50 000
资产合计	1 200 000	负债和所有者权益合计	1 200 000

除了以下项目外，公允价值与账面价值相同：

	公允价值
存货	250 000
固定资产	780 000
无形资产	130 000

三、要求：分别按同一控制和非同一控制两种情况，为华润公司编制企业合并时的会计分录。

练习六

一、目的：掌握企业合并的购买法。

二、资料：信华公司与协和公司 2016 年 12 月 31 日的资产负债表有关信息如表 1－12 所示。

表 1－12　　信华公司与协和公司资产负债表有关信息
2016 年 12 月 31 日　　单位：元

项　　目	信华公司(账面价值)	协和公司(账面价值)	协和公司(公允价值)
流动资产	9 600 000	3 200 000	3 600 000
固定资产(净)	10 400 000	8 800 000	10 400 000
资产合计	20 000 000	12 000 000	14 000 000
负债	6 000 000	2 000 000	2 000 000
股本	8 000 000	4 000 000	
盈余公积	5 000 000	4 000 000	
未分配利润	1 000 000	2 000 000	
负债和所有者权益合计	20 000 000	12 000 000	

2017 年 1 月 3 日，信华公司合并了协和公司。信华公司股份每股市价 14 元，该业务属吸收合并，采用购买法处理。

三、要求：

(1) 假定信华公司发行1 000 000股股份换取协和公司的全部股份。

① 计算合并所产生的商誉；

② 编制合并分录；

③ 计算合并后信华公司投入资本总额。

(2) 假定信华公司发行500 000股股份换取协和公司的全部股份。

① 确定投资成本与所取得净资产公允价值的差额；

② 编制合并分录；

③ 计算合并后信华公司的资本公积、盈余公积和未分配利润。

练习七

一、目的：掌握负商誉的计算以及合并后资产负债表的编制。

二、资料：2016年12月31日，莱茵公司和金韵公司的资产负债表信息以及公允价值信息如表1-13所示。

表1-13　　两家公司的资产负债表信息及公允价值信息

2016年12月31日　　单位：元

项　　目	莱　茵　公　司		金　韵　公　司	
	账面价值	公允价值	账面价值	公允价值
货币资金	138 000	138 000	12 000	12 000
应收账款(净)	48 000	48 000	24 000	24 000
存货	144 000	180 000	60 000	36 000
固定资产(净)	456 000	654 000	228 000	360 000
无形资产	54 000	120 000	36 000	120 000
资产合计	840 000	1 140 000	360 000	552 000
应付账款	108 000	108 000	36 000	36 000
长期借款	120 000	108 000	72 000	84 000
股本	360 000		120 000	
资本公积	120 000		80 000	
盈余公积	96 000		36 000	
未分配利润	36 000		16 000	
负债和所有者权益合计	840 000		360 000	

2017年1月5日，莱茵公司支付360 000元取得了金韵公司的全部股份，合并后金韵公司丧失法人资格。

三、要求：

(1) 计算初始的负商誉金额；

(2) 经复核，发现上述金韵公司的无形资产公允价值仅60 000元，试为莱茵公司编制合并时的有关分录；

(3) 试为莱茵公司编制合并后的资产负债表。

练习八

一、目的：掌握企业合并的会计处理。

二、资料：2016 年 9 月 30 日，新澳公司吸收合并了新海公司。新澳公司支付银行存款 248 000 元，并承担 1 352 000 元 3 年期债务，每年应按 10%的利率支付利息。此外，还支付各项直接费用 25 000 元。两家公司合并前的资产负债表如表 1－14 所示。

表 1－14　合并前两家公司的资产负债表　单位：元

项　目	新澳公司	新海公司
流动资产	348 000	240 000
固定资产(净)	1 480 000	904 000
专利权	36 000	16 000
递延资产	12 000	—
资产合计	1 876 000	1 160 000
负债	212 000	168 000
股本	880 000	300 000
资本公积	320 000	256 000
盈余公积	300 000	200 000
未分配利润	164 000	236 000
负债和所有者权益合计	1 876 000	1 160 000

其他有关数据如下：

(1) 合并时两家公司可辨认净资产的公允价值如表 1－15 所示。

表 1－15　合并时两家公司可辨认净资产的公允价值　单位：元

项　目	新澳公司	新海公司
流动资产	396 000	272 000
固定资产(净)	1 760 000	1 120 000
无形资产	45 600	28 800
递延资产	12 000	
负债	(212 000)	(168 000)
可辨认净资产	2 001 600	1 252 800

(2) 在企业合并前，新澳公司和新海公司的股份面值均为 1 元。

(3) 在合并后，新海公司解散。

三、要求：按购买法为新澳公司编制企业合并时的有关分录。

练习九

一、目的：掌握企业合并的权益结合法(附录用)。

二、资料：东晖公司和凉城公司 2016 年 12 月 31 日的资产负债表信息如表 1－16 所示。

表 1－16　　合并前两家公司的资产负债表

2016 年 12 月 31 日　　单位：元

项　目	东晖公司	凉城公司
流动资产	1 800 000	1 500 000
固定资产(净)	3 000 000	3 000 000
资产合计	4 800 000	4 500 000
负债	450 000	900 000
股本	3 000 000	2 500 000
资本公积	600 000	900 000
盈余公积	500 000	150 000
未分配利润	250 000	50 000
负债和所有者权益合计	4 800 000	4 500 000

2017 年 1 月 2 日，两家公司吸收合并，支付合并直接费用 90 000 元，按权益结合法处理。

三、要求：

1. 假设东晖公司发行 3 000 000 股股份换取凉城公司全部 2 500 000 股股份。

(1) 为东晖公司编制合并分录；

(2) 为东晖公司编制合并后的资产负债表。

2. 假设凉城公司发行 3 600 000 股股份换取东晖公司全部股份。

(1) 为凉城公司编制合并分录；

(2) 为凉城公司编制合并后的资产负债表。

案例分析题

2007 年 6 月 9 日，上海市都市农商社股份有限公司(以下简称都市股份)公告称，本公司重大资产出售暨吸收合并海通证券股份有限公司(以下简称海通证券)的申请已经中国证券监督管理委员会有关文件核准。中国证监会同意都市股份向光明食品集团有限公司出售全部资产负债，同时吸收合并海通证券；同意都市股份吸收合并原海通证券后，公司名称变更为“海通证券股份有限公司”，并依法承继原海通证券的各项证券业务资格，原海通证券依法注销。

都市股份原净资产的转让价款参照其公允价值确定为 7.56 亿元，公司现有全部业务及全部职工也随资产和负债一并由都市股份的控股股东光明食品集团承接。都市股份在换股吸收合并海通证券时，换股比例为每 1 股海通证券股份换 0.347 股都市股份。海通证券在本次合并前的股份总数为 87.34 亿股，换为都市股份 30.13 亿股，本次合并完成后都市股份的股份总数将增加至 33.89 亿股。换股合并实施后，都市股份还将非公开发行 10 亿股(发行底价为 13.15 元/股)，引入战略投资者。2007 年 7 月，都市股份变更为“海通证券股份有限公司”，原海通证券的董事长和总经理继续担任原职位。

证券界和会计界就这起合并的性质以及相应的会计处理方法进行了热烈的讨论。

［要求］

请上网参阅有关报道和文章，并结合本章内容，讨论以下问题：

(1) 从法律和会计两个方面讨论本案例中主并方是都市股份还是海通证券？为什么？

(2) 试查找有关资料，分析本合并业务采用了什么会计方法？这样的会计处理方法是否合理？为什么？

(3) 如果都市股份是主并企业，那么其合并成本是多少？合并所产生的商誉是多少？

(4) 如果海通证券是主并企业，那么其合并成本是多少？合并所产生的商誉是多少？

(5) 试分析我国证券公司借壳上市的合理性。

第二章

购并日的合并财务报表

学习提要

合并财务报表是指将两个或两个以上具有法人资格的企业因控股和被控股关系所形成的企业集团作为一个会计主体,用于综合反映该主体整体财务状况、经营成果和现金流量情况的财务报表。合并财务报表由企业集团中的控股公司(母公司)于会计期间终了编制,主要包括合并资产负债表、合并利润表、合并所有者权益变动表和合并现金流量表。

合并财务报表的编制要与合并时的会计处理方法密切结合。购买法下,企业合并是一个新的起点,因此,合并日只能编制合并资产负债表,不能编制其他合并财务报表。购买法要求将子公司的净资产按公允价值合并,并确认商誉。非母公司所拥有的子公司股份即少数股东权益(简称少数股权),或非控制性权益。对少数股权的处理,有母公司和经济实体两种理论。按照母公司理论,少数股东权益在合并资产负债表中列为负债,属于少数股权的净利润列为费用;经济实体理论则认为,少数股权与控制性权益性质相同,属于合并所有者权益的一部分。现行实务主要以经济实体理论为基础处理。

同一控制下的企业合并形成的母子公司合并报表编制比较简单。

合并日的合并工作底稿上,最主要的是抵销子公司所有者权益各项目,同时抵销母公司的长期股权投资项目,并将子公司可辨认资产和负债的公允价值及商誉加计入新的会计主体中,对非全资子公司的合并,则还应确认少数股东权益。

在第一章“企业合并”讨论控股合并形式时,提到了投资企业和被投资企业。如果投资企业取得了被投资企业50%以上的股份,或者虽未达到50%,但可以实施控制的,即控制性权益,则这两家企业形成了母子公司关系,被投资企业成为控股的母公司(投资企业)的子公司,但它们仍保留独立的法人资格。

从法律的角度看,母公司和子公司均应在合并当期及以后各期提供个别财务报表,以反映各自的财务状况、经营成果和现金流量情况。但在经济实质上,这两家企业已完成合并,并已融为一个单一的经济实体,有鉴于此,需要以这一经济实体(会计主体)为对象编制合并财务报表,以反映这一经济实体整体财务状况、经营成果和现金流量情况。

第一节　合并财务报表的性质与合并范围

一、合并财务报表的性质

合并财务报表，也称合并会计报表，简称合并报表，是指将两个或两个以上具有法人资格的企业因控制和被控制关系所形成的企业集团作为一个会计主体，用于综合反映该主体整体财务状况、经营成果和现金流量情况的财务报表。合并财务报表由企业集团中的控股公司（母公司）于会计期间终了编制，主要包括合并资产负债表、合并利润表、合并所有者权益变动表和合并现金流量表。也就是说，从母公司股东和债权人来看，如果子公司的法人资格不复存在，那么该公司的财务状况、经营成果和现金流量将如何反映？编制合并财务报表是为了反映经济实质，而非法律形式。从合并财务报表的定义，可以归纳出它具有以下两个特点：

(1) 当存在母子公司关系时，法律上彼此独立的两个或两个以上企业在经济上已融为一体，母公司的股东及其他与母公司有利害关系的方面需要了解以母公司为主的整个企业集团的经营情况，编制合并财务报表的目的就是为了向这些方面反映企业集团的财务状况和经营成果。通常认为，编制合并财务报表，主要服务于母公司的股东和债权人。

(2) 合并财务报表的会计主体是能被母公司管理部门所控制的全部经营活动，这一主体称为合并主体，它强调的是经济实体而不是法律实体。在这里，两个或两个以上有控股和被控股关系的企业被视为一个主体。合并财务报表所反映的信息必须抵销公司间的业务，即只反映合并主体对外界交易的经营成果、财务状况和现金流量情况。

从合并财务报表产生的历史看，当一家公司拥有另一家公司的控制性权益（通常在50%以上）时，控股公司的管理层不仅控制其自身的经济资源，而且还控制了子公司的经济资源，合并资产负债表就是要反映控股公司管理层所控制的经济资源，即资产和负债；通过编制合并利润表，反映所控制的经济资源所实现的经营规模，即收入和费用；通过编制合并现金流量表，反映集团的现金流量情况。

合并财务报表的会计主体是企业集团，而企业集团不是独立的法人，因此，合并财务报表仅仅具有提供企业集团整体财务状况、经营成果和现金流量的功能，没有利润分配的功能，至少没有分配税后利润的功能。母公司和子公司的债权人对企业的债权求偿权通常是针对独立的法律主体，而不是针对经济实体。例如，母公司债权人只能以母公司的资产满足其债权要求，而不能直接向子公司去索取；由于母公司对子公司债务的有限责任，子公司的债权人对债权的要求也仅仅局限于子公司的资产，而不能追溯到合并财务报表中列示的总资产。合并财务报表中的数据实际上是母公司和各子公司的混合数，并不能反映每个法律实体的长、短期偿债能力，因而不能满足各公司债权人的信息要求。此外，合并财务报表并不能为股东预测和评价母公司和所有子公司将来的股利分派提供依据。利润分配取决于每个具有独立法人资格企业的未分配利润、各企业的资产构成、对利润分配的法律限制，以及企业将来的财务状况。所以，合并资产负债表中存在大量的合并未分配利润以及较强的现金流转能力，并不保证纳入合并财务报表中的每个公司都能够分配利润。同样，母公司、子公司在法律上是独立的,子公司所实现的净利润在分配利润之前,对母公司并无实际意义。

上述对合并财务报表性质的认识,有助于更为恰当地编制合并财务报表,并简化合并程序,消除实务界存在的困惑。

二、合并财务报表的合并范围

合并财务报表的合并范围应当以控制为基础予以确定。即当一家企业在股权关系上控制其他企业时,应编制合并财务报表。

所谓"控制",是指投资方拥有对被投资方的权力,通过参与被投资方的相关活动而享有可变回报,并且有能力运用对被投资方的权力影响其可变回报金额。

从定义中可以看出,投资方对被投资方实现控制,必须具备两项基本要素。一是因参与相关活动取得可变回报;二是拥有对被投资方的权力,并且有能力运用对被投资方的权力影响其可变回报的金额。

只有上述两个要素同时具备时,投资方才能控制被投资方。兹分述之。

(一) 参与相关活动享有可变回报

1. 相关活动

相关活动是指对被投资方的回报产生重大影响的活动。对许多企业而言,经营与财务活动通常是其对可变回报产生重大影响的活动,但还需要根据企业的行业特征、业务特点、发展阶段、市场环境等具体情况来判断,这些活动可能包括但不限于以下各项:商品或劳务的销售或购买,金融资产的管理,资产的购买和处置,研究与开发活动以及融资活动等。

2. 可变回报

所谓"可变回报",是指不固定且可能随着被投资方业绩而变化的回报,既可能是正回报,也可能是负回报。

投资方自被投资方取得的回报可能会随着被投资方业绩而变动的,视为享有可变回报。可变回报的常见形式主要包括:(1) 股利、被投资方经济利益的其他分配、投资方对被投资方的投资价值变动。(2) 因向被投资方的资产或负债提供服务而得到的报酬、因提供信用支持或流动性支持收取的费用或承担的损失、被投资方清算时在其剩余净资产中所享有的权益、税务利益、因参与被投资方而获得的未来流动性。(3) 其他利益持有方无法得到的回报。

投资方在评价其享有被投资方的回报是否可变以及可变程度时,需基于合同安排的实质,而不是法律形式。例如,某些固定债务工具,投资方通常取得的固定回报,出于被投资方存在不能履约的风险,实质上也可以归入可变回报的范围。

(二) 投资方对被投资方拥有权力,并能运用此权力影响可变回报金额

1. 权力的含义

投资方能够主导被投资方的相关活动时,称投资方对被投资方拥有权力。判断投资方对被投资方是否拥有权力时,应当注意以下几点:(1) 权力只表明投资有主导被投资方相关活动的现时能力,并不要求投资方实际行使其权力。(2) 权力是一种实质性权利,而不是保护性权利。(3) 权力是为自己行使的,而不是代其他方行使的。(4) 权力通常表现为表决权,但有时也可能表现为其他合同安排。

2. 实质性权利与保护性权利

所谓"实质性权利",是指持有人在对相关活动进行决策时,有实际能力行使的可执行权力,即在主导被投资方相关活动的决策时,该项权利是可行使的,通常是当前可执行的权利,在特定情况下,也可以是未来可执行的权利,如某些远期合同等。

判断一项权利是否为实质性权利,应当综合考虑所有相关因素。相关因素包括但不仅限于以下各项:(1) 权利持有人行使权利是否存在经济或其他方面的障碍。(2) 当权利由多方持有或者需要多方同意时,是否存在实际可行的机制使得这些权利持有人在其愿意的情况下能够一致行使权利。(3) 权利持有人能否从行使权利中获利。

所谓"保护性权利",是指旨在保护持有这些权利的当事方的权利,而不赋予当事方对这些权利所涉及的主体的权利。

仅持有保护性权利的投资方不能对被投资方实施控制,也不能阻止其他方对投资方实施控制。例如,贷款方在借款方发生违约行为时扣押其资产的权利,即为保护性权利。

需要注意的是,权利的持有人应当是主要责任人,即为自己行使权利,而不是代其他方行使权利。代理人的权利是主要责任人直接持有,并不对被投资方拥有控制。

3. 拥有权力的一般表现方式

投资方对被投资方拥有的权力可能源自各种不同的权利,如表决权、委派、托管等,其中最一般的表现方式是表决权。

表决权是对被投资方包括经营计划、投资方案、年度财务预算和决算方案、利润分配方案、内部管理机构的设置、聘任或解聘公司经理及确定其薪酬、公司的基本管理制度等事项进行表决而持有的权利。表决比例通常与其出资比例或持股比例一致,但公司章程另有规定的除外。

投资方对被投资方拥有控制能力通常存在以下情形:

(1) 通常直接或间接拥有半数以上表决权而拥有权力。

具体又有三种主要的情形。一是投资方直接拥有被投资方半数以上表决权。例如,A公司直接持有B公司60%的股份。二是投资方直接拥有被投资方半数以上的表决权,而被投资方拥有另一被投资方半数以上的表决权,则投资方间接拥有另一被投资方半数以上表决权。例如,A公司拥有B公司60%的股份,B公司拥有C公司60%的股份,则A公司间接拥有C公司半数以上的表决权。三是投资方拥有被投资方半数以上的股份,投资方和被投资方对另一被投资方拥有的表决权合计超过半数,则投资方通常自己和被投资方间接拥有另一被投资方半数以上的表决权。例如,A公司拥有B公司60%的股份,A公司拥有C公司30%的股份,B公司拥有C公司30%的股份,则A公司通过自身和B公司间接拥有C公司60%的表决权。

需要注意的是,在实务中,存在拥有被投资方半数以上表决权但并无权力的情形。如被投资方正处在清算过程中,行使实质性权利的不是投资方,而是被投资方的清算组。

(2) 投资方持有被投资方半数或以下的表决权,但通过与其他表决权持有人之间的协议或其他事实和情况能够控制半数以上表决权。

投资方持有被投资方半数或以下的表决权,但通过与其他表决权持有人之间的协议能够控制半数以上表决权。

投资方持有被投资方半数或以下的表决权,但综合考虑下列事实和情况后,判断投资方

持有的表决权足以使其目前有能力主导被投资方相关活动的,视为投资方对被投资方拥有权力:

① 投资方持有的表决权相对于其他投资方持有的表决权份额的大小,以及其他投资方持有表决权的分散程度。例如,A公司持有B公司20%的股份,但B公司的股权极其分散,A公司持股比例是所有股东中最高的,除A公司外的其他股东不是一致行动人,虽然A公司持有B公司半数以下的表决权,但仍然能够控制B公司。

② 投资方和其他投资方持有的被投资方的潜在表决权,如可转换公司债券、可执行认股权证等。

③ 其他合同安排产生的权利。

④ 被投资方以往的表决权行使情况等其他相关事实和情况。

(3) 除表决权外,在某些情况下,投资方可能难以判断其享有的权利是否足以使其拥有对被投资方的权力。

在这种情况下,投资方应当考虑其具有实际能力以单方面主导被投资方相关活动的证据,从而判断其是否拥有对被投资方的权力。投资方应考虑的因素包括但不限于下列事项:

① 投资方能否任命或批准被投资方的关键管理人员。

② 投资方能否出于其自身利益决定或否决被投资方的重大交易。

③ 投资方能否掌控被投资方董事会等类似权力机构成员的任命程序,或者从其他表决权持有人手中获得代理权。

④ 投资方与被投资方的关键管理人员或董事会等类似权力机构中的多数成员是否存在关联方关系。

(4) 权力源自表决权以外的合同安排。

在有些情况下,投资方对被投资方的权力不是源自表决权,被投资方的相关活动由一项或多项合同安排决定,如证券化产品、信托等结构化主体。

所谓"结构化主体"(structured entities)或称"特殊目的主体"(special purpose entities, SPEs),是指在确定其控制方时没有将表决权或类似权利作为决策因素而设计的主体。通常情况下,结构化主体在合同约定的范围内开展业务活动,表决权或类似权利仅与日常行政活动工作有关。

结构化主体通常具有下列特征中的多项或全部:

① 业务范围受限。结构化主体在合同约定的范围内开展业务活动,业务活动的范围受到了限制。

② 狭窄且定义明确的目标,如开展特定的研究与开发活动等。

③ 资本弱化。即"真实"权益或资本(如有)不足以支撑其业务活动,须借助其他级次财务的支持,如对可能的损失作出的承诺或担保义务等。

④ 向投资者发行不同等级的证券等金融工具进行融资,且该金融工具的信用风险及其他风险的集中程度不同。

除此之外,下列各项也是结构化主体的常见特征:① 使用专业的董事、受托人或合伙人。② 缺乏明显的营利动机,通常是以利息或费用的方式分配其所有的利润。③ 具有规定的期限。④ 在避税天堂注册等。

4. 控制的持续评估

尽管将权力定义为现时的可行使权力,但并不是一成不变的,因此,投资方应当对控制进行持续评估。当环境或情况发生变化时,投资方需要评估控制的两个基本要素中的一个或多个是否发生了变化。如果两个基本要素中的一个或多个发生了变化,投资方应当重新评估其对被投资方是否具有控制。

如果发生了控制的变易,应当按照会计主体变更的会计规则调整合并财务报表。

三、纳入合并范围的特殊情况

投资方通常应当对是否控制被投资方整体进行判断。但在极个别的情况下,如果有确凿证据表明同时满足下列条件并且符合相关法律法规规定的,投资方应当将被投资方的一部分(以下简称"该部分")视为被投资方可分割的部分(单独主体),进而判断是否控制该部分(单独主体)。

(1) 该部分的资产是偿付该部分负债或该部分其他权益的唯一来源,不能用于偿还该部分以外的被投资方的其他负债;

(2) 除与该部分相关的各方外,其他方不享有与该部分资产相关的权利,也不享有与该部分资产剩余现金流量相关的权利。

例如,甲房地产商为竞标某块商业用地,囿于资金所限,邀请乙房地产商共同举牌并成功竞标。而后,甲、乙两家企业成立项目公司共同开发该商业地块(甲企业是项目公司的主导方),并将该商业地块分成A、B两期开发。双方约定,甲企业负责开发A地块,乙企业负责开发B地块。甲(乙)企业不涉及B(A)地块的所有事务,不承担相关的债务,也不享有该地块包括剩余现金流量在内的资产的相关权利。

可以看出,该项目公司(被投资方)中的A地块可以视为被投资方可分割的部分(单独主体),甲企业(投资方)能够控制该部分(单独主体),应当将该单独主体纳入合并报表的编制范围。

四、合并报表的豁免

(一) 豁免规定

母公司应当将其全部子公司(包括母公司所控制的单独主体、结构化主体)纳入合并财务报表的合并范围。但是,如果母公司是投资性主体,则母公司应当仅将为其投资活动提供相关服务的子公司(如有)纳入合并范围并编制合并财务报表;其他子公司不应当予以合并,母公司对其他子公司的投资应当按照公允价值计量且其变动计入当期损益或其他综合收益。

(二) 投资性主体的定义

当母公司同时满足下列条件时,该母公司属于投资性主体:

(1) 该公司是以向投资者提供投资管理服务为目的,从一个或多个投资者处获取资金;

(2) 该公司的唯一经营目的,是通过资本增值、投资收益或两者兼有之而让其投资者获得回报;

(3) 该公司按照公允价值对几乎所有投资的业绩进行考量和评价。

(三) 投资性主体的特征

母公司属于投资性主体的,通常情况下应当符合下列所有特征:

(1) 拥有一个以上投资;

(2) 拥有一个以上投资者;

(3) 投资者不是该主体的关联方;

(4) 其所有者权益以股权或类似权益方式存在。

(四) 投资性主体转换引起的合并范围的变化

当母公司由非投资性主体转变为投资性主体时,除仅将为其投资活动提供相关服务的子公司纳入合并财务报表范围编制合并财务报表外,企业自转变日起对其他子公司不再予以合并,并按照视同在转变日处置子公司但保留剩余股权的原则进行会计处理。

当母公司由投资性主体转变为非投资性主体时,应将原未纳入合并财务报表范围的子公司于转变日纳入合并财务报表范围,原未纳入合并财务报表范围的子公司在转变日的公允价值视同为购买的交易对价,按照非同一控制下企业合并的会计方法进行会计处理。

第二节 购买全部股份时的合并财务报表

一、合并程序

合并财务报表应当以母公司和其子公司的财务报表为基础,根据其他有关资料,按照权益法调整对子公司的长期股权投资后,由母公司编制。

母公司应当统一子公司所采用的会计政策,使子公司采用的会计政策与母公司保持一致。子公司所采用的会计政策与母公司不一致的,应当按照母公司的会计政策对子公司财务报表进行必要的调整;或者要求子公司按照母公司的会计政策另行编报财务报表。

母公司应当统一子公司的会计期间,使子公司的会计期间与母公司保持一致。

子公司的会计期间与母公司不一致的,应当按照母公司的会计期间对子公司财务报表进行调整;或者要求子公司按照母公司的会计期间另行编报财务报表。

除此之外,若母公司和子公司的记账本位币不同,应统一母公司和子公司的记账本位币,对境外子公司以外币表示的财务报表,应按照一定的汇率折算为以母公司的记账本位币表示的财务报表。外币财务报表的折算和合并将在本书第十一章论述。

在编制合并财务报表时,子公司除了应当向母公司提供财务报表外,还应当向母公司提供下列有关资料:

(1) 采用的与母公司不一致的会计政策及其影响金额;

(2) 与母公司不一致的会计期间的说明;

(3) 与母公司、其他子公司之间发生的所有内部交易的相关资料;

(4) 所有者权益变动的有关资料;

(5) 编制合并财务报表所需要的其他资料。

二、业务例示

投资企业在购入其他企业的全部股份或净资产时，主要有四种情况：(1) 以账面价值购入；(2) 以公允价值购入；(3) 以低于公允价值购入；(4) 以高于公允价值购入。但不论按哪种情况购入，合并财务报表的编制原理和方法基本相同。以下主要以高于被并企业可辨认净资产公允价值的合并业务为例，论述合并财务报表的编制。

当投资企业购入被投资企业100%的股权时，已能牢牢控制后者的财务与经营方针，需要编制合并财务报表。

【例1】 2017年12月31日，甲公司向乙公司的股东支付银行存款605 000元，购入乙公司100%的发行在外股份，此外，甲公司还发生与合并有关的费用如下：

企业合并的手续费和法律费用	60 000
其他间接费用	42 000
合计	102 000

假定这宗合并业务属于非同一控制下的企业合并，按照上一章的结论，只能采用购买法进行会计处理。合并业务完成之后，乙公司作为甲公司全资拥有的子公司，继续以独立的法人身份从事经营活动。两家公司都以公历年度为会计年度，即以12月31日为资产负债表编制日，而且基本上采用相同的会计政策，所以，在合并之前毋需对每一家公司的账面记录加以调整。两家公司的所得税税率均为25%。

甲公司和乙公司在合并完成之前(2017年12月31日)的个别财务报表如表2-1所示。

表2-1　　甲公司和乙公司合并前个别财务报表

2017年12月31日　　单位：元

	甲公司	乙公司
利润表		
营业收入净额	1 188 000	720 000
营业成本	762 000	492 000
管理费用	87 000	39 000
销售费用	103 000	49 000
财务费用	48 000	36 000
所得税费用	47 000	26 000
净利润	141 000	76 000
加：年初未分配利润	8 000	5 000
可供分配的利润	149 000	81 000
减：提取盈余公积	76 000	40 000
分配现金股利	48 000	25 000
年末未分配利润	25 000	16 000

续 表

	甲公司	乙公司
资产负债表		
资产		
银行存款	720 000	48 000
存货	170 000	132 000
应收账款——乙公司	30 000	
其他流动资产	132 000	84 000
固定资产(净)	540 000	360 000
无形资产		24 000
资产合计	1 592 000	648 000
负债和所有者权益		
应付账款——甲公司		30 000
应交税费	31 000	12 000
其他负债	980 000	138 000
股本	360 000	240 000
资本公积	60 000	70 000
盈余公积	136 000	142 000
未分配利润	25 000	16 000
负债和所有者权益合计	1 592 000	648 000

2017 年 12 月 31 日,乙公司可辨认资产和负债的现行公允价值,除以下三项资产外,均与其账面价值相同(单位:元):

	账面价值	公允价值
存货	132 000	162 000
固定资产(净)	360 000	438 000
无形资产	24 000	30 000
合计	516 000	630 000

甲公司按购买法记录购入乙公司全部股份的分录如下:

(1) 记录购入乙公司全部股份。

借:长期股权投资　　605 000

　贷:银行存款　　605 000

(2) 记录与合并相关的费用。

借:管理费用　　102 000

　贷:银行存款　　102 000

由于乙公司仍为独立的法人,它没有解散,不需要在甲公司的账上将投资成本分摊到各项可辨认资产和负债。甲公司将上述两笔分录记入账册后,有关账户的发生额和余额如

表 2-2 和表 2-3 所示。

表 2-2　　银行存款　　单位：元

日　期	摘　要	借　方	贷　方	余　额
2017 年 12 月 31 日	合并前余额			720 000(借)
2017 年 12 月 31 日	购入股份		605 000	115 000(借)
2017 年 12 月 31 日	支付合并费用		102 000	13 000(借)

表 2-3　　长期股权投资——对乙公司投资　　单位：元

日　期	摘　要	借　方	贷　方	余　额
2017 年 12 月 31 日	购入股份	605 000		605 000(借)

按购买法处理甲公司和乙公司的企业合并，要求合并主体有一个新的开端，这体现了购买法将企业合并视为主并企业购买被并企业净资产的假设，符合购买法的要求。甲公司和乙公司在合并前的经营成果属于这两个单独的经济实体(也是法律实体)，换言之，乙公司的当年净利润不能并入甲公司。因此，在合并日(2017 年 12 月 31 日)，甲公司只需要(也只能)编制一张合并资产负债表。

三、无工作底稿下合并财务报表的编制

母、子公司合并财务报表的编制，可以不借助于工作底稿。显然，母公司账上的“长期股权投资”账户代表子公司的净资产(即所有者权益)，应与子公司所有者权益相互抵销，所以，在合并资产负债表，不应出现母公司的“长期股权投资”项目和子公司的所有者权益各项目。按照购买法，母公司的资产和负债按账面价值反映，而子公司的资产和负债则按公允价值反映；母公司购入 100%子公司股份的投资成本超过子公司可辨认净资产公允价值的差额，确认为商誉。

按照这些合并原理，甲公司在合并日的合并资产负债表可编制如表 2-4 所示。

表 2-4　　甲公司合并资产负债表

2017 年 12 月 31 日　　单位：元

资产	
流动资产	
银行存款(13 000+48 000)	61 000
存货(170 000+162 000)	332 000
其他流动资产(132 000+84 000)	216 000
流动资产合计	609 000
固定资产(净)(540 000+438 000)	978 000
其他无形资产(0+30 000)	30 000
商誉	23 000
资产合计	1 640 000

续 表

负债和所有者权益	
应交税费(31 000+12 000−25 500*)	17 500
其他负债(980 000+138 000)	1 118 000
股本	360 000
资本公积	60 000
盈余公积(136 000−76 500*)	59 500
未分配利润	25 000
负债和所有者权益合计	1 640 000

对上述合并资产负债表的有关项目,需要说明以下几点:

第一,在计算合并资产和负债(商誉除外)时,表 2－4 中括号内带“*”的数额为母公司发生的合并费用中计入本年的数额,一部分冲销母公司的应交税费 25 500 元(102 000×25%),另一部分为简化处理直接冲销盈余公积 76 500 元(102 000×75%),除商誉外的其他项目的括号内,第一个数据为母公司的账面价值,第二个数据为子公司的公允价值。

第二,公司间的往来账户,如母公司的投资与子公司的所有者权益、母公司的应收账款与子公司的应付账款,均应予抵销,不能列入合并资产负债表。

第三,合并资产负债表中的商誉是母公司投资成本(605 000 元)减去子公司可辨认净资产公允价值(582 000 元)的差额,即 23 000 元,具体计算如表 2－5 所示。

表 2－5 商誉计算表 单位:元

合并成本	605 000
减:乙公司可辨认净资产账面价值	468 000
未分摊的成本超过账面价值的数额	137 000
投资成本超过账面价值数额的分摊: 　　　　公允价值 − 账面价值 = 差 异 存货　　162 000　132 000　30 000 固定资产　438 000　360 000　78 000 无形资产　30 000　24 000　6 000 合计　　630 000　516 000　114 000	
减:可辨认净资产已分摊的差额	114 000
商誉(成本超过可辨认净资产公允价值的差额)	23 000

因此,由表 2－5 可见,母公司投资成本超过子公司净资产账面价值的差额由两部分组成:一是可辨认净资产公允价值与账面价值的差异,二是合并所产生的商誉。为表述方便,可通称为“合并价差”,本书将其作为过渡性项目使用,以便进一步分摊。

四、运用工作底稿编制合并财务报表

上述合并财务报表的编制,并没有借助于合并工作底稿和调整与抵销分录,因本例较为简单，还易于编制。在实际工作中，企业的资产、负债等项目庞杂，业务频繁，合并财务报表的编制要复杂得多，为避免项目和业务的遗漏，保证合并财务报表的准确性，通常需要借助于工作底稿，编制调整与抵销分录。工作底稿的格式如表 2－6 所示。

前文已指出，母公司的长期股权投资表示子公司的净资产，因而其“长期股权投资”账户与子公司的所有者权益各账户是一对往来账户，应在合并资产负债表中加以抵销。本例中，甲公司在其工作底稿中的调整与抵销分录如下：

(1) 借：股本，乙公司	240 000	
资本公积，乙公司	70 000	
盈余公积，乙公司	142 000	
未分配利润，乙公司	16 000	
合并价差	137 000	
贷：长期股权投资，甲公司		605 000

母公司资产负债表上的“长期股权投资”项目为 605 000 元，而子公司资产负债表上的股东权益各项目合计数为 468 000 元，两者的差额 137 000 元先记入“合并价差”项目，然后将合并价差分摊到乙公司可辨认的资产和负债项目。合并价差 137 000 元由两部分组成：一是乙公司可辨认净资产公允价值与其账面价值的差额，二是投资成本与乙公司可辨认净资产公允价值的差额。本例的差额分摊见表 2－5 中的计算结果，即存货、固定资产、无形资产分别增值 30 000 元、78 000 元和 6 000 元，商誉为 23 000 元。据此，甲公司可编制第二笔调整与抵销分录如下：

(2) 借：存货，乙公司	30 000	
固定资产，乙公司	78 000	
无形资产，乙公司	6 000	
商誉，乙公司	23 000	
贷：合并价差		137 000

上述调整与抵销分录中有关项目后出现的“甲公司”“乙公司”指项目所属的公司，而不是明细账。在合并资产负债表中，除了要抵销母、子公司的股权投资和被投资关系外，它们之间的债权和债务往来也应抵销，以反映合并主体对外的债权债务关系。本例中，甲公司与乙公司的应收应付款项为 30 000 元，应予抵销，分录为：

(3) 借：应付账款——甲公司	30 000	
贷：应收账款——乙公司		30 000

将上述三笔抵销分录记入合并财务报表工作底稿的“调整与抵销”栏以后，“合并主体”栏的各项数据即可平行相加减求得，具体如表 2－6 所示。

对合并财务报表工作底稿表 2－6，需要强调以下几点：

(1) 调整与抵销分录不是母公司或子公司账上的正式分录，它仅仅是为了便于编制合并资产负债表所做的一部分草稿。

(2) 调整与抵销分录用来反映子公司可辨认净资产公允价值和账面价值的差额，因为子公司在合并日并没有将其资产的价值调整到公允价值，也不能确认为商誉，前两笔抵销分录则用来反映子公司可辨认净资产公允价值和账面价值的差额以及子公司所存在的商誉。如果读者对合并财务报表的调整与抵销分录非常熟悉，也可以将这两笔抵销分录加以合并，如下所示：

借：股本	240 000	
资本公积	70 000	
盈余公积	142 000	
未分配利润	16 000	
存货	30 000	
固定资产	78 000	
无形资产	6 000	
商誉	23 000	
贷：长期股权投资		605 000

表 2-6　　甲公司合并资产负债表工作底稿

2017 年 12 月 31 日　　单位：元

项目	甲公司	乙公司	调整与抵销				合并主体
			借方		贷方		
资　产							
银行存款	13 000	48 000					61 000
存货	170 000	132 000	(2)	30 000			332 000
应收账款——乙公司	30 000				(3)	30 000	
其他流动资产	132 000	84 000					216 000
长期股权投资	605 000				(1)	605 000	
合并价差			(1)	137 000	(2)	137 000	
固定资产(净)	540 000	360 000	(2)	78 000			978 000
其他无形资产		24 000	(2)	6 000			30 000
商誉			(2)	23 000			23 000
资产合计	1 490 000	648 000					1 640 000
权　益							
应付账款——甲公司		30 000	(3)	30 000			
应交税费	5 500	12 000					17 500
其他负债	980 000	138 000					1 118 000
股本	360 000	240 000	(1)	240 000			360 000
资本公积	60 000	70 000	(1)	70 000			60 000
盈余公积	59 500	142 000	(1)	142 000			59 500
未分配利润	25 000	16 000	(1)	16 000			25 000
权益合计	1 490 000	648 000					1 640 000

(3) 公司间的应收应付项目应当全部在工作底稿上加以抵销，因为合并财务报表要反映整个企业集团对外界的债权债务状况。

(4) 合并投入资本数等于母公司的投入资本数，子公司的投入资本在合并工作底稿中总是需要抵销的，因为它已被子公司的一部分净资产所取代。

(5) 在按购买法处理的企业合并中，合并留存收益只包括母公司的留存收益，这反映了购买法视企业合并为购买净资产的特点。

(6) 工作底稿中的"合并主体"栏反映了由两个法律实体构成的、已抵销它们之间所有往来余额的单一经济实体的财务状况。

根据工作底稿中的"合并主体"栏，甲公司即可编制合并资产负债表，如表2－7所示。

表2－7　甲公司合并资产负债表

2017年12月31日　　单位：元

资　产	金　额	负债和所有者权益	金　额
流动资产		负债	
银行存款	61 000	应交税费	17 500
存货	332 000	其他负债	1 118 000
其他流动资产	216 000	负债合计	1 135 500
流动资产合计	609 000	所有者权益	
固定资产(净)	978 000	股本	360 000
其他无形资产	30 000	资本公积	60 000
商誉	23 000	盈余公积	59 500
		未分配利润	25 000
		所有者权益合计	504 500
资产合计	1 640 000	负债和所有者权益合计	1 640 000

表2－7为报告式资产负债表，与表2－4(账户式资产负债表)相比，除了格式不同外，其中的项目及数据均相同。

五、合并财务报表中的负商誉

在按购买法处理的合并业务中，有时会出现子公司可辨认净资产公允价值大于投资成本的情形，这时，就要应用第一章所论述的原理加以处理。子公司可辨认净资产公允价值大于投资成本的差额，应先复核这些资产和负债的公允价值，若原来确定的公允价值有误，则应当将调整后的余额，确认为合并当期的收益。

需要注意的是，在控股合并的情况下，长期股权投资的初始成本应当是主并企业的合并成本，只是在编制合并报表时，在工作底稿上将长期股权投资调整到被投资单位可辨认净资产的公允价值的相应份额。

【例2】 2017年12月31日，A公司以156 000元银行存款购入了B公司全部股份，B公司当时的股东权益为120 000元，其中，股本100 000元，资本公积15 000元，盈余公积

4 000 元,未分配利润 1 000 元。除以下几个项目之外,其余项目的公允价值和账面价值相同:

	公允价值	账面价值	差 异
存货	46 000	40 000	6 000
固定资产(净)	144 000	116 000	28 000
无形资产	36 000	22 000	14 000
合计	242 000	194 000	48 000

可见,A 公司购入 B 公司全部股份所花的代价(156 000 元)小于 B 公司可辨认净资产公允价值 168 000 元(120 000+48 000),两者的差额为 12 000 元(156 000−168 000)。假定经复核,B 公司净资产公允价值的确定并无差错,B 公司也不存在不利因素。根据上述资料,A 公司在合并时应编制会计分录如下:

借:长期股权投资　　156 000
　贷:银行存款　　156 000

2016 年 12 月 31 日,A 公司在合并财务报表工作底稿上的调整与抵销分录如下:

(1) 调整负商誉 12 000 元。

借:长期股权投资　　12 000
　贷:营业外收入——合并负商誉　　12 000

需要注意的是,由于购买法下合并日只需编制合并资产负债表,实务中,贷方的分录通常直接以"未分配利润"项目列示。

(2) 借:股本,B 公司　　100 000
　　资本公积,B 公司　　15 000
　　盈余公积,B 公司　　4 000
　　未分配利润,B 公司　　1 000
　　存货,B 公司　　6 000
　　固定资产,B 公司　　28 000
　　无形资产,B 公司　　14 000
　贷:长期股权投资,A 公司　　168 000

第三节　购买部分股份时的合并财务报表

如果一家公司购入另一家公司不足 100%的股份,但存在控制关系时,同样需要编制合并财务报表。但是,与购入子公司全部股份的情况有所不同,这时,子公司的股份有一部分为母公司之外的股东所持有,因这部分股份不具有控制权,称为非控制性权益,我国习惯上将其称为少数股权。考虑到我国习惯,本书将一直使用"少数股权"概念。

在编制合并财务报表时,需要确认少数股权,即母公司以外的股东所拥有的对子公司的净损益和净资产的要求权。拥有子公司净资产的少数股权,称为少数股东权益,应在合并资产负债表中反映;拥有子公司净损益的少数股权,称为少数股东损益,应在合并所有者权益变动表(实体理论下)或合并利润表(母公司理论下)中反映。

一、少数股权的性质及其计量

在合并财务报表中,如何看待少数股权的性质,其数额多少,是会计界长期争论的一个复杂问题。在国外会计界,对少数股权的性质及其处理,主要形成了两种理论或观点:母公司理论(parent company theory)和经济实体理论(economic entity theory)。美国财务会计准则委员会在讨论备忘录"合并政策和程序"[FASB(Norwalk: 1995),p. 24.]中,对这两个理论解释如下:

母公司理论侧重于母公司股东的利益,因此合并财务报表反映那些在母公司本身的股东的利益,以及他们在母公司的子公司的净资产的未分配利益(undivided interests)。合并资产负债表实质上是母公司资产负债表的修正,即以所有子公司的资产和负债替代母公司的对子公司的股权投资。

……母公司的股东权益也就是合并主体的股东权益。同样,合并利润表实质上是母公司利润表的修正,即以所有子公司的营业收入、费用、利得和损失替代母公司从子公司取得的投资收益。

经济实体理论侧重于单一管理部门对整个经济实体的控制,因此,在这一理论下,合并财务报表在于提供由几个法律实体组成的集团的信息,即母公司及其子公司作为单一的个体开展的经营活动。各构成企业的资产、负债、营业收入、费用、利得和损失,就是合并主体的资产、负债、营业收入、费用、利得和损失。除了全部拥有的子公司,整个企业集团的所有者权益划分为控制性权益(the controlling interest)和非控制性权益。即使非控股权益股东的所有者权益只属于子公司,但控制性权益和非控制性权益都是合并主体所有者权益的组成部分。

根据上述引文,母公司理论将少数股东对子公司净资产的要求权列为负债,在企业合并之后,子公司净利润中属于少数股东的部分应一面记作费用,另一面记作负债的增加(子公司的亏损减少负债)。子公司分派给少数股东的股利减少对它们的负债,即借记这种负债,贷记应付股利。合并利润表所列示的净损益为减去属于少数股东损益后的余额。在采用购买法编制合并财务报表时,对子公司净资产中属于母公司的部分,按母公司所支付的对价(即公允价值及可能存在的商誉)加以合并,而属于少数股权的部分则仍按其账面价值合并。对公司间业务所发生的未实现损益或推定损益,只抵销或确认属于母公司的份额。

依照经济实体理论,少数股东对子公司净资产的要求权在合并资产负债表中列入所有者权益,属于少数股东的净损益在合并利润表中是合并净损益的组成部分,只是单独设置一个项目而已。在采用购买法编制合并财务报表时,对子公司的净资产,不论其属于母公司还是属于少数股权,均按母公司所支付对价所隐含的公允价值予以合并。换言之,子公司净资产中属于母公司的部分以及少数股东的部分在合并财务报表中均按公允价值计价。对公司间业务所发生的未实现损益或推定损益,应当全部予以抵销或确认。

在理论上,两种观点各有长短,孰优孰劣,难以定论。

母公司理论强调合并财务报表是母公司财务报表的扩展,侧重于母公司股东的利益。

因此,编制合并财务报表的目的是为母公司股东服务,满足母公司股东的信息需求。母公司理论依据了重要性原则,并假定任何报表都不能满足所有使用者的一切要求,只能满足其主要利益主体的主要需求。母公司理论认为,在企业集团中,只要满足了母公司股东这一主要使用者对会计信息的主要需求,其他利益主体(包括少数股东)对会计信息的基本要求也会得到大体上的满足。

有一种赞成母公司理论的典型观点认为,经济实体理论过分强调构成母、子公司关系的各独立企业组织的法律形式,即认为少数股东也是合并主体股东的一部分。事实上,少数股东是合并主体中特殊的一类债权人,因为在正常情况下,他们既不能对母公司又不能对子公司的经营活动行使控制权。因此,为使合并财务报表公允地反映单一经济实体的经营成果和财务状况,应当忽略少数股权的所有者权益性质。

经济实体理论则将母公司和子公司作为一个经济联合体或经济实体,认为合并报表应当为经济实体的所有股东(包括少数股东)和债务人等利益各方提供整体的会计信息,应当将多数股权和少数股权置于同等地位。

经济实体理论能从本质上体现"控制"的要求,即多数股权在表决权上是非全部的,但在控制上是全部的控制权,而母公司认为只控制归属于母公司的那一部分是不恰当的。

两种理论除了对少数股权的性质认识不同外,在少数股权的计量上也完全不同。少数股权的计量也就是子公司净资产在合并报表中的计量。按照母公司理论,子公司的可辨认净资产在合并资产负债表中只有属于母公司的部分才按公允价值计量,商誉也只确认母公司股权投资所产生的部分,属于少数股东的净资产按账面价值计量,也就是少数股东权益按子公司净资产账面价值的份额计量。但是,这一做法的缺陷是,子公司的可辨认净资产一部分按公允价值计量,另一部分按账面价值计量,而子公司的净资产是不可分割的整体。按照经济实体理论,子公司的净资产无论是属于母公司的部分还是属于少数股东的部分,均应该按公允价值计量,同时,母公司股权投资所隐含的属于少数股东部分的商誉,也应该在合并财务报表中反映出来,少数股东权益按母公司购入子公司股权所隐含的公允价值计量,这样,子公司的可辨认净资产全部按照公允价值计量。但这样的处理也存在问题,即母公司只购入了子公司一部分股权,但却确认了所隐含的子公司全部商誉,违背了只有外购商誉才能入账的原则。因此,在实务中还可以在经济实体理论基础上采用变通的第三种方法,即子公司的可辨认净资产全部按公允价值计量,而商誉则只确认母公司股权投资所产生的部分,即外购商誉。这样,少数股东权益按照子公司的可辨认净资产公允价值的份额计量。以下举例说明。

【例 3】 2018 年 1 月 3 日,C 公司以 176 000 元的价款购入 D 公司 80%的股份,D 公司 2017 年 12 月 31 日可辨认净资产的账面价值和公允价值分别为 120 000 元和 155 000 元。

按照母公司理论,子公司净资产中归属于母公司的 80%部分按公允价值计量,即 124 000 元(155 000×80%),归属于少数股权的 20%部分按账面价值计量,即 24 000 元(120 000×20%),在合并资产负债表中的可辨认净资产总额为 148 000 元(124 000+24 000),商誉为 52 000 元(176 000－155 000×80%),少数股东权益为 24 000 元(120 000×20%)。

按照经济实体理论,子公司净资产全部按公允价值计量,在合并资产负债表中的可辨认净资产总额为 155 000 元,商誉则需要从母公司 80%股权投资的商誉推断计算,为 65 000 元

(52 000÷80%)，也可以从C公司所付价款推断计算得出，即176 000元购买了80%，推断出D公司的整体价值为220 000元(176 000÷80%)，减去可辨认净资产的公允价值155 000元，即为商誉的价值65 000元(220 000－155 000)。少数股东权益为44 000元(176 000÷80%×20%)。

按照变通的经济实体理论，子公司净资产全部按公允价值计价，在合并资产负债表中的可辨认净资产总额为155 000元，商誉则仅确认母公司80%股权投资的商誉，即52 000元，少数股东权益为31 000元(155 000×20%)。

兹将合并非全资子公司按三种方法处理的少数股东权益、商誉和可辨认净资产的数额列示，见表2-8。

表2-8　　三种方法下少数股东权益、商誉和可辨认净资产总额的比较　　单位：元

方　　法	少数股东权益	商　誉	可辨认净资产总额
1. 母公司理论 少数股东权益按子公司账面净资产计价；只确认母公司投资所产生的商誉；可辨认净资产80%部分按公允价值计价，20%部分按账面价值计价。	24 000	52 000	148 000
2. 经济实体理论 少数股东权益按母公司股权投资成本所隐含的全部子公司价值计算；确认全部商誉；可辨认净资产全部按公允价值计价。	44 000	65 000	155 000
3. 变通的经济实体理论 少数股东权益按子公司可辨认净资产公允价值计算；只确认母公司投资所产生的商誉；可辨认净资产全部按公允价值计价。	31 000	52 000	155 000

对合并财务报表中的少数股权，除上述母公司理论和经济实体理论外，还存在着所有权理论。

所有权理论又称所有者权益中心论，是一种着眼于母公司在子公司所持有的所有权合并理论。在此理论下，企业集团仅是指以投资公司为基础，连同在经济活动和财务决策中对另一公司具有重大影响的所有权部分。因此，编制合并财务报表，不确认少数股东权益，对于子公司的收入、费用与利润等，也只按母公司持有股权的份额计入合并利润表(即比例合并法)，完全忽视少数股东所持有的子公司净利润。

2007年之前，我国实际上以母公司理论为基础编制合并财务报表；自2007年起执行《企业会计准则》(2006)，改为采用以经济实体理论为基础的编表实务，这体现了我国企业会计准则与国际会计准则的趋同。此外，实务中通常会对母公司理论或经济实体理论进行适当修正。对共同控制下的合营企业，通常采用所有权理论编制合并财务报表。

如无特别说明，本书以下对少数股权在合并财务报表中的处理主要以经济实体理论为基础，并以第三种方法计量少数股东权益、商誉和子公司可辨认净资产。

二、业务例示

【例 4】 2017 年 12 月 31 日，丙公司发行 660 000 股每股面值 1 元(每股市价 2.295 元)的股份，换取丁公司每股面值 1 元股份 500 000 股中的 450 000 股，即取得了 90%的股份。这一合并业务使丁公司成为丙公司的子公司，假定本合并业务属于非同一控制下的合并，则应按购买法处理。2016 年 12 月 31 日，丙公司还以银行存款支付了如下与合并业务有关的费用：

手续费和法律费用	63 000
股票发行费用	87 000
合计	150 000

丙公司和丁公司在合并之前的个别财务报表如表 2-9 所示。在合并之前，两家公司未发生内部交易，也不存在其他不确定的因素。

表 2-9　　丙公司和丁公司合并前(2017 年 12 月 31 日)的个别财务报表　　单位：元

	丙公司	丁公司
利润表		
营业收入	7 150 000	1 250 000
营业成本	5 066 000	780 000
管理费用	528 000	90 000
销售费用	703 000	123 000
财务费用	498 000	57 000
所得税费用	85 000	70 000
净利润	270 000	130 000
加：年初未分配利润	28 000	8 000
可供分配的利润	298 000	138 000
减：提取盈余公积	73 000	65 000
分配现金股利	120 000	61 000
年末未分配利润	105 000	12 000
资产负债表		
资　产		
银行存款	266 000	182 000
存货	1 470 000	650 000
其他流动资产	732 000	268 000
固定资产(净)	4 540 000	1 320 000
无形资产	12 000	—
资产合计	7 020 000	2 420 000

续　表

	丙公司	丁公司
负债和所有者权益		
应交税费	31 000	18 000
其他负债	3 260 000	1 162 000
股本	1 200 000	500 000
资本公积	1 832 000	293 000
盈余公积	592 000	435 000
未分配利润	105 000	12 000
负债和所有者权益合计	7 020 000	2 420 000

2017 年 12 月 31 日，丁公司可辨认资产和负债的公允价值除以下项目外，与账面价值相等：

	公允价值	账面价值	差异
存货	680 000	650 000	30 000
固定资产(净)	1 490 000	1 320 000	170 000
无形资产	40 000	—	40 000
合计	2 210 000	1 970 000	240 000

丙公司按购买法记录合并业务的分录如下：

(1) 记录发行 660 000 股股份合并丁公司：

借：长期股权投资(660 000×2.295)　　1 514 700

　贷：股本(660 000×1)　　660 000

　　资本公积　　854 700

(2) 记录与合并相关的费用，手续费和法律费用 63 000 元计入管理费用，股票发行费用 87 000 元冲销已计入的资本公积：

借：管理费用　　63 000

　资本公积　　87 000

贷：银行存款　　150 000

将上述分录记入丙公司的账册后，其管理费用从 528 000 元增加到 591 000 元(528 000+63 000)，净利润则减少到 207 000 元(270 000－63 000，不考虑对所得税费用及利润分配的影响)，期末未分配利润则减少到 42 000 元(105 000－63 000)，银行存款从 266 000 元减少到 116 000 元(266 000－150 000)，新增长期股权投资 1 514 700 元，股本从 1 200 000 元增加到 1 860 000 元(1 200 000+660 000)，资本公积为 2 599 700 元(1 832 000+854 700－87 000)。

由于存在着少数股权和商誉，在合并日编制合并资产负债表较为复杂，可借助于合并工作底稿，见表 2－10。

表 2-10　　丙公司的合并资产负债表工作底稿

2017 年 12 月 31 日　　单位：元

	丙公司	丁公司	调整与抵销				合并主体
			借方		贷方		
资　产							
银行存款	116 000	182 000					298 000
存货	1 470 000	650 000	(2)	30 000			2 150 000
其他流动资产	732 000	268 000					1 000 000
长期股权投资	1 514 700				(1)	1 514 700	
合并价差			(1)	398 700	(2)	398 700	
固定资产(净)	4 540 000	1 320 000	(2)	170 000			6 030 000
无形资产	12 000		(2)	40 000			52 000
商誉			(2)	182 700			182 700
资产合计	8 384 700	2 420 000					9 712 700
负债和所有者权益							
应交税费	31 000	18 000					49 000
其他负债	3 260 000	1 162 000					4 422 000
股本	1 860 000	500 000	(1)	500 000			1 860 000
资本公积	2 599 700	293 000	(1)	293 000			2 599 700
盈余公积	592 000	435 000	(1)	435 000			592 000
未分配利润	42 000	12 000	(1)	12 000			42 000
少数股东权益					(1)	124 000	
					(2)	24 000	148 000
负债和所有者权益合计	8 384 700	2 420 000					9 712 700

从上述业务可知，合并时，丙公司的合并成本为 1 514 700 元，丁公司可辨认净资产的账面价值和公允价值分别为 1 240 000 元和 1 480 000 元，按照变通的经济实体理论，丙公司购入丁公司 90%的股份而产生的商誉为 182 700 元(1 514 700－1 480 000×90%)。

在编制母公司与非全资子公司合并财务报表时，其工作底稿上的抵销分录与上述编制母公司与全资子公司下合并财务报表的抵销分录大体相同。首先，应将母公司的“长期股权投资”项目与子公司的各所有者权益项目进行抵销，会计分录为：

借：股本，丁公司	500 000	
资本公积，丁公司	293 000	
盈余公积，丁公司	435 000	
未分配利润，丁公司	12 000	
合并价差	398 700	
贷：长期股权投资，丙公司		1 514 700
少数股东权益(1 240 000×10%)		124 000

对这一分录需要说明两点：第一，虽然母公司未拥有子公司全部的股份，但子公司的所有者权益各项目应全部抵销，而不能只抵销母公司持有子公司股份的部分；第二，既然母公司持有子公司的股份不足100%（本例为90%），而子公司的所有者权益应全数抵销，两者的差额确认为少数股东权益（本例为10%），并应在工作底稿分录中加以反映。依照母公司理论，少数股权只能按子公司净资产的账面价值的比例（10%）确认，即124 000元（1 240 000×10%）。但按照变通的经济实体理论，子公司的可辨认净资产应全部按公允价值计价，而商誉仅确认母公司股权投资所产生的部分，少数股东权益则应按子公司可辨认净资产公允价值计算，即少数股东权益总额为148 000元（1 480 000×10%）。这样，在分配合并价差时，就应该在将子公司可辨认净资产的账面价值全部调整为公允价值的同时，需要将少数股东权益也调整为以子公司可辨认净资产公允价值为基础计算的数额，编制分录如下：

借：存货，丁公司	30 000	
固定资产，丁公司	170 000	
无形资产，丁公司	40 000	
商誉，丁公司	182 700	
贷：合并价差		398 700
少数股东权益		24 000

如果读者已经熟悉这一原理，也可以将上述两笔抵销与调整合并为一笔分录，即：

借：股本，丁公司	500 000	
资本公积，丁公司	293 000	
盈余公积，丁公司	435 000	
未分配利润，丁公司	12 000	
存货，丁公司	30 000	
固定资产，丁公司	170 000	
无形资产，丁公司	40 000	
商誉，丁公司	182 700	
贷：长期股权投资，丙公司		1 514 700
少数股东权益		148 000

将上述两笔抵销分录记入合并财务报表工作底稿中的“调整与抵销”栏，即可完成编制合并资产负债表所需的步骤，见表2-10。根据工作底稿中的“合并主体”栏，即可编制合并资产负债表，见表2-11。需要指出的是，按照经济实体理论，少数股东权益应该在合并所有者权益中单独列为一项加以反映。

表2-11　　丙公司的合并资产负债表

2017年12月31日　　单位：元

资　　产	金　额	负债和所有者权益	金　额
流动资产		负债	
银行存款	298 000	应交税费	49 000
存货	2 150 000	其他负债	4 422 000

续 表

资　产	金　额	负债和所有者权益	金　额
其他流动资产	1 000 000	负债合计	4 471 000
流动资产合计	3 448 000	股本	1 860 000
固定资产(净)	6 030 000	资本公积	2 599 700
无形资产	52 000	盈余公积	592 000
商誉	182 700	未分配利润	42 000
		少数股东权益	148 000
		所有者权益合计	5 241 700
资产合计	9 712 700	负债和所有者权益合计	9 712 700

上述合并财务报表工作底稿中,少数股东权益按子公司可辨认净资产公允价值计价,而且列为合并所有者权益的一部分,子公司的可辨认净资产均按公允价值计价,商誉是母公司投资成本超过购入股份所代表的净资产公允价值份额之间的差额。

三、负商誉的处理

在购买非全资子公司的合并业务中,负商誉的处理与购买全资子公司的情形基本相同。仍沿用上一节A公司2017年12月31日合并B公司的例子(见例2),但改为用148 200元银行存款购入B公司全部股份的95%。其他有关条件不变。这时,B公司可辨认净资产公允价值属于A公司的部分为159 600元(168 000×95%),超过A公司投资成本(148 200)的差额11 400元,在编制合并报表时,应当将其调整为合并当期损益。根据上述资料,A公司在合并时应编制正式会计分录如下:

借:长期股权投资　　148 200
　贷:银行存款　　148 200

2017年12月31日,A公司在合并财务报表工作底稿上的调整与抵销分录为:

(1) 借:长期股权投资　　11 400
　　贷:营业外收入——合并负商誉　　11 400

如前所述,由于购买法下只需要编制合并资产负债表,因此,上述分录的贷方在实务中应贷记"未分配利润"项目。

(2) 借:股本,B公司　　100 000
　　　资本公积,B公司　　15 000
　　　盈余公积,B公司　　5 000
　　　存货,B公司　　6 000
　　　固定资产,B公司　　28 000
　　　无形资产,B公司　　14 000
　　贷:长期股权投资,A公司　　159 600
　　　　少数股东权益(168 000×5%)　　8 400

第四节　下 推 会 计

在按购买法处理的企业合并中，通常母公司的合并成本与子公司净资产的账面价值不同，于是产生了合并价差。在企业合并后，子公司仍然是一个独立的法人，与外界签订债务协议，政府对企业的法律管制以及其他承诺，需要提供其个别财务报表。这样在财务报表中，被并购的子公司究竟应当以什么样的计价基础陈报其资产和负债，成为一个颇为棘手的问题。有人认为，被并企业既然是一个持续经营的企业，就不应调整其资产的价值，在其个别财务报表中，被并购子公司应当按企业合并前的账面价值报告资产、负债、收入和费用。另有一些人建议，在合并财务报表中分摊到被并购子公司净资产的价值，应当"下推"到子公司所编制的个别财务报表，他们认为，企业合并业务足以证明子公司在编制个别财务报表时按现行公允价值对该子公司的净资产进行计价。这就是所谓的"下推会计"(pushdown accounting)。

美国注册会计师协会(AICPA)在 1979 年 10 月 30 日发布的"下推会计"文献中，将下推会计定义为："一个会计主体在其个别财务报表中，根据购买该主体有投票表决权股份的交易，重新确立会计和报告基础。这一交易导致该主体发行在外有投票表决权股份的所有权发生重大变更。"

通常情况下，被并购子公司的净资产在其个别财务报表中的计价不受母公司在合并时所花代价的影响。在有些情况下，美国证券交易委员会(SEC)允许被并购子公司的资产和负债在其个别财务报表中，按代表母公司投资成本的公允价值反映。证券交易委员会要求，当子公司几乎已全部为母公司所拥有(通常为 97%或以上)，且没有大量发行在外的债券或优先股时，向证券交易委员会报送的财务报表应采用下推会计。

美国证券交易委员会对此处理的理由是，当母公司控制了某一主体的所有权时，不论该主体继续存在还是被吸收并入母公司的经营活动，被并购的资产和负债都应采用相同的计价基础。但如果子公司有发行在外的债券或优先股，或者存在重要的少数股权，母公司可能控制不了子公司的所有权。美国证券交易委员会鼓励在这种情况下采用下推会计，但并不要求必须这么做。

在按购买法处理合并业务时，若不采用下推会计，在合并财务报表工作底稿中需将投资成本分摊到子公司可辨认净资产和商誉，合并财务报表反映了投资成本的分摊。当子公司在其财务报表中采用下推会计时，合并程序将大大简化。

【例 5】 为说明下推会计的应用，仍使用例 4 中丙公司合并丁公司的数据。假定采用下推会计，按照母公司理论，只有 90%的丁公司可辨认净资产需要重新计价，投资成本超过账面价值的合并价差 398 700 元应分摊到有关资产、负债项目，见表 2 - 12。

表 2 - 12　　合并价差下推调整表(母公司理论)　　单位：元

丁公司资产负债表项目	账面价值	下推调整	下推调整后账面价值
银行存款	182 000	—	182 000
存货	650 000	27 000	677 000

续 表

丁公司资产负债表项目	账面价值	下推调整	下推调整后账面价值
其他流动资产	268 000	—	268 000
固定资产(净)	1 320 000	153 000	1 473 000
无形资产	—	36 000	36 000
商誉	—	182 700	182 700
资产合计	2 420 000	398 700	2 818 700
应交税费	18 000	—	18 000
其他负债	1 162 000	—	1 162 000
股本	500 000	—	500 000
资本公积	293 000	845 700	1 138 700
盈余公积	435 000	(435 000)	—
未分配利润	12 000	(12 000)	—
负债和所有者权益合计	2 420 000	398 700	2 818 700

在丁公司账上,应调整有关资产和负债项目的 90%至公允价值,并将其留存收益转销,全部转入资本公积。正式的下推调整分录如下:

借:存货　27 000
　　固定资产　153 000
　　无形资产　36 000
　　商誉　182 700
　　盈余公积　435 000
　　未分配利润　12 000
　贷:资本公积　845 700

需要说明的是,之所以要将丁公司账面上的留存收益也一并结转到资本公积,是因为购买法的企业合并是一个新的起点,下推会计应当使被并企业像一个新成立的企业一样,而新成立的企业是没有留存收益的。

按照经济实体理论,丙公司投资成本 1 514 700 元,取得了 90%丁公司的股份,这意味着丁公司的总价值为 1 683 000 元(1 514 700÷90%),443 000 元(1 683 000−1 240 000)应下推到丁公司的账上,分摊见表 2-13。

这时,在丁公司的账上,下推调整分录为:

借:存货　30 000
　　固定资产　170 000
　　无形资产　40 000
　　商誉　203 000
　　盈余公积　435 000
　　未分配利润　12 000
　贷:资本公积　890 000

表 2－13　　合并价差下推调整表(经济实体理论)　　单位：元

丁公司资产负债表项目	账面价值	下推调整	下推调整后账面价值
银行存款	182 000	—	182 000
存货	650 000	30 000	680 000
其他流动资产	268 000	—	268 000
固定资产(净)	1 320 000	170 000	1 490 000
无形资产	—	40 000	40 000
商誉	—	203 000	203 000
资产合计	2 420 000	443 000	2 863 000
应交税费	18 000	—	18 000
其他负债	1 162 000	—	1 162 000
股本	500 000	—	500 000
资本公积	293 000	890 000	1 183 000
盈余公积	435 000	(435 000)	—
未分配利润	12 000	(12 000)	—
负债和所有者权益合计	2 420 000	443 000	2 863 000

由于丁公司的可辨认净资产已调整为公允价值，并确认了商誉，合并工作底稿上的抵销分录较为简单，即只有一笔分录。按照经济实体理论，抵销分录为：

借：股本，丁公司　　500 000

　　资本公积，丁公司　　1 183 000

　贷：长期股权投资，丙公司　　1 514 700

　　　少数股东权益(1 683 000×10%)　　168 300

按照经济实体理论所编制的合并资产负债表见表 2－14。

表 2－14　　合并资产负债表

编制单位：丙公司　　2017 年 12 月 31 日　　单位：元

银行存款	298 000
存货(2 120 000＋30 000)	2 150 000
其他流动资产	1 000 000
流动资产合计	3 448 000
固定资产(净)(5 860 000＋170 000)	6 030 000
无形资产	52 000
商誉	203 000
资产合计	9 733 000

续 表

应交税费	49 000
其他负债	4 422 000
负债合计	4 471 000
股本	1 860 000
资本公积	2 599 700
盈余公积	592 000
未分配利润	42 000
少数股东权益	168 300
负债和所有者权益合计	9 733 000

与表 2-11 相比,表 2-14 的商誉和少数股东权益均增加了 20 300 元,因为表 2-11 是按照变通的经济实体理论编制的,而表 2-14 是完全按照经济实体理论编制的。

我国财政部虽然没有提到下推会计的概念,但在有关规定中包含了下推会计的部分做法。财会字〔1998〕16 号文《关于股份有限公司有关会计问题解答》规定:"公司购买其他企业的全部股权时,被购买企业保留法人资格的,被购买企业应当按照评估确认的价值调账;……公司购买其他企业的部分股权时,被购买企业的账面价值应当保持不变。"可见,在购进全资子公司时,被购买企业要按评估价调账。但对于评估价与购买成本间的差额(即商誉),不能确认入账;被购买企业的留存收益是否应当转入资本公积,在该文件中也没有明确规定。因此,我国的规定与上述下推会计并不完全相同。

2011 年,财政部在有关企业合并会计准则的讲解中指出,非同一控制下的企业合并中,被购买方在企业合并后仍持续经营的,如购买方取得被购买方 100%股权,被购买方可以按合并中确定的有关资产、负债的公允价值调账;其他情况下,被购买方不应因企业合并改记资产、负债的账面价值。

国际财务报告准则(IFRS)不允许采用下推会计。

第五节　同一控制下合并日的合并财务报表

本章上述各节都以购买法为基础讨论购并日合并财务报表的编制技术,适用于非同一控制下的控股合并。如果是非同一控制下的控股合并,合并日编制合并财务报表相对比较简单。而在同一控制下完成企业合并,其合并报表编制技术与购买法下购并日合并财务报表的编制有所不同,表现在以下几个方面:

(1) 根据同一控制下企业合并会计处理的原理,在合并日,可以编制所有的合并财务报表,即合并资产负债表、合并利润表、合并所有者权益变动表和合并现金流量表。但在购买法下,购并日只编制合并资产负债表。

(2) 被并子公司的净资产不是按公允价值,而是按账面价值合并,也不确认商誉。而购买法下,被并购子公司的净资产要按公允价值反映,且要确认商誉。

以下分全资子公司和非全资子公司两种情况,叙述同一控制下合并日合并财务报表的编制。

一、全部拥有子公司的合并财务报表

【例 6】 为说明合并日合并财务报表的编制，兹引用本章第一节例 1 甲公司于 2017 年 12 月 31 日合并乙公司业务的有关数据（见表 2-1），但其中付款条件改为“甲公司发行每股面值 1 元的 120 000 股股份，向乙公司的股东换取乙公司 100％的全部股份；此外，甲公司还发生了与股份发行相关的手续费和佣金 72 000 元”。为简化举例，假定未发生其他与合并相关的费用。在合并之前，甲公司和乙公司没有发生公司间业务。根据这些数据，在甲公司的正式账册上，应该按照乙公司净资产账面价值计价，换股合并的分录为：

借：长期股权投资	468 000	
贷：股本		120 000
资本公积		348 000

按照规定，与股份发行相关的手续费和佣金应当抵销股份发行的溢价，分录为：

借：资本公积	72 000	
贷：银行存款		72 000

在将上述分录记入甲公司的账册后，其有关账户的余额如下：

银行存款（720 000－72 000）	648 000
长期股权投资	468 000
股本（360 000＋120 000）	480 000
资本公积（60 000＋348 000－72 000）	336 000

编制合并日的合并财务报表，可以利用合并工作底稿，也可以不用工作底稿，这完全取决于合并事项的简繁程度。甲公司在合并财务报表工作底稿上的分录较为简单，因为既没有投资成本超过账面价值差额的摊销，也没有商誉的计算和确认。此外，在任何股份交换比例下，抵销分录都是一致的，即：

借：股本，乙公司	240 000	
资本公积，乙公司	70 000	
盈余公积，乙公司	142 000	
未分配利润，乙公司	16 000	
贷：长期股权投资，甲公司		468 000

需要注意的是，甲公司的长期股权投资账户余额等于乙公司股东权益各账户的余额①，因为在账上不存在合并价差。根据甲公司合并后的个别资产负债表和乙公司的个别资产负债表，再加上这一抵销分录，读者可自行编制合并资产负债表。

在同一控制下的合并完成后，从技术上说，母公司均应编制合并资产负债表、合并利润表和合并现金流量表。合并现金流量表将在第八章专门论述。对于合并利润表的编制，需

① 如果该子公司是企业集团通过购买法合并而来，但基于集团内部的业务调整，由集团内部的其他企业再次并购，则集团内部其他企业在控股合并该企业时，合并企业的长期股权投资的入账价值应当为被合并企业在最终控制方合并财务报表可辨认净资产的账面价值。如为部分控股，则长期股权投资的入账价值应当为被合并企业在最终控制方合并财务报表可辨认净资产的份额。本书均假定不存在前述这种关系。

简要说明以下几点：

(1) 若母公司和子公司在合并之前的当年发生了相互间的业务，如借款和贷款、销货和购货，在编制合并利润表时，则应抵销利息收入和利息费用、营业收入和营业成本。有关公司间业务的抵销，将在第四章至第六章详细阐述。

(2) 除此之外，母、子公司利润表上各项目的数额均可直接加总后求得合并数据。

二、非全资子公司的合并财务报表

【例 7】 仍以本章第三节丙公司合并丁公司的业务为例，其他数据不变，但将合并业务改为同一控制下的合并，因此，要按照账面价值记录并入的 90%股份。丙公司 2017 年 12 月 31 日在其正式账册上编制的有关合并分录为：

(1) 借：长期股权投资(1 240 000×90%)	1 116 000	
贷：股本		660 000
资本公积		456 000
(2) 借：管理费用	63 000	
资本公积	87 000	
贷：银行存款		150 000

这样，丙公司账上的“资本公积”余额将为 2 201 000 元(1 832 000+456 000−87 000)，而不是原来的 2 599 700 元。

在任何情况下，抵销分录都是一致的，即：

借：股本，丁公司	500 000	
资本公积，丁公司	293 000	
盈余公积，丁公司	435 000	
未分配利润，丁公司	12 000	
贷：长期股权投资，丙公司		1 116 000
少数股东权益(1 240 000×10%)		124 000

这一分录抵销了丙公司的长期股权投资账户和丁公司的各股东权益账户。由于同一控制下净资产是按账面价值合并的，所以不存在合并价差，也不需要分摊到可辨认净资产或商誉。

思考题

1. 试论述合并财务报表的性质和编制合并财务报表的目的。
2. 是否要将所有的子公司纳入合并财务报表的范围？为什么？
3. 什么是控制？控制应当具备哪些要素？试分述之。
4. 什么是结构化主体？为什么要将结构化主体纳入合并财务报表的编制范围？
5. 什么情况下会发生部分控制？部分控制是否应当将其纳入合并财务报表的编制范围？
6. 试述在购买子公司全部股份时编制合并财务报表的一般程序。
7. 控股合并业务按购买法处理，子公司的净资产在合并资产负债表中必须按合并日的公允价值反映，试问子公司是否要在其账册上按公允价值反映净资产？为什么？
8. 试说明合并财务报表工作底稿上抵销分录的性质，它与母、子公司账上的记录有何不同？

9. 什么是少数股权？对少数股权的处理有哪几种理论？试述这些理论的基本观点和理由。你认为哪种理论更具有说服力？

10. 试说明在编制母公司和非全资子公司合并财务报表时计算少数股权和商誉的三种方法，并指出其各自所持的依据。

11. 何谓下推会计？你认为我国应当允许或规定企业采用下推会计吗？为什么？

12. 与购买法相比，同一控制下合并财务报表编制有哪些特点？

阅读材料

1. 财政部：《企业会计准则第33号——合并财务报表》，2014年。

2. International Financial Reporting Standard 27 (IFRS 27), Consolidated Financial Statements and Separate Financial Statements (revised). International Accounting Standard Board, 2008.

3. Statement of Financial Accounting Standards No. 94, Consolidation of All Majority? Owned Subsidiaries. Financial Accounting Standard Board, 1987.

4. 储一昀、林起联：《合并会计报表的合并范围探析》，《会计研究》2004年第1期。

练习题

练习一

一、目的：练习合并商誉的计算。

二、资料：2016年12月31日，莆田公司以820 000元银行存款购入了江山公司所有股份，当时江山公司的净资产账面价值为640 000元。除以下项目外，江山公司的资产和负债的账面价值与公允价值相同（单位：元）：

	账面价值	公允价值
固定资产(净)	1 000 000	1 150 000
其他资产	100 000	70 000
长期负债	600 000	560 000

三、要求：编制抵销分录，计算合并商誉。

练习二

一、目的：掌握购并日合并资产负债表的编制。

二、资料：2016年12月31日，南方公司和永达公司(合并前)各自的资产负债表如表2-15所示。

表2-15　资产负债表

2016年12月31日(合并前)　单位：元

项　目	南方公司	永达公司
存货	75 000	37 500
其他流动资产	175 000	137 500
对永达公司投资	312 500	

续 表

项　目	南方公司	永达公司
固定资产(净)	275 000	200 000
商誉	12 500	—
资产合计	850 000	375 000
流动负债	125 000	87 500
应付债券	130 000	37 500
股本	250 000	100 000
资本公积	145 000	87 500
盈余公积	150 000	60 000
未分配利润	50 000	2 500
负债和所有者权益合计	850 000	375 000

同一天,南方公司购入了永达公司的全部股份,当时永达公司的存货和固定资产(净)的公允价值分别为 50 000 元和 225 000 元,其他项目的公允价值与账面价值相同。

三、要求:为南方公司编制合并日的合并资产负债表。

练习三

一、目的:练习合并日合并财务报表调整与抵销分录的编制。

二、资料:2017 年 8 月 30 日,青田公司支付 1 000 000 元购入了昌化公司 90%的股份,此外还支付合并直接费用 80 000 元。当时昌化公司可辨认净资产账面价值与公允价值分析如下(单位:元):

股本	400 000
盈余公积	400 000
未分配利润	100 000
可辨认净资产账面价值合计	900 000
加:公允价值超过账面价值的差额	
存货(先进先出法)	30 000
固定资产(净)	60 000
可辨认净资产公允价值合计	990 000

三、要求:

(1) 为青田公司编制记录合并业务的会计分录;

(2) 编制购买日合并财务报表的调整与抵销分录。

练习四

一、目的:练习合并日调整与抵销分录的编制。

二、资料:2016 年 12 月 31 日,粤阳公司以 380 000 元银行存款购入东安公司的全部股份,在合并前东安公司的所有者权益如下(单位:元):

股本，面值1元	200 000
资本公积	20 000
盈余公积	60 000
未分配利润	20 000
所有者权益合计	300 000

东安公司的负债，其公允价值与账面价值相等。存货、房屋和土地使用权的公允价值分别高于账面价值24 000元、20 000元和16 000元。

三、要求：为粤阳公司2016年12月31日编制合并资产负债表所需的调整与抵销分录。

练习五

一、目的：掌握合并日调整与抵销分录的编制。

二、资料：2016年12月31日，中安公司购入了银桥公司70%的股份，合并后中安公司的个别资产负债表和合并资产负债表如表2-16所示。

合并价差中，10 000元应分摊给银桥公司的固定资产，余额为商誉。银桥公司的流动资产包括了合并前发生的应收中安公司账款2 000元。

表2-16 资产负债表

2016年12月31日 单位：元

项　目	个别资产负债表	合并资产负债表
流动资产	106 000	146 000
对银桥公司投资	100 000	—
固定资产(净)	270 000	370 000
商誉	—	11 100
资产合计	476 000	527 100
流动负债	15 000	28 000
少数股东权益	—	38 100
股本	300 000	300 000
盈余公积	150 000	150 000
未分配利润	11 000	11 000
负债和所有者权益合计	476 000	527 100

三、要求：

(1) 上述合并资产负债表是按照何种理论编制的？为什么？

(2) 编制调整与抵销分录，计算当时银桥公司的流动资产总额。

(3) 编制调整与抵销分录，计算当时银桥公司的所有者权益合计数。

(4) 编制调整与抵销分录，列示商誉1 100元是如何计算的。

(5) 按照其他理论，商誉又是多少？

练习六

一、目的：掌握下推会计的处理。

二、资料：2017 年 1 月 1 日，沧江公司支付 900 000 元购入了井冈公司的 80%股份，当时井冈公司资产、负债的公允价值和账面价值的信息如下(单位：元)：

	账面价值	公允价值
存货	240 000	720 000
其他流动资产	270 000	270 000
房屋(净)	180 000	180 000
设备(净)	300 000	150 000
无形资产	60 000	60 000
资产合计	1 050 000	1 380 000

三、要求：

(1) 在井冈公司账上编制分录调整 80%的账面价值；

(2) 在井冈公司账上编制分录调整 100%的账面价值；

(3) 分别按母公司理论、经济实体理论和变通的经济实体理论计算少数股东权益。

练习七

一、目的：熟悉合并资产负债表的编制。

二、资料：2017 年 6 月 30 日，东方公司发行 100 000 股每股面值 1 元(公允价值 5 元)的股份，换取西北公司 83%发行在外的股份，其他有关费用包括法律费用 34 750 元、股票登记费 55 250 元，西北公司成为东方公司的子公司。在合并前两家公司的个别资产负债表如表 2－17 所示。

表 2－17　　资产负债表

2017 年 6 月 30 日(合并前)　　单位：元

项　　目	东方公司	西北公司
银行存款	250 000	150 000
存货	860 000	600 000
其他流动资产	500 000	260 000
固定资产(净)	3 400 000	1 500 000
无形资产	—	80 000
资产合计	5 010 000	2 590 000
流动负债	430 000	914 000
非流动负债	950 000	1 240 000
股本	1 500 000	100 000
资本公积	1 500 000	
盈余公积	600 000	
未分配利润	30 000	336 000
负债和所有者权益合计	5 010 000	2 590 000

西北公司的存货、固定资产(净)、无形资产和非流动负债的公允价值分别为 620 000 元、1 550 000 元、95 000 元和 1 225 000 元,其他项目的公允价值与账面价值相同。

三、要求:试分别按同一控制下的企业合并和非同一控制下的企业合并完成以下会计工作:

(1) 为东方公司编制企业合并的分录;

(2) 为编制合并日的合并资产负债表,编制必要的调整与抵销分录。

练习八

一、目的:练习同一控制下企业合并调整分录的编制。

二、资料:四平公司和中原公司 2017 年 8 月 31 日的所有者权益如下(单位:元):

	四平公司	中原公司
股本	200 000	100 000
资本公积	100 000	60 000
盈余公积	100 000	80 000
未分配利润	80 000	80 000
所有者权益合计	480 000	320 000

当时,四平公司发行 60 000 股股份换取中原公司 90%的股份,中原公司成为四平公司的子公司。四平公司发生法律费用 40 000 元,股票登记和发行费 30 000 元。2017 年,中原公司实现净利润 20 000 元,未分派股利。

三、要求:

(1) 为四平公司编制记录合并业务的会计分录;

(2) 编制合并日的调整与抵销分录。

案例分析题

A 上市公司在其 2001 年半年报、年报及 2002 年年报中对合并会计报表的合并范围均有这样一段信息披露:“对持股比例未达 50%以上的子公司,已纳入合并范围的原因说明:X 公司系本公司控股子公司 Y 公司(A 持有其 91.3%的股权)的子公司,Y 公司拥有其股份的 42.05%系该公司第一大股东。根据该公司章程及董事会有关决议,由 Y 公司负责该公司的经营管理,并委派和推荐高级管理人员和财务负责人。因此,Y 公司取得了对 X 公司财务和经营政策的控制权。根据财政部《合并会计报表暂行规定》的有关规定,本公司于 2001 年将 X 公司纳入会计报表合并范围。”

实际上,X 公司是于 1990 年由 Y 公司、某医药保健品进出口(集团)公司等五个中外股东共同组建的中外合资经营企业,其中,Y 公司拥有权益比例 42.05%,为合资企业的第一大股东,其他股东的权益比例分别为 E. A 28.60%、R. T 23.78%、某医药保健品进出口(集团)公司 3.57%、某生物化工有限公司 2%。

然而,2003 年 6 月,某财经报上先后发表了该报记者两篇署名文章《A 公司被指财务造假,丰原秘密买股打碎其美梦》和《A 公司被指财务造假,市场剧烈反应惊监管层》,对 A 公司合并 X 公司会计报表提出质疑。据称,2002 年 10 月 2 日公告 E. A 持有的 X 公司 28.60%的股份已卖给丰原集团;几乎同期 R. T 持有的 X 公司 23.78%的股份也已全部售予丰原。这样丰原持 X 公司股超过 52%,比代表 A 的 Y 公司 42.05%还多出将近 10%,A 在 2003 年就失去了并表的前提和基础。甚至指出在 2002 年年报就不应该并表,指证 A 涉嫌 2001 年、2002 年财务造假。

但是,X 公司原公司章程规定:股东中任何一方转让其出资额,需经其他合资方全部同意;一方转让时,其他合资方有优先购买权。E. A、R. T 转让 X 公司股权的行为,未经 Y 公司同意,是违反原章程规定的。

为了绕开这道关,丰原委托香港中联国际发展有限公司出面以 1.8 亿元整体收购了 E.A、R.T 公司;然后由 E.A 出面,全购 R.T,至 2003 年 4 月香港律师已完成正式的股权交割,并计划下一步将 R.T 持有 X 公司的股权交割合并到 E.A。2002 年 8 月 20 日,X 公司在成都召开的三届九次董事会会议(成都会议)影响重大。会议作出了同意 Y 公司合并财务报表及修改公司合同和章程的决议。在章程上,将"一方转让其全部或部分股权时,另 4 方有优先购买权"改为"各方股东以不低于合营公司净资产转让全部或部分股权时,其他股东应放弃优先购买权,并配合完成有关转让手续"。将"董事会由 8 名董事组成(Y 公司委派 3 名,E.A、R.T 各 2 名),董事长由 Y 公司委派"改为"董事会由 9 名董事组成(增加靖江市新兰生物化工有限公司 1 名董事),董事长由最大的股东方委派"。2003 年 4 月,X 公司已完成合同、章程等相关手续报批。截至 6 月 22 日,新的董事会会议尚未召开,丰原也未能提供股权已交割、成为第一大股东的合法凭据。2003 年 6 月 25 日,A 公司发布澄清公告称"截至本公告发布之日,据依法管辖 X 公司的有关中外合资企业的审批机关和工商行政管理部门的登记资料显示公司股东及持股比例未发生变化"。

2003 年 7 月 15 日,A 上市公司公告了未经审计的 2003 年半年报,反映在 2003 年中期继续合并 X 公司报表,并表依据表述如下:"对持股比例未达 50%以上的子公司,已纳入合并范围的原因说明:X 公司系本公司控股子公司 Y 公司(A 持有其 91.3%的股权)的子公司,Y 公司拥有其股份的 42.05%,系该公司第一大股东。根据该公司章程及实际情况,董事长由 Y 公司委派,总经理、副总经理、财务负责人等高管人员亦由 Y 公司推荐和委派。Y 公司实际行使了对 X 公司财务和经营政策的控制权。根据财政部《合并会计报表暂行规定》的要求,将 X 公司纳入 Y 公司的会计报表合并范围。而且,该公司三届董事会第九次会议以董事会决议的形式做了进一步的确认。"

[要求]

请对 A 上市公司将 X 公司纳入会计报表合并范围的理由进行分析,并说明某财经报记者的观点是否正确。

第三章

购并后的合并财务报表

学习提要

购并后合并财务报表的编制应当以权益法为基础。在合并财务报表的工作底稿中，首先需要将母公司的长期股权投资项目按照权益法对其初始成本进行追溯调整。

在权益法的基础上，合并工作底稿中的抵销和调整程序如下：第一，抵销期初母公司长期股权投资账户和子公司所有者权益各账户的余额，若有少数股权，还要确认少数股东权益。第二，抵销子公司已宣告股利、母公司经权益法调整的投资收益以及长期股权投资的本期增减数，若存在少数股权，则还应抵销少数股东权益。第三，抵销子公司因提取盈余公积所产生的影响。第四，在非同一控制下的控股合并下，需要将子公司的账面净资产调整为公允价值，确认商誉，并将有关费用和成本调整为公允价值基础。同一控制下的控股合并则没有这一程序。第五，确认属于少数股权的子公司净利润和净资产增加额。第六，抵销母、子公司间的往来项目。

集团内部交易不在本章论述。

第一节　长期股权投资的会计处理方法

在本系列教材的《中级财务会计》第九章“金融工具投资”中曾经指出，投资企业在购入并长期持有被投资企业的股份并分类为长期股权投资后，投资企业对被投资企业的股权投资的后续计量的处理主要有成本法和权益法两种。

一、成本法

所谓“成本法”，是指投资企业的“长期股权投资”账户，一旦按取得成本记账，始终保持原投资金额，不随被投资企业的经营成果而发生增减变动的一种会计方法。在成本法下，无论被投资企业实现净利润还是发生净亏损，投资企业均不予确认；投资企业只有在被投资企业宣告和分派股利时，才确认投资收益；只有被投资企业分派的股利超过合并前净利润时，才减少投资企业对被投资企业长期股权投资的账面价值。

通常认为，成本法适当地反映了投资企业与被投资企业关系的法律形式。投资企业和被投资企业是独立的法人实体，对被投资企业经营成果的处理应当体现这种独立性，所以，只有在投资企业向被投资企业宣告股利，而不是实现净利润，才能确认投资收益。

二、权益法

所谓“权益法”,是指投资企业的“长期股权投资”账户的账面价值反映其在被投资企业所有者权益中占有份额的一种会计方法。权益法有以下三个特点:

(1) 投资企业按其占被投资企业的投资份额,将被投资企业所实现的净利润或所发生的净亏损确认为投资收益或投资损失。

(2) 被投资企业宣告或发放的股利,不是投资企业的收入,而是投资企业对被投资企业投资的部分清算,即当投资企业从被投资企业收到股利时,应减少其投资的账面价值。

(3) 其他调整项目。主要包括:① 初始投资成本的调整,即初始投资成本小于被投资企业可辨认净资产公允价值份额的差额。② 企业间业务的未实现损益或推定损益。③ 摊销投资企业投资成本与被投资企业净资产账面价值的差额。④ 被投资企业其他综合收益的影响。⑤ 被投资企业所有者权益其他变动的影响。如被投资企业定向增发股份,以权益结算的股份支付等。

通常认为,权益法符合权责发生制会计的要求,因为权益法在被投资企业实现净利润或发生净亏损,而不是在被投资企业支付股利时,确认投资企业对被投资企业投资账面价值的增加或减少,所以,权益法强调了投资企业与被投资企业关系的经济实质,也就是从会计角度将两个独立的法人企业视为单一经济实体。

三、成本法和权益法的应用

在以下情况下,一般应当采用权益法对取得的股权投资进行后续计量:

1. 投资企业对被投资企业的经营和财务方针能够行使重大影响力

重大影响,是指投资方对被投资方的财务和经营有参与决策的权力,但并不能够控制或者与其他方一起共同控制这些政策的制定。重大影响一般指以下其中之一情况:

(1) 在董事会中有代表出席;

(2) 参与被投资企业财务和经营政策的制定过程;

(3) 存在重大的公司间交易;

(4) 相互交换管理人员;

(5) 技术上具有依赖性等。

在判断对被投资企业是否具有重大影响时,还应当考虑投资方和其他方持有的被投资企业当期可转换公司债券、当期可执行认股权证等潜在表决权因素。

占有多大的份额能行使重大影响,各国并不一致。这主要取决于证券市场的发达程度、股权的结构和分布以及对股份交易的限制等因素。通常认为,持有20%～50%的股份已能对被投资企业的经营和财务方针产生重大影响。

2. 企业持有的能够与其他投资方对被投资企业实施共同控制的权益性投资,如对合营企业的投资

所谓“共同控制”,是指按相关合同约定对某项经济活动所共有的控制,仅在与该项经济活动相关的重要财务和经营决策需要分享控制权的投资方一致同意时存在。

共同控制的具体表现是合营安排,即一项由两个或两个以上的参与方共同控制的安排。合营安排分为共同经营和合营企业。其中,共同经营是指合营方享有该安排相关资产且承担该安排

相关负债的合营安排，合营企业是指合营方仅对该安排的净资产享有权利的合营安排。因此，权益法下所言的共同控制，通常仅指合营企业。共同经营情况下，如果参与方对于合营安排的净资产享有权利且具有重大影响，就比照合营企业的会计处理，即采用权益法进行后续计量。

2014 年 3 月，财政部印发了修订后的《企业会计准则第 2 号——长期股权投资》，其中第七条规定："投资方能够对被投资单位实施控制的长期股权投资应当采用成本法核算。"显然，这一规定一方面保持了与国际会计准则的一致性，另一方面，更多地强调了母、子公司间的法律关系，而忽略了它们之间的经济实质关系。因此，站在企业实体的角度，应当以权益法来反映合并后权益的变动。2014 年财政部印发修订后的《企业会计准则第 33 号——合并财务报表》第十五条规定："合并资产负债表应当以母公司和子公司的资产负债表为基础，在抵销母公司与子公司、子公司相互之间发生的内部交易对合并资产负债表的影响后，由母公司合并编制。"基于以上考虑，本书在论述母公司对子公司的长期股权投资时，均以母公司按照成本法处理为基础，在合并报表工作底稿上将成本法调整为权益法，进行调整与抵销后编制合并报表的。

成本法和权益法已在《中级财务会计》中阐述并举例，这里不再赘述。为简化举例，本书以下均假定商誉没有发生减值。

第二节　全资子公司下的合并财务报表

合并日后的合并财务报表远较合并日的合并财务报表复杂。编制合并财务报表所采用的技术和程序多种多样，在将成本法调整为权益法后，合并程序一般包括：(1) 抵销母公司对子公司长期股权投资和子公司所有者权益的期初余额；(2) 抵销本期投资收益、股利分配以及长期股权投资的增减变动；(3) 摊销可辨认净资产公允价值与账面价值的差额；(4) 抵销母、子公司间的应收应付等往来项目；(5) 抵销集团内部交易及损益（或其他综合收益）；(6) 确认少数股东损益和少数股东权益。其中，(1)项详见第二章的说明，(5)项将在第四章至第七章说明，(6)项在本章下一节说明。

兹举例说明。

一、合并后第一年的合并财务报表

【例 1】　沿用第二章例 1，假设 2017 年 12 月 31 日甲公司向乙公司的股东支付银行存款 605 000 元，购入了乙公司 100%的发行在外股份。甲公司采用购买法处理合并业务，合并完成后甲公司和乙公司的个别资产负债表如表 3 - 1 所示。

假设 2017 年 12 月 31 日（合并日），乙公司净资产公允价值和账面价值的差异及其摊销年限如下：

存货——2017 年全部出售	30 000
固定资产（净）：	
房屋——尚可使用 30 年	48 000
机器——尚可使用 15 年	30 000
无形资产——未发生减值	6 000
公允价值与账面价值的差额	114 000

表 3-1　　　　甲公司和乙公司合并后个别财务报表

2017 年 12 月 31 日　　　　单位：元

项　目	甲公司	乙公司
资　产		
银行存款	13 000	48 000
存货	170 000	132 000
应收账款——乙公司	30 000	
其他流动资产	132 000	84 000
长期股权投资	605 000	
固定资产(净)	540 000	360 000
无形资产	___	24 000
资产合计	1 490 000	648 000
负债和所有者权益		
应付账款——甲公司		30 000
应交税费	5 500	12 000
其他负债	980 000	138 000
股本	360 000	240 000
资本公积	60 000	70 000
盈余公积	59 500	142 000
未分配利润	25 000	16 000
负债和所有者权益合计	1 490 000	648 000

2018 年,乙公司实现净利润 64 000 元(见表 3-2),乙公司于 2018 年 12 月 18 日宣告发放现金股利 10 000 元,股利将于 2019 年 1 月支付。

根据上述资料,首先应当在工作底稿上,将成本法调整为权益法。

(1) 调整乙公司本期未分配利润。本期,乙公司实现净利润 64 000 元,宣告分配现金股利 10 000 元。按权益法,甲公司应确认投资收益 64 000 元,成本法应确认投资收益 10 000 元,两者相差 54 000 元(64 000—10 000),因此,应当编制调整分录如下:

借:长期股权投资　　　　54 000

　贷:投资收益　　　　54 000

(2) 摊销有关资产公允价值与账面价值的差额。

由于乙公司的账面收益是以乙公司持续经营的账面价值为基础计算得出的,但在合并的角度,乙公司应当以公允价值为基础计算新起点之后的每期收益。从母公司所付的对价看,乙公司的账面净利润显然高估了。如果以公允价值为基础,乙公司的净利润应当在账面收益的基础上,调低 33 600 元,计算如下:

存货——已全部出售	30 000
房屋——折旧(48 000÷30)	1 600
机器——折旧(30 000÷15)	2 000
2018年摊销总额	33 600

据此,应在工作底稿上编制调整分录如下:

借:投资收益　　33 600

　贷:长期股权投资　　33 600

(3) 抵销长期股权投资项目的期初余额。

根据抵销程序,需要将子公司的净权益项目与母公司经权益法调整后的长期股权投资项目抵销,为保持逻辑上的一致性,本书采用将长期股权投资分成期初和本期增减变动两部分分别抵销的方式,这样,第二章的内容就可以完整地保留下来。根据资料,应编制抵销分录如下:

借:股本　　240 000

　　资本公积　　70 000

　　盈余公积　　142 000

　　未分配利润　　16 000

　　存货　　30 000

　　固定资产　　78 000

　　无形资产　　6 000

　　商誉　　23 000

　贷:长期股权投资　　605 000

可以看出,这笔抵销分录就是2017年12月31日合并时的抵销分录。

(4) 抵销本期经权益法调整后的投资收益、分配的股利以及长期股权投资的增加或减少数。

借:投资收益　　30 400

　贷:长期股权投资　　20 400

　　　分配现金股利　　10 000

此笔分录将本期增加的长期股权投资、投资收益以及分配的现金股利抵销完毕,意即母、子公司之间的业务不需要进行会计处理,抵销的目的是让账面清零。

(5) 抵销子公司本期提取的盈余公积。

借:盈余公积　　6 400

　贷:提取盈余公积　　6 400

(6) 将子公司的账面收益调整为以公允价值为基础计量的收益,即摊销公允价值。假设存货的摊销额计入营业成本,房屋的摊销额计入管理费用,机器的摊销额计入营业成本,则可归集成本费用如下:

	营业成本	管理费用
已售存货	30 000	
房屋摊销		1 600
机器摊销	2 000	——
合计	32 000	1 600

根据这一归集结果,可编制调整分录如下:

借:营业成本　　32 000
　　管理费用　　1 600
　贷:存货　　30 000
　　　固定资产(净)　　3 600

(7) 最后,还应当抵销公司间的内部往来交易以及所产生的项目,由于本例没有公司间商品和劳务交易,故不需要抵销销售收入和销售成本等项目,但因乙公司分配股利而未收到和未支付的股利应当抵销,分录为:

借:应付股利　　10 000
　贷:应收股利　　10 000

表 3－2　　甲公司合并财务报表工作底稿

截至 2018 年 12 月 31 日　　单位:元

项　目	甲公司	乙公司	调整与抵销				合并主体
			序号	借方	序号	贷方	
利润表							
营业收入	1 200 000	816 000					2 016 000
营业成本	753 000	560 000	(6)	32 000			1 345 000
管理费用	72 400	48 000	(6)	1 600			122 000
销售费用	82 000	66 000					148 000
财务费用	53 000	45 000					98 000
所得税费用	64 000	33 000					97 000
投资收益	10 000	—	(2)	33 600	(1)	54 000	—
			(4)	30 400			
净利润	185 600	64 000					206 000
加:年初未分配利润	25 000	16 000	(3)	16 000			25 000
可供分配的利润	210 600	80 000					231 000
减:提取盈余公积	18 560	6 400			(5)	6 400	18 560
分配现金股利	52 040	10 000			(4)	10 000	52 040
年末未分配利润	140 000	63 600					160 400
资产负债表							
银行存款	19 600	86 000					105 600
存货	163 000	138 000	(3)	30 000	(6)	30 000	301 000
应收股利——乙公司	10 000				(7)	10 000	—

续 表

项 目	甲公司	乙公司	调整与抵销				合并主体
			序号	借方	序号	贷方	
其他流动资产	128 960	157 000					285 960
长期股权投资	605 000		(1)	54 000	(2)	33 600	—
					(3)	605 000	
					(4)	20 400	
固定资产(净)	528 000	408 000	(3)	78 000	(6)	3 600	1 010 400
无形资产		24 000	(3)	6 000			30 000
商誉	——	——	(3)	23 000			23 000
资产合计	1 454 560	813 000					1 755 960
应付股利——甲公司		10 000	(7)	10 000			—
应交税费	48 000	32 000					80 000
其他负债	768 500	249 000					1 017 500
股本	360 000	240 000	(3)	240 000			360 000
资本公积	60 000	70 000	(3)	70 000			60 000
盈余公积	78 060	148 400	(3)	142 000			78 060
			(5)	6 400			
未分配利润	140 000	63 600		——		——	160 400
负债和所有者权益合计	1 454 560	813 000		773 000		773 000	1 755 960

将上述七笔调整与抵销分录记入工作底稿的“调整与抵销”栏，并按各项目并行相加减，即可得出“合并主体”栏各项目所需的数据，据此可编制合并利润表和合并资产负债表，如表 3-3 所示。

表 3-3　　合并财务报表

编制单位：甲公司　　截至 2018 年 12 月 31 日　　单位：元

合并利润表	
营业收入	2 016 000
营业成本	1 345 000
管理费用	122 000
销售费用	148 000
财务费用	98 000
所得税费用	97 000

续 表

净利润	206 000
加：年初未分配利润	25 000
可供分配的利润	231 000
减：提取盈余公积	18 560
分配现金股利	52 040
年末未分配利润	160 400
合并资产负债表	
资产	
银行存款	105 600
存货	301 000
其他流动资产	285 960
固定资产(净)	1 010 400
无形资产	30 000
商誉	23 000
资产合计	1 755 960
负债和所有者权益	
应交税费	80 000
其他负债	1 017 500
股本	360 000
资本公积	60 000
盈余公积	78 060
未分配利润	160 400
负债和所有者权益合计	1 755 960

对上述合并工作底稿上的调整与抵销程序，还有必要强调以下几点：

(1) 在合并之后的会计年度结束日，母公司应编制合并利润表、合并资产负债表、合并现金流量表和合并所有者权益变动表。

(2) 暂不考虑所得税费用对合并财务报表编制的影响。

(3) 为了正确反映合并主体的财务状况和经营成果，投资成本与子公司净资产账面价值的差额应按有关资产和负债的使用(或存续)期限加以摊销，记入相应的成本或费用项目，唯一的例外是未发生减值的无形资产。在甲公司编制合并财务报表的例子中，2016 年摊销额为 33 600 元，而无形资产上的 6 000 元价差将不会消失，不需要摊销。此外，再次强调，假定商誉没有发生减值。

(4) 存货始终按先进先出法计算消耗成本，这样合并日被投资企业的存货总是在一年内被消耗或出售，存货项目上的价差应在合并后的年度里摊销。以后各章均按这一假设处理。

(5) 在没有内部交易的前提下，合并净利润等于母公司自身的净利润(不包括子公司分配的股利)加上子公司以公允价值为基础计算的净利润。即：

合并净利润＝母公司自身的净利润＋子公司以公允价值为基础计算的净利润
＝母公司自身的净利润＋(子公司账面净利润－公允价值的本期摊销数)

206 000＝(185 600－10 000)＋(64 000－33 600)

利用这种等式关系可以验证合并财务报表编制的正确性，同时也证明了上一章所说的权益法的一个优点。

(6) 尽管存在着上述相等关系，但在反映企业集团整体财务状况和经营成果方面，合并财务报表要优于母公司个别财务报表。因为在合并利润表中，母公司的投资收益已被构成投资收益的子公司各项收入、费用所取代；同样，在合并资产负债表中，母公司的长期股权投资已被子公司的各项资产、负债所取代。

(7) 购买法要求子公司在合并日的留存收益不能纳入合并留存收益，因此，合并后第一年的合并财务报表应抵销年初(合并日)留存收益各项目。

(8) 合并工作底稿上的调整与抵销分录只是为编制合并财务报表所做的草稿，不是母、子公司账上的正式分录；如果读者已熟练掌握合并财务报表的编制技术和程序，也可不编制这些分录。

还需要特别注意的是，合并财务报表上的调整与抵销分录，是报表项目的调整与抵销，而不是账户的相互抵销。例如，抵销股利分配，直接贷记的是“分配的现金股利”项目，如果是正式分录，则应当使用“利润分配——分配的现金股利”账户。同时，合并财务报表不具有法律上的强制性，涉及损益的，均不涉及提取法定盈余公积这一因素。

二、合并后第二年的合并财务报表

兹进一步利用甲公司合并乙公司的有关资料，讨论合并后第二年全资子公司下合并财务报表的编制。

续用例 1，假设 2019 年乙公司实现净利润 75 000 元，提取盈余公积 7 500 元，当年 12 月 20 日分配现金股利 20 000 元，将于 2020 年 1 月发放。

根据上述资料，可在合并财务报表工作底稿上编制如下调整与抵销分录：

(1) 将成本法调整为权益法。

从上述资料可知，乙公司 2019 年年末账面净权益为 577 000 元[468 000(2017 年余额)＋54 000(2018 年净利润－分配的现金股利)＋55 000(2018 年净利润－分配的现金股利)]；未摊销(减值)的公允价值为 76 800 元(114 000－33 600－3 600)。

如果不考虑商誉，权益法下，长期股权投资项目的余额应当等于乙公司账面净权益加上未摊销的价差；如果存在商誉，则应加上商誉。即：

权益法下长期股权投资余额＝子公司账面净权益＋未摊销的价差＋商誉

本例中,经权益法调整后的长期股权投资余额应为 676 800 元(577 000+76 800+23 000),成本法下账面余额为 605 000 元,因此,需要调整 71 800 元(676 800－605 000)。

借:长期股权投资	71 800	
贷:未分配利润		20 400
投资收益		51 400

分录中,贷记未分配利润的 20 400 元是追溯 2017 年的净权益增加数,即 2018 年第(4)笔抵销分录中抵销的金额;贷记的 51 400 元是 2019 年净权益的增加数,即实现的净收益减股利分配再减去价差摊销(75 000－20 000－3 600)。

(2) 抵销长期股权投资期初余额。

经权益法调整后,长期股权投资的期初余额为 625 400 元(605 000+20 400),应等于期初乙公司账面净权益、未摊销价差和商誉之和。

借:股本	240 000	
资本公积	70 000	
盈余公积	148 400	
未分配利润	63 600	
固定资产(净)	74 400	
无形资产	6 000	
商誉	23 000	
贷:长期股权投资		625 400

(3) 抵销本期权益法下的投资收益、分配的现金股利以及长期股权投资增加或减少数。

借:投资收益	71 400	
贷:长期股权投资		51 400
分配现金股利		20 000

分录中,投资收益 71 400 元是正式账面中按成本法确认收到股利 20 000 元以及调整分录中增加的 51 400 元之和。

(4) 抵销乙公司 2018 年提取的盈余公积 7 500 元。

借:盈余公积	7 500	
贷:提取盈余公积		7 500

(5) 调整公允价值的摊销额,分别记入有关成本、费用项目,并将有关资产调整至期末的数额(账面价值+未摊销价差)。

借:营业成本	2 000	
管理费用	1 600	
贷:固定资产(净)		3 600

分录中摊销额的计算如下:

房屋(48 000÷30)	1 600
机器(30 000÷15)	2 000
合计	3 600

这笔分录将在以后若干年内重复编制,直至有关资产已完全消耗或退出乙公司。

(6) 抵销母、子公司间的往来项目，即应收股利和应付股利。

借：应付股利　　20 000

　贷：应收股利　　20 000

为节省篇幅，这里没有将甲公司和乙公司 2019 年的个别财务报表列示出来，但将上述六笔抵销和调整分录记入合并财务报表工作底稿的“调整与抵销”栏之后，按照前述原理同样可编制出所需的合并财务报表。

诚如前述，编制合并财务报表的方法很多，本书之所以采用这种方法，是便于合并财务报表的编制，即以前年度的影响都隐含在合并财务报表的工作底稿之中，编制者只要将本期业务梳理清楚，即可轻松编制合并财务报表。

续用例 1，在 2020 年的业务尚未发生之时，即可在工作底稿上将 2020 年(即 2019 年的期末余额)的部分调整与抵销分录编制出来。

(1) 将成本法调整为权益法(2020 年之前的调整)。

借：长期股权投资　　71 800

　贷：未分配利润　　71 800

这样，在 2020 年编制合并财务报表时，只需要关注 2020 年的当年影响即可。

(2) 抵销 2020 年长期股权投资的期初余额。很显然，权益法下长期股权投资的余额为初始投资成本加上上述追溯调整的金额，即 676 800 元(605 000＋71 800)，应当是期初乙公司账面净权益 577 000 元(见前述计算)、未摊销价差 76 800 元和商誉 23 000 元之和。应编制抵销分录如下：

借：股本　　240 000

　　资本公积　　70 000

　　盈余公积(148 400＋7 500)　　155 900

　　未分配利润(63 600＋75 000－7 500－20 000)　　111 100

　　固定资产(净)　　70 800

　　无形资产　　6 000

　　商誉　　23 000

　贷：长期股权投资　　676 800

这一勾稽关系将贯穿合并财务报表编制的始终。

第三节　非全资子公司下的合并财务报表

在非全资子公司情况下，出现了少数股权，需要在合并工作底稿中计算属于少数股权的净资产和净利润。在母公司理论下，属于少数股权的净资产作为负债处理，属于少数股权的净利润则作为费用处理。在经济实体理论下，少数股东权益是合并所有者权益的一部分，少数股东损益则是合并净利润的一部分。

以下按变通的经济实体理论论述存在少数股权时购并后合并财务报表的编制，但母公司理论下的合并财务报表编制程序和技术完全与此相同。

一、合并后第一年的合并财务报表

【例 2】 为了说明合并后非全资子公司下合并财务报表的编制技术,本节沿用第二章例 4 丙公司 2017 年 12 月 31 日合并丁公司的例子。合并后丙公司取得丁公司 90%的股份,其余 10%为少数股权。

假定 2018 年丁公司实现净利润 135 000 元,提取盈余公积 13 500 元。11 月 8 日,丁公司宣告每股 0.12 元共计 60 000 元的现金股利,股利已于 12 月 31 日前发放完毕。

根据上述资料,丙公司在合并财务报表工作底稿上,应编制调整与抵销分录如下:

(1) 将成本法调整为权益法。

诚如前述,在购买法下,需要对被投资企业的净资产重新进行计价,丁公司的净利润 135 000 元并不反映它按公允价值计算的成本或费用,因为丁公司的账上仍然按其原来的账面价值计算成本或费用,所以,丙公司应在其账上对合并所产生的投资成本和丁公司净资产账面价值的差额(合并价差)398 700 元进行处理,其中 216 000 元为可辨认净资产公允价值超过账面价值的差额,182 700 元为商誉(见表 2 - 9)。兹进一步假设合并价差的构成、摊销年限以及 2016 年的摊销额如下:

项 目	合并价差(元)	摊销年限(年)	2018 年摊销额(元)
存货	30 000	先进先出	30 000
固定资产:			
房屋	180 000	20	9 000
机器	(10 000)	10	(1 000)
无形资产	40 000	5	8 000
商誉(未发生减值)	182 700	—	—
合计	422 700		

可知,以公允价值为基础,丁公司实现的净利润是账面净利润 135 000 元减去 2018 年度的公允价值价差摊销额共计 46 000 元(30 000+9 000−1 000+8 000),即 89 000 元,其中,归属于母公司的净利润为 80 100 元(89 000×90%),归属于少数股东的利润为 8 900 元(89 000×10%)。

由于成本法已经在账面确认了 54 000 元(450 000×0.12)的收益,因此,需要在工作底稿上调整投资收益 26 100 元(80 100−54 000),应编制调整分录如下:

借:长期股权投资　　26 100

　贷:投资收益　　26 100

(2) 抵销长期股权投资的期初余额。

借:股本　　500 000

　　资本公积　　293 000

　　盈余公积　　435 000

　　未分配利润　　12 000

　　存货　　30 000

　　固定资产　　170 000

　　无形资产　　40 000

　　商誉　　182 700

贷：长期股权投资　　　1 514 700

　　少数股东权益　　　148 000

此笔分录实际上就是第二章例 4 中的分录。

(3) 抵销本期投资收益、长期股权投资和分配的现金股利。

借：投资收益　　　80 100

　贷：长期股权投资　　　26 100

　　　分配现金股利　　　54 000

(4) 抵销子公司本期计提的盈余公积。

借：盈余公积　　　13 500

　贷：提取盈余公积　　　13 500

需要注意的是，无论是否拥有 100%子公司股权，必须 100%抵销子公司计提的盈余公积。

(5) 将子公司的账面收益调整至公允价值为基础的收益，同时摊销本期合并价差。假设存货的摊销额计入营业成本，房屋的摊销额全部计入管理费用，机器的摊销额计入营业成本，无形资产的摊销额计入管理费用，则可归集成本费用如下(单位：元)：

	营业成本	管理费用
已售存货	30 000	
房屋摊销		9 000
机器摊销	(1 000)	
无形资产摊销		8 000
合计	29 000	17 000

根据这一归集结果，可编制调整分录如下：

借：营业成本　　　29 000

　　管理费用　　　17 000

　贷：存货　　　30 000

　　　固定资产(净)　　　8 000

　　　无形资产　　　8 000

(6) 调整本期少数股东利润和少数股东权益的增加数。

借：少数股东利润　　　8 900

　贷：少数股东权益　　　8 900

(7) 调整本期对少数股东的分配，减少少数股东权益。

借：少数股东权益　　　6 000

　贷：分配现金股利　　　6 000

为使分配的现金股利不至于割裂开来，通常将第(7)与第(3)抵销分录合并，编制调整与抵销分录如下：

借：投资收益　　　80 100

　　少数股东权益　　　6 000

　贷：长期股权投资　　　26 100

　　　分配现金股利　　　60 000

本书后续有关调整与抵销的会计处理，均采用此法。

2018 年丙公司合并财务报表工作底稿如表 3-4 所示。

表 3-4 **丙公司合并财务报表工作底稿**

截至 2018 年 12 月 31 日 单位：元

	丙公司	丁公司	调整与抵销				合并主体
			序号	借方	序号	贷方	
利润表							
营业收入	7 800 000	1 325 000					9 125 000
营业成本	5 706 000	854 000	(5)	29 000			6 589 000
管理费用	581 000	96 000	(5)	17 000			694 000
销售费用	772 000	127 000					899 000
财务费用	110 000	62 000					172 000
所得税费用	195 000	51 000					246 000
投资收益	54 000	—	(3)	80 100	(1)	26 100	—
净利润	490 000	135 000					525 000
减：归属于少数股东的利润			(6)	8 900			8 900
归属于多数股东的利润							516 100
加：年初未分配利润	42 000	12 000	(2)	12 000			42 000
可供分配的利润	532 000	147 000					558 100
减：提取盈余公积	49 000	13 500			(4)	13 500	49 000
分配现金股利	280 000	60 000			(3)	54 000	
					(7)	6 000	280 000
年末未分配利润	203 000	73 500					229 100
资产负债表							
银行存款	242 000	107 000					349 000
存货	1 441 000	638 000	(2)	30 000	(5)	30 000	2 079 000
其他流动资产	731 300	487 000					1 218 300
长期股权投资	1 514 700		(1)	26 100	(3)	26 100	
					(2)	1 514 700	—
固定资产(净)	4 580 000	1 408 000	(2)	170 000	(5)	8 000	6 150 000
无形资产	11 000		(2)	40 000	(5)	8 000	43 000
商誉	—	—	(2)	182 700			182 700
资产合计	8 520 000	2 640 000					10 022 000
应交税费	243 000	52 000					295 000

续　表

	丙公司	丁公司	调整与抵销				合并主体
			序号	借方	序号	贷方	
其他负债	2 973 300	1 273 000					4 246 300
股本	1 860 000	500 000	(2)	500 000			1 860 000
资本公积	2 599 700	293 000	(2)	293 000			2 599 700
盈余公积	641 000	448 500	(2)	435 000			641 000
			(4)	13 500			
未分配利润	203 000	73 500					229 100
少数股东权益			(7)	6 000	(2)	148 000	
					(6)	8 900	150 900
负债和所有者权益合计	8 520 000	2 640 000		1 843 300		1 843 300	10 022 000

根据表 3－4,可以很容易地编制丙公司合并利润表和合并资产负债表(见表 3－5 和表 3－6)。需要注意的是,在经济实体理论下,合并净利润既包括归属于母公司股东的净利润,也包括少数股东损益,但需要分别列示。少数股东权益在合并所有者权益中也单独列示。

表 3－5　　**丙公司合并利润表**

2018 年度　　单位:元

项　目	金　额
营业收入	9 125 000
营业成本	6 589 000
管理费用	694 000
销售费用	899 000
财务费用	172 000
所得税费用	246 000
净利润	525 000
其中:归属于母公司股东利润	516 100
少数股东利润	8 900

表 3－6　　**丙公司合并资产负债表**

2018 年 12 月 31 日　　单位:元

资　　产	金　额	负债和所有者权益	金　额
银行存款	349 000	应交税费	295 000
存货	2 079 000	其他负债	4 246 300
其他流动资产	1 218 300	负债合计	4 515 300
流动资产合计	3 646 300	股本	1 860 000

续 表

资 产	金 额	负债和所有者权益	金 额
固定资产(净)	6 150 000	资本公积	2 599 700
无形资产	43 000	盈余公积	641 000
商誉	182 700	未分配利润	229 100
	—	少数股东权益	150 900
资产合计	10 022 000	负债和所有者权益合计	10 022 000

二、合并后第二年的合并财务报表

继续使用丙公司合并丁公司的有关资料，讨论合并后第二年非全资子公司下合并财务报表的编制。

假设 2019 年丁公司实现净利润 150 000 元，并于 11 月 15 日宣告分配现金股利 80 000元，已于当年 12 月发放。丁公司 2019 年提取盈余公积 15 000 元。

(1) 将成本法调整为权益法。

根据上述资料可知，2019 年 12 月 31 日，丁公司账面净权益为 1 385 000 元[2018 年年末 1 315 000 元与 2019 年增加的净权益 70 000 元(150 000－80 000)之和]，未摊销的合并价差为 178 000 元(见前述计算)，商誉为 182 700 元。据此，可计算出权益法下长期股权投资的余额应为 1 589 400 元[(1 385 000＋178 000)×90%＋182 700]。成本法下长期股权投资的余额为 1 514 700 元，需调整 74 700 元(1 589 400－1 514 700)。需要在工作底稿上编制将成本法调整为权益法的会计分录如下：

借：长期股权投资　　74 700

　贷：未分配利润　　26 100

　　　投资收益　　48 600

其中，分录中的 26 100 元即为 2018 年年末确认的投资收益，2019 年权益法下应确认的投资收益为 120 600 元，成本法下已确认 72 000 元(80 000×90%)，需要调整 48 600 元。

权益法下应确认投资收益 120 600 元计算如下：

丁公司账面净利润		150 000
减：本期价差摊销		
房屋折旧	9 000	
机器折旧	(1 000)	
无形资产摊销	8 000	16 000
以公允价值计量的净利润		134 000
归属于丙公司的净利润(90%)		120 600

(2) 抵销长期股权投资的期初余额，并调整少数股东权益的期初余额。

借：股本　　500 000

　　资本公积　　293 000

　　盈余公积　　448 500

　　未分配利润　　73 500
　　固定资产(净)(170 000－8 000)　　16 200
　　无形资产(40 000－8 000)　　32 000
　　商誉　　182 700
　贷：长期股权投资　　1 540 800
　　少数股东权益　　150 900

(3) 调整与抵销本期投资收益、长期股权投资的增加、股利分配以及少数股东权益。

借：投资收益　　120 600
　　少数股东权益　　8 000
　贷：长期股权投资　　48 600
　　分配现金股利　　80 000

(4) 抵销本期丁公司提取的盈余公积。

借：盈余公积　　15 000
　贷：提取盈余公积　　15 000

(5) 将账面利润调整至以公允价值计量的利润，同时摊销合并价差。

借：管理费用　　17 000
　贷：营业成本　　1 000
　　固定资产(净)　　8 000
　　无形资产　　8 000

(6) 确认本期少数股东利润与少数股东权益。

借：少数股东利润　　13 400
　贷：少数股东权益　　13 400

通过上述调整与抵销分录，得到如下的结果：(1) 丁公司的净权益被全部抵销；(2) 丁公司的利润表调整为以公允价值为基础计算的利润表；(3) 丁公司的资产负债表调整为公允价值计量的资产负债表；(4) 丙公司的长期股权投资与投资收益项目被全部抵销；(5) 调整出少数股东利润 13 400 元和少数股东权益 156 300 元(150 900－8 000＋13 400)，这一金额也等于公允价值计量的丁公司净权益乘以少数股权的份额，即(1 385 000＋178 000)×10%。

为节省篇幅，合并后第二年合并财务报表的工作底稿与合并财务报表从略。

第四节　同一控制下合并后的合并财务报表

上述各节均在合并业务按购买法处理情况下阐述合并财务报表的编制方法。本节讨论在同一控制下完成控股合并后拥有非全资子公司时的合并财务报表编制方法。

一、合并后第一年

【例 3】 仍以第二章第五节例 7 和本章第三节例 2 中丙公司合并丁公司的业务数据为例说明。2018 年 11 月 8 日，丁公司宣告，现金股利 60 000 元已于 12 月 31 日前发放完毕。当年丁公司实现净利润 135 000 元，提取盈余公积 13 500 元。

由于是同一控制下的企业合并，因此，丙公司的“长期股权投资”账户是按丁公司的账面价值记录的，不存在合并价差及其摊销问题，在合并后也没有在本章第三节中出现的摊销合并价差以调整长期股权投资和投资收益的分录。丙公司“长期股权投资”账户的余额一直为初始投资成本 1 116 000 元。

在工作底稿上，需要编制以下几笔调整与抵销分录：

(1) 将成本法调整为权益法。

2018 年，丙公司按成本法确认了投资收益 54 000 元(60 000×90%)，权益法下，丙公司应确认投资 121 500 元(135 000×90%)，需调整长期股权投资与投资收益 67 500 元(121 500－54 000)。

借：长期股权投资　　67 500
　贷：投资收益　　67 500

(2) 抵销长期股权投资期初余额。资料见第二章第五节。

借：股本　　500 000
　　资本公积　　293 000
　　盈余公积　　435 000
　　未分配利润　　12 000
　贷：长期股权投资　　1 116 000
　　　少数股东权益　　124 000

(3) 调整与抵销本期投资收益、长期股权投资增加数以及分配的现金股利。

借：投资收益　　121 500
　　少数股东权益　　6 000
　贷：长期股权投资　　67 500
　　　分配现金股利　　60 000

(4) 抵销丁公司本期提取的盈余公积。

借：盈余公积　　13 500
　贷：提取盈余公积　　13 500

(5) 确认本期少数股东利润与少数股东权益的增加数。

借：少数股东利润　　13 500
　贷：少数股东权益　　13 500

根据上述有关数据，利用合并工作底稿可以编制合并利润表和合并资产负债表，合并财务报表工作底稿见表 3－7。

表 3－7　　**丙公司合并财务报表工作底稿**

截至 2018 年 12 月 31 日　　单位：元

	丙公司	丁公司	调整与抵销				合并主体
			序号	借方	序号	贷方	
利润表							
营业收入	7 800 000	1 325 000					9 125 000
营业成本	5 706 000	854 000					6 560 000

续　表

	丙公司	丁公司	调整与抵销				合并主体
			序号	借方	序号	贷方	
管理费用	581 000	96 000					677 000
销售费用	772 000	127 000					899 000
财务费用	110 000	62 000					172 000
所得税费用	195 000	51 000					246 000
投资收益	54 000	—	(3)	121 500	(1)	67 500	—
净利润	490 000	135 000					571 000
减：归属于少数股东的利润			(5)	13 500			13 500
归属于多数股东的利润							557 500
加：年初未分配利润	42 000	12 000	(2)	12 000			42 000
可供分配的利润	532 000	147 000					599 500
减：提取盈余公积	49 000	13 500			(4)	13 500	49 000
分配现金股利	280 000	60 000			(3)	60 000	280 000
年末未分配利润	203 000	73 500					270 500
资产负债表							
银行存款	242 000	107 000					349 000
存货	1 441 000	638 000					2 079 000
其他流动资产	772 000	487 000					1 259 000
长期股权投资	1 116 000		(1)	67 500	(2)	1 116 000	
					(3)	67 500	—
固定资产(净)	4 580 000	1 408 000					5 988 000
无形资产	11 000						11 000
资产合计	8 162 000	2 640 000					9 686 000
应交税费	243 000	52 000					295 000
其他负债	3 014 000	1 273 000					4 287 000
股本	1 860 000	500 000	(2)	500 000			1 860 000
资本公积	2 201 000	293 000	(2)	293 000			2 201 000
盈余公积	641 000	448 500	(2)	435 000			641 000
			(4)	13 500			
未分配利润	203 000	73 500					270 500
少数股东权益			(3)	6 000	(2)	124 000	
					(5)	13 500	131 500
负债和所有者权益合计	8 162 000	2 640 000		1 462 000		1 462 000	9 686 000

对上述工作底稿,需要说明以下几点:

(1) 同一控制下完成控股合并后,若不存在企业集团内部交易,按照母公司理论,合并净利润等于母公司自身的净利润与子公司净利润之和。

(2) 同一控制下完成控股合并后,由于母公司“长期股权投资”账户是按被投资单位净资产份额记录的,不存在合并价差及其摊销问题。

二、合并后第二年

继续使用例 3 丙公司合并丁公司的有关数据,2019 年丁公司实现净利润 150 000 元,提取盈余公积 15 000 元,2019 年 11 月 15 日宣告分配现金股利 80 000 元,已于当年 12 月发放。

在工作底稿上,需要编制以下几笔调整与抵销分录:

(1) 将成本法调整为权益法。

借: 长期股权投资　　130 500

　贷: 未分配利润(2018 年)　　67 500

　　投资收益[2019 年,(150 000－80 000)×90%]　　63 000

经权益法调整后,长期股权投资的余额为 1 246 500 元(1 116 000＋130 500),等于丙公司占丁公司账面净权益的份额[(1 315 000＋150 000－80 000)×90%]。

(2) 抵销 2019 年期初长期股权投资。

借: 股本　　500 000

　资本公积　　293 000

　盈余公积　　448 500

　未分配利润　　73 500

　贷: 长期股权投资(1 116 000＋67 500)　　1 183 500

　　少数股东权益　　131 500

(3) 抵销本期投资、长期股权投资增加数以及分配的现金股利。

借: 投资收益　　135 000

　少数股东权益　　8 000

　贷: 长期股权投资　　63 000

　　分配现金股利　　80 000

(4) 抵销丁公司计提的盈余公积。

借: 盈余公积　　15 000

　贷: 提取盈余公积　　15 000

(5) 确认本期少数股东利润和少数股东权益。

借: 少数股东利润　　15 000

　贷: 少数股东权益　　15 000

经调整与抵销后,少数股东权益合计为 138 500 元,等于丁公司账面净权益的份额[(1 315 000＋150 000－80 000)×10%]。

在将上述调整与抵销分录记入合并工作底稿后,即可编制所需的合并财务报表。为节省篇幅,具体编制从略。

思考题

1. 投资企业处理被投资单位经营成果的方法有哪些？试分析这些方法的适用性。你认为这些方法都适用于母公司对子公司经营成果的处理吗？为什么？

2. 为什么说不论母公司使用何种方法处理子公司的经营成果，合并财务报表的数额总是相同的？

3. 在企业集团没有资产或负债的内部交易损益时，如果按权益法处理子公司经营成果，在母公司理论下，母公司的净利润等于合并净利润，母公司的留存收益等于合并留存收益。既然如此，为什么仍然认为合并财务报表优于母公司按权益法处理的个别财务报表？试做适当解释。

4. 试说明权益法的优缺点。

5. 为什么购买法下在合并工作底稿中还要摊销有关价差，并将其记入有关成本和费用项目？

6. 在同一控制下完成合并后，何以工作底稿的抵销和调整程序反而比非同一控制下完成合并后的简单？

7. 在合并工作底稿中，少数股权是怎样计算和确定的？还有其他可供选择的方法吗？

8. 合并工作底稿中的调整与抵销分录需要记入母公司或子公司的账册上吗？为什么？

阅读材料

1. 财政部：《企业会计准则第 2 号——长期股权投资》，2014 年。

2. 财政部：《企业会计准则第 33 号——合并财务报表》，2014 年。

3. International Financial Reporting Standard 27 (IFRS 27), Consolidated Financial Statements and Separate Financial Statements (revised). International Accounting Standard Board, 2008.

4. International Financial Reporting Standard 28 (IFRS 28), Accounting for Investments in Associates (revised). International Accounting Standard Board, 2008.

5. Statement of Financial Accounting Standards No. 94, Consolidation of All Majority? Owned Subsidiaries. Financial Accounting Standard Board, 1987.

练习题

练习一

一、目的：练习投资收益和长期股权投资账户余额的计算和确定。

二、资料：南洋公司于 2018 年 9 月 30 日支付 120 000 元购入了永乐公司 25%的股份。永乐公司当年 9 月 30 日和 12 月 31 日的调整后试算表如表 3－8 所示。

表 3－8 永乐公司调整后试算表 单位：元

项目	2018 年 9 月 30 日	2018 年 12 月 31 日
借方：		
流动资产	60 000	120 000
固定资产(净)	372 000	360 000
费用(含营业成本)	144 000	192 000

续 表

项 目	2018年9月30日	2018年12月31日
股利(已在7月支付)	48 000	48 000
借方合计	624 000	720 000
贷方:		
流动负债	48 000	72 000
股本(年内不变)	200 000	200 000
资本公积(年内不变)	40 000	40 000
盈余公积(年内不变)	70 000	70 000
年初未分配利润	50 000	50 000
营业收入	216 000	288 000
贷方合计	624 000	720 000

南洋公司按权益法处理该投资业务,无永乐公司净资产公允价值的信息。

三、要求:

(1) 确定权益法下2018年南洋公司的投资收益。

(2) 计算权益法下2018年12月31日“长期股权投资”账户的余额。

练习二

一、目的:掌握长期股权投资的权益法。

二、资料:钱江公司于2018年1月2日支付540 000元购入了镇江公司50%的股份,当时镇江公司净资产的信息如表3-9所示。

表3-9　镇江公司净资产信息

2018年1月2日　单位:元

项 目	账面价值	公允价值	备 注
存货	180 000	150 000	本年出售
其他流动资产	750 000	750 000	
设备(净)	720 000	450 000	10年摊销
房屋(净)	300 000	300 000	4年摊销
负债	(450 000)	(450 000)	
净资产	1 500 000	1 200 000	

2018年,镇江公司实现净利润450 000元,并于9月20日宣告并支付现金股利150 000元。

三、要求:

(1) 编表计算钱江公司对镇江公司50%投资所产生的商誉。

(2) 按权益法计算2018年的投资收益。

(3) 按权益法确定2018年12月31日“长期股权投资”账户余额。

练习三

一、目的：练习合并财务报表抵销分录的编制。

二、资料：金华公司在2018年1月3日(合并日)的合并财务报表抵销分录如下：

借：股本，兰溪公司	100 000	
资本公积，兰溪公司	200 000	
盈余公积，兰溪公司	450 000	
存货，兰溪公司	60 000	
固定资产(净)，兰溪公司	50 000	
土地使用权，兰溪公司	40 000	
商誉，兰溪公司	50 000	
贷：长期股权投资，金华公司		950 000

其他资料如下：

(1) 2018年，兰溪公司实现净利润80 000元，宣告并支付股利30 000元。

(2) 兰溪公司按先进先出法计价存货，按直线法计提折旧和摊销土地使用权成本。

(3) 兰溪公司的固定资产和土地使用权的尚可使用年限均为20年，商誉没有发生减值。

(4) 兰溪公司将折旧费用计入管理费用。

三、要求：为金华公司编制2018年12月31日合并财务报表所需的必要抵销分录。

练习四

一、目的：掌握合并后的合并财务报表抵销分录的编制。

二、资料：杭州公司于2018年1月2日合并南京公司时编制的抵销分录为：

借：股本，南京公司	100 000	
资本公积，南京公司	100 000	
盈余公积，南京公司	60 000	
未分配利润，南京公司	40 000	
存货(先进先出法)，南京公司	30 000	
固定资产(净)，南京公司	120 000	
商誉，南京公司	20 000	
贷：长期股权投资		470 000

其他资料如下：

(1) 当年南京公司宣告股利20 000元，实现净利润50 000元。

(2) 南京公司的固定资产尚可使用15年，其折旧费用计入营业成本；商誉未发生减值。

三、要求：为杭州公司编制2018年12月31日合并财务报表所需的必要抵销分录。

练习五

一、目的：掌握合并财务报表的编制技术。

二、资料：2018年1月3日，光明公司支付240 000元购入了日月公司80%的股份。当时日月公司的所有者权益由120 000元股本、80 000元资本公积、30 000元盈余公积和20 000元未分配利润构成，合计250 000元。两家公司当年发行在外的股份不变，12月31日的调整后试算表如表3-10所示。

合并时日月公司全部资产和负债的公允价值与账面价值相同，日月公司年末流动负债包括了应付股利10 000元。

三、要求：按变通的经济实体理论确定在2018年12月31日合并财务报表上所出现的以下各项目的数额：(1) 少数股东利润；(2) 流动资产；(3) 投资收益；(4) 股本；(5) 长期股权投资；(6) 合并商誉；(7) 合并净利润；(8) 合并盈余公积；(9) 合并未分配利润；(10) 少数股东权益。

表 3-10 **调整后试算表**

2018 年 12 月 31 日 单位：元

项　　目	光明公司	日月公司
借方：		
流动资产	300 000	75 000
固定资产(净)	400 000	300 000
长期股权投资	240 000	—
营业成本	250 000	120 000
其他费用	50 000	30 000
利润分配——提取盈余公积	20 000	10 000
利润分配——股利	40 000	15 000
借方合计	1 300 000	550 000
贷方：		
流动负债	180 000	65 000
股本	300 000	120 000
资本公积	200 000	80 000
盈余公积	150 000	40 000
未分配利润	50 000	45 000
营业收入	400 000	200 000
投资收益	20 000	—
贷方合计	1 300 000	550 000

练习六

一、目的：熟悉合并财务报表的编制技术。

二、资料：2018 年 1 月 3 日，振兴公司以 3 000 000 元的价款取得了威武公司 75%的股份，当时，威武公司的股东权益 2 880 000 元由股本 1 200 000 元、资本公积 720 000 元、盈余公积 600 000 元和未分配利润 360 000 元构成。

投资成本超过可辨认净资产账面价值的差额，10%部分分摊到存货(2018 年全部出售)，40%分摊到固定资产(尚有 8 年使用期)，剩余的则为商誉(未发生减值)。

2018 年，威武公司实现净利润 480 000 元，提取盈余公积 48 000 元，宣告现金股利 240 000 元。

三、要求：

(1) 若振兴公司采用权益法处理长期股权投资，试编制必要的调整与抵销分录。

(2) 若振兴公司采用成本法处理长期股权投资，试编制必要的调整与抵销分录。

(3) 试分别按照母公司理论、经济实体理论和变通的经济实体理论计算确定 2018 年 12 月 31 日的如下项目：① 商誉；② 少数股东权益；③ 少数股东利润。

练习七

一、目的：掌握合并后合并财务报表的编制技术。

二、资料：2017 年 1 月 2 日，振华公司以 240 000 元银行存款购入荣华公司 80%的股份，当时荣华公司的所有者权益由 50 000 元股本、150 000 元资本公积、20 000 元盈余公积和 5 000 元未分配利润构成。可辨认净资产公允价值超过账面价值的有存货 12 500 元和固定资产 50 000 元(尚有 4 年使用期)。合并后,振华公司采用成本法处理这项长期股权投资。

2018 年振华公司和荣华公司的个别财务报表如表 3 - 11 所示。

表 3 - 11　　　　**调整后试算表**

2018 年 12 月 31 日　　　　单位:元

项　目	振华公司	荣华公司
利润表		
营业收入	900 000	300 000
营业成本	600 000	150 000
管理费用	80 000	40 000
销售费用	75 000	30 000
财务费用	35 000	20 000
投资收益	16 000	—
净利润	126 000	60 000
加:年初未分配利润	20 000	8 000
可供分配利润	146 000	68 000
减:提取盈余公积	66 000	42 000
分配现金股利	60 000	20 000
年末未分配利润	20 000	6 000
资产负债表		
货币资金	6 000	15 000
应收账款	26 000	20 000
存货	82 000	60 000
其他流动资产	40 000	5 000
长期股权投资——荣华公司	240 000	—
固定资产(净)	440 000	230 000
无形资产	160 000	30 000
资产合计	994 000	360 000
应付账款	24 000	15 000
其他负债	100 000	55 000
股本	500 000	50 000
资本公积	200 000	150 000
盈余公积	150 000	84 000
未分配利润	20 000	6 000
负债和所有者权益合计	994 000	360 000

三、要求：分别采用母公司理论、经济实体理论和变通的经济实体理论为振华公司编制2018年合并财务报表所需要的调整与抵销分录。

练习八

一、目的：熟悉合并财务报表的编制。

二、资料：富阳公司和富春公司2017年12月31日的个别资产负债表如表3-12所示。

表3-12 调整后试算表

2017年12月31日 单位：元

项目	富阳公司	富春公司
银行存款	50 000	20 000
其他流动资产	150 000	80 000
固定资产(净)	400 000	150 000
土地使用权	300 000	50 000
资产合计	900 000	300 000
流动负债	100 000	50 000
股本	600 000	100 000
资本公积	60 000	75 000
盈余公积	120 000	60 000
未分配利润	20 000	15 000
负债和所有者权益合计	900 000	300 000

2018年1月2日，富阳公司发行股份100 000股(每股市价3元)换取富春公司80%的股份。富春公司固定资产的公允价值为170 000元，尚可使用5年，其余项目的公允价值与账面价值相同。2018年，富春公司实现净利润40 000元，提取盈余公积15 000元，宣告并支付股利20 000元；富阳公司的经营利润为90 000元，提取10%的盈余公积，宣告并支付股利50 000元。

三、要求：假定是非同一控制下的企业合并，分别按母公司理论、经济实体理论、变通的经济实体理论计算和确定2018年的以下数据：(1) 合并净利润；(2) 归属于母公司股东的净利润；(3) 合并盈余公积；(4) 合并未分配利润；(5) 少数股东权益；(6) 少数股东利润。

案例分析题

某集团公司拥有钢铁、医药、地产和商业四大子公司，其持股比例分别为31%(间接)、49%、33%和27%，取得各项股份时的投资成本及被控股公司净资产账面价值、公允价值的有关信息如表3-13所示。

表 3-13　某集团公司拥有四大子公司的相关信息　单位：亿元

集团公司的持股比例	取得成本	账面价值	公允价值
钢铁股份(31%)	20.3	50.5	55.1
医药股份(49%)	10.6	13.3	16.4
地产股份(33%)	23.8	30.0	69.8
商业股份(27%)	18.7	28.6	35.5

［要求］

(1) 试分别计算取得股份时所产生的商誉。

(2) 分别按照母公司理论、经济实体理论和变通的经济实体理论计算合并时的净资产。

(3) 假定并入净资产的平均使用(存续)年限为 10 年，试估算三种理论对合并净利润的影响。

第四章

企业集团内部的存货业务

学习提要

企业集团内部交易，是指企业集团内部母、子公司之间或子公司之间所发生的销售商品、提供劳务以及财产租赁等经济业务。本章主要讲授存货业务的内部交易。从合并主体的角度看，内部存货交易的影响应当在编制合并财务报表时全部加以抵销和调整，而与是否存在少数股权无关。抵销期末存货未实现损益的一般程序为：(1) 借记"营业收入"账户，贷记"营业成本"账户；(2) 借记"营业成本"账户，贷记"存货"账户。在权益法的基础上调整长期股权投资和投资收益时，工作底稿上调整期初存货未实现收益的分录为：借记"长期股权投资"账户，贷记"营业成本"账户。

通常，将母公司销货给子公司称为顺销，而子公司销货给母公司称为逆销，子公司之间的销货称为平销。当存在内部交易的未实现损益时，顺销与逆销对母公司净利润、归属于母公司股东的净利润和少数股东利润的计算有所不同。顺销时，母公司的净利润有未实现损益，应全部抵销和调整长期股权投资和投资收益，而子公司净利润和少数股东利润不受影响。逆销时，母公司的经营利润不受影响，子公司的净利润有未实现损益，应按多数股权和少数股权的比例加以分摊。这时，少数股东利润的计算应考虑少数股权所分摊的期初期末未实现损益的递延与实现。

以上几章对合并财务报表编制技术和程序的阐述，都舍去了企业集团内部的交易，事实上，诚如第一章所述，企业合并的其中一个重要原因是为了加强企业间的经济联系，建立供、产、销关系。所以，企业集团内部交易是不可避免的，有时甚至非常频繁。本章及第五章、第六章将讨论母、子公司间存在内部交易时的合并财务报表编制技术。

第一节　企业集团内部交易的性质与种类

企业集团内部交易，是指企业集团内部母公司、子公司之间或子公司之间所发生的销售商品、提供劳务以及财产租赁等经济业务。由于母、子公司均是独立的法人，都设置了独立的账册，这些交易均在各自的账册和报表中加以反映。企业集团内部交易可能导致了各公司账上出现往来账户余额。例如，母公司将商品销售给子公司，母公司账上记为营业收入，而子公司账上则产生了购货或营业成本，同时还可能相应地出现应收账款（应收票据）和应付账款（应付票据）账户。又如，母、子公司间发生借贷款业务，账上可能会出现借款和贷款这一往来账户，还可能出现利息收入和利息费用，等等。

合并财务报表是在母、子公司个别财务报表的基础上合并而成的，用于反映由这些法人企业所组成的企业集团整体的财务状况、经营成果和现金流量，因此，从企业集团看，内部交易的影响应当在编制合并财务报表时加以调整和抵销。除了上述列举的企业集团内部交易需要抵销之外，由这些业务所产生的企业集团内部交易损益，只要尚未向外界出售，也应当抵销。此外，母公司或子公司在证券市场上购入了集团内部其他企业发行的债券，也会导致合并主体实现损益。正如《企业会计准则第 33 号——合并财务报表》所指出的："母公司与子公司、子公司相互之间销售商品（或提供劳务，下同）或其他方式形成的存货、固定资产、工程物资、在建工程、无形资产等所包含的未实现内部销售损益应当抵销。"

抵销企业集团内部交易损益的原因在于，母公司的管理部门可以控制所有的内部交易，包括授权发生内部交易、产品与劳务的定价，而这通常被认为缺乏公平的交易基础。然而，在合并财务报表中抵销内部交易损益时，问题并不在于内部交易是否公平。抵销的真正目的旨在使合并财务报表反映没有发生内部交易时企业集团整体的财务状况、经营成果和现金流量。若不予抵销，合并财务报表的资产和净利润将被虚计或高估。只有在内部交易存货或固定资产等向外界出售或消耗之后，才不需抵销。

这一理由同样适用于母公司确认投资收益和计量长期股权投资账户。在权益法下，为了更正确地反映母公司本身的净利润和财务状况，也有必要对内部交易所产生的损益进行调整，即还要抵销内部交易损益对投资收益和长期股权投资账户的影响。

企业集团内部交易主要包括企业间的存货购销业务、企业间的固定资产买卖业务、企业间的借贷款业务、企业间的债券售购业务、企业间的无形资产转受业务、企业间的固定资产租赁业务，等等。这些企业间业务在多数情况下都有损益产生，而在有些情况下也可能没有损益产生，但这些业务均会对合并财务报表产生影响。本章讨论企业集团内部存货业务在合并财务报表中的处理。

集团内部的存货交易，有顺销、逆销和平销三种。顺销即母公司向子公司销售存货，逆销即子公司向母公司销售存货，平销即子公司彼此之间销售存货。

《企业会计准则第 33 号——合并财务报表》第 36 条规定，母公司向子公司出售资产所发生的未实现内部交易损益，应当全额抵销"归属于母公司所有者的净利润"。子公司向母公司出售资产所发生的未实现内部交易损益，应当按照母公司对该子公司的分配比例在"归属于母公司所有者的净利润"和"少数股东损益"之间分配抵销。子公司之间出售资产所发生的未实现内部交易损益，应当按照母公司对出售方子公司的分配比例在"归属于母公司所有者的净利润"和"少数股东损益"之间分配抵销。可见，平销的抵销程序与逆销相同，因此，以下讨论仅以顺销与逆销为例。

为了简化举例和论述，在缺乏相反证据的情况下，作出如下假设：

(1) 母公司投资成本超过所取得的子公司净资产账面价值的差额全部记为商誉，商誉未发生减值；

(2) 在每个会计期内，收入、费用是均匀发生的；

(3) 所述的存货项目均在发生内部交易一年内出售或耗用;

(4) 母公司均从子公司的股东购入子公司的股份。

第二节 存货购销业务抵销的一般程序

按照实现原则,营业收入只有在实现时,即已被企业所赢得时才能确认。在合并财务报表中,所谓"收入已经赢得",是指已发生对外界的销售。而在合并主体的角度,企业集团内部所发生的交易,在该存货项目向外界出售之前,就不能确认营业收入。存货在企业集团内部的转移也不会产生合并损益,在企业集团看来,这与企业内部上一车间将半成品转入下一车间并无区别。在企业集团内部发生存货交易时,若按永续盘存制记录存货业务,就会产生"营业收入"和"营业成本"两个相对应的账户。为了反映企业集团的营业收入和营业成本,在编制合并财务报表时应抵销这些对应账户。在编制合并利润表时,抵销相等数额的营业收入和营业成本非常重要,因为这正确地反映了企业集团的存货购销活动,但它对合并净利润并没有影响。

同时,由于内部交易的损益如果通过集团外的交易予以实现,就会导致利润的高估,按账面利润来确认收益也就会被虚计,因此,除需要抵销内部交易外,还需要在使用权益法调整时,对未实现的损益,调整长期股权投资和投资收益。

一、当期销售存货全部对外出售

兹举例说明集团内部存货交易的抵销程序。

【例1】 2016年12月31日,甲公司以1 000万元取得了乙公司100%的股权,乙公司的账面净权益为1 000万元,其中股本700万元,资本公积、盈余公积和未分配利润均为100万元。乙公司账面价值与公允价值相等。

2017年,乙公司向甲公司销售商品。商品成本1 000万元,销售价格2 000万元。甲公司在当年将这些存货全部对外出售,售价为3 000万元。

2017年度,乙公司实现净利润3 000万元。为简化起见,假定乙公司未提取盈余公积,也未进行利润分配(下同)。

本例中,从合并主体角度,是将成本1 000万元的商品,按3 000万元的价格对外出售,因此,营业收入为3 000万元,营业成本为1 000万元。

但在个别报表中,乙公司的营业收入为2 000万元,甲公司的营业收入为3 000万元,若直接将两者相加,就会高估营业收入2 000万元。同样,乙公司的营业成本为1 000万元,甲公司的营业成本为2 000万元,若直接将两者相加,就会高估营业成本2 000万元。因此,需要抵销营业收入和营业成本各2 000万元。

为了使合并财务报表真实地反映合并主体的财务状况与经营成果,需要编制以下调整与抵销分录(单位:万元):

(1) 将成本法调整为权益法。

借:长期股权投资　　　　3 000

　贷:投资收益　　　　3 000

(2) 抵销子公司期初净权益。

借：股本　　700

　资本公积　　100

　盈余公积　　100

　未分配利润　　100

　贷：长期股权投资　　1 000

(3) 抵销本期投资收益和长期股权投资的增减变动。

借：投资收益　　3 000

　贷：长期股权投资　　3 000

以上调整与抵销分录，与第三章无异。

(4) 抵销存货内部交易。

借：营业收入　　2 000

　贷：营业成本　　2 000

二、本期销售存货但未对外销售

续用上例，2018 年度，乙公司向甲公司销售存货。成本 1 000 万元，售价 2 000 万元。至期末，甲公司未能将该存货出售。乙公司当年实现净利润 3 000 万元。

从合并主体角度，上述存货业务，类似于将存货从乙公司的仓库转移至甲公司的仓库，并未发生实际的交易。因此，存货的计价仍然是成本 1 000 万元。但在个别财务报表中，存货在甲公司的账面是以 2 000 万元列示的，乙公司记录了营业收入 2 000 万元，营业成本 1 000 万元。因此，需要抵销营业收入 2 000 万元、营业成本 1 000 万元和存货 1 000 万元。

同样，从合并主体角度，乙公司的净利润虚增了 1 000 万元，即真实的利润为 2 000 万元(3 000−1 000)。

在合并工作底稿上，需要编制以下调整与抵销分录(单位：万元)：

(1) 将成本法调整为权益法。

借：长期股权投资　　5 000

　贷：未分配利润　　3 000

　　投资收益　　2 000

(2) 抵销子公司期初净权益。

借：股本　　700

　资本公积　　100

　盈余公积　　100

　未分配利润　　3 100

　贷：长期股权投资　　4 000

(3) 抵销本期投资收益和长期股权投资的增减变动。

借：投资收益　　2 000

　贷：长期股权投资　　2 000

以上调整与抵销分录，与第三章无异。

(4) 抵销存货内部交易。

借：营业收入　　2 000

　贷：营业成本　　1 000

　　　存货　　1 000

三、上期购入存货本期未能售出

续用上例，2019 年，假定甲、乙公司之间未发生内部交易，乙公司实现净利润 1 000 万元；但甲公司未能将上期购入的存货对外销售。

尽管本期没有发生内部交易，但从合并主体的角度，上期存货的影响仍然存在，即甲公司资产负债表上的存货价值被高估 1 000 万元，乙公司的未分配利润被高估 1 000 万元。

在合并工作底稿上，需要编制以下调整与抵销分录(单位：万元)：

(1) 将成本法调整为权益法。

借：长期股权投资　　6 000

　贷：未分配利润　　5 000

　　　投资收益　　1 000

(2) 抵销子公司期初净权益。

借：股本　　700

　　资本公积　　100

　　盈余公积　　100

　　未分配利润　　6 100

　贷：长期股权投资　　7 000

(3) 抵销本期投资收益和长期股权投资的增减变动。

借：投资收益　　1 000

　贷：长期股权投资　　1 000

(4) 抵销期初存货未实现毛利。

借：长期股权投资　　1 000

　贷：存货　　1 000

四、上期购入存货本期对外售出

续用上例，2019 年，假定甲、乙公司之间未发生内部交易，乙公司实现净利润 1 000 万元；但甲公司将上期购入的存货对外销售，售价 3 000 万元。

从合并主体的角度，乙公司的存货上未实现损益最终实现了，即合并财务报表上的营业成本是最初的 1 000 万元，而不是甲公司账面上的 2 000 万元，因此，需要抵销营业成本 1 000 元。

根据前述经多次修正的调整与抵销程序，需要编制调整与抵销分录如下：

(1) 将成本法调整为权益法。

借：长期股权投资　　7 000

　贷：未分配利润　　5 000

　　　投资收益　　2 000

(2) 抵销子公司期初净权益。

借：股本　　　　700

　　资本公积　　　　100

　　盈余公积　　　　100

　　未分配利润　　　　6 100

　贷：长期股权投资　　　　7 000

(3) 抵销本期投资收益和长期股权投资的增减变动。

借：投资收益　　　　2 000

　贷：长期股权投资　　　　2 000

(4) 调整与抵销存货内部交易已实现损益。

借：长期股权投资　　　　1 000

　贷：营业成本　　　　1 000

至 2019 年年末，乙公司账面净权益为 8 000 万元，经权益法调整后，长期股权投资的余额为 8 000 万元(初始成本 1 000 万元＋追溯调整 7 000 万元)，并在其后全部抵销完毕。

五、一般程序

通过上面的例示，再将存货内交易的调整与抵销程序进行简化。可以将存货内部交易分为三个方面。

(一) 期初存货中未实现毛利的调整与抵销

由于存货是流动性项目，均假定一个营业周期或 1 年内被销售或耗用，因此，均假定期初集团内部购入的存货本期被售出或耗用，需要编制调整与抵销分录如下(金额为毛利部分)：

借：长期股权投资　　　　×××

　贷：营业成本　　　　×××

此分录即为前述中的第四种情形。

(二) 本期购入存货的调整与抵销

本期集团内部购入的存货假定全部售出，需要编制调整与抵销分录如下(金额为集团内部的售价)：

借：营业收入　　　　×××

　贷：营业成本　　　　×××

此分录即为前述第一种情形。

(三) 购入的存货期末尚未售出

如果期末还有购自集团内部的存货，不管是本期购入的，还是以前各期购入的，均需要编制调整与抵销分录如下(金额为毛利部分)：

借：营业成本　　　　×××

　贷：存货　　　　×××

将这笔分录与第(一)笔分录结合，即前述第二种情形；与前述第(二)笔分录结合，即前述第三种情形。

(四) 权益法下对长期股权投资的调整

由于存货内部交易的未实现损益的影响，按权益法确认本期长期股权投资与投资收益

时,在不考虑合并价差摊销和股利分配等情况下,基本计算如下:

被投资单位账面净利润	×××
加:期初存货销售已实现的毛利	×××
减:期末存货未实现的毛利	×××
	×××

具体计算时,会根据是否存在少数股权以及顺销、逆销而有所不同。具体详见下面两节的说明。

第三节 存货顺销

诚如前述,内部交易期初存货中未实现利润的抵销,取决于销售的方向、少数股权的份额以及母公司处理子公司经营成果所采用的方法。销售的方向指存货是从母公司流向子公司还是子公司流向母公司。通常,将母公司向子公司销货称为顺销,或向下销货;将子公司向母公司销货称为逆销,或向上销货。之所以这样称呼,是因为在企业集团的组织结构中,母公司在上,子公司在下,自上而下为顺,自下而上为逆。

不论是顺销还是逆销,在编制合并财务报表时总是要抵销内部交易的营业收入和营业成本(购货)。同样,内部交易所产生的期末存货中的未实现利润也应全部抵销,而与销售方向无关。但是,在不同销售方向下,未实现利润对母公司个别财务报表和合并财务报表的影响是有所区别的,除非子公司为母公司的全资公司,没有少数股权。

一、顺销对损益计算的影响

在顺销时,母公司的净利润包括了内部交易所产生的期末存货中的未实现利润,但子公司的净利润不受影响。以下分析顺销对少数股东损益、合并净利润和母公司净利润的影响。

【例 2】 假设 2017 年甲公司与其拥有 80%股份的乙子公司的有关收入构成情况如下:

	甲公司	乙公司(80%)
营业收入	720 000	540 000
营业成本	360 000	324 000
毛利	360 000	216 000
期间费用	120 000	126 000
净利润(不含投资收益)	240 000	90 000

2017 年,甲公司向乙公司销货 120 000 元,乙公司期末存货中含有 20 000 元未实现利润。由于是顺销业务,20 000 元未实现利润已反映在甲公司账上的营业收入和营业成本之中,而乙公司的 90 000 元净利润已全部实现。这时,少数股东损益不受企业集团内部交易的影响,可计算如下:

90 000×20%=18 000(元)

在合并利润表上,各个项目的数额如下:

合并营业收入(720 000＋540 000－120 000)	1 140 000
减：合并营业成本(360 000＋324 000－120 000＋20 000)	584 000
毛利(1 140 000－584 000)	556 000
减：期间费用(120 000＋126 000)	246 000
合并净利润	310 000
其中：归属于母公司股东的净利润	292 000
归属于少数股东的利润	18 000

需要注意的是，不论母公司持有子公司多少股份，内部交易总要全部抵销。

权益法下，甲公司的净利润可计算如下：

甲公司自身实现的净利润	240 000
加：对乙公司的投资收益(90 000×80%)	72 000
减：期末存货未实现利润	20 000
合并基础上甲公司的净利润	292 000

二、期末存货未实现利润的递延

母公司向子公司出售存货增加了母公司的营业收入、营业成本和毛利，但在子公司将这些存货出售给外界之前，子公司的净利润不受影响。既然顺销的存货仍留在子公司，而其毛利又增加了母公司的利润，在权益法下，期末存货的未实现毛利就应全部抵销母公司的利润，即调整“投资收益”和“长期股权投资”账户。相应地，在合并财务报表上，未实现利润要通过减少毛利和存货加以抵销，以使期末存货按企业集团的成本基础反映。从企业集团看，期末存货多计，使合并净利润多计。仍以上述甲公司和乙公司的资料为例，说明权益法对期末存货未实现利润的处理。

承前述例 2 资料，2017 年，乙公司实现净利润 90 000 元，未进行利润分配。期末存货中含有 20 000 元未实现利润。对此，在合并工作底稿上，应编制如下会计分录，将成本法调整为权益法：

(1) 借：长期股权投资(90 000×80%)　　72 000
　　贷：投资收益　　72 000
(2) 借：投资收益　　20 000
　　贷：长期股权投资　　20 000

上述第(2)笔分录将甲公司 2017 年的投资收益从 72 000 元调减到 52 000 元，在合并财务报表中，营业收入、营业成本和期末存货上的未实现利润均应抵销。合并工作底稿的一部分见表 4－1。

表 4－1　　**甲公司部分合并工作底稿**

截至 2017 年 12 月 31 日　　单位：元

	甲公司	乙公司	调整与抵销				合并主体
			序号	借方	序号	贷方	
利润表							
营业收入	720 000	540 000	(3)	120 000			1 140 000

续 表

	甲公司	乙公司	调整与抵销				合并主体
			序号	借方	序号	贷方	
营业成本	360 000	324 000	(4)	20 000	(3)	120 000	584 000
毛利	360 000	216 000					556 000
期间费用	120 000	126 000					246 000
投资收益	0	—	(2)	20 000	(1)	72 000	—
			(6)	52 000			
净利润	240 000	90 000					310 000
其中：							
归属于母公司股东利润							292 000
少数股东利润			(5)	18 000			18 000
资产负债表							
存货	60 000	40 000			(4)	20 000	80 000
长期股权投资			(1)	72 000	(2)	20 000	—
					(6)	52 000	
少数股东权益					(5)	18 000	18 000

工作底稿中的调整与抵销分录一如前述，此处不再赘述。

从工作底稿中还可以发现，合并利润表中的合并净利润等于各自的经营利润(240 000 元和 90 000 元)减去期末存货中的未实现利润(20 000 元)。其中，归属于母公司的净利润为 292 000 元，归属于少数股东的损益为 18 000 元。由于是顺销，归属于少数股东的损益不受期末存货未实现利润的影响，即子公司经营利润乘以少数股权所占的份额(90 000×20%)。

三、向外界出售存货后确认已实现利润

在下一期，通常子公司将从母公司购入的期末存货向外界出售，这时期末存货的未实现利润实现了。假设乙公司于 2018 年出售了从甲公司购入的 2017 年年末含有未实现利润 20 000 元的存货。2018 年，甲公司未向乙公司出售存货。2018 年，在未考虑期初存货的未实现利润之前，两家公司利润表各自的经营利润的有关项目如下：

	甲公司	乙公司(80%)
营业收入	800 000	600 000
营业成本	400 000	360 000
毛利	400 000	240 000
期间费用	130 000	140 000
净利润	270 000	100 000

2018 年甲公司本身的营业利润不受 2017 年乙公司期末存货未实现利润的影响，但受影响的是 2018 年乙公司的利润，因为从企业集团来看，乙公司的期初存货多计导致营业成本

多计。在甲公司看来,2017 年未实现利润在 2018 年实现了。在合并工作底稿上,应编制如下调整分录,将成本法调整为权益法:

(1) 借:长期股权投资(100 000×80%)　　80 000
　　贷:投资收益　　80 000
(2) 借:长期股权投资　　20 000
　　贷:投资收益　　20 000

合并工作底稿的一部分见表 4-2。

表 4-2　　甲公司部分合并工作底稿
截至 2018 年 12 月 31 日　　单位:元

	甲公司	乙公司	调整与抵销				合并主体
			序号	借方	序号	贷方	
利润表							
营业收入	800 000	600 000					1 400 000
营业成本	400 000	360 000			(3)	20 000	740 000
期间费用	130 000	140 000					270 000
投资收益	0	—	(5)	100 000	(1)	80 000	—
					(2)	20 000	
净利润	270 000	100 000					390 000
其中:							
归属于母公司股东利润							370 000
少数股东利润			(6)	20 000			20 000
资产负债表							
长期股权投资			(1)	80 000	(5)	100 000	—
			(2)	20 000			
			(3)	20 000*			
少数股东权益					(6)	20 000	20 000

注:* 此分录中的 20 000 元是对期初长期股权投资的调整。本例中,因未涉及期初长期股权投资,故抵销从略。尽管从抵销分录中未能将其全额抵销,但合并主体中的长期股权投资项目应为 0。

从表 4-2 的合并利润表中可以看出,合并净利润为 390 000 元,是母、子公司各自的经营利润之和(370 000 元)加上期初存货在本期实现的毛利(20 000 元),由于是顺销,该项已实现毛利全部归属于多数股权,即甲公司。

四、顺销业务举例

以下将举一个完整的例子,详细说明在编制合并财务报表时对存货内部交易的处理。

【例 3】 2016 年 12 月 31 日,P 公司以 630 000 元银行存款取得了 S 公司 90%的股份,当时 S 公司的净权益为 700 000 元,其中股本 500 000 元,资本公积 100 000 元,盈余公积 80 000 元,未分配利润 20 000 元。P 公司对 S 公司 90%股权的投资成本等于所取得的 S 公司可辨认净资产账面价值,S公司净资产账面价值等于公允价值,无合并价差和商誉。

2017年度,S公司实现净利润500 000元,提取盈余公积50 000元,分配现金股利200 000元。

2018年度,S公司实现净利润300 000元,提取盈余公积30 000元,宣告并发放现金股利100 000元。有关P公司和S公司的其他有关资料见表4-3。

P公司在合并后向S公司出售存货,2018年有关存货内部交易的资料如下:

2018年向S公司出售存货(成本225 000)	300 000
2018年1月1日S公司期初存货未实现利润	30 000
2018年12月31日S公司期末存货未实现利润	37 000
2018年12月31日S公司欠P公司货款	50 000

根据以上资料,在2018年度的合并财务报表工作底稿上,应编制以下调整与抵销分录:

(1) 将成本法调整为权益法。

借:长期股权投资　　413 000

　贷:未分配利润　　240 000

　　投资收益　　173 000

其中:分录中的未分配利润的调整数等于2017年S公司实现的净利润减去分配的现金股利的90%再减去年末存货中的未实现利润,即:

240 000=(500 000-200 000)×90%-30 000

投资收益的调整数为2018年实现的利润减去分配股利差额的90%加上2018年年初存货未实现利润减去2018年年末存货未实现利润,即:

173 000=(300 000-100 000)×90%+30 000-37 000

(2) 抵销S公司的期初净权益。

借:股本　　500 000

　资本公积　　100 000

　盈余公积　　130 000

　未分配利润　　270 000

　贷:长期股权投资　　900 000

　　少数股东权益　　100 000

(3) 抵销长期股权投资、投资收益的本期增减变动数以及S公司的股利分配。

借:投资收益　　263 000

　少数股东权益　　10 000

　贷:长期股权投资　　173 000

　　分配现金股利　　100 000

(4) 抵销S公司本期提取的盈余公积。

借:盈余公积　　30 000

　贷:提取盈余公积　　30 000

(5) 确认本期少数股东损益和少数股东权益。

借:少数股东利润　　30 000

　贷:少数股东权益　　30 000

(6) 抵销集团内部往来。

借：应付账款　　50 000

　贷：应收账款　　50 000

(7) 抵销期初存货的未实现利润。

借：长期股权投资　　30 000

　贷：营业成本　　30 000

(8) 抵销本期内部存货销售。

借：营业收入　　300 000

　贷：营业成本　　300 000

(9) 调整期末存货的未实现利润。

借：营业成本　　37 000

　贷：存货　　37 000

可以看出，分录(1)～(6)与第三章基本相同，只是第(2)笔分录中贷方的长期股权投资，权益法下的期初余额为 870 000 元(630 000＋240 000)，但基于前面的分析，加上第(7)笔分录中借方的长期股权投资 30 000 元，即为予以抵销的 900 000 元。

分录(7)～(9)即为存货内部交易的固定的三笔调整与抵销分录。

将上述调整与抵销分录登记至合并工作底稿，即可编制合并财务报表，具体如表 4－3所示。

表 4－3　　**P公司合并工作底稿**

截至 2018 年 12 月 31 日　　单位：元

	P公司	S公司	调整与抵销				合并主体
			序号	借方	序号	贷方	
利润表							
营业收入	8 000 000	2 500 000	(8)	300 000			10 200 000
营业成本	4 500 000	1 350 000	(9)	37 000	(7)	30 000	5 557 000
					(8)	300 000	
期间费用	2 700 000	750 000					3 450 000
所得税费用	290 000	100 000					390 000
投资收益	90 000	—	(3)	263 000	(1)	173 000	—
净利润	600 000	300 000					803 000
其中：少数股东利润			(5)	30 000			30 000
归属于母公司股东利润							773 000
加：年初未分配利润	300 000	270 000	(2)	270 000	(1)	240 000	540 000
可供分配的利润	900 000	570 000					1 313 000
减：提取盈余公积	60 000	30 000			(4)	30 000	60 000
分配现金股利	400 000	100 000			(3)	100 000	400 000
年末未分配利润	440 000	440 000					853 000

续 表

	P公司	S公司	调整与抵销				合并主体
			序号	借方	序号	贷方	
资产负债表							
银行存款	200 000	35 000					235 000
应收账款	435 000	125 000				50 000	510 000
存货	600 000	300 000			(9)	37 000	863 000
其他流动资产	797 000	60 000					857 000
长期股权投资	630 000		(1)	413 000	(3)	173 000	—
			(7)	30 000	(2)	900 000	
固定资产(净)	5 018 000	760 000					5 778 000
资产合计	7 680 000	1 280 000					8 243 000
应付账款	510 000	60 000	(6)	50 000			520 000
其他负债	30 000	20 000					50 000
股本	4 000 000	500 000	(2)	500 000			4 000 000
资本公积	1 000 000	100 000	(2)	100 000			1 000 000
盈余公积	1 700 000	160 000	(2)	130 000			1 700 000
			(4)	30 000			
未分配利润	440 000	440 000					853 000
少数股东权益			(3)	10 000	(2)	100 000	120 000
					(5)	30 000	
负债和所有者权益合计	7 680 000	1 280 000					8 243 000

本例中,存货的内部交易是顺销,2017 年递延的未实现利润应在 2018 年全额确认,而 2018 年年末的存货未实现利润应全部递延到 2019 年。由于引起未实现利润的内部交易是存货的顺销业务,少数股东权益和本年少数股东利润均不受影响,即少数股东权益(120 000 元)是S公司年末净权益的 10%(120 000×10%),少数股东利润(30 000 元)是当期净利润的 10%(300 000×10%)。

第四节　存货逆销

当发生存货逆销时,子公司的净利润包括了期末存货的未实现利润,母公司本身的利润(不含投资收益)则不受影响。在编制合并财务报表时,不论销售方向如何,内部交易的营业收入和营业成本总需要抵销,但当子公司的净利润包含了未实现利润时,则少数股东损益受到影响,这是因为少数股东只分享子公司的净利润,当子公司的净利润从企业集团看被高估时,分配给少数股东的净利润应根据子公司已经实现的净利润计算。子公司的已实现净利润即为子公司个别利润表上的净利润减去内部交易所产生的期末存货中的未实现利润。

我国《企业会计准则第 33 号——合并财务报表》第 36 条规定，子公司向母公司出售资产所发生的未实现内部交易损益，应当按照母公司对该子公司的分配比例在“归属于母公司所有者的净利润”和“少数股东损益”之间分配抵销。因此，应当将逆销所产生的未实现损益按比例在多数股权和少数股权之间加以分摊，即子公司归属于母公司股东和少数股东的净利润，均按从合并主体角度已经实现的损益计算，是经济实体理论的具体体现。

一、逆销对损益计算的影响

在逆销时，子公司利润表上的净利润包括了内部交易所产生的期末存货中的未实现损益，但母公司的净利润不受影响。以下分析逆销对少数股东利润、归属于母公司股东的净利润和母公司净利润的影响。仍沿用上一节例 2 中甲公司和乙公司的例子。其他资料不变，但改为乙公司向甲公司销货。

【例 4】 2017 年，乙公司向甲公司销货 120 000 元，甲公司期末存货中含有 20 000 元未实现利润。由于是逆销业务，20 000 元未实现利润已反映在乙公司账上的营业收入和营业成本之中，而甲公司的 240 000 元净利润已全部实现了。这时，少数股东利润可计算如下：

少数股东利润＝(90 000－20 000)×20％＝14 000(元)

在合并利润表中，各个项目的数额如下：

营业收入(720 000＋540 000－120 000)	1 140 000
减：合并营业成本(360 000＋324 000－120 000＋20 000)	584 000
毛利(1 140 000－584 000)	556 000
减：期间费用(120 000＋126 000)	246 000
合并净利润	310 000
其中：归属于母公司股东利润	296 000
少数股东利润	14 000

在权益法下，甲公司的净利润可计算如下：

甲公司自身实现的净利润	240 000
加：对乙公司的投资收益	72 000
减：期末存货未实现利润(20 000×80％)	16 000
甲公司净利润	296 000

与顺销业务相比，少数股东权益少了 4 000 元，而归属于母公司股东的净利润却增加了 4 000 元，这是由期末存货的未实现利润 20 000 元在多数股权和少数股权之间加以分摊引起的。

二、期末存货未实现利润的递延

子公司将存货出售给母公司增加了子公司的营业收入、营业成本和毛利，在将这些存货再出售给外界之前，母公司本身的经营利润并不受影响。然而，从合并主体角度，母公司的净利润却受影响，因为从合并主体角度，母公司要按权益法确认在子公司净利润中的份额。若子公司的股份为母公司全部拥有，母公司应在当年将未实现损益全部予以递延；若子公司中存在少数股权,则只需将属于母公司的部分未实现损益递延,即调整投资收益和长期股权投资账户。可见,内部交易未实现损益的抵销不仅取决于销售方向,还取决于母公司在子公司的股份比例。

【例 5】 2018 年,S 公司(子公司)向 P 公司(母公司)出售了 50 000 元存货,S 公司的营业成本为 30 000 元,当年 P 公司将其中的 70%按 45 000 元出售给外界,年末存货的未实现利润为 6 000 元[(50 000－30 000)×30%]。2018 年,S 公司实现净利润 80 000 元,在权益法下,P 公司按 100%和 75%拥有 S 公司股份的两种情形下的会计处理如下:

	拥有 100%		拥有 75%	
(1) 按 S 公司的净利润确认投资收益:				
借: 长期股权投资	80 000		60 000	
贷: 投资收益		80 000		60 000
(2) 递延期末存货的未实现利润:				
借: 投资收益	6 000		4 500	
贷: 长期股权投资		6 000		4 500

从上述分录可知,在权益法下,若母公司确认子公司 100%的净利润为其投资收益,期末存货的未实现利润也应全部抵销;若母公司确认子公司 75%的净利润为其投资收益,则期末存货的未实现利润也只能抵销 75%,但不论母公司拥有子公司多少股份,均抵销母公司的长期股权投资和投资收益账户。

在合并财务报表中,逆销的全部营业收入和营业成本应予抵销,但由于合并净利润计量的是归属于母公司股东的净利润和少数股东利润,应按比例将期末存货的未实现利润从少数股东利润中减去,这就是将少数股权分摊的未实现利润从少数股权在子公司分享的净利润中减去。所以,逆销的未实现利润对归属于母公司股东的净利润的影响与权益法下它对母公司净利润的影响相同。P 公司与其拥有 75%股份的子公司 S 公司的合并工作底稿的一部分见表 4-4。

表 4-4　　P 公司合并工作底稿

截至 2018 年 12 月 31 日　　单位: 元

项　目	P 公司	S 公司	调整与抵销				合并主体
			序号	借方	序号	贷方	
利润表							
营业收入	625 000	240 000	(2)	50 000			815 000
营业成本	250 000	144 000	(3)	6 000	(2)	50 000	350 000
期间费用	125 000	16 000					141 000
投资收益	0		(4)	55 500	(1)	55 500	—
净利润	250 000	80 000					324 000
其中: 少数股东利润			(5)	18 500			18 500
归属于母公司股东利润							305 500

续　表

项　　目	P公司	S公司	调整与抵销				合并主体
			序号	借方	序号	贷方	
资产负债表							
存货	25 000	9 000			(3)	6 000	28 000
长期股权投资			(1)	55 500	(4)	55 500	—
少数股东权益					(5)	18 500	18 500

工作底稿中的分录(1)是按权益法对投资收益和长期股权投资进行的调整；分录(2)抵销了内部交易中的营业收入和营业成本；分录(3)按未实现利润更正了期末存货的营业成本，并将存货按企业集团的成本基础计价；分录(4)抵销P公司因S公司实现净利润而确认的投资收益和长期股权投资，使“长期股权投资”回复到期初数；分录(5)确认了属于少数股东的子公司股东权益和利润。

本例中，合并净利润(324 000元)为各自的经营利润减去期末存货未实现利润(250 000＋80 000－6 000)，其中，归属于母公司的净利润为305 500元，归属于少数股东的利润为18 500元。

三、向外界出售存货后确认已实现利润

在本期，母公司通常会将上期从子公司购入的存货向外界出售，这时上期期末存货的未实现利润在本期就实现了。期初存货的未实现利润对母公司和合并净利润的影响与期末存货的影响正好相反。假设P公司于2018年出售了从S公司购入的2017年年末含有未实现利润6 000元的存货。2018年，S公司未向P公司出售存货。2018年，S公司账上的净利润为90 000元，未进行利润分配，P公司拥有S公司75％的股份。

在合并工作底稿上，需要编制以下调整与抵销分录：

(1) 应将成本法调整为权益法。

借：长期股权投资　　127 500
　贷：未分配利润　　55 500
　　　投资收益　　72 000

其中，未分配利润55 500元是2017年按权益法应调整的收益，投资收益72 000元是S公司账面利润90 000元的75％与期初存货未实现利润6 000元的75％。

(2) 调整与抵销期初存货中的未实现利润(本期实现)。

借：长期股权投资　　4 500
　　少数股东权益　　1 500
　贷：营业成本　　6 000

逆销情况下，期初未实现利润要在多数股权与少数股权之间进行分配，因此，要借记少数股东权益1 500元(6 000×25％)。

其他调整与抵销分录见表4－5。

表 4-5　　P公司合并工作底稿

截至 2018 年 12 月 31 日　　单位：元

	P公司	S公司	调整与抵销				合并主体
			序号	借方	序号	贷方	
利润表							
营业收入	687 500	400 000					1 087 500
营业成本	400 000	220 000			(2)	6 000	614 000
期间费用	125 500	90 000					215 500
投资收益	0		(3)	72 000	(1)	72 000	—
净利润	162 000	90 000					258 000
其中：少数股东利润			(4)	24 000			24 000
归属于母公司股东利润							234 000
资产负债表							
长期股权投资			(1)	127 500	(3)	72 000	—
			(2)	4 500			
未分配利润					(1)	55 500	
少数股东权益			(2)	1 500	(4)	24 000	22 500

本例中，合并净利润(258 000 元)为各自的经营利润加上期末存货未实现利润(162 000+90 000+6 000)，其中，归属于母公司的净利润为 234 000 元，归属于少数股东的利润为 24 000 元。

四、逆销业务举例

以下举一完整的例子，说明内部交易中逆销对合并财务报表编制的影响。

【例 6】 2016 年 12 月 31 日，P公司以 720 000 元银行存款取得了S公司 80%的股份，当时S公司的股东权益为 900 000 元，其中股本 600 000 元，资本公积 150 000 元，盈余公积 100 000 元，未分配利润 50 000 元。P公司对S公司 80%股权的投资成本等于所取得的S公司可辨认净资产账面价值，S公司净资产账面价值等于公允价值，无合并价差和商誉。

S公司在合并后向P公司出售存货，2018 年有关存货内部交易的资料如下：

2018 年S公司向P公司出售存货	400 000
2018 年 1 月 1 日P公司年初存货未实现利润	50 000
2018 年 12 月 31 日P公司年末存货未实现利润	40 000
2018 年 12 月 31 日P公司欠S公司货款	60 000

2017 年，S公司实现净利润 200 000 元，提取盈余公积 20 000 元，分配现金股利 75 000 元。

2018 年，S公司实现净利润 200 000 元，提取盈余公积 20 000 元，宣告并发放现金股利

120 000 元。P 公司和 S 公司的其他有关资料见表 4－6。

在 2018 年度的合并工作底稿上，应编制调整与抵销分录如下：

(1) 将成本法调整为权益法。

借：长期股权投资　　132 000

　贷：未分配利润　　60 000

　　　投资收益　　72 000

分录中，未分配利润 60 000 元是 S 公司 2017 年盈利而未分配的净利润减去期末存货未实现利润的 80%，即：

(200 000－75 000－50 000)×80%＝60 000(元)

投资收益 72 000 元是 S 公司 2018 年盈利而未分配的净利润加上期初存货未实现但本期已实现的利润减去期末存货未实现利润的 80%，即：

(200 000－120 000＋50 000－40 000)×80%＝72 000(元)

(2) 抵销 S 公司期初净权益。

借：股本　　600 000

　　资本公积　　150 000

　　盈余公积　　120 000

　　未分配利润　　155 000

　贷：长期股权投资　　820 000

　　　少数股东权益　　205 000

(3) 抵销长期股权投资、投资收益的本期增减变动数以及 S 公司的股利分配。

借：投资收益　　168 000

　　少数股东权益　　24 000

　贷：长期股权投资　　72 000

　　　分配现金股利　　120 000

(4) 抵销 S 公司本期提取的盈余公积。

借：盈余公积　　20 000

　贷：提取盈余公积　　20 000

(5) 确认本期少数股东利润和少数股东权益。

借：少数股东利润　　42 000

　贷：少数股东权益　　42 000

[42 000＝(200 000＋50 000－40 000)×20%]

(6) 抵销集团内部往来。

借：应付账款　　60 000

　贷：应收账款　　60 000

(7) 抵销期初存货的未实现利润。

借：长期股权投资　　40 000

　　少数股东权益　　10 000

　贷：营业成本　　50 000

(8) 抵销本期内部存货销售。

借：营业收入　　400 000

　贷：营业成本　　400 000

(9) 调整期末存货的未实现利润。

借：营业成本　　40 000

　贷：存货　　40 000

将上述调整与抵销分录登记至合并工作底稿，即可编制合并财务报表，具体如表4-6所示。

表4-6　　**P公司合并工作底稿**

截至2018年12月31日　　单位：元

	P公司	S公司	调整与抵销				合并主体
			序号	借方	序号	贷方	
利润表							
营业收入	6 250 000	2 500 000	(8)	400 000			8 350 000
营业成本	4 525 000	1 450 000	(9)	40 000	(8)	400 000	5 565 000
					(2)	50 000	
期间费用	1 175 000	800 000					1 975 000
所得税费用	146 000	50 000					196 000
投资收益	96 000		(3)	168 000	(1)	72 000	—
净利润	500 000	200 000					614 000
其中：少数股东利润			(5)	42 000			42 000
归属于母公司股东利润							572 000
年初未分配利润	100 000	155 000	(6)	155 000	(1)	60 000	160 000
可供分配的利润	600 000	355 000					732 000
减：提取盈余公积	50 000	20 000			(4)	20 000	50 000
分配现金股利	300 000	120 000			(3)	120 000	300 000
年末未分配利润	250 000	215 000					382 000
资产负债表							
银行存款	400 000	100 000					500 000
应收账款	786 000	125 000			(6)	60 000	851 000
存货	1 514 000	512 000			(9)	40 000	1 986 000
其他流动资产	896 000	76 000					972 000
长期股权投资	720 000		(1)	132 000	(2)	820 000	—
			(7)	40 000	(3)	72 000	
固定资产(净)	3 864 000	857 000					4 721 000
资产合计	8 180 000	1 670 000					9 030 000

续　表

	P公司	S公司	调整与抵销				合并主体
			序号	借方	序号	贷方	
应付账款	320 000	170 000	(6)	60 000			430 000
其他负债	126 000	395 000					521 000
股本	5 000 000	600 000	(2)	600 000			5 000 000
资本公积	1 000 000	150 000	(2)	150 000			1 000 000
盈余公积	1 484 000	140 000	(2)	120 000			1 484 000
			(4)	20 000			
未分配利润	250 000	215 000					382 000
少数股东权益			(3)	24 000	(2)	205 000	213 000
			(7)	10 000	(5)	42 000	
负债和所有者权益合计	8 180 000	1 670 000					9 030 000

可以看出，分录(1)～(6)与第三章基本相同，只是第(2)笔分录中贷方的长期股权投资，权益法下的期初余额为 780 000 元(720 000＋60 000)，但基于前面的分析，加上第(7)笔分录中借方的长期股权投资 40 000 元，即为予以抵销的 820 000 元。

分录(7)～(9)即为存货内部交易的固定的三笔调整与抵销分录。

因本例是逆销，少数股东权益应等于 S 公司的账面净权益减去期末存货未实现利润，再乘以少数股权所占的份额，即：

[(600 000＋150 000＋140 000＋215 000)－40 000]×20%＝213 000(元)

思考题

1. 在编制合并财务报表时，企业集团内部交易的未实现损益的影响为什么应予抵销？在企业集团看来，什么时候实现了内部交易的未实现损益？

2. 有人认为，在抵销内部交易对合并财务报表所产生的影响时，可以只抵销净利润，营业收入和营业成本可以不予抵销，这样处理也并不影响合并净利润。试评述这一观点。

3. 内部交易的营业收入和营业成本的抵销与少数股权的存在有关吗？为什么？

4. 内部交易的营业收入和营业成本的抵销对合并净利润有什么影响？

5. 何谓顺销？何谓逆销？顺销和逆销对计算母公司净利润和归属于母公司股东的净利润有何影响？对少数股东损益又有什么影响？

6. 若未对 2017 年的内部交易所产生的期末存货的未实现利润加以抵销，对 2018 年的归属于母公司股东的净利润会有什么影响？对 2019 年又有什么影响？

7. 在什么情况下，少数股东损益受内部交易的影响？什么情况下又不受影响？

8. 在权益法下，当发生顺销时，对年末存货的未实现损益应如何处理？对年初存货的未实现损益又应如何处理？

9. 子公司年初和年末存货上的未实现损益对合并营业成本会有什么影响？

10. 未实现损益对合并营业成本的影响与存在少数股权以及内部交易的方向有关吗?

11. 在抵销年末存货的未实现利润的影响时,借记"营业成本"账户,"贷记存货"账户,而在调整年初存货的未实现利润时,何以借记"长期股权投资"账户,贷记"营业成本"账户?

12. 在母公司年初和年末均有逆销存货的未实现利润时,如何计算少数股东损益?

阅读材料

1. 财政部:《企业会计准则第 33 号——合并财务报表》,2014 年。

2. International Financial Reporting Standard 27 (IFRS 27), Consolidated Financial Statements and Separate Financial Statements (revised). International Accounting Standard Board, 2008.

3. Statement of Financial Accounting Standards No. 94, Consolidation of All Majority-Owned Subsidiaries. Financial Accounting Standard Board, 1987.

练习题

练习一

一、目的:练习企业集团内部存货业务的处理。

二、资料:2017 年 1 月 1 日,泰昌公司按账面价值购入了常德公司 70%的股份。当年,泰昌公司销售给常德公司 120 000 元存货,售价按成本加成 20%确定。2016 年年末,这部分存货尚有 30%没有出售。

三、要求:为泰昌公司编制 2017 年年末有关内部存货的抵销分录。

练习二

一、目的:练习企业集团内部存货业务的处理。

二、资料:2017 年 1 月 2 日,民乐公司按账面价值购入了民信公司 80%的股份,当时民信公司资产、负债的账面价值与公允价值相同。2017 年度,民信公司将成本为 9 000 元的存货按 12 000 元出售给民乐公司,2017 年年末,这部分尚有 40%未向外界出售。2017 年度,两家公司的利润表如表 4-7 所示。

表 4-7 **利润表**

2017 年度 单位:元

项　目	民乐公司	民信公司
营业收入	300 000	100 000
投资收益	0	
营业成本	200 000	75 000
期间费用	52 000	10 000
净利润	48 000	15 000

三、要求:为民乐公司编制 2016 年的合并利润表。

练习三

一、目的:了解内部存货业务对合并财务报表编制的影响。

二、资料:恒生公司(母公司)和恒顺公司 2017 年编制的合并利润表如表 4-8 所示。

表 4-8　　利润表

2017 年度　　单位：元

项　　目	金　额
营业收入	897 000
营业成本	(598 000)
期间费用	(104 000)
合并净利润	195 000
其中：归属于母公司股东的净利润	169 000
少数股东利润(20%)	26 000

在编完这一报表后，发现内部存货业务的影响未予考虑，年末未实现利润也没有抵销。有关存货内部交易的数据如表 4-9 所示。

表 4-9　　有关存货内部交易的数据　　单位：元

项　　目	成　本	售　价	年末未出售比例
2016 年(恒生公司售给恒顺公司)	104 000	117 000	25%
2017 年(恒顺公司售给恒生公司)	58 500	78 000	40%

三、要求：为恒生公司编制 2017 年正确的合并利润表。

练习四

一、目的：掌握内部存货业务对合并财务报表编制的影响。

二、资料：乐天公司是天龙公司持有其 75%股份的子公司。2017 年度，共向天龙公司出售存货 750 000 元，成本 600 000 元，2017 年年末，这部分存货尚有 30%没有向外出售。

三、要求：为天龙公司编制必要的抵销分录。

练习五

一、目的：熟悉内部存货业务对合并财务报表的影响。

二、资料：2016 年 1 月 2 日，光启公司按账面价值(等于公允价值)购入了申通公司 75%的股份，两家公司 2017 年的利润表如表 4-10 所示。

表 4-10　　利润表

2017 年度　　单位：元

项　　目	光启公司	申通公司
营业收入	200 000	80 000
营业成本	(120 000)	(48 000)
期间费用	(24 000)	(12 000)
经营利润	56 000	20 000
投资收益	0	—
净利润	56 000	20 000

其他有关资料如下：

(1) 2016 年和 2017 年，申通公司向光启公司分别出售存货 20 000 元和 32 000 元。

(2) 2016 年和 2017 年年末，光启公司的存货分别含有未实现利润 6 000 元和 8 800 元。

三、要求：

(1) 编制 2017 年将成本法调整为权益法的会计分录。

(2) 计算和确定 2017 年合并营业成本、少数股东利润和归属于母公司股东的净利润。

练习六

一、目的：熟悉内部存货业务对合并财务报表编制的影响。

二、资料：2015 年 1 月 1 日，世纪公司按账面价值购入了 90%纪元公司发行在外的股份。2015 年、2016 年和 2017 年内部存货业务的资料如表 4 - 11 所示。

表 4 - 11　　内部存货业务的资料　　单位：元

年　份	纪元公司出售给世纪公司	年末存货未实现利润
2015	220 000	16 500
2016	165 000	12 000
2017	330 000	26 400

世纪公司和纪元公司 2017 年个别财务报表的有关数据如表 4 - 12 所示。

表 4 - 12　　世纪公司和纪元公司个别财务报表的有关数据

2017 年度　　单位：元

项　　目	世 纪 公 司	纪 元 公 司
营业收入	990 000	660 000
营业成本	687 500	330 000
期间费用	247 500	165 000
投资收益	11 880	—
存货	165 000	88 000
股本	400 000	200 000
资本公积	150 000	130 000
盈余公积	450 000	230 000
年末未分配利润	17 500	12 000

2017 年，纪元公司发放现金股利 13 200 元。

三、要求：计算 2017 年的合并营业成本、少数股东损益、归属于母公司股东的净利润和年末少数股东权益。

练习七

一、目的：熟悉内部存货业务对编制合并财务报表的影响。

二、资料：悦达公司拥有两家子公司振华公司(2015 年购入 80%)和振兴公司(2016 年 1 月 1 日购入 90%)，均按账面价值购入，但“长期股权投资”账户包括因振兴公司存货公允价值高于账面价值 10 000 元而分配给悦达公司的 9 000 元价差。

2016 年和 2017 年年末，各公司存货的资料如表 4 - 13 所示。

表 4－13　　**各公司存货的情况**　　单位：元

项　目	2016 年年末	2017 年年末
悦达公司	60 000	54 000
振华公司	38 750	31 250
振兴公司	24 000	36 000

悦达公司以成本加 25%的售价将存货出售给振华公司，振兴公司以成本加 20%的售价将存货出售给悦达公司。悦达公司 2017 年的年初、年末存货分别有 40%和 50%从振兴公司购入，振华公司的全部存货均从悦达公司购入。

集团内部三家公司除了内部存货的购入和销售外，无其他业务。

三、要求：分别计算 2016 年和 2017 年合并资产负债表中的存货数。

练习八

一、目的：掌握内部存货业务对合并财务报表编制的影响。

二、资料：凯福公司 2015 年、2016 年和 2017 年的利润表如表 4－14 所示。

表 4－14　　**凯福公司利润表**　　单位：元

项　目	2015 年	2016 年	2017 年
营业收入	800 000	850 000	950 000
营业成本	420 000	440 000	500 000
期间费用	300 000	320 000	380 000
净利润	80 000	90 000	70 000

其他有关资料如下：

(1) 在这三年内，凯福公司始终是开利公司拥有 75%股份的子公司。开利公司在这三年的经营利润(不包括投资收益)分别为 360 000 元、340 000 元和 400 000 元。开利公司于 2014 年 12 月 31 日按账面价值购入凯福公司股份，没有任何价差。

(2) 2015 年，开利公司向凯福公司出售存货 80 000 元，毛利率 50%，年末有一半存货尚未售出，留在凯福公司。

(3) 2016 年年末，开利公司存货含有从凯福公司购入的存货未实现利润 4 000 元。当年凯福公司售给开利公司的存货总额 60 000 元。

(4) 2017 年年末，两家公司均无内部交易所产生的存货未实现利润。

三、要求：

(1) 编表反映 2015 年、2016 年和 2017 年开利公司的投资收益；

(2) 计算凯福公司 2015 年、2016 年和 2017 年的净利润；

(3) 计算 2015 年、2016 年和 2017 年归属于母公司股东的净利润及合并净利润。

案例分析题

某汽车集团公司 2017 年度有关存货销售和购买后的内部交易资料如表 4－15 所示。

表 4-15　　2017 年度有关存货销售和购买后的内部交易资料

销售分类	预计金额(亿元)	实际发生金额(亿元)
乘用车	54.0	39.9
商用车	1.0	0.6
合　计	55.0	40.5

1. 销售

该类关联交易的定价原则为：凡政府有定价或指导价的，参照政府定价或指导价制定；凡没有政府定价或指导价，但已有市场价格的，参照市场价格定价；没有政府定价或指导价、市场价格的，采用合理原则确定代理费价格。该类关联交易中按交易金额排序的前五位关联方为：上海汽车贸易有限公司、上海汽车工业销售有限公司、北京市上海汽车联营销售公司、福建厦门申闽汽车有限公司、江苏安吉汽车销售服务有限公司，共发生关联交易金额 3 134 384 638 元，占全年该类交易总额的 3.0%。

2. 采购及生产服务

该汽车集团公司 2017 年度有关采购及生产服务的内部交易资料如表 4-16 所示。

表 4-16　　2017 年度有关采购及生产服务的内部交易资料

采购及生产服务种类	预计金额(亿元)	实际发生金额(亿元)
动力系统	19.0	16.6
底盘系统	9.0	6.1
电子电器系统	7.0	6.3
饰件及照明系统	69.0	55.0
空调系统	6.0	4.3
热加工系统	11.0	9.4
其他零部件系统	35.0	30.5
物流及进出口代理	16.0	15.9
材料采购及其他	19.0	18.9
合　计	191.0	163.0

该类关联交易的定价原则为：凡政府有定价或指导价的，参照政府定价或指导价确定；凡没有政府定价或指导价，但已有市场价的，参照市场价定价；没有政府定价及市场价的，参照成本加合理利润定价。该类关联交易中按交易金额排序的前五位关联方为：上海延锋江森座椅有限公司、延锋伟世通汽车饰件系统有限公司、安吉天地汽车物流有限公司、上海汽车进出口有限公司、柳州申菱运输有限公司，共发生关联交易金额 7 038 579 965 元，占全年该类交易总额的 7.9%。

[要求]

(1) 考虑到该汽车集团的子公司数量繁多，而且子公司之间也发生大量内部交易，如何为其设计一个程序处理存货内部销售和采购的业务？

(2) 从正确编制合并财务报表的角度看，是否应该考虑存货内部交易的方向？为什么？

(3) 为保证合并财务报表编制的正确性，应当如何管理和记录内部交易所形成的存货？

(4) 对这样的集团公司而言，内部营业收入和营业成本是否完全抵销对合并财务报表的正确编制是否重要？为什么？

第五章
企业集团内部的长期资产业务

学习提要

企业集团内部的长期资产业务主要包括母、子公司之间或子公司之间所发生的固定资产购销、租赁业务和无形资产的转受业务。从企业集团角度看,这些业务的影响也应当在编制合并财务报表时全部加以调整和抵销。在发生内部交易的当年,抵销固定资产未实现利得的一般程序为:(1)借记"营业收入"账户,贷记"固定资产"和"营业成本"账户,或者借记"资产处置收益"账户,贷记"固定资产"账户;(2)借记"累计折旧"账户,贷记"折旧费用"账户。在内部交易发生的以后年份,第一笔分录改为借记"长期股权投资"(或"年初未分配利润")账户,借记"少数股东权益"账户(逆销时),贷记"固定资产"账户;第二笔分录不变。

内部交易所形成固定资产的折旧过程被认为是固定资产未实现损益的逐步实现过程。在权益法下,需要调整长期股权投资和投资收益。当发生固定资产顺销业务时,在企业集团看来,母公司个别报表上的净利润有未实现损益,应全部调整长期股权投资和投资收益,而子公司净利润和少数股东利润不受影响。当存在固定资产逆销业务时,母公司个别报表上的经营利润不受影响,子公司个别报表上的净利润有未实现损益,应按多数股权和少数股权的比例加以分摊。

若内部转移的无形资产可永久使用,而且不发生减值,在合并财务报表上未实现损益应全部抵销;除非该无形资产已对外转让,未实现损益永远不会确认。需摊销成本的无形资产,其调整分录与固定资产的基本相同。

租赁按其目的分为经营租赁和融资租赁,融资租赁又分为销售式租赁和直接融资租赁。经营租赁与直接融资租赁业务,通常只需抵销租赁(金)收入、租赁(金)费用以及应收应付租金项目。销售式融资租赁业务,还需要抵销租赁固定资产的未实现损益。

企业集团内部的长期资产业务,主要包括固定资产的购销和租赁业务,以及无形资产的转受业务等。长期资产的内部交易损益,在该资产向外界出售或被购入企业消耗之前,也应当在编制合并财务报表时加以抵销。同样,在按权益法处理子公司经营成果及其分配时,也要调整其对财务状况和经营成果的影响。但是,与企业集团内部的存货业务相比,集团内部的长期资产业务有两个特点:

第一,一旦企业集团的最高管理部门决定在集团内部建立存货的购销关系,内部的存货交易是非常频繁的,而集团内部的长期资产业务一般较少发生。

第二,存货一般在 1 年内或一个营业周期内被出售或被消耗,从而存在年末存货未实现损益,需要递延,在下一年则又实现了,需要确认。而长期资产由于使用年限较长,内部交易的未实现损益在交易当年递延,需要在几年、十几年甚至几十年后才能全部实现。在长期资产向外界出售或使用消耗之前,长期资产的未实现损益对财务报表始终产生影响。

本章论述合并财务报表编制中抵销集团内部的长期资产业务对财务状况和经营成果的影响时所采用的程序和技术,主要分以下三个部分展开:(1) 固定资产购销业务;(2) 无形资产转受业务;(3) 固定资产租赁业务。

第一节　固定资产购销业务

这里所称的"固定资产",指狭义范围的固定资产,包括厂房、建筑物、机器设备、运输设备和工具器具等。通常这些项目均有较长的使用年限,从而其成本需要加以系统地摊销,称为折旧。这里虽以需计提折旧的固定资产为例说明,但其方法和程序也同样适用于需要折耗和摊销的其他长期资产。

固定资产内部交易的损益反映在销售企业的账上,但在其向外界出售或被购入企业使用报废之前,从企业集团来看,就出现了未实现损益。这种未实现损益,在母公司的账上(权益法)和合并财务报表中需要加以调整和抵销。由于固定资产可供长期使用,抵销未实现损益对母公司和合并财务报表的影响要比存货复杂,也比不需计提折旧(或不需摊销)的长期资产复杂。在合并财务报表上,购入企业持有从集团内部其他企业购入的固定资产,会通过折旧过程影响每一年的母公司净利润和归属于母公司股东的净利润。

与存货业务一样,固定资产内部交易的方向也决定着未实现损益对母公司财务报表和合并财务报表的影响。顺销的未实现损益已包含在母公司的净利润中,应予全部抵销,而与母公司持有子公司的股份比例无关;逆销的未实现损益已包含在子公司的净利润中,既然母公司只按其持有子公司股份的比例确认投资收益,那么抵销母公司长期股权投资的只能是属于母公司部分的未实现损益。

一、固定资产的顺销

当母公司将固定资产出售给子公司时,母公司的账上出现了固定资产出售损益,但从企业集团来看,只要该固定资产尚未向外界出售或被子公司耗用报废,这种损益就尚未实现。同样,在编制合并财务报表时,固定资产内部交易的未实现损益也应从合并损益中抵销,并将该项固定资产调整为企业集团的成本基础。

【例 1】 2016 年 12 月 31 日,甲公司(母公司)将一台机器出售给乙公司(子公司,甲公司拥有 85%的股份),该机器的原始成本为 120 000 元,累计折旧为 48 000 元,净值为 72 000 元,售给乙公司的售价为 90 000 元。甲公司与乙公司记录这笔业务的分录如表 5-1所示。

表 5-1　　甲公司和乙公司的账面记录　　单位：元

甲公司账面记录	乙公司账面记录
借：银行存款　　90 000 　　累计折旧　　48 000 　贷：固定资产　　120 000 　　　资产处置收益　　18 000	借：固定资产　　90 000 　贷：银行存款　　90 000

从整个企业集团来看，2016 年 12 月 31 日，甲公司账上的“资产处置收益”并未实现。在合并财务报表工作底稿中，应当按权益法对未实现损益进行调整。甲公司应将这一未实现利得调整长期股权投资和投资收益，分录为：

借：投资收益　　18 000

　贷：长期股权投资　　18 000

在 2016 年的合并利润表中，不应出现“资产处置收益”项目，同时，在合并资产负债表中，该机器对整个企业集团的成本为 72 000 元，而不是子公司账上的 90 000 元，这一调整过程可通过编制合并工作底稿上的抵销分录加以完成：

借：资产处置收益　　18 000

　贷：固定资产　　18 000

在固定资产顺销时，由于子公司的净利润不受内部交易的影响，不需要调整少数股东权益和少数股东利润。

若该机器不是在 2016 年 12 月 31 日，而是在 2017 年 1 月 1 日出售给乙公司。2017 年，乙公司需对该机器计提折旧。2017 年，对机器未实现利得的折旧应被视为未实现利得的部分实现。假定该机器于 2017 年 1 月 1 日尚可使用 6 年，无残值，按直线法提取折旧。甲公司和乙公司对这一业务的会计处理与 2016 年 12 月 31 日的分录相同。此外，乙公司还要编制计提折旧费用的分录：

借：折旧费用（90 000÷6）　　15 000

　贷：累计折旧　　15 000

折旧费用若为期间费用，则可计入相应的期间费用；若应计入产品成本，则可先计入制造费用；我国财政部相关会计准则要求计入管理费用。本书为简化举例，以后均直接使用折旧费用账户。分录中，折旧费用为 15 000 元，其中的 12 000 元（72 000÷6）是按企业集团的成本基础提取的，另有 3 000 元（18 000÷6）是按该机器的未实现利得 18 000 元提取的。这 3 000 元就是内部交易未实现利得 18 000 元的部分（1/6）实现。从理论上说，这相当于将仍留在集团内部的机器的 1/6 的服务能力出售给外界，或者说机器的这部分价值耗费通过本期存货的出售转给了外界。

2017 年，甲公司在合并财务报表工作底稿上，需要按权益法对该内部交易所产生的未实现利得进行调整，分录为：

(1) 将全部未实现利得予以递延时：

借：投资收益　　18 000

　贷：长期股权投资　　18 000

(2) 确认已折旧部分的已实现利得时：

借：长期股权投资　　3 000

　贷：投资收益　　3 000

甲公司也可将这两笔分录合并成一笔，即借记"投资收益"15 000 元，贷记"长期股权投资"15 000 元。换言之，该机器的未实现利得总额为 15 000 元，其中 3 000 元已在 2016 年实现。

甲公司还应在合并工作底稿中编制调整和抵销分录来消除内部交易所产生的影响，分录为：

(1) 借：资产处置收益　　18 000

　　贷：固定资产　　18 000

(2) 借：累计折旧　　3 000

　　贷：折旧费用　　3 000

第一笔抵销分录在于将因内部交易而产生的甲公司资产处置收益和乙公司多计的固定资产 18 000 元加以抵销，使该机器的数额回复到企业集团的成本基础，即 72 000 元(90 000－18 000)。由于乙公司是按 90 000 元的数额计提 2017 年折旧的，相对于企业集团，折旧费用多提了，也应当加以抵销，分录(2)就在于将折旧费用恢复到按企业集团的成本基础计提的数额。由于是顺销业务，少数股权不受影响，从而不需要调整少数股东权益和少数股东利润。

从 2018 年到 2022 年的每一年里，甲公司在编制合并财务报表时，均应按权益法调整长期股权投资和投资收益账户，逐步确认该机器以前未确认的利得，分录为：

借：长期股权投资　　3 000

　贷：投资收益　　3 000

2022 年 12 月 31 日，该机器按预期已使用报废，甲公司也已将全部 18 000 元递延的未实现利得确认为投资收益，而在这时"长期股权投资"账户余额所受的影响为零。表 5－2 反映了未实现利得的抵销和逐步确认情况。

表 5－2　　未实现利得的抵销和逐步确认　　单位：元

年　份	机器未实现利得的抵销	通过折旧逐步确认利得	对年末投资账户的影响
2017	(18 000)	3 000	(15 000)
2018		3 000	(12 000)
2019		3 000	(9 000)
2020		3 000	(6 000)
2021		3 000	(3 000)
2022		3 000	0

在合并工作底稿上，为了确立各年甲公司长期股权投资账户和乙公司所有者权益各账户的对等关系，有必要抵销内部交易未实现损益的影响。这样，未实现利得对上年年末长期股权投资账户的影响，在本年合并工作底稿上要通过编制分录加以抵销，除 2016 年的抵销分录之外，其余各年的抵销分录可列示如下：

抵销分录	2018 年	2019 年	2020 年	2021 年	2022 年
借：长期股权投资	15 000	12 000	9 000	6 000	3 000
累计折旧	3 000	6 000	9 000	12 000	15 000
贷：固定资产	18 000	18 000	18 000	18 000	18 000

除了在每年编制上列分录以外，甲公司每年还要在工作底稿上编制如下一笔相同的分录，以抵销内部交易对企业集团计提折旧费用的影响：

借：累计折旧　　3 000

　贷：折旧费用　　3 000

也可以将这两笔分录合二为一，以 2018 年为例，合并工作底稿上，也可只编制如下一笔抵销分录：

借：长期股权投资　　15 000

　　累计折旧　　6 000

　贷：固定资产　　18 000

　　　折旧费用　　3 000

从这笔分录可以看到，借记“长期股权投资”15 000 元，用于抵销甲公司因采用权益法而在 2017 年调低的该账户余额（18 000－3 000）；机器设备调低 12 000 元，即为该机器于 2018 年 12 月 31 日所多计的数额（18 000－6 000）。折旧费用则仅抵销当年多计数。

二、固定资产的逆销

当子公司向母公司出售固定资产时，只要母公司未向外界转售，在销售当年子公司就存在着未实现损益。这一未实现损益应由多数股权和少数股权共同承担。在合并财务报表上，母公司应按其所持子公司股份的比例来调整其在子公司净利润的份额，即将母公司所分享的内部交易中的未实现损益以及通过折旧过程逐步实现的未实现损益的份额调整投资收益和长期股权投资账户。

【例 2】　2017 年 1 月 2 日，丙公司（母公司）从其丁公司（子公司，丙公司拥有 80％股份）购入一辆汽车，有关资料如下：

2017 年账面净利润（元）	80 000
2017 年 1 月 1 日尚可使用年限（年）	4
折旧方法	直线法
估计残值（元）	6 000
丁公司购入汽车的成本（元）	160 000
2016 年 12 月 31 日该汽车的累计折旧（元）	80 000
丁公司出售给丙公司的价格（元）	100 000

根据上述资料，丁公司和丙公司在各自账上对该汽车购销业务的会计处理如表 5－3 所示。

除上述分录之外，丙公司账上尚需编制计提 2017 年折旧的会计分录如下：

借：折旧费用［（100 000－6 000）÷4］　　23 500

　贷：累计折旧　　23 500

表 5-3　　丁公司和丙公司的账面记录　　单位：元

丁公司账面记录	丙公司账面记录
借：银行存款　100 000 　累计折旧　80 000 　贷：固定资产　160 000 　　资产处置收益　20 000	借：固定资产　100 000 　贷：银行存款　100 000

再假设 2017 年 1 月 1 日丙公司"长期股权投资"账户的余额为 600 000 元，投资成本与丁公司可辨认净资产账面价值相同，丁公司可辨认净资产账面价值与公允价值相等，丁公司以后每年的净利润均为 80 000 元，没有宣告和发放股利。

在合并工作底稿上，需要编制调整和抵销分录如下(见表 5-4)。

(1) 将成本法调整为权益法，确认 2017 年的投资收益。

借：长期股权投资　52 000
　贷：投资收益　52 000

这一分录中，投资收益可计算如下：

丙公司在丁公司净利润的份额(80 000×80%)	64 000
减：汽车未实现利得的份额(20 000×80%)	16 000
加：本年未实现利得实现部分的份额(20 000÷4×80%)	4 000
2017 年投资收益	52 000

递延内部汽车交易未实现利得使 2017 年丙公司的投资收益从 64 000 元减少到 52 000 元，减少额为 12 000 元，此数额等于 2016 年 12 月 31 日该固定资产内部交易未实现利得 15 000 元的 80%。在权益法下，丙公司应于 2018 年、2019 年和 2020 年每年确认投资收益 4 000 元。

(2) 抵销内部交易的未实现利得，并将汽车价值调整到企业集团的成本基础。

借：资产处置收益　20 000
　贷：固定资产　20 000

(3) 抵销本年内部交易未实现利得对计提折旧费用的影响。

借：累计折旧(20 000÷4)　5 000
　贷：折旧费用　5 000

(4) 抵销丙公司年初所有者权益各项目余额，并确认相应的少数股东权益。

借：股本　600 000
　　盈余公积　120 000
　　未分配利润　30 000
　贷：长期股权投资　600 000
　　少数股东权益(750 000×20%)　150 000

(5) 抵销丙公司 2017 年确认的投资收益，使长期股权投资回复到年初数。

借：投资收益　52 000
　贷：长期股权投资　52 000

（6）抵销丁公司因实现净利润而提取的盈余公积。

借：盈余公积　　8 000

　贷：提取盈余公积　　8 000

（7）确认2017年丁公司净利润中属于少数股东的利润和股东权益。

借：少数股东利润[（80 000－15 000）×20%]　　13 000

　贷：少数股东权益　　13 000

表5－4　　丙公司部分合并工作底稿

截至2017年12月31日　　单位：元

项　目	丙公司	丁公司	调整与抵销				合并主体
利润表							
折旧费用	23 500				（3）	5 000	18 500
投资收益	0		（5）	52 000	（1）	52 000	—
资产处置收益		20 000	（2）	20 000			—
净利润	500 000	80 000					565 000
其中：							
少数股东利润			（7）	13 000			13 000
归属于母公司股东利润							552 000
年初未分配利润	50 000	30 000	（4）	30 000			50 000
减：提取盈余公积	50 000	8 000			（6）	8 000	50 000
年末未分配利润	500 000	102 000					552 000
资产负债表							
长期股权投资	600 000		（1）	52 000	（4）	600 000	—
					（5）	52 000	
固定资产	100 000				（2）	20 000	80 000
减：累计折旧	23 500		（3）	5 000			18 500
股本	2 000 000	600 000	（4）	600 000			2 000 000
盈余公积	350 000	128 000	（4）	120 000			350 000
			（6）	8 000			
未分配利润	500 000	102 000					552 000
少数股东权益					（4）	150 000	
					（7）	13 000	163 000

工作底稿中，2017年少数股东权益163 000元可以验证如下（单位：元）：

丁公司账面所有者权益数	830 000
减：丁公司内部交易未实现利得(20 000－5 000)	15 000
丁公司 2017 年已实现的所有者权益	815 000
少数股权比例	×20%
少数股权已实现的权益	163 000

再假定 2018 年丁公司实现净利润 80 000 元，未分配股利。截至 2018 年 12 月 31 日，合并工作底稿的部分内容见表 5－5。

表 5－5　　丙公司部分合并工作底稿

截至 2018 年 12 月 31 日　　单位：元

项　目	丙公司	丁公司	调整与抵销				合并主体
利润表							
折旧费用	23 500				(3)	5 000	18 500
投资收益	0		(5)	68 000	(1)	68 000	0
净利润	600 000	80 000					685 000
其中：							
少数股东利润			(7)	17 000			17 000
归属于母公司股东利润							668 000
年初未分配利润	500 000	102 000	(4)	102 000	(1)	52 000	1 220 000
减：提取盈余公积	60 000	8 000			(5)	8 000	60 000
年末未分配利润	640 000	174 000					1 160 000
资产负债表							
长期股权投资	600 000		(1)	120 000	(4)	664 000	0
			(2)	12 000	(5)	68 000	
固定资产	100 000				(2)	20 000	80 000
减：累计折旧	28 500		(2)	5 000			18 500
			(3)	5 000			
股本	2 000 000	600 000	(4)	600 000			2 000 000
盈余公积	410 000	136 000	(4)	128 000			410 000
			(6)	8 000			
未分配利润	640 000	174 000					1 160 000
少数股东权益			(2)	3 000	(4)	166 000	180 000
					(7)	17 000	

表5-5工作底稿上的调整和抵销分录说明如下：

(1) 将成本法调整为权益法。

借：长期股权投资　　120 000

　贷：未分配利润　　52 000

　　　投资收益　　68 000

分录中，未分配利润52 000元是2016年权益法下未确认的投资收益，68 000元是2017年权益法下应确认的投资收益，金额为丁公司账面利润与本期通过折旧实现的未实现损益的份额[(80 000+5 000)×80%]

(2) 抵销2018年年初累计折旧、固定资产账户中未实现利得的影响，并将年初未实现利得15 000元(20 000-5 000)按比例调整长期股权投资(80%)和少数股东权益(20%)：

借：累计折旧　　5 000

　　长期股权投资　　12 000

　　少数股东权益　　3 000

　贷：固定资产　　20 000

2017年是合并后第一年，丙公司的长期股权投资和少数股东权益均受内部交易未实现利得的影响。这一分录的作用在于，将固定资产和累计折旧回复到年初数，同时抵销至年初时的内部交易未实现利得，但这一未实现利得在2017年不能抵销“资产处置收益”项目，因为此项目已于2017年结平。由于是逆销，这一未实现利得应由多数股权和少数股权分摊，因此，一部分增加“长期股权投资”项目，以抵销丙公司在2017年调整投资收益时对该项目的影响，一部分减少少数股东权益，使少数股东权益回复到按已实现的权益数计算的基础。

(3) 与2017年相同，抵销本年内部交易未实现利得对计提折旧费用的影响。

借：累计折旧　　5 000

　贷：折旧费用　　5 000

为简化起见，(2)与(3)笔分录可以合并为：

借：累计折旧　　10 000

　　长期股权投资　　12 000

　　少数股东权益　　3 000

　贷：固定资产　　20 000

　　　折旧费用　　5 000

即期初的未实现利得(15 000元)体现为已实现的折旧费用(5 000元)和尚未实现的固定资产净值(10 000元)两部分。

(4) 抵销丙公司年初长期股权投资余额和丁公司所有者权益各项目余额，并确立相应的少数股权净资产：

借：股本　　600 000

　　盈余公积　　128 000

　　未分配利润　　102 000

　贷：长期股权投资(600 000+52 000+12 000)　　664 000

　　　少数股东权益(830 000×20%)　　166 000

(5) 抵销丙公司 2017 年确认的投资收益,使长期股权投资余额回复到年初数。

借:投资收益[(80 000+5 000)×80%]　　68 000

　贷:长期股权投资　　68 000

(6) 与 2017 年一样,抵销丁公司因实现净利润而提取的盈余公积。

借:盈余公积　　8 000

　贷:提取盈余公积　　8 000

(7) 确认本年丁公司净利润中属于少数股东的利润和股东权益。

借:少数股东利润[(80 000+5 000)×20%]　　17 000

　贷:少数股东权益　　17 000

注意,2018 年丁公司的已实现净利润为账面净利润 80 000 元加上本年通过折旧所实现的 2017 年递延的未实现利得 5 000 元(20 000÷4)。

工作底稿中的 2018 年少数股东权益 180 000 元可验证如下:

丁公司账面所有者权益数	910 000
减:丁公司内部交易未实现利得(20 000−10 000)	10 000
丁公司 2018 年已实现的所有者权益	900 000
少数股权比例	×20%
少数股权已实现的权益	180 000

三、购入存货用作固定资产

企业集团内部交易有时并不像第四章和本章所论述的都能归集为存货业务和固定资产业务,相反也会出现这种情形:销货企业销出的是存货,但购入企业却将其用作固定资产。例如,生产汽车或机器的母公司将汽车或机器(确认为存货)出售给子公司供其自用,后者在账上就确认为固定资产。这时,从企业集团看,母公司出售的存货的未实现损益就应像固定资产的未实现损益一样处理,即存货的未实现损益随着子公司计提折旧而逐步实现。

【例 3】 2017 年 1 月 1 日,A 公司(母公司)将其所生产的机器设备出售给 B 公司(子公司,A 公司拥有 75%股份)。该机器设备的生产成本为 100 000 元,售价为 150 000 元,可使用 5 年,机器设备的残值可忽略不计,B 公司按直线法计提折旧。A 公司的利润表包含了这一内部交易所产生的未实现利润 50 000 元,但是 B 公司的营业成本并不包括内部交易中的营业成本,因为其所支付的购买价格在账上确认为固定资产,50 000 元的未实现利润包含在"固定资产"项目中。2017 年,A 公司工作底稿上的有关调整和抵销分录如下:

(1) 按权益法调整未实现和已实现损益(因是顺销,未实现和已实现损益全部归属于 A 公司)。

借:投资收益　　40 000

　贷:长期股权投资　　40 000

分录中,40 000 元是未实现毛利(50 000 元)和通过折旧实现的已实现毛利(10 000 元)的差额。

(2) 抵销内部交易,并将该机器设备调整到企业集团的成本基础。

借:营业收入　　150 000

　贷:营业成本　　100 000

　　固定资产　　50 000

(3) 抵销本年提取的未实现利润部分的折旧费用。

借：累计折旧[(150 000－100 000)÷5]　　10 000

　贷：折旧费用　　10 000

可能有人指出，既然合并财务报表要反映假定母、子公司间没有发生过内部交易下的财务状况和经营成果，那就应在合并工作底稿上将机器设备转为存货。本书认为，从母公司的存货变为子公司的机器设备，应视为企业集团内部资产的再分类，正如单个企业将其自制产品转为自用固定资产一样。因此，不需再将机器设备转为存货。

本例中剩余的 40 000 元未实现利润将随着 B 公司计提折旧而在以后 4 年逐年实现。调整和抵销分录一如前述，此处从略。

第二节　无形资产转受业务

无形资产包括专利权、商标权、非专利技术、专营权、租赁权和土地使用权等。大多数无形资产具有一定的使用年限，其成本应在其使用年限或法定年限进行合理和系统地摊销。无形资产成本的摊销，其实质与固定资产的折旧相同，只是在会计处理上有所不同，即固定资产在计提折旧时要另设“累计折旧”账户来反映固定资产的累计价值消耗，而无形资产在摊销时可另设“累计摊销”账户。企业集团内部转受无形资产也会出现未实现损益，除非该无形资产已向外界转让。

还有一类使用寿命不确定的无形资产。例如，企业通过内部研究开发所形成的非专利技术，通常可以单独确认为一项无形资产，由于没有法律或合约的规定期限，企业可以无限期使用，但其价值是否会减少，完全取决于运用该非专利技术所形成产品的销售和盈利能力。所以，可以无限期使用的非专利技术的成本可以不予摊销，而是定期进行减值测试。如果发生减值，那么其会计处理以及内部交易时的合并财务报表编制技术与需要摊销的无形资产类似。本节主要以非专利技术为例，论述内部交易中未发生减值的无形资产的合并财务报表编制技术，并举一相对完整的例子。这一技术同样也适用于不需要摊销的无形资产等内部交易。

一、非专利技术的顺销

集团内部发生按非成本价转让可无限期使用的非专利技术时，从企业集团看，也会产生未实现损益。这一交易损益会出现在转让企业的账上，但实际上这种损益并未实现，在权益法下，其影响应从投资收益中抵销，未实现损益在编制合并财务报表时也应抵销。同样，未实现损益对母公司和合并财务报表的影响取决于非专利技术内部交易的方向。由于非专利技术可无限期使用，其成本就不需要分摊。在内部交易之后，只要受让子公司继续掌握这一非专利技术，母公司就不需在其账上调整以后各年的长期股权投资和投资收益。

【例 4】　2017 年 1 月 3 日，C 公司(母公司)向其拥有 90%股份的子公司 D 以 300 000 元的价款转让其自行研发成功的非专利技术，可无限期使用，并进一步假设不发生减值。C 公司取得该非专利技术的成本为 250 000 元，因此，C 公司账上的净利润含有未实现利得 50 000 元(300 000－250 000)。2017 年，D 公司实现净利润 120 000 元。对这笔非专利技术转让业务,C公司和D公司于2017年1月3日应编制以下分录,如表5-6所示。

表5-6　　C公司和D公司的账面记录　　单位:元

C公司账面记录	D公司账面记录
借:银行存款　300 000 　贷:无形资产　250 000 　　资产处置收益　50 000	借:无形资产　300 000 　贷:银行存款　300 000

假定D公司本期未进行利润分配,在编制2016年合并财务报表的工作底稿上,C公司应编制调整和抵销分录如下:

(1) 按持股比例确认投资收益。

借:长期股权投资(120 000×90%)　108 000
　贷:投资收益　108 000

(2) 将未实现利得调整长期股权投资和投资收益。

借:投资收益　50 000
　贷:长期股权投资　50 000

(3) 抵销"资产处置收益"项目和高估的"无形资产"项目。在2017年C公司的合并利润表中,不应出现该"营业外收入"项目;同时,在合并资产负债表中,该非专利技术对整个企业集团的成本为250 000元,而不是D公司账上的300 000元。这一调整过程可通过编制合并工作底稿上的抵销分录加以完成。

借:资产处置收益　50 000
　贷:无形资产　50 000

本例中,非专利技术内部交易是顺销,D公司的少数股权不受影响。

由于该项非专利技术不需要摊销,该项内部交易的以后各年,即从2018年起,合并工作底稿上的抵销分录为:

借:长期股权投资　50 000
　贷:无形资产　50 000

这笔分录将非专利技术降低到企业集团的成本基础,并调整了长期股权投资账户,从而建立起期初母公司长期股权投资账户和子公司所有者权益各账户的对等关系。只要该非专利技术仍掌握在D公司手中,合并工作底稿上始终要编制这一分录。只要C公司按权益法为基础处理D公司经营成果,合并工作底稿中每年年末的"长期股权投资"项目的余额总会与C公司持有的D公司净资产份额有差异;若D公司的净资产账面价值与公允价值一致,而且C公司的投资成本与所取得的净资产公允价值相等,这一差额就为非专利技术项目上的50 000元未实现利得。只要非专利技术没有向外界转让,这一差额就不会消失。

假定D公司在利用该非专利技术5年后,即2022年又向集团之外的企业转让该非专利技术,售价为360 000元。在2022年的利润表上,D公司确认非专利技术转让收益60 000元(360 000－300 000)。但是,对企业集团而言,2022年实现的非专利技术转让收益为110 000元(360 000－250 000)。可见,企业集团2022年实现的110 000元非专利技术转让收益,50 000元已在2017年C公司的账上实现,还有60 000元在2022年D公司账上实现。

C公司在2017年编制合并财务报表时，应按权益法处理D公司经营成果。除了按投资比例确认投资收益以外，还应调整因D公司向外界转让非专利技术而实现的递延利得50 000元，分录为：

借：长期股权投资　　50 000

　贷：投资收益　　50 000

编制这笔调整分录之后，若不存在任何价差，则2022年年末，合并工作底稿中，C公司“长期股权投资”项目与D公司所有者权益各账户的90%能建立起对等关系。

由于D公司账上2022年只确认非专利技术转让收益60 000元，而企业集团2022年实现的非专利技术转让收益应为110 000元，差额为50 000元，这需要在合并工作底稿上通过编制以下抵销分录加以调整：

借：长期股权投资　　50 000

　贷：资产处置收益　　50 000

在D公司向外界转让非专利技术的当年所编制的这笔分录，与其在持有期间内合并工作底稿上所编制的抵销未实现利得的分录几乎相同，差异就在于这里贷记的是“资产处置收益”，而未销售至外界前贷记的是“无形资产”，因为在2022年年末，D公司账上已无该项非专利技术，而且从企业集团来看需要再确认非专利技术转让收益50 000元。

二、非专利技术的逆销

当子公司向母公司转让非专利技术时，只要母公司未向外界转售，在转让当年的子公司账上就存在着未实现损益。这一未实现损益应由多数股权和少数股权共同承担，母公司应按其所持股份的比例来调整其在子公司净利润的份额。由于非专利技术可无限期使用，其成本就不需要加以摊销。在内部交易之后，只要母公司继续掌握这一非专利技术，母公司就不需在其账上调整以后各年的长期股权投资和投资收益。

【例5】 2016年12月31日，E公司以1 800 000元取得了F公司90%股份，当日F公司账面净权益为2 000 000元，公允价值与账面价值相同。

2017年1月2日，购入非专利技术，有关非专利技术的资料如下：

(1) 该非专利技术的成本为600 000元，可无限期使用；

(2) F公司转让给E公司的价款为800 000元。

对这一非专利技术内部转让业务，E公司和F公司在各自的账上应编制以下分录，见表5-7。

表5-7　　E公司和F公司的账面记录　　单位：元

E公司账面记录			F公司账面记录		
借：无形资产	800 000		借：银行存款	800 000	
贷：银行存款		800 000	贷：无形资产		600 000
			营业外收入		200 000

2017年，F公司账上实现净利润1 000 000元，E公司账上的净利润(不包括从F公司取得的投资收益)为1 500 000元。从企业集团来看，F公司转让非专利技术的利得200 000元(800 000—600 000)并没有实现。

在编制合并财务报表时，E公司应按权益法处理子公司经营成果，假定F公司本期未进行利润分配，则在合并工作底稿上，应编制以下会计分录：

(1) 确认F公司净利润的90%为投资收益。

借：长期股权投资　　900 000

　贷：投资收益　　900 000

(2) 抵销非专利技术上的未实现利得的90%，调整投资收益。

借：投资收益(200 000×90%)　　180 000

　贷：长期股权投资　　180 000

因此，2017年E公司的投资收益为720 000元，也就是F公司账上净利润1 000 000元减去非专利技术上的未实现利得200 000元后差额800 000元的90%。

(3) 抵销长期股权投资期初余额。

借：股本　　1 500 000

　　盈余公积　　400 000

　　未分配利润　　100 000

　贷：长期股权投资　　1 800 000

　　　少数股东权益　　200 000

(4) 抵销长期股权投资、投资收益本期增加数。

借：投资收益　　720 000

　贷：长期股权投资　　720 000

(5) 抵销本期提取的盈余公积。

借：盈余公积　　100 000

　贷：提取盈余公积　　100 000

(6) 确认本期少数股东权益和少数股东损益。

借：少数股东利润　　80 000

　贷：少数股东权益　　80 000

(7) 抵销本期无形资产内部交易未实现损益。

借：资产处置收益　　200 000

　贷：无形资产　　200 000

2017年E公司合并财务报表工作底稿的部分内容见表5-8。

表5-8　　E公司部分合并工作底稿

截至2017年12月31日　　单位：元

项　目	E公司	F公司	调整与抵销				合并主体
利润表							
资产处置收益		200 000	(7)	200 000			
投资收益	0		(2)	180 000	(1)	900 000	0
			(4)	720 000			
净利润	1 500 000	1 000 000					2 300 000

续　表

项　目	E公司	F公司	调整与抵销				合并主体
其中：							
少数股东利润			(6)	80 000			80 000
归属于母公司股东利润							2 220 000
年初未分配利润	500 000	100 000	(3)	100 000			1 720 000
减：提取盈余公积	150 000	100 000			(5)	100 000	150 000
年末未分配利润	1 850 000	1 000 000					2 570 000
资产负债表							
长期股权投资	1 800 000		(1)	900 000	(2)	180 000	0
					(3)	1 800 000	
					(4)	720 000	
无形资产	8 000 000				(7)	200 000	7 800 000
股本	8 000 000	1 500 000	(3)	1 500 000			8 000 000
盈余公积	1 000 000	500 000	(3)	400 000			1 000 000
			(5)	100 000			
未分配利润	1 850 000	1 000 000					2 570 000
少数股东权益					(3)	200 000	
					(6)	80 000	280 000

合并工作底稿上的少数股东利润 80 000 元可计算如下：

F公司 2017 年账面净利润	1 000 000
减：非专利技术上的未实现利得	200 000
F公司已实现净利润	800 000
少数股权比例	10%
少数股东损益	80 000

2017 年年末，合并工作底稿上的少数股东权益 280 000 元也可验证如下：

F公司 2017 年年末账面净权益	3 000 000
减：非专利技术上的未实现利得	200 000
F公司 2017 年年末已实现净权益	2 800 000
少数股权比例	10%
少数股东权益	280 000

2018 年，若 E 公司继续掌握该非专利技术，而 E 公司和 F 公司的账面净利润与 2017 年的数额相同。在合并工作底稿上，需要将非专利技术调整到对企业集团的成本基础，同时要按股份比例调整多数股权（长期股权投资）和少数股权（少数股东权益），分录为：

借：长期股权投资　　180 000
　　少数股东权益　　20 000
　贷：非专利技术　　200 000

这一分录增加了“长期股权投资”项目 180 000 元，用于抵销 2017 年年末编制合并财务报表时按权益法处理而减少的该项目的数额，确认了年初 E 公司长期股权投资和 F 公司所有者权益各账户的对等关系；减少了“少数股东权益”项目 20 000 元，将期初少数股东权益调整到按已实现权益计算的数额；减少“无形资产”项目 200 000 元，使该项目的账面价值调整到企业集团的成本基础。除了这一分录之外，2018 年合并工作底稿上的其他分录与 2017 年的抵销分录完全相同。

假设 2021 年 E 公司将该非专利技术按 900 000 元的价款转让给外界。在转让当年，E 公司的账上确认非专利技术转让收益 100 000 元(900 000－800 000)，但是从企业集团来看，当年实现的利得为 300 000 元(900 000－600 000)，其中，280 000 元分配给多数股权，20 000 元分配给少数股权。2021 年，E 公司在合并工作底稿上，按权益法编制调整投资收益的分录如下：

借：长期股权投资　　180 000
　贷：投资收益　　180 000

非专利技术的转让利得 100 000 元加上这一调整分录中的投资收益 180 000 元，等于对 2021 年合并净利润的影响数 280 000 元。将 E 公司账上的非专利技术转让收益 100 000 元调整为企业集团的非专利技术转让收益 300 000 元的分录为：

借：长期股权投资　　180 000
　　少数股东权益　　20 000
　贷：资产处置收益　　200 000

这一分录同上一章期初存货的出售并无二致，无非是将存货销售视为经常性业务，贷记的是“营业成本”，而将处置无形资产视为非经常性业务，贷记了“资产处置收益”。

同样，在子公司向母公司出售固定资产，母公司使用几年后又向外界转售该固定资产时，在转售当年的合并工作底稿上，母公司也应做类似的调整分录，以反映企业集团在固定资产项目上所实现的利得。例如，子公司(母公司持有 80%股份)在 2016 年年初向母公司出售一台机器，实现收益 30 000 元，当时该机器尚可继续使用 6 年，2018 年年初母公司又向外界转售该机器。至 2019 年年初，该机器的未实现利得已随着子公司计提折旧而实现一半，即 15 000 元，另外 15 000 元在子公司向外界转售时，应在合并工作底稿上加以确认，调整分录为：

借：长期股权投资　　12 000
　　少数股东权益　　3 000
　贷：资产处置收益　　15 000

在机器出售的年份，该机器至本年初的未实现利得应在合并工作底稿上加以确认，并在多数股权和少数股权之间加以分摊，按比例调整长期股权投资和少数股东权益，以反映该机器向外界出售对企业集团的实际影响。

三、长期资产购销业务示例

下面举一相对完整的例子，说明长期资产购销业务下合并财务报表的编制。

【例 6】 2016 年 1 月 2 日，P 公司以 540 000 元的银行存款取得了 S 公司发行在外的 80％股份，假定无任何价差。在合并之后，两家公司在长期资产方面发生了以下业务：

(1) 2016 年 7 月 1 日，P 公司按高于账面成本 40 000 元的售价将自行开发的非专利技术转让给 S 公司，可无限期使用，假定经测试没有发生减值。2018 年，S 公司又将该非专利技术按高于其成本 20 000 元的价格向外界转让。

(2) 2017 年 1 月 3 日，S 公司按高于其成本 24 000 元的售价向 P 公司出售一台设备，当时该设备尚可继续使用 6 年，至 2018 年年末该设备尚为 P 公司所使用。估计残值忽略不计，按直线法计提折旧。

(3) 2018 年 1 月 4 日，P 公司将一幢房屋按高于其成本 80 000 元的售价出售给 S 公司，该房屋尚可继续使用 10 年，2018 年年末 S 公司仍在使用该幢房屋。估计残值忽略不计，按直线法计提折旧。

2017 年和 2018 年，S 公司均实现净利润 200 000 元，分配现金股利 40 000 元。

P 公司及 S 公司 2018 年的个别财务报表见合并工作底稿(表 5－9)。合并工作底稿中的调整与抵销分录说明如下：

(1) 将成本法调整为权益法。

借：长期股权投资	171 200	
贷：未分配利润		72 000
投资收益		99 200

其中，未分配利润 72 000 元是 2017 年按权益法需要调整的金额。具体计算如下：

2017 年 S 公司实现的净利润	200 000
减：分配现金股利	40 000
S 公司出售设备未实现损益	24 000
加：设备折旧已实现损益(24 000÷6)	4 000
	140 000
P 公司的持股比例	80％
	112 000
减：非专利技术转让未实现损益	40 000
应调整的投资收益	72 000

投资收益 99 200 元是 2018 年按权益法需要调整的金额。具体计算如下：

2018 年 S 公司实现的净利润	200 000
减：分配现金股利	40 000
加：设备折旧已实现损益(24 000÷6)	4 000
	164 000
P 公司的持股比例	80％
	131 200
加：非专利技术转让实现的损益	40 000
减：P 公司转让房屋未实现损益	80 000
加：房屋折旧已实现的损益(80 000÷10)	8 000
应调整的投资收益	99 200

(2) 抵销 2017 年设备逆销未实现利得的影响。

借：长期股权投资　　16 000
　　少数股东权益　　4 000
　　累计折旧　　8 000
　贷：折旧费用　　4 000
　　　固定资产　　24 000

(3) 确认 2018 年转让非专利技术上的已实现利得。

借：长期股权投资　　40 000
　贷：资产处置收益　　40 000

(4) 抵销房屋顺销未实现利得的影响。

借：资产处置收益　　80 000
　　累计折旧　　8 000
　贷：固定资产　　80 000
　　　折旧费用　　8 000

(5) 抵销 S 公司期初所有者权益各项目余额。

借：股本　　500 000
　　资本公积　　100 000
　　盈余公积　　120 000
　　未分配利润　　240 000
　贷：长期股权投资　　768 000
　　　少数股东权益　　192 000

(6) 抵销长期股权投资、投资收益本期增加数以及分配的股利。

借：投资收益　　131 200
　　少数股东权益　　8 000
　贷：长期股权投资　　99 200
　　　分配现金股利　　40 000

(7) 抵销本期提取的盈余公积。

借：盈余公积　　20 000
　贷：提取盈余公积　　20 000

(8) 确认本期少数股东权益和少数股东利润。

借：少数股东利润　　40 800
　贷：少数股东权益　　40 800

表 5-9　　P 公司合并工作底稿

截至 2018 年 12 月 31 日　　单位：元

项　目	P公司	S公司	调 整 与 抵 销				合并主体
利润表							
营业收入	2 500 000	850 000					3 350 000

续　表

项　　目	P公司	S公司	调整与抵销				合并主体
营业成本	1 500 000	450 000					1 950 000
折旧费用	105 000	60 000			(2)	4 000	153 000
					(4)	8 000	
其他费用	407 000	160 000					567 000
资产处置收益	80 000	20 000	(4)	80 000	(3)	40 000	60 000
投资收益	32 000	—	(6)	131 200	(1)	99 200	—
净利润	600 000	200 000					740 000
其中：少数股东利润			(8)	40 800			32 800
归属于母公司股东利润							699 200
加：年初未分配利润	300 000	240 000	(5)	240 000	(1)	72 000	372 000
可供分配的利润	900 000	440 000					1 071 200
减：提取盈余公积	60 000	20 000			(7)	20 000	60 000
分配现金股利	400 000	40 000			(6)	40 000	400 000
年末未分配利润	440 000	380 000					611 200
资产负债表							
银行存款	200 000	35 000					235 000
其他流动资产	1 395 000	526 000					1 921 000
长期股权投资	640 000		(1)	171 200	(5)	768 000	—
			(2)	16 000	(6)	99 200	
			(3)	40 000			
固定资产	1 294 000	776 000			(2)	24 000	1 966 000
					(4)	80 000	
减：累计折旧	529 000	189 000	(2)	8 000			702 000
			(4)	8 000			
固定资产净值							1 264 000
无形资产	180 000	52 000					232 000
资产合计	3 180 000	1 200 000					3 652 000
流动负债	540 000	80 000					620 000
股本	1 000 000	500 000	(5)	500 000			1 000 000
资本公积	500 000	100 000	(5)	100 000			500 000

续 表

项　目	P公司	S公司	调整与抵销				合并主体
盈余公积	700 000	140 000	(5)	120 000			700 000
			(7)	20 000			
未分配利润	440 000	380 000					611 200
少数股东权益			(2)	4 000	(5)	192 000	220 800
			(6)	8 000	(8)	40 800	
负债和所有者权益合计	3 180 000	1 200 000					3 652 000

分录中的少数股东利润可计算如下：

2018 年 S 公司账面净利润	200 000
加：本年实现的逆销设备未实现损益(24 000÷6)	4 000
已实现净利润	204 000
少数股权比例	20%
少数股东利润	40 800

合并工作底稿中的“少数股东权益”220 800 元，也可验证如下：

2018 年年末 S 公司账面净权益	1 120 000
减：逆销设备在 2018 年年末的未实现损益(24 000－2×4 000)	16 000
2018 年年末 S 公司已实现的净权益	1 104 000
少数股权比例	20%
年末少数股东权益	220 800

第三节　固定资产租赁业务

在企业集团内部，母、子公司间以及子公司间也会发生固定资产租赁业务，尤其在一些企业集团，母公司有很强的财务实力，用其财务资源取得主要的生产设备，然后将这些设备出租给子公司。母公司也可能希望对固定资产加以直接控制，愿意集中拥有和管理这些资产。租赁就成为母公司将集中拥有的资产提供给子公司使用的重要手段。还有些企业集团通过建立独立的租赁子公司来集中管理资产，租赁子公司的主要职能是将资产租赁给集团内部的其他企业。母、子公司间发生的租赁业务，在编制合并财务报表时，必须抵销其影响。内部租赁业务的合并程序取决于租赁业务的性质以及租赁业务双方的会计记录。租赁按其目的，可分为经营租赁和融资租赁(有关租赁的性质、分类以及经营租赁和融资租赁的含义，将在第十四章详述)。下面分述经营租赁和融资租赁对合并财务报表编制的影响及抵销程序。

一、经营租赁

经营租赁业务通常有两种情况：一是租赁企业的经营租赁业务，二是一般企业出租闲置资产。租赁企业与一般企业对经营租赁业务的处理有所不同。前者一般要设置“租赁资产”“租赁资产折旧”“租赁收入”和“租赁费用”等账户，租赁收入是其主营业务收入；一般企业不需单独设置账户，只需在“固定资产”账户下设立“租出固定资产”明细账，租赁收入为其他业务收入。但无论是租赁企业还是一般企业，其合并程序基本相同。这里以一般企业为例说明。

当集团内部发生经营租赁业务时，租赁资产记录在出租方的账册，并由出租方计提折旧。出租方确认租赁收入，而承租方记录租赁费用。这时，有必要在合并程序中抵销内部租赁收入和租赁费用、应收租金和应付租金。此外，若有必要（如在合并财务报表中需单列租出固定资产），出租方出租给承租方的资产及其相关的累计折旧也应当从“租出固定资产”回复到正常的“固定资产”账户。

【例7】 母公司G既有自用的生产设备，又有一部分闲置的设备向其子公司H出租。2018年1月1日，G公司向H公司出租设备一台，原始成本100 000元，累计折旧40 000元，租期2年，每月租金1 500元，于下个月月初支付。G公司和H公司2018年有关内部经营租赁业务的分录如表5-10所示。

表5-10　　G公司和H公司账面记录　　单位：元

G公司账面记录			H公司账面记录		
借：固定资产——租出固定资产	100 000		借：租金费用	18 000	
贷：固定资产——在用固定资产		100 000	贷：应付租金		1 500
借：其他应收款——应收租金	1 500		银行存款		16 500
银行存款	16 500				
贷：租金收入		18 000			

在2018年的合并工作底稿上，G公司需编制以下两笔调整和抵销分录：

(1) 抵销内部经营租赁业务的租金收入和租金费用。

借：租金收入　　18 000

　贷：租金费用　　18 000

(2) 抵销最后一个月的应收、应付租金：

借：应付租金　　1 500

　贷：应收租金　　1 500

上述这些调整和抵销分录既不影响合并净利润，也不影响子公司的净利润，从而不影响少数股东利润和权益。2019年编制的调整和抵销分录与2018年完全相同。

二、融资租赁

融资租赁以融资为主要目的，具有明显的购置特点。由于出租方几乎放弃了出租资产的全部使用权，并取得了定期收取租金的权利，应将租赁资产转为债权，租赁资产的折旧改由承租方计提。承租方应将租赁资产使用权确认为一项资产，同时将所承担的偿付租金的义务确认为一项负债。从出租方看，融资租赁可分为销售式租赁和直接融资租赁，销售式租赁在租赁开始日即发生损益，而直接融资租赁在租赁开始日不发生损益；从承租方看，这两种租赁的会计处理并无区别。

(一) 销售式租赁

【例8】 2015年1月3日,母公司E将设备租赁给F子公司,该设备在E公司账上记作存货,成本72 000元,公允价值90 000元。此项租赁属销售式租赁,协议规定F公司从2015年起至2018年,每年1月3日向E公司支付租金24 000元。2019年1月3日,租约届满,F公司有权再向E公司支付1 200元的名义价款取得该设备,E公司的内含利率为8%,小于F公司的增量借款利率。从租赁日起,该设备尚有6年使用年限,无残值。假设租赁发生时无直接费用,F公司同类设备采用直线法计提折旧。

E公司在租赁上的净投资,即最低租赁付款额的现值,可计算如下(使用现值表):

年率8%,4年期,每年24 000元的现值(24 000×3.577 097)	85 850
年率8%,4年后的1 200元的现值(1 200×0.735 030)	882
E公司在租赁上的净投资	86 732

由于净投资额小于设备的公允价值,故应按此额入账。根据上述资料,可编制租赁摊销表,如表5-11所示。

表5-11　　租赁摊销表　　单位:元

日　期	租金及名义价款	应计利息(12月31日)	本金减少数	本金余额
2015年1月3日				86 732
2015年1月3日	24 000	5 019	18 981	67 751
2016年1月3日	24 000	3 500	20 500	47 251
2017年1月3日	24 000	1 860	22 140	25 111
2018年1月3日	24 000	89	23 911	1 200
2019年1月3日	1 200	—	1 200	0
合　计	97 200	10 468	86 732	0

2015年,E公司和F公司按净额法对上述租赁业务的会计处理如表5-12所示。

表5-12　　E公司和F公司账面记录　　单位:元

E公司账面记录			F公司账面记录		
借:应收租赁款	86 732		借:固定资产——融资租入固定资产	86 732	
贷:营业收入		86 732	贷:应付租赁款		86 732
借:营业成本	72 000		借:应付租赁款	18 981	
贷:存货		72 000	利息费用	5 019	
借:银行存款	24 000		贷:银行存款		24 000
贷:应收租赁款		18 981	借:折旧费用(86 732÷6)	14 455	
利息收入		5 019	贷:累计折旧		14 455

2015年合并工作底稿上,应编制以下几笔与该内部租赁业务有关的调整和抵销分录:

(1) 抵销E公司的营业收入、营业成本与F公司账上多计的租入设备。

借：营业收入　86 732
　贷：营业成本　72 000
　　固定资产　14 732

(2) 抵销因F公司账上多计租入设备而多提的折旧费用。

借：累计折旧[(86 732－72 000)÷6]　2 455
　贷：折旧费用　2 455

与前述内部交易中存货转为固定资产一样，这是集团内部资产项目因改变用途所做的再分类，不需要在合并工作底稿上将租入设备回复到存货，因为在合并资产负债表上，租入设备列入固定资产项目。

(3) 抵销因内部租赁业务所引起的应收、应付租赁款。

借：应付租赁款　67 751
　贷：应收租赁款　67 751

(4) 抵销因内部租赁业务所引起的利息收入和利息费用。

借：利息收入　5 019
　贷：利息费用　5 019

将上述分录记入工作底稿的有关栏目，即可与其他调整和抵销分录中的数据相配合，求得“合并主体”栏的数据，编制2015年的合并财务报表。

2016年，E公司在合并工作底稿上应编制调整和抵销分录如下：

(1) 抵销年初F公司账上多计的租入设备及未实现收入，调整E公司的长期股权投资。

借：长期股权投资(14 732－2 455)　12 277
　贷：固定资产　12 227

(2) 与2015年一样，抵销因F公司账上多计租入设备而多提的折旧费用。

借：累计折旧[(86 732－72 000)÷6]　2 455
　贷：折旧费用　2 455

(3) 抵销因内部租赁业务所引起的应收、应付租赁款。

借：应付租赁款(67 751－20 500)　47 251
　贷：应收租赁款　47 251

(4) 抵销因内部租赁业务所引起的利息收入和利息费用。

借：利息收入　3 500
　贷：利息费用　3 500

从上述调整和抵销分录可见，工作底稿中对销售式租赁的处理与对集团内部购入存货用作固定资产的处理比较接近。

(二) 直接融资租赁

在直接融资租赁时，承租方的会计处理与销售式租赁相同，但出租方的会计处理有所不同。

【例9】 2016年1月1日，P公司购入一台设备，成本为55 462元，并将它出租给其S子公司。直接融资租赁协议规定，租期3年，每年年初S公司应向P公司支付租金20 000元，S公司在2018年年末有权支付1 000元取得该设备的所有权，1 000元的名义购买价格被认为是S公司将行使这一认购权。内含利率为10%。从租赁日起，设备尚可使用

5年,S公司按直线法计提折旧。虽然租期只有3年,但由于S公司很可能会行使这一认购权,该设备将在S公司使用5年。

根据上述资料,可编制租赁摊销表,如表5-13所示。

表5-13　租赁摊销表　单位:元

日　期	租金及名义价款	应计利息(12月31日)	本金减少数	本金余额
2016年1月1日				55 462
2016年1月1日	20 000	3 546	16 454	39 008
2017年1月1日	20 000	1 901	18 099	20 909
2018年1月1日	20 000	91	19 909	1 000
2018年12月31日	1 000	—	1 000	0
合　计	61 000	5 538	55 462	0

2016年P公司和S公司按总额法对上述租赁业务的会计处理如表5-14所示。

表5-14　P公司和S公司的账面记录　单位:元

P公司账面记录			S公司账面记录		
借:应收租赁款	61 000		借:固定资产	55 462	
贷:未实现融资收益		5 538	贷:应付租赁款		35 462
租赁资产		55 462	银行存款		20 000
借:银行存款	20 000		借:利息费用	3 546	
贷:应收租赁款		20 000	贷:应付利息		3 546
借:未实现融资收益	3 546		借:折旧费用(55 462÷6)	11 092	
贷:利息收入		3 546	贷:累计折旧		11 092

在2016年的合并工作底稿上,应编制以下几笔与该内部租赁业务有关的调整和抵销分录:

(1) 抵销内部租赁业务所引起的应收、应付租赁款、应付利息和递延利息收入余额。

借:应付租赁款　35 462
　　应付利息　3 546
　贷:应收租赁款　39 008

(2) 抵销因内部租赁业务所引起的利息收入和利息费用。

借:利息收入　3 546
　贷:利息费用　3 546

由于设备的账面价值在租赁前后并无变化,设备成本和折旧费用不受影响,不需加以调整。同样,因为设备不论是否租赁,在合并资产负债表中均列为固定资产,所以也不需调整,除非在报表中需单独列示。以后年份的抵销分录除了金额不同之外,与2016年的分录完全相同。

思考题

1. 在编制合并财务报表时,抵销固定资产内部交易影响的目的是什么?

2. 销售方向对处理固定资产内部交易的未实现损益是否有影响？若子公司的全部股份为母公司所控制呢？

3. 固定资产内部交易的顺销或逆销对计算少数股东损益有何影响？

4. 固定资产内部交易所产生的未实现损益是怎样实现的？若固定资产在使用一段时期后又出售呢？

5. 若某项无形资产可供企业无限期使用，当发生逆销业务时，应怎样计算少数股东损益？

6. 在母公司按权益法处理子公司经营成果时，如何抵销固定资产内部交易未实现损益的影响？

7. 在母公司按不完全权益法处理子公司经营成果时，在编制合并工作底稿时，应如何编制调整和抵销分录？

8. 固定资产内部交易对交易后年份母公司净利润和合并净利润有何影响？

9. 当发生无形资产内部交易时，母公司账上和合并工作底稿上应如何处理？

10. 租赁按其目的可分为哪两类？在编制合并工作底稿时，应如何抵销内部租赁业务对合并报表的影响？试分别说明。

11. 试描述在发生长期资产内部交易时合并工作底稿上的一般抵销程序。

阅读材料

1. 财政部：《企业会计准则第 33 号——合并财务报表》，2014 年。

2. International Financial Reporting Standard 27（IFRS 27），Consolidated Financial Statements and Separate Financial Statements (revised). International Accounting Standard Board，2008.

3. Statement of Financial Accounting Standards No. 94，Consolidation of All Majority? Owned Subsidiaries. Financial Accounting Standard Board，1987.

练习题

练习一

一、目的：练习企业集团内部固定资产业务的处理。

二、资料：2016 年 1 月 1 日，新昌公司按账面价值购入了爱德公司 90％的股份。当年 8 月 31 日，新昌公司销售给爱德公司一台机器，售价 135 000 元，成本为 90 000 元。该机器尚可使用 10 年，按直线法计提折旧。

三、要求：为新昌公司编制 2016 年年末有关该机器内部交易的调整和抵销分录。

练习二

一、目的：练习企业集团内部固定资产业务的处理。

二、资料：沙田公司在几年前以账面价值购入了 90％的东莞公司股份，2016 年，两家公司的个别利润表如表 5－15 所示。

表 5－15　　利润表

2016 年度　　单位：元

项　　目	沙 田 公 司	东 莞 公 司
营业收入	1 200 000	560 000
营业成本	800 000	320 000

续表

项　　目	沙田公司	东莞公司
期间费用	240 000	120 000
投资收益	72 000	—
出售房屋损益	24 000	—
净利润	256 000	120 000

2016 年 1 月 4 日,沙田公司将一幢房屋以 24 000 元的毛利出售给东莞公司,房屋尚可使用 10 年,2016 年,东莞公司宣告并支付股利 80 000 元。

三、要求:

(1) 为沙田公司重编分录处理投资业务,并作出必要的说明。

(2) 编制 2016 年的合并利润表。

练习三

一、目的:熟悉企业集团内部固定资产业务的处理。

二、资料:英特公司是美嘉公司持有 80%股份的子公司,2015 年年初,英特公司将一账面价值为 24 000 元的机器以 30 000 元出售给美嘉公司,机器尚可使用 5 年,无残值。两家公司均按直线法计提折旧。

三、要求:计算并填入以下抵销分录中遗漏的数字:

	2016 年年末	2017 年年末
借:少数股东权益	(1)	(4)
未分配利润	(2)	(5)
累计折旧	(3)	(6)
贷:固定资产	6 000	6 000
折旧费用	1 200	1 200

练习四

一、目的:练习企业集团内部无形资产转让的处理。

二、资料:富华公司是福林公司拥有其 90%股份的子公司,2016 年,福林公司将成本为 250 000 元的无形资产按 300 000 元出售给富华公司。2016 年年末,富华公司仍持有该无形资产。该无形资产可无限期使用,而且未发生减值。

三、要求:

(1) 该无形资产转让业务如何影响福林公司 2016 年的投资收益和净利润?计算 2016 年年末按权益法计算的“长期股权投资”账户余额。

(2) 该无形资产转让业务对 2016 年合并财务报表有何影响?

(3) 若 2017 年富华公司仍持有该无形资产,对 2017 年福林公司的投资收益和净利润又有何影响?对权益法下 2017 年年末“长期股权投资”账户余额有何影响?

练习五

一、目的:熟悉企业集团内部长期资产业务对合并财务报表的影响。

二、资料:2017 年 1 月 3 日,夏新公司以 280 000 元银行存款购入广厦公司 80%的股份,当时广厦公司的所有者权益由 150 000 元股本、50 000 元资本公积、50 000 元盈余公积和 30 000 元未分配利润构成。投资成本与账面价值的差额全部分摊到房屋。房屋的剩余年限为 20 年。

2017 年 12 月 31 日，广厦公司将一台机器出售给夏新公司，实现利得 14 000 元，该机器尚可使用 5 年。2017 年和 2018 年，夏新公司分别实现经营利润（不包括投资收益）350 000 元和 420 000 元。

除上述交易外，夏新公司与广厦公司没有发生其他经济业务。

广厦公司 2017 年和 2018 年的净利润和利润分配的数据如下（单位：元）：

	2017 年	2018 年
年初未分配利润	45 000	80 000
加：净利润	70 000	77 000
减：现金股利	(35 000)	(42 000)
年末未分配利润	80 000	115 000

三、要求：

(1) 按权益法计算 2017 年和 2018 年夏新公司的投资收益、合并净利润和归属于母公司股东的净利润。

(2) 假设广厦公司发行在外股份不变，按权益法计算 2017 年和 2018 年年末"长期股权投资"账户的余额。

练习六

一、目的：掌握企业集团内部交易对合并财务报表编制的影响。

二、资料：龙柏公司和其全资子公司棕榈公司 2016 年的个别利润表如表 5－16 所示。

表 5－16　　**利润表**

2016 年度　　单位：元

项　　目	龙 柏 公 司	棕 榈 公 司
营业收入	800 000	480 000
营业成本	480 000	320 000
期间费用	160 000	80 000
投资收益	0	—
出售设备损益	32 000	—
净利润	192 000	80 000

但上述信息并没有包括内部交易所产生的影响。内部交易的有关资料如下：

(1) 存货。

	2015 年	2016 年
龙柏公司售予棕榈公司	80 000	120 000
营业成本	48 000	72 000
年末未出售百分比	50%	40%

(2) 固定资产。

2016 年 1 月 2 日，龙柏公司将账面价值 48 000 元的设备按 80 000 元出售给棕榈公司。后者按直线法分 4 年计提折旧。

三、要求：

(1) 按权益法计算 2016 年龙柏公司正确的投资收益数。

(2) 编制2016年的合并利润表。

练习七

一、目的：练习固定资产内部租赁业务对合并财务报表编制的影响。

二、资料：2015年12月31日，惠普公司与其拥有90%股份的子公司瑞利公司签订了3年期的销售型设备租赁合同。该设备可使用6年，无残值，惠普公司在存货账上成本为40 000元。合同规定，在2015年、2016年和2017年12月31日，瑞利公司均要向惠普公司支付25 000元租金，并于2018年12月31日支付名义租金6 250元。惠普公司的内含利率为7%，瑞利公司按直线法计提折旧。

三、要求：

(1) 为两家公司编制设备租赁业务的有关分录。

(2) 编制2015年和2016年合并工作底稿上的有关抵销分录。

练习八

一、目的：掌握企业集团内部交易对合并财务报表编制的影响。

二、资料：2016年12月31日，荣德公司及其拥有90%股份的子公司邦威公司的资产负债表如表5-17所示。

表5-17 资产负债表

2016年12月31日 单位：元

项　目	荣德公司	邦威公司
存货	1 010 000	500 000
其他流动资产	1 990 000	750 000
房屋(净)	1 750 000	750 000
设备(净)	3 750 000	1 750 000
无形资产	1 175 000	250 000
长期股权投资	2 825 000	—
资产合计	12 500 000	4 000 000
应付账款	875 000	375 000
其他负债	2 125 000	625 000
股本	5 000 000	1 000 000
资本公积	2 500 000	1 500 000
盈余公积	1 500 000	400 000
未分配利润	500 000	100 000
负债和所有者权益合计	12 500 000	4 000 000

荣德公司于2015年12月31日以高于账面价值125 000元的银行存款购入了90%邦威公司的股份，这一价差系商誉，假设不发生减值。

2016年年末，邦威公司的存货含有从荣德公司购入存货的未实现利润12 500元，而2017年年末邦威公司的存货含有从荣德公司购入存货的未实现利润为10 000元。

2016年，邦威公司向荣德公司转让某无形资产，实现25 000元利得，而2016年荣德公司的无形资产包括了从邦威公司购入的175 000元该无形资产。

荣德公司使用不完全权益法处理对邦威公司投资，没有调整内部交易的未实现利润。

三、要求：为荣德公司编制2016年12月31日的合并资产负债表。

案例分析题

2017年1月初，华明设备制造股份有限公司（简称华明公司）取得了对华润机械配件股份有限公司（简称华润公司）的控制权，股权投资成本超过账面价值的差额系未入账的无形资产。华润公司系华明公司唯一的子公司。两家公司2018年度的个别财务报表和合并财务报表如表5-18所示。

表5-18　华明公司和华润公司的个别财务报表和合并财务报表

2018年度　　单位：元

项　目	华明公司	华润公司	合并主体
利润表			
营业收入	500 000	300 000	716 000
营业成本	(200 000)	(150 000)	(275 000)
折旧费用	(60 000)	(40 000)	(95 000)
其他费用	(77 000)	(60 000)	(141 000)
投资收益——华润公司	17 000	—	—
营业外收入——出售设备	20 000	—	—
净利润	200 000	50 000	205 000
其中：归属于母公司股东利润			200 000
少数股东利润			5 000
利润分配表			
年初未分配利润	50 000	20 000	50 000
加：本年净利润	200 000	50 000	200 000
可供分配利润	250 000	70 000	250 000
减：提取盈余公积	50 000	15 000	50 000
分派现金股利	100 000	30 000	100 000
年末未分配利润	100 000	25 000	100 000
资产负债表			
货币资金	17 500	35 000	52 500
应收账款(净)	50 000	30 000	70 000
应收股利	13 500	—	—
存货	90 000	60 000	136 000
其他流动资产	70 000	40 000	110 000
长期股权投资	309 000	—	—

续 表

项　　目	华明公司	华润公司	合并主体
固定资产——建筑物	150 000	70 000	220 000
固定资产——设备	300 000	265 000	550 000
无形资产	—	—	32 000
资产合计	1 000 000	500 000	1 170 500
应付账款	60 000	50 000	100 000
应付股利	—	15 000	1 500
其他负债	90 000	95 000	185 000
股本	300 000	100 000	300 000
资本公积	200 000	100 000	200 000
盈余公积	250 000	115 000	250 000
未分配利润	100 000	25 000	100 000
少数股东权益	—	—	34 000
负债和所有者权益合计	1 000 000	500 000	1 170 500

［要求］

(1) 请计算华明公司取得了华润公司多少股权份额。

(2) 华明公司是否完全采用了权益法？为什么？

(3) 2018 年两家公司是否存在存货销售？请说明。

(4) 请解释华明公司与华润公司“固定资产——设备”合计数额与合并资产负债表“固定资产——设备”数额产生差异的原因。

(5) 请计算 2017 年 12 月 31 日未入账的“无形资产”金额。

第六章

企业集团内部的债券业务

学习提要

企业集团内部的债券业务是指企业集团内部一企业购入其他企业所发行的债券的行为。从合并主体看，购买企业的账上虽记作“债权投资”，但实质上已经赎回，称为推定赎回。债券投资成本与相应部分债券账面价值之间的差额，就是债券推定赎回的推定损益。内部债券业务对合并财务报表的影响应全部加以调整和抵销。在发生内部债券业务的当年，确认债券赎回推定损益的一般程序为：(1) 借记“应付债券”账户，贷记“债权投资”账户，差额借记或贷记“资产处置收益”账户；(2) 借记“利息收入”账户，贷记“利息费用”账户，将两者的差额确认为债券赎回损益。在内部交易发生的以后年份，第一笔分录改为借记“应付债券”账户，贷记“债权投资”账户等，差额调整长期股权投资和少数股东权益(母公司购入子公司债券时)；第二笔分录改为借记“利息收入”账户，贷记“利息费用”账户，差额调整长期股权投资和少数股东权益(母公司购入子公司债券时)。

企业合并之前当年发生的内部交易，在编制合并财务报表时，应视处理企业合并的会计方法以及交易类型而定。按购买法处理的，内部交易可不予抵销；在同一控制下的合并时，应当予以抵销。

在企业集团内部，也会发生一企业持有其他企业债券的情形。这种企业间的财务活动完全取决于集团灵活运用资金、提高资金使用效率的财务策略。即便每个企业都是独立的法人，但是，集团内部的财务活动都受母公司管理部门的安排，换言之，集团内部资金的转移由母公司决定。集团内部的财务活动在编制合并财务报表时，应当予以抵销。本章主要讨论集团内部债券业务对编制合并财务报表的影响。

第一节 企业集团内部债券业务的性质

一、集团内部债券业务

集团内部的财务活动，可安排企业间的资金借贷业务。企业间直接的资金借贷业务产生了应收、应付往来项目，以及利息收入和利息费用，这些往来项目在编制合并财务报表时应当予以抵销,因为集团内部的应收、应付款项并不代表企业集团的资产和负债。

集团内部的企业在发行债券时,情况就较为复杂。当一家企业发行债券时,债券的价格受当时市场利率的影响。但是,以后市场利率的变化将导致该债券账面价值与市场价值的不一致。若市场利率上升,债券的市场价值将会低于账面价值,发行公司将会实现利得,但按照现行的会计准则,发行公司就不能在账上确认这一利得。同样,市场利率的下跌会使债券发行公司遭受损失,但账上不予确认。

在认识到市场利率变化对债券市场价值的影响后,母公司可以通过赎回发行在外的债券,来确认附属公司债券因市场利率变化而发生但未在账上确认的损益。母公司可以控制企业集团内部所有的债券赎回业务以及其他财务决策。当市场利率发生有利于集团的变化时,母公司可采取以下措施之一:

(1) 发行公司(母公司或子公司)可以动用自己的资源赎回它所发行的债券;

(2) 发行公司(母公司或子公司)可以从外界按市场利率借入资金,用这笔资金赎回所发行的债券;

(3) 发行公司可以从集团内部其他企业借入资金,用这笔资金赎回所发行的债券;

(4) 集团内部的其他企业(母公司或子公司)可以购买债券发行公司的债券,这时债券被推定已经赎回。

前三种措施实际上发行公司已赎回债券,在这三种情况下,以前未确认的损益由发行公司加以确认,并已包括在净利润中,从而在合并净利润中反映。第四种措施产生了推定赎回。

集团内部的所有企业均具有法人资格,就单个企业而言,只有购入自己所发行的债券,才称得上债券赎回,而购入其他企业的债券,则是一项投资。推定赎回是就企业集团而言的。由于母、子公司的债券投资和应付债券是一对往来账户,在合并过程中需要抵销,从企业集团来看,债券已经赎回。应付债券账面价值与债券投资购买价格之间的差额,在编制合并财务报表时是一项损益,而在权益法下,这也是母公司的一项损益。这项损益在发行公司账上并未确认,因为其债券被集团内部另一企业以债券投资形式持有。

从企业集团来看,虽然债券推定赎回在形式上不同,但债券赎回的实质与其他三种措施完全相同。推定赎回对合并财务报表的影响与实际赎回完全一致。债券赎回损益就是债券发行后因市场利率变化而实现的损益,当债券被集团内部其他企业购入并持有时,在编制合并财务报表时应当确认。

二、推定损益及其处理

集团内部一企业购入其他企业所发行的债券,尽管从单个的法律主体上,还是以债券投资或负债的方式持有着,但从合并主体的意义上,债券实质上已经赎回,故称为推定赎回。如果购入企业在购买债券时所支付的价格大于应付债券的账面价值(债券面值加未摊销溢价或减未摊销折价),则债券推定赎回发生了推定损失;如果所支付的价格小于应付债券的账面价值,则发生了推定利得。在这里,之所以称为“推定利得或损失”,是因为从企业集团来看,损益已经实现和确认,但在购入债券时并没有在集团内部有关企业的账上予以记录。

债券的推定损益,是指一家企业在按非债券账面价值从外界购入集团内部其他企业发行的债券时所产生的、从企业集团角度看已经实现的损益。当按债券账面价值购买集团内部其他企业所发行的债券，或者集团内部企业直接发生资金的借贷业务时，不会发生推定损益。

对债券推定损益的处理，存在着一些不同意见。

(一) 面值理论

有人认为，债券推定赎回的推定损益应当按照债券的面值在购买公司和发行公司间分摊。举例来说，假设母公司支付 495 000 元购入子公司发行在外的面值为 500 000 元、未摊销溢价为 3 000 元的一批债券，推定利得为 8 000 元(500 000＋3 000－495 000)，其中 5 000 元分摊给母公司，3 000 元分摊给子公司。

(二) 代理理论

另一种观点认为，购入内部债券的企业是在母公司的指令下起着债券发行公司的代理机构作用。这样，在上例中，推定利得 8 000 元应全部分配给子公司(发行公司)，从合并财务报表看，相当于子公司按 495 000 元购入自己的债券。

在代理理论下，推定损益全部归属于发行公司。

如上所述，市场利率的变化使发行公司债券的实际价值发生变化，产生损益，因此，在会计上应当将这种损益分配到发行公司，而不论交易的形式如何，也即不论由发行公司直接赎回还是由集团内部其他企业赎回。若不将推定损益的全部数额分摊到发行公司，则强调了交易的形式而忽略了交易的实质。从会计上说，交易的实质重于形式，编制合并财务报表实际上也体现了这一要求，从理论上说，代理观要优于其他理论，本书主张将推定损益全部分配给发行公司。

虽然本章主要讨论内部债券业务，但有关做法和结论同样也适用于其他债务工具。为简化举例，假设债券溢价或折价按直线法而不是按实际利率法摊销，但这并不影响合并程序和技术。不过，读者仍应注意，实际利率法要比直线法更为准确。

债券赎回的方向同样也会影响母公司和合并净利润，并且影响少数股权净利润的计算。为有助于读者理解，这里需要指出的是，子公司购买母公司(母公司为发行公司)的债券相当于存货的顺销，推定损益应全部分配给母公司；母公司购买子公司(子公司为发行公司)的债券相当于存货的逆销，推定损益应全部分配给子公司，在编制合并财务报表时，应当在多数股权和少数股权之间进行分配。

第二节　子公司购入母公司债券

当子公司购入母公司发行在外的债券时，发生了债券的推定赎回。按照《企业会计准则第 22 号——金融工具确认和计量》的要求，企业购入的债券可以按照持有目的和债券的属性，分为以公允价值计量且其变动计入当期损益的金融资产(交易性金融资产)、以公允价值计量且其变动计入其他综合收益的金融资产(其他债权投资)和以摊余价值计量的金融资产(债权投资)。由于债券发行公司发行债券具有长期融资的性质，那么集团内部企业购入债券仅仅是集团内部的资金调整，从理论上说，购入集团内部企业发行的债券并不会改变整个集团长期融资的性质，因此，一般将购入债券列为“债权投资”。子公司在购入母公司发行的债券时所支付的价款记为“债权投资”，这是购入债券时发行公司和购买公司所编制的会计分录。所以，推定赎回所产生的推定损益并没有在集团内部有关企业的账上加以记录，相反,母、子公司账上仅仅能够反映“应付债券”和“债权投资”账户的差异。

依照代理理论,子公司购入母公司的债券,所产生的损益应全部分配给母公司,子公司的损益则不受影响,从而少数股东利润也不受影响。在合并财务报表中,推定损益应全部加以确认(注意,不是抵销)。

【例 1】 2016 年 12 月 31 日,甲公司以 720 000 元的银行存款购入乙公司 80%的股份,乙公司净资产公允价值等于账面价值,投资成本与所取得的净资产账面价值相等。当时,乙公司的所有者权益 900 000 元由股本 500 000 元、资本公积 100 000 元、盈余公积 280 000 元和未分配利润 20 000 元构成。2017 年 1 月 2 日,甲公司账面上有一批发行在外的债券,面值 150 000 元,未摊销溢价 1 500 元,票面利率 10%,当时,乙公司从证券市场以 14 250 元的银行存款购入甲公司发行的面值为 15 000 元的一批债券,准备持有至到期。除此之外,集团内部没有其他交易。

在购入债券时,乙公司编制的记录债券投资的分录如下:

借:债权投资　　14 250
　贷:银行存款　　14 250

乙公司的这一购买债券行为导致 10%的甲公司债券的推定赎回,并产生推定赎回利得 900 元,可计算如下:

购入 10%甲公司债券的账面价值[(150 000+1 500)×10%]	15 150
乙公司支付的购买价格	14 250
债券赎回的推定利得	900

假设在 2017 年 1 月 2 日发生债券赎回推定利得后即编制合并财务报表,工作底稿中抵销甲公司 10%应付债券和乙公司持有至到期投资的分录中,还应确认 900 元的推定利得,分录为:

借:应付债券　　15 150
　贷:债权投资　　14 250
　　资产处置收益——债券赎回损益　　900

在工作底稿上编制这一分录之后,合并利润表将会出现 900 元的债券赎回利得,乙公司的持有至到期投资被抵销,合并资产负债表上的应付债券只有甲公司发行给外界的 136 350 元(135 000 元面值+1 350 元未摊销溢价),而不是原来的 151 500 元。

2017 年,甲公司在其账上应摊销应付债券溢价,而乙公司在其账上要摊销债券投资的折价。再假设债券利息于每年 1 月 1 日支付,应付债券在 2022 年 1 月 1 日到期(乙公司购入后还有 5 年)。2017 年,甲公司将摊销 20%的应付债券溢价,乙公司将摊销 20%的债券投资折价。假定两家公司均按直线法摊销折价或溢价,有关分录见表 6-1。

表 6-1　　甲公司和乙公司的账面记录　　单位:元

甲公司账面记录		乙公司账面记录	
借:利息费用	14 700	借:应收利息	1 500
应付债券——利息调整(1 500×20%)	300	债权投资——利息调整(750×20%)	150
贷:应付利息(150 000×10%/)	15 000	贷:利息收入	1 650

2017 年 12 月 31 日，在将表 6 - 1 中的分录过入甲公司和乙公司的账册之后，有关该债券的余额如下：

甲公司账上		乙公司账上	
应付债券——面值	150 000	债权投资——面值	15 000
应付债券——利息调整(溢价)	1 200	债权投资——利息调整(折价)	600
利息费用	14 700	利息收入	1 650
应付利息	15 000	应收利息	1 500

这时，债权投资账户价值(14 400 元)与应付债券账面价值的 10%(15 120 元)的差额为 720 元，而不是 2017 年年初的 900 元，2017 年年初与年末相差 180 元(900－720)。这是因为在甲公司和乙公司账上，推定利得已部分实现。2017 年，甲公司账上摊销应付债券溢价 20%，而乙公司账上摊销债权投资折价 150 元。180 元的差额反映在与推定赎回债券有关的利息收入和利息费用上，也就是 1 650 元利息收入减去 14 700 元利息费用的 10%的差额。

180 元的差额还可以用另一种方法解释：甲公司本年摊销溢价 300 元，与推定赎回债券有关的部分为 30 元(300×10%)，减少了利息费用，而乙公司持有至到期投资折价摊销 150 元，全部与推定债券赎回有关，增加利息收入，两者合计在各自账上实现利得 180 元(30＋150)，从而使年末债券的推定利得减少 180 元。所以，持有至到期投资和应付债券的折价和溢价摊销过程实际上是推定损益在母、子公司账上的逐步实现过程，折价和溢价的摊销导致利息收入和利息费用发生差异。

根据上述资料以及表 6 - 2 中的资料，2017 年 12 月 31 日，工作底稿上调整与抵销分录如下：

(1) 将成本法调整为权益法。

借：长期股权投资	24 720	
贷：投资收益		24 720

24 720 元的投资收益计算如下：

乙公司账面净利润(50 000×80%)	40 000
加：债券的推定利得	900
减：推定利得的部分实现(900÷5)	180
成本法已确认的投资收益	16 000
	24 720

(2) 抵销子公司期初净权益。

借：股本	500 000	
资本公积	100 000	
盈余公积	280 000	
未分配利润	20 000	
贷：长期股权投资		720 000
少数股东权益		180 000

(3) 抵销长期股权投资、投资收益本期增加数。

借：投资收益　　40 720

　　少数股东权益　　4 000

　贷：长期股权投资　　24 720

　　　分配现金股利　　20 000

(4) 抵销本期提取的盈余公积。

借：盈余公积　　5 000

　贷：提取盈余公积　　5 000

(5) 确认少数股东权益和少数股东损益。

借：少数股东利润　　10 000

　贷：少数股东权益　　10 000

(6) 抵销应付债券和持有至到期投资，确认推定利得。

借：应付债券　　15 120

　贷：债权投资　　14 400

　　　资产处置收益　　720

(7) 抵销本期利息收入与利息费用，确认推定利得。

借：利息收入　　1 650

　贷：利息费用　　1 470

　　　营业外收入　　180

(8) 抵销应收利息与应付利息。

借：应付利息　　1 500

　贷：应收利息　　1 500

将以上调整与抵销分录过入合并工作底稿，即可编制 2017 年合并财务报表。具体如表 6 - 2 所示。

表 6 - 2　　甲公司合并工作底稿

截至 2016 年 12 月 31 日　　单位：元

项　目	甲公司	乙公司	调整与抵销				合并主体
利润表							
营业收入	400 000	300 000					700 000
营业成本	223 000	180 000					403 000
期间费用	118 300	71 650					189 950
利息收入		1 650	(7)	1 650			
利息费用	14 700				(7)	1 470	13 230
投资收益	16 000		(3)	40 720	(1)	24 720	—
资产处置收益——债券赎回损益					(6)	720	900
					(7)	180	

续　表

项　　目	甲公司	乙公司	调整与抵销				合并主体
净利润	60 000	50 000		10 000			94 720
其中：少数股东利润		—	(5)	10 000			—
归属于母公司股东利润							84 720
年初未分配利润	10 000	20 000	(2)	20 000			10 000
可供分配的利润	70 000	70 000					94 720
减：提取盈余公积	6 000	5 000			(4)	5 000	6 000
分配现金股利	30 000	20 000			(3)	20 000	30 000
年末未分配利润	34 000	45 000					58 720
资产负债表							
应收利息		1 500			(8)	1 500	—
长期股权投资	720 000		(1)	24 720	(2)	720 000	—
					(3)	24 720	
债权投资		14 400			(6)	14 400	—
其他资产	1 140 000	1 481 100					2 621 100
资产合计	1 860 000	1 497 000					2 621 100
应付利息	15 000		(8)	1 500			13 500
应付债券	151 200		(6)	15 120			136 080
其他负债	169 800	567 000					736 800
股本	1 000 000	500 000	(2)	500 000			1 000 000
资本公积	100 000	100 000	(2)	100 000			100 000
盈余公积	390 000	285 000	(2)	280 000			390 000
			(4)	5 000			
未分配利润	34 000	45 000					58 720
少数股东权益			(3)	4 000	(2)	180 000	186 000
					(5)	10 000	
负债和所有者权益合计	1 860 000	1 497 000					2 621 100

2022 年 1 月 1 日，债券到期日，推定利得已全数加以确认，甲公司“长期股权投资”账户的余额等于乙公司所有者权益账面价值的 80%。

由于本例是子公司购入母公司发行的债券，推定利得应全部分配给母公司，子公司的净利润不受影响，从而少数股东损益也不受影响，因此，工作底稿“合并主体”栏中的“少数股东权益”186 000 元正好等于乙公司 2017 年年末账面净资产 930 000 元的 20%，这也说明编制的合并工作底稿是正确的。

债券赎回利得只会出现在债券推定赎回的当年,以后年份不会出现。在内部债券业务发生后的年份,只要债券仍为乙公司所持有,两家公司应继续在其账上处理该债券。甲公司报告利息费用 1 470 元,乙公司报告利息收入 1 650 元,两家公司也要分别摊销溢价和折价。2018 年至 2021 年的合并财务报表中,与内部债券业务有关的所有余额应加以抵销。2018 年至 2021 年甲公司和乙公司账上与内部债券交易有关账户的年末余额列示见表 6-3。

表 6-3　　与内部债券交易有关账户的年末余额　　单位:元

甲公司账面年末余额	2018 年	2019 年	2020 年	2021 年
利息费用	1 470	1 470	1 470	1 470
应付利息	15 000	15 000	15 000	15 000
应付债券	150 900	150 600	150 300	150 000
乙公司账面年末余额	2018 年	2019 年	2020 年	2021 年
利息收入	1 650	1 650	1 650	1 650
应收利息	1 500	1 500	1 500	1 500
债权投资	14 550	14 700	14 850	15 000

以 2018 年为例,与内部债券交易有关的调整和抵销分录为:

(1) 借:应付债券　　15 090
　　贷:债权投资　　14 550
　　　　长期股权投资　　540

(2) 借:利息收入　　1 650
　　贷:利息费用　　1 470
　　　　长期股权投资　　180

(3) 借:应付利息　　1 500
　　贷:应收利息　　1 500

如果读者已对内部债券业务对合并财务报表编制的影响非常熟悉,上述三笔分录也可合并成一笔分录,即:

借:应付债券　　15 090
　　利息收入　　1 650
　　应付利息　　1 500
　贷:债权投资　　14 550
　　　长期股权投资　　720
　　　利息费用　　1 470
　　　应收利息　　1 500

贷方的长期股权投资 720 元即为 2017 年年初的推定利得。这一利得在以后各期是通过甲、乙公司利息收入与利息费用的差额在个别财务报表中正式确认的,但由于合并主体已经将其提前确认,因此,在以后各期,需要对账面上的利息收入与利息费用予以抵销。

第三节　母公司购入子公司债券

母公司购入子公司发行在外的债券,同样发生了债券的推定赎回和推定损益。根据代理理论,母公司购入子公司的债券,所产生的损益应全部分配给子公司,从而影响少数股东利润的计算,母公司的经营利润则不受影响。在母公司的账上,债券赎回的推定损益应按其控股比例调整长期股权投资和投资收益账户。在合并财务报表中,推定损益应全部加以确认。

【例2】 2016年12月31日,丙公司以615 000元购入丁公司75%的股份,当时丁公司的所有者权益为820 000元,其中,股本600 000元,资本公积120 000元,盈余公积95 000元,未分配利润5 000元。丁公司净资产账面价值与公允价值相等,净资产公允价值的75%等于丙公司的投资成本。

2016年12月31日,丁公司发行在外的债券为面值600 000元,票面利率10%,未摊销折价18 000元。债券的付息日为每年的1月1日,2021年12月31日到期,还有5年存续期。

2017年1月3日,丙公司以154 500元的代价在债券市场上购入其中25%的丁公司债券,准备持有至到期。

从企业集团来看,丙公司这一债券投资业务产生了9 000元的损失,因为丁公司145 500元(582 000元的25%)账面价值的债券是被丙公司按154 500元的代价购入的。根据代理理论,丁公司是债券发行公司,这一损失应全部归属于丁公司。

在购入债券时,丙公司应编制会计分录如下:

借:债权投资　　　　154 500

　贷:银行存款　　　　154 500

2017年,丁公司在其账上应摊销应付债券折价,而丙公司在其账上要摊销债券投资的溢价。2017年,丁公司将摊销20%的应付债券折价,丙公司将摊销20%的债券投资溢价。假定两家公司均按直线法摊销折价或溢价,有关分录如表6-4所示。

表6-4　　**丙公司和丁公司的账面记录**　　单位:元

丙公司账面记录			丁公司账面记录		
借:应收利息(60 000×25%)	15 000		借:利息费用	63 600	
贷:债权投资——利息调整(溢价)			贷:应付债券——利息调整(折价)		
(4 500×20%)		900	(18 000×20%)		3 600
利息收入		14 100	应付利息(600 000×10%)		60 000

2017年12月31日,在将上述分录过入丙公司和丁公司的账册之后,有关该债券的余额如下:

丙公司账上		丁公司账上	
债权投资——面值	150 000	应付债券——面值	600 000
债权投资——利息调整(溢价)	3 600	应付债券——利息调整(折价)	14 400
利息收入	14 100	利息费用	63 600
应收利息	15 000	应付利息	60 000

2017年,丁公司账上确认的应付债券利息费用63 600元,其中有15 900元与内部债券有关。丙公司2017年确认债券投资收入14 100元。内部债券的利息收入和利息费用的差额为1 800元,它表示2017年债券内部交易推定损失在丙公司和丁公司实现了1/5。2017年12月31日,还没有通过溢价摊销和折价摊销而在丙公司和丁公司账上实现的推定损失为7 200元。

根据上述资料以及表6-5中的资料,2017年12月31日,工作底稿上的调整与抵销分录如下:

(1) 将成本法调整为权益法。

借:长期股权投资　　39 600

　贷:投资收益　　39 600

39 600元的投资收益计算如下:

丁公司账面净利润(80 000×75%)	60 000
减:内部债券推定损失9 000元的75%	6 750
加:确认内部债券推定损失1 800元的75%	1 350
减:成本法已确认的投资收益	15 000
	39 600

(2) 抵销子公司净权益期初余额。

借:股本　　600 000

　资本公积　　120 000

　盈余公积　　95 000

　未分配利润　　5 000

　贷:长期股权投资　　615 000

　　少数股东权益　　205 000

(3) 抵销长期股权投资、投资收益本期增加数。

借:投资收益　　54 600

　少数股东权益　　5 000

　贷:长期股权投资　　39 600

　　分配现金股利　　20 000

(4) 抵销本期提取的盈余公积。

借:盈余公积　　8 000

　贷:提取盈余公积　　8 000

(5) 确认少数股东权益和少数股东利润。

借:少数股东利润[(80 000-7 200)×25%]　　18 200

　贷:少数股东权益　　18 200

(6) 抵销应付债券和债权投资,确认推定损益。

借:应付债券　　146 400

　资产处置收益　　7 200

　贷:债权投资　　153 600

(7) 抵销本期利息收入与利息费用，确认推定利得。

借：利息收入　　　　　　　　　　　　　　　　14 100

　　资产处置收益　　　　　　　　　　　　　　1 800

　贷：利息费用　　　　　　　　　　　　　　　　　15 900

(8) 抵销应收利息与应付利息。

借：应付利息　　　　　　　　　　　　　　　　15 000

　贷：应收利息　　　　　　　　　　　　　　　　　15 000

将以上调整与抵销分录过入合并工作底稿，即可编制 2017 年合并财务报表。具体如表 6-5 所示。

表 6-5　　　　**丙公司合并工作底稿**

截至 2017 年 12 月 31 日　　　　单位：元

项　目	丙公司	丁公司	调整与抵销				合并主体
利润表							
营业收入	1 700 000	950 000					2 650 000
营业成本	1 120 000	680 000					1 800 000
期间费用	309 100	126 400					435 500
利息收入	14 100		(7)	14 100			
利息费用		63 600			(7)	15 900	47 700
投资收益	15 000		(3)	54 600	(1)	39 600	—
资产处置收益——债券赎回损益			(6)	7 200			9 000
			(7)	1 800			
净利润	300 000	80 000		10 000			357 800
其中：少数股东利润		____	(5)	18 200			—
归属于母公司股东利润							339 600
年初未分配利润	30 000	5 000	(2)	5 000			30 000
可供分配的利润	330 000	85 000					369 600
减：提取盈余公积	30 000	8 000			(4)	8 000	30 000
分配现金股利	30 000	20 000			(3)	20 000	30 000
年末未分配利润	270 000	57 000					309 600
资产负债表							
应收利息	15 000				(8)	15 000	—
长期股权投资	615 000		(1)	39 600	(2)	615 000	—
					(3)	39 600	
债权投资	153 600				(6)	153 600	—
其他资产	2 916 400	1 600 000					4 516 400
资产合计	3 700 000	1 600 000					4 516 400

续 表

项 目	丙公司	丁公司	调整与抵销				合并主体
应付利息		60 000	(8)	15 000			45 000
应付债券		585 600	(6)	146 400			439 200
其他负债	40 000	74 400					114 400
股本	1 500 000	600 000	(2)	600 000			1 500 000
资本公积	1 500 000	120 000	(2)	120 000			1 500 000
盈余公积	390 000	103 000	(2)	95 000			390 000
			(4)	8 000			
未分配利润	270 000	57 000					309 600
少数股东权益			(3)	5 000	(2)	205 000	218 200
					(5)	18 200	
负债和所有者权益合计	3 700 000	1 600 000					4 516 400

由于本例是母公司购入子公司发行的债券,推定损失应全部分配给子公司,少数股东利润受影响。2017 年的少数股东损益为 18 200 元,既然推定损失全部分配给丁公司,少数股权应承担推定损失 7 200 元的 25%,即 1 800 元,因此,少数股东损益就不是丁公司净利润 80 000 元的 25%,而是已实现净利润 72 800 元(80 000—7 200)的 25%。

表 6-5 中"合并主体"栏的少数股东权益 218 200 元可验证如下(单位: 元):

2017 年年末丁公司账面权益	880 000
减:内部债券业务的推定损失	7 200
2017 年年末丁公司已实现权益	872 800
少数股权比例	×25%
少数股东权益	218 200

推定损失减少了 2017 年归属于母公司的合并净利润 5 400 元,这通过在合并利润表中包括债券赎回损失 9 000 元,抵销利息收入 14 100 元和利息费用 15 900 元,以及减少少数股东损益 1 800 元(从按丁公司账面净利润计算的少数股东利润 20 000 元减少到本年少数股东利润 18 200 元)。推定损失对 2017 年归属于母公司股东净利润的影响分析见表 6-6。

表 6-6 推定损失对 2017 年归属于母公司股东净利润的影响 单位: 元

推定损失减少净利润	9 000
抵销利息收入减少净利润	14 100
净利润减少合计	23 100
抵销利息费用增加净利润	15 900
减少少数股东利润增加净利润	1 800
净利润增加合计	17 700
对 2017 年归属于母公司股东净利润的影响	5 400

在债券推定赎回以后的年份，尚未通过在丙公司和丁公司账上摊销折价和溢价加以确认的推定损失要在多数股权(长期股权投资)和少数股权(少数股东权益)之间分配，因为债券赎回损失只会出现在发生债券推定赎回的年份。丙公司每年报告利息收入 14 100 元，丁公司报告利息费用 15 900 元，两家公司也要分别摊销溢价和折价。2018 年至 2021 年的合并财务报表中，与内部债券业务有关的所有余额应加以抵销。2018 年至 2021 年丙公司和丁公司账上与内部债券交易有关账户的年末余额列示见表 6-7。

表 6-7　　丙公司和丁公司账上与内部债券交易有关账户的年末余额　　单位：元

丙公司账面年末余额	2018 年	2019 年	2020 年	2021 年
利息收入	14 100	14 100	14 100	14 100
应收利息	7 500	7 500	7 500	7 500
债权投资	152 700	151 800	150 900	150 000
丁公司账面年末余额	2018 年	2019 年	2020 年	2021 年
利息费用	15 900	15 900	15 900	15 900
应付利息	30 000	30 000	30 000	30 000
应付债券	600 000	600 000	600 000	600 000
应付债券折价	10 800	7 200	3 600	—

以 2018 年为例，与内部债券交易有关的合并调整和抵销分录为：

借：应付债券	150 000	
长期股权投资	5 400	
少数股东权益	1 800	
利息收入	14 100	
应付利息	15 000	
贷：债权投资		152 700
应付债券——利息调整(折价)		2 700
利息费用		15 900
应收利息		15 000

将未确认的推定损失 7 200 元分摊至“长期股权投资”账户 5 400 元和“少数股东权益”账户 1 800 元，意味着推定损失全部归属于丁公司。既然是子公司的损失，少数股权也必须分摊损失。在计算 2018 年少数股权时，2018 年确认的推定损失 1 800 元的 25%要加回到少数股权在丁公司账面净利润所分享的数额，截至 2021 年，每年少数股东利润均应加以调整。2021 年 12 月 31 日，持有至到期投资已通过溢价的摊销减少到 150 000 元，而相应部分的应付债券账面价值已通过折价摊销增加到 150 000 元。从表 6-7 可以看出这一结果。

2019 年至 2021 年合并工作底稿上的合并调整和抵销分录可列示如下：

	2019年	2020年	2021年
借：应付债券	150 000	150 000	150 000
长期股权投资	4 050	2 700	1 350
少数股东权益	1 350	900	450
利息收入	14 100	14 100	14 100
应付利息	15 000	15 000	15 000
贷：债权投资	151 800	150 900	150 000
应付债券(折价)	1 800	900	—
利息费用	15 900	15 900	15 900
应收利息	15 000	15 000	15 000

由于分录中涉及"长期股权投资"项目，上述这笔合并分录应在抵销年初丙公司长期股权投资项目和丁公司所有者权益各项目之前编制，以使年初长期股权投资项目余额与丁公司所有者权益各项目余额的75%建立对等关系。

第四节　企业合并前的内部交易

有时，在企业合并完成之前的当年，参与合并的各企业相互之间会发生上述各种业务。在编制合并财务报表时，是否应调整和抵销这种交易，取决于处理企业合并业务所采用的会计方法，即是购买法还是权益结合法，以及交易的类型。

当企业合并属于非同一控制下的合并按购买法处理时，合并前当年所发生的内部资产(存货和长期资产)交易不需要加以抵销。这样处理的理由是在合并前的这种交易是非关联企业间的公平交易。即使含有损益的资产仍列入合并时的资产负债表，在合并时也不需要抵销。当企业集团内部一家企业在组建成企业集团之前已购入另一企业发行的债券时，情况就较为复杂。在购并日，购入的债券就成了内部债券，在编制合并财务报表时就应视为在购并日被赎回。

在同一控制下的企业合并按类似于权益结合法处理时，不论何种交易类型，在合并前发生的交易都需要抵销。在第一章曾经指出，无论合并发生在年度的哪一时点，权益结合法的应用总要追溯至整个会计年度。这意味着，无论合并发生在何时，当年发生的所有内部交易均应抵销。事实上，年中或年末发生按权益结合法处理的企业合并时，所编制的合并财务报表与年初发生合并时的合并财务报表完全相同。当编制比较财务报表时，权益结合法还要求追溯到它所跨越的全部年份的报表，这就是说，在这些年份内所发生的相互间的交易也要抵销。换言之，在编制合并工作底稿时，实际上假设权益的结合在比较报表所跨越年份一开始就已经发生了。

思考题

1. 当集团内部一企业从其他企业借入资金时，产生了哪些往来项目？
2. 集团内部企业间直接借贷资金会产生未实现损益吗？会产生未确认损益吗？为什么？
3. 何谓债券推定赎回？何谓推定损益？它们是怎样产生的？是从哪一个角度来说的？它们与实际赎

回和实际损益有何区别？

4. 试对内部债券推定损益和内部固定资产未实现损益加以比较。

5. 试说明内部债券推定损益在有关企业的账上实现和确认的过程。

6. 试描述分配内部债券推定损益的几种理论。若子公司按高于债券账面价值购入母公司的债券，推定损益应分配给母公司还是子公司？为什么？

7. 有人认为，当母公司从证券市场购入子公司发行在外的债券时，不需要确认债券推定损益，因为母公司不是从子公司直接购入债券的，因而不是内部交易。你同意这一观点吗？试做解释。

8. 若子公司在证券市场上所购入的母公司债券又被子公司售出，会出现什么会计问题？试做详细说明。

9. 试描述在编制合并财务报表时抵销内部债券业务影响的一般程序。

10. 在企业合并前当年发生的内部交易在编制合并财务报表时应如何处理？

阅读材料

1. 财政部：《企业会计准则第 33 号——合并财务报表》，2014 年。

2. International Financial Reporting Standard 27（IFRS 27），Consolidated Financial Statements and Separate Financial Statements (revised). International Accounting Standard Board，2008.

3. Statement of Financial Accounting Standards No. 94，Consolidation of All Majority? Owned Subsidiaries. Financial Accounting Standard Board，1987.

练习题

练习一

一、目的：计算企业集团内部债券业务的损益。

二、资料：威远公司是江湾公司的全资子公司，2017 年 1 月 1 日，威远公司按面值 100 000 元发行了年利率 10%、5 年期的债券。利息从 2017 年起于每年 1 月 1 日支付一次。2017 年 12 月 31 日，江湾公司在证券市场上以 52 000 元银行存款购入威远公司 40%的债券，准备持有至到期。

三、要求：计算 2017 年 12 月 31 日江湾公司购入威远公司债券的损益。

练习二

一、目的：计算企业集团内部债券业务的损益。

二、资料：2016 年 12 月 31 日，民众公司与其拥有 80%股份的子公司大众公司的合并资产负债表包括与利率 8%、面值 1 000 000 元的债券有关的项目如下：

流动负债：	
应付债券利息（2017 年 1 月 1 日应付的 6 个月利息）	40 000
长期负债：	
8%应付债券（2021 年 1 月 1 日到期）	1 000 000
减：未摊销折价	30 000
非流动负债合计	970 000

民众公司是债券发行公司，按直线法摊销折价。2017 年 7 月 1 日，大众公司以 477 500 元购入其中一半债券，准备持有至到期。

三、要求:

(1) 计算债券推定赎回的损益、2017 年合并债券利息费用和年末合并应付债券余额。

(2) 若改为大众公司是债券发行公司,民众公司购入其中一半债券,如何计算这些数据?

练习三

一、目的:练习企业集团内部债券业务对合并财务报表编制的影响。

二、资料:平湖公司与其拥有 80%股份的子公司海丰公司 2016 年 12 月 31 日的资产负债表见表 6-8。

表 6-8 **平湖公司和海丰公司资产负债表**

2016 年 12 月 31 日 单位:元

项目	平湖公司	海丰公司
应收账款(净)	816 000	270 000
其他流动资产	1 200 000	180 000
固定资产(净)	2 250 000	975 000
长期股权投资——海丰公司	984 000	—
资产合计	5 250 000	1 425 000
应付账款	112 500	34 500
应付利息	37 500	7 500
应付债券(2021 年 1 月 1 日到期)	750 000	150 000
应付债券溢价(折价)	(15 000)	3 000
股本	2 000 000	500 000
资本公积	1 750 000	550 000
盈余公积	400 000	130 000
未分配利润	215 000	50 000
负债和所有者权益合计	5 250 000	1 425 000

三、要求:

(1) 假设海丰公司于 2017 年 1 月 2 日支付 142 500 元购入平湖公司面值 150 000 元的债券,准备持有至到期,该债券每年 7 月 1 日和 1 月 1 日各支付一次利息,试计算 2017 年合并财务报表中的债券赎回损益、应付利息、应付债券面值和对平湖公司债券投资的数额。

(2) 假设 2017 年 1 月 2 日平湖公司以 151 500 元购入海丰公司面值 150 000 元的债券,该债券每年 7 月 1 日和 1 月 1 日各支付一次利息,试计算 2017 年合并财务报表中的债券赎回损益、利息费用(直线法摊销)、应收利息和应付债券账面价值。

练习四

一、目的:熟悉企业集团内部债券业务对合并财务报表编制的影响。

二、资料:万达公司拥有远东公司 80%的股份,2016 年 7 月 1 日按 106 000 元的价格购入远东公司面值 100 000 元的债券，该债券于每年 1 月 1 日和 6 月 30 日付息，2019 年 6 月 30 日到期。2016 年 12 月 31 日，两家公司有关债券的数据如表 6－9 所示。

表 6－9　　万达公司和远东公司有关债券的数据　　单位：元

项　　目	万达公司	远东公司
应收利息	4 000	—
持有至到期投资	105 000	—
应付债券折价	—	12 500
应付利息	—	40 000
8%应付债券	—	1 000 000
利息收入	3 000	—
利息费用	—	85 000

三、要求：

(1) 确定上述各项目在 2016 年 12 月 31 日或 2016 年度合并财务报表中的数额。

(2) 对上述内部债券业务编制 2016 年 12 月 31 日合并财务报表所必需的调整和抵销分录。

(3) 对上述内部债券业务编制 2017 年 12 月 31 日合并财务报表所必需的调整和抵销分录。

练习五

一、目的：掌握企业集团内部债券业务对合并财务报表编制的影响。

二、资料：申银公司于 2016 年 1 月 2 日按账面价值(等于公允价值)取得广发公司 80%的股份，当时广发公司的股本、资本公积、盈余公积和未分配利润分别为 50 000 元、50 000 元、60 000 元和 8 000 元。2017 年 1 月 1 日，广发公司以 58 560 元购入申银公司利率 8%、面值 60 000 元的债券，每年付息日为 1 月 1 日和 7 月 1 日。2017 年广发公司与该债券有关的利息收入为 5 280 元，而申银公司的债券利息费用为 9 600 元。其他有关资料如下：

(1) 2017 年，申银公司的经营利润为 240 000 元；

(2) 2017 年，广发公司的净利润为 60 000 元；

(3) 申银公司按权益法处理长期股权投资业务；

(4) 债券的折价或溢价按直线法摊销；

(5) 该债券于 2020 年 1 月 1 日到期。

三、要求：

(1) 确定债券赎回的损益。

(2) 为广发公司编制 2017 年债券投资的有关分录。

(3) 为申银公司编制 2017 年应付债券的有关分录。

(4) 为申银公司编制 2017 年 80%广发公司股票投资的有关分录。

(5) 计算 2017 年少数股东损益和归属于母公司股东的净利润。

练习六

一、目的：练习企业集团内部的债券业务。

二、资料：丽珠公司及其子公司美的公司(前者拥有后者 80%的股份)2016 年 12 月 31 日资产负债表如表 6－10 所示。

表 6-10　　丽珠公司和美的公司的资产负债表

2016 年 12 月 31 日　　单位：元

项　目	丽珠公司	美的公司
货币资金	2 440 000	2 500 000
应收账款(净)	3 000 000	500 000
其他流动资产	8 000 000	1 000 000
固定资产(净)	15 000 000	5 500 000
长期股权投资——美的公司	6 500 000	—
资产合计	35 000 000	9 500 000
应付账款	750 000	230 000
应付利息	250 000	50 000
应付债券(2018 年 1 月 1 日到期)	4 900 000	1 020 000
股本	20 000 000	5 000 000
资本公积	5 000 000	2 000 000
盈余公积	3 000 000	1 000 000
未分配利润	1 100 000	200 000
负债和所有者权益合计	35 000 000	9 500 000

丽珠公司的应付债券含有 100 000 元未摊销的折价,美的公司的应付债券含有 20 000 元未摊销的溢价。

三、要求:

(1) 假设美的公司于 2017 年 1 月 2 日以 1 900 000 元购入丽珠公司 2 000 000 元面值的债券,准备持有至到期,利息于每年 7 月 1 日和 1 月 1 日各支付一次。请确定 2017 年 12 月 31 日合并财务报表中的如下项目:

① 债券赎回损益。

② 应付利息。

③ 应付债券。

④ 持有至到期投资。

(2) 假设丽珠公司于 2017 年 1 月 2 日以 1 030 000 元购入美的公司 1 000 000 元面值的债券,准备持有至到期,利息于每年 7 月 1 日和 1 月 1 日各支付一次。请确定 2017 年 12 月 31 日合并财务报表中的如下项目:

① 债券赎回损益。

② 利息费用。

③ 应收利息。

④ 应付债券。

练习七

一、目的：计算并确定合并财务报表的有关项目。

二、资料：镇海公司和镇江公司(前者拥有后者 90%股份)2016 年 12 月 31 日个别财务报表的有关数据如表 6－11 所示。

表 6－11　　镇海公司和镇江公司个别财务报表的有关数据

2016 年 12 月 31 日　　单位：元

	镇海公司	镇江公司
利润表		
营业收入	710 000	530 000
营业成本	490 000	380 000
资产处置收益	—	21 000
利息费用	—	16 000
折旧费用	25 000	20 000
投资收益	27 000	—
净利润	222 000	60 000
年初未分配利润	72 000	1 000
可供分配的利润	294 000	61 000
减：提取盈余公积	22 200	6 000
分配现金股利	169 800	30 000
年末未分配利润	102 000	25 000
资产负债表		
货币资金	95 000	15 000
存货	182 000	135 000
固定资产	440 000	360 000
减：累计折旧	200 000	120 000
长期股权投资	144 000	—
债权投资	91 000	—
资产合计	752 000	390 000
应付债券	—	200 000
股本	100 000	10 000
资本公积	250 000	40 000
盈余公积	300 000	115 000
未分配利润	102 000	25 000
负债和所有者权益合计	752 000	390 000

其他有关资料如下：

(1) 上述镇海公司投资收益均来自镇江公司，而长期股权投资均系对镇江公司的股权投资余额。

(2) 2016 年 1 月 2 日，镇海公司以 143 100 元银行存款购入镇江公司 90%股份。当时，镇江公司的股东权益为160 000元,其可辨认资产和负债的账面价值等于公允价值。镇海公司以购买法进行处理。投资成本与账面价值的差异系镇江公司账上未反映的专利技术,合并后,镇海公司认为该专利技术分10年摊销。

(3) 2016年9月5日,镇江公司宣告现金股利,并在年末前全部支付。

(4) 2016年12月31日,镇海公司按成本法记录投资收益。

(5) 2016年1月5日,镇江公司将原始成本30 000元、累计折旧15 000元的设备以36 000元出售给镇海公司。该设备尚有3年剩余使用期限,采用直线法折旧。

(6) 2016年镇江公司向镇海公司出售商品60 000元,实现毛利20 000元。2016年12月31日,尚有一半商品留在镇海公司。

(7) 2016年12月31日,镇海公司支付91 000元购买镇江公司一半的债券,准备持有至到期,该债券当初以面值发行,于2022年12月31日到期。债券的利息于每年12月31日支付。镇海公司购入债券之前,利息已经支付给原债券持有人。

三、要求:

请确定2016年12月31日合并财务报表中的如下项目:

(1) 货币资金。

(2) 固定资产净值。

(3) 长期股权投资。

(4) 应付债券。

(5) 股本。

(6) 分配现金股利。

(7) 债券赎回损益。

(8) 营业成本。

(9) 利息费用。

(10) 折旧费用。

练习八

一、目的:掌握企业集团内部交易对合并财务报表编制的影响。

二、资料:亚盛公司于2016年1月2日支付390 000元购入尖峰公司80%股份,当时尖峰公司的所有者权益由300 000元股本、150 000元资本公积、30 000元盈余公积和7 500元未分配利润构成,公允价值与账面价值相等。2017年12月31日两家公司的有关财务报表如表6-12所示。

表6-12　亚盛公司和尖峰公司个别财务报表有关数据

截至2017年12月31日　　单位:元

项　目	亚盛公司	尖峰公司
利润表		
营业收入	1 383 000	450 000
营业成本	900 000	210 000
期间费用	312 750	135 000
利息收入	9 750	—
利息费用	—	15 000
投资收益	24 000	—

续　表

项　　目	亚盛公司	尖峰公司
非专利技术转让收益	15 000	—
净利润	219 000	90 000
年初未分配利润	11 000	8 000
可供分配的利润	230 000	98 000
减：提取盈余公积	60 000	58 000
分配现金股利	150 000	30 000
年末未分配利润	20 000	10 000
资产负债表		
应收账款	47 250	52 500
存货	120 000	90 000
其他流动资产	147 000	7 500
债权投资	138 750	—
长期股权投资	390 000	—
固定资产(净)	402 000	630 000
无形资产	240 000	45 000
资产合计	1 485 000	825 000
应付账款	36 000	22 500
应付债券	—	150 000
其他负债	150 000	67 500
股本	800 000	300 000
资本公积	250 000	150 000
盈余公积	229 000	125 000
未分配利润	20 000	10 000
负债和所有者权益合计	1 485 000	825 000

其他有关资料如下：

(1) 2016 年和 2017 年亚盛公司出售给尖峰公司的存货分别为 75 000 元和 90 000 元，成本为售价的 60%。尖峰公司 2016 年和 2017 年年末分别有 45 000 元和 60 000 元存货未出售。2016 年和 2017 年年末内部交易的应收应付款余额分别为 15 000 元和 7 500 元。

(2) 2016 年，尖峰公司将成本为 15 000 元的非专利技术按 30 000 元出售给亚盛公司，非专利技术经测试未发生减值。2017 年，亚盛公司又将该非专利技术以 45 000 元向外界出售。

(3) 2017 年 7 月 1 日，亚盛公司在证券市场上以 136 500 元的价格购入了尖峰公司全部债券。这些债券以前按面值发行，于每年 6 月 30 日和 12 月 31 日付息，2020 年 6 月 30 日到期。

三、要求：试编制 2017 年度合并财务报表工作底稿。

案例分析题

明州公司与其拥有90%股份的子公司池州公司2015年12月31日个别财务报表的有关数据如表6-13所示。

表6-13　　明州公司和池州公司个别财务报表有关数据

2015年12月31日　　单位：元

项　　目	明州公司	池州公司
利润表		
营业收入	710 000	530 000
营业成本	490 000	370 000
利息费用	—	16 000
折旧费用	25 000	20 000
投资收益——股利	27 000	—
资产处置收益——出售设备	—	21 000
资产负债表		
货币资金	50 000	15 000
存货	229 000	150 000
固定资产——设备	440 000	360 000
累计折旧	(200 000)	(120 000)
长期股权投资——池州公司	155 000	—
债权投资——债券	91 000	—
应付债券	—	200 000
股本	100 000	10 000
资本公积	250 000	40 000
盈余公积	300 000	100 000
未分配利润	102 000	40 000
利润分配表		
年初未分配利润	80 000	30 000
净利润	176 000	70 000
股利	80 000	30 000

其他相关资料如下：

(1) 2015年1月2日，明州公司以155 000元银行存款取得了池州公司90%的股份，当时，池州公司的股东权益为150 000元，可辨认净资产的账面价值等于公允价值，差额为以前未入账的专有技术，尚可使用10年，明州公司采用购买法处理。

(2) 2015 年 9 月，池州公司支付 30 000 元股利，明州公司按成本法记录。

(3) 2015 年 1 月 3 日，池州公司将原始成本 30 000 元、累计折旧 15 000 元的设备以 36 000 元出售给明州公司，该设备尚有 3 年的使用年限，两家公司均采用直线法计提折旧。

(4) 2015 年，池州公司向明州公司出售产品 60 000 元，实现毛利 20 000 元，年末尚有一半未对外出售。

(5) 2015 年 12 月 31 日，明州公司支付 91 000 元从市场上购买了池州公司所发行的一半债券，该债券于 2021 年 12 月 31 日到期，最初以面值发行，债券利息于每年 12 月 31 日支付，但 2015 年的利息已支付给债券的原持有人。

［要求］

根据上述资料，请计算确定以下项目在合并财务报表中出现的数额：

(1)“固定资产——设备”及其累计折旧。

(2) 长期股权投资——池州公司。

(3) 应付债券。

(4) 债券赎回损益。

(5) 利息费用。

(6) 折旧费用。

(7) 年初未分配利润。

第七章

股权结构变动和复杂控股关系

学习提要

当母公司分次取得子公司的股权时，合并财务报表的编制更为复杂。通常，子公司净资产公允价值可在完成合并的那一次购入股份时点确定。购买日之前所取得股权的投资成本超过所取得净资产账面价值的差额，可以计作商誉；在编制合并财务报表时需要按照购买日的投资成本，调整购买日之前所取得股权中含有的商誉。

在取得控制权之后，母公司可以通过购买少数股权的方式继续增持股份，也可以在不丧失控制权情况下出售部分股权，还可以在丧失控制权情况下出售部分股权。在这些特殊的交易下，合并财务报表较为复杂。

购买少数股权时，应以子公司以合并日为起点的连续计算的公允价值为基础，支付对价与其相应份额之间的差额视为一个会计主体内权益性的交换，调整合并财务报表的净权益。

在不丧失控制权情况下出售部分股权，合并财务报表中的出售损益应以权益法为基础，也视为一个会计主体内权益性交易，调整合并财务报表的净权益。

在丧失控制权情况下出售部分股权，合并财务报表中的损益应以权益法为基础，同时在合并财务报表中应对剩余股权投资按公允价值进行重新计量。

若子公司不是按比例向原股东增发股份，则会改变母公司在子公司的股份比例，直接向母公司发行股份，增加了母公司的持股比例，少数股权减少；向少数股东增发股份则相反。对于因子公司的增减资业务而使母公司在子公司的所有者权益账面价值发生变化的数额，一般有两种处理方法：(1) 调整母公司的长期股权投资账户和资本公积账户；(2) 将母公司在子公司持股比例减少视为母公司出售了减少份额的股份，因而将投资减少份额的账面价值与母公司分享的子公司发行股份所得款项的数额之间的差额确认为投资损益。

间接控股可分为父子孙结构和关联附属结构两种。在编制合并财务报表时，间接控股的主要问题在于将利润和所有者权益在多数股权和少数股权之间加以分配。

当集团内部企业相互持股时，可采用交互分配法或库存股法加以处理。交互分配法视子公司对母公司的投资为股份的推定赎回；库存股法将子公司对母公司股份的投资按成本转为库存股。

反向收购时，法律上母公司应当以会计上母公司的成本作为合并成本，并以此为基础编制合并财务报表。

本章主要讨论母、子公司权益结构发生变化的特殊问题以及复杂控股关系下的合并财务报表编制技术，主要包括母公司持有子公司股权比例的变化，子公司发放股票股利，间接持股，以及母、子公司相互持股等业务。

第一节　母公司购入和出售子公司股份

在以前各章中，为简化处理，都假定是一次购买股权完成合并的。实际上，有些企业合并，是在多次购买后才完成合并的。在企业合并日之后，母公司还可能进一步购入子公司的股份，也可能将其持有的一部分子公司股份出售给外界，但出售后仍保留控制权。无论是继续购入子公司的股份，还是出售一部分子公司股份，母公司持有子公司股份的比例均发生了变动，因此，合并财务报表的编制更为复杂。

本节假定被投资单位发行在外的股份不变，讨论投资企业持股比例发生变化时的相应会计处理。

在讨论母公司继续购入子公司股份前，先阐述一家企业分次取得另一家企业股份，最后达到控股的情形。

一、通过多次交易分步实现的企业合并

在实务中，母公司可能通过分次取得子公司股份来达到控制子公司、实施合并的目的，也就是合并不一定在一次业务中完成。

通过多次交易分步实现的企业合并，首先应结合分步交易的各个步骤的协议条款，以及各个步骤中所分别取得的股权比例、取得对象、取得方式、取得时点及取得对价等信息来判断分步交易是否属于“一揽子交易”。

各项交易的条款、条件以及经济影响符合以下一种或多种情况的，通常应将多次交易事项作为“一揽子交易”进行会计处理：(1) 这些交易是同时或者在考虑了彼此影响的情况下订立的；(2) 这些交易整体才能达成一项完整的商业结果；(3) 一项交易的发生取决于至少一项其他交易的发生；(4) 一项交易单独看是不经济的，但是与其他交易一并考虑时是经济的。

若分步取得对子公司股权投资直至取得控制权的各项交易属于“一揽子交易”，应当将各项交易作为一项取得子公司控制权的交易，并区分企业合并的类型，分别进行会计处理。即在实现企业合并前所有支付的购买款项，均视为预付款项处理。

以下说明均假定分步取得对子公司股权投资直至取得控制权的各项交易不属于“一揽子交易”。

(一) 同一控制下的企业合并

1. 个别财务报表

分次取得股份完成同一控制下的企业合并，在合并日，应以被合并方所有者权益账面价值的份额作为长期股权投资的初始投资成本。其中，被合并方在合并日的净资产账面价值为负数的，长期股权投资成本按零确定，同时在备查簿中予以登记。如果被合并方编制合并财务报表，则应当以合并日被合并方的合并财务报表为基础确认长期股权投资的初始投资成本。如果被合并方在被合并以前是最终控制方通过非同一控制下的企业合并所控制的，

则合并方长期股权投资的初始投资成本还应包含相关的商誉金额。

长期股权投资的初始投资成本与支付的现金、转让的非现金资产及所承担债务账面价值之间的差额,应当调整资本公积(资本溢价或股本溢价);资本公积(资本溢价或股本溢价)的余额不足冲减的,依次冲减盈余公积和未分配利润。合并方以发行权益性工具作为合并对价的,应按发行股份的面值总额作为股本,长期股权投资的初始投资成本与所发行股份面值总额之间的差额,应当调整资本公积(资本溢价或股本溢价);资本公积(资本溢价或股本溢价)不足冲减的,依次冲减盈余公积和未分配利润。

合并日之前持有的股权投资,因采用权益法核算或金融工具确认和计量准则核算而确认的其他综合收益,暂不进行会计处理,直至处置该项投资时,采用与被投资单位直接处置相关资产或负债相同的基础进行会计处理;因采用权益法核算而确认的被投资单位净资产中除净损益、其他综合收益和利润分配以外的所有者权益其他变动,暂不进行会计处理,直至处置该项投资时转入当期损益。其中,处置后的剩余股权采用成本法或权益法核算的,其他综合收益和其他所有者权益应按比例结转;处置后的剩余股权改按金融工具确认和计量准则进行会计处理的,其他综合收益和其他所有者权益应全部结转。

2. 合并财务报表

对于分步实现的同一控制下的企业合并,在编制合并财务报表时,应视同参与合并的各方在最终控制方开始控制时编制合并财务报表。在编制比较财务报表时,以不早于合并方和被合并方同处于最终控制方的控制之下的时点为限,将被合并方的有关资产、负债并入合并方合并财务报表的比较报表中,并将合并而增加的净资产在比较财务报表中调整所有者权益项下的相关项目。

为避免对被合并方净资产的价值进行重复计算,合并方在取得被合并方控制权之前持有的股权投资,在取得原股权之日与合并方和被合并方同处于同一方最终控制之日孰晚日起至合并日之间已确认有关损益、其他综合收益以及其他净资产变动,应分别冲减比较报表期间的期初留存收益或当期损益。

【例1】 甲公司是P公司的全资子公司。2014年12月31日,甲公司出资200万元与P公司及甲公司均无关联关系的乙公司成立丙公司,丙公司注册资本1 000万元,乙公司出资800万元,持股比例为80%,甲公司持股比例为20%,能够对丙公司的财务与经营政策产生重大影响。

2015年度,丙公司实现净利润200万元,未进行利润分配。

2016年1月1日,P公司向乙公司收购其持有丙公司80%的股权,丙公司成为P公司的全资子公司,当日丙公司净资产的账面价值与其公允价值相等。

2016年度,丙公司实现净利润200万元,未进行利润分配。

2017年1月1日,甲公司以2 000万元向P公司购买其持有丙公司80%的股权,丙公司成为甲公司的全资子公司。

甲公司有关会计处理如下(单位:万元):

(1) 个别财务报表。

① 2014年,出资成立丙公司时:

借:长期股权投资——投资成本　　200

　贷:银行存款　　200

② 2015 年,按权益法确认投资收益时:

借:长期股权投资——损益调整(200×20%)　　40

　贷:投资收益　　40

③ 2016 年,按权益法确认投资收益时:

借:长期股权投资——损益调整(200×20%)　　40

　贷:投资收益　　40

④ 2017 年 1 月 1 日,完成同一控制下控股合并时(假定甲公司资本溢价足够冲减):

借:长期股权投资——投资成本(1 000+200+200)　　1 400

　　资本公积——资本溢价　　880

　贷:长期股权投资——投资成本　　200

　　　　　　　　——损益调整　　80

　　银行存款　　2 000

分录中,同一控制下合并时长期股权投资的初始投资成本为被合并方账面价值的份额,本例为 1 400 万元。

(2) 合并财务报表。

① 2017 年 1 月 1 日,甲公司从 P 公司购买 80%丙公司股份,属于同一控制下的企业合并。

② 2016 年 1 月 1 日,甲公司和丙公司同受最终控制方 P 公司的最终控制。甲公司合并财务报表应自取得原股权之日(即 2014 年 12 月 31 日)和双方同处于同一方最终控制之日(2016 年 1 月 1 日)孰晚日,即 2016 年 1 月 1 日起开始将丙公司纳入合并范围。换言之,即视同自 2016 年 1 月 1 日起甲公司即持有丙公司 100%股权,并重溯合并财务报表的比较数据。2014 年 12 月 31 日至 2016 年 1 月 1 日的合并财务报表不应重溯。

在甲公司合并财务报表中,重溯 2016 年 1 月 1 日的报表项目,由于丙公司净资产的账面价值为 1 200 万元(1 000+200),此前 2016 年 1 月 1 日持有对丙公司的长期股权投资的账面价值为 240 万元(200+200×20%),因此,甲公司在编制合并财务报表时,应将丙公司 2016 年(比较期间)初各项资产、负债并入后,因合并而增加的净资产 1 200 万元调整资本公积 960 万元(1 200−240)。据此,需要在合并工作底稿上,编制调整分录如下(单位:万元):

借:丙公司净资产各项目　　1 200

　贷:长期股权投资　　240

　　资本公积　　960

③ 2017 年 1 月 1 日,甲公司完成对乙公司的控股合并后,应按以前章节的合并程序编制合并财务报表。但在编制 2017 年比较财务报表时,在取得原股权之日与合并方和被合并方同处于同一方最终控制之日孰晚日起至合并日之间已确认有关损益、其他综合收益以及其他净资产变动,应分别冲减比较报表期间的期初留存收益或当期损益。因此,需要编制调整分录如下(单位:万元)

借:未分配利润　　40

　贷:资本公积　　40

如果企业合并发生在 2016 年 12 月 31 日,则应借记“投资收益”40 万元。

(二)非同一控制下的企业合并

1. 个别财务报表

企业通过多次交易分步实现非同一控制下企业合并的,在编制个别财务报表时,应当按照原持有的股权投资的账面价值加上新增投资成本之和,作为改按成本法核算的初始投资成本。具体申述如下:

(1) 购买日之前持有的股权投资,采用权益法核算的,相关的其他综合收益应当在处置该项投资时采用与被投资单位直接处置相关资产或负债相同的基础进行会计处理,因被投资方除净损益、其他综合收益和利润分配以外的其他所有者权益变动而确认的所有者权益,应当在处置该项投资时相应转入处置期间的当期损益。其中,处置后的剩余股权采用成本法或权益法核算的,其他综合收益和其他所有者权益应按比例结转;处置后的剩余股权改按金融工具确认和计量准则进行会计处理的,其他综合收益和其他所有者权益应全部结转。

(2) 购买日之前持有的股权投资,按照交易性金融资产进行会计处理的,应当将按照该股权投资的公允价值加上新增投资成本之和,作为改按成本法核算的初始投资成本;原持有股权的公允价值与账面价值之间的差额,应当全部转入改按成本法核算的当期投资收益。

需要注意的是,购买日之前持有的股权投资作为金融资产并按公允价值计量的,为至购买日的账面价值。

2. 合并财务报表

企业因追加投资等原因能够对非同一控制下的被投资方实施控制的,对合并主体而言,是一个"新起点",不同阶段取得的各种类型的股权投资,均应按合并日的公允价值进行计量,就像将以前取得的股权投资处置,然后再一次性取得控制权一样。因此,对于购买日之前持有的被购买方的股权,应当按照该股权在购买日的公允价值进行重新计量,公允价值与其账面价值之间的差额计入当期投资收益;购买日之前持有的被购买方的股权涉及权益法核算下的其他综合收益以及除净损益、其他综合收益和利润分配外的其他所有者权益变动(以下简称"其他所有者权益变动")的,与其相关的其他综合收益、其他所有者权益变动应当转为购买日所属当期收益,但被投资方重新计量设定受益计划净负债或净资产变动而产生的其他综合收益除外。

购买日之前持有被购买方的股权于购买日的公允价值,与购买日新购入股权所支付对价的公允价值之和,为合并财务报表中的合并成本。

在按上述计算的合并成本的基础上,比较购买日被购买方可辨认净资产公允价值的份额,确定购买日应予确认的商誉或者应计入发生当期损益的金额。

购买方对于购买日之前持有的被购买方的股权涉及其他综合收益的,与其相关的其他综合收益应转为购买日当期的投资收益。

【例 2】 2015 年 1 月 1 日,A 公司以每股 5 元的价格购入某上市公司 B 公司的股票 1 000 万股,占 B 公司 20%的股权,准备长期持有,能够对 B 公司的财务与经营政策产生重大影响。A 公司与 B 公司不存在关联方关系。当日,B 公司账面净权益为 10 000 万元,其中,股本 7 000 万元,资本公积、盈余公积和未分配利润均为 1 000 万元。

2015 年度,B 公司实现净收益 5 000 万元,分配现金股利 1 000 万元。同时,持有以公允价值计量且其变动计入其他综合收益的金融资产公允价值升值1000万元。

2016年1月1日，A公司以每股8元的价格，向B公司大股东收购B公司40%的股权，即2000万股，完成了对B公司的控制，相关手续于当日完成。假设A公司购买B公司20%的股权和后续购买40%的股权不构成"一揽子交易"，A公司取得B公司控制权之日为2016年1月1日，B公司当日股价为每股8元，B公司可辨认净资产的公允价值为2亿元，假定B公司净资产公允价值超过账面价值的部分均为固定资产升值所致(尚余折旧期限10年，按直线法折旧)，不考虑相关税费等其他因素的影响。

A公司的会计处理如下(单位：万元)：

(1) 个别财务报表。

① 2015年1月1日，股权投资时：

借：长期股权投资——投资成本	5000	
贷：银行存款		5000

② 2015年度，B公司的权益变动时：

借：长期股权投资——损益调整	1000	
——其他综合收益	200	
贷：投资收益		1000
其他综合收益		200

③ 2015年收到股利时：

借：银行存款	200	
贷：长期股权投资——损益调整		200

④ 2016年1月1日，追加投资时：

借：长期股权投资——投资成本	16000	
贷：银行存款		16000

⑤ 因完成了合并，将账面价值作为合并新起点的初始投资成本时：

借：长期股权投资——投资成本	22000	
贷：长期股权投资——投资成本		21000
——损益调整		800
——其他综合收益		200

(2) 合并财务报表。

2016年1月1日，合并日，需要编制合并资产负债表，需要编制调整与抵销分录如下：

① 将购买日之前持有的股权，按购买日的公允价值进行重新计量。

借：长期股权投资	2000	
贷：投资收益		2000

② 将其他综合收益转为购买日当期的投资收益。

借：其他综合收益	200	
贷：投资收益		200

需要注意的是，由于合并日只需要编制合并资产负债表，在合并日以及合并后的后续年度，上述分录的贷方应调整"未分配利润"项目。

③ 抵销长期股权投资、B公司净权益,调整合并价差和商誉。

借：股本　7 000

　　资本公积　1 000

　　盈余公积　1 500

　　其他综合收益　1 000

　　未分配利润　4 500

　　固定资产　5 000

　　商誉　12 000

　贷：长期股权投资　24 000

　　　少数股东权益　8 000

二、购买子公司少数股东股权

在取得控制权后继续增持子公司股份,称为购买少数股东股权,简称购买少数股权。在母公司个别财务报表中,以实际支付对价的公允价值作为新增投资的成本(假定为非同一控制),并以成本法进行后续计量。

但从合并主体角度看,企业合并是一个新的起点,但子公司的业务又是持续经营的,在实体理论下,母公司购买子公司少数股权,是所有者之间进行的交易,是权益性交易,因此,只影响合并主体中不同权益主体内部的变动,此类业务的发生,既不得确认商誉,也不得确认损益。

基于以上认识,在合并财务报表中,因购买少数股权新取得的长期股权投资与按照新增持股比例计算应享有子公司自购买日或合并日开始持续计算的净资产份额之间的差额,应当调整母公司个别财务报表中的资本公积;资本公积不足冲减的,调整留存收益。

【续例 2】 2016 年度,B公司实现净利润 2 000 万元,分配现金股利 500 万元。

2016 年 12 月 30 日,A 公司以每股 9 元取得 B 公司 1 000 万股股份,使持股比例达到 80%。

在 A 公司个别财务报表上,只需要编制新增股权投资的会计分录如下:

借：长期股权投资——投资成本　9 000

　贷：银行存款　9 000

在合并财务报表上,首先需要计算自合并日开始持续计算的净资产的价值,计算如下(单位：万元)：

合并日的公允价值	20 000
加：B公司当年实现的净利润	2 000
减：分配现金股利	500
固定资产折旧(5 000÷10)	500
持续计算的净资产的公允价值	21 000

按上述计算结果,A 公司购买 20%的股份,应当支付的对价为 4 200 万元(21 000×20%),而实际支付的对价为 9 000 万元,多支付的 4 800 万元(9 000－4 200)是母公司对少数股东权益的让渡,应冲减母公司的资本公积;资本公积不足冲减的,调整留存收益。

假定A公司的资本公积足够冲减，A公司在2016年合并工作底稿中，除前述调整与抵销分录外，还需要编制调整分录如下：

借：资本公积　　4 800

　贷：长期股权投资　　4 800

三、不丧失控制权情况下出售部分股权

母公司在不丧失控制权情况下出售股权时，应相应结转与其所售股权相对应的长期股权投资的账面价值，出售所得价款与处置长期股权投资账面价值之间的差额，确认为当期损益。

但从合并主体的角度，由于没有丧失控制权，此项交易仍然是权益性交易，所产生的损益只能在所有者的不同业主之间进行调整，即处置价款与处置长期股权投资相对应享有子公司自购买日或合并日开始持续计算的净资产份额之间的差额，应当调整资本公积；资本公积不足冲减的，调整留存收益。

【例3】 2015年12月31日，甲公司以1 000万元取得乙公司80%的股权。甲公司与乙公司无关联关系。当日，乙公司的账面净权益为500万元，其中股本300万元，盈余公积和未分配利润均为100万元。乙公司可辨认净资产的公允价值为800万元，公允价值大于账面价值的差额均为固定资产升值所致；假定尚余10年经济寿命，按直线法折旧。

2016年度和2017年，乙公司实现净利润均为400万元，每年分配现金股利100万元。

2017年12月30日，甲公司出售持有的20%乙公司股权，收到500万元银行存款，尚持有60%的乙公司股权。

出售20%股权时，甲公司相应的会计处理如下（单位：万元）：

(1) 个别财务报表。

2017年1月1日，出售部分股权时：

借：银行存款　　500

　贷：长期股权投资——投资成本（1 000÷4）　　250

　　投资收益　　250

(2) 合并财务报表。

从合并主体看，此项交易是权益性交易，不应确认损益，因此，需要将个别财务报表中确认的损益，调整为资本公积。

编制合并财务报表时长期股权投资以权益法为基础，但个别财务报表中长期股权投资是以成本法为基础，因此，调整为资本公积的金额应以权益法为基础。

此外，个别财务报表中处置的长期股权投资的成本包括了商誉，但商誉是不可单独辨认的资产，不可以分开出售，因此，在合并财务报表中，即使出售了部分股权，商誉也应当保持不变，即个别财务报表中，包括在长期股权投资的商誉部分被减记的部分应当予以恢复。

据此，甲公司在2017年合并工作底稿上，应编制调整与抵销分录如下（单位：万元）：

① 将成本法调整为权益法。

借：长期股权投资　　324

　贷：未分配利润[（400－100－300÷10）×60%]　　162

　　投资收益　　162

② 将包括商誉部分的处置成本转回。

借：长期股权投资[(1 000－800×80%)÷4]　　90

　贷：投资收益　　90

③ 确认权益性交易的利得，调整资本公积。

至2017年12月31日，自合并日开始，乙公司持续计算的可辨认净资产的公允价值为1 340万元，20%股权的份额为268万元，处置所得与成本的差额为232万元，应调整资本公积。

借：投资收益　　340

　贷：资本公积　　232

　　　未分配利润　　54

　　　投资收益　　54

分录中，借方"投资收益"340万元为个别财务报表中出售部分股份确认的250万元以及合并财务报表中商誉转回的90万元之和。贷方"未分配利润"和"投资收益"54万元，是处置20%股权部分按权益法应于2016年和2017年确认的投资收益的金额，其中2016年的部分确认为未分配利润。

在以后各年，这一分录均要连续编制，分录改为：

借：未分配利润　　232

　贷：资本公积　　232

经过以上调整后，长期股权投资的余额为1 164万元。计算如下：

初始投资成本	1 000
减：处置25%股权的成本结转	250
加：权益法调整	324
商誉转回	90
长期股权投资余额	1 164

此金额应等于甲公司享有乙公司可辨认净资产公允价值相应的份额加上商誉之和，即：

1 340×60%＋360＝1 164(万元)

合并工作底稿中的其他调整与抵销分录从略。

四、丧失控制权情况下出售部分股权

在丧失控制权情况下出售部分股权，在个别财务报表中，首先应当按处置或收回投资的比例结转应终止确认的长期股权投资成本，处置所得与处置成本之间的差额确认为当期损益。

剩余股权投资如果仍然具有重大影响，应改按权益法进行后续计量；如不再具有重大影响，应重分类为交易性金融资产，公允价值与账面价值的差额，直接计入当期损益。

母公司因处置部分股权投资或其他原因丧失对原子公司控制的，如果母公司还因为控制了其他子公司而仍然需要编制合并财务报表时，在合并财务报表中，丧失控制权后剩余股权投资在合并财务报表中列示为"长期股权投资"项目，仍然需要按合并财务报表的一般规则进行以下会计处理：

(1) 终止确认长期股权投资、商誉等的账面价值,并终止确认少数股东权益的账面价值。

(2) 按照丧失控制权日的公允价值对剩余股权进行重新计量,按剩余股权对被投资单位的影响程度,将剩余股权作为长期股权投资或交易性金融资产核算。

(3) 处置股权取得的对价与剩余股权的公允价值之和,减去按原持股比例计算应享有原有子公司自购买日开始持续计算的净资产的账面价值份额与商誉之和,形成的差额计入丧失控制权当期的投资收益。

(4) 与原有子公司的股权投资相关的其他综合收益、其他所有者权益变动,应当在丧失控制权时转入当期损益(被投资方重新计量设定受益计划净负债或净资产变动而产生的其他综合收益除外)。

【例4】 2015年1月1日,甲公司以1 000万元取得了乙公司100%的股权,为非同一控制下的控股合并。当日,乙公司账面净权益为600万元,可辨认净资产公允价值为800万元,均为固定资产升值所致(尚余10年,按直线法折旧)。

2015年度,乙公司实现净利润500万元,分配现金股利100万元。持有的可供出售金融资产公允价值升值100万元。

2016年1月1日,甲公司以1 200万元的价格转让乙公司60%的股份,剩余持股比例为40%,丧失了对乙公司的控制权,但能够对乙公司的财务与经营政策施加重大影响。

甲公司因持有丙公司100%的股份,需要编制合并财务报表。

2016年1月1日,甲公司转让部分股权时的相关会计处理如下(单位:万元):

(1) 个别财务报表。

① 确认处置部分股权收益。

借:银行存款	1 200	
贷:长期股权投资——投资成本		600
投资收益		600

② 对剩余40%的股份改按权益法核算。

借:长期股权投资——损益调整[(500－100－200÷10)×40%]	152	
——其他综合收益	40	
贷:盈余公积		15.2
利润分配——未分配利润		136.8
其他综合收益		40

(2) 合并财务报表。

① 对剩余股权投资按丧失控制权日的公允价值重新计量。

借:长期股权投资	800	
贷:长期股权投资(1 000－600＋152＋40)		592
投资收益		208

② 对个别财务报表中以成本法为基础确认的处置收益调整至权益法的归属期间。

借:投资收益[(500－100－200÷10)×60%]	228	
贷:未分配利润		228

③ 将个别财务报表中的其他综合收益重分类为投资收益。

借:其他综合收益　　40

　贷:投资收益　　40

上述处理采用了跨越会计处理界线理论。所谓"跨越会计处理界线",是指因在另一主体所享有权益的增减变化而导致会计处理方法的变更,其本质属于会计政策的变更。

"跨越会计处理界线"判断标准在个别财务报表中与合并财务报表层面是不同的。

在个别财务报表层面,"跨越会计处理界线"是以核算科目的变化为判断标准,即在个别财务报表层面,核算科目由金融资产变为长期股权投资,或者由长期股权投资变为金融资产,均属于"跨越会计处理界线",但是,在个别财务报表中长期股权投资的权益法和成本法之间的转换不属于"跨越会计处理界线"。

在合并财务报表层面,只要合并范围发生变化(比如丧失控制权、取得控制权等导致合并范围变化),即适用"跨越会计处理界线",股权视同处置或重新购买,因此需要按照公允价值进行重新计量。

前例合并财务报表中会计处理的实质就是将以权益法进行后续计量的长期股权投资全部处置,再以公允价值购入了40%的股权。

股权未处置前,权益法下长期股权投资的账面价值应为1 480万元(1 000+500−100−200÷10+100),全部处置的公允价值为2 000万元(1 200÷60%),处置收益为520万元(2 000−1 480),同时,将其他综合收益100万元全部确认为当期损益,因此,在合并财务报表中的投资收益应为620万元。

这一金额应当等于个别财务报表中确认的投资收益以及合并财务报表中各项调整之和,即:

600+208−228+40=620(万元)

需要注意的是,如果通过多次交易处置子公司直至丧失控制权的,在编制合并财务报表时,首先应判断分步交易是否属于"一揽子交易"。

如果不属于"一揽子交易",则在丧失对子公司控制权之前的各项交易,应按照前述部分出售子公司股权但未丧失控制权的方法处理。

如果属于"一揽子交易",则应将各项交易作为一项处置原有子公司并丧失控制权的交易进行会计处理。其中,对于丧失控制权之前的每一次交易,处置价款与处置投资对应的享有该子公司自购买日开始持续计算的净资产账面价值的份额之间的差额,在合并财务报表中应当计入其他综合收益,在丧失控制权时一并转入丧失控制权当期的损益。

企业丧失对子公司控制权的,应当在合并财务报表附注中披露下列信息:

(1) 由于丧失控制权而产生的利得或损失以及相应的列报项目。

(2) 剩余股权在丧失控制权日按照公允价值重新计量而产生的利得或损失。

第二节　子公司的增减资业务

子公司发行股份是为了扩大经营规模进行外部筹资的重要手段。当然,子公司扩充生产和经营规模,以及对外筹资,均受母公司的控制。母公司可以决定让子公司新建工厂而由母公司追加投资，或向母公司定向增发股份。子公司还可以向外界发行股份。当存在少数股权时，若增发股份，而母公司又放弃认购权，则增发后少数股权比例会有所提高，母公司的股权就会被稀释。

若子公司按比例向多数股权和少数股权增发股份，则母公司在子公司的持股比例不变；但子公司仅向外界发行股份，而母公司放弃了认股权，或子公司增发的股份全部由母公司购入，则母公司在子公司的持股比例会发生变化。后两种情况对母公司的长期股权投资账户会产生一定的影响，影响的程度取决于增发股份的价格。兹分述之。

一、子公司仅向外界增发股份

在这种情况下，由于母公司未按比例取得子公司增发的股份，虽然母公司本身并没有出售子公司的股份，但母公司持有子公司股份的比例将会有所减少。此外，除非子公司按与每股净资产账面价值相同的价格发行新股，否则母公司将会发生利得或损失。

【例 5】 2018 年 1 月 3 日，丙公司以 224 000 元的代价购入丁公司 80%的股份，当时丁公司的所有者权益总额及其构成如下(单位：元)：

股本，面值 1 元	150 000
资本公积	50 000
盈余公积	40 000
未分配利润	10 000
合计	250 000

2018 年 1 月 3 日，丁公司净资产公允价值等于其账面价值，这样，投资成本(224 000 元)超过所取得的丁公司可辨认净资产公允价值 200 000 元(250 000×80%)的差额 24 000 元全部确认为商誉，而且假定经减值测试未发生减值。

2018 年度，丁公司实现净利润 30 000 元，12 月 20 日宣告并支付现金股利 10 000 元，提取盈余公积 3 000 元，其盈余公积从年初的 40 000 元增加到年末的 43 000 元，未分配利润从年初的 10 000 增加到年末的 27 000 元，所有者权益则从年初的 250 000 元增加到年末的 270 000 元。

如果丙公司按权益法处理，则 2018 年年末“长期股权投资”账户的余额为 240 000 元，有关记录如表 7－1 所示。

表 7－1　　　　**长期股权投资**　　　　单位：元

日　期	摘　要	借　方	贷　方	余　额
1 月 3 日	购入股份	224 000		224 000(借)
12 月 20 日	宣告股利		8 000	216 000(借)
12 月 31 日	确认投资收益	24 000		240 000(借)

2019 年 1 月 2 日，丁公司以每股 2.4 元的价格(已扣除有关费用)向外界发行股份 10 000 股，共得款项 24 000 元。假设丙公司和丁公司的原少数股东均未认购增发的股份，这样在增发完这批股份后，丁公司的所有者权益已达到 294 000 元(270 000＋24 000)，构成如下(单位：元)：

股本,面值1元(150 000+10 000)	160 000
资本公积(50 000+14 000)	64 000
盈余公积	43 000
未分配利润	27 000
合计	294 000

由于丁公司向外界增发新股10 000股,使其股份数由原来的150 000股增加到现在的160 000股,而丙公司持有的股份仍为120 000股,持股比例从原来的80%下降到现在的75%(120 000÷160 000)。这一变化导致丙公司在丁公司拥有的所有者权益账面价值发生了变化,即从原来的216 000元增加到现在的220 500元(均不包括商誉24 000元),增加了4 500元,但商誉不变。

在权益法下,对于因子公司的增减资业务而使母公司在子公司的所有者权益账面价值发生变化的数额,一般有两种处理方法:(1)调整母公司的长期股权投资账户和资本公积账户;(2)将母公司在子公司的持股比例减少视为母公司出售了减少份额的股份,因而将投资减少份额的账面价值与母公司分享的子公司发行股份所得款项的数额之间的差额确认为投资损益。在美国,过去较多的采用前一种处理方法,从20世纪80年代起,也开始允许母公司将其确认为投资损益,但对利得的处理仍有严格限制,一旦确认了这种损益,不论其数额大小,均应在利润表中单独列示。主张确认投资损益的理由是,子公司向外界发行股份减少持股比例与母公司直接出售子公司股份而减少母公司的持股比例,其实质相同。

子公司向外界出售股份,被视为资本业务,在股份非按账面价值发行时,在权益法下,要求将发行价格与账面价值的差额调整母公司的长期股权投资账户和资本公积账户。这一差额也等于在子公司向外界发行股份前后母公司所持股份的账面价值之间的差额。在第一种处理方法下,丁公司向外界发行股份后,丙公司在编制合并财务报表时,应按权益法编制调整分录如下:

借:长期股权投资	4 500	
贷:资本公积		4 500

在合并财务报表中,经权益法调整后的“长期股权投资”项目余额从原来的240 000元增加到现在的244 500元,其中包括商誉24 000元。

若按第二种处理方法,则可以认为,相当于丙公司出售了其原来长期股权投资的6.25%[(80%-75%)÷80%],但换取了丁公司增发新股收入24 000元的75%,即18 000元。在这一方法下,丁公司发行股份后,丙公司的分录为:

借:长期股权投资(18 000-216 000×6.25%)	4 500	
贷:投资收益		4 500

需要注意的是,因丙公司仍然控制丁公司,长期股权投资中包括的商誉24 000元不能分开出售。

2017年年末合并工作底稿上抵销年初丙公司长期股权投资账户余额和丁公司所有者权益各账户余额的分录为:

借:股本	160 000	
资本公积	64 000	

盈余公积　　43 000
未分配利润　　27 000
商誉　　24 000
贷：长期股权投资(240 000＋4 500)　　244 500
少数股东权益(294 000×25%)　　73 500

应当注意的是，在第二种方法下，投资收益 4 500 元不能在合并工作底稿上抵销，因为它是通过子公司与外界的交易而实现的。

二、子公司仅向母公司增发股份

如果母公司希望增加其在子公司的投资额，或者希望减弱少数股东对子公司经营活动的影响，子公司也可能将增发的股份全部出售给母公司，这时，母公司在子公司的投资比例将上升。

【例 6】 仍以上述丙公司和丁公司的资料为例。假设丁公司 2019 年 1 月 2 日以每股 2.4 元的价格增发 10 000 股，全部售给丙公司。在发行这批股份后，丁公司的所有者权益总额及其构成与上述增发股份给外界情况下的完全相同。丁公司的股份数由原来的 150 000 股增加到现在的 160 000 股，而丙公司持有的股份数则从原来的 120 000 股增加到现在的 130 000 股，持股比例由原来的 80%上升到现在的 81.25%(130 000÷160 000)。这一变化导致丙公司在丁公司拥有的所有者权益账面价值发生了变化，即从原来的 216 000 元增加到现在的 238 875 元，增加额 22 875 元。这表明丙公司以 24 000 元的代价取得了账面价值为 22 875 元的股份，两者的差额为 1 125 元。

对这一差额，在编制合并财务报表时，理论上也有两种处理方法：(1) 将其确认为当期投资损益；(2) 将其计入资本公积。

在第一种方法下，丙公司应按权益法在工作底稿中编制会计分录如下：

借：投资收益(24 000－22 875)　　1 125
贷：长期股权投资　　1 125

经权益法调整后，丙公司“长期股权投资”账户的余额已从原来的 240 000 元调整到 262 875 元(240 000＋22 875)。

在第二种方法下，丙公司应按权益法在工作底稿中编制会计分录如下：

借：资本公积(24 000－22 875)　　1 125
贷：长期股权投资　　1 125

经权益法调整后，丙公司“长期股权投资”账户的余额也从原来的 240 000 元调整到 262 875 元(240 000＋22 875)。

从理论上说，既然子公司增发的股份全部售给母公司，也就是母公司对子公司的追加投资，其会计处理应与母公司以前购入子公司股份一致。即将其视为权益性交易，不确认商誉与损益，差额调整资本公积。

我国《企业会计准则第 33 号——合并财务报表》要求采用第二种方法，即将差额调整资本公积。

2017 年年末，在合并工作底稿上抵销年初丙公司长期股权投资账户余额和丁公司所有者权益各账户余额的分录如下：

借：股本　　160 000
　　资本公积　　64 000
　　盈余公积　　43 000
　　未分配利润　　27 000
　　商誉　　24 000
　贷：长期股权投资(240 000＋22 875)　　262 875
　　　少数股东权益(294 000×18.75%)　　55 125

需要指出的是,如果母公司和外界按现有的持股比例购入子公司发行的股份,则不论这些股份是否按每股净资产账面价值购入,都不需要作出调整,因为母公司长期股权投资账户的增加(或减少),会与母公司在子公司所有者权益账面价值的增加(或减少)相一致。

三、子公司分派股票股利

如果母公司按权益法处理子公司经营成果,则子公司宣告和发放股票股利(俗称送红股)对母公司的长期股权投资账户没有影响。母公司收到股票股利,也不能将其确认为股利收入,只需要在备查簿中记录一下股份数增加即可。

当子公司发放的股票股利不多,股票价格变动不大时,可按所发放股票股利的现行公允价值从未分配利润转入股本和资本公积;当子公司发放的股票股利为数较大,股票价格变动较大时,可按所发放股票股利的面值从未分配利润转入股本。虽然子公司留存收益的资本化并不需要母公司在账上进行会计处理,但却改变了子公司所有者权益的结构,这种变化需要在合并工作底稿上加以抵销。股票股利本身因母公司并未作账户处理,就不需要抵销。所以,子公司发放股票股利不影响合并留存收益数。

【例7】 2018年1月1日,A公司以320 000元的代价购入B公司80%的股份,当时B公司所有者权益及其构成如下(单位：元)：

股本,面值1元	200 000
资本公积	40 000
盈余公积	60 000
未分配利润	100 000
合计	400 000

B公司净资产账面价值与公允价值相等。2018年度,B公司实现净利润60 000元,宣告并支付现金股利20 000元,2018年,A公司与B公司没有发生内部交易。A公司分得现金股利16 000元,并确认投资收益48 000元。

根据上述资料,A公司2018年在合并工作底稿上的调整和抵销分录包括以下几笔：

(1) 将成本法调整为权益法。

借：长期股权投资[(60 000－20 000)×80%]　　32 000
　贷：投资收益　　32 000

(2) 抵销子公司期初净权益。

借：股本　　200 000
　　资本公积　　40 000
　　盈余公积　　60 000
　　未分配利润　　100 000

贷：长期股权投资　　320 000
　　少数股东权益　　80 000

(3) 抵销本期投资收益和长期股权投资增加数。

借：投资收益　　48 000
　　少数股东权益　　4 000
　贷：长期股权投资　　32 000
　　　分配现金股利　　20 000

(4) 抵销丁公司提取的盈余公积。

借：盈余公积　　6 000
　贷：提取盈余公积　　6 000

(5) 确认少数股东利润和少数股东权益。

借：少数股东利润　　12 000
　贷：少数股东权益　　12 000

假设 2018 年 B 公司还发放了 10%的股票股利，当时每股市价 4 元。B 公司对发放股票股利按市价法处理，分录为：

借：利润分配——股票股利　　80 000
　贷：股本　　20 000
　　　资本公积　　60 000

A 公司对 B 公司发放股票股利不需要编制任何会计分录。但是，由于 B 公司的股本已从原来的 200 000 元增加到现在的 220 000 元，资本公积也从原来的 40 000 元增加到现在的 100 000 元，合并工作底稿上的抵销分录有所不同。其中，抵销分录(2)改为：

借：股本　　220 000
　　资本公积　　100 000
　　盈余公积　　60 000
　　未分配利润　　100 000
　贷：长期股权投资　　320 000
　　　少数股东权益　　80 000
　　　分配股票股利　　80 000

这一分录与发放现金股利时的分录相比，股票股利 80 000 元与股本 20 000 元及资本公积 60 000 元一并抵销了。其余调整和抵销分录完全相同。

子公司进行股票分割或股票合并，只使股份数发生增减变化，并不影响子公司的净资产和各所有者权益账户余额，也不影响母公司和少数股权在子公司的股份比例。所以，母公司的会计处理以及合并工作底稿上的调整和抵销分录均不受影响。

第三节　间 接 持 股

企业集团内部的控股关系可分为直接持股、间接持股和交叉持股。在此之前，本书所述均为母公司直接持有子公司有控制权股份时的合并财务报表编制技术。前已指出，当一家公司直接和间接地持有另一家公司有控制权股份时,应当编制合并财务报表。本节及下节将讨论间接持股和交叉持股情况下的合并财务报表编制技术。

间接持股还可分为两种形式:父子孙结构和关联附属结构。在父子孙结构下,母公司对子公司有控制权,而子公司又对其子公司(即母公司的孙公司)有控制权,从而间接控制了孙公司的经营和财务方针。例如,甲公司持有乙公司 80%股份,而乙公司又持有丙公司 70%股份,在这种企业集团结构下,甲公司最终能够通过乙公司控制丙公司。在关联附属结构下,一家公司直接持有另一家公司的股份虽未达到半数以上,但通过其子公司持有后者的股份,累计已达到控制权要求的股份,从而能够控制后者的经营和财务方针。例如,甲公司持有丙公司 20%的股份,也持有乙公司 70%的股份,而乙公司又持有丙公司 40%的股份,这样,甲公司通过自己和乙公司已合计持有丙公司 60%的股份,从而达到控制丙公司的目的。

一、父子孙结构下的合并财务报表编制

间接持股下编制合并财务报表所面临的主要问题是如何在合并财务报表层面上按权益法的要求确定子公司和孙公司的净利润和所有者权益。一旦净利润和所有者权益调整到权益法的要求,间接持股下的合并程序就与直接持股的合并程序相同。由于涉及几个企业,合并过程较为复杂。

【例 8】 2017 年 1 月 2 日,甲公司购入乙公司 80%的股份,而乙公司又于 2018 年 1 月 3 日购入丙公司 75%的股份。为简化处理,假设这两项合并业务均没有任何价差。这样,甲公司实际上控制了丙公司。2018 年 1 月 3 日合并完成时三家公司的试算表如表 7-2 所示。

表 7-2 试算表

2018 年 1 月 3 日 单位:元

项　目	甲公司	乙公司	丙公司
其他资产	600 000	250 000	260 000
长期股权投资——乙	240 000	—	—
——丙	—	150 000	—
资产合计	840 000	400 000	260 000
负债	300 000	100 000	60 000
股本	400 000	200 000	100 000
资本公积	40 000	40 000	50 000
盈余公积	80 000	50 000	45 000
未分配利润	20 000	10 000	5 000
负债和所有者权益合计	840 000	400 000	260 000

2018 年度,三家公司除投资收益外的经营利润及其股利分配如下(单位:元):

	甲公司	乙公司	丙公司
经营利润	68 000	57 500	50 000
现金股利	50 000	40 000	30 000

2018 年甲公司编制的合并工作底稿见表 7－3。

表 7－3　　**甲公司合并工作底稿**

截至 2018 年 12 月 31 日　　单位：元

	甲公司	乙公司	丙公司	调整和抵销				合并主体
利润表								
营业收入	240 000	180 000	150 000					570 000
营业成本	130 000	105 000	80 000					315 000
期间费用	42 000	17 500	20 000					79 500
投资收益(乙)	32 000			(8)	76 000	(6)	44 000	—
投资收益(丙)		22 500		(3)	37 500	(1)	15 000	—
净利润	100 000	80 000	50 000					175 500
少数股东利润(乙)				(10)	19 000			19 000
少数股东利润(丙)				(5)	12 500			12 500
归属于母公司的利润								144 000
年初未分配利润	20 000	10 000	5 000	(2)	5 000			20 000
				(7)	10 000			
可供分配利润	120 000	90 000	55 000					164 000
减：提取盈余公积	10 000	8 000	5 000			(4)	5 000	10 000
						(9)	8 000	
分配现金股利	50 000	40 000	30 000			(3)	30 000	50 000
						(8)	40 000	
年末未分配利润	60 000	4 200	20 000					104 000
资产负债表								
其他资产	720 000	300 000	280 000					1 300 000
长期股权投资——乙	240 000			(6)	44 000	(7)	240 000	—
						(8)	44 000	
长期股权投资——丙	—	150 000	—	(1)	15 000	(2)	150 000	—
						(3)	15 000	
资产合计	960 000	450 000	280 000					1 300 000
负债	370 000	110 000	60 000					540 000

续 表

	甲公司	乙公司	丙公司	调整和抵销				合并主体
股本	400 000	200 000	100 000	(2)	100 000			400 000
				(7)	200 000			
资本公积	40 000	40 000	50 000	(2)	50 000			40 000
				(7)	40 000			
盈余公积	90 000	58 000	50 000	(2)	45 000			90 000
				(4)	5 000			
				(7)	50 000			
				(9)	50 000			
未分配利润	60 000	42 000	20 000					104 000
少数股东权益(乙)				(8)	8 000	(7)	60 000	
						(10)	19 000	
少数股东权益(丙)				(3)	7 500	(2)	50 000	
						(5)	12 500	126 000
负债和所有者权益合计	960 000	450 000	280 000					1 300 000

根据表 7－3 中的资料,先不考虑甲公司,将乙公司和丙公司视为一个主体编制相关的调整与抵销分录如下:

(1) 将成本法调整为权益法。

借:长期股权投资——丙[(50 000－30 000)×75%]　　15 000

　贷:投资收益　　15 000

(2) 抵销长期股权投资期初余额。

借:股本　　100 000

　　资本公积　　50 000

　　盈余公积　　45 000

　　未分配利润　　5 000

　贷:长期股权投资——丙　　150 000

　　　少数股东权益(丙)　　50 000

(3) 抵销本期长期股权投资、投资收益变动数。

借:投资收益　　37 500

　　少数股东权益　　7 500

　贷:长期股权投资——丙　　15 000

　　　分配现金股利　　30 000

(4) 抵销丙公司提取的盈余公积。

借:盈余公积　　5 000

　贷:提取盈余公积　　5 000

(5) 确认少数股东损益和少数股东权益。

借：少数股东利润(丙)　　12 500

　贷：少数股东权益(丙)　　12 500

将上述调整与抵销分录过入合并工作底稿后，再将甲公司与乙公司视为一个主体，编制调整与抵销分录如下：

(6) 将成本法调整为权益法。

借：长期股权投资——乙[(80 000－40 000＋15 000)×80%]　　44 000

　贷：投资收益　　44 000

注意，甲公司对乙公司权益法调整时，应以乙公司权益法下的净利润为基础。

(7) 抵销长期股权投资期初余额。

借：股本　　200 000

　　资本公积　　40 000

　　盈余公积　　50 000

　　未分配利润　　10 000

　贷：长期股权投资——乙　　240 000

　　　少数股东权益(乙)　　60 000

(8) 抵销本期长期股权投资、投资收益变动数。

借：投资收益　　76 000

　　少数股东权益　　8 000

　贷：长期股权投资——乙　　44 000

　　　分配现金股利　　40 000

(9) 抵销乙公司提取的盈余公积。

借：盈余公积　　8 000

　贷：提取盈余公积　　8 000

(10) 确认少数股东损益和少数股东权益。

借：少数股东利润(乙)[(80 000＋15 000)×20%]　　19 000

　贷：少数股东权益(乙)　　19 000

从表 7－3 中可以看出，合并净利润为 175 500 元，在没有合并价差和内部交易的前提下，应当为三家公司自身经营利润之和，即：

68 000＋57 500＋50 000＝175 500(元)

相应地，少数股东权益也应以权益法为基础，可分别验证如下：

2018 年年末丙公司所有者权益	220 000
少数股权比例	×25%
少数股东权益	55 000
2018 年年末乙公司所有者权益(340 000＋15 000)	355 000
少数股权比例	×20%
少数股东权益	71 000
少数股东权益合计	126 000

二、关联附属结构下的合并财务报表编制

【例9】 P公司分别拥有S公司和T公司80%和45%的股份,此外,S公司还拥有T公司25%的股份。这样,P公司和S公司已累计持有T公司70%的股份,形成以关联附属结构形式的企业集团。P公司、S公司和T公司的关联附属结构如图7-1所示。

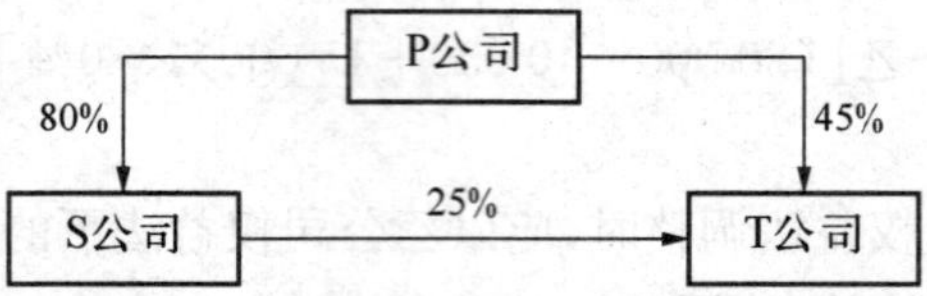

图7-1 P公司、S公司和T公司的关联附属结构

P公司对S公司、T公司的投资及S公司对T公司投资的有关资料见表7-4。

表7-4 P公司对S公司、T公司的投资及S公司对T公司的投资资料 单位:元

项　　目	P公司对S公司的投资(80%)	P公司对T公司的投资(45%)	S公司对T公司的投资(25%)
投资日期	2018年1月1日	2017年1月1日	2016年1月1日
投资成本	256 000	102 000	45 000
投资日被投资单位账面(公允)价值	300 000	200 000	
减:取得的账面(公允)价值	240 000	90 000	45 000
商誉	16 000	12 000	—
2018年1月1日投资余额:			
加:2017年年末前在子公司分享的净利润或股利	—	18 000	15 000
2018年1月1日投资余额	256 000	120 000	60 000

2018年1月1日,P公司对S公司取得控制权之后,在个别财务报表上,P公司对T公司的股权投资以及S公司对T公司的股权投资从权益法改按成本法进行后续计量。假定取得控制权时,S公司与T公司的公允价值与账面价值相等。

2018年,P公司、S公司和T公司各自实现的经营利润(不包括投资收益)分别为60 000元、40 000元和30 000元,分别宣告并分派现金股利40 000元、20 000元和15 000元。P公司的60 000元经营利润中包括了2016年7月1日售给S公司的机器的未实现利得4 000元(该机器在售给S公司时尚可使用4年,按直线法计提折旧)。S公司的经营利润40 000元包括了出售给P公司存货的未实现利润5 000元(当年S公司共向P公司出售存货18 000元)。

2018年度,三家公司的其他资料见表7-5。

表 7-5　　**P 公司合并工作底稿**

截至 2018 年 12 月 31 日　　单位：元

项　目	P 公司	S 公司	T 公司	调整与抵销				合并主体
利润表								
营业收入	200 000	150 000	120 000	(11)	18 000			452 000
营业成本	115 000	90 000	75 000			(11)	13 000	267 000
期间费用	29 000	20 000	15 000			(12)	500	63 500
资产处置收益——出售机器损益	4 000			(12)	4 000			—
投资收益(S)	16 000			(8)	30 500	(6)	14 500	—
投资收益(T)	6 750	3 750		(3)	21 000	(1)	10 500	—
净利润	82 750	43 750	30 000					121 500
少数股东利润(S)				(10)	8 500			17 500
少数股东利润(T)				(5)	9 000			
归属于母公司股东利润								104 000
年初未分配利润	12 000	6 000	5 000	(2)	5 000			12 000
				(7)	6 000			
可供分配利润	94 750	49 750	35 000					116 000
减：提取盈余公积	8 275	4 375	3 000			(4)	41 500	8 275
						(9)	4 375	
分配现金股利	40 000	20 000	15 000			(3)	15 000	40 000
						(8)	20 000	
年末未分配利润	46 475	25 375	17 000					67 725
资产负债表								
存货	204 000	116 500	80 000			(11)	5 000	395 500
固定资产(净)	400 000	303 500	280 000			(12)	3 500	980 000
商誉(T)				(2)	12 000			
商誉(S)				(7)	16 000			28 000
长期股权投资——S	256 000			(6)	14 500	(7)	256 000	—
						(8)	14 500	
长期股权投资——T	120 000			(1)	6 750	(2)	120 000	—
						(3)	6 750	
长期股权投资——T		60 000		(1)	3 750	(2)	60 000	—
						(3)	3 750	
资产合计	980 000	480 000	360 000					1 403 500
负债	273 250	156 250	105 000					534 500

续 表

项 目	P公司	S公司	T公司	调整与抵销				合并主体
股本	500 000	200 000	150 000	(2)	150 000			500 000
				(7)	200 000			
盈余公积	160 275	98 375	88 000	(2)	85 000			160 275
				(4)	3 000			
				(7)	94 000			
				(9)	4 375			
未分配利润	46 475	25 375	17 000					67 725
少数股东权益(S)				(8)	4 000	(7)	60 000	
						(10)	8 500	
少数股东权益(T)				(3)	4 500	(2)	72 000	
						(5)	9 000	141 000
负债和所有者权益合计	980 000	480 000	360 000					1 403 500

根据上述资料,可编制甲公司合并工作底稿的调整与抵销分录如下:

第一步,将T公司作为被投资单位先进行调整与抵销。

(1) 将成本法调整为权益法。

借:长期股权投资(P对T)[(30 000−15 000)×45%]　　6 750
　　长期股权投资(S对T)[(30 000−15 000)×25%]　　3 750
　贷:投资收益(P对T)　　6 750
　　　投资收益(S对T)　　3 750

(2) 抵销年初P公司和S公司的长期股权投资项目余额,以及T公司的所有者权益各项目余额,并确认商誉及相应的少数股东权益。

借:股本　　150 000
　　盈余公积　　85 000
　　未分配利润　　5 000
　　商誉　　12 000
　贷:长期股权投资(P对T)　　120 000
　　　长期股权投资(S对T)　　60 000
　　　少数股东权益(T)　　72 000

(3) 抵销与T公司相关的长期股权投资与投资收益的本期增加数。

借:投资收益(P对T)　　13 500
　　投资收益(S对T)　　7 500
　　少数股东权益(T)　　4 500
　贷:长期股权投资(P对T)　　6 750
　　　长期股权投资(S对T)　　3 750
　　　分配现金股利　　15 000

(4) 抵销T公司提取的盈余公积。

借：盈余公积　3 000

　贷：提取盈余公积　3 000

(5) 确认少数股东损益和少数股东权益。

借：少数股东损益　9 000

　贷：少数股东权益(T)　9 000

第二步，将S公司作为被投资单位进行调整与抵销。

(6) 将成本法调整为权益法。

借：长期股权投资(P对S)　14 500

　贷：投资收益(P对S)　14 500

投资收益调整数14 500元可计算如下：

2018年账面净利润	43 750
减：分配现金股利	20 000
加：对T公司权益法调整	3 750
减：P公司期末存货未实现利润	5 000
	22 500
	×80%
	18 000
减：出售机器利得	4 000
加：机器折旧(4 000÷4÷2)	500
应调整的投资收益	14 500

(7) 抵销年初P公司的长期股权投资项目余额，以及S公司的所有者权益各项目余额，并确认商誉及相应的少数股东权益。

借：股本　200 000

　盈余公积　94 000

　未分配利润　6 000

　商誉　16 000

　贷：长期股权投资(P对S)　256 000

　　少数股东权益(S)　60 000

(8) 抵销与S公司相关的长期股权投资与投资收益的本期增加数。

借：投资收益(P对S)　30 500

　少数股东权益(S)　4 000

　贷：长期股权投资(P对S)　14 500

　　分配现金股利　20 000

(9) 抵销S公司提取的盈余公积。

借：盈余公积　4 375

　贷：提取盈余公积　4 375

(10) 确认少数股东损益和少数股东权益。

借：少数股东损益　8 500

　贷：少数股东权益(S)　8 500

少数股东损益可计算如下：

2018 年账面净利润	43 750
加：对 T 公司权益法调整	3 750
减：P 公司期末存货未实现利润	5 000
	42 500
	×20%
	8 500

(11) 抵销 S 公司销售给 P 公司存货，及其期末存货的未实现利润。

借：营业收入　　18 000

　贷：营业成本　　13 000

　　存货　　5 000

(12) 抵销 P 公司出售给 S 公司的机器利得，并将年末时的未实现利得调整机器设备，抵销因 S 公司多计机器成本而多提的折旧 500 元(4 000÷4÷2)：

借：资产处置收益　　4 000

　贷：固定资产(净)　　3 500

　　期间费用(4 000÷4÷2)　　500

从表 7-5"合并主体"栏中可以看出，合并净利润为 121 500 元，为三家公司各自实现的经营利润减去合并财务报表基础上的未实现损益。即：

60 000+40 000+30 000−5 000−(4 000−4 000÷4÷2)=121 500(元)

2018 年归属于母公司股东的净利润(即权益法下的母公司净利润)、少数股东损益可计算如表 7-6 所示。

表 7-6　归属于母公司股东的净利润和少数股东损益计算表　　单位：元

项　目	P 公司	S 公司	T 公司
各公司账面经营利润	60 000	40 000	30 000
减：未实现利润	3 500	5 000	—
各公司已实现经营利润	56 500	35 000	30 000
分配 T 公司的净利润			
45%给 P 公司	+13 500	—	−13 500
25%给 S 公司	—	+7 500	−7 500
分配 S 公司的净利润			
80%给 P 公司	+34 000	−34 000	—
归属于母公司股东的净利润	104 000		
少数股东损益		8 500	9 000

需要指出的是，在将 S 公司和 T 公司的经营利润分配给 P 公司之前，企业集团内部交易的未实现损益应首先抵销。表 7-6 中，应先将 T 公司净利润的 45%分配给 P 公司，25%分配给 S 公司，这样使得 P 公司在处理 S 公司的投资收益时可包括 S 公司在 T 公司的投资

收益 7 500 元。T 公司净利润的 30%部分即为少数股东利润。然后，再将 S 公司净利润（包括在 T 公司的投资收益）的 80%分配给 P 公司，剩余的 20%为少数股东损益。

表 7 - 5"合并主体"栏中，S 公司少数股东权益 64 500 元、T 公司少数股东权益 76 500 元可验证如下（见表 7 - 7）：

表 7 - 7　　S 公司和 T 公司少数股东权益的验证　　单位：元

项　目	S 公司少数股东权益	T 公司少数股东权益	少数股东权益合　计
2018 年年末所有者权益账面价值：			
T 公司（255 000×30%）		76 500	76 500
S 公司（323 750×20%）	64 750		64 750
加：对 T 公司权益法调整（3 750×20%）	750		750
减：S 公司未实现利润（5 000×20%）	（1 000）	—	（1 000）
2018 年年末少数股东权益	64 500	76 500	141 000

第四节　交叉持股

集团内部各企业交叉或相互持股是一种特殊的间接持股，因为在这种情况下，企业集团内部各企业间接持有自己的股份。交叉持股可分为两种情况：一是母公司的股份为子公司所持有，二是一家子公司的股份被另一家子公司所持有。在编制合并财务报表时，处理集团内部相互持有股份，一般有两种方法可供选择：一是交互分配法，二是库存股法。兹分述之。

一、交互分配法

交互分配法以权益法为基础处理集团内部相互持股，通常将子公司的长期股权投资账户与母公司（或其他子公司）的所有者权益各账户相抵销。以母公司股份被子公司持有为例，在交互分配法下，子公司所持有的母公司股份被视为推定赎回，与子公司所持有的这部分股份相应的所有者权益，在合并财务报表中不再出现。

【例 10】　2018 年 1 月 2 日，P 公司以 180 000 元的代价购入 S 公司 90%的股份，当时 S 公司的所有者权益由 100 000 元股本、50 000 元资本公积、40 000 元盈余公积和 10 000 元未分配利润构成，合计 200 000 元，S 公司的净资产公允价值与账面价值相同，无任何价差。

2018 年 1 月 4 日，S 公司以 40 000 元的代价购入 P 公司 10%的股份。当时 P 公司的所有者权益由 150 000 元股本、100 000 元资本公积、120 000 元盈余公积和 30 000 元未分配利润构成。

2018 年度，P 公司和 S 公司分别实现经营利润 32 000 元和 24 000 元，分别宣告并发放现金股利 15 000 元和 10 000 元。

根据这些资料,2018年,个别财务报表中,P公司对长期股权投资业务处理如下:

(1) 2018年1月2日,以180 000元购入S公司90%的股份。

借:长期股权投资——投资成本(S)　　180 000

　贷:银行存款　　180 000

(2) 从S公司分得股利9 000元。

借:银行存款(10 000×90%)　　9 000

　贷:投资收益(S)　　9 000

在S公司的个别财务报表中,由于S公司只持有P公司股份的10%,S公司将其确认为交易性金融资产,并以公允价值计量,分录如下:

(1) 2018年1月4日,以40 000元购入P公司10%的股份。

借:交易性金融资产——成本(P)　　40 000

　贷:银行存款　　40 000

(2) 记录从P公司收到的股利。

借:银行存款(15 000×10%)　　1 500

　贷:投资收益　　1 500

(3) 2018年,S公司持有的交易性金融资产部分升值5 000元。

借:交易性金融资产——公允价值变动　　5 000

　贷:公允价值变动损益　　5 000

截至2018年12月31日,P公司与S公司的个别财务报表见表7-8。

表7-8　　P公司合并工作底稿

截至2018年12月31日　　单位:元

项　目	P公司	S公司	调整与抵销				合并主体
利润表							
营业收入	150 000	120 000					270 000
营业成本	100 000	80 000					180 000
期间费用	18 000	21 000					39 000
公允价值变动损益		5 000	(8)	5 000			
投资收益——S	9 000		(5)	16 560	(1)	7 560	—
——P		1 500	(3)	1 500			—
净利润	41 000	25 500					51 000
少数股东利润			(7)	2 440			2 440
归属于母公司股东利润							48 560
年初未分配利润	30 000	10 000	(2)	3 000			27 000
			(4)	10 000			
可供分配利润	71 000	35 500					75 560
减:提取盈余公积	4 100	2 550			(6)	2 550	4 100

续　表

项　　目	P公司	S公司	调整与抵销				合并主体
分配现金股利	15 000	10 000			(3)	1 500	13 500
					(5)	10 000	
年末未分配利润	51 900	22 950					57 960
资产负债表							
其他资产	303 500	217 500					521 000
长期股权投资——S	180 000		(1)	7 560	(4)	180 000	
					(5)	7 560	
交易性金融资产——P	—	45 000			(2)	40 000	—
					(8)	5 000	
资产合计	483 500	262 500					521 000
负债	57 500	47 000					104 500
股本	150 000	100 000	(2)	15 000			135 000
			(4)	100 000			
资本公积	100 000	50 000	(2)	10 000			90 000
			(4)	50 000			
盈余公积	124 100	42 550	(2)	12 000			112 100
			(4)	40 000			
			(6)	2 550			
未分配利润	51 900	22 950					57 960
少数股东权益			(5)	1 000	(4)	20 000	
					(7)	2 440	21 440
负债和所有者权益合计	483 500	262 500					521 000

根据上述资料，在合并财务报表中，P公司需要编制调整与抵销分录如下：

(1) 将成本法调整为权益法。

由于P公司的子公司S公司还持有P公司的股份，利润相互交叉，两家公司按权益法要求计算的净利润并不能直接得到，这时，需要使用数学方法确定P公司和S公司的净利润。最常用的方式是建立联立方程式，具体办法如下：

假设：P＝合并基础下的P公司净利润(包括交叉利润)

S＝合并基础下的Q公司净利润(包括交叉利润)

那么：P＝P公司的经营利润＋90%×S　　(1)

S＝S公司的经营利润＋10%×P　　(2)

将等式(2)代入等式(1)，则：

P =(41 000－9 000)＋0. 9×[(25 500－1 500－5 000)＋0. 1×P]

=32 000＋0. 9×(19 000＋0. 1×P)

=32 000＋17 100＋0. 09×P

P=53 956(元)

S=19 000＋(0. 1×53 956)=24 396(元)

两家公司的联合经营利润只有 51 000 元,但计算得出的 P 公司和 S 公司净利润合计为 78 352 元(53 956＋24 396),这说明有一部分净利润(交叉利润)被重复计算,上述求得的数额还不是最终的答案。在权益法的基础上,P 公司的净利润是 53 956 元的 90%,即 48 560 元;少数股东利润是 24 396 元的 10%,即 2 440 元。P 公司的净利润 48 560 元加上少数股东利润 2 440 元,等于 P 公司和 S 公司经营利润的合计数 51 000 元。

根据这一计算结果,P 公司 2018 年从 S 公司实现的投资收益为 16 560 元(48 560－32 000),或者由 S 公司合并基础上的净利润 24 396 元的 90%,即 21 956 元,减去 P 公司合并基础上的净利润 53 956 元的 10%即 5 396 元而得,这表示 P 公司在 S 公司利润的 90%减去 S 公司在 P 公司利润的 10%的差额。由于成本法已经确认收到股利的投资收益 9 000 元,因此,在将成本法调整为权益法时,P 公司应确认投资收益 7 560 元(16 560－9 000)。

借:长期股权投资　　7 560

　贷:投资收益　　7 560

(2) S 公司购入 P 公司 10%的股份视为股份的推定赎回。

借:股本(150 000×10%)　　15 000

　　资本公积(100 000×10%)　　10 000

　　盈余公积(120 000×10%)　　12 000

　　未分配利润(30 000×10%)　　3 000

　贷:交易性金融资产　　40 000

分录(2)减少了 P 公司的股东权益各项目,使其反映合并主体之外的多数股权所持有的权益。减少 P 公司股东权益各项目的 10%是基于这一理论,即被子公司购入的母公司股份实质上又回到了母公司,已推定赎回。在 P 公司账上记录 P 公司股份的推定赎回后,P 公司的股东权益反映了合并主体之外的股东所拥有的权益。这些股东是合并财务报表的主要使用者。

(3) 抵销 P 公司支付给 S 公司的股利以及 S 公司确认的投资收益。

因 S 公司购买 P 公司的股份视为推定赎回,库存股不参与分配,因此,P 公司的分配以及 S 公司确认的投资收益应当予以抵销。

借:投资收益　　1 500

　贷:分配现金股利(15 000×10%)　　1 500

既然 S 公司购入 P 公司股份是推定赎回,那么,P 公司支付给 S 公司的股利实质上也不是股利,是对 S 公司的追加投资。

(4) 抵销年初 P 公司长期股权投资账户余额和 S 公司所有者权益各账户余额,同时确认少数股东权益。

借:股本　　100 000

　　资本公积　　50 000

　　盈余公积　　　　　　　　　　　　　　　　　　　　40 000
　　未分配利润　　　　　　　　　　　　　　　　　　　10 000
　贷：长期股权投资　　　　　　　　　　　　　　　　　　180 000
　　　少数股东权益　　　　　　　　　　　　　　　　　　20 000

(5) 抵销长期股权投资、投资收益本期变动数。

借：投资收益　　　　　　　　　　　　　　　　　　　　16 560
　　少数股东权益　　　　　　　　　　　　　　　　　　1 000
　贷：长期股权投资　　　　　　　　　　　　　　　　　　7 560
　　　分配现金股利　　　　　　　　　　　　　　　　　　10 000

(6) 抵销S公司提取的盈余公积。

借：盈余公积　　　　　　　　　　　　　　　　　　　　2 550
　贷：提取盈余公积　　　　　　　　　　　　　　　　　　2 550

(7) 确认少数股东损益和少数股东权益。

借：少数股东利润　　　　　　　　　　　　　　　　　　2 440
　贷：少数股东权益　　　　　　　　　　　　　　　　　　2 440

(8) 抵销S公司持有股权的升值。

借：公允价值变动损益　　　　　　　　　　　　　　　　5 000
　贷：交易性金融资产　　　　　　　　　　　　　　　　　5 000

二、库存股法

库存股法将子公司持有母公司的股份视为企业集团的库存股，因此，子公司账上的长期股权投资账户按成本加以保留，在合并资产负债表上将其从所有者权益中扣减。美国会计学会(AAA)和美国注册会计师协会(AICPA)支持企业用库存股法处理集团内部相互持股。美国会计学会指出：

在企业合并之前，子公司所持有的母公司股份，在合并财务报表上应列为库存股。在合并之后子公司取得或出售母公司的股份，在编制合并财务报表时应被视为母公司本身的行为。

《企业会计准则第33号——合并财务报表》第30条规定，子公司持有母公司的长期股权投资，应当视为企业集团的库存股，作为所有者权益的减项，在合并资产负债表中所有者权益项目下以"减：库存股"项目列示。

在库存股法下，母公司与子公司之间的收益不再进行交互分配，子公司的投资收益以母公司实际分配的为限，并以子公司自身的经营利润加上母公司分配给子公司的利润作为基础，在合并财务报表中按权益法确认母公司对子公司的投资收益。

对于子公司持有母公司股权所确认的投资收益(如利润分配或现金股利)，应当进行抵销。子公司将所持有的母公司股权分类为可供出售金融资产，按照公允价值计量的，同时冲销子公司累计确认的公允价值变动损益(其他综合收益)。

【例11】 仍以上述P公司和S公司的例子加以说明。

2018年，P公司合并工作底稿如表7-9所示。

表 7－9　　　　　　　　　　　**P 公司合并工作底稿**

截至 2018 年 12 月 31 日　　　　　　　　　　单位：元

项　　目	P 公司	S 公司	调 整 与 抵 销				合并主体
利润表							
营业收入	150 000	120 000					270 000
营业成本	100 000	80 000					180 000
期间费用	18 000	21 000					39 000
公允价值变动损益		5 000	(8)	5 000			
投资收益——S	9 000		(5)	22 950	(1)	13 950	—
——P	—	1 500	(3)	1 500			—
净利润	41 000	25 500					51 000
少数股东利润			(7)	2 550			2 550
归属于母公司股东利润							48 450
年初未分配利润	30 000	10 000	(4)	10 000			30 000
可供分配利润	71 000	35 500					78 450
减：提取盈余公积	4 100	2 550			(6)	2 550	4 100
分配现金股利	15 000	10 000			(3)	1 500	13 500
					(5)	10 000	
年末未分配利润	51 900	22 950					60 850
资产负债表							
其他资产	303 500	217 500					521 000
长期股权投资——S	180 000		(1)	13 950	(4)	180 000	
					(5)	13 950	
交易性金融资产——P	—	45 000			(2)	40 000	—
					(8)	5 000	
资产合计	483 500	262 500					521 000
负债	57 500	47 000					104 500
股本	150 000	100 000	(4)	100 000			150 000
资本公积	100 000	50 000	(4)	50 000			100 000
盈余公积	124 100	42 550	(4)	40 000			124 100
			(6)	2 550			
未分配利润	51 900	22 950					60 850
减：库存股			(2)	40 000			40 000
少数股东权益			(5)	1 000	(4)	20 000	
					(7)	2 550	21 550
负债和所有者权益合计	483 500	262 500					521 000

根据上述资料，在合并财务报表中，P公司需要编制调整与抵销分录如下：

(1) 将成本法调整为权益法。

根据库存股法的要求，S公司的投资收益以P公司实际分配的为限，即1 500元(15 000×10%)，实现的净利润为25 500元(24 000+1 500)。P公司按权益法应确认投资收益22 950元(25 500×90%)，由于账上按成本法已确认投资收益9 000元，因此，需要调整投资收益13 950元(22 950−9 000)。

借：长期股权投资　　13 950
　贷：投资收益　　13 950

(2) 将S公司购入P公司10%的股份视为库存股。

借：库存股　　40 000
　贷：交易性金融资产　　40 000

(3) 抵销P公司支付给S公司的股利以及S公司确认的投资收益。

由于S公司购买P公司的股份视为库存股，库存股不参与分配，因此，P公司的分配以及S公司确认的投资收益应当予以抵销。

借：投资收益　　1 500
　贷：分配现金股利(15 000×10%)　　1 500

既然S公司购入P公司股份是推定赎回，那么P公司支付给S公司的股利实质上也不是股利，是对S公司的追加投资。

(4) 抵销年初P公司长期股权投资账户余额和S公司所有者权益各账户余额，同时确认少数股东权益。

借：股本　　100 000
　　资本公积　　50 000
　　盈余公积　　40 000
　　未分配利润　　10 000
　贷：长期股权投资　　180 000
　　　少数股东权益　　20 000

(5) 抵销长期股权投资、投资收益本期变动数。

借：投资收益　　22 950
　　少数股东权益　　1 000
　贷：长期股权投资　　13 950
　　　分配现金股利　　10 000

(6) 抵销S公司提取的盈余公积。

借：盈余公积　　2 550
　贷：提取盈余公积　　2 250

(7) 确认少数股东损益和少数股东权益。

借：少数股东利润　　2 550
　贷：少数股东权益　　2 550

(8) 抵销S公司持有股权的升值。

借：公允价值变动损益　　5 000

　贷：交易性金融资产　　5 000

与表7-18相比，合并未分配利润、少数股东损益和少数股东权益的数额有所不同，但合并资产负债表中的合并资产总额(合并所有者权益总额)却是相同的。除分录(1)和分录(5)直接按子公司净利润的10%确认少数股东损益和少数股东权益，以及分录(2)将S公司购入P公司10%股份的投资按成本转为库存股外，其余分录完全相同。年末少数股东权益21 550元正好等于S公司年末所有者权益215 500元的10%。

需要指出的是，库存股法并不适用于子公司相互持股的情形。子公司相互之间持有的长期股权投资，应当比照母公司对子公司的长期股权投资的抵销方法，将长期股权投资与其对应的子公司所有者权益中所享有的份额相互抵销。

第五节 反向收购

一、反向收购的含义

所谓"反向收购"(reverse acquisition)，又称反向购买、买(/借)壳上市，是指非上市公司股东通过收购一家上市公司(壳公司)的股份控制该公司，再由该公司反向收购非上市公司的资产和业务，使之成为上市公司的子公司，原非上市公司的股东获得上市公司控股权。

在反向收购中，发行权益性证券的一方因其生产经营决策在合并后被参与合并的另一方所控制，发行权益性证券的一方虽然为法律上的母公司，但其为会计上的被购买方，即子公司。

例如，甲公司为一家规模较小的上市公司，发行在外的股份为4 000万股，每股面值1元，假定均为其控股股东A持有。乙公司为一家规模较大的非上市股份有限公司，总股本为8 000万股，每股面值1元，假定均为其控股股东B持有。甲公司向股东B定向增发普通股，以2∶1的换股比例取得了乙公司的全部股份，完成了对乙公司的合并，即甲公司发行16 000万股的股份换取了乙公司全部股份。定向增发股份后，甲公司的股份数为20 000万股(4 000+16 000)，此时，尽管从法律上看甲公司收购了乙公司，但甲公司的控制权已经从A(原持有100%股份)变成了B，B成为甲公司的控股股东，持股比例为80%(16 000/20 000)，原股东A的持股比例为20%，即收购方企业甲公司反被收购企业(即目标企业)收购。

上例中，甲公司是法律上的母公司，乙公司是法律上的子公司；但在会计上，乙公司是母公司，甲公司是子公司，即此项交易的实质是乙公司收购了甲公司。

二、反向收购的会计处理

反向收购中，由于交易的实质是收购方被被收购方所控制，法律上子公司(即会计上的购买方)的合并成本是指假设其以发行权益性证券方式为在合并后报告主体中持有一定股权比例，应向法律上的母公司(会计上的被购买方)股东发行权益性证券的公允价值。这里的"持有一定股权比例"，指的是法律上母公司向法律上子公司股东(可以是大部分或全部股东)增发股票后，该子公司原股东所持股份占法律上母公司发行在外的总股份比例。通常情况下，以购买方权益性证券在购买日的公开报价作为公允价值。

续用上例，假定甲公司的股票市价为每股10元，乙公司的股票市价为每股20元。上述反向收购的本质就是乙公司收购了甲公司，相当于乙公司发行了2 000万股股份收购了甲公司，使甲公司的股东A在乙公司的持股比例达到了20%[2 000/(8 000+2 000)]，合并成本为40 000万元(2 000×20)。

如果购买方的权益性证券在购买日不存在可靠公开报价的，应参照购买方的公允价值和被购买方的公允价值两者之中有更为明显证据支持的一个作为基础，确定购买方假定应发行权益性证券的公允价值。

三、合并财务报表的编制

反向购买后，合并财务报表应由法律上的母公司编制，且遵从以下原则：

(1) 法律上子公司的资产、负债按照合并前的账面价值进行确认和计量，法律上母公司的净资产按照购买日的公允价值进行合并，合并成本大于法律上母公司可辨认净资产公允价值的份额体现为商誉，小于该公允价值份额的差额确认为合并当期损益。

(2) 权益工具的金额(指投入资本，即股本与资本公积之和)反映法律上子公司合并前发行在外的股份面值加上确定合并成本时假定新发行权益工具的公允价值，但权益结构(指股份的种类和数量)应当以法律上母公司为基准，即反映法律上母公司发行在外权益性证券的数量及种类。留存收益和其他权益余额应当反映法律上子公司在合并前的留存收益和其他权益余额。

(3) 合并财务报表的比较信息应当是法律上子公司的比较信息，即法律上子公司的前期合并财务报表。

(4) 反向收购中，如果法律上子公司的部分股东未将持有的股份转换为法律上母公司的股份(即该部分股东未参与反向收购)，则该部分股东享有的权益份额应作为少数股东权益列示，反映少数股东按持股比例计算享有法律上子公司合并前净资产账面价值的份额。而法律上母公司的原有股东虽然在合并中认定为被购买方，但其在合并后形成的报告主体中享有净资产及损益，不作为少数股东权益列示。因此，在反向收购后，合并报表中的少数股东权益包含两部分：未参与反向收购的法律上子公司股东的股权，以及法律上母公司的其他非全资控股子公司的少数股东权益。

应当注意的是，上市公司在其个别财务报表中应当按照《企业会计准则第2号——长期股权投资》等的规定，确定取得资产的入账价值。上市公司的前期比较个别财务报表应为其自身个别财务报表。

【例12】 2019年1月1日，甲公司通过定向增发本公司普通股对乙公司进行非同一控制下的控股合并，取得乙公司100%的股权。甲公司与乙公司合并前简化资产负债表如表7-10所示。假定不考虑所得税的影响。

表7-10　　甲公司与乙公司合并前资产负债表(简表)　　单位：万元

	甲公司	乙公司
流动资产	30 000	40 000
非流动资产	20 000	40 000
资产合计	50 000	80 000

续 表

	甲公司	乙公司
流动负债	6 000	10 000
非流动负债	14 000	20 000
负债合计	20 000	30 000
股本	4 000	8 000
资本公积	16 000	17 000
盈余公积	5 000	10 000
未分配利润	5 000	15 000
所有者权益合计	30 000	50 000

与该项合并相关的资料如下：

(1) 合并日，甲公司通过定向增发本公司普通股，以 2 股换 1 股的比例，即发行 16 000 甲公司的普通股，换取了乙公司原股东持有的乙公司 100%股份。

(2) 合并日，甲公司和乙公司普通股每股公允价值分别为 10 元和 20 元。

(3) 合并日，甲公司除非流动资产公允价值较账面价值高 6 000 万元以外，其他资产、负债的公允价值与账面价值相同。

根据上述资料，甲公司的会计处理如下：

(1) 合并成本的确定。

甲公司合并乙公司，实质上是乙公司发行 2 000 股普通股股份收购了甲公司(见前面的分析)，两者之间的对价是相等的。由于甲公司原有股份只有 4 000 万元，但增发的股份却有 16 000 股，合并日普通股的公允价值已经完全被稀释，缺乏客观性，因此，甲公司的合并成本应当以虚拟的乙公司发行股份数量乘以乙公司每股股份的公允价值来确定，即 40 000 万元(2 000×20)。甲公司应编制会计分录如下(单位：万元)：

借：长期股权投资　　40 000
　贷：股本　　16 000
　　资本公积——股本溢价　　24 000

(2) 合并财务报表的编制。

合并业务发生后，甲公司与乙公司的资产负债表见表 7－11 中的第 2 列与第 3 列。尽管形式上是甲公司收购了乙公司，但实质上是乙公司收购了甲公司，因此，在编制合并资产负债表时，应当抵销甲公司的所有者权益，编制抵销分录如下(单位：万元)：

借：股本　　18 000
　资本公积　　2 000
　盈余公积　　5 000
　未分配利润　　5 000
　非流动资产　　6 000
　商誉　　4 000
　贷：长期股权投资　　40 000

需要说明的是，根据反向收购的抵销要求，合并财务报表中权益性工具的金额应当反映法律上子公司合并前发行在外的股份面值以及假定在确定该项企业合并成本过程中新发行的权益性工具的金额。因此，合并个体中的股本和资本公积之和应当等于合并前乙公司投入资本（含股本 8 000 万元和资本公积 17 000 万元）以及虚拟发行的投入资本（含股本 2 000 万元和资本公积 38 000 万元），即 65 000 万元（其中，股本 10 000 万元，资本公积 55 000 万元）。在抵销前，甲公司和乙公司的股本合计 28 000 万元，资本公积合计 57 000 万元，因此，应分别抵销 18 000 万元和 2 000 万元。

通过编制上述抵销分录，抵销了法律上母公司股东权益而保留了法律上子公司的股东权益。

在编制调整与抵销分录的基础上，可以编制甲公司合并资产负债表，如表 7－11 所示。

表 7－11　　甲公司合并资产负债表（简表）　　单位：万元

	甲公司	乙公司	调整与抵销		合并主体
流动资产	30 000	40 000			70 000
长期股权投资	40 000			40 000	
非流动资产	20 000	40 000	6 000		66 000
商誉			4 000		4 000
资产合计	90 000	80 000			140 000
流动负债	6 000	10 000			16 000
非流动负债	14 000	20 000			34 000
负债合计	20 000	30 000			50 000
股本*	20 000	8 000	18 000		10 000
资本公积	40 000	17 000	2 000		55 000
盈余公积	5 000	10 000	5 000		10 000
未分配利润	5 000	15 000	5 000		15 000
所有者权益合计	70 000	50 000			90 000

注：* 由于合并财务报表中的权益结构应当反映法律上母公司的权益结构，即法律上母公司发行在外的权益性证券的数量和种类，因此，对外提供的合并财务报表中，股本应当注明 20 000 万股普通股。

从表 7－11 中可以看出，合并财务报表中的留存收益和其他权益余额（本例中未出现）反映的是法律上子公司在合并前的留存收益，分别是盈余公积 10 000 万元和未分配利润 15 000 万元。

需要注意的是，本例假定乙公司均为 B 股东全部控制，如果乙公司尚有 C 股东持有 20％的股份，就需要将乙公司合并财务报表中的所有者权益中的 20％确认为少数股东权益，即借记合并财务报表中的乙公司所有者权益项目，贷记少数股东权益项目。

四、非上市公司收购上市公司股权实现间接上市的会计处理

非上市公司以所持有的对子公司投资等资产为对价取得上市公司的控制权，构成反向

收购的,上市公司编制合并财务报表时,应当区别以下情况处理:

(1) 交易发生时,上市公司未持有任何资产、负债或仅持有现金、交易性金融资产等不构成业务的资产或负债,上市公司在编制合并财务报表时,购买企业应按照权益性交易原则进行处理,不得确认商誉或确认计入当期损益,差额直接调整所有者权益。

(2) 交易发生时,上市公司保留的资产、负债构成业务的,对于形成非同一控制下企业合并的,企业合并成本与取得的上市公司可辨认净资产公允价值份额的差额应当确认为商誉或计入当期损益。

所谓"业务",是指企业内部某些生产经营活动或资产、负债的组合,该组合具有投入、加工处理过程和产出能力,能够独立计算其成本费用或所产生的收入等,目的在于为投资提供股利、降低成本或带来其他经济利益。有关资产或资产、负债组合具备了投入和加工处理过程两个要素,即可认为构成一项业务。对于取得的资产、负债组合是否构成业务,应当由企业结合实际情况进行判断。

思考题

1. 简述企业分次投资完成企业合并(控股合并)的会计处理要点,包括个别财务报表和合并财务报表的处理。

2. 企业因追加投资等原因能够对非同一控制下的被投资方实施控制的,《企业会计准则第 33 号——合并财务报表》第 48 条规定,"对于购买日之前持有的被购买方的股权,应当按照该股权在购买日的公允价值进行重新计量,公允价值与其账面价值之间的差额计入当期投资收益;购买日之前持有的被购买方的股权涉及权益法核算下的其他综合收益以及除净损益、其他综合收益和利润分配外的其他所有者权益变动(以下简称"其他所有者权益变动")的,与其相关的其他综合收益、其他所有者权益变动应当转为购买日所属当期收益,由于被投资方重新计量设定受益计划净负债或净资产变动而产生的其他综合收益除外。"试评述这一规定的理论依据。你认为是否还可以有其他处理办法?

3. 若母公司按低于账面价值购入少数股东权益,你认为如何处理这一差额更为恰当?

4. 当子公司向外界按与每股账面价值不同的价格增发股份时,在合并财务报表中为什么要按权益法确认这一差额?你认为这一差额应调整资本公积还是确认为投资收益?为什么?

5. 根据《企业会计准则第 33 号——合并财务报表》的规定,母公司出售部分子公司股份的损益应计入投资收益,在编制合并财务报表时应当抵销吗?为什么?

6. 根据《企业会计准则第 33 号——合并财务报表》的规定,当母公司出售子公司股权时,只有在丧失控制权的情况下才可以确认损益,否则只能计为资本公积。试评述这一规定的理论依据。这一规定对合并财务报表编制是否会产生影响?试说明原因。

7. 子公司发放股票股利对编制合并财务报表有何影响?股票分割或股票合并又有何影响?

8. 间接控股和交叉持股有何区别?它们分别有哪些种类?其合并程序有何区别?

9. 在间接控股情况下,编制合并财务报表的主要问题是哪些?应如何解决?

10. 在处理交叉持股时,有哪些处理方法?试说明这些方法的理论依据、特点和区别。

11. 有人认为,按库存股法处理子公司持有的母公司股份使合并净利润多计,使少数股东损益和权益少计。你同意这一观点吗?试说明理由。

12. 为什么库存股法只适用于母、子公司交叉持股的情形,而不适用于子公司交叉持股的情形?

13. 公司收购的库存股不能分得股利,但子公司购入母公司的股份却能收到母公司发放的股利。从合并财务报表的意义上,这些被子公司所持有的股份被视为企业集团的库存股。一样是库存股,何以会计处理不同呢？试说明原因。

14. 什么是反向收购？简述反向收购下合并成本的确定以及合并财务报表的编制原则。

阅读材料

1. 财政部：财会〔2010〕15号《财政部关于印发企业会计准则解释第4号的通知》，2010年。

2. 财政部：《企业会计准则第2号——长期股权投资》，2014年。

3. 财政部：《企业会计准则第33号——合并财务报表》，2014年。

4. Statement of Financial Accounting Standards No. 160. "Noncontrolling Interests in Consolidated Financial Statements (an amendment of ARB No. 51)." Norwalk, CT: Financial Accounting Standards Board, 2007.

5. Petri, Enrico, and Roland A. Minch. "The Treasury Stock Method and Conventional Method in Reciprocal Stockholdings — An Amalgamation." Accounting Review (April 1974), pp. 330 - 341.

练习题

练习一

一、目的：练习同一控制下分次购入股份完成企业合并的会计处理。

二、资料：2016年1月1日，甲公司取得同一控制下的乙公司20%的股份，实际支付款项1 000万元，能够对乙公司施加重大影响。当日，乙公司可辨认净资产账面价值为4 000万元（假定与公允价值相等）。2016及2017年度，乙公司共实现净利润500万元，无其他所有者权益变动。2018年1月1日，甲公司以4 000万元购买了同一控制下另一企业所持有乙公司40%股权，相关手续于当日完成。进一步取得投资后，甲公司能够对乙公司实施控制当日，乙公司在最终控制方合并财务报表中的净资产账面价值为4 500万元。

假定甲公司和乙公司采用的会计政策和会计期间相同，均按照10%的比例提取盈余公积。甲公司和乙公司一直同受同一最终控制方P公司控制。上述交易不属于一揽子交易，不考虑相关税费等其他因素的影响。

三、要求：

(1) 确定合并日长期股权投资的初始投资成本。

(2) 编制企业合并时的会计分录。

练习二

一、目的：练习分次购入股份的会计处理。

二、资料：2017年1月2日，康达公司以60 000元银行存款购入长阳公司200 000股股份中的10%，并将其确认为可供出售金融资产。当时长阳公司可辨认净资产的公允价值和账面价值均为500 000元（其中，股本200 000元，资本公积、盈余公积和未分配利润均为100 000元）。当年，长阳公司实现净利润100 000元，宣告和发放股利的数额为60 000元。

2017年12月31日，康达公司所持股份的公允价值为80 000元。

2018年1月1日，康达公司又以450 000元购入长阳公司发行在外的90 000股股份，并完成了对长阳公司的控制（非同一控制下的企业合并）。当时长阳公司可辨认净资产的公允价值为600 000元。假定公允价值与账面价值的差额均为固定资产升值所致。当年，长阳公司实现净利润150 000元，未宣告股利。

三、要求：

(1) 编制康达公司追加投资完成合并时的会计分录。

(2) 编制企业合并时的调整与抵销分录。

练习三

一、目的：练习丧失控制权情况下出售部分股权的会计处理。

二、资料：2017年1月1日，甲公司以800万元取得乙公司100%的股权，形成了非同一控制下的企业合并。当日，乙公司可辨认净资产的公允价值为600万元。

2017年度，乙公司实现净收益100万元，未分配股利。持有可供出售金融资产公允价值升值40万元。

2018年1月6日，甲公司转让60%持有的股份，并收到银行存款900万元。转让后，甲公司持股比例为40%，能够对乙公司的财务与经营政策施加重大影响。

三、要求：

(1) 为甲公司编制出售部分股权的会计分录(单位：万元)。

(2) 假定甲公司需要编制合并财务报表，编制合并财务报表的调整与抵销分录(单位：万元)。

练习四

一、目的：练习股权结构变动对合并财务报表编制的影响。

二、资料：2017年1月1日，龙华公司在股票市场上以560 000元购入宛平公司75%的股份，2016年和2017年12月31日，宛平公司的所有者权益如下(单位：元)：

	2016年	2017年
股本，面值1元	320 000	320 000
资本公积	240 000	240 000
盈余公积	60 000	200 000
未分配利润	20 000	40 000
所有者权益合计	640 000	800 000

2018年1月4日，宛平公司以每股3元的价格增发了80 000股股份。假定龙华公司这项合并业务所产生的价差均为商誉，而且不发生减值。

三、要求：按权益法计算以下数据：

(1) 2017年12月31日龙华公司持有宛平公司投资的账面价值。

(2) 假设龙华公司直接从宛平公司购入增发的80 000股股份，2018年1月4日龙华公司持有宛平公司股份的比例。

(3) 假设龙华公司直接从宛平公司购入增发的80 000股股份，2018年1月4日龙华公司“长期股权投资”账户的余额。

(4) 假设宛平公司将增发的80 000股股份出售给外界，2018年1月4日龙华公司持有宛平公司股份。

(5) 假设宛平公司将增发的80 000股股份出售给外界，且不确认损益，2018年1月4日龙华公司“长期股权投资”账户的余额。

练习五

一、目的：练习股权结构变动对合并财务报表编制的影响。

二、资料：2018年1月1日，华亭公司持有80%复华公司的股份，当时，其长期股权投资账户余额为588 000元，由复华公司净资产700 000元的80%和商誉28 000元构成。2018年，复华公司实现净利润105 000元，未分派股利。2018年4月1日，华亭公司以92 400元出售了10%的复华公司股份，使其持股比例减少到70%。

三、要求：按权益法计算以下各项目：

(1) 出售10%复华公司股份的损益。

(2) 2018年华亭公司的投资收益。

(3) 2018年年末“长期股权投资”账户余额。

练习六

一、目的：练习股权结构变动对合并财务报表编制的影响。

二、资料：永嘉公司和其拥有 90%的子公司永隆公司截至 2018 年 12 月 31 日的个别财务报表如表 7－12 所示。

表 7－12　　永嘉公司和永隆公司的个别财务报表

截至 2018 年 12 月 31 日　　单位：元

项　　目	永 嘉 公 司	永 隆 公 司
利润表		
营业收入	759 000	360 000
营业成本	480 000	180 000
折旧费用	108 000	42 000
其他费用	46 500	72 000
资产处置收益	—	6 000
投资收益	25 500	—
净利润	150 000	60 000
年初未分配利润	10 000	40 000
可供分配利润	160 000	100 000
减：提取盈余公积	15 000	6 000
分配现金股利	137 000	30 000
年末未分配利润	8 000	64 000
资产负债表		
存货	102 000	84 000
其他流动资产	301 500	192 000
长期股权投资	409 500	—
固定资产	850 500	432 000
减：累计折旧	163 500	108 000
资产合计	1 500 000	600 000
流动负债	180 000	60 000
其他负债	180 000	20 000
股本	600 000	200 000
资本公积	300 000	100 000
盈余公积	232 000	156 000
未分配利润	8 000	64 000
负债和所有者权益合计	1 500 000	600 000

其他有关资料如下：

(1) 2017 年 1 月 1 日，永嘉公司以 360 000 元购入 80%永隆公司股份；2018 年 7 月 1 日，永嘉公司又以 49 500 元取得永隆公司 10%的股份。这两次均从股票市场上购入股份。

(2) 2017 年 1 月 1 日，永隆公司股本 200 000 元，资本公积 100 000 元，盈余公积 56 000 元，未分配利润 4 000 元。

(3) 投资成本与所取得账面价值的差额均为商誉，定期进行减值测试，假定不发生减值。

(4) 2018 年 4 月 1 日和 10 月 1 日，永隆公司各宣告并支付股利 15 000 元。

(5) 2018 年，永嘉公司向永隆公司出售商品 30 000 元，其中 6 000 元毛利包含在 2018 年 12 月 31 日永隆公司的存货中。2018 年 12 月 31 日，永隆公司尚欠永嘉公司货款 12 000 元。

(6) 2018 年年初，永隆公司从永嘉公司购入的存货含有 3 000 元未实现利润。

(7) 2018 年 7 月 1 日，永隆公司向永嘉公司出售一台机器，售价 18 000 元，成本 24 000 元。出售时，该机器尚可使用 5 年，永隆公司按直线法计提折旧。

(8) 永嘉公司采用成本法处理对永隆公司的股权投资。永隆公司的收益是均匀发生的。

三、要求：编制 2018 年度的合并财务报表。

练习七

一、目的：练习间接持股时合并财务报表的编制。

二、资料：新华公司拥有安泰公司 80%的股份，拥有同仁公司 10%的股份，而安泰公司也拥有同仁公司 70%的股份。这些投资均在几年前按账面价值取得。

新华公司和安泰公司均按成本法处理投资业务，没有抵销内部交易未实现利润的影响。2018 年度，同仁公司将成本为 36 000 元的存货按 72 000 元出售给新华公司。2018 年 12 月 31 日，新华公司尚持有其中一半存货。2017 年 1 月 2 日，新华公司将成本为 60 000 元的设备按 74 400 元出售给安泰公司，该设备尚可使用 3 年。这三家公司 2018 年的利润表如表 7-13 所示。

表 7-13　　**三家公司 2018 年度的利润表**　　单位：元

项　目	新华公司	安泰公司	同仁公司	合　计
营业收入	720 000	240 000	216 000	1 176 000
营业成本	420 000	96 000	108 000	624 000
其他费用	120 000	72 000	48 000	240 000
投资收益(安泰公司)	37 200	—	—	91 200
投资收益(同仁公司)	3 000	21 000	—	48 000
净利润	220 200	93 000	60 000	451 200

三、要求：试为新华公司编制 2018 年合并利润表。

练习八

一、目的：练习间接持股时合并财务报表的编制。

二、资料：截至 2018 年年末，复兴公司及其子公司永康公司和东平公司的个别财务报表如表 7-14 所示。

其他有关资料如下：

(1) 复兴公司于 2016 年 1 月 2 日以 336 000 元购入永康公司 80%的股份，当时永康公司的股本、资本公积、盈余公积和未分配利润分别为 200 000 元、100 000 元、90 000 元和 10 000 元。投资成本超过所取得的账面价值均为设备升值所致，该设备尚可使用 4 年。

表 7-14　　三家公司的个别财务报表

截至 2018 年 12 月 31 日　　单位：元

项　目	复兴公司	永康公司	东平公司
利润表			
营业收入	400 000	240 000	80 000
营业成本	192 000	120 000	48 000
期间费用	124 000	43 200	12 000
投资收益（永康公司）	32 000	—	—
投资收益（东平公司）	4 000	3 200	—
净利润	120 000	80 000	20 000
年初未分配利润	20 000	12 000	6 000
可供分配利润	140 000	92 000	26 000
减：提取盈余公积	12 000	8 000	2 000
分配现金股利	88 000	40 000	8 000
年末未分配利润	40 000	44 000	16 000
资产负债表			
存货	88 000	60 000	28 000
其他流动资产	196 000	73 600	24 000
对永康公司投资（80%）	336 000	—	—
对东平公司投资（50%）	60 000	—	—
对东平公司投资（40%）	—	54 400	—
固定资产	200 000	340 000	92 000
资产合计	880 000	528 000	144 000
应付账款	56 000	32 000	12 000
其他负债	88 000	8 000	4 000
股本	300 000	200 000	50 000
资本公积	200 000	100 000	30 000
盈余公积	196 000	144 000	32 000
未分配利润	40 000	44 000	16 000
负债和所有者权益合计	880 000	528 000	144 000

(2) 复兴公司于 2016 年 7 月 1 日以 60 000 元购入东平公司 50%的股份，当时东平公司的股本、资本公积、盈余公积和未分配利润分别为 50 000 元、30 000 元、12 000 元和 4 000 元。永康公司于 2017 年 12 月 31 日以 54 400 元取得东平公司 40%的股份，当时东平公司的股本、资本公积、盈余公积和未分配利润分别为 50 000 元、30 000 元、30 000 元和 6 000 元，投资成本和所取得账面价值的差额计入商誉，未发生减值。

(3) 复兴公司和永康公司按成本法处理投资业务。

(4) 2017 年 12 月 31 日,永康公司的存货包括从复兴公司购入的存货未实现利润 6 400 元。这些存货于 2018 年出售。

(5) 东平公司在 2018 年向永康公司出售存货 40 000 元,成本 24 000 元。2018 年年末,永康公司仍持有全部这些存货。

三、要求:为上述公司编制 2018 年的合并财务报表。

练习九

一、目的:练习相互持股在合并财务报表中的处理。

二、资料:2017 年 1 月 3 日,桐柏公司以 600 000 元购入梅岭公司 80%的股份,当时梅岭公司的股本、资本公积、盈余公积和未分配利润分别为 200 000 元、300 000 元、100 000 元和 25 000 元,投资成本与所取得账面价值的差额为商誉,不发生减值。

2017 年度,梅岭公司实现净收益 100 000 元,宣告并分配现金股利 50 000 元。

2018 年 1 月 2 日,梅岭公司在股票市场上以 84 000 元的账面价值购入桐柏公司 10%的股份,两家企业无内部交易。2018 年,两家公司的经营利润和宣告股利情况如下:

	桐柏公司	梅岭公司
2018 年经营利润	168 000	125 000
宣告现金股利	84 000	75 000

三、要求:

(1) 若梅岭公司的长期股权投资在编制合并财务报表时按库存股法处理,试确定 2018 年 12 月 31 日桐柏公司"长期股权投资"账户的余额。

(2) 若梅岭公司的长期股权投资在编制合并财务报表时按交互分配法处理,计算归属于母公司股东的净利润和少数股东损益。按权益法确定桐柏公司 2018 年的投资收益和 2018 年 12 月 31 日"长期股权投资"账户的余额。

练习十

一、目的:练习反向收购的会计处理。

二、资料:2018 年 1 月 1 日,甲公司(上市公司)通过定向增发本企业普通股对乙企业进行非同一控制下的控股合并,取得乙公司 100%的股权。假定不考虑所得税的影响。甲公司与乙公司在合并前的资产负债表如表 7-15 所示。

表 7-15　　甲公司与乙公司合并资产负债表(简表)　　单位:万元

项　目	甲公司	乙公司
流动资产	5 000	5 000
非流动资产	25 000	65 000
资产合计	30 000	70 000
流动负债	5 000	5 000
非流动负债	2 500	5 000
负债合计	7 500	10 000
股本	1 500	900

续　表

项　　目	甲公司	乙公司
资本公积	5 000	20 000
盈余公积	10 000	20 000
未分配利润	6 000	19 100
所有者权益合计	22 500	60 000

其他资料：

(1) 2018 年 1 月 1 日，甲公司以 2 股换 1 股的比例自乙公司原股东处取得乙公司全部股权(两家公司普通股每股面值均为 1 元)。甲公司共发行了 1 800 万股普通股，以取得乙公司全部 900 万股普通股。

(2) 当日，甲公司普通股每股公允价值为 20 元，乙公司普通股每股公允价值为 40 元。

(3) 当日，甲公司除非流动资产公允价值较账面价值高 4 500 万元以外，其他资产、负债项目的公允价值与账面价值相同。

三、要求：

(1) 确定该项合并中乙企业的合并成本。

(2) 编制调整与抵销分录，并编制合并日的合并资产负债表。

练习十一

一、目的：练习反向收购的会计处理。

二、资料：甲公司的全资子公司 A 公司是一家从事互联网金融的非上市公司，股本数为 4 000 万股，甲公司股本数为 10 000 万股；B 公司是一家从事房地产开发的上市公司，发行在外的股本数为 2 000 万股，其控股股东为乙公司，持有股份为 100%。

因战略转型的需要，2018 年 1 月 1 日，B 公司对原来的房地产开发业务进行了剥离。剥离后，B 公司的资产只剩下银行存款和可供出售金融资产，分别为 4 000 万元和 46 000 万元。并向甲公司定向增发 8 000 万股，取得了 A 公司全部股权。

B 公司股票每股市价为 3 元。A 公司股票每股公允价值为 25 元。

三、要求：

假定不考虑相关税费，股本面值均为 1 元。

(1) 判断上述重组业务是否为反向收购，并说明理由。

(2) 判断 B 公司重组后的资产是否构成业务，并说明是什么业务。

(3) 编制 B 公司定向增发股份的会计分录(金额以万元列示)。

(4) 计算合并日合并财务报表中的股本数量。

案例分析题

2003 年 3 月 13 日公布的 ST 七砂(000 851)对外投资公告显示，在实施重组方案过程中，存在出现母、子公司相互持股现象的可能性，即 ST 七砂本次对外投资的达众公司既作为上市公司的控股股东或实际控制人，同时又被上市公司参股。

ST 七砂 13 日公告称，作为公司重组的重要内容，拟以其拥有的从事磨料磨具业务的资产(包含相关债务)6 711.73 万元投入贵州达众磨料磨具有限责任公司，作为对达众公司的出资，完成后将持有达众公司 19.05%股权，成为其第四大股东。

达众公司系由七砂集团、信达公司、华融公司、东方公司根据国家“债转股”的有关政策发起设立，七砂集团为第一大股东。根据国家“债转股”政策,ST 七砂原第一大股东七砂集团将持有的 6 861.331 万股上市公司国有股股权投入达众公司,2002 年 11 月 19 日,该项股权划转已获财政部批准,待履行完股权过户手续后,达众公司将成为 ST 七砂的第一大股东。与此同时,由于 ST 七砂即将连续 3 年亏损,需要通过重组,力争在股票暂停上市后的半年内扭亏为盈。2002 年 12 月 13 日,达众公司与电信科学技术研究院(以下简称电信院)及大唐电信签署意向书,确定达众公司在取得 ST 七砂的相应股权后,将其中的 5 292.849 万股转让给电信院,1 445 万股转让给大唐电信。根据电信院、大唐电信与 ST 七砂达成的协议,电信院在成为 ST 七砂的第一大股东后,将与大唐电信一起对 ST 七砂进行资产置换工作。但在这一过程中,就有可能出现这样一种情形:如果 ST 七砂对达众公司的投资业已完成,而达众公司尚未将 ST 七砂国有股过户至收购方,就会出现前述母、子公司相互持股的情形。

[要求]

根据上述资料,并从网上搜索其他相关信息,整理出与 ST 七砂相关的持股关系图,并说明编制合并财务报表应该采用的方法。

第八章

合并财务报表编制的其他问题

学习提要

合并财务报表编制的其他问题包括期中合并、合并现金流量表、特殊权力下合并财务报表编制和合并所得税等。

期中合并时，若按购买法处理，理论上有部分合并和全额合并两种方法。按现行会计准则规定，子公司在合并前实现的收入、费用等不能纳入合并利润表。在同一控制下完成合并的，不论企业合并发生在年度的哪一时点，参与合并的企业，其全年所实现的净利润应全部包括在合并利润表中。

合并现金流量表可以在合并资产负债表和合并利润表基础上编制，也可以在个别现金流量表基础上编制。前一种方法与个别企业现金流量表的编制，在原理和程序上完全一致，但也有其自身特点：(1) 从企业集团来看，只有母公司所支付的现金股利和子公司支付给少数股东的现金股利才可以列为筹资活动的现金流量(流出)；(2) 母公司直接用现金从子公司购入增发的股份并不改变合并现金的数额，而母公司从子公司少数股东购入增发的股份则减少了合并现金数额，应列为投资活动的现金流量；(3) 母公司出售部分子公司股份所得的现金，应列为投资活动现金流量，出售股份的损益则表示在计算经营活动净现金流量时对归属于母公司股东的净利润的调整。在按第二种方法编制合并现金流量表时，应当抵销企业集团内部交易、投融资关系以及子公司支付现金股利等业务对合并现金流量表编制的影响。

除投票表决权外，权力还可以源自表决权以外的其他权利，如来自合同安排。在多数情况下，投资方通常应当在整体层面上评估能对被投资方实施的控制，但在少数情况下，如果有确凿证据表明投资方能够对被投资方可分割部分进行控制，也应当将其纳入合并财务报表的编制范围。

在结构化主体中，结构化主体的主要受益方应当纳入主要受益方的合并财务报表编制范围。

按照共同控制的特点，不论持股比例大小，任何投资方对合资企业的权益投资应该采用权益法进行处理。在比例合并法下，被并企业的资产、负债、收入、费用项目按投资方的持股比例加以合并，其余部分不予合并，即在合并财务报表上，不再出现少数股东权益和少数股东利润项目。投资方的长期股权投资和投资收益自动抵销；如果期末长期股权投资与相应部分的合资企业净资产账面值有差异，应分配到有关资产和负债；在没有内部交易等情况下,投资收益与相应部分合资企业净利润的差异,在合并利润表中列为有关费用;被投资的合资企业的利润分配各项目应自动抵销。

在企业合并以及编制合并财务报表时,由于合并价差以及内部交易进行合并抵销的影响,会导致资产、负债的账面价值与计税基础出现不一致。因此,需要确认相应的递延所得税资产或递延所得税负债,以全面反映所得税的相关影响。

本章主要讨论合并财务报表编制的其他一些特殊问题,包括合并在期中完成时合并财务报表的编制程序和合并现金流量表的编制方法、比例合并以及合并所得税的处理。合并所有者权益变动表因编制比较简单,本书不再单独论述。

第一节　期中合并

本章之前各章讨论的合并财务报表编制均假设在期初或期末发生企业合并,这主要是为了简化对合并程序和技术的描述。在现实生活中,企业合并通常并不总是发生在期初或期末,相反不少合并业务是在期中完成的。本节论述非同一控制下和同一控制下对期中合并的处理。

一、非同一控制下的期中合并

非同一控制下的企业合并,母公司在期中完成合并,取得子公司控制性股份时,由于子公司在合并之前也实现了净利润,并已包括在母公司的合并价格之内,需要在编制合并财务报表时进行某些调整。为与合并主体的净利润相区别,可称这种净利润为合并前利润。同样,合并前股利也应在合并当年编制合并财务报表时加以调整。

合并前利润也称为购入净利润,从理论上说,可用两种方法从合并净利润中抵销。

一是部分合并法。即合并利润表只包括合并日后子公司的营业收入、营业成本和期间费用。

二是全额合并法。即合并利润表中仍包括子公司全年的营业收入、营业成本和期间费用,但将合并前利润单独列为一项。

兹举一简例说明如下。

【例 1】　2018 年 4 月 1 日,甲公司以 484 000 元的代价购入乙公司 80%的股份,没有任何价差。乙公司 2018 年的净利润、现金股利发放以及所有者权益的有关资料如表 8-1 所示。

表 8-1　　乙公司 2018 年的净利润、现金股利发放以及所有者权益　　单位:元

	1月1日至4月1日	4月1日至12月31日	1月1日至12月31日
净利润			
营业收入	50 000	150 000	200 000
营业成本	30 000	90 000	120 000

续　表

	1月1日至4月1日	4月1日至12月31日	1月1日至12月31日
期间费用	5 000	15 000	20 000
净利润	15 000	45 000	60 000
现金股利	10 000	30 000	40 000
	1月1日	4月1日	12月31日
所有者权益			
股本	400 000	400 000	400 000
资本公积	60 000	60 000	60 000
盈余公积	100 000	100 000	110 000
未分配利润	40 000	45 000	50 000
所有者权益	600 000	605 000	620 000

2018年1月1日至4月1日，乙公司实现净利润15 000元；2018年4月1日，乙公司的所有者权益为605 000元；甲公司所取得的净资产账面价值(605 000×80%)等于其所支付的代价484 000元。

1. 部分合并法

在部分合并法下，合并利润表只包括合并后子公司发生的营业收入、营业成本和期间费用等。根据上述资料，可编制合并利润表如下(仅列示乙公司部分)：

营业收入(2018年后三个季度)	150 000
营业成本(2018年后三个季度)	90 000
期间费用(2018年后三个季度)	15 000
合并净利润	45 000
其中：少数股东利润(2018年后三个季度)	9 000
归属于母公司股东利润	36 000

可以看出，部分合并法在合并财务报表中只列示三个季度的营业收入、营业成本和期间费用，其理由是，收购方在购买日已经取得子公司的资产，承担了子公司的负债，其支付的价格已经反映子公司资产和负债的公允价值，收购方不可能购买合并前利润。

2. 全额合并法

前述部分合并法有一定的优点，但也产生了两个问题。第一，虽然在合并后的三个季度，少数股东利润只有9 000元，但从全年来看，少数股东利润是12 000元(60 000×20%)，而此法下只有9 000元；第二，在合并财务报表中只列示后三个季度的营业收入、营业成本和期间费用，各年数据缺乏可比性，这样的合并利润表不能为预测企业集团的年度营业收入、营业成本和期间费用提供依据。显然，合并利润表只有列示企业集团的全年营业收入、营业成本和期间费用，并将合并前利润单列减项处理，才是有意义的。于是就产生了第二种办法，即全额合并法。按照这一办法编制的合并利润表如下(仅列示乙公司部分)：

营业收入(2018 年全年)	200 000
营业成本(2018 年全年)	120 000
期间费用(2018 年全年)	20 000
合并前利润	15 000
合并净利润	45 000
其中：少数股东利润	9 000
归属于母公司股东利润	36 000

我国财政部《企业会计准则第 33 号——合并财务报表》第三十八条第二段规定，母公司在报告期内“因非同一控制下企业合并或其他方式增加的子公司以及业务，应当将该子公司以及业务购买日至报告期末的收入、费用、利润纳入合并利润表”。这实际上就是部分合并法。由于合并利润表是在母公司和子公司个别利润表基础上编制的，就需要将子公司合并前的收入、费用加以抵销。

本书以下将按照部分合并法论述合并财务报表编制的程序。

表 8－2 及以下的说明，较为完整地反映了期中合并的合并财务报表编制程序。

表 8－2　　甲公司合并工作底稿

截至 2018 年 12 月 31 日　　单位：元

项　目	甲公司	乙公司	调整与抵销				合并主体
			序号	借方	序号	贷方	
利润表							
营业收入	600 000	200 000	(2)	50 000			750 000
营业成本	350 000	120 000			(2)	30 000	440 000
期间费用	54 000	20 000			(2)	5 000	69 000
投资收益	24 000		(3)	36 000	(1)	12 000	—
净利润	220 000	60 000					241 000
其中：少数股东利润			(5)	9 000			9 000
归属于母公司股东利润							232 000
年初未分配利润	60 000	40 000	(2)	40 000			60 000
可供分配的利润	280 000	100 000					292 000
减：提取盈余公积	22 000	6 000			(4)	6 000	22 000
分配现金股利	100 000	40 000			(2)	10 000	100 000
					(3)	30 000	
年末未分配利润	158 000	54 000					170 000
资产负债表							
其他资产	516 000	316 000					832 000
固定资产	1 000 000	484 000					1 484 000
长期股权投资	484 000	—	(1)	12 000	(2)	484 000	—
					(3)	12 000	
资产合计	2 000 000	800 000					2 316 000

续　表

项　　目	甲公司	乙公司	调整与抵销				合并主体
			序号	借方	序号	贷方	
负债	300 000	180 000					480 000
股本	1 000 000	400 000	(2)	400 000			1 000 000
资本公积	200 000	60 000	(2)	60 000			200 000
盈余公积	342 000	106 000	(2)	100 000			342 000
			(4)	6 000			
未分配利润	158 000	54 000					170 000
少数股东权益			(3)	6 000	(2)	121 000	124 000
					(5)	9 000	
负债和所有者权益合计	2 000 000	800 000					2 316 000

合并财务报表中的调整与抵销分录说明如下：

(1) 将成本法调整为权益法。

借：长期股权投资[(45 000－30 000)×80%]　　12 000

　贷：投资收益　　12 000

(2) 抵销甲公司长期股权投资和乙公司所有者权益等相关账户。

借：股本　　400 000

　　资本公积　　60 000

　　盈余公积　　100 000

　　未分配利润　　40 000

　　营业收入　　50 000

　贷：营业成本　　30 000

　　　期间费用　　5 000

　　　长期股权投资　　484 000

　　　少数股东权益　　121 000

　　　分配现金股利　　10 000

分录(2)与第三章所述的抵销分录有所不同，由于是期中合并，分录中已包含了乙公司合并前利润和合并前宣告的股利。

(3) 抵销本期长期股权投资和投资收益变动数。

借：投资收益　　36 000

　　少数股东权益　　6 000

　贷：长期股权投资　　12 000

　　　分配现金股利　　30 000

(4) 抵销提取的盈余公积。

借：盈余公积　　6 000

　贷：提取盈余公积　　6 000

(5) 确认少数股东损益。

借：少数股东利润　　9 000

　贷：少数股东权益　　9 000

需要注意的是，非同一控制下，企业以非货币性资产出资设立子公司或对子公司增资的，需要将该非货币性资产调整恢复至原账面价值，并在此基础上持续编制合并财务报表。

假定上例中，甲公司是以成本 200 000 元、公允价值 484 000 元的固定资产取得了乙公司 80%的股权，该项固定资产可以使用 4 年，按直线法折旧，则还应在工作底稿中，编制调整与抵销分录如下：

借：资产处置收益　　284 000

　贷：固定资产　　284 000

借：固定资产(累计折旧)(284 000÷4×3/4)　　53 250

　贷：期间费用(折旧费用)　　53 250

此项业务在权益法调整时对投资收益与长期股权投资的影响从略。

二、同一控制下的期中合并

诚如第一章所言，同一控制下完成的企业合并，不论企业合并发生在年度的哪一时点，参与合并的企业，其全年所实现的净利润应全部包括在合并利润表中。此外，在比较财务报表中，应重编前期财务报表。

【例 2】 2018 年 7 月 1 日，丙公司取得丁公司 95%的股份，丙公司发行每股面值 1 元的股份 150 000 股，换取丁公司股份 180 000 股。假定该业务属于同一控制下的企业合并。2018 年上半年及整个年度，丁公司有关财务数据如表 8-3 所示。

表 8-3　2018 年上半年及整个年度丁公司有关财务数据　　单位：元

项　目	2018 年上半年	2018 年全年
净资产	320 000	340 000
股本	200 000	200 000
资本公积	40 000	40 000
盈余公积	30 000	30 000
年初未分配利润	30 000	30 000
净利润	40 000	80 000
已宣告股利	(20 000)	(40 000)
所有者权益合计	320 000	340 000

2018 年 7 月 1 日，丙公司记录长期股权投资的分录为：

借：长期股权投资(320 000×95%)　　304 000

　贷：股本　　150 000

　　资本公积(240 000×95%−150 000)　　78 000

　　盈余公积(30 000×95%)　　28 500

　　　未分配利润[(30 000－20 000)×95%]　　　　　　　　　　　　9 500
　　　投资收益(40 000×95%)　　　　　　　　　　　　　　　　　38 000

上述分录中,贷记"未分配利润"9 500 元,等于年初未分配利润 30 000 元减去合并前宣告股利 20 000 元后差额的 95%;贷记"资本公积"78 000 元,等于丁公司股本和资本公积合计数 240 000 元的 95%,减去丙公司换出股份面值 150 000 元后的余额;贷记"投资收益"38 000 元,表明虽然合并在期中发生,但投资收益却要包括丁公司整个年度净利润的 95%。

2018 年下半年,丙公司收到丁公司股利 19 000 元,应按成本法确认投资收益。

借:银行存款　　　　　　　　　　　　　　　　　19 000
　贷:投资收益　　　　　　　　　　　　　　　　　　　19 000

2018 年丙公司和丁公司的合并工作底稿见表 8－4。

表 8－4　　　　　　　　　**丙公司合并工作底稿**

截至 2018 年 12 月 31 日　　　　　　　　　　单位:元

项　　目	丙公司	丁公司	调整与抵销				合并主体
			序号	借方	序号	贷方	
利润表							
营业收入	480 000	240 000					720 000
营业成本	300 000	140 000					440 000
期间费用	37 000	20 000					57 000
投资收益	57 000		(1)	38 000	(1)	19 000	—
			(3)	38 000			
净利润	200 000	80 000					223 000
其中:少数股东利润			(2)	2 000			4 000
			(5)	2 000			
归属于母公司股东利润							219 000
年初未分配利润	100 000	30 000	(2)	30 000			100 000
可供分配的利润	300 000	110 000					319 000
减:提取盈余公积	20 000	8 000			(4)	8 000	20 000
分配现金股利	200 000	40 000			(3)	20 000	200 000
						20 000	
年末未分配利润	80 000	20 000					99 000
资产负债表							
其他资产	696 000	500 000					1 196 000
长期股权投资	304 000	—	(1)	19 000	(2)	304 000	—
					(3)	19 000	
资产合计	1 000 000	500 000					1 196 000

续 表

项 目	丙公司	丁公司	调整与抵销				合并主体
			序号	借方	序号	贷方	
负债	90 000	160 000					250 000
股本	500 000	200 000	(2)	200 000			500 000
资本公积	170 000	40 000	(2)	40 000			170 000
盈余公积	160 000	38 000	(2)	30 000			160 000
			(4)	8 000			
未分配利润	80 000	62 000					99 000
少数股东权益			(3)	1 000	(2)	16 000	17 000
					(5)	2 000	
负债和所有者权益合计	1 000 000	500 000					1 196 000

工作底稿中的调整与抵销分录说明如下：

(1) 将成本法调整为权益法。

借：长期股权投资(80 000×95%－57 000)　　19 000
　贷：投资收益　　19 000

(2) 抵销丙公司长期股权投资和丁公司所有者权益等相关账户。

借：股本　　200 000
　　资本公积　　40 000
　　盈余公积　　30 000
　　未分配利润　　30 000
　　投资收益　　38 000
　　少数股东损益　　2 000
　贷：分配现金股利　　20 000
　　　少数股东权益(320 000×5%)　　16 000
　　　长期股权投资(320 000×95%)　　304 000

由于合并前子公司利润(40 000 元)包括在当期合并利润表，最终分别归属于母公司(38 000 元)和少数股东(2 000 元)。

(3) 抵销合并后投资收益和长期股权投资的变动数。

借：投资收益　　38 000
　　少数股东权益　　1 000
　贷：长期股权投资　　19 000
　　　分配现金股利　　20 000

(4) 抵销提取的盈余公积。

借：盈余公积　　8 000
　贷：提取盈余公积　　8 000

(5) 确认合并后少数股东权益和少数股东损益。

借：少数股东利润　　2 000

　贷：少数股东权益　　2 000

表 8-4 中"合并主体"栏的少数股东权益项目 17 000 元,等于 2018 年年末丁公司所有者权益 340 000 元的 5%。这说明合并财务报表的编制是正确的。

第二节　合并现金流量表

企业集团编制的合并财务报表还包括合并现金流量表。合并现金流量表可以在年初年末合并资产负债表和本年合并利润表的基础上编制,也可以在母、子公司个别现金流量表的基础上编制。本节分别论述这两种编制技术。

一、在合并资产负债表和合并利润表基础上编制

合并现金流量表可以在前后两年合并资产负债表和本年合并利润表的基础上编制,这与《中级财务会计》课程中所述的个别企业现金流量表的编制,在原理和程序上完全一致。但在编制合并现金流量表时,也产生了一些特殊问题,说明如下:

(1) 从企业集团看,只有母公司所支付的现金股利和子公司支付给少数股东的现金股利才可以列为筹资活动的现金流量(流出)。子公司支付给母公司的现金股利对合并现金流量没有任何影响,因为这仅仅是企业集团内部各企业间现金的转移。若子公司支付给少数股东的股利数额重大,也可在合并现金流量表中单独列示或用括弧方式予以披露。

(2) 母公司直接用现金从子公司购入增发的股份并不改变合并现金的数额,所以在合并现金流量表中不需列示;而母公司从子公司少数股东购入股份则减少了合并现金数,这种购入股份在合并现金流量表中应报告为投资活动的现金流量(流出)。

(3) 母公司出售部分子公司股份所得的现金,增加了合并现金,从而在合并现金流量表中列为投资活动现金流量(流入),出售股份的损益,无论是否有现金流入,在计算经营活动净现金流量时均需调整母、子公司合并净利润。

以下举例说明合并现金流量表的编制。

【例 3】 2017 年和 2018 年 12 月 31 日 P 公司及其拥有 80%股份的 S 子公司的合并资产负债表和 2018 年度的合并利润表分别见表 8-5 和表 8-6。在表 8-5 中,为便于编制合并现金流量表,增加了变动数信息。2018 年其他有关数据如下:

(1) S 公司出售了成本为 26 000 元的非专利技术,取得 38 000 元现金,实现利得 12 000 元。

(2) P 公司以补偿贸易方式获得设备 370 000 元,应付设备价款记入"长期应付款"账户。

(3) P 公司收到债券投资利息收入款 18 000 元。S 公司取得债权投资 6 000 元。

(4) 除上述固定资产增加外,其他固定资产变化数系由计提折旧引起。

(5) S 公司向少数股东发放 44 000 元现金股利。

现金流量表按现金及现金等价物基础编制。经营活动现金流量的报告可按间接法和直接法两种方法编制。间接法以合并净利润为起算点,先调整出投资活动和筹资活动项目,再调整不产生现金的收入项目和不动用现金的费用项目,以求得经营活动现金净流量。直接法则从利润表各项目出发,直接计算从外界所取得的现金流入,以及支付给供货方、企业职工、政府机构等的现金流出,并求得经营活动现金净流量。

根据表 8－5 和表 8－6 中 2017 年和 2018 年的合并资产负债表、2018 年的合并利润表,P 公司按间接法编制的合并现金流量表工作底稿见表 8－7。合并现金流量表可根据表 8－7 工作底稿中的“合并现金流量表”部分编制,见表 8－8。

少数股东利润列为经营活动现金流量的增加,是因为少数股东损益与归属于母公司股东的净利润一样,也增加了合并资产和负债。同样,在报告筹资活动现金流量时,子公司支付给少数股东的股利,与母公司向外界支付的股利一样,列为筹资活动现金流出。至于子公司支付给母公司的股利,不影响合并现金流量。

表 8－5　　　　P 公司合并资产负债表

12 月 31 日　　　　单位:元

项　目	2017 年	2018 年	变动数
货币资金	216 000	306 000	90 000
应收账款(净)	324 000	450 000	126 000
存货	246 000	300 000	54 000
债权投资	114 000	120 000	6 000
房屋(净)	264 000	240 000	(24 000)
机器设备(净)	720 000	960 000	240 000
非专利技术	122 000	96 000	(26 000)
商誉	100 000	100 000	—
资产合计	2 106 000	2 572 000	466 000
应付账款	222 000	240 000	18 000
应交税费	28 000	36 000	8 000
应付股利	24 000	24 000	—
长期应付款	—	370 000	370 000
股本	600 000	600 000	—
资本公积	300 000	300 000	—
盈余公积	780 000	820 000	40 000
未分配利润	56 000	50 000	(6 000)
少数股东权益(20%)	96 000	132 000	36 000
负债和所有者权益合计	2 106 000	2 572 000	466 000

表 8－6　**P 公司合并利润表(单步式)**

2018 年度　　单位：元

营业收入		900 000
投资收益(债权投资收益)		18 000
处置资产收益(出售非专利技术利得)		12 000
收入合计		930 000
减：期间费用		
营业成本	360 000	
折旧费用	154 000	
工资费用	64 800	
其他期间费用	56 400	
所得税费用	78 000	
利息费用	8 800	722 000
合并净利润		208 000
其中：归属于母公司股东利润		128 000
少数股东利润		80 000
加：年初未分配利润		56 000
可供分配的利润		184 000
减：提取盈余公积		40 000
分配现金股利		94 000
年末未分配利润		50 000

表 8－7　**P 公司 2018 年合并现金流量表工作底稿(间接法)**　　单位：元

项　目	年初年末变动数	变动原因分析			
		借　方		贷　方	
一、合并资产负债表					
现金及现金等价物	90 000	(15)	90 000		
应收账款(净)	126 000	(7)	126 000		
存货	54 000	(8)	54 000		
债权投资	6 000	(9)	6 000		
房屋(净)	(24 000)			(5)	24 000
机器设备(净)	240 000	(12)	370 000	(6)	130 000
非专利技术	(26 000)			(3)	26 000
资产合计	466 000				

续 表

项　　目	年初年末变动数	变动原因分析			
		借　方		贷　方	
应付账款	18 000			(10)	18 000
应交税费	8 000			(11)	8 000
应付股利	—				
长期应付款	370 000			(12)	370 000
股本	—				
资本公积	—				
盈余公积	40 000			(13)	40 000
未分配利润	(6 000)	(13)	134 000	(1)	128 000
少数股东权益	36 000	(14)	44 000	(1)	80 000
负债和所有者权益合计	456 000		824 000		824 000
二、合并现金流量表		**现金流入**		**现金流出**	
经营活动现金流量:					
合并净利润		(1)	208 000		
投资收益(债权投资收益)				(2)	18 000
资产处置收益(出售非专利技术利得)				(3)	12 000
利息费用		(4)	8 800		
房屋折旧		(5)	24 000		
设备折旧		(6)	130 000		
应收账款增加				(7)	126 000
存货增加				(8)	54 000
应付账款增加		(10)	18 000		
应交税费增加		(11)	8 000		
投资活动现金流量:					
取得投资收益收到的现金		(2)	18 000		
处置固定资产、无形资产收到的现金净额		(3)	38 000		
投资支付的现金				(9)	6 000
筹资活动现金流量:					
支付母公司股东股利				(13)	94 000
支付少数股东股利				(14)	44 000
利息费用付现				(4)	8 800

续　表

项　目	年初年末变动数	变动原因分析			
		借　方		贷　方	
非现金投资及筹资活动：					
以补偿贸易方式取得设备		(12)	370 000	(12)	370 000
本期现金增加			___	(15)	90 000
			822 800		822 800

表 8-8　**P公司合并现金流量表(间接法)**

2018 年度　　单位：元

	现金流入	现金流出
经营活动现金流量：		
合并净利润		208 000
调整项目：		
债权投资收益	(18 000)	
出售非专利技术利得	(12 000)	
利息费用	8 800	
房屋折旧	24 000	
设备折旧	130 000	
应收账款增加	(126 000)	
存货增加	(54 000)	
应付账款增加	18 000	
应交税费增加	8 000	58 800
经营活动现金净流量		186 800
投资活动现金流量：		
债权投资收现	12 000	
出售非专利技术收入	38 000	
投资活动现金净流量		50 000
筹资活动现金流量：		
支付多数股东股利	(94 000)	
支付少数股东股利	(44 000)	
利息费用付现	(8 800)	(146 800)
本期现金增加		90 000
期初现金余额		216 000
期末现金余额		306 000

上例P公司及其子公司S公司2017年与2018年的有关资料,若改为按直接法编制合并现金流量表,其工作底稿见表8-9。这样可根据表8-9的第三部分编制出直接法下的合并现金流量表,见表8-10。

表8-9　　P公司2018年合并现金流量表工作底稿(直接法)　　单位:元

项　目	年初年末变动数	变动原因分析			
		借　方		贷　方	
一、合并利润表					
营业收入净额	900 000			(1)	900 000
债权投资收益	18 000			(7)	18 000
出售非专利技术利得	12 000			(8)	12 000
收入合计	930 000				
减:期间费用					
营业成本	360 000	(2)	360 000		
折旧费用	154 000	(3)	154 000		
工资费用	64 800	(4)	64 800		
其他期间费用	56 400	(5)	56 400		
所得税费用	78 000	(6)	78 000		
利息费用	8 800	(9)	8 800		
期间费用合计	722 000				
少数股东利润	80 000	(10)	80 000		
归属于母公司股东利润	128 000	(11)	128 000		
二、合并资产负债表					
现金及现金等价物	90 000	(15)	90 000		
应收账款(净)	126 000	(1)	126 000		
存货	54 000	(2)	54 000		
持有至到期投资	6 000	(14)	6 000		
房屋(净)	(24 000)			(3)	24 000
机器设备(净)	240 000	(11)	370 000	(3)	130 000
非专利技术	(26 000)			(8)	26 000
资产合计	466 000				
应付账款	26 000			(2)	26 000
应付股利	—				
长期应付款	370 000			(11)	370 000
股本	—				

续　表

项　目	年初年末变动数	变动原因分析			
		借　方		贷　方	
资本公积	—				
盈余公积	40 000			(12)	40 000
未分配利润	(6 000)	(12)	134 000	(11)	128 000
少数股东权益	36 000	(13)	44 000	(10)	80 000
负债和所有者权益合计	456 000				
三、合并现金流量表		现金流入		现金流出	
经营活动现金流量：					
营业收入收现		(1)	774 000		
营业成本付现				(2)	388 000
工资费用				(4)	64 800
其他期间费用				(5)	56 400
所得税费用				(6)	78 000
投资活动现金流量：					
债权投资收现		(7)	18 000		
出售非专利技术收入		(8)	38 000		
投资支付的现金				(14)	6 000
筹资活动现金流量：					
支付母公司股东股利				(12)	94 000
支付少数股东股利				(13)	44 000
利息费用				(10)	8 800
非现金投资及筹资活动：					
以补偿贸易方式取得设备		(11)	370 000	(11)	370 000
本期现金增加			—	(15)	90 000
			1 200 000		1 200 000

表 8－10　　P 公司合并现金流量表(直接法)

2018 年度　　单位：元

	现金流入	现金流出
经营活动现金流量：		
营业收入收现		774 000
营业成本付现	(388 000)	

续 表

	现金流入	现金流出
支付给职工的现金	(64 800)	
其他期间费用付现	(56 400)	
所得税费用	(78 000)	587 200
经营活动现金净流量		186 800
投资活动现金流量:		
债权投资收现	18 000	
出售非专利技术收入	38 000	
投资支付的现金		6 000
投资活动现金净流量		50 000
筹资活动现金流量:		
支付母公司股东股利	(94 000)	
支付少数股东股利	(44 000)	
利息费用付现	(8 800)	(146 800)
本期现金增加		90 000
期初现金余额		216 000
期末现金余额		306 000
附:非现金投资及筹资活动:		
以补偿贸易方式取得设备	370 000	

在直接法下,与现金有关的合并利润表项目要从应计制转换成现金制,而与现金无关的重大投资和筹资业务,要以附注或附表方式反映。

将表 8-8 与表 8-10 相比,不难发现,在直接法和间接法下,投资活动现金流量和筹资活动现金流量是完全相同的,主要的差别在于经营活动现金流量的列示。此外,在直接法下,由于经营活动现金流量并不披露本期合并净利润与经营活动现金流量差异的原因,我国《企业会计准则第 31 号——现金流量表》要求企业以附表形式披露用间接法报告的经营活动现金流量。这一要求同样也适用于合并现金流量表。

二、在个别现金流量表基础上编制

合并现金流量表还可以在母、子公司个别现金流量表的基础上编制。这时,应当抵销企业集团内部交易、投融资关系以及子公司支付现金股利等业务对合并现金流量表编制的影响。例如,内部交易期末存货未实现毛利,在编制个别现金流量表时并不抵销,但在编制合并现金流量表时应当抵销调整经营活动现金流量。应收应付往来款项也属类似情况,需要调整经营活动现金流量的具体项目。又如,子公司支付给母公司的现金股利,在母公司个别现金流量表上反映为投资活动的现金流入,在子公司个别现金流量表上反映为筹资活动的现金流出，但在编制合并现金流量表时应当相互抵销。同样，母公司支付现金对子公司追加投资，在其个别现金流量表上反映为投资活动的现金流出，在子公司个别现金流量表上反映为筹资活动的现金流入，在编制合并现金流量表上也应相互抵销，等等。

具体而言，应当至少包括下列项目的抵销：

(1) 母公司与子公司、子公司相互之间当期以现金投资或收购股权增加的投资所产生的现金流量应当抵销。

(2) 母公司与子公司、子公司相互之间当期取得投资收益、利息收入收到的现金，应当与分配股利、利润或偿付利息支付的现金相互抵销。

(3) 母公司与子公司、子公司相互之间以现金结算债权与债务所产生的现金流量应当抵销。

(4) 母公司与子公司、子公司相互之间当期销售商品所产生的现金流量应当抵销。

(5) 母公司与子公司、子公司相互之间处置固定资产、无形资产和其他长期资产收回的现金净额，应当与购建固定资产、无形资产和其他长期资产支付的现金相互抵销。

(6) 母公司与子公司、子公司相互之间当期发生的其他内部交易所产生的现金流量应当抵销。

为使本节内容更接近我国财政部有关会计规定，以下举例假定母公司对内部交易未实现损益不在账上调整长期股权投资和投资收益，也不考虑内部交易的方向，以及对少数股东权益的影响。

【例 4】 甲公司及其拥有 80%股份的乙子公司各自的 2017 年和 2018 年比较资产负债表和 2018 年度的利润表，分别见表 8-11 和表 8-12。

表 8-11　　比较资产负债表

截至 2018 年 12 月 31 日　　单位：元

项　目	2017 年		2018 年		变动数	
	甲	乙	甲	乙	甲	乙
货币资金	150 000	30 000	285 000	90 000	135 000	60 000
应收账款净额		270 000		375 000		105 000
存货	185 000	20 000	185 000	65 000		45 000
长期股权投资——乙	420 000		410 000			
债权投资	95 000		100 000		5 000	
固定资产净值——房屋	160 000	60 000	150 000	50 000	−10 000	−10 000
——机器设备	350 000	250 000	600 000	200 000	250 000	−50 000
无形资产——土地使用权	40 000	60 000	40 000	40 000		−20 000
资产合计	1 400 000	690 000	1 770 000	820 000	370 000	130 000
应付账款		270 000		250 000		−20 000
应付股利		20 000		20 000		
长期应付款			300 000		300 000	
股本	500 000	300 000	500 000	300 000		

续　表

项　目	2017 年		2018 年		变动数	
	甲	乙	甲	乙	甲	乙
资本公积	300 000		300 000			
盈余公积	500 000	80 000	520 000	130 000	20 000	50 000
未分配利润	100 000	20 000	150 000	120 000	50 000	100 000
负债和所有者权益合计	1 400 000	690 000	1 770 000	820 000	370 000	130 000

表 8 - 12　　　　　　　　**利润表**

2018 年度　　　　　　　　单位：元

项　目	甲公司	乙公司
营业收入	470 000	400 000
减：营业成本	250 000	50 000
营业费用——工资	44 000	10 000
——折旧	60 000	60 000
——其他	27 000	20 000
财务费用	24 000	
资产减值损失	10 000	
加：投资收益——债权投资	15 000	
——对乙投资	80 000	
减：资产处置收益——出售土地使用权损失	—	(10 000)
净利润	150 000	250 000

2018 年，其他有关补充资料如下：

(1) 乙公司向外界出售了成本为 20 000 元的一部分土地使用权，取得银行存款 10 000 元，发生损失 10 000 元。

(2) 甲公司以补偿贸易方式购买设备 300 000 元，应付设备价款记入“长期应付款”账户。

(3) 合并产生的商誉每年进行减值测试，本年发生 10 000 元减值。

(4) 甲公司收到债权投资收益收入款 15 000 元。

(5) 除上述固定资产增减外，其他固定资产变化系由计提折旧引起。

(6) 乙公司 2018 年期初存货中含有甲公司以 5 000 元购入，并以 10 000 元卖给乙公司的存货。该批存货于 2018 年由乙公司全部售出。

(7) 甲公司于 2018 年共出售给乙公司成本为 20 000 元的存货，售价为 30 000 元。2018 年 12 月 31 日，这批存货尚有 20% 留在乙公司的期末存货中，且乙公司还有 10 000 元货款未付给甲公司。

(8) 用银行存款购入债权投资 5 000 元。

(9) 2018 年，甲、乙公司分别发放现金股利 80 000 元和 100 000 元。

(10) 用银行存款支付财务费用 24 000 元。

以下分直接法和间接法加以说明。

(一) 直接法

根据表 8－11 和表 8－12，可分别编制甲、乙公司的个别现金流量表，再对这两张个别现金流量表进行调整和合并，可得合并现金流量表工作底稿，见表 8－13。根据“合并主体”栏，可编制合并现金流量表。

表 8－13　　甲、乙公司合并现金流量表工作底稿(直接法)

2018 年度　　单位：元

项　目	甲公司	乙公司	调整与抵销				合并主体
一、经营活动产生的现金流量							
销售商品收到的现金	470 000	295 000①	(2)	10 000	(1)	30 000	745 000
经营活动现金流入小计							745 000
购买商品支付的现金	250 000	115 000②	(1)	30 000	(2)	10 000	345 000
支付给职工的现金	44 000	10 000					54 000
支付其他经营活动现金	27 000	20 000					47 000
经营活动现金流出小计							446 000
经营活动产生的现金流量净额	149 000	150 000					299 000
二、投资活动产生的现金流量							
取得投资收益收到的现金	80 000				(3)	80 000	
取得债权利息所收到的现金	15 000						15 000
处置土地使用权所收到的现金		10 000					10 000
购买持有至到期投资支付的现金	－5 000						－5 000
投资活动产生的现金流量净额	90 000	10 000					20 000
三、筹资活动产生的现金流量							
分配股利所支付的现金，甲	80 000						－80 000
分配股利所支付的现金，乙		－100 000	(3)	80 000			－20 000
偿付利息所支付的现金	24 000						－24 000
筹资活动产生的现金流量净额	－104 000	－100 000					－124 000
四、现金及现金等价物净增加额	135 000	60 000					195 000

说明：表 8－13 中甲公司与乙公司个别现金流量表的编制从略。其中：

① 销售商品收到的现金(乙)＝营业收入－应收账款净增加数＝400 000－105 000＝295 000(元)

② 购买商品支付的现金(乙)＝营业成本＋存货增加数＋应付账款减少数＝50 000＋45 000＋20 000＝115 000(元)

根据甲、乙公司个别现金流量表，编制如下调整与抵销分录，即可编制合并现金流量表。

(1) 调整内部存货交易所引起的现金流入和现金流出。

借：购买商品支付的现金，乙公司　　30 000

　贷：销售商品收到的现金，甲公司　　30 000

这笔分录调整的是 2018 年度甲公司出售给乙公司 30 000 元存货而产生的对现金的影响。

(2) 调整内部往来对现金流量的影响。

借：销售商品收到的现金，甲公司　　10 000

　贷：购买商品支付的现金，乙公司　　10 000

(3) 抵销乙公司分派现金股利对现金流量的影响。

借：分配股利所支付的现金，乙公司　　80 000

　贷：取得投资收益收到的现金，甲公司　　80 000

这一调整的原因是，乙公司发放的现金股利 100 000 元中，有 80 000 元付给甲公司，但这笔现金股利并未流出企业集团，所以，甲公司的"取得投资收益收到的现金"80 000 元和乙公司的"分配股利所支付的现金"80 000 元都是虚计的，应分别加以抵销。

如果企业集团内部还发生了借贷款业务或债券买卖业务，则在抵销财务费用与利息收入的同时，为了编制合并现金流量表，还应当调整投资活动现金流量和筹资活动现金流量(现金流出、流入部分)。

按照直接法，从母、子公司个别现金流量表出发，编制合并现金流量表，其突出的优点是简单明了，只需编制几笔与内部交易有关的调整分录。

(二) 间接法

在间接法下，经营活动产生的现金流量从净利润出发，逐项调整不影响经营活动现金流量的损益类项目，以及营运资金项目的期初期末变动数，从而调整出经营活动产生的实际现金流量。

在编制合并现金流量表时，还需要考虑甲、乙公司在编制个别现金流量表时无须考虑、但对合并现金流量产生影响的项目，如有关资产价差的摊销费用、少数股东损益等。间接法下的合并工作底稿见表 8－14。

表 8－14　　甲、乙公司合并现金流量表工作底稿(间接法)

2018 年度　　单位：元

项　目	甲公司	乙公司	抵销和调整				合并主体
一、经营活动产生的现金流量							
净利润	150 000	250 000					400 000
加：资产减值损失	10 000						10 000
固定资产折旧	60 000	60 000					120 000
处置土地使用权的损失		10 000					10 000
投资收益(债券投资)	－15 000						－15 000
投资收益(股权投资)	－80 000						－80 000
存货增加		－45 000					－45 000
应收账款增加		－105 000					－105 000
应付账款减少		－20 000					－20 000

续　表

项　　目	甲公司	乙公司	抵销和调整				合并主体
财务费用增加	24 000						24 000
经营活动产生的现金流量净额	149 000	150 000					299 000
二、投资活动产生的现金流量							
取得投资收益收到的现金	80 000				(1)	80 000	
取得债券利息所收到的现金	15 000						15 000
处置土地使用权所收到的现金		10 000					10 000
购买持有至到期投资支付的现金	−5 000						−5 000
投资活动产生的现金流量净额	90 000	10 000					20 000
三、筹资活动产生的现金流量							
分配股利所支付的现金，甲	−80 000						−80 000
分配股利所支付的现金，乙		−100 000	(1)	80 000			−20 000
偿付利息所支付的现金	−24 000						−24 000
筹资活动产生的现金流量净额	−104 000	−100 000					−124 000
四、现金及现金等价物净增加额	135 000	60 000					195 000

表 8－14 共有六笔分录。(1)至(5)笔分录调整的是经营活动产生的现金流量，因为采用间接法，调整分录中的借、贷方并不直接表示现金流入或流出，而是各对应账户的借贷方变动数；而第(6)笔分录调整的是投资活动产生的现金流量，它的借方直接表示现金流入或流出的减少，贷方直接表示现金流出或流入的减少。事实上，无论是直接法还是间接法，投资与筹资活动的现金流量计算并无差异。以下仅列示前五笔调整分录，并加以具体解释。

本例中，只要求编制一笔调整分录，即可得出与直接法相同结果的现金流量表。

《企业会计准则第 33 号——合并财务报表》第 40 条要求："合并现金流量表应当以母公司和子公司的现金流量表为基础，在抵销母公司与子公司、子公司相互之间发生的内部交易对合并现金流量表的影响后，由母公司合并编制。"

第三节　特殊权力下合并财务报表的编制

诚如第二章所言，权力源自权利。权力一般来源于表决权。前文所述的权力，均以表决权为基础，但权力还可以源自表决权以外的其他权利，如来自合同安排。在多数情况下，投资方通常应当在整体层面上评估能对被投资方实施的控制，但在少数情况下，如果有确凿证据表明投资方能够对被投资方可分割部分进行控制，也应当将其纳入合并财务报表的编制范围。

一、结构化主体

结构化主体(structured entities)或称特殊目的主体(special purpose entities，SPEs)和

可变利益主体(variable interest entity，VIE)，是指在确定其控制方时没有将表决权或类似权利作为决策因素而设计的主体。该主体通常是一家公司、信托或者合伙企业，它们没有那些拥有表决权并分享该实体全部损益的权益投资者，它们以合同为纽带，来决定损益的分配，因此，此项控制也称为"协议控制"或"合同控制"。

由于主导结构化主体的相关活动不是来自表决权(或类似权利)，而是由合同安排决定，这无形中加大了投资方有关是否拥有对该类主体权力的判断难度。因此，投资方需要评估合同安排，以评价其享有的权利是否足够使其拥有对被投资方的权力。在评估时，投资方通常应考虑下列方面：

(1) 在设立被投资方时的决策及投资方的参与度。

(2) 相关合同安排。

(3) 仅在特定情况或事项发生时开展的相关活动。

(4) 投资方对被投资方做出的承诺。

如果投资方在合同安排方面满足了以下三个条件，通常可认为投资方能够控制被投资方，结构化主体就应当纳入合并财务报表的编制范围：

(1) 拥有主导被投资者的权力，这个权力是现行的，并且能够主导对被投资者回报有重大影响的相关活动，如拥有对 VIE 经济利益产生重大影响的经济活动的直接管理控制权力。

(2) 通过对被投资者的涉入，面临变动回报的风险敞口或取得变动回报的权利。

(3) 利用其对被投资者的权力影响投资者回报金额的能力。

根据合同安排，如果一家企业承担了结构化主体的大部分预期损失，或者获取了该结构化主体的大部分预期剩余收益，或者两者兼而有之，则该企业被称为结构化主体的主要受益方(primary beneficiary)，该结构化主体应当纳入主要受益方的合并财务报表编制范围。

例如，甲公司与乙公司共同创立了 A 公司，A 公司的股本全部由乙公司出资购买，A 公司主要向甲公司出租设备，同时也向其他公司出租设备。根据合同约定，甲公司保证乙公司获取股权投资成本 8%的股利，并同意承担 A 公司的全部损失。若 A 公司的收益超过股本金额的 8%，甲公司与乙公司分享 A 公司超出部分的收益。同时，甲公司还对 A 公司的贷款提供担保。

此例中，乙公司的投资不存在风险，但能分享超出部分的收益，因此，其投资可归入可变回报的投资，但由于甲公司承担了 A 公司全部的预期损失，因此，甲公司是该结构化主体(A 公司)的主要受益人，A 公司应纳入甲公司合并财务报表的编制范围。

纳入该主要受益人合并财务报表的金额应当按照该企业首次成为主要受益人的那一天的公允价值入账，并以持续计算的公允价值作为后续合并财务报表的编制基础，合并财务报表中应当采用与基于表决权益的合并相同的方式进行合并，如果没有股权，应当将结构化的主体全部归属于少数股东权益，但与主要受益人之间的内部交易与往来要进行抵销。

企业存在纳入合并财务报表范围的结构化主体的，应当在合并财务报表附注中披露与该结构化主体相关的风险信息。与结构化主体相关的风险主要是指企业或其子公司需要依合同约定或因其他原因向结构化主体提供财务支持或其他支持，包括帮助结构化主体取得财务支持。具体而言，应当在合并财务报表附注中披露下列信息：

(1) 合同约定企业或其子公司向该结构化主体提供财务支持的，应当披露提供财务支持的合同条款，包括可能导致企业承担损失的事项或情况。

(2) 在没有合同约定的情况下，企业或其子公司当期向该结构化主体提供了财务支持或其他支持，应当披露所提供支持的类型、金额及原因，包括帮助该结构化主体获得财务支持的情况。其中，企业或其子公司当期对以前未纳入合并财务报表范围的结构化主体提供了财务支持或其他支持并且该支持导致企业控制了该结构化主体的，还应当披露决定提供支持的相关因素。

(3) 企业存在向该结构化主体提供财务支持或其他支持的意图的，应当披露该意图，包括帮助该结构化主体获得财务支持的意图。

(4) 企业在其子公司所有者权益份额发生变化且该变化未导致企业丧失对子公司控制权的，应当在合并财务报表附注中披露该变化对本企业所有者权益的影响。

二、合营安排

(一) 概述

合营安排是指一项由两个或两个以上的参与方共同控制的安排。

要认定一项安排是否为合营安排，需要准确把握“共同控制”“参与方”等概念。其中，是否存在共同控制是判断一项安排是否为合营安排的关键。

所谓“共同控制”，是指按照相关约定对某项安排所共有的控制，并且该安排的相关活动必须经过分享控制权的参与方一致同意后才能决策。

在判断是否存在共同控制时，首先判断是否由所有参与方或参与方组合集体控制该安排，其次再判断该安排相关活动的决策是否必须经过这些参与方一致同意。

当且仅当相关活动的决策要求集体控制该安排的参与方一致同意时，才存在共同控制。

存在共同控制时，有关合营安排相关活动的所有重大决策必须经分享控制权的各方一致同意。一致同意的规定保证了对合营安排具有共同控制的任何一个参与方均可以阻止其他参与方在未经其同意的情况下就相关活动单方面做出决策。

相关活动是指对某项安排的回报产生重大影响的活动。某项安排的相关活动应当根据具体情况进行判断，通常包括商品或劳务的销售和购买、金融资产的管理、资产的购买和处置、研究与开发活动以及融资活动等。

合营安排分为共同经营和合营企业。

共同经营是指合营方享有该安排相关资产且承担该安排相关负债的合营安排。

合营企业是指合营方仅对该安排的净资产享有权利的合营安排。

认定一项安排是合营安排后，应当根据合营方获得回报的方式这一经济实质，来判断该合营安排应当被划分为共同经营还是合营企业。即，如果合营方通过对合营安排的资产享有权利，并对合营安排的义务承担责任来获得回报，则该合营安排应当被划分为共同经营；如果合营方仅对合营安排的净资产享有权利，则该合营安排应当被划分为合营企业。

(二) 共同经营中合营方的会计处理

1. 一般会计处理原则

一般情况下，合营方应当确认其与共同经营中利益份额相关的下列项目，并按照相关企业会计准则的规定进行会计处理：

(1) 确认单独所持有的资产，以及按其份额确认共同持有的资产；

(2) 确认单独所承担的负债,以及按其份额确认共同承担的负债;

(3) 确认出售其享有的共同经营产出份额所产生的收入;

(4) 按其份额确认共同经营因出售产出所产生的收入;

(5) 确认单独所发生的费用,以及按其份额确认共同经营发生的费用。

合营方可能将其自有资产用于共同经营,如果合营方保留了对这些资产的全部所有权或控制权,则这些资产的会计处理与合营方自有资产的会计处理并无差别。

【例 5】 A公司、B公司通过单独主体的形式共同达成了一项合营安排C公司,A公司和B公司享有C公司中资产的权利并承担其负债的义务,C公司属于共同经营。因此,A公司和B公司应当根据相关会计准则规定对与C公司相关的资产和负债的权利与义务进行会计处理。根据合营安排C公司的合同条款规定,A公司享有C公司资产中厂房相关的所有权利,并承担向第二方偿还与厂房相关负债的义务;A公司和B公司根据各自所占权益的比例(各50%)对C公司的所有其他资产享有权利,并对所有其他负债承担义务。2018年12月31日,C公司的简化资产负债表如表8-15所示。

表 8-15　　C公司资产负债表(简表)

2018年12月31日　　单位:万元

资　产	金　额	负债和所有者权益	金　额
货币资金	100	负债——与厂房相关的第三方负债	300
固定资产——厂房	300	其他负债	100
其他资产	300	所有者权益	300
资产合计	700	负债和所有者权益合计	700

A公司应当根据合同安排所约定的比例,将C公司资产负债表中的相应金额纳入A公司的资产负债表中,即A公司应当在资产负债表中记录下述与C公司中资产与负债相关的信息。具体见表8-16。

表 8-16　　A公司资产负债表(反映C公司合营安排的部分)

2018年12月31日　　单位:万元

资　产	金　额	负债和所有者权益	金　额
货币资金	50	负债——与厂房相关的第三方负债	300
固定资产——厂房	300	其他负债	50
其他资产	150	所有者权益	150
资产合计	500	负债和所有者权益合计	500

说明:除厂房和与厂房有关的第三方负债为100%,其他部分的份额为50%。

2. 合营方向共同经营投出或者出售不构成业务的资产的会计处理

合营方向共同经营投出或出售资产等(该资产构成业务的除外),在共同经营将相关资产出售给第三方或相关资产消耗之前(即,未实现内部利润仍包括在共同经营持有的资产账面价值中时),应当仅确认归属于共同经营其他参与方的利得或损失。交易表明投出或出售的资产发生减值损失的，合营方应当全额确认该损失。

所谓“构成业务的资产”，是指存在完整的投入与产出过程的资产。

3. 合营方自共同经营购买不构成业务的资产的会计处理

合营方自共同经营购买资产等（该资产构成业务的除外），在将该资产等出售给第三方之前（即，未实现内部利润仍包括在合营方持有的资产账面价值中时），不应当确认因该交易产生的损益中该合营方应享有的部分。即，此时应当仅确认因该交易产生的损益中归属于共同经营其他参与方的部分。

当这类交易提供证据表明购入的资产发生符合资产减值损失准则等规定的资产减值损失的，合营方应当按其承担的份额确认该部分损失。

【例 6】 A 公司和 B 公司共同设立一项安排 C，假定该安排被划分为共同经营，A 公司和 B 公司对于安排 C 的资产、负债及损益分别享有 50%的份额。2018 年 12 月 31 日，A 公司支付采购价款（不含增值税）100 万元，购入安排 C 的一批产品，A 公司将该批产品作为存货入账，尚未对外出售。该项产品在安排 C 中的账面价值为 60 万元。C 因上述交易确认了收益 40 万元。A 公司对该收益按份额应享有 20 万元（40 万元×50%）。但由于在资产负债表日，该项存货仍未出售给第三方，因此，该未实现内部损益 20 万元应当被抵销，相应减少存货的账面价值。但 B 公司对该收益应享有 20 万元，应当予以确认（40 万元×50%），B 公司享有的 20 万元收益反映在 A 公司存货的期末账面价值中。

4. 合营方取得构成业务的共同经营的利益份额的会计处理

合营方取得共同经营中的利益份额，且该共同经营构成业务时，应当按照企业合并准则等相关准则进行相应的会计处理。企业应当按照企业合并准则的相关规定判断该共同经营是否构成业务。该处理原则不仅适用于收购现有的构成业务的共同经营中的利益份额，也适用于与其他参与方一起设立共同经营，且由于有其他参与方注入既存业务，使共同经营设立时即构成业务。

【例 7】 B 公司和 C 公司共同设立一项安排 D，假定该安排构成一项业务，且属于共同经营。B 公司和 C 公司对于安排 D 的资产、负债及损益分别享有 50%的份额。A 公司（非关联方）于 2018 年 12 月 31 日购买了 B 公司持有的全部安排 D 的利益份额，购买对价为 500 万元，交易费用为 40 万元。A 公司所取得的单独持有的资产及共同持有的资产份额以及所单独承担的负债及共同承担的负债份额的公允价值分别为 800 万元（其中，存货为 100 万元，固定资产为 700 万元）和 400 万元（均为应付账款），即享有可辨认净资产的公允价值为 400 万元。

根据企业合并会计准则，对该项业务，A 公司应编制会计分录如下（单位：万元）：

借：存货	100	
固定资产	700	
管理费用	40	
商誉	100	
贷：应付账款		400
银行存款		540

需要注意的是，如果安排 D 中的各项资产与负债不构成业务，则购买价差不得确认为商誉或损益，应当直接调整 A 公司的所有者权益项目。

(三) 合营企业共同控制方的会计处理

合营企业的共同控制方,对取得的股权投资应确认为长期股权投资,后续计量应当采用权益法核算。

对于重要的合营企业,企业除了应当披露诸如企业名称、注册地、主要经营地、企业性质、持股比例等基础信息外,还应当披露对合营企业投资的会计处理方法,从合营企业收到的股利,现金和现金等价物,财务费用(能够区分利息收入和利息费用的,分别披露利息收入和利息费用);所得税费用,以及合营企业在其自身财务报表中的主要财务信息。

需要注意的是,上述主要财务信息应当是按照权益法对合营企业相关财务信息调整后的金额。同时,企业应当披露将上述主要财务信息按照权益法调整至企业对合营企业投资账面价值的调节过程。企业对上述合营企业投资采用权益法进行会计处理但该投资存在公开报价的,还应当披露其公允价值。

对于重要的合营企业,企业对其投资按照权益法进行会计处理的,可以采用表格形式披露合营企业的主要财务信息和相关信息(数据来源于重要合营企业的财务报表,不是根据持股比例计算出来的金额)。同时,对来源于合营企业财务报表的数据还需要经过一定调整,例如,以取得投资时被投资方可辨认资产和负债的公允价值为基础进行的调整,或者因被投资方与企业的会计政策不一致而对被投资方财务信息进行的调整等,但不需要抵销企业与合营企业之间的内部交易。

投资方存在重要的合营企业,尽管采用了权益法进行了后续计量,但没有抵销与合营企业之间的内部交易,因此,未能从整体上反映投资方实际的财务状况与经营成果。有人建议应当采用比例合并法编制合并财务报表。《国际会计准则第 31 号——合营中的权益》建议投资方采用比例合并法反映在共同控制主体中的权益,备选方法是权益法。

对合营企业,由于任何投资方均不能控制合资企业的重大生产经营活动,持有 50%以上的投资方也不能全额合并合资企业的资产、负债、收入、费用。但为了体现投资方对合资企业的联合控制,采用比例合并能够更恰当地反映投资方的财务状况和经营成果。所谓“比例合并”,就是按照投资方在合资企业的持股比例,将合资企业属于投资方份额的资产、负债、收入、费用并入合并财务报表。这样既可以体现投资方的控制情况,又可以避免一家公司的资产被各投资方多次重复合并的问题,体现了联合控制的要求。同时,比例合并又可以避免合并财务报表出现表外融资问题。

在比例合并法下,被并企业的资产、负债、收入、费用项目按投资方的持股比例加以合并,其余部分不予合并,这意味着少数股东净资产和少数股东损益不再在合并财务报表上出现。由于没有少数股东损益和少数股东权益,投资方的长期股权投资与被投资企业的股东权益各项目之间的抵销,以及因投资关系所产生的投资收益、股利分派的抵销,均无法通过编制抵销分录实现。因此,在以投资方和被投资企业个别财务报表为基础的工作底稿上,投资方的长期股权投资和投资收益,被投资企业的股东权益各项目与利润分配各项目,均自行抵销;如果期末长期股权投资与相应部分的合营企业净资产账面值有差异,应将有关价差分解到具体项目;在没有内部交易等情况下,投资收益与相应部分合资企业净利润的差异,在合并利润表中列为有关项目价差摊销费用。如果投资方与合资企业有内部交易,可以先予以抵销,然后再编制其他抵销和调整分录。

【例 8】 申华公司与其投资 50%的合资企业申美公司的个别财务报表以及合并财务报

表结果见表 8－17。第一栏依次是利润表和资产负债表；第二栏是申华公司的有关数据，长期股权投资和投资收益采用权益法处理；第三栏是合资企业申美公司的有关数据；第四栏是比例合并后的有关数据。

表 8－17　　**合并工作底稿**

截至 2018 年 12 月 31 日　　单位：元

项　目	申华公司	申美公司(50%)	合并主体
利润表			
营业收入	1 200 000	300 000	1 350 000
营业成本	720 000	120 000	780 000
期间费用	240 000	60 000	280 000
投资收益	50 000	—	—
净利润	290 000	120 000	290 000
年初未分配利润	20 000	80 000	20 000
可供分配利润	310 000	200 000	310 000
减：提取盈余公积	80 000	40 000	80 000
分配现金股利	200 000	60 000	200 000
年末未分配利润	30 000	100 000	30 000
资产负债表			
货币资金	100 000	30 000	115 000
应收账款	180 000	90 000	225 000
存货	240 000	180 000	330 000
固定资产(净)	480 000	480 000	740 000
长期股权投资	320 000	—	—
资产合计	1 320 000	780 000	1 410 000
应付账款	240 000	120 000	300 000
其他负债	300 000	60 000	330 000
股本	500 000		500 000
实收资本		400 000	—
资本公积	100 000		100 000
盈余公积	150 000	100 000	150 000
未分配利润	30 000	100 000	30 000
负债和所有者权益合计	1 320 000	780 000	1 410 000

对表 8－17 的合并数据，尚需说明如下：

(1) 申华公司的投资收益 50 000 元被全部抵销，代之以申美公司收入、费用的 50%，即

60 000 元,以及固定资产项目价差摊销费用 10 000 元,净额 50 000 元。

(2) 申华公司的长期股权投资 320 000 元也被全部抵销,代之以申美公司净资产的 50%,即 300 000 元,以及固定资产价差 20 000 元。由于申华公司在申美公司的 50%股权是从第三方转让而得,在受让时产生 100 000 元价差,假定系固定资产项目引起,每年摊销 10 000 元,增加了合并期间费用。

(3) 申美公司的实收资本、盈余公积和未分配利润(合计 600 000 元)被全部抵销,从原理上可理解为由申华公司长期股权投资(320 000 元)和申美公司另一半净资产(300 000 元)所抵销,差额(20 000 元)在合并资产负债表中增加固定资产。

(4) 申美公司利润分配各项目被自动抵销。

第四节　所得税会计相关的合并处理

在企业合并以及编制合并财务报表时,由于合并价差以及内部交易进行合并抵销的影响,会导致资产、负债的账面价值与计税基础出现不一致。因此,需要确认相应的递延所得税资产或递延所得税负债,以全面反映所得税的相关影响。

一、与企业合并相关的所得税

在非同一控制下的企业合并中,企业合并成本大于合并中取得的被购买方可辨认净资产公允价值份额的差额,按照会计准则规定应确认为商誉。如果合并时是免税合并,则被并方净资产的账面价值是计税基础,但在合并方的账上却以公允价值计价,于是账上所计的公允价值与计税基础出现了差异,对这一差异,应确认递延所得税资产或负债,并相应地调整商誉。

【例 9】 甲公司以 1 400 万元吸收合并了乙公司,为非同一控制下的企业合并。合并日,乙公司各项资产与负债的账面价值(计税基础)与公允价值如表 8 - 18 所示。

表 8 - 18　　合并日乙公司各项资产、负债的账面价值与公允价值　　单位:万元

项　目	计税基础	公允价值	暂时性差异
应收账款	200	200	—
存货	300	200	—100
固定资产	600	1 000	400
流动负债	200	200	—
非流动负债	100	200	—100
可辨认净资产合计	800	1 000	200

甲公司支付了 1 400 万元吸收合并了乙公司 100%的股份,可辨认净资产的计税基础为 800 万元,甲公司购入乙公司可辨认净资产的公允价值为 1 000 万元,成为甲公司的账面价值。假定该项合并为应税合并,即在合并时,乙公司已对 200 万元的增值部分缴纳了所得税,甲公司收到的可辨认净资产公允价值即为计税基础,则甲公司应编制会计分录如下(单

位：万元）：

借：应收账款　　200
　　存货　　200
　　固定资产　　1 000
　　商誉　　400
　贷：流动负债　　200
　　　非流动负债　　200
　　　银行存款　　1 400

假定本例中的合并为免税合并，即乙公司可辨认净资产的公允价值的升值部分需要其在甲公司终止确认时才需要缴纳所得税，因此，需要在合并时确认递延所得税资产或负债。假定所得税税率为25%，在合并时，甲公司应编制会计分录如下（单位：万元）：

借：应收账款　　200
　　存货　　200
　　固定资产　　1 000
　　递延所得税资产[（100＋100）×25%]　　50
　　商誉　　450
　贷：流动负债　　200
　　　非流动负债　　200
　　　递延所得税负债（400×25%）　　100
　　　银行存款　　1 400

需要注意的是，非同一控制下企业合并中初始确认的商誉，商誉的计税基础为零，其账面价值与计税基础形成的应纳税暂时性差异，会计准则规定不确认与其相关的递延所得税负债。

此外，在企业合并中，如购买日取得的被购买方在以前年度发生的未弥补亏损等可抵扣的暂时性差异，按照税法规定可以用于抵减以后年度应纳所得税额。购买方应将其确认为递延所得税资产，并相应减少商誉。

前述可抵扣的暂时性差异，在购买日不符合递延所得税资产确认条件的，不应确认递延所得税资产，但购买日后12个月内，如取得新的进一步信息表明购买日的相关情况已经存在，预期被购买方在购买日可抵扣暂时性差异带来的经济利益能够实现的，应当确认相关的递延所得税资产，同时减少商誉，商誉不足冲减的，差额部分确认为当期损益。

【例10】 甲公司以1 000万元吸收合并了乙公司，为非同一控制下的企业合并。合并日，乙公司各项资产与负债的账面价值（计税基础）与公允价值相同，其中，资产为1 200万元，负债为400万元。

在购买日，乙公司在以前年度的未弥补亏损200万元可以在甲公司以后年度中予以税前抵减，所得税税率为25%。

如果在购买日符合递延所得税资产的确认条件，甲公司应当编制会计分录如下（单位：万元）：

借：相关资产　　1 200
　　递延所得税资产　　50
　　商誉　　150

贷：相关负债　　　　400

　　银行存款　　　　1 000

如果在购买日不符合递延所得税资产的确认条件，甲公司应当编制会计分录如下(单位：万元)：

借：相关资产　　　　1 200

　　商誉　　　　200

　贷：相关负债　　　　400

　　　银行存款　　　　1 000

假定购买日后第5个月时，甲公司预计能够产生足够的应纳税所得额用于抵减企业合并时产生的可抵扣暂时性差异200万元，甲公司应编制会计分录如下(单位：万元)：

借：递延所得税资产　　　　50

　贷：商誉　　　　50

二、存货内部交易及内部债权债务相关的所得税

在编制合并财务报表时，企业集团内部的营业收入与营业成本需要抵销。如果内部购销的存货全部出售，就不影响所得税；但如果尚有存货未能出售，即产生了暂时性差异；如果对未出售的存货计提了跌价准备，也会涉及暂时性差异问题。

集团内部的债权债务应相互抵销，同时，债权企业提取的坏账准备也应予以抵销，因此，内部债权债务账面价值与计税基础之间的差异所形成的暂时性差异也不能存在。这样，在编制合并财务报表时，对持有集团内部债权债务的企业因该暂时性差异确认的递延所得税资产应进行抵销处理。

【例11】 2017年1月1日，甲公司以控股合并方式取得了乙公司100%的股权。当年，甲公司向乙公司出售商品，售价为1 000万元，成本为600万元。年末，应收账款余额为800万元，乙公司持有自甲公司购入的存货余额为400万元。甲公司按会计政策，对应收账款计提10%的坏账准备。

对此项业务，在合并财务报表工作底稿中，甲公司应当编制抵销分录如下(单位：万元)：

(1) 抵销本期购销业务和存货未实现毛利。

借：营业收入　　　　1 000

　贷：营业成本　　　　840

　　　存货　　　　160

(2) 抵销债权债务。

借：应付账款　　　　800

　贷：应收账款　　　　800

(3) 抵销计提的坏账准备。

借：应收账款(坏账准备)　　　　80

　贷：资产减值损失　　　　80

上述三笔抵销分录对企业当期损益的净影响是减少了利润80万元(存货未实现毛利160万元－坏账损失转回80万元)，对所得税费用的净影响为20万元(80×25%)。对此，甲

公司应编制调整分录如下(单位：万元)：

借：递延所得税资产　　20

　贷：所得税费用　　20

续用上例，假定 2018 年度，甲公司又向乙公司销售商品一批，售价 800 万元，成本为 400 万元。2018 年年末，乙公司持有自甲公司购入的存货 500 万元(其中含毛利 250 万元)，应收账款余额为 1 000 万元，甲公司按应收账款余额的 10%计提坏账准备。

在合并财务报表工作底稿中，甲公司应当编制抵销分录如下(单位：万元)：

(1) 抵销期初存货未实现毛利。

借：长期股权投资　　160

　贷：营业成本　　160

(2) 抵销本期购货业务。

借：营业收入　　800

　贷：营业成本　　800

(3) 抵销期末存货未实现毛利。

借：营业成本　　250

　贷：存货　　250

(4) 抵销债权债务。

借：应付账款　　1 000

　贷：应收账款　　1 000

(5) 抵销计提的坏账准备。

借：应收账款(坏账准备)(期末余额)　　100

　贷：资产减值损失(本期发生额)　　20

　　　长期股权投资(期初余额)　　80

上述五笔抵销分录对企业当期损益的净影响是减少了利润 70 万元(160－250＋20)，对所得税费用的净影响为 17.5 万元(80×25%)；抵销的暂时性差异为 150 万元(存货 250 万元－应收账款坏账准备 100 万元)。对此，甲公司应编制调整分录如下(单位：万元)：

借：递延所得税资产　　37.5

　贷：所得税费用　　17.5

　　　长期股权投资　　20

集团内部未销售存货，如果计提了跌价准备，其会计处理与应收账款坏账准备处理大致相同；此外，固定资产乃至负债等内部交易未实现损益(或推定损益)对合并所得税的影响与存货的影响也大致相当，为节省篇幅，不再单独说明。

思考题

1. 试解释合并前利润和合并前股利两个概念。

2. 在购买法下，母公司可以采用哪些方法处理合并前利润？在合并利润表中如何反映？试比较这些方法的优劣。

3. 在同一控制的期中合并发生后,为什么可以将合并前的收入、费用纳入合并利润表中?

4. 无论在同一控制还是非同一控制下,为什么合并前股利必须抵销?

5. 在期末增加或减少子公司时,比较合并财务报表的上期期初数字应当如何列示?

6. 试说明母公司从外界(少数股东)和子公司购入股份的现金流出对合并现金流量表的影响。

7. 从母、子公司个别现金流量表编制合并现金流量表应当注意哪些问题?调整与抵销分录有什么特殊性?

8. 企业集团若有因发生内部交易而产生的往来款项,在以个别现金流量表为基础编制合并现金流量表时应采取什么调整办法?

9. 在以个别现金流量表为基础编制合并现金流量表时,除了本章所提到的内部交易外,还有哪些内部交易的影响需要调整?

10. 你认为以合并资产负债表和合并利润表为基础编制合并现金流量表的方法与以个别现金流量表为基础编制合并现金流量表方法,哪一种更为简洁,为什么?

11. 结构化主体应当怎样纳入合并财务报表的编制范围?结构化主体中,主要受益人应当怎样判断?

12. 什么是比例合并?试说明采用比例合并的原因。

13. 在投资方与被投资企业发生内部交易时,先抵销内部交易的影响,后执行其他合并程序,与先执行其他合并程序,后抵销内部交易的影响,合并结果会有什么不同?(提示:可举例说明)

14. 为什么要在合并财务报表中抵销未实现损益对所得税的影响?

阅读材料

1. 财政部:《企业会计准则第 31 号——现金流量表》,2006 年。

2. 财政部:《企业会计准则第 33 号——合并财务报表》,2014 年。

3. 财政部:《企业会计准则第 33 号——合并财务报表应用指南》,2014 年。

4. 财政部:《企业会计准则第 40 号——合营安排》,2014 年。

5. 财政部:《企业会计准则第 40 号——合营安排应用指南》,2014 年。

6. 财政部:《企业会计准则第 41 号——在其他主体中权益的披露》,2014 年。

7. 财政部:《企业会计准则第 41 号——在其他主体中权益的披露应用指南》,2014 年。

8. International Financial Reporting Standard 3(IFRS 3), Business Combinations. International Accounting Standard Board, 2004.

9. Financial Accounting Standards Board. Consolidated Financial Statements: Policy and Procedures. Financial Accounting Series. Exposure Draft. 1987.

10. Statement of Position 78 - 9. Accounting for Investment in Real Estate Ventures. American Institute of Certified Public Accountants, Accounting Standards Division, 1978.

练习题

练习一

一、目的:练习期中合并的合并财务报表编制。

二、资料:惠民公司于 2018 年 4 月 1 日以 216 000 元购入龙江公司 20%股份,同年 10 月 1 日又以 441 000 元购入龙江公司 40%的股份。合并业务中所出现的价差均为商誉,进行减值测试后未发现减值。

2018 年 1 月 1 日,龙江公司的股本、资本公积、盈余公积和未分配利润分别为 500 000 元、100 000 元、

250 000 元和 50 000 元。2018 年，龙江公司实现净利润 120 000 元，2018 年 12 月宣告并发放现金股利 60 000 元。

三、要求：计算如下数据：

(1) 2018 年合并利润表中的合并前利润。

(2) 2018 年 20%部分股权投资的收益。

(3) 2018 年 40%部分股权投资的收益。

(4) 2018 年 12 月 31 日少数股东权益。

(5) 假定当年投资收益为 27 625 元，2018 年 12 月 31 日惠民公司“长期股权投资”账户的余额。

练习二

一、目的：练习期中合并的合并财务报表编制。

二、资料：2017 年 7 月 1 日，东昌公司以 540 000 元购入东方公司 90%的股份。2016 年 12 月 31 日，东方公司的股本、资本公积、盈余公积和未分配利润分别为 300 000 元、100 000 元、150 000 元和 10 000 元。2017 年和 2018 年东方公司的净利润和各年年末宣告分配的股利情况如下：

	2017 年	2018 年
净利润	80 000	64 000
分配现金股利	40 000	24 000

2018 年 7 月 1 日，东昌公司出售了 10%东方公司股份(即投资的 1/9)，得款 68 000 元。

三、要求：

(1) 确定 2017 年和 2018 年东昌公司权益法下的投资收益，以及 2017 年和 2018 年年末长期股权投资账户的余额。

(2) 确定 2017 年和 2018 年的少数股东利润，以及 2017 年和 2018 年年末的少数股东权益。

练习三

一、目的：练习期中合并的合并财务报表编制。

二、资料：2018 年 6 月 1 日，九龙公司支付 774 000 元银行存款取得广发公司 70%的股份，因此而产生的价差即为商誉，定期进行减值测试。有关广发公司股东权益的数据如下：

(1) 2018 年 1 月 1 日股东权益：

股本	500 000
资本公积	100 000
盈余公积	200 000
未分配利润	184 000
合计	984 000

(2) 2018 年的净利润和股利：

净利润 144 000 元(全年均匀实现)。

股利 84 000 元(4 月 1 日、10 月 1 日各分派 42 000 元)。

三、要求：

(1) 计算如下数据：

① 对广发公司股权投资所产生的商誉；

② 2018 年九龙公司的投资收益；

③ 权益法下 2018 年 12 月 31 日长期股权投资账户的余额。

(2) 为九龙公司编制 2018 年合并财务报表所需要的调整与抵销分录。

练习四

一、目的：练习期中合并的合并财务报表编制。

二、资料：2018 年 9 月 30 日，浦发公司以 824 000 元取得沙田公司 80%的股份，由此产生了 160 000 元的商誉，当时沙田公司可辨认净资产的公允价值与账面价值相同。浦发公司和沙田公司 2018 年的个别财务报表如表 8-19 所示。

表 8-19　　浦发公司和沙田公司的个别财务报表

截至 2018 年 12 月 31 日　　单位：元

项　目	浦发公司	沙田公司
利润及利润分配表		
营业收入	1 120 000	500 000
营业成本	600 000	200 000
其他费用	251 000	60 000
投资收益	38 000	—
净利润	307 000	240 000
年初未分配利润	100 000	80 000
可分配利润	407 000	320 000
减：提取盈余公积	57 000	120 000
分配现金股利	200 000	100 000
年末未分配利润	150 000	100 000
资产负债表		
货币资金	49 000	70 000
应收账款	154 000	170 000
存货	300 000	200 000
固定资产(净)	880 000	660 000
长期股权投资——沙田公司	824 000	—
资产合计	2 207 000	1 100 000
应付账款	150 000	160 000
长期借款	250 000	100 000
股本	1 000 000	300 000
资本公积	400 000	200 000
盈余公积	257 000	240 000
未分配利润	150 000	100 000
负债及所有者权益合计	2 207 000	1 100 000

其他有关资料如下：

(1) 2018年11月，浦发公司向沙田公司出售存货120 000元，实现毛利30 000元，这些存货的1/3在年末尚未被沙田公司出售，而且有一半的货款尚未支付。

(2) 沙田公司的股利于3月和11月各宣告分派50 000元，净利润在各季度均匀实现。

三、要求：为浦发公司编制2018年度合并财务报表的工作底稿分录。

练习五

一、目的：练习合并现金流量表的编制。

二、资料：长白公司及其拥有80%股份的子公司广远公司的2017年和2018年的合并财务报表见表8-20。

表8-20　　长白公司合并财务报表　　单位：元

项　目	2018年	2017年
利润表		
营业收入	936 000	864 000
营业成本	522 000	504 000
折旧费用	72 000	54 000
其他期间费用	162 000	172 800
合并净利润	180 000	133 200
其中：归属于母公司股东利润	165 600	122 400
少数股东利润	14 400	10 800
年初未分配利润	120 000	110 000
可供分配利润	285 600	232 400
减：提取盈余公积	83 600	76 400
分配现金股利	54 000	36 000
年末未分配利润	148 000	120 000
资产负债表		
货币资金	97 200	144 000
应收账款(净)	262 800	234 000
存货	252 000	180 000
固定资产(净)	612 000	540 000
商誉	180 000	180 000
资产合计	1 404 000	1 278 000
应付账款	147 600	129 600
应付股利	25 200	36 000
少数股东权益(20%)	97 200	90 000

续 表

项　　目	2018年	2017年
股本	400 000	400 000
资本公积	284 000	284 000
盈余公积	302 000	218 400
未分配利润	148 000	120 000
负债和所有者权益合计	1 404 000	1 278 000

三、要求：假设固定资产的变化是由购买和计提折旧引起的，试编制2018年度的合并现金流量表。

练习六

一、目的：练习合并现金流量表的编制。

二、资料：青岛公司及其拥有80%股份的子公司烟台公司2017年和2018年的合并财务报表如表8-21和表8-22所示。

表8-21　　青岛公司合并利润表

2018年度

单位：元

营业收入	3 000 000
营业成本	1 750 000
折旧费用	100 000
其他期间费用	350 000
固定资产出售利得	125 000
利息费用	125 000
所得税费用	480 000
合并净利润	320 000
其中：归属于母公司股东利润	295 000
少数股东利润	25 000
年初未分配利润	220 000
可供分配利润	515 000
减：提取盈余公积	110 000
分派现金股利	150 000
年末未分配利润	255 000

表 8 - 22　　青岛公司合并资产负债表　　单位：元

项　　目	2018 年 12 月 31 日	2017 年 12 月 31 日
货币资金	125 000	125 000
其他流动资产	575 000	375 000
固定资产(净)	1 700 000	1 500 000
商誉	400 000	400 000
资产合计	2 800 000	2 400 000
流动负债	467 500	275 000
长期负债	1 125 000	1 250 000
股本	250 000	150 000
资本公积	150 000	75 000
盈余公积	340 000	230 000
未分配利润	255 000	220 000
少数股东权益	212 500	200 000
负债和所有者权益合计	2 800 000	2 400 000

其他有关资料如下：

(1) 2018 年，企业集团以银行存款购入固定资产 550 000 元；此外，烟台公司还以 375 000 元向外界出售了成本为 250 000 元的固定资产。

(2) 2018 年，烟台公司宣告并支付股利 62 500 元。

(3) 青岛公司以每股 1.75 元的价格发行了 100 000 股面值 1 元的股份，收到银行存款。

三、要求：按间接法为该企业集团编制 2018 年的合并现金流量表。

练习七

一、目的：练习根据个别现金流量表编制合并现金流量表。

二、资料：2017 年和 2017 年 12 月 31 日明华公司及其子公司华光公司(持股比例为 80%)各自的比较资产负债表和 2018 年度的利润表如表 8 - 23 和表 8 - 24 所示。

表 8 - 23　　比较资产负债表
12 月 31 日　　单位：元

项　　目	2017 年		2018 年		变动数	
	明华公司	华光公司	明华公司	华光公司	明华公司	华光公司
货币资金	230 000	50 000	250 000	100 000	20 000	50 000
应收账款净额	125 000		199 000		74 000	
存货	90 000	25 000	90 000	55 000		30 000
长期股权投资——华光公司	292 000		292 000		0	
长期债权投资——债券	100 000		110 000		10 000	

续 表

项 目	2017年		2018年		变动数	
	明华公司	华光公司	明华公司	华光公司	明华公司	华光公司
固定资产净值——房屋	280 000	60 000	260 000	50 000	—20 000	—10 000
固定资产净值——机器设备	320 000	50 000	280 000	230 000	—40 000	180 000
无形资产——土地使用权	120 000	80 000	90 000	80 000	—30 000	
资产合计	1 557 000	265 000	1 571 000	515 000	14 000	250 000
应付账款	257 000	65 000	257 000	105 000		40 000
长期应付款				200 000		200 000
股本	500 000	50 000	500 000	50 000		
资本公积	200 000	100 000	200 000	100 000		
盈余公积	400 000	30 000	400 000	30 000		
未分配利润	200 000	20 000	214 000	30 000	14 000	10 000
负债和所有者权益合计	1 557 000	265 000	1 571 000	515 000	14 000	250 000

表 8-24 利润表

2018年度 单位：元

项 目	明华公司		华光公司	
一、营业收入		500 000		210 000
减：营业成本	380 000		125 000	
经营费用——工资	28 000		12 000	
——折旧	60 000		30 000	
——其他	10 000		3 000	
财务费用——利息	20 000	498 000	5 000	175 000
二、营业利润		2 000		35 000
加：投资收益——债权投资	25 000			
——华光公司	16 000			
资产处置收益——出售土地使用权收益	5 000	46 000		
三、利润总额		48 000		35 000
减：所得税费用	4 000		5 000	
四、净利润		44 000		30 000

2018年的其他有关补充资料如下：

(1) 2018年度，明华公司向外界出售了成本为30 000元的一部分土地使用权，取得现金35 000元，发生营业外收入5 000元。

(2) 华光公司以补偿贸易方式获得设备 200 000 元，应付设备款记入“长期应付款”账户。

(3) 2018 年合并所产生的商誉发生减值 8 000 元。

(4) 明华公司收到债权投资收入款 15 000 元。

(5) 除上述固定资产增减外，其他固定资产变化系由计提折旧引起。

(6) 华光公司 2018 年期初存货中含有明华公司以 6 000 元购入，并以 8 000 元卖给华光公司的存货。该批存货于 2018 年由华光公司全部售出。

(7) 明华公司于 2018 年共卖给华光公司成本为 25 000 元的存货，售价为 35 000 元。2018 年 12 月 31 日，这批存货中尚有 20%留在华光公司的期末存货中，且华光公司还有 8 000 元货款未付给明华公司。

(8) 2018 年，明华公司和华光公司分别宣告并发放现金股利 30 000 元和 20 000 元。

三、要求：根据上述资料，先分别编制明华公司和华光公司的个别现金流量表，再由这两张个别现金流量表进行调整和合并，编制合并现金流量表。

练习八

一、目的：练习投资收益和长期股权投资余额的确定。

二、资料：大同房地产公司是由五方投资者联合控制和经营的公司组织合资企业，成立于 2018 年 1 月 1 日，其中四方各持有 15%的股权，另一方拥有 40%的股份，各投资方对每一股份所支付的代价相同，以后股份比例、总股本及资本公积均无变化。每一投资方均积极参与合资企业的管理。房地产销售与其他重要的决策需要每一投资方的同意。2018 年，该合资企业的净利润为 400 000 元，支付股利 80 000 元。2018 年 12 月 31 日，该合资企业的所有者权益如下：

实收资本	4 000 000
资本公积	2 000 000
投入资本合计	6 000 000
盈余公积	600 000
未分配利润	200 000
所有者权益合计	6 800 000

三、要求：为拥有 40%股份的投资方和其中一个拥有 15%股份的投资方确定 2018 年的投资收益和 2018 年 12 月 31 日的长期股权投资账户余额。

练习九

一、目的：练习比例合并法下合并财务报表的编制。

二、资料：前进公司是一家公司组织形式的合资企业，在企业解散之前不分配利润。东风公司拥有其 40%的股份，按权益法处理这一投资业务，并按比例合并法合并前进公司的财务报表。2018 年 12 月 31 日的税前利润资料如表 8－25 所示。

表 8－25　　东风公司和前进公司的个别财务报表

2018 年 12 月 31 日　　单位：元

项　　目	东风公司	前进公司
利润表		
营业收入	480 000	180 000
营业成本	240 000	90 000
折旧费用	60 000	24 000

续 表

项　　目	东风公司	前进公司
其他期间费用	72 000	36 000
投资收益(来自前进公司)	12 000	—
净利润	120 000	30 000
年初未分配利润	100 000	25 000
可供分配利润	220 000	55 000
减：提取盈余公积	12 000	3 000
分配现金股利	80 000	—
年末未分配利润	128 000	52 000
资产负债表		
货币资金	60 000	30 000
应收账款	80 000	19 000
减：坏账准备	2 000	1 000
存货	66 000	24 000
固定资产	400 000	200 000
减：累计折旧	100 000	32 000
土地使用权	84 000	36 000
长期股权投资——前进公司	72 000	—
资产合计	660 000	276 000
应付账款	48 000	36 000
其他负债	72 000	61 000
实收资本	300 000	100 000
资本公积	60 000	—
盈余公积	52 000	27 000
未分配利润	128 000	52 000
负债和所有者权益合计	660 000	276 000

三、要求：采用比例合并法为东风公司编制 2018 年合并财务报表。

练习十

一、目的：练习企业合并时所得税的会计处理。

二、资料：甲企业以增发市场价值 10 000 万元的本企业普通股为对价购入乙公司 100%的净资产，对乙公司进行吸收合并。此项合并为非同一控制下的企业合并，且该项合并符合税法规定的免税合并条件，交易双方选择进行免税处理。购买日乙公司各项可辨认资产、负债的公允价值及其计税基础如表 8－26 所示。

表 8-26　　购买日乙公司可辨认资产、负债的公允价值及其计税基础　　单位：万元

项　目	公允价值	计税基础
应收账款	1 000	1 200
存货	5 000	4 000
固定资产	3 600	5 000
应付账款	1 000	1 000
其他应付款	1 300	1 000

三、要求：甲、乙公司的所得税税率均为25%，为甲公司编制企业合并时的会计分录(单位以万元列示)。

练习十一

一、目的：练习集团内部存货交易对合并所得税的影响。

二、资料：2018年1月1日，甲公司以800万元取得乙公司80%的股权。当日，乙公司可辨认净资产的账面价值与公允价值相等，均为1 000万元；净权益的构成情况：股本800万元，盈余公积和未分配利润均为100万元。

2018年度，其他资料如下：

(1) 1月1日，乙公司向甲公司出售生产设备一台，成本为500万元，售价为800万元。甲公司购入该设备后，确认为固定资产，并按直线法计提折旧，该设备估计使用年限为10年。

(2) 甲公司向乙公司销售成本为400万元的存货一批，成本加成率为50%。至年末，乙公司尚持有该项存货的一半；甲公司应收乙公司销货款300万元，并对该应收款项计提10%的坏账准备。

(3) 乙公司对从甲公司购入的存货计提了20万元的跌价准备。

(4) 乙公司实现净收益500万元，提取10%的盈余公积，分配现金股利200万元。

三、要求：假定甲、乙公司的所得税税率均为25%，为甲公司编制合并财务报表的调整与抵销分录(单位以万元列示)。

案例分析题

某中方企业与美国公司在中国上海合资成立了中外合资公司，前者拥有51%的股份，主要以土地和现金出资；后者拥有49%的股份，主要以设备和技术出资。合资协议规定，中方企业担任合资企业的董事长和财务总监，美国公司担任合资企业的副董事长和总经理；同时还规定，有关合资企业运行的所有重大的生产经营和财务决策均需要双方一致同意，否则无效。

在美国公司的会计处理中，按照美国会计准则规定，对该合资企业的49%股权投资采用权益法处理，同时采用比例合并法将合资企业49%的资产、负债、收入、费用并入其合并财务报表。

在中方企业，管理层认为，中方企业持有该合资企业的股份已经超过半数，而且董事长和财务总监也由中方企业派代表担任，因此，在2006年之前对51%的股权投资采用权益法处理，而合资企业的所有资产、负债、收入、费用均并入中方的合并财务报表，并确认少数股东权益和少数股东损益。2007年之后按照《企业会计准则第2号——长期股权投资》的规定对51%的股权投资仍采用权益法处理，对合资企业进行全额合并。

[要求]

试分别对美国公司和中方企业对合资企业股权的会计处理以及合并财务报表的编制政策加以评述。

第二篇

特殊会计报告

第九章

上市公司的信息披露

学习提要

上市公司信息披露是证券市场健康发展的重要保证，也是投资者做出合理投资决策的基本依据。信息披露制度是证券市场监管制度的基石。

根据不同的理论，信息披露有自愿披露和强制披露两种方式，我国主要采用强制披露的方式。

我国的强制性信息披露主要采用实质上审核制度。

我国上市公司信息披露体系主要由首次披露、定期报告和临时报告三个层面构成。

首次披露的内容有招股说明书、募集说明和上市公告书等。

定期报告包括年度报告、中期（半年度）报告以及季度报告等。

临时报告有重大事件公告、公司收购公告等。

上市公司信息披露的内容及格式都应依据有关规范的要求。

上市公司信息披露所依据的规范主要有《中华人民共和国公司法》《中华人民共和国证券法》《股票发行与交易管理暂行条例》《上市公司信息披露管理办法》，以及《公开发行证券的公司信息披露内容与格式准则》有关内容与格式的特别规定、《企业会计准则》等。

第一节 上市公司信息披露的意义与理论基础

一、上市公司信息披露的意义

上市公司在我国国民经济发展中具有极其重要的地位，证券市场是企业重要的筹资平台。国家统计局公布的《2017 年国民经济和社会发展统计公报》显示，全年上市公司通过境内市场累计筹资 40 836 亿元，比上年减少 12 244 亿元。其中，首次公开发行 A 股完成申购 419 只，筹资 2 186 亿元；A 股现金再融资（包括公开增发、定向增发、配股、优先股）9 209 亿元；上市公司通过沪深交易所发行债券（包括公司债、可转债、可交换债和企业资产支持证券）筹资 28 105 亿元。全年全国中小企业股份转让系统新增挂牌公司 2 176 家，筹资 1 336 亿元。

除此之外，上市公司对建立现代公司制度、强化公司治理及资源配置都发挥了重要的标杆作用。

经过20多年的稳定发展,我国证券市场规模不断扩大。截至2018年6月20日,我国沪、深两市共有上市公司3 544家(其中,沪市1 430家,深市2 114家),两市总市值约51.2万亿元(其中,沪市约30.7万亿元,深市约20.5万亿元),流通市值39.34万亿元,上交所股票平均市盈率14.39倍,深交所股票平均市盈率25.24倍。

目前,我国沪、深两市市值位居世界前列。根据世界证券交易所联合会统计数据,截至2016年末,全球81个主要证券交易所的上市公司市值总额为70.08万亿美元,上海证券交易所股票市值排名第四,占市值总额的5.86%;深圳证券交易所股票市值排名第七,占市值总额的4.59%。

上市公司的信息披露主要是指公众公司以招股说明书、上市公告书以及定期报告和临时报告等形式,把公司及与公司相关的信息,向投资者和社会公众公开披露的行为。上市公司信息披露是上市公司向投资者和社会公众全面沟通信息的桥梁,投资者和社会公众主要通过上市公司的信息披露获取上市公司的信息,并作为投资决策的主要依据。因此,真实、全面、及时、充分地进行信息披露至关重要,只有这样,才能对那些持价值投资理念的投资者真正有所裨益。

二、信息披露的理论基础

基于不同的认识,会计信息的披露存在两种不同的观点:一是自愿披露,二是强制披露。

支持自愿披露的理论主要有委托代理理论、竞争性资本市场理论和信号理论等。

委托代理理论认为,企业是一系列契约关系的集合,由所有权与经营权分离引起的代理成本问题,会永久性折损企业的价值,及时披露相关可靠的信息会使得投资者以有效的低成本方式评价公司及其管理者,从而通过降低代理成本来创造股东价值。但由于外部股东不能直接观察管理者的行为,所以他们就愿意与管理者签订契约,并对管理者进行监督,由于监督代理契约的执行要耗费成本,这些成本不但会降低投资报酬,还有可能降低管理者的奖金、分红和其他报酬,因此,管理者就有使监督成本保持最低的动机,即公司管理层存在向所有者自愿披露信息的动机。

竞争性资本市场理论认为,一定时期内,资本市场资金量总是有限的,各家公司为了筹集自身所需资金,必然存在一定竞争关系。这种竞争关系的存在使公司产生了自愿披露信息的内在动力。因为,在资本市场中,公司要筹资,必然要向投资者公开公司相关信息。公司信息越透明、越公开,公司形象才可能越好,才能取得投资者信任,从而投资者才能产生购买愿望,公司股票才能得以发行。

对于证券市场上的信息不对称和逆向选择问题,企业的自愿性披露起到了信号传递的作用。根据信息传递理论,好消息的公司将通过传递信号将其与坏消息公司区别开来,市场也会做出积极的反应,好消息公司的股票价格就会上涨,而那些不披露的公司则被认为是坏消息的公司,其股价就会下降。因此,拥有关于企业未来现金流量等私人信息的高质量企业的管理层就有动力进行充分披露,通过这种自愿披露企业真实状况的信息,可以减少投资者对公司前景的不确定性和对公司的误解。投资者通过这些信息,将那些较高质量的企业与低质量的企业区分开来,进而愿意以较高的价格来购买其证券,纠正市场对公司股票的错误定价，企业的价值就会得到正确的估计。

但是，委托代理理论并不能解决舞弊与财务欺诈，竞争性资本市场理论会因为市场不是强式有效而不能发挥效用，信息理论不能解决信息的完备性。此外，自愿披露信息还无法保证信息的可比性。基于以上原因，在没有建立强制性信息披露制度的情况下，证券市场上信息的混杂状态使得投资者无法辨别高品质证券与低品质证券，结果便是高、低品质证券的价格趋同，换句话说，投资者不愿意为高品质证券支付高价，因为他不知道哪些是高品质证券。这就是证券市场中的逆向选择问题，其直接后果便是资源将会配置到一些低价值的替代物上去，而高价值的证券定价偏低，证券市场的有效性降低，资源配置功能受损。作为一种低成本、高效益的证券监管方式，信息披露制度已经在世界各主要资本市场中得以推行。实践强有力地证明，通过树立并维护公众对证券市场的信心和提供投资者保障，信息披露制度增进了资本市场的有效性并最终促进了资本的有效配置，推动了国民经济的持续、健康发展。

在世界各国的证券法中，对证券发行的监管主要存在两种监管模式，即充分信息披露主义(full disclosure philosophy)和实质性审核主义(substantive regulation philosophy)。充分信息披露主义，也称注册制，是指证券发行公司应当完全公开可供投资者进行投资决策的所有必要信息，由投资者自己进行决策。如美国 1933 年的《证券法》就持这一观点，即美国证券交易委员会对缺乏投资品质的公司证券发行没有否决的权力。实质性审核主义，也称核准制，是指发行人为募集与发行有价证券，不仅要充分披露供投资者做投资决策的所有必要信息，还必须符合一定条件，才可以依法向证券主管机关申请核准，并经其同意后，才能进行有价证券的募集与发行。

我国的股票上市就曾经历过审批制和核准制等制度。

自 1990 年上海证券交易所和深圳证券交易所成立以来，直到 2000 年 3 月之前，我国执行的是审批制。审批制的特征是额度制，由国务院证券委员会每年下达发行额度，国务院证券委员会是 14 个部委的议事机构，作为办事机构是中国证券监督管理委员会(以下简称证监会)，国务院证券委员会每年下达当年发行的额度。

审批程序分为三个阶段：(1) 额度分配。指由证券主管部门根据国家经济发展总体布局和产业政策，确定每年总的发行规模，并将此总额度分配给各省市及各部委，再由其将额度分配给其所属企业。历史上曾经下过 4 次额度，1993 年的 50 亿元，1995 年的 55 亿元，1996 年的 150 亿元，1997 年的 300 亿元，这四个额度分到各个省市、各个部委，由各个省市、各个部委来选企业，因为当中有的企业是部署企业，有些是地方企业。地方企业从地方拿额度，部署企业从部委拿额度。在额度之下，由政府来选择企业，哪些企业发多少股票、什么时候发，都由政府来选择，然后报给证监会发行部进行实质性审查。在这个阶段里，证监会对于发行的节奏和发行的价格进行行政控制。(2) 预选。即在发行额度或数量确定后，由地方政府或各部委根据企业的申请，初步确定若干企业作为预选企业，供证监会审核。(3) 批准发行。分为初审和复审两个阶段。

1999 年 7 月 1 日开始施行的《中华人民共和国证券法》第 10 条明确规定，所有公开发行股票必须经证监会核准，股票上市从审批制转变为核准制，1997 年的 300 亿元额度，用到 2000 年 3 月结束。2000 年 3 月之后，核准制就不是由政府来选企业，而是由保荐机构来选择企业和推荐企业。

2003 年年底中国证监会发布的《证券发行上市保荐制度暂行办法》和 2004 年 5 月第一批保荐机构和保荐代表人的公布,拉开了我国证券发行审核制度革命性变革的序幕,证券保荐制度正式在我国推行。在保荐制度开展之前,中国证监会一开始给每个券商一些通道,2003 年后把通道制改为保荐制度,即每一家企业首次公开发行或者再融资都应该由 2 个保荐人保荐。2005 年 10 月 27 日颁布、2006 年 1 月 1 日实施的我国新《证券法》,更是以法律的形式确定了我国发行上市阶段对保荐人的要求,并授权国务院证券监督管理机构对保荐制度进行管理。

2013 年 11 月 15 日,十八届三中全会通过了《中央关于全面深化改革若干重大问题的决定》,提出要推进股票发行注册制改革。

2014 年 11 月 24 日,国务院决定取消的 67 项职业资格许可和认定事项目录中,包括原属中国证监会认定的保荐代表人资格和外国证券机构驻华代表机构首席代表资格审核取消。这一举措意味着股票发行注册制改革已经实质性启动。

注册制改革是我国 A 股市场走向成熟、融入全球的重要举措,从核准制到注册制,是资源配置机制的变革,也是资本市场平衡责权结构的变革。注册制改革的核心是强化信息披露,目标是建立一个信息透明、自主投资、预期有序、基本成长的股票市场。

注册制的实质不是证监会对发行进行审查,而是交易所对上市进行实质性审查。

交易所的实质性审查是以信息披露为中心,审核信息披露资料的完整性、一致性以及可理解性。它不再对公司的质量做出判断,不为拟上市公司是否值得投资进行背书。

无论是在强调充分信息披露的国家,还是在强调实质性审核的国家,都不约而同地肯定了信息披露制度自身的价值。依靠强制性信息披露,以培育、完善市场本身机制的运转,增强市场投资者、中介机构和上市公司管理层对市场的理解和信心,是世界各国日益广泛的做法。一般认为,信息披露制度是证券市场监管制度的基石,其理论基础是强制性信息披露制度能在相当大的程度上解决证券市场中的逆向选择问题,从而纠正证券定价偏差,最终促进资源的有效配置。真实、准确、完整、公平披露、规范、易解、易得的信息是投资者做出理性投资决策的先决条件,是证券市场赖以生存的基础之一。

第二节 上市公司信息披露的原则与体系

一、上市公司信息披露的原则

2007 年 1 月 30 日,中国证监会发布的《上市公司信息披露管理办法》(中国证券监督管理委员会令第 40 号)第 2 条明确了上市公司信息披露标准,即“信息披露义务人应当真实、准确、完整、及时地披露信息,不得有虚假记载、误导性陈述或者重大遗漏。信息披露义务人应当同时向所有投资者公开披露信息”。具体申述如下:

1. 真实性与准确性

披露的信息必须真实,不可弄虚作假,这一点自不待言。但是,由于语言本身所固有的不精确性,以及人们对同一事实认识上的不同,信息的披露除了真实之外,还要求对这些信息进行准确的表述。对信息披露而言,准确性的界定要远远难于真实性,如果人们为了自利的目的而尽力挖掘其漏洞从而带来进一步的不准确，就会使准确性这一要求并不像初看上去那么简单易得。那些企图用不正当的手段获利的人，或者有意遗漏本应该予以披露的重要内容，或者故意使用不准确的、似是而非的语言，来达到自己误导投资者的目的。这就是为什么很多披露的信息需要进行审计的原因之一。

真实性同时意味着信息披露人不能高估已经发生的事实。

2. 完整性

从理论上看，所有影响投资者决策的信息均应该得到披露。证券市场上的信息一般可分为“硬信息”和“软信息”两大类。一般所谓的基本面信息均为“硬信息”，如《公司法》及《股票发行与交易管理暂行条例》中所要求披露的公司招股说明书、年度和中期的财务报告、重大事项披露报告、分红配股政策、收购兼并决定等，均属此列。这些内容中最容易确定其内涵与外延的是“重大事项”，最易造成违规或潜在纠纷的是对上述内容中任何部分的“重大遗漏”。即使是在重大事项中，也仍有所谓“硬信息”与“软信息”之分。可以从已有财务报告中反映出来的信息均为“硬信息”，如重大债务、合同等；而从现有财务数据、行业政策、行业发展情况、宏观经济形势等数据中衍生出来的、对公司盈利前景的预测、市盈率的推断等，则为“软信息”。

由于无法获得投资者的决策模式，因此，信息的完整性是一个十分难以取舍的问题，多则会出现信息超载，少则会出现信息不足。

完整性同时意味着信息披露人不能隐瞒已经发生的事实。

3. 公平与及时披露

公平披露是指上市公司及其他信息披露义务人应当同时向所有投资者公开披露信息，以使所有投资者平等获悉同一信息。具体要求包括：一是披露义务人公开披露的信息应当第一时间向全体投资者公布，不得提前向单个或者部分投资者披露、透露或泄露。不得以新闻发布或者“答记者问”等任何形式代替其应当履行的报告、公告义务。二是上市公司通过业绩说明会、分析师会议、路演、接受投资者调研等形式就公司的经营情况、财务状况及其他事件与任何机构和个人进行沟通时，不得提供内幕信息。三是在境内、外市场均发行股票或衍生品种并上市的公司在境外市场披露的信息，应当同时在境内市场披露。

及时披露是指上市公司应当在最先发生的以下任一时点，履行重大事件的信息披露义务，包括：一是董事会或者监事会就该重大事件形成决议时；二是有关各方就该重大事件签署意向书或者协议时；三是任何一名董事、监事或者高级管理人员知悉重大事件发生并报告时。

二、上市公司信息披露的体系

我国证券市场自1990年创立以来，已经形成了比较完整的信息披露体系。在法律上，从证券市场的立法到主管部门针对某一个特定问题所颁布的规章制度，形成了信息披露的法律体系。目前这个体系大致可分为四个层次。

第一层次：证券市场立法。1998年12月29日，第九届全国人民代表大会常务委员会第六次会议通过了《中华人民共和国证券法》，标志着我国证券市场法制进入了一个新的阶段。《证券法》共12章214条，对我国证券的发行、交易以及证券交易、中介机构和监督管理作出了规定。为适应经济发展的需要，全国人大对《证券法》进行了修正，并在2004年8月公布实施。

第二层次：证券市场立法的实施细则。在国务院于1993年4月22日颁布《股票发行与交易管理暂行条例》之后，中国证监会很快于1993年6月12日颁发了《公开发行股票公司信息披露实施细则(试行)》。该细则共8章31条，规定了上市公司信息披露的责任、义务，主要披露的内容，披露的方式、时间及时效性等。2007年1月30日，中国证监会发布了《上市公司信息披露管理办法》，废止了前述《公开发行股票公司信息披露实施细则(试行)》及其他相关规定。

第三层次：信息披露的内容格式准则。这是根据《股票发行与交易管理暂行条例》和《上市公司信息披露管理办法》的规定，主要针对上市公司的各项披露，就其内容与格式作出了详细规定的一个完整系列。如证监会发布的各种不同的《公开发行证券的公司信息披露内容与格式准则》即属于此层次。

第四层次：对信息披露法规的解释，说明某些具体规定，对信息披露过程中出现的一些问题的答复，等等。例如，2008年10月31日，中国证监会发布了《公开发行证券的公司信息披露解释性公告第1号——非经常性损益》即属于此层次。

上市公司信息披露的结构主要包括由首次披露、定期报告和临时报告等组成的体系。图9-1列示了我国上市公司的信息披露体系。

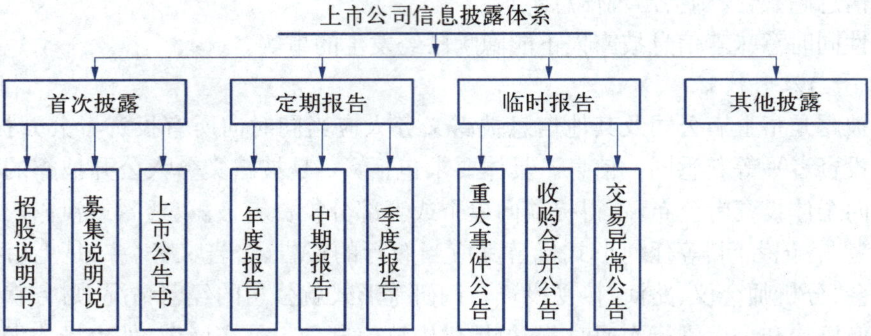

图9-1　上市公司信息披露体系

第三节　上市公司信息披露的内容与格式

如前所述，上市公司信息披露包括首次披露、定期报告和临时报告等内容。兹分述如下：

一、招股说明书

股份有限公司发行股票，应当编制招股说明书，向社会公开披露有关的信息。

招股说明书应当按照中国证监会颁布的《公开发行证券的公司信息披露内容与格式准则第1号——招股说明书》(2015年修订)所规定的格式制作[创业板上市公司的招股说明书，应按照中国证监会颁布的《公开发行证券的公司信息披露内容与格式准则第28号——创业板公司招股说明书》(2015年修订)所规定的格式制作]，并载明下列事项：

(1) 招股说明书封面。

(2) 招股说明书目录。

(3) 招股说明书正文。具体包括:

① 概览;

② 本次发行概况;

③ 风险因素及对策;

④ 发行人基本情况;

⑤ 业务和技术;

⑥ 同业竞争与关联交易;

⑦ 董事、监事、高级管理人员与核心技术人员;

⑧ 公司治理;

⑨ 财务会计信息;

⑩ 管理层讨论与分析;

⑪ 业务发展目标;

⑫ 募集资金运用;

⑬ 股利分配政策;

⑭ 其他重要事项;

⑮ 董事、监事、高级管理人员及有关中介机构声明。

(4) 招股说明书附录。

(5) 招股说明书备查文件。

招股说明书的有效期为6个月,自中国证监会下发核准通知前招股说明书最后一次签署之日起计算。发行人在招股说明书有效期内未能发行股票的,应重新修订招股说明书。发行人应在发行前2～5个工作日内将招股说明书摘要刊登于至少一种中国证监会指定的报刊,同时将招股说明书全文刊登于中国证监会指定的网站,并将招股说明书全文文本及备查文件置备于发行人住所、拟上市证券交易所、主承销商和其他承销机构的住所,以备查阅。

发行人申请首次公开发行股票的,中国证监会受理申请文件后,发行审核委员会审核前,发行人应当将招股说明书申报稿在中国证监会网站预先披露。

预先披露的招股说明书申报稿不是发行人发行股票的正式文件,不能含有价格信息,发行人不得据此发行股票。

证券发行申请经中国证监会核准后至发行结束前,发生重要事项的,发行人应当向中国证监会书面说明,并经中国证监会同意后,修改招股说明书或者做相应的补充公告。

二、募集说明书

上市公司在发行股票后,为满足生产经营以及资本结构的需要,通常会在证券市场上公开发行公司债券(包括可转换债券)。为规范公开发行公司债券的信息披露行为,保护投资者合法权益,中国证监会于2007年8月15日发布了《公开发行证券的公司信息披露内容与格式准则第23号——公开发行公司债券募集说明书》(2015年修订)(13号准则规范了可转换公司债券信息披露内容与格式);2015年3月,中国证监会对其进行了修订,要求申请发行公司债券的公司(简称"发行人")编制公司债券募集说明书(以下简称《募集说明书》)及其摘要,作为向中国证监会申请发行公司债券的必备文件,并按规定披露。

发行人编制《募集说明书》,应当载明以下事项:

1. 发行概况。

包括发行的核准文件、核准规模和本期债券的名称和发行总额、票面金额、债券期限、债券利率、还本付息的方式,本期债券的起息日、利息登记日、付息日期、本金支付日、支付方式、支付金额等事项。

2. 风险因素。

包括本期债券的投资风险,如利率风险、流动性风险、偿付风险等。风险因素还包括发行人的相关风险,如财务风险、经营风险、管理风险及政策风险等。

3. 发行人及本期债券的资信状况。

包括信用评级结论及标识所代表的含义、公司获得主要贷款银行的授信情况以及近3年的流动比率、速动比率、资产负债率、利息倍数[(利润总额+利息费用)/利息费用]、贷款偿还率(实际贷款偿还额/应偿还贷款额)、利息偿付率(实际支付利息/应付利息)等财务指标。

4. 增信机制、偿债计划及其他保障措施。主要包括以下内容:

(1) 提供保证担保的,如保证人为法人或其他组织,应披露保证人的基本情况。

(2) 提供保证担保的,如保证人为自然人,应当披露保证人与发行人的关系,保证人的资信状况、代偿能力、资产受限情况、对外担保情况以及可能影响保证权利实现的其他信息。

(3) 保证人为发行人控股股东或实际控制人的,还应披露保证人所拥有的除发行人股权外的其他主要资产,以及该部分资产的权利限制及是否存在后续权利限制安排。

(4) 提供保证担保的,应披露债券担保合同或担保函的主要内容。

(5) 提供抵押或质押担保的,应披露担保物的名称、金额(账面价值和评估值)、担保物金额与所发行债券面值总额和本息总额之间的比例,说明担保物发生重大变化时的持续披露安排。

(6) 同一担保物上已经设定其他担保的,还应披露已经担保的债务总余额以及抵/质押顺序。

(7) 提供抵押或质押担保的,应披露担保物的评估、登记、保管和相关法律手续的办理情况,并披露担保的范围。

(8) 采用限制发行人债务和对外担保规模、对外投资规模,限制发行人向第三方出售或抵押主要资产,设置债券回售条款,设置商业保险等商业安排,设立偿债专项基金等其他方式进行增信的,应当披露增信措施的具体内容、相关协议的主要条款、实现方式、相应风险以及相关手续的办理情况等事项。

(9) 提供担保或采用其他增信措施的,发行人应披露债券持有人及债券受托管理人对担保事项及其他增信措施的持续监督安排。

(10) 发行人应披露所制定的具体偿债计划及保障措施。

(11) 发行人如设置专项偿债账户的,应披露该账户的资金来源、提取的起止时间、提取频度、提取金额、管理方式、监督安排及信息披露等内容。

(12) 发行人应披露构成债券违约的情形、违约责任及其承担方式以及公司债券发生违约后的诉讼、仲裁或其他争议解决机制。

5. 发行人基本情况。

(1) 公司名称、法定代表人、设立日期、注册资本、实缴资本、住所、邮编、信息披露事务负责人及其联系方式、所属行业、经营范围、组织机构代码等。

(2) 公司设立及最近 3 年内实际控制人变化情况、重大资产重组情况及报告期末的前十大股东情况；相关重大资产重组涉及资产评估事项的，还应简要披露资产评估情况。

(3) 对其他企业的重要权益投资情况，包括主要子公司以及其他有重要影响的参股公司、合营企业和联营企业等。发行人应披露上述企业的基本情况、主营业务、近 1 年的主要财务数据(包括资产、负债、所有者权益、收入、净利润等)及其重大增减变动的情况及原因。

(4) 控股股东和实际控制人的基本情况。实际控制人应披露到最终的国有控股主体或自然人为止。

若发行人的控股股东或实际控制人为自然人，应披露其姓名、简要背景、与其他主要股东的关系及直接或间接持有的发行人股份/权被质押或存在争议的情况，同时披露该自然人对其他企业的主要投资情况。

若发行人的控股股东或实际控制人为法人，应披露该法人的名称及其主要股东。披露该法人的成立日期、注册资本、主要业务、主要资产情况、最近 1 年合并财务报表的主要财务数据并注明是否经审计、所持有的发行人股份/权被质押或存在争议的情况。

(5) 现任董事、监事、高级管理人员的基本情况，至少包括姓名、现任职务及任期、从业简历、兼职情况、持有发行人股份/权和债券的情况。

(6) 所从事的主要业务、主要产品(或服务)的用途、所在行业状况及发行人面临的主要竞争状况、经营方针及战略。

(7) 与业务相关的情况，包括但不限于：

① 报告期业务收入的主要构成及各期主要产品或服务的规模、营业收入。

② 报告期内主要产品或服务上下游产业链情况，如原材料、能源及供应情况，产品或服务的主要客户情况等。

发行人所从事的业务需要取得许可资格或资质的，应当披露当前许可资格或资质的情况。

(8) 法人治理结构及相关机构最近 3 年内的运行情况。

(9) 最近 3 年内是否存在违法、违规及受处罚的情况，说明董事、监事、高级管理人员的任职是否符合《公司法》及《公司章程》的规定。

(10) 与控股股东、实际控制人在业务、资产、人员、财务、机构等方面的分开情况。

(11) 关联方、关联关系、关联交易，并说明关联交易的决策权限、决策程序、定价机制。

(12) 最近 3 年内是否存在资金被控股股东、实际控制人及其关联方违规占用，或者为控股股东、实际控制人及其关联方提供担保的情形。

(13) 会计核算、财务管理、风险控制、重大事项决策等内部管理制度的建立及运行情况。

(14) 信息披露事务及投资者关系管理的相关制度安排。

6. 财务会计信息。发行人应简要披露财务会计信息，主要包括：

(1) 最近 3 年及一期的资产负债表、利润表及现金流量表，发行人编制合并财务报表的，应同时披露合并财务报表和母公司财务报表。最近 3 年及一期合并财务报表范围发生重大变化的,还应披露合并财务报表范围的具体变化情况、变化原因及其影响。

(2) 最近3年内进行过导致公司主营业务和经营性资产发生实质变更的重大资产购买、出售、置换的发行人,披露最近3年及一期的财务报表应包括:重组完成后各年的资产负债表、利润表、现金流量表,以及重组前一年的备考财务报表和备考报表的编制基础。

(3) 最近3年及一期的主要财务指标以及公司管理层作出的关于公司最近3年及一期的财务分析的简明结论性意见,主要以合并财务报表为基础分析说明发行人资产负债结构、现金流量、偿债能力、最近3年的盈利能力、未来业务目标以及盈利能力的可持续性。

(4) 对最近3年及一期的主要会计数据和财务指标进行比较,发生重大变化的,应说明原因。

① 报告期内各期营业收入的构成及比例,分析营业收入的增减变动情况及原因。

② 报告期内各期主要费用(含研发)及其占营业收入的比重和变化情况。

③ 报告期内各期重大投资收益和计入当期损益的政府补助情况。

④ 报告期内各期末主要资产情况及重大变动分析。

⑤ 报告期内各期末主要负债情况。有逾期未偿还债项的,应说明其金额、未按期偿还的原因等。

(5) 说明最近1个会计年度期末有息债务的总余额、债务期限结构、信用融资与担保融资的结构等情况,本次发行公司债券后公司资产负债结构的变化。

(6) 会计师事务所曾对发行人最近3年的财务报告出具非标准无保留意见的,发行人应披露发行人董事会(或者法律、法规及公司章程规定的有权机构)关于非标准无保留意见审计报告涉及事项处理情况的说明以及会计师事务所及注册会计师关于非标准无保留意见审计报告的补充意见。

(7) 对可能影响投资者理解公司财务状况、经营业绩和现金流量情况的信息,应加以必要的说明。

(8) 会计报表附注中的资产负债表日后事项、或有事项及其他重要事项,包括对公司财务状况、经营成果、声誉、业务活动、未来前景等可能产生较大影响的诉讼或仲裁、担保等事项。

(9) 截至募集说明书签署之日的资产抵押、质押、担保和其他权利限制安排,以及除此以外的其他具有可对抗第三人的优先偿付负债的情况。

7. 募集资金运用。主要包括:

(1) 募集资金的用途、使用计划、专项账户管理安排等。

(2) 募集资金用于项目投资、股权投资或收购资产的,发行人应当披露拟投资项目的基本情况、股权投资情况、拟收购资产的基本情况。

募集资金运用涉及立项、土地、环保等有关报批事项的,应当披露已经取得有关主管部门批准的情况。

募集资金用于补充流动资金或者偿还银行贷款的,应当披露补充流动资金或者偿还银行贷款的金额和对公司财务状况的影响。

8. 债券持有人会议。主要包括:

(1) 债券持有人根据相关规定和本募集说明书的约定行使有关权利的形式。

(2) 按照公平、合理和有利于保护债券持有人利益的原则制定并披露债券持有人会议规则的主要内容,包括但不限于债券持有人通过债券持有人会议行使权利的范围,债券持有人会议召开的情形,债券持有人会议的召集、通知、决策机制和其他重要事项。

(3) 应明确披露债券持有人会议决议的生效条件和效力。说明债券持有人会议按照《公司债券发行与交易管理办法》的规定及会议规则的程序要求所形成的决议对全体债券持有人具有约束力。

(4) 债券持有人会议规则约定的其他重要事宜。

9. 债券受托管理人。

(1) 所聘任的债券受托管理人及其联系人和所订立的债券受托管理协议的情况。

(2) 债券受托管理协议的主要事项,包括但不限于下列事项:

① 债券受托管理人的名称及基本情况。

② 债券受托管理人的聘任情况,债券受托管理人在履行受托管理职责时可能存在的利益冲突情形及相关风险防范、解决机制。

③ 如发行人为债券设定担保,债券受托管理人取得担保权利证明或其他有关文件的时间,担保财产是否约定为信托财产。

④ 发行人、债券持有人和债券受托管理人之间的权利、义务和违约责任。

⑤ 债券受托管理人行使权利、履行义务的方式、程序等。

⑥ 债券受托管理人的报酬情况。

⑦ 变更、解聘债券受托管理人的条件及程序。

⑧ 其他重要内容。

(3) 债券受托管理人保护债券持有人合法权益的主要措施,说明债券受托管理事务的主要程序和方式,说明如何出具债券受托管理事务报告。

10. 发行人、中介机构及相关人员声明。

11. 备查文件。

三、上市公告书

股份公司股票获准在证券交易所交易后,上市公司应当编制上市公告书,并将有关文件予以公开。1997 年 1 月 6 日,中国证监会发布了股票上市公告书内容与格式准则(第 7 号准则),并于 2001 年 3 月 15 日进行了修订。由于创业板与主板的股票上市要求有很大差别,中国证监会在 2007 年 3 月 6 日废止了这一准则,授权上海证券交易所和深圳证券交易所制定有关上市公告书的内容与格式。2006 年 5 月 18 日,上海证券交易所发布了《股票上市公告书内容与格式指引》(2013 年修订)。根据上海证券交易所发布的上市公告书内容与格式指引的要求,《上市公告书》(2013 年修订)主要包括下列事项:

1. 重要声明与提示。包括诸如"证券交易所、其他政府机关对本公司股票上市及有关事项的意见,均不表明对本公司的任何保证"之类的声明与提示。

2. 股票上市情况。主要包括:

(1) 股票发行上市审核情况,主要包括:

① 编制上市公告书的法律依据;

② 股票发行的核准部门和文号;

③ 本所同意股票上市文件的文号。

(2) 股票上市的相关信息,主要包括:

① 上市地点;

② 上市时间;

③ 股票简称;

④ 股票代码;

⑤ 本次公开发行后的总股本;

⑥ 本次公开发行的股票数量;

⑦ 本次上市的无流通限制及锁定安排的股票数量;

⑧ 发行前股东所持股份的流通限制及期限;

⑨ 发行前股东对所持股份自愿锁定的承诺;

⑩ 本次上市股份的其他锁定安排等。

(3) 发行人、股东和实际控制人情况。

(4) 基本情况,包括中英文名称、注册资本、法定代表人、住所、经营范围、主营业务、所属行业、电话、传真、电子邮箱、董事会秘书,以及发行人董事、监事、高级管理人员的姓名、任职起止日期以及直接或间接持有发行人的股票、债券情况等。

3. 股票发行情况。发行人应披露本次股票上市前首次公开发行股票的情况,主要包括:

(1) 发行数量;

(2) 发行价格;

(3) 每股面值;

(4) 发行方式;

(5) 募集资金总额及注册会计师对资金到位的验证情况;

(6) 发行费用总额及明细构成、每股发行费用;

(7) 募集资金净额;

(8) 发行后每股净资产;

(9) 发行后每股收益。

4. 财务会计情况。主要包括:

(1) 在当期定期报告(包括年度报告、中期报告和季度报告)披露期间刊登上市公告书的发行人,应按以下要求在其上市公告书中披露主要会计数据及财务指标:

① 发行人在招股意向书中已披露当期定期报告的主要会计数据及财务指标的,上市公告书中不需再次披露。

② 发行人在招股意向书中未披露当期定期报告的主要会计数据及财务指标的,可以在上市公告书中披露,上市后不再披露当期定期报告。

③ 发行人在上市公告书中未披露当期定期报告的主要会计数据及财务指标的,应在上市公告书中披露年初至当期期末的累计净利润以及扣除非经常性损益后孰低的净利润是否较上年同期发生重大变动;如有重大变动,应分析并披露出现的情况及主要原因。

④ 发行人在上市公告书中未披露当期定期报告的主要会计数据及财务指标的,还应在上市后按照《上海证券交易所股票上市规则》等要求披露当期定期报告。

(2) 在非定期报告披露期间刊登上市公告书的发行人,如在招股意向书中未披露最近一期定期报告的主要会计数据及财务指标，应在上市公告书中披露。

(3) 发行人如预计年初至上市后的第一个报告期期末的累计净利润以及扣除非经常性损益后孰低的净利润可能较上年同期发生重大变动的，应分析并披露可能出现的情况及主要原因。

(4) 发行人在上市公告书中披露定期报告的主要会计数据及财务指标的，应在提交上市申请文件时提供经现任法定代表人、主管会计工作的负责人、总会计师(如有)、会计机构负责人(会计主管人员)签字并盖章的以下文件，并与上市公告书同时披露：

① 报告期及上年度期末的比较式资产负债表；

② 报告期与上年同期的比较式利润表；

③ 报告期的现金流量表。

(5) 当期定期报告的主要会计数据及财务指标，应以表格形式列明，并应简要说明报告期的经营情况、财务状况及影响经营业绩的主要因素。对于变动幅度在30%以上的项目，应说明变动的主要原因。

5. 其他重要事项。发行人应披露招股意向书刊登日至上市公告书刊登前已发生的可能对发行人有较大影响的其他重要事项，主要包括：

(1) 主要业务发展目标的进展；

(2) 所处行业或市场的重大变化(包括原材料采购价格和产品销售价格、原材料采购和产品销售方式等发生重大变化)；

(3) 订立重要合同，可能对发行人的资产、负债、权益和经营成果产生重大影响；

(4) 重大关联交易事项；

(5) 重大投资；

(6) 重大资产(或股权)购买、出售及置换；

(7) 发行人住所的变更；

(8) 董事、监事、高级管理人员及核心技术人员的变化；

(9) 重大诉讼、仲裁事项；

(10) 对外担保等或有事项；

(11) 财务状况和经营成果的重大变化；

(12) 董事会、监事会和股东大会决议及其主要内容；

(13) 其他应披露的重大事项。

6. 上市保荐机构及其意见。包括：

(1) 保荐机构的有关情况，包括名称、法定代表人、住所、联系电话、传真、保荐代表人和联系人等。

(2) 保荐机构推荐意见。

四、定期报告

上市公司应当披露的定期报告包括年度报告、半年度报告和季度报告。凡是对投资者做出投资决策有重大影响的信息，均应当披露。

年度报告中的财务会计报告应当经具有证券、期货相关业务资格的会计师事务所审计。

年度报告应当在每个会计年度结束之日起 4 个月内，中期报告应当在每个会计年度的上半年结束之日起 2 个月内,季度报告应当在每个会计年度第 3 个月、第 9 个月结束后的 1 个月内编制完成并披露。其中,第一季度报告的披露时间不得早于上一年度的年度报告的披露时间。

(一) 年度报告

根据中国证监会 2007 年 12 月 17 日发布的《公开发行证券的公司信息披露内容与格式准则第 2 号——年度报告的内容与格式》(2017 年修订)的要求,上市公司的年度报告正文应当记载以下内容:

1. 重要提示、目录和释义。

2. 公司简介与主要财务指标。

会计数据和业务指标摘要。主要包括:

(1) 公司应当采用数据列表方式,提供截至报告期末公司近 3 年的主要会计数据和财务指标,包括但不限于:总资产、营业收入、归属于上市公司股东的净利润、归属于上市公司股东的扣除非经常性损益的净利润、归属于上市公司股东的净资产、经营活动产生的现金流量净额、净资产收益率、每股收益。

(2) 同时发行人民币普通股及境内上市外资股或(和)境外上市外资股的公司,若按不同会计准则计算的净利润和归属于上市公司股东的净资产存在重大差异的,应当列表披露差异情况并说明主要原因。

(3) 公司应当采用数据列表方式,分季度提供营业收入、归属于上市公司股东的净利润、归属于上市公司股东的扣除非经常性损益后的净利润、经营活动产生的现金流量净额。如果上述财务指标或其加总数与公司已披露季度报告、半年度报告相关财务指标存在重大差异的,应当说明主要原因。

(4) 公司在披露"归属于上市公司股东的扣除非经常性损益后的净利润"时,应当同时说明报告期内非经常性损益的项目及金额。

3. 公司业务概要。

公司应当简要介绍报告期内公司从事的主要业务,包括但不限于以下内容:

(1) 报告期内公司所从事的主要业务、主要产品及其用途、经营模式、主要的业绩驱动因素等内容,应当重点突出报告期内发生的重大变化。

(2) 报告期内公司所属行业的发展阶段、周期性特点以及公司所处的行业地位等。

4. 经营情况讨论及分析。

公司经营情况讨论与分析中,应当对财务报告数据与其他必要的统计数据,以及报告期内发生和未来将要发生的重大事项,进行讨论与分析,以有助于投资者了解其经营成果、财务状况及未来可能的变化。公司可以运用逐年比较、数据列表或其他方式对相关事项进行列示,以增进投资者的理解。

5. 重要事项。

公司应当披露报告期内普通股利润分配政策,特别是现金分红政策的制定、执行或调整情况,说明利润分配政策是否符合公司章程及审议程序的规定,是否充分保护中小投资者的合法权益,是否由独立董事发表意见,是否有明确的分红标准和分红比例;以及利润分配政策调整或变更的条件和程序是否合规、透明。

公司应当披露最近 3 年(包括本报告期)的普通股股利分配方案(预案)、资本公积金转增股本方案(预案)；同时，列表披露最近3年(包括本报告期)普通股现金红利分配的金额及占归属于上市公司普通股股东的净利润的比例。公司以其他方式进行现金分红的，应当单独披露该种方式计入现金分红的金额和比例。

公司还应当对关联方关系及其交易、关联方占用资金、会计师事务所的聘请、重大会计政策变更、股权激励计划、重大诉讼等内容进行披露。

6. 股份变动及股东情况。

7. 优先股相关情况。

8. 董事、监事、高级管理人员和员工情况。

9. 公司治理。

公司应当披露公司治理的基本状况，说明公司治理的实际状况与中国证监会发布的有关上市公司治理的规范性文件是否存在重大差异；如有重大差异，应当说明具体情况及原因。

公司应当就其与控股股东在业务、人员、资产、机构、财务等方面存在不能保证独立性、不能保持自主经营能力的情况进行说明。存在同业竞争的，公司应当披露相应的解决措施、工作进度及后续工作计划。

10. 公司债券相关情况。

11. 财务报告。

公司应当披露审计报告正文和经审计的财务报表。

财务报表包括公司近两年的比较式资产负债表、比较式利润表和比较式现金流量表，以及比较式所有者权益(股东权益)变动表和财务报表附注。编制合并财务报表的公司，除提供合并财务报表外，还应当提供母公司财务报表。

财务报表附注应当按照中国证监会制定的有关财务报告的规定编制。

12. 备查文件目录。

(二) 半年度报告

半年度报告的报告期是指年初至半年度期末的期间。

主板(含中小企业板)公司应当在每个会计年度上半年度结束之日起2个月内将半年度报告全文刊登在中国证监会指定网站上；同时将半年度报告摘要刊登在至少一种中国证监会指定报纸上，刊登篇幅原则上不超过报纸的1/4版面，也可以刊登在中国证监会指定网站上。

创业板公司应当在每个会计年度上半年度结束之日起2个月内将半年度报告全文和摘要刊登在中国证监会指定网站上；同时在至少一种中国证监会指定报纸上刊登“本公司××××半年度报告及摘要已于×年×月×日在中国证监会指定的信息披露网站上披露，请投资者注意查阅”的提示性公告。

根据中国证监会2007年6月29日发布的《公开发行证券的公司信息披露内容与格式准则第3号——半年度报告的内容与格式》(2016年修订)的要求，半季度报告应当记载以下内容：

1. 重要提示、目录和释义。

2. 公司简介及主要财务指标。

公司应当采用数据列表方式，提供报告期末和上年末(或报告期和上年相同期间)主要会计数据和财务指标及变动比率，包括但不限于：总资产、营业收入、归属于上市公司股东的净利润、归属于上市公司股东的扣除非经常性损益的净利润、归属于上市公司股东的净资产、经营活动产生的现金流量净额、净资产收益率、每股收益。

3. 公司业务概要。

4. 经营情况讨论与分析。

5. 重要事项。

6. 股份变动及股东情况。

7. 优先股相关情况。

8. 董事、监事和高级管理人员情况。

9. 公司债券相关情况。

10. 财务报告。

公司应当在半年度报告中披露比较式资产负债表、比较式利润表和比较式现金流量表，以及比较式所有者权益(股东权益)变动表和财务报表附注。除提供合并财务报表外，还应当提供母公司财务报表。

公司半年度报告中的财务报告可以不经审计，但中国证监会和证券交易所另有规定的除外。

半年度财务报告未经审计的，公司应当注明“未经审计”字样。半年度财务报告已经审计的，公司应当披露审计意见类型；若被注册会计师出具非标准审计报告，公司还应当披露审计报告正文。

11. 备查文件目录。

(三) 季度报告

根据中国证监会 2007 年 3 月 26 日发布的《公开发行证券的公司信息披露编报规则第 13 号——季度报告内容与格式特别规定》(2016 年修订)的要求，上市公司的季度报告应当记载以下内容：

1. 重要提示。

2. 公司基本情况。

公司应当采用数据列表方式，提供截至报告期末和上年末(或年初至报告期末和上年相同期间)公司主要会计数据和财务指标及变动比率，包括但不限于：总资产、营业收入、归属于上市公司股东的净利润、归属于上市公司股东的扣除非经常性损益的净利润、归属于上市公司股东的净资产、经营活动产生的现金流量净额、净资产收益率、每股收益。

公司在披露“归属于上市公司股东的扣除非经常性损益后的净利润”时，应当同时说明报告期内非经常性损益的项目及金额。

上述会计数据和财务指标应当按照《公开发行证券的公司信息披露内容与格式准则第 2 号——年度报告的内容与格式(2017 年修订)》以及中国证监会颁布的其他有关信息披露规范的相关规定计算和披露。

公司应当按照中国证监会对公司股份变动报告规定的格式披露截至报告期末的普通股股东总数及表决权恢复的优先股股东总数(如有)，前 10 名普通股股东和前 10 名优先股股东、前 10 名无限售条件的普通股股东和前 10 名表决权恢复的优先股股东的持股情况。

3. 重要事项。

报告期主要财务数据、财务指标发生重大变动的，应当说明情况及主要原因。

报告期内发生或将要发生，或以前期间发生但延续到报告期的重要事项，若对本报告期或以后期间的公司财务状况和经营成果产生重大影响，对投资者投资决策产生重大影响，应当披露该重要事项进展情况，并说明其影响和解决方案。公司已在临时报告披露且无后续进展的，仅需披露该事项概述，并提供临时报告披露网站的查询索引。

公司应当披露报告期内超期未履行完毕的，由公司实际控制人、股东、关联方、收购人以及公司等承诺相关方作出的承诺事项，并详细说明原因及下一步的工作计划。

公司如果预测年初至下一报告期期末的累计净利润可能为亏损或者与上年同期相比发生重大变动，应当予以警示并说明原因。

4. 附录。

公司应当编制季度报告的附录部分。公司应当在该部分按照《企业会计准则》以及中国证监会颁布的有关信息披露规范要求披露截至报告期末的比较式合并资产负债表以及年初至报告期末的比较式合并利润表和比较式现金流量表，并注明是否已经审计。

季度报告中的财务报表已经审计的，公司应当披露审计意见类型；若被注册会计师出具非标准审计报告，公司还应当披露审计报告正文。

五、临时报告

根据公平和及时披露的要求，对发生的可能对上市公司证券及其衍生品种交易价格产生较大影响的重大事件，在投资者尚未得知时，上市公司应当立即披露，并说明事件的起因、目前的状态和可能产生的影响。

（一）重大事件公告

公司发生重大事件，应当编制重大事件公告书向社会披露。

当发生可能对上市公司股票的市场价格产生较大影响，而投资人尚未得知的重大事件时，上市公司应当立即将有关该重大事件的报告提交证券交易场所和证监会，并向社会公布，说明事件的实质。但是，上市公司有充分理由认为向社会公布该重大事件会损害上市公司的利益，且不公开也不会导致股票市场价格重大变动的，经证券交易场所同意，可以不予公布。

根据中国证监会发布的《上市公司信息披露管理办法》，所谓“重大事件”，包括下列情况：

（1）公司的经营方针和经营范围的重大变化。

（2）公司的重大投资行为和重大的购置财产的决定。

（3）公司订立重要合同，可能对公司的资产、负债、权益和经营成果产生重要影响。

（4）公司发生重大债务和未能清偿到期重大债务的违约情况，或者发生大额赔偿责任。

（5）公司发生重大亏损或者重大损失。

（6）公司生产经营的外部条件发生的重大变化。

（7）公司的董事、1/3 以上监事或者经理发生变动；董事长或者经理无法履行职责。

（8）持有公司 5%以上股份的股东或者实际控制人，其持有股份或者控制公司的情况发生较大变化。

（9）公司减资、合并、分立、解散及申请破产的决定；或者依法进入破产程序、被责令关闭。

(10) 涉及公司的重大诉讼、仲裁,股东大会、董事会决议被依法撤销或者宣告无效。

(11) 公司涉嫌违法、违规被有权机关调查,或者受到刑事处罚、重大行政处罚;公司董事、监事、高级管理人员涉嫌违法、违纪,被有权机关调查或者采取强制措施。

(12) 新公布的法律、法规、规章、行业政策可能对公司产生重大影响。

(13) 董事会就发行新股或者其他再融资方案、股权激励方案形成相关决议。

(14) 法院裁决禁止控股股东转让其所持股份;任一股东所持公司5%以上股份被质押、冻结、司法拍卖、托管、设定信托或者被依法限制表决权。

(15) 主要资产被查封、扣押、冻结或者被抵押、质押。

(16) 主要或者全部业务陷入停顿。

(17) 对外提供重大担保。

(18) 获得大额政府补贴等可能对公司资产、负债、权益或者经营成果产生重大影响的额外收益。

(19) 变更会计政策、会计估计。

(20) 因前期已披露的信息存在差错、未按规定披露或者虚假记载,被有关机关责令改正或者经董事会决定进行更正。

(21) 中国证监会规定的其他情形。

上市公司应当在最先发生的以下任一时点,及时履行重大事件的信息披露义务:

(1) 董事会或者监事会就该重大事件形成决议时;

(2) 有关各方就该重大事件签署意向书或者协议时;

(3) 董事、监事或者高级管理人员知悉该重大事件发生并报告时。

上市公司披露重大事件后,已披露的重大事件出现可能对上市公司证券及其衍生品种交易价格产生较大影响的进展或者变化的,应当及时披露进展或者变化情况以及可能产生的影响。

上市公司控股子公司发生上述重大事件,可能对上市公司证券及其衍生品种交易价格产生较大影响的,上市公司也应当履行信息披露义务。

上市公司参股公司发生可能对上市公司证券及其衍生品种交易价格产生较大影响的事件的,上市公司也应当履行信息披露义务。

(二) 公司收购报告书

任何法人直接或者间接持有一个上市公司发行在外的普通股达到5%时,应当自该事实发生之日起3个工作日内,向该公司、证券交易场所和证监会作出书面报告并公告。但是,因公司发行在外的普通股总量减少,致使法人持有该公司5%以上发行在外的普通股的,在合理期限内不受上述限制。

任何法人持有一个上市公司5%以上的发行在外的普通股后,其持有该种股票的增减变化每达到该种股票发行在外总额的2%时,应当自该事实发生之日起3个工作日内,向该公司、证券交易场所和证监会作出书面报告,并按照证监会制定的准则规定的内容和格式将有关情况刊登在至少一种证监会指定的全国性报刊上。

发起人以外的任何法人直接或者间接持有一个上市公司发行在外的普通股达到30%时,应当自该事实发生之日起45个工作日内,向该公司所有股票持有人发出收购要约,按照下列价格中较高的一种价格,以货币付款方式购买股票:

(1) 在收购要约发出前 12 个月内要约收购该种股票所支付的最高价格；

(2) 在收购要约发出前 30 个工作日内该种股票的平均市场价格。

前款持有人发出收购要约前，不得再行购买该种股票。

收购要约人在发出收购要约前应当向证监会作出有关收购的书面报告；在发出收购要约的同时，应当向受要约人、证券交易场所提供本身情况的说明和与此有关的全部，并保证材料真实、准确、完整，不产生误导。公司还应当自收购事实发生之日起 45 日内向该公司所有股东发出临时报告——收购报告书，将不超过 5 000 字的收购公告书概要刊登在至少一种证监会指定的全国性报刊上，同时向证监会报送 10 份以供备案，并备置于公司所在地、挂牌交易的证券交易场所、有关证券经营机构及其网点，以供公众查阅。

根据中国证监会颁布的《公开发行证券的公司信息披露内容与格式准则第 16 号——上市公司收购报告书》(2014 年修订)的要求，收购报告书应当(但不限于)记载以下事项：

1. 目录及释义。

2. 收购人介绍。

收购人为法人或者其他组织的，应当披露以下基本情况：

(1) 收购人的名称、注册地、法定代表人、注册资本、工商行政管理部门或者其他机构核发的注册号码及代码、企业类型及经济性质、经营范围、经营期限、税务登记证号码、股东或者发起人的姓名或者名称(如为有限责任公司或者股份有限公司)、通讯地址、通讯方式(包括联系电话)。

(2) 收购人应当披露其控股股东、实际控制人的有关情况，并以方框图或者其他有效形式，全面披露与其控股股东、实际控制人之间的股权控制关系，实际控制人原则上应披露到自然人、国有资产管理部门或者股东之间达成某种协议或安排的其他机构。

收购人应当说明其控股股东、实际控制人所控制的核心企业和核心业务、关联企业及主营业务的情况。

(3) 收购人从事的主要业务及最近 3 年财务状况的简要说明，包括总资产、净资产、收入及主营业务收入、净利润、净资产收益率、资产负债率等；如收购人设立不满 3 年或专为本次收购而设立的公司，应当介绍其控股股东或实际控制人所从事的业务及最近 3 年的财务状况。

(4) 收购人最近 5 年受过行政处罚(与证券市场明显无关的除外)、刑事处罚，或者涉及与经济纠纷有关的重大民事诉讼或者仲裁的，应当披露处罚机关或者受理机构的名称、处罚种类、诉讼或者仲裁结果，以及日期、原因和执行情况。

(5) 收购人董事、监事、高级管理人员(或者主要负责人)的姓名(包括曾用名)、身份证号码(可以不在媒体公告)、国籍，长期居住地，是否取得其他国家或者地区的居留权。

前述人员最近 5 年受过行政处罚(与证券市场明显无关的除外)、刑事处罚或者涉及与经济纠纷有关的重大民事诉讼或者仲裁的，应当按照前述第(4)项的要求披露处罚的具体情况。

(6) 收购人及其控股股东、实际控制人在境内、境外其他上市公司拥有权益的股份达到或超过该公司已发行股份 5%的简要情况；收购人或其实际控制人为两个或两个以上上市公司的控股股东或实际控制人的，还应当披露持股 5%以上的银行、信托公司、证券公司、保险公司等其他金融机构的简要情况。

收购人是自然人的，应当披露以下基本情况：

(1) 姓名(包括曾用名)、性别、国籍、身份证号码、住所、通讯地址、通讯方式以及是否取得其他国家或者地区的居留权等，其中，身份证号码、住所、通讯方式可以不在媒体公告。

(2) 最近5年内的职业、职务，应注明每份职业的起止日期以及所任职单位的名称、主营业务及注册地以及是否与所任职单位存在产权关系。

(3) 最近5年受过行政处罚(与证券市场明显无关的除外)、刑事处罚或者涉及与经济纠纷有关的重大民事诉讼或仲裁的，应披露处罚机关或者受理机构的名称，所受处罚的种类，诉讼或者仲裁的结果，以及日期、原因和执行情况。

(4) 收购人所控制的核心企业和核心业务、关联企业及主营业务的情况说明。

(5) 收购人在境内、境外其他上市公司拥有权益的股份达到或超过该公司已发行股份5%的简要情况；收购人为两个或两个以上上市公司控股股东或实际控制人的，还应当披露持股5%以上的银行、信托公司、证券公司、保险公司等其他金融机构的简要情况。

收购人为多人的，除上述要求外，还应当披露：

(1) 各收购人之间在股权、资产、业务、人员等方面的关系，并以方框图的形式加以说明。

(2) 收购人应当说明采取一致行动的目的、达成一致行动协议或者意向的时间、一致行动协议或者意向的内容(特别是一致行动人行使股份表决权的程序和方式)、是否已向证券登记结算机构申请临时保管各自持有的该上市公司的全部股票以及保管期限。

3. 收购决定及收购目的。

收购人应当披露其关于本次收购的目的、是否拟在未来12个月内继续增持上市公司股份或者处置其已拥有权益的股份。

收购人为法人或者其他组织的，还应当披露其做出本次收购决定所履行的相关程序及具体时间。

4. 收购方式。

通过协议收购方式进行上市公司收购的，收购人应当披露以下基本情况：

(1) 转让协议的主要内容，包括协议转让的当事人、转让股份的种类、数量、比例、股份性质及性质变动情况、转让价款、股份转让的支付对价(如现金、资产、债权、股权或其他安排)、付款安排、协议签订时间、生效时间及条件、特别条款等。

(2) 本次拟转让的股份是否存在被限制转让的情况、本次股份转让是否附加特殊条件、是否存在补充协议、协议双方是否就股份表决权的行使存在其他安排、是否就出让人在该上市公司中拥有权益的其余股份存在其他安排。

(3) 如本次股份转让需要有关部门批准的，应当说明批准部门的名称、批准进展情况。

通过信托或其他资产管理方式进行上市公司收购的双方当事人，应当披露信托合同或者其他资产管理安排的主要内容，包括信托或其他资产管理的具体方式、信托管理权限(包括上市公司股份表决权的行使等)、涉及的股份的种类、数量及占上市公司已发行股份的比例、信托或资产管理费用、合同的期限及变更、终止的条件、信托资产处理安排、合同签订的时间及其他特别条款等。

虽然不是上市公司股东，但通过股权控制关系、协议或其他安排进行上市公司收购的，收购人应当披露形成股权控制关系或者达成协议或其他安排的时间、与控制关系相关的协议(如取得对上市公司股东的控制权所达成的协议)的主要内容及其生效和终止条件、控制方式(包括相关股份表决权的行使权限)、控制关系结构图及各层控制关系下的各主体及其持股比例,以及是否存在其他共同控制人及其身份介绍等。

通过国有股份行政划转、变更、国有单位合并等进行上市公司收购的,收购人应当在上市公司所在地国资部门批准之日起3日内披露股权划出方及划入方(变更方、合并双方)的名称、划转(变更、合并)股份的种类、数量、比例及性质、批准划转(变更、合并)的时间及机构;如需进一步取得有关部门批准的,说明其批准情况。

收购人拟取得上市公司向其发行的新股而导致其拥有权益的股份超过上市公司股本总额30%,且公司控制权发生改变的,应当在上市公司董事会作出向收购人发行新股决议之日起3日内,按照《公开发行证券的公司信息披露内容与格式准则第16号——上市公司收购报告书》的规定编制收购报告书,说明取得本次发行新股的种类、数量和比例、发行价格及定价依据、支付条件和支付方式、已履行及尚未履行的批准程序、转让限制或承诺、与上市公司之间的其他安排等,并予以公告,在收购报告书的扉页应当声明"本次取得上市公司发行的新股尚须经股东大会批准及中国证监会核准"。

收购人以其非现金资产认购上市公司发行的新股的,还应当披露非现金资产最近两年经具有证券、期货从业资格的会计师事务所审计的财务会计报告,或经具有证券、期货从业资格的评估机构出具的有效期内的资产评估报告。

经中国证监会核准后,上市公司负责办理股份过户手续,公告发行结果。

因继承或赠与取得上市公司股份而进行上市公司收购的,收购人应当披露其与被继承人或赠与人之间的关系、继承或赠与开始的时间、是否为遗嘱继承、遗嘱执行情况的说明等。

上市公司董事、监事、高级管理人员及员工或者其所控制或委托的法人或其他组织收购本公司股份并取得控制权,或者通过投资关系、协议或其他安排导致其拥有权益的股份超过本公司已发行股份30%的,应当披露以下基本情况:

(1) 上市公司是否具备健全且运行良好的组织机构以及有效的内部控制制度,公司董事会成员中独立董事的比例是否达到或者超过一半。

(2) 上市公司董事、监事、高级管理人员及员工在上市公司中拥有权益的股份种类、数量、比例,以及董事、监事、高级管理人员个人持股的种类、数量、比例;如通过上市公司董事、监事、高级管理人员及员工所控制或委托的法人或其他组织持有上市公司股份,还应当披露该控制关系或委托关系,相关法人或其他组织的股本结构、内部组织架构、内部管理程序、公司章程的主要内容,以及所涉及的人员范围、数量、比例等。

(3) 收购的定价依据、资产评估方法和评估结果。

(4) 支付方式及资金来源,如资金来源于向第三方借款,应当披露借款协议的主要内容,包括借款方、借款的条件、金额、还款计划及资金来源。

(5) 除上述借款协议外,如果就该股份的取得、处分及表决权的行使与第三方存在特殊安排的,应当披露该安排的具体内容。

(6) 如该股份通过赠与方式取得,应当披露赠与的具体内容及是否附加条件。

(7) 上市公司实行董事、监事、高级管理人员及员工收购的后续计划,包括是否将于近期提出利润分配方案等。

(8) 上市公司董事、监事、高级管理人员是否在其他公司任职,是否存在《公司法》第149条规定的情形。

(9) 上市公司董事、监事、高级管理人员最近3年是否有证券市场不良诚信记录情形。

(10) 上市公司是否已履行必要的批准程序。

(11) 上市公司董事会、监事会声明其已经履行诚信义务,有关本次管理层收购符合上市公司及其他股东的利益,不存在损害上市公司及其他股东权益的情形。

5. 资金来源。

收购人应当披露本次为取得在上市公司中拥有权益的股份所支付的资金总额、资金来源及支付方式,并就下列事项做出说明:

(1) 如果其资金或者其他对价直接或者间接来源于借贷,应简要说明借贷协议的主要内容,包括借贷方、借贷数额、利息、借贷期限、担保及其他重要条款。

(2) 收购人应当声明其收购资金是否直接或者间接来源于上市公司及其关联方,如通过与上市公司进行资产置换或者其他交易取得资金;如收购资金直接或者间接来源于上市公司及其关联方,应当披露相关的安排。

(3) 上述资金或者对价的支付或者交付方式(一次或分次支付的安排或者其他条件)。

6. 后续计划。

收购人应当披露其收购上市公司的后续计划,包括:

(1) 是否拟在未来12个月内改变上市公司主营业务或者对上市公司主营业务作出重大调整。

(2) 未来12个月内是否拟对上市公司或其子公司的资产和业务进行出售、合并、与他人合资或合作的计划,或上市公司拟购买或置换资产的重组计划。

(3) 是否拟改变上市公司现任董事会或高级管理人员的组成,包括更改董事会中董事的人数和任期、改选董事的计划或建议、更换上市公司高级管理人员的计划或建议;如果拟更换董事或者高级管理人员的,应当披露拟推荐的董事或者高级管理人员的简况;说明收购人与其他股东之间是否就董事、高级管理人员的任免存在任何合同或者默契。

(4) 是否拟对可能阻碍收购上市公司控制权的公司章程条款进行修改及修改的草案。

(5) 是否拟对被收购公司现有员工聘用计划做重大变动及其具体内容。

(6) 上市公司分红政策的重大变化。

(7) 其他对上市公司业务和组织结构有重大影响的计划。

7. 对上市公司的影响分析。

收购人应当就本次收购完成后,对上市公司的影响及风险予以充分披露,包括:

(1) 本次收购完成后,收购人与上市公司之间是否人员独立、资产完整、财务独立;上市公司是否具有独立经营能力,在采购、生产、销售、知识产权等方面是否保持独立。

(2) 收购人及其关联方所从事的业务与上市公司的业务之间是否存在同业竞争或潜在的同业竞争,是否存在关联交易;如存在,收购人已做出的确保收购人及其关联方与上市公司之间避免同业竞争以及保持上市公司独立性的相应安排。

8. 与上市公司之间的重大交易。

收购人应当披露各成员以及各自的董事、监事、高级管理人员(或者主要负责人)在报告日前24个月内,与下列当事人发生的以下重大交易:

(1) 与上市公司及其子公司进行资产交易的合计金额高于 3 000 万元或者高于被收购公司最近经审计的合并财务报表净资产 5%以上的交易的具体情况(前述交易按累计金额计算)。

(2) 与上市公司的董事、监事、高级管理人员进行的合计金额超过人民币 5 万元以上的交易。

(3) 是否存在对拟更换的上市公司董事、监事、高级管理人员进行补偿或者存在其他任何类似安排。

(4) 对上市公司有重大影响的其他正在签署或者谈判的合同、默契或者安排。

9. 前 6 个月内买卖上市交易股份的情况。

收购人在事实发生之日前 6 个月内有通过证券交易所的证券交易买卖被收购公司股票的,应当披露以下情况:

(1) 每个月买卖股票的种类和数量(按买入和卖出分别统计)。

(2) 交易的价格区间(按买入和卖出分别统计)。

收购人及各自的董事、监事、高级管理人员(或者主要负责人),以及上述人员的直系亲属在事实发生之日起前 6 个月内有通过证券交易所的证券交易买卖被收购公司股票行为的,应当按照相关规定披露其具体的交易情况。

10. 收购人的财务资料。

收购人为法人或者其他组织的,收购人应当披露最近 3 年的财务会计报表,并提供最近一个会计年度经具有证券、期货从业资格的会计师事务所审计的财务会计报告,注明审计意见的主要内容及采用的会计制度及主要会计政策、主要科目的注释等。会计师应当说明公司前两年所采用的会计制度及主要会计政策与最近一年是否一致;如不一致,应做出相应的调整。如截至收购报告书摘要公告之日,收购人的财务状况较最近一个会计年度的财务会计报告有重大变动的,收购人应提供最近一期财务会计报告并予以说明。

如果该法人或其他组织成立不足 1 年或者是专为本次收购而设立的,则应当比照前款披露其实际控制人或者控股公司的财务资料。

收购人为境内上市公司的,可以免于披露最近 3 年的财务会计报表,但应当说明刊登其年报的报刊名称及时间。

收购人为境外投资者的,应当提供依据中国会计准则或国际会计准则编制的财务会计报告。

收购人因业务规模巨大、下属子公司繁多等原因,难以按照前述要求提供相关财务资料的,须请财务顾问就其具体情况进行核查,在所出具的核查意见中说明收购人无法按规定提供财务资料的原因、收购人具备收购上市公司的实力,且没有规避信息披露义务的意图。

11. 其他重大事项

收购人应当披露为避免对报告书内容产生误解而必须披露的其他信息,以及中国证监会或者证券交易所依法要求收购人披露的其他信息。

12. 备查文件。

除重大事件、收购报告书外,上市公司在发生合并、分立、发行股份、回购股份等行为导致上市公司股本总额、股东、实际控制人等发生重大变化的,也应当依法履行报告、公告义务,发布临时公告,披露权益变动情况。

此外,上市公司还应当关注公司证券及其衍生品种的异常交易情况及媒体关于本公司的报道,如发生的异常交易或者在媒体中出现的消息可能对公司证券及其衍生品种的交易产生重大影响时,上市公司应当及时向相关各方了解真实情况,必要时应当以书面方式问询。

思考题

1. 为什么说信息披露制度是证券市场监管制度的基石?

2. 支持自愿披露会计信息的理论有哪些?你认为在我国目前情况下,自愿披露会计信息是否可行?说明你的理由。

3. 我国上市公司信息披露的原则有哪些?试分述之。

4. 证券发行的核准制与注册制是指什么?它们有何不同?为什么说注册制是我国证券发行的发展方向?

5. 简述我国证券市场信息披露的基本框架,你认为还有哪些地方需要进一步完善?

6. 在上海证券交易所(www.sse.com.cn)的网页上,查找出一家公司的招股说明书,并对其进行评价。

7. 在上海证券交易所的网页上,分别查找出一家公司的公司债券募集说明书和可转换债券募集说明书,并对其进行评价。

8. 在深圳证券交易所网页上,查找出一家公司的上市公告书,并分析它与上海证券交易所要求的有什么不同。

9. 在上海证券交易所的网页上,查找出一家公司的年度财务报告、半年度财务报告及季度财务报告,运用你已有的会计专业知识,特别关注一下它们之间的勾稽关系是否正确。

10. 在上海证券交易所的网页上,查找出一家公司的重大事件的临时公告,对公告前后的股价波动进行分析,并对其进行评价。

阅读材料

1.《中华人民共和国公司法》,1993年、2005年。

2.《中华人民共和国证券法》,1998年、2005年。

3.《股票发行与交易管理暂行条例》,国务院第122号令,1993年。

4.《上市公司信息披露管理办法》,中国证券监督管理委员会第40号令,2006年。

5.《公开发行证券的公司信息披露内容与格式准则第1～26号》,中国证券监督管理委员会令,2003～2017年。

6.《上海证券交易所上市公司治理指引》,上海证券交易所,2007年。

7.《上海证券交易所股票上市规则》(2018),上海证券交易所。

案例分析题

2007年2月12日,上市以来一直默默无闻的杭萧钢构股份有限公司(以下简称杭萧钢构,股票代码600477)突然爆发,股价连续3个涨停。2月15日,杭萧钢构发布公告,称与中国国际基金公司(以下简称中基公司)签署金额344亿元的大单,当日复牌后股价又是连续3个涨停。2月27日,杭萧钢构开始停牌,停半个月。

3 月 13 日，杭萧钢构披露与中基公司签订合同，以 344.01 亿元总价承建安哥拉某工程。当天股票复牌后，又是连续 4 个涨停。

3 月 19 日，上证所对杭萧钢构实行停牌处理。

至此，杭萧钢构 10 个交易日的股价飙升至 10.75 元，累计涨幅 159%。同时，对于 344 亿元合同的质疑之声充斥整个市场。

3 月 22 日，证监会表态，对杭萧钢构的信息披露问题，以及是否存在二级市场操纵、内幕交易行为进行调查。

虽然已经被监管部门调查，但基金也没有放弃这次短炒的机会。2007 年 4 月初，长盛基金公司旗下的同智成长基金在两日内速买速卖杭萧钢构，获利 108 万元；信诚基金公司旗下的信诚精萃基金在杭萧钢构停牌前一日追进，4 月 2 日复牌后即卖出，获利 122 万元。

4 月 27 日，证监会经调查认定杭萧钢构合同信息披露方面违规，并已将有关证据及线索移交公安机关。

5 月 14 日，杭萧钢构披露证监会已向该公司及相关负责人共开出 70 万元“罚单”。

6 月 11 日，浙江省公安机关对涉嫌泄露内幕信息罪的犯罪嫌疑人罗高峰，涉嫌内幕交易罪的犯罪嫌疑人王向东、陈玉兴，执行逮捕。罗高峰为杭萧钢构证券事务代表，陈玉兴为其前任。王向东为杭州某娱乐城老板，几年前，王向东和曾任杭萧钢构证券事务代表的陈玉兴合作炒股，口头约定由王向东出资，按陈玉兴的指令操作，盈利后陈玉兴获 30%，出现亏损则由王向东负责。

据调查核实，2007 年 1 月下旬，陈玉兴从杭萧钢构安徽子公司总经理王更新处获悉“杭萧钢构签了个 18 亿元左右的合同”。2 月 5 日左右，陈玉兴又在与杭萧钢构成都办事处主任罗晓君等人聚会时，从罗晓君处得知杭萧钢构正与中基公司洽谈安哥拉项目，金额高达 300 亿元。

于是，他指令王向东从 2 月 12 日全仓买入杭萧钢构股票开始，至 3 月 15 日陈玉兴从罗高峰处获悉证券监管部门正在调查杭萧钢构公司，再指令王向东于 3 月 16 日全部卖出杭萧钢构股票，两人所持的 6 961 896 股杭萧钢构股票全部卖出后非法获利高达 4 037 万元。4 月 10 日，陈玉兴又将晁某账户上的 42 800 股“杭萧钢构”股票全部卖出，非法获利 367 810.90 元。

2008 年 2 月 4 日，浙江省丽水市中级人民法院对被称为“牛市内幕交易第一案”的杭萧钢构案进行了一审宣判，罗高峰（浙江杭萧钢构股份有限公司证券办副主任、证券事务代表）犯泄露内幕信息罪，被判处有期徒刑 1 年 6 个月；陈玉兴（原系浙江杭萧钢构股份有限公司证券办主任，2006 年 12 月辞职）、王向东（与陈玉兴合作炒股关系）犯内幕交易罪，分别被判处有期徒刑 2 年 6 个月和有期徒刑 1 年 6 个月，缓刑 2 年，并各处罚金人民币 4 037 万元；陈玉兴、王向东的违法所得人民币 4 037 万元予以追缴，由丽水市人民检察院上缴国库。

［要求］

根据以上资料，并上网收集更多的资料，回答下列问题：

(1) 公平、及时地披露信息对杜绝上市公司的内幕交易能起到怎样的作用？

(2) 你认为中国证监会在监督上市公司信息披露方面应当发挥怎样的作用？

(3) 对完全超出杭萧钢构生产经营能力的“天价”大订单，为什么市场就不能“看穿”它？试用有效市场假说进行说明。

第十章

分部报告与中期财务报告

学习提要

披露分部报告信息主要是为了弥补合并财务报表的不足;披露中期财务报告信息,主要是为了向信息使用者及时提供重要的信息。

分部报告所涉及的主要问题是报告分部的确定和分部信息。根据2009年财政部颁布的《企业会计准则解释第3号》,企业应当以内部组织结构、管理要求、内部报告制度为依据确定经营分部,以经营分部为基础确定报告分部,然后按重要性确定报告分部。

中期财务报告所涉及的主要问题是中期财务报告的内容与中期财务报告的确认和计量。中期财务报告的内容主要包括基本内容、比较报表的披露范围、合并财务报表的披露范围、附注的披露范围。在披露附注时,重要性的确定标准是兼顾"年初至本中期末"和"本中期"。

中期财务报告的确认和计量问题是中期财务报告的主要问题,所依据的理论有独立论和整体论。独立论将每个报告中期视为一个基本会计期间,因此,每个中期经营成果的确定,实质上是将报告中期视为一个会计年度期间从而采用与会计年度期间相同的方法。整体论将每个报告中期视为整个会计年度的一部分,每个报告中期期末的递延、应计及估计,均受到其对年度经营成果所做判断的影响。

我国现行准则侧重于独立论。在具体应用中,应注意确认和计量的期间基础是"年初至本中期末",而不是本中期,这在编制半年报和三季度报告时加以体现。

合并财务报表的数据,可以计算和衡量企业集团整体的获利能力和偿债能力,从而有助于投资者评价管理层利用报告主体资源的总体效率,但有时投资者还需要了解报告主体分部的详细信息。基于及时性的要求,以年度为会计期间的财务报告显然不符合要求,投资者需要更加及时地了解报告主体的有关信息,这就需要以更短的会计期间(通常按季)提供财务报告。本章将分别讨论分部报告和中期报告。

第一节 分部报告

随着市场经济的发展,通过自身的内涵式发展或者兼并收购,企业的经营规模日益扩大，跨行业或者跨地区经营逐渐普遍。众多企业在产业链上不断延伸，以获取丰厚的经营利润，或者追逐经济发展的热点，不断进入全新的行业以享受经济发展的成果。与此同时，国家在区域经济发展战略上不断推出新的热点，也吸引着大量的优秀企业跨省、跨区域经营，甚至在经济全球化的背景下，一些企业开始尝试到海外建立子公司或者通过海外并购的方式拓展自己的业务。

在不同行业和地区经营，企业的发展潜力和风险是有差别的。投资者、债权人、财务分析师等相关信息使用者在使用会计信息时，为了评价和分析企业在各个行业或者地区的经营业绩，要求企业在披露合并财务报表的基础上增加分部信息，包括分行业的会计信息和分地区的会计信息等。于是，分部报告应运而生。

分部报告，是指由对外提供财务报表的会计主体定期编制的，嵌套于其财务报表附注中，按照确定的企业内部组成部分来分门别类地反映有关各个组成部分收入、资产和负债等财务信息的报告。

会计信息使用者可以通过分部报告，获得企业在不同行业的经营中所获得的营业收入、营业成本、营业利润、毛利率等重要财务指标信息，以及企业来自不同地区的收入比重等重要会计信息，更好地评价企业的发展前景和潜在风险。

一、分部信息披露制度的演变

监管机构对分部报告提出要求的历史可以追溯到 1964 年美国参议院的反托拉斯及垄断委员会关于经济问题的听证会，听证会证词包括美国证券交易委员会提出的“要求公司披露所从事各项经营活动的收入与利润”的建议。随后，1967 年，美国会计原则委员会(APB)发布了第 2 号意见书《多元化经营公司补充财务信息的披露》，鼓励但并不要求各多元化经营公司对其行业分部的补充财务信息进行披露。美国证券交易委员会(SEC)于 1969 年开始对在美国证券交易所登记的公司提出披露行业信息的要求。1976 年，美国财务会计准则委员会(FASB)公布了第 14 号公告《企业分部的财务报告》，要求企业披露行业分部信息和地区分部信息，以后又陆续发布了第 18 号公告(1977 年)、第 21 号公告和第 24 号公告(1978 年)等一系列与分部财务报告有关的准则。第 14 号公告要求按产业分部或地区分部披露分部信息，还要求必要时披露出口外销和对主要客户销售情况。

1997 年，美国财务会计准则委员会(FASB)又颁布了第 131 号公告《企业分部和相关信息的披露》，取代了原来的第 14 号公告。新公告的主要改进之处是采用“管理法”来确定报告分部，并采用了“单一报告形式”，即按企业内部管理方式与内部报告方式确定报告分部，将其定义为“经营分部”而不再使用“行业分部”的概念，并以“经营分部”为单一形式进行报告。此外，对行业、地区、客户的信息则根据必要性予以补充披露。

国际会计准则委员会(IASC)于 1981 年发布了第 14 号准则《按分部编报财务资料》，并于 1997 年对该准则进行了修订，修订后的准则采用的是“风险报酬法”确定报告分部，并采用了“主次报告形式”，即如果企业同时适用行业分部和地区分部，则对企业自主选定的第一级分部做充分披露，对第二级分部做有限的披露。

由 IASC 改组而来的国际会计准则理事会(IASB)于 2006 年 11 月在原有准则基础上发布了《国际财务报告准则第 8 号——经营分部报告》，这一准则采纳了美国 FASB 第 131 号公告中分部确认的“管理法”，而非原有准则中的“风险报酬法”。除美国外，目前不少国家的会计准则均提供了一些关于编制分部报告的指导，如日本公认会计师协会于1996年发布了《关于分部信息分列的会计方法》，澳大利亚有第16号准则《分部财务会计报告》等。

在我国，1994年之前分部报告属自愿披露信息，中国证监会1994年颁布了《公开发行股票公司信息披露的内容与格式准则第2号——年度报告的内容与格式(试行)》，1995年和1997年分别对该文件进行了修订，开始要求多元化公司定量披露具有分部报告雏形的分行业资料。

1998年1月，财政部颁布了《股份有限公司会计制度——会计科目和会计报表》，规定上市和非上市的股份有限公司应提供分部信息的范围，并规定以行业分部为第一级基础，地区分部为第二级基础，需要披露的信息包括营业收入等13项指标。

自2001年1月1日起，《企业会计制度》取代了《股份有限公司会计制度》。《企业会计制度》要求股份有限公司应按业务分部和地区分部分别编制分部报表，反映企业各行业、各地区经营业务的收入、成本、费用、营业利润、资产总额以及负债总额的情况。

2006年2月，财政部颁布了《企业会计准则第35号——分部报告》，2009年6月颁布了《企业会计准则解释第3号》，修改和补充了《企业会计准则第35号——分部报告》中的一些规定。在上市公司和金融企业范围内，它们共同取代了《企业会计制度》的规定。《企业会计准则解释第3号》明确规定，“企业应当以内部组织结构、管理要求、内部报告制度为依据确定经营分部，以经营分部为基础确定报告分部”“原有关确定地区分部和业务分部以及按照主要报告形式、次要报告形式披露分部信息的规定不再执行”，所以，我国现行的会计准则实质上采纳了美国的“管理法”原则，而不再采用“风险报酬法”，也不再区分主次报告形式。

表10-1总结了《企业会计制度》《企业会计准则第35号——分部报告》和《企业会计准则解释第3号》对分部报告的具体规定。

表10-1　　三项文件对分部报告的具体规定

项　目	《企业会计制度》(2001年)	《企业会计准则》(2006年)	《企业会计准则解释第3号》(2009年)
报告分部的形式	业务分部和地区分部	业务分部和地区分部	经营分部
分部划分方法的实质	风险报酬法	风险报酬法	管理法
主次报告形式方面	不区分，同时报告	按主次报告形式报告	无须区分主次形式
分部通常不超过10个	有此规定	取消此规定	恢复此规定
单个分部对外收入比重大于90%的，可不编分部报告	有此规定	取消此规定	取消此规定

二、合并财务报表的局限性及分部报告的必要性

合并财务报表是将受母公司控制的企业集团作为一个经济实体，提供反映整个经济实体的经营成果和财务状况等有关信息，以帮助企业集团的股东或债权人了解集团的整体情况。然而，对于多元化经营的企业或跨国公司，或者其他一些出口销售比重较大的企业，仅仅提供合并财务报表已不能满足某些报表使用者的需要，因为汇总合并的过程会掩盖掉一些重要信息，使合并财务报表存在不少局限性。

合并财务报表的局限性主要表现在以下几个方面：第一，合并财务报表掩盖了集团下每一独立法人的财务状况和经营业绩。母公司及其子公司一般是独立的法人实体，这也就意味着，一些报表使用者，如母公司的债权人，在母公司宣布破产或遇到其他财务困难时，实际上只能对母公司直接拥有的资产有要求偿还债务的权利，子公司的资产并不在其直接权利范围之内，这些报表使用者对子公司的权利只能通过母公司的资产之一，即其所拥有子公司的股份来实现。合并财务报表把母公司及其子公司的财务状况和经营业绩混合在一起，容易使报表使用者就纳入报表中的各法人实体各自的财务健康情况产生误解，并可能掩盖潜在的高风险。第二，合并财务报表可以掩盖住一些业绩欠佳的投资结果，尤其是在与集团的主要经营没有太大关系的行业方面的投资。集团的管理人员时常进行一些风险投资，但有时投资项目的表现并不像预先期望的那样理想，这可能有多方面的原因，或许是由于管理人员对于投资项目错误的选择或者判断，或许是由于管理层对新的行业缺乏管理经验，也可能是由于许多其他方面的原因所致。错误的或不明智的投资将对集团的主要经营成果产生负的作用，但当它们被合并在一起报告时，这些失败的方面就可能被隐藏起来了。第三，当一个集团具有多种经营时，就很难评价这个集团的风险或预计它将来的收益和现金流量情况。每一种业务或经营都受到市场、原料供应、国家政策等不同因素的影响，如果经营的地区不同或者行业不同，这些因素就会有很大的差别。因此，对收益和现金流量的合理预测离不开各种经营业务的不同的信息，而这些信息是合并财务报表所无法提供的。

对于合并财务报表的第一种局限性的解决办法相对简单，有此方面需求的投资者和债权人只要索取单独法人实体的财务报告即可。至于合并财务报表的第二种和第三种局限性的解决，则是分部报告需要探讨和解决的问题。

即使不是以合并财务报表为基础，当一个企业从事多元化经营，或经营业务分散于不同区域时，分部报告也将有助于报表使用者更好地了解企业的经营业绩，评价企业的经营风险，客观地预测企业未来的投资报酬和现金流量。

关于分部报告的作用，目前已经得到理论界和实务界的肯定，许多研究认为分部信息的披露大大提高了盈利预测的可靠性。

三、报告分部的确定

（一）分部的基础

2009 年 6 月财政部颁布的《企业会计准则解释第 3 号》规定，“企业应当以内部组织结构、管理要求、内部报告制度为依据确定经营分部，以经营分部为基础确定报告分部”，具体内容如下：

1. 经营分部的定义

经营分部，是指企业内同时满足下列条件的组成部分：

(1) 该组成部分能够在日常活动中产生收入、发生费用；

(2) 企业管理层能够定期评价该组成部分的经营成果，以决定向其配置资源、评价其业绩；

(3) 企业能够取得该组成部分的财务状况、经营成果和现金流量等有关会计信息。

2. 两个或多个经营分部在某些情况下合并为一个

企业存在相似经济特征的两个或多个经营分部，即同时满足以下条件的：(1) 具有相近的长期财务业绩，包括具有相近的长期平均毛利率、资金回报率、未来现金流量等；(2) 确定业务分部或地区分部所考虑的因素类似，可以合并为一个经营分部。

(二) 报告分部的确定条件

1. 一个经营分部成为报告分部的"充分条件"

企业应当以经营分部为基础确定报告分部。经营分部的大部分收入是对外交易收入，且满足下列条件之一的，应当将其确定为报告分部：

(1) 该分部的分部收入占所有分部收入合计的10%或者以上。

(2) 该分部的分部利润(亏损)的绝对额，占所有盈利分部利润合计额或者所有亏损分部亏损合计额的绝对额两者中较大者的10%或者以上。

(3) 该分部的分部资产占所有分部资产合计额的10%或者以上。

分部收入是指可归属于分部的对外交易收入和对其他分部交易收入，通常为营业收入，而下列项目不包括在内：① 利息收入和股利收入，如采用成本法核算的长期股权投资的股利收入(投资收益)、债券投资的利息收入、对外贷款的利息收入、对其他分部贷款的利息收入等，但是，分部的日常活动是金融性质的除外；② 采用权益法核算的长期股权投资在被投资单位实现的净利润中应享有的份额以及处置投资产生的净收益，但是，分部的日常活动是金融性质的除外；③ 资产处置损益，如处置固定资产、无形资产等产生的净收益。

此外，还应当注意以下两点：第一，区分对外和对其他交易分部收入，主要目的是以对外交易收入占分部收入大部分为先决条件，一旦满足此条件，执行10%标准时使用的是分部全部收入(包括其他分部的收入)；第二，在执行10%标准时，使用的分母是所有分部的收入，而不是企业的总收入(即企业的对外交易收入)。

分部利润(亏损)是用分部收入减去分部费用后的余额。在合并利润表中，分部利润(亏损)应当在调整少数股东损益前确定。与分部收入相同，分部费用既包括可归属于分部的对外交易费用，也包括对其他分部交易的费用，通常包括营业成本、税金及附加、销售费用等，但下列项目不包括在内：① 利息费用，如发行债券、向其他分部借款的利息费用等，但是，分部的日常活动是金融性质的除外；② 采用权益法核算的长期股权投资在被投资单位发生的净损失中应承担的份额以及处置投资发生的净损失，但是，分部的日常活动是金融性质的除外；③ 与企业整体相关的管理费用和其他费用，但是，企业为所属分部支付的、与分部经营活动相关的，且能直接归属于或按合理的基础分配给该分部的费用，属于分部费用；④ 资产处置损益，如处置固定资产、无形资产等发生的净损失；⑤ 所得税费用。

分部资产，是指分部经营活动使用的可归属于该分部的资产。具体条件有两个：一是在分部的经营中使用，可以直接归属于该分部；二是能够以合理的基础分配给该分部。因此，分部资产包括但不限于以下资产：分部在经营活动中使用的流动资产、固定资产、融资租入的资产、可直接归属或以合理基础分配于该分部的商誉、无形资产等。而递延所得税资产等服务于整个企业的资产，不属于分部资产。分部资产的金额应当按照扣除相关累计折旧或摊销额以及累计减值准备后的金额确定。

2. 满足"充分条件"但不单独作为报告分部的例外情形

《企业会计准则解释第3号》还规定，按照上述三个标准之一确定的报告分部的数量通常不应超过10个。报告分部的数量超过10个时，应当以经营分部的合并条件为基础，对相关的分部予以合并。

3. 不满足“充分条件”但仍应作为报告分部的特定情形

(1) 如果报告分部的对外交易收入合计额占合并总收入或企业总收入的比重未达到75%，应当将其他分部确定为报告分部(即使它不符合“充分条件”)，直至该比重达到75%。

(2) 企业的内部管理按照垂直一体化经营的不同层次来划分的，即使其大部分收入不通过对外交易取得，仍可将垂直一体化经营的不同层次确定为独立的报告业务分部。

(3) 对于上期确定为报告分部，企业本期认为其依然重要，即使本期未满足“充分条件”的，仍应将其确定为本期的报告分部。

此外，经营分部即使未满足“充分条件”，也不符合上述三种情形，但企业认为披露该经营分部信息对财务报告使用者是有用的，也可在报告分部的数量不超过10个的前提下，按照下列方法将其确定为报告分部：不考虑该分部的规模，直接将其指定为报告分部；不将该分部直接指定为报告分部的，可将该分部与一个或一个以上类似的、未满足三个10%标准的其他分部合并为一个报告分部。

【例1】 假定甲电器公司除总部外，有四个主要的经营分部(空调、压缩机、洗衣机和财务公司)。其中，空调和压缩机业务已进入较稳定的成熟期；洗衣机领域为新进入，处于扩张期；财务公司除了从事法定的内部存贷款业务以外，还将少部分闲置资金用于购买债券等。

除了表10－2、表10－3的业务与财务关系外，各分部之间没有其他的投资、借贷、应收应付、预收预付、采购销售关系。根据会计准则对分部的定义，总部不作为分部的备选对象，表中的总部财务数据仅作为内部考核时的合并与抵销，不参与分部报告的计算与判断。

各分部的具体业务及财务情况简述如下：

采购和销售方面：压缩机约有60%对外销售，其余供应空调分部。空调分部所需压缩机大部分向压缩机分部采购，但也有少量向外部采购。

利息收入和利息费用方面：在内部，财务公司存款主要来源于空调分部和压缩机分部，贷款对象则是洗衣机分部。此外，空调分部在应急时会将小额闲置资金直接借给洗衣机分部，而不通过财务公司。在对外开展业务中，效益较好的压缩机分部也会将少量闲置资金以委托贷款的方式借给其他企业。

其他方面：总部不直接对外销售，在核算中不产生销售收入。总部对财务报表的影响主要体现在费用与资产方面。

在企业的内部报告中，对分部是独立考核的，即不区分是对外交易还是对内部其他分部的交易；对利息收入和利息费用，也不考虑该分部是否以金融为主业。但是，在对投资者发布分部报告时，必须按照分部报告准则予以调整。

2018年12月31日的资产及2018年度的收入与损益内部核算资料如表10－2、表10－3所示。根据分部报告准则，应注意10%标准中分母使用的是“所有分部的合计额”(如分部资产合计额)，而不是抵销后的合并额，也不包括不列入分部考察的其他对象(比如总部)。

表 10-2　　甲电器公司内部资产资料摘要

2018 年 12 月 31 日　　单位：百万元

	空调	压缩机	洗衣机	财务	总部	五项之和	抵销	合计
资产(总资产)								
对外部应收及贷款	2 000	1 200	950	900				
在财务公司存款	500	800	50				−1 350	
对洗衣机分部贷款	60			1 000			−1 060	
对压缩机分部预付款	440						−440	
其他流动资产	3 000	1 000	1 000		1 000			
固定资产	4 000	2 000	2 000	100	2 000			
内部口径资产合计	10 000	5 000	4 000	2 000	3 000	24 000	−2 850	21 150

表 10-3　　甲电器公司内部损益资料摘要

2018 年度　　单位：百万元

	空调	压缩机	洗衣机	财务	总部	五项之和	抵销	合计
收入								
销售收入——对外销售	20 000	6 000	5 000					
销售收入——对空调		4 000						
利息收入——对外交易		30		90				
——对财务公司存款	30	16	1				−47	
——对洗衣机	3			60			−63	
内部口径收入合计	20 033	10 046	5 001	150		35 230	−110	35 120
利润表								
总收入(内部口径)	20 033	10 046	5 001	150				
营业成本——对外采购	12 000	6 000	4 000					
——对压缩机采购	4 000							
利息费用——对外交易				45				
——财务公司存贷款			60	47			−107	
——向空调借款			3				−3	
其他费用	2 000	2 500	2 037	8	700			
内部报告费用合计	18 000	8 500	6 100	100	700	33 400	−110	33 290
内部口径分部利润	2 033	1 546	−1 099	50	−700	1 830	0	1 830

注：(1)"五项之和"栏目的数值为左侧五列的简单加总。"抵销"栏中对需抵销的数字以负数列示。"合计"栏＝"五项之和"栏＋"抵销"栏。

(2)"抵销"栏的数字来源：单下划线，表示左侧五项的加总并取相反数；双下划线，表示上方的单下划线数字的加总。

此外，准则口径与内部考核口径在财务指标上的主要区别如表10-4所示。

表10-4　准则口径与内部考核口径的主要区别

	准则口径	内部考核口径
收入判定	非金融分部不含利息收入(不论对外及对其他分部)	均包含利息收入
费用及利润判定	非金融分部不含利息费用(不论对外及对其他分部)	均包含利息费用
资产判定	非金融分部不包含内部贷款(但包含对外贷款)	均包含内部贷款

以下将根据甲电器公司内部报告资料，计算按准则口径的各分部收入、费用、利润、资产，并进行分部主体资格的判断。

根据分部收入的定义，空调、压缩机、洗衣机三个分部在财务公司存款的利息收入都不能计入分部收入，空调分部对洗衣机分部的300万元利息收入、压缩机分部对外交易的3 000万元利息收入，也不能确认为分部收入。但财务公司的日常活动可以认定为金融活动，因此，财务公司对洗衣机分部的利息收入可以确认为分部收入。

判定步骤一：对外交易收入的比例

四个分部的对外交易收入均超过其分部收入的50%，因此，满足大部分收入为对外交易收入的要求。

判定步骤二：收入标准

所有分部的收入之和为35 150百万元，则判定值=35 150×10%=3 515(百万元)，所以，按分部收入判定时，过程如表10-5所示。

表10-5　经营分部的判定：收入标准　单位：百万元

分部	收入金额		判定值	是否作为报告分部
空调	20 000	>	3 515	是
压缩机	10 000	>	3 515	是
洗衣机	5 000	>	3 515	是
财务公司	150	<	3 515	否
所有分部合计	35 150			

根据收入判定标准，空调、压缩机和洗衣机三个分部应纳入报告分部，财务公司不纳入报告分部。

判定步骤三：利润标准

由于分部利润等于分部收入减去分部费用，而分部收入在上一步已经计算完毕，因此，本步骤主要需要调整分部费用。

除财务公司外，其他分部在计算分部利润时无须列支利息费用。所以，在计算分部利润时，应该将利息费用(含分部间利息费用)加到压缩机、空调和洗衣机分部的利润中去。因此，对洗衣机分部应该加回利息费用6 300万元，其余分部费用不需要调整。所以，最终四个分部的利润(亏损)值见表10-6。

在判定值的计算中，先算出盈利分部的利润合计额3 550百万元和亏损分部的亏损合计额的绝对额 1 037 百万元，再取二者之间较大的 3 550 百万元，则判定值＝3 550×10%＝355(百万元)。其判定过程如表 10－6 所示。

表 10－6　　经营分部的判定：利润标准　　单位：百万元

分　部	利　润	亏损的绝对值		判定值	是否作为报告分部
空调	2 000		＞	355	是
压缩机	1 500		＞	355	是
洗衣机		1 037	＞	355	是
财务公司	50		＜	355	否
所有分部合计	3 550	1 037			

根据利润判定标准，空调、压缩机和洗衣机三个分部应纳入报告分部，财务公司不纳入报告分部。

判定步骤四：资产标准

根据分部资产的判定标准，一是在分部的经营中使用，可以直接归属于该分部；二是能够以合理的基础分配给该分部。因此，财务公司可将分部之间的借贷款列入可辨认资产，而空调分部贷给洗衣机分部的 6 000 万元不得列为空调分部的分部资产。其余各分部在财务公司的存款、空调分部对压缩机分部的预付款均属于经营性质，归类为分部资产。所以，空调、压缩机、洗衣机、财务公司四个分部的分部资产见表 10－7，而四个分部资产的合计额为 20 940 百万元，判定值＝20 940×10%＝2 094(百万元)。其判定过程如表 10－7 所示。

表 10－7　　经营分部的判定：资产标准　　单位：百万元

分　部	资产金额		判定值	是否作为报告分部
空调	9 940	＞	2 094	是
压缩机	5 000	＞	2 094	是
洗衣机	4 000	＞	2 094	是
财务公司	2 000	＜	2 094	否
所有分部合计	20 940			

根据资产判定标准，空调、压缩机和洗衣机三个分部应纳入报告分部，财务公司不纳入报告分部。

根据以上四个步骤，甲公司所属的空调、压缩机、洗衣机三个分部，均满足了至少一项 10%标准，且合计分部数不超过 10 个，所以均应确定为报告分部，而财务公司在收入、利润与资产三项判断中均未符合 10%规则，所以不作为报告分部。

判定步骤五：补充测试

除 10%标准外，对落选的分部，还需要兼顾其他补充标准。除了因管理层目的直接指定、因垂直一体化按经营层次划分、为提供可比信息外，可量化的标准主要是 75%收入标准，容易检验出三个报告分部的合计对外交易收入占甲公司对外交易收入的比重超过 75%，因此不需要增加报告分部。

综合以上五个步骤，空调、压缩机、洗衣机三个分部，应按照分部报告准则，分别报告营业收入、营业成本、资产、利润等各项财务指标，供投资者、债权人以及财务分析师等使用；而财务公司的数据，应当与总部数据相加，在分部报告中列为“其他”进行报告。

此外，本例中四个分部按准则计算的资产、收入、费用、利润及其抵销合并，可以简单汇总如表 10-8 所示，从中可以看出在抵销合并后，按内部口径计算出的合并值与按准则口径计算的合并值是相同的，且都应该等于合并财务报表中的相应值。

表 10-8　　分部财务信息的合并与抵销　　单位：百万元

	空调 ①	压缩机 ②	洗衣机 ③	财务 ④	总部 ⑤	五项之和 ⑥	抵销 ⑦	合计 ⑧=⑥+⑦
准则口径资产合计	9 940	5 000	4 000	2 000	3 000	23 940	−2 790	21 150
准则口径收入合计	20 000	10 000	5 000	150		35 150	−60+30	35 120
准则口径费用合计	18 000	8 500	6 037	100	700	33 337	−47	33 290
准则口径分部利润	2 000	1 500	−1 037	50	−700	1 813	17	1 830

表 10-8 中的五项之和⑥，以及抵销项⑦，与表 10-2 和表 10-3 中的内部口径对应数字的差异及原因如表 10-9 所示。

表 10-9　　准则口径与内部口径的差异　　单位：百万元

项　　目	内部口径金额	准则口径金额	差额	注　释
资产五项之和的差异	24 000	23 940	60	差额来自空调分部对洗衣机分部的贷款，在准则口径下不计入
资产类别的抵销差异	−2 850	−2 790	−60	
收入五项之和的差异	35 230	35 150	80	差额来自空调、压缩机、洗衣机分部的利息收入共 80，在准则口径下均不计入
收入类别的抵销		−60+30		准则允许计入财务分部对洗衣机分部的利息 60，合并时应扣除；准则不允许计入压缩机分部的对外利息收入 30，合并时应加回
收入类别的抵销差异	−110	−60+30	−80	原因同“收入五项之和的差异”的解释
费用五项之和的差异	33 400	33 337	63	洗衣机分部向财务、空调分部借款的利息共 63，在准则口径下不计入
费用类别的抵销差异	−110	−47	−63	
利润五项之和的差异	1 830	1 813	17	准则口径少计入空调、压缩机、洗衣机三个分部的利息收入 80，同时少计入洗衣机分部的利息支出 63，差额为 17
利润类别的抵销差异	0	17	−17	

四、分部信息披露的具体规定

（一）作为报告分部信息组成部分的披露

根据《企业会计准则解释第 3 号》，企业报告分部确定后，应当披露下列信息：

(1) 确定报告分部考虑的因素、报告分部的产品和劳务的类型;

(2) 每一报告分部的利润(亏损)总额相关信息,包括利润(亏损)总额组成项目及计量的相关会计政策信息;

(3) 每一报告分部的资产总额、负债总额相关信息,包括资产总额组成项目的信息,以及有关资产、负债计量的相关会计政策。

分部资产的披露金额应当按照扣除相关累计折旧或摊销额以及累计减值准备后的金额确定。披露分部资产总额时,当期发生的在建工程成本总额、购置的固定资产和无形资产的成本总额,应当单独披露。

分部资产,是指分部经营活动中使用的可以归属于该分部的资产,不包括递延所得税资产。

分部负债,是指分部经营活动形成的可归属于该分部的负债,不包括递延所得税负债。

(二) 其他需披露的有关信息

除上述已经作为报告分部信息组成部分披露的以外,企业还应当披露下列信息:

(1) 每一产品和劳务或每一类似产品和劳务组合的对外交易收入;

(2) 企业取得的源自本国的对外交易收入总额以及位于本国的非流动资产(不包括金融资产、独立账户资产、递延所得税资产,下同)总额,企业从其他国家取得的对外交易收入总额以及位于其他国家的非流动资产总额;

(3) 企业对主要客户的依赖程度。

(三) 分部报告披露与合并报表的关系

企业披露的分部信息,应当与合并财务报表或企业财务报表中的总额信息相衔接。

分部收入应当与企业的对外交易收入(包括企业对外交易取得的、未包括在任何分部收入中的收入)相衔接;分部利润(亏损)应当与企业营业利润(亏损)和企业净利润(净亏损)相衔接;分部资产总额应当与企业资产总额相衔接;分部负债总额应当与企业负债总额相衔接。

【例 2】 美的集团 2015 年年报中的分部报告披露如下(略去 2014 年对比部分,除每股收益单独注明为元外,其余单位为千元):

财务报表“附注七:分部信息”:

本集团的报告分部是提供不同产品或服务,或在不同地区经营的业务单元。由于各种业务或地区需要不同的技术和市场战略,因此,本集团分别独立管理各个报告分部的生产经营活动,分别评价其经营成果,以决定向其配置资源并评价其业绩。

本集团有 6 个报告分部,分别为:空调及零部件分部、冰箱及零部件分部、洗衣机及零部件分部、小家电分部、电机分部、物流分部。

分部间转移价格参照向第三方销售所采用的价格确定。资产根据分部的经营以及资产的所在位置进行分配,负债根据分部的经营进行分配,间接归属于各分部的费用按照收入比例在分部之间进行分配。营业费用包括营业成本、利息支出、手续费及佣金支出、税金及附加、销售费用、管理费用、财务费用及资产减值损失。

财务报表“附注八:分部报告”:

(a) 报告分部的利润或亏损、资产及负债的信息

报告分部的利润或亏损、资产及负债的信息如表 10-10 所示。

表 10-10　　2015 年度及 2015 年 12 月 31 日分部信息　　单位：千元

	空调及零部件分部	冰箱及零部件分部	洗衣机及零部件分部	小家电分部	电机分部	物流分部	其他分部及未分配的金额	分部间抵销	合　计
对外交易收入	71 080 793	12 296 942	13 204 070	36 330 913	3 841 012	1 654 066	939 328	—	139 347 124
分部间交易收入	122 969	10 307	15 951	3 043	2 946 519	2 355 722	1 497 030	(6 951 541)	—
营业费用	(65 239 608)	(11 455 116)	(12 116 092)	(31 891 565)	(6 361 320)	(4 047 728)	(2 493 403)	7 081 701	(126 523 131)
分部利润	5 964 154	852 133	1 103 929	4 442 391	426 211	(37 940)	(57 045)	130 160	12 823 993
其他损益									3 227 361
利润总额									16 051 354
资产总额	82 279 374	9 904 735	14 391 477	39 167 999	7 207 315	3 193 752	50 321 733	(77 624 450)	128 841 935
负债总额	60 595 819	5 630 201	8 366 181	27 112 921	2 578 694	2 254 926	49 467 906	(83 196 335)	72 810 313
对联营和合营企业的长期股权投资	336 592	—	—	—	303 057	—	2 248 625	—	2 888 274
对联营和合营企业的投资收益	19 624	—	—	—	43 218	—	357 902	—	420 744
非流动资产(不包括可供出售金融资产、长期股权投资和递延所得税资产)增加额	1 389 959	300 941	80 557	795 560	196 769	105 821	569 953	—	3 439 560
资产减值损失/(转回)	78 456	(9293)	22 452	(3012)	(4642)	8 422	(2797)	(84 820)	4 766
折旧费用和摊销费	1 316 771	307 836	129 552	509 380	147 637	130 143	310 698	—	2 852 017

(b) 地区信息

本集团在国内及其他国家和地区的对外交易收入总额,以及本集团位于国内及其他国家和地区(包括我国香港、澳门特区,新加坡及巴西等)的除可供出售金融资产及递延所得税资产之外的非流动资产总额,列示如表 10－11 所示。

表 10－11　按地区披露的信息　单位:千元

对外交易收入	2015 年度
国内	89 906 850
其他国家/地区	49 440 274
合计	139 347 124
非流动资产总额	2015 年 12 月 31 日
国内	28 261 309
其他国家/地区	1 698 967
合计	29 960 276

在分部信息披露中,应当注意以下几点:

(1) 美的集团的分部报告(表 10－10)中的资产、负债的总额与合并资产负债表(表 10－12)的"资产总计""负债合计"直接对应;"对外交易收入"合计数与合并利润表(表 10－13)中的"营业总收入"直接对应,"营业费用"合计数与合并利润表中的"营业成本""利息支出""手续费及佣金支出""税金及附加""销售费用""管理费用""财务费用""资产减值损失"八项费用之和相等,"其他损益"与合并利润表中的"公允价值变动收益""投资收益""营业外收入""营业外支出"相对应,"对联营和合营企业的长期股权投资"与合并资产负债表中的"长期股权投资"直接对应。

(2) 美的集团的地区信息中(见表 10－11)的"对外交易收入"合计数与合并利润表(表 10－13)中的"营业总收入"直接对应;但地区信息中的"非流动资产总额"与合并资产负债表(表 10－12)中的"非流动资产合计"不直接对应,其原因是根据《企业会计准则解释第 3 号》要求披露的地区信息中的非流动资产不包括可供出售金融资产、递延所得税资产。

为便于对照,兹列示美的集团 2015 年合并资产负债表简表和合并利润表,如表 10－12 和表 10－13 所示(略去 2014 年对比部分)。

表 10－12　美的集团合并资产负债表(简表)

2015 年 12 月 31 日　单位:千元

资　产	期末余额	负债和所有者权益	期末余额
流动资产合计	93 367 706	流动负债	72 003 849
非流动资产合计	35 474 229	非流动负债	806 464
其中:可供出售金融资产	3 289 954	负债合计	72 810 313
递延所得税资产	2 223 999		
长期股权投资	2 888 274	所有者权益合计	56 031 622
资产总计	128 841 935	负债和所有者权益总计	128 841 935

表 10-13 美的集团合并利润表

2015 年度 单位：千元

项目	金额
一、营业总收入	139 347 124
其中：营业收入	138 441 226
利息收入	900 161
手续费及佣金收入	5 737
减：营业成本	102 662 818
利息支出	561 514
手续费及佣金支出	2 247
税金及附加	911 330
销售费用	14 799 769
管理费用	7 441 755
财务费用	138 932
资产减值损失	4 766
公允价值变动收益	81 611
投资收益	2 011 269
其中：对联营企业和合营企业的投资收益	420 744
二、营业利润	14 916 873
加：营业外收入	1 707 039
其中：非流动资产处置利得	53 084
减：营业外支出	572 558
其中：非流动资产处置损失	287 167
三、利润总额	16 051 354
减：所得税费用	2 426 699
四、净利润	13 624 655
归属母公司股东的净利润	12 706 725
少数股东损益	917 930
五、其他综合收益的税后净额	—469 463
归属于母公司股东的其他综合收益的税后净额	—296 852
(一) 以后不能重分类进损益的其他综合收益	—
(二) 以后将重分类进损益的其他综合收益	—296 852
1. 权益法下在被投资单位以后将重分类进损益的其他综合收益中享有的份额	39 924

续 表

项　　目	金 额
2. 可供出售金融资产公允价值变动	159 887
3. 现金流量套期损益的有效部分	74 392
4. 外币财务报表折算差额	−571 055
归属于少数股东的其他综合收益的税后净额	−172 611
六、综合收益总额	13 155 192
归属于少数股东的综合收益总额	745 319
归属于母公司普通股东的综合收益总额	12 409 873
七、每股收益	
基本每股收益(人民币元)	2.99
稀释每股收益(人民币元)	2.99

第二节　中期财务报告

随着经济的发展和市场竞争的日趋激烈,企业日常经营活动的波动和外部经营环境的变化程度不断加强,投资者、债权人对财务报告信息的及时性和相关性提出了更高的要求。因此,在年度财务报告的基础上,产生了对中期财务报告的需求。

中期财务报告,是指以中期为基础编制的财务报告。“中期”,是指短于一个完整的会计年度的报告期间,它可以是一个月、一个季度或者半年,也可以是其他短于一个会计年度的期间,如1月1日至9月30日的期间等。

世界上大多数国家都要求上市公司按照季度或者半年度为基础对外披露中期财务报告。美国证券交易委员会强制要求公司公布季度财务报表,因此,美国的中期报告实际上是指季报。此外,加拿大、巴西、法国等国家也是按季度编报。英国、澳大利亚、日本、我国香港地区则选择按半年编报。国际会计准则第34号对以何种期间编制中期财务报告未做强制规定,认为这应由各国政府、证券监管机构或会计准则制定部门作出规定,但是鼓励股票公开发行企业至少提供截至财务年度前半年末的中期财务报告。

在现实中,很多企业在其会计年度中,根据特定的要求编报完整的财务报表。例如,一个非上市公司,因已向银行借款,可能应按月或按季向贷款银行报送财务报表。但是,中期财务报告更多的是与上市公司有关。

一、中期财务报告制度的演变

我国要求上市公司提供中期财务报告的时间最早可追溯到1991年,当时,上海证券交易所要求股票在该所上市交易的8家公司(又称“老八股”)首次对外披露半年度的中期报告。

1993年5月和6月,国务院分别发布了《股票发行与交易管理暂行条例》和《公开发行股票公司信息披露实施细则(试行)》,正式要求上市公司必须披露半年度的中期报告,并应当遵守国家会计制度和证券监管部门的有关规定。

1994年6月,中国证监会发布了《公开发行股票公司信息披露的内容与格式准则第3号——中期报告的内容与格式》,并于1996年和1998年先后两次修订,在2002年修订时则将名称中的"中期报告"改为"半年报"。

2001年4月,中国证监会又发布《公开发行证券的公司信息披露编报规则第13号——季度报告内容与格式特别规定》,开始要求部分上市公司编制季度报告;而自2002年第一季度起,所有上市公司都必须编制并披露季度报告,对上市公司披露财务信息的及时性提出了更高的要求。

2001年11月,财政部发布《企业会计准则——中期财务报告》,并自2002年1月1日起在所有上市公司中施行。

2006年2月,财政部颁布了我国现行规范中期财务报告的会计准则《企业会计准则第32号——中期财务报告》。

现行实务中,我国上市公司的中期财务报告包括半年度报告和季度报告,对报告频率和时限的具体要求是:上市公司在每个会计年度上半年结束之日起两个月内披露半年度报告,在会计年度前3个月、9个月结束后的一个月内披露季度报告。

二、编制中期财务报告的意义

会计信息的一个重要质量特征是其及时性。在科技发展日新月异、市场环境变化日趋迅速的情况下,企业对外披露的财务报告信息的有用性在很大程度上取决于它的时效性。即使信息可靠性程度很高,但是如果提供相对滞后,信息价值往往就会受损,甚至消失殆尽。编制中期财务报告的目的是向会计信息使用者提供比年度财务报告更加及时的信息,以提高会计信息的决策有用性,同时也为投资者预测企业的年度经营业绩提供了重要的依据。因此,中期财务报告的目标既有类似于年度财务报告的方面,又有其独特之处。具体而言,中期财务报告及时且充分揭示年度内正常的或非正不常的情况,详细说明不同于年度财务报告的特殊会计计量方法的应用,真实反映对本期或下期财务状况产生重大影响的会计事项,提供较上年度财务报告更新的事项或交易信息,这些都为投资者、债权人等做出更加及时、准确的决策起到了积极作用。

除了提高会计信息披露的及时性之外,中期财务报告还在一定程度上提高了会计信息质量。财务报告制度是企业业绩评价和监督机制的有效组成部分,中期财务报告制度完善了上市公司的信息披露制度,可以提高会计信息披露的透明度,可以使企业业绩评价和监督更及时,更便于揭示问题,有助于规范企业行为。

此外,从规范证券市场的角度看,中期财务报告制度有助于加强证券监管,维护市场经济秩序,尤其是维护证券市场秩序。

当前,我国证券市场发展方兴未艾,上市公司及投资群体日益增多,证券市场的地位不断提升,会计信息使用者对财务报告信息质量尤其是及时性的要求逐渐提高,因此,中期财务报告在投资决策和资源配置中的作用越发凸显。

三、中期财务报告的主要问题和理论基础

(一) 中期财务报告的主要问题

中期财务报告的编制涉及很多具体问题。例如,编制比较财务报表和合并财务报表时,应当提供哪些具体报表。又如,在披露中判断交易或者事项的重要性时,是不是以对全年的预计为标准;如果不是,那么是以本中期为标准,还是以年初至本中期末为标准,还是二者兼而有之。再如,会计政策变更和会计估计变更导致的累积影响,是否需要调整年内以前各中期的报表数字。这些都是在本节中需要回答的问题。

但是,中期财务报告编制时涉及的主要问题还是确认和计量问题,也就是说,由于在编制时会计期间的缩短,在经营成果的确定上存在着一系列问题,以下分收入和费用两个方面讨论。

1. 收入

这主要是季节性、周期性或者偶然性收入的确认与计量问题。比如,某些季节性强的企业,收入在各中期报告期间有很大的变化。如果按照收入发生时确认的原则,据此对全年收入所做的预测容易受到误导;但如果允许预计和递延,又容易给公司管理层操纵收入提供方便。

2. 费用

费用方面也存在不均匀发生的费用的确认与计量问题。比如,季节性费用、大修理费用、重组费用以及所得税费用的会计处理问题。其主要问题仍然是:对于非均匀发生的费用,是在发生时直接计入当期,还是允许在估计全年的背景下在不同的中期之间预提或待摊?比如,对于所得税费用中的永久性差异,是在发生时体现在该中期利润表中,还是在全年内的各中期按照估计数进行分摊?

(二) 中期财务报告的理论基础

会计界对中期财务报告所依据的理论问题,有三种不同的看法,即独立论、整体论和合并论。

1. 独立论

独立论(discrete theory)将每一个中期报告期间视为一个基本会计期间,因此,每一个中期经营成果的确定,采用与会计年度期间相同的方法。在这种理论下,每一个中期期末的递延、应计及估计,应按与年度报告相同的原理、判断及估计来确定。因此,独立论认为,中期报告的目的与年报一样,都是为了提供一个特定期间内企业的财务状况和经营成果。在这种理论中,中期财务报告信息应着眼于过去,着重反映企业中期的实际经营业绩及管理者的行为,强调中期报告反映的客观性、可靠性和真实性。

2. 整体论

整体论(integral theory)又称一体论,是将每一个中期报告期间视为整个会计年度的一部分。在这种理论下,每一个中期期末的递延、应计及估计,均受到其对年度经营成果所做判断的影响。因此,若某一事件影响整个年度,则要根据估计的时间、销售量、生产量或其他基础,在各个中期报告期间之间分配。整体论认为,中期报告的目的主要是为报表使用者提供决策有用的信息,因此,中期报告的信息应着眼于未来,着重如何有助于信息使用者对企业的未来做出正确的分析和预测,强调中期报告反映的相关性和决策有用性。

3. 合并论

合并论(combination theory)认为,每一中期具有年度一部分和独立期间的共同属性,因此,在合并论下,对某些项目采用独立论,对某些项目则采用整体论。由于合并论是在独立论和整体论的基础上形成的,那么,在明确了独立论和整体论的特点、优缺点之后,便可综合为合并论。该理论认为,中期信息使用者有可能既注重企业过去的利润水平和经营状况,也利用中期报告的信息对未来期间进行预测。

我国中期财务报告遵循独立论。

四、我国中期财务报告应遵循的原则

在独立论的理论背景下,中期财务报告应遵循的原则主要有以下几点:

1. 一致性原则

中期财务报告的编制,应当遵循与年度财务报告相一致的会计政策原则。这一原则体现的也正是独立论的要求。也就是说,中期应被视同一个独立的会计期间,编制中期财务报告时不得随意变更会计政策。

2. 重要性原则

重要性原则是编制中期财务报告的一项非常重要的原则。在遵循重要性原则时应当注意,重要性程度的判断应以中期财务数据为基础,而不得以预计的年度财务数据为基础。这里的"中期财务数据",既包括本中期的财务数据,也包括年初至本中期末的财务数据。此外,重要性原则的应用,还应当保证中期财务报告包括那些方便会计信息使用者理解企业中期末财务状况和中期经营成果及其现金流量的相关信息。重要性程度的判断,还应当根据具体情况做具体分析和职业判断。

3. 及时性原则

编制中期财务报告的目的是为了向会计信息使用者提供比年度报告更及时的信息,以提高会计信息的决策有用性。为了体现及时性原则,相对于年度财务数据的计量,中期财务报告的计量在很大程度上依赖于估计。比如,对中期末存货的计价,由于时间限制和成本考虑可能不进行全面的实地盘点,就可在更大程度上依赖于会计估计。但是,企业应确保中期财务报告包括了相关的重要信息。

需要注意的是,一致性原则是独立论的体现,重要性和及时性原则是编制中期财务报告需要更侧重考虑的两个原则,而其他会计原则如谨慎性等,仍需同样遵循。

五、我国中期财务报告的内容

(一) 基本内容

中期财务报告至少应当包括:(1) 资产负债表;(2) 利润表;(3) 现金流量表;(4) 附注。这是中期财务报告的最基本构成。

需要注意的是,中期资产负债表、利润表和现金流量表应当是完整报表,其格式和内容应当与上年度财务报表相一致。如果当年新施行的会计准则对财务报表格式和内容做了修改,中期财务报表应当按照修订后的报表格式和内容编制,上年度比较财务报表的格式和内容也应当做相应调整。此外,基本每股收益和稀释每股收益应当在中期利润表中单独列示。

(二) 比较财务报表的编制要求

为了提高财务报告信息的可比性、相关性和有用性,企业在中期末除了编制中期末的资产负债表、中期利润表和现金流量表以外,还应当提供与前期的比较财务报表。《企业会计准则第 32 号——中期财务报告》规定,中期财务报告应当按照下列规定提供比较财务报表:

(1) 本中期末的资产负债表和上年度末的资产负债表。我国准则不要求提供上年可比中期末的资产负债表,然而,如果需要了解由于公司财务状况变化而带来的季节性波动,提供上年可比中期末的资产负债表是必要的。

(2) 本中期的利润表、年初至本中期末的利润表以及上年度可比期间的利润表。

(3) 年初至本中期末的现金流量表和上年度年初至可比本中期末的现金流量表。不要求提供单季度的现金流量表。

以 2018 年第三季度报告为例,有关财务报表是否提供情况列示见表 10-14。

表 10-14　　2018 年第三季度财务报表提供情况

	本年度	上年度
资产负债表	提供(2018 年 9 月 30 日)	提供(2018 年 12 月 31 日)
利润表(7 月 1 日至 9 月 30 日)	提供	提供
利润表(年初至 9 月 30 日)	提供	提供
现金流量表(7 月 1 日至 9 月 30 日)	不提供	不提供
现金流量表(年初至 9 月 30 日)	提供	提供

从上市公司披露现状来看,目前我国半年报只披露年初至 6 月底的利润表,不披露第二季度(即 4～6 月)的单季利润表;半年报需披露所有者权益变动表,而第一季度和第三季度报告不需披露所有者权益变动表;半年报需附注披露现金流量表的补充资料——间接法下编制的经营活动现金流量和不涉及现金收支的重大投资和筹资活动,而第一季度和第三季度报告不需要披露该补充资料。

表 10-15、表 10-16、表 10-17 和表 10-18 列示了美的集团 2017 年三季报中的主要财务报表(除每股收益单独注明为元外,其余单位为千元)。

表 10-15　　资产负债表

2017 年 9 月 30 日

编制单位:广东美的集团股份有限公司　　单位:千元

项　目	2017 年 9 月 30 日	2016 年 12 月 31 日	2017 年 9 月 30 日	2016 年 12 月 31 日
	合　并	合　并	母公司	母公司
流动资产:				
货币资金	41 657 437	17 196 070	26 136 798	17 135 480
衍生金融资产	392 267	412 813	—	—
应收票据	15 518 453	7 427 488	—	—

续　表

项　　目	2017年9月30日	2016年12月31日	2017年9月30日	2016年12月31日
	合　并	合　并	母公司	母公司
应收账款	17 360 462	13 454 511	—	—
预付款项	2 105 052	1 587 366	35 167	8 252
发放贷款及垫款	10 918 457	20 246 445	—	—
应收股利	—	—	737 585	285 916
其他应收款	2 099 815	1 140 133	11 724 056	12 644 592
存货	23 752 878	15 626 897	—	—
其中：已完工尚未结算	5 557 738	—	—	—
其他流动资产	49 545 111	43 529 597	29 543 341	24 165 141
流动资产合计	163 349 932	120 621 320	68 176 947	54 239 381
非流动资产：				
可供出售金融资产	1 846 009	5 187 732	56 868	28 931
长期应收款	377 473	33 868	—	—
长期股权投资	2 821 345	2 211 732	24 359 050	23 058 980
投资性房地产	474 159	494 122	578 450	604 881
固定资产	22 348 578	21 056 791	882 217	984 666
在建工程	1 020 704	580 729	516 948	467 053
无形资产	16 010 089	6 868 538	232 771	236 083
商誉	28 620 233	5 730 995	—	—
长期待摊费用	702 846	625 971	39 427	46 090
递延所得税资产	3 813 586	3 030 383	136 769	62 711
其他非流动资产	798 322	4 158 530	12 277	3 342 000
非流动资产合计	78 833 344	49 979 391	26 814 777	28 831 395
资产总计	242 183 276	170 600 711	94 991 724	83 070 776
流动负债：				
短期借款	4 472 839	3 024 426	—	—
吸收存款及同业存放	158 141	36 708		
衍生金融负债	146 771	89 838	—	—
应付票据	23 029 466	18 484 939	—	—

续　表

项　　目	2017年9月30日	2016年12月31日	2017年9月30日	2016年12月31日
	合　并	合　并	母公司	母公司
应付账款	32 588 743	25 356 960	—	—
预收款项	17 782 778	10 252 375	—	—
应付职工薪酬	4 181 519	3 154 387	97 092	199 842
应交税费	2 813 129	2 364 446	8 368	103 848
应付利息	66 170	21 343	136 203	76 776
应付股利	176 000	105 641	—	—
其他应付款	2 668 054	1 571 422	61 386 959	54 461 578
一年内到期的非流动负债	111 062	158 545	—	—
其他流动负债	26 723 821	24 562 970	7 768	140 264
流动负债合计	114 918 493	89 184 000	61 636 390	54 982 308
非流动负债：				
长期借款	33 075 133	2 254 348	—	—
应付债券	4 621 102	4 818 769	—	—
长期应付款	456 162	366 881	—	—
专项应付款	2 500	2 405	—	—
预计负债	645 287	325 217	—	—
递延所得税负债	4 381 425	1 831 973	—	—
递延收益	647 849	502 316	—	—
长期应付职工薪酬	2 325 670	1 449 954		
其他非流动负债	855 926	888 152	—	—
非流动负债合计	47 011 054	12 440 015	—	—
负债合计	161 929 547	101 624 015	61 636 390	54 982 308
所有者权益(或股东权益)：				
股本	6 548 163	6 458 767	6 548 163	6 458 767
资本公积金	15 425 561	13 596 569	7 267 676	5 455 268
减：库存股	366 842	—	366 842	—
其他综合收益	19 749	13 125	−16 928	−9 069
盈余公积金	2 804 469	2 804 469	2 804 469	2 804 469
一般风险准备	148 602	148 602	—	—
未分配利润	46 637 886	38 105 391	17 118 796	13 379 033
归属于母公司所有者权益合计	71 217 588	61 126 923	33 355 334	28 088 468

续　表

项　目	2017年9月30日	2016年12月31日	2017年9月30日	2016年12月31日
	合　并	合　并	母公司	母公司
少数股东权益	9 036 141	7 849 773	—	—
所有者权益合计	80 253 729	68 976 696	33 355 334	28 088 468
负债和所有者权益总计	242 183 276	170 600 711	94 991 724	83 070 776

表 10－16　　本报告期利润表

2017年7～9月

编制单位：广东美的集团股份有限公司　　单位：千元

项　目	2017年7～9月	2016年7～9月	2017年7～9月	2016年7～9月
	合　并	合　并	母公司	母公司
一、营业总收入	62 800 819	39 070 433	415 540	263 641
其中：营业收入	62 498 801	38 856 130	415 540	263 641
利息收入	302 016	212 183		
手续费及佣金收入	2	2 120	0	0
二、营业总成本	58 381 100	35 679 594	221 378	247 382
其中：营业成本	46 508 408	28 961 867	9 725	1 181
利息支出	50 238	122 684		
手续费及佣金支出	479	625		
税金及附加	321 255	195 032	7 488	4 653
销售费用	7 549 380	4 156 246	0	0
管理费用	3 597 199	2 291 021	101 419	－62 445
财务费用	506 145	－7 904	103 441	303 995
资产减值损失	－152 004	－39 977	－695	－2
加：公允价值变动净收益	－34 633	37 000	0	0
投资净收益	592 557	469 391	3 418 254	1 932 955
其中：对联营企业和合营企业的投资收益	102 955	94 340	73 852	69 904
其他收益	229 274	0	0	0
三、营业利润	5 206 917	3 897 230	3 612 416	1 949 214
加：营业外收入	98 284	355 506	748	43 117
减：营业外支出	72 985	90 115	427	2 124
其中：非流动资产处置净损失	56 112	40 987	0	15

续　表

项　　目	2017年7～9月	2016年7～9月	2017年7～9月	2016年7～9月
	合　并	合　并	母公司	母公司
四、利润总额	5 232 216	4 162 621	3 612 737	1 990 207
减：所得税	678 887	641 531	－98 238	－17 216
五、净利润	4 553 329	3 521 090	3 710 975	2 007 423
其中：被合并方在合并前实现的净利润				
归属于母公司股东利润	4 186 853	3 311 500	3 710 975	2 007 423
少数股东利润	366 476	209 590	0	0
六、其他综合收益的税后净额	－13 132	－808 298	－4 433	8 675
归属于母公司股东的其他综合收益的税后净额	－3 058	－811 460	－4 433	8 675
(一) 以后不能重分类进损益的其他综合收益	－2 107	—	—	—
(二) 以后将重分类进损益的其他综合收益	－951	－811 460	—	—
1. 权益法下在被投资单位以后将重分类进损益的其他综合收益中享有的份额	－1 762	9 169	—	—
2. 可供出售金融资产公允价值变动	3 938	－723 900	—	—
3. 持有至到期投资重分类为可供出售金融资产损益	—	—	—	—
4. 现金流量套期损益的有效部分	－27 907	29 191	—	—
5. 外币财务报表折算差额	24 780	－125 920	—	—
归属于少数股东的其他综合收益的税后净额	－10 074	3 162	—	—
七、综合收益总额	4 540 197	2 712 792	3 706 542	2 016 098
归属于母公司普通股东的综合收益总额	4 183 795	2 500 040	3 706 542	2 016 098
归属于少数股东的综合收益总额	356 402	212 752		
八、每股收益				
基本每股收益(人民币元)	0.64	0.51	不适用	不适用
稀释每股收益(人民币元)	0.64	0.51	不适用	不适用

表 10－17　　年初至报告期末利润表

编制单位：广东美的集团股份有限公司　　单位：千元

项　目	2017 年 1～9 月	2016 年 1～9 月	2017 年 1～9 月	2016 年 1～9 月
	合　并	合　并	母公司	母公司
一、营业总收入	187 764 435	117 077 949	1 116 610	851 892
其中：营业收入	186 948 866	116 378 417	1 116 610	851 892
利息收入	815 565	691 759		
手续费及佣金收入	4	7 773		
二、营业总成本	172 344 718	102 498 007	545 033	1 006 971
减：营业成本	139 559 489	83 828 027	29 054	14 829
利息支出	215 904	384 002		
手续费及佣金支出	2 140	2 012		
税金及附加	1 076 026	662 794	11 267	7 988
销售费用	19 954 150	12 341 424	0	0
管理费用	10 430 157	5 981 080	206 857	276 093
财务费用	852 759	－913 165	298 404	708 030
资产减值损失	254 093	211 833	－549	31
加：公允价值变动净收益	－44 156	－488 089	0	22 673
投资净收益	1 792 009	1 183 473	9 543 492	9 491 666
其中：对联营企业和合营企业的投资收益	390 089	295 082	288 285	201 015
其他收益	1 075 500	0	0	0
三、营业利润	18 243 070	15 275 326	10 115 069	9 359 260
加：营业外收入	1 089 198	1 258 778	1 505	44 954
减：营业外支出	492 928	193 914	1 468	3 681
其中：非流动资产处置净损失	93 239	73 136	119	1 562
四、利润总额	18 839 340	16 340 190	10 115 106	9 400 533
减：所得税	2 737 940	2 588 202	－90 336	17 685
五、净利润	16 101 400	13 751 988	10 205 442	9 382 848
其中：被合并方在合并前实现的净利润	—	—	—	—

续 表

项目	2017年1～9月	2016年1～9月	2017年1～9月	2016年1～9月
	合 并	合 并	母公司	母公司
归属于母公司股东利润	14 998 175	12 807 993	10 205 442	9 382 848
少数股东利润	1 103 225	943 995	0	0
六、其他综合收益的税后净额	13 190	538 964	－7 859	－1 902
归属于母公司股东的其他综合收益的税后净额	6 624	465 254	－7 859	－1 902
（一）以后不能重分类进损益的其他综合收益	37 472			
（二）以后将重分类进损益的其他综合收益	－30 848	465 254	－7 859	－1 902
1. 权益法下在被投资单位以后将重分类进损益的其他综合收益中享有的份额	－9 831	－56 537	－7 859	－1 902
2. 可供出售金融资产公允价值变动	－288 537	358 607		
3. 持有至到期投资重分类为可供出售金融资产损益	—			
4. 现金流量套期损益的有效部分	140 809	174 794		
5. 外币财务报表折算差额	126 711	－11 610		
归属于少数股东的其他综合收益的税后净额	6 566	73 710		
七、综合收益总额	16 114 590	14 290 952	10 197 583	9 380 946
归属于母公司普通股东的综合收益总额	15 004 799	13 273 247	10 197 583	9 380 946
归属于少数股东的综合收益总额	1 109 791	1 017 705		
八、每股收益				
基本每股收益(人民币元)	2.31	2	不适用	不适用
稀释每股收益(人民币元)	2.3	1.99	不适用	不适用

表 10－18　　年初到报告期末现金流量表

2017 年 1～9 月

编制单位：广东美的集团股份有限公司　　单位：千元

项　目	2017 年 1～9 月	2016 年 1～9 月	2017 年 1～9 月	2016 年 1～9 月
	合　并	合　并	母公司	母公司
一、经营活动产生的现金流量				
销售商品、提供劳务收到的现金	148 783 253	112 216 632	—	—
吸收存款和同业存放款项净增加额	121 433	3 561		
存放中央银行和同业款项净减少额	—	126 053		
向中央银行借款净增加额	—	80 730		
收到利息、手续费及佣金的现金	864 098	700 653		
收到的税费返还	4 440 425	4 124 618	—	—
收到其他与经营活动有关的现金	3 370 638	2 201 828	8 729 382	10 532 437
经营活动现金流入小计	157 579 847	119 454 075	8 729 382	10 532 437
购买商品、接受劳务支付的现金	87 143 944	63 672 706	—	—
吸收存款和同业存放款项净减少额	—	—	—	—
发放贷款及垫款净增加额	658 156	5 428 328		
存放中央银行和同业款项净增加额	744 270	—		
支付利息、手续费及佣金的现金	218 046	387 319		
支付给职工以及为职工支付的现金	17 042 705	8 673 520	114 654	27 898
支付的各项税费	9 412 941	6 828 734	101 815	52 312
支付其他与经营活动有关的现金	22 292 143	15 425 973	227 698	4 590 393
经营活动现金流出小计	137 512 205	100 416 580	444 167	4 670 603
经营活动产生的现金流量净额	20 067 642	19 037 495	8 285 215	5 861 834
二、投资活动产生的现金流量				
收回投资收到的现金	56 859 505	48 980 669	40 619 980	25 674 850
取得投资收益收到的现金	1 664 387	1 339 590	9 227 047	8 738 751
处置固定资产、无形资产和其他长期资产收回的现金净额	865 341	170 570	12 049	111
处置子公司及其他营业单位收到的现金净额	2 415	272 899	—	—

续　表

项　　目	2017年1～9月	2016年1～9月	2017年1～9月	2016年1～9月
	合　并	合　并	母公司	母公司
收到其他与投资活动有关的现金	—	—	—	—
投资活动现金流入小计	59 391 648	50 763 728	49 859 076	34 413 712
购建固定资产、无形资产和其他长期资产支付的现金	2 071 492	1 605 425	81 158	247 748
投资支付的现金	50 014 698	65 071 957	36 731 884	35 644 352
取得子公司及其他营业单位支付的现金净额	25 633 208	1 856 787	—	—
支付其他与投资活动有关的现金	—	—	—	—
投资活动现金流出小计	77 719 398	68 534 169	36 813 042	35 892 100
投资活动产生的现金流量净额	－18 327 750	－17 770 441	13 046 034	－1 478 388
三、筹资活动产生的现金流量				
吸收投资收到的现金	1 365 855	651 628	1 365 855	635 611
其中：子公司吸收少数股东投资收到的现金	—	16 017	—	—
取得借款收到的现金	32 917 986	28 817 816	1 600 000	1 800 000
发行短期融资券收到的现金	—	1 999 500	—	—
收到其他与筹资活动有关的现金	—	—	—	—
筹资活动现金流入小计	34 283 841	31 468 944	2 965 855	4 435 111
偿还债务支付的现金	4 718 342	21 748 594	1 600 000	3 090 000
偿还短期融资券支付的现金	—	1 999 500		1 999 500
分配股利、利润或偿付利息支付的现金	7 578 451	5 728 142	6 970 870	6 234 046
其中：子公司支付给少数股东的股利、利润	606 819	417 287	—	—
支付其他与筹资活动有关的现金	—	—	—	—
筹资活动现金流出小计	12 296 793	29 476 236	8 570 870	11 323 546
筹资活动产生的现金流量净额	21 987 048	1 992 708	－5 605 015	－6 888 435
四、汇率变动对现金的影响	121 585	101 834	—	—
五、现金及现金等价物净增加额	23 848 525	3 361 596	15 726 234	－2 504 989
加：期初现金及现金等价物余额	12 513 730	5 187 317	8 174 915	6 245 008
六、期末现金及现金等价物余额	36 362 255	8 548 913	23 901 149	3 740 019

(三) 中期合并财务报表和母公司财务报表的编制要求

现行准则的规定主要包括以下内容：

(1) 本中期末与上年度末均存在子公司。如果上年度编制合并财务报表的，中期期末应当编制合并财务报表。如果上年度财务报告除了包括合并财务报表，还包括母公司财务报表的，中期财务报告也应当包括母公司财务报表。

(2) 上年度财务报告包括了合并财务报表，但报告中期内处置了所有应当纳入合并范围的子公司。此时，中期财务报告只需提供母公司财务报表，但比较财务报表则应进一步区分上年度可比中期(或可比期末)是否有子公司：如果没有子公司，则仍只需提供母公司财务报表而无须提供合并财务报表；如果有子公司，则仍应当包括合并财务报表。

例如，假定某公司上年度第一季度末没有子公司，在第二季度拥有了一家控股子公司，到了本年度第一季度时又处置了该控股子公司，则本年度一季报中，需编制合并利润表(将年初至处置日被处置子公司及业务的收入、费用、利润纳入合并利润表)和合并现金流量表(将年初至处置日被处置子公司及业务的现金流量纳入合并现金流量表)，不需编制合并资产负债表；但编制比较报表时，无须编制合并财务报表。在本年度的半年报中，需编制合并利润表和合并现金流量表(与第一季度的编制方法相同)，不需编制合并资产负债表；但是，在编制比较资产负债表、比较利润表和比较现金流量表中，都需要编制合并财务报表和母公司报表。

(四) 中期财务报告附注的编制要求和内容

1. 附注的编制要求

在编制中期财务报告附注时，应注意贯彻中期财务报告的“重要性”原则。重要性原则中提出“中期财务数据”既包括本中期的财务数据，也包括年初至本中期末的财务数据。所以，在披露时，既需要披露本中期所发生的重要交易或者事项，也需要再次披露本年度内以前中期发生的重要交易或者事项。也就是说，一项交易或者事项，如果对理解“年初到本中期末”的企业状况重要，或者对理解“本中期”的状况重要，那么就需要在本中期的报告中予以披露。

具体而言，包括以下两点：

(1) 中期财务报告中的附注应当以年初至本中期末为基础编制，披露自上年度资产负债表日之后发生的，有助于理解企业财务状况、经营成果和现金流量变化情况的重要交易或者事项。

比如，某公司一季度时发生一项重大对外投资，则不仅一季报需要披露，在二季报和三季报中，在“以年初至本中期末为基础”的原则下，仍然需要再次披露。

(2) 对于理解本中期财务状况、经营成果和现金流量有关的重要交易或者事项，也应当在附注中做相应披露。

比如，三季度发生的某一事项，对理解年初到三季度末的企业状况可能是不重要的，但是如果对理解三季度的企业状况重要，则应当在三季报中予以披露。

2. 附注的内容

中期财务报告中的附注至少应当包括下列信息：

(1) 关于会计政策变更、会计估计变更、会计差错更正的信息。

首先应当包括中期财务报表所采用的会计政策与上年度财务报表相一致的声明，

如果会计政策发生变更的,应当说明会计政策变更的性质、内容、原因及其影响数;无法进行追溯调整的,应当说明原因。而如果发生会计估计变更,则应当披露会计估计变更的内容、原因及其影响数;如果影响数不能确定的,应当说明原因。而如果发生了会计差错更正,则应当披露前期差错的性质及其更正金额;如果无法进行追溯重述的,应当说明原因。

(2) 关于关联方及关联方交易的信息。

应当披露存在控制关系的关联方发生变化的情况;如果关联方之间发生交易的,应当披露关联方关系的性质、交易类型和交易要素。在披露此信息时,应当同时提供本中期和本年度年初至本中期末的数据,以及上年度可比本中期和上年年初至上年本中期末的比较数据。

(3) 关于分部报告信息、合并财务报表范围、资产负债表日后事项的信息。

中期财务报告在披露分部信息时,应当同时提供本中期(或者本中期末)和本年度年初至本中期末的数据,以及上年度可比本中期(或者可比期末)和上年年初至上年本中期末的比较数据。

合并财务报表的合并范围发生变化,中期资产负债表日至中期财务报告批准报出日之间发生非调整事项,均应当加以披露。

(4) 对财务报表涉及的以下具体项目的说明。

包括"对性质特别或者金额异常的财务报表项目的说明""上年度资产负债表日以后所发生的或有负债和或有资产的变化情况""证券发行、回购和偿还情况""向所有者分配利润的情况,包括在中期内实施的利润分配和已提出或者已批准但尚未实施的利润分配情况"等。

(5) 对企业经营状况涉及的以下具体方面的说明。

其一是披露"企业经营的季节性或者周期性特征";其二是"企业结构变化情况",包括企业合并,对被投资单位具有重大影响、共同控制或者控制关系的长期股权投资的购买或者处置,终止经营等。此外,还应当披露"其他重大交易或者事项",比如重大的长期资产转让及其出售情况、重大的固定资产和无形资产取得情况、重大的研究和开发支出、重大的资产减值损失情况等。

需要说明的是,目前我国上市公司在第一季度和第三季度报告中不披露财务报表的附注信息,仅半年报披露财务报表的附注信息。

六、中期财务报告的确认与计量

(一) 中期财务报告确认与计量的基本原则

1. 中期会计要素的确认与计量应当与年度报告一致

企业在中期财务报告中,对交易或者事项的确认和计量,应按照会计要素的定义以及确认和计量标准,不能因为报告期间的缩短而改变。例如,对中期资产负债表日的"待处理财产损溢"项目,也应当像会计年度末一样,将其计入当期损益,不能递延到以后中期,因为已经不符合资产的定义和确认标准。

2. 中期会计计量应当以年初至本中期末为基础

现行准则规定,中期会计计量应当以年初至本中期末为基础,财务报告的频率不应当影响年度结果的计量。也就是说，无论中期是月度、季度还是半年度，中期会计计量的结果应当以与年度计量结果一致为原则。换言之，就是会计计量的期间基础不能是本中期，而应当是年初至本中期末。

比如准则规定，在借款费用资本化的判断中，固定资产的购建活动发生非正常中断且中断时间连续超过 3 个月的，应该暂停借款费用资本化。

例如，某公司在 3 月 1 日固定资产的购建活动非正常中断，预计 2 个月内可解决，则在一季报中，借款费用可以继续资本化。但是，该公司直到该年 6 月 15 日才重新恢复固定资产的购建活动，那么在编制二季度报告时，不能根据本季度内非正常中断只有 2 个半月而将借款费用继续资本化。正确的做法应当是以年初至二季度末作为二季报的期间基础，此时非正常中断连续超过了 3 个月，因此，对于本季度中 4 月 1 日至 6 月 14 日期间该企业应当暂停借款费用资本化，将其计入当期损益。并且，对于 3 月份的借款费用也应当费用化，即调减 3 月末在建工程成本，调增 3 月份财务费用，这样所体现的正是中期会计计量结果与年度计量结果一致的原则，即“财务报告的频率不应当影响年度结果的计量”的原则。

3. 中期采用的会计政策应当与年度财务报告一致，会计政策变更、会计估计变更应当符合规定

为了保持企业前后各期会计政策的一贯性，提高会计信息的可比性和有用性，企业在中期不得随意变更会计政策。具体来说，如果上年度资产负债表日后按规定变更了会计政策，且该变更后的政策将在本年度财务报告中使用，则中期财务报告应当使用该变更后的会计政策。如果企业在中期进行了符合准则的会计政策变更，通常应当确保该项会计政策也将在年度财务报告中使用。

对于会计估计变更，同一会计年度内，后续的中期财务报告应当反映该会计估计变更后的金额，但对以前的中期财务报告项目金额不做调整。

（二）季节性、周期性或者偶然性取得收入的确认和计量

现行准则规定，企业取得的季节性、周期性或者偶然性收入，应当在发生时予以确认和计量，不应在中期财务报表中预计或者递延，但会计年度末允许预计或者递延的除外。

也就是说，除非同样的事项在会计年度末的处理中也允许预计或者递延，否则该事项在中期财务报告中不能进行预计或递延。这反映了我国会计准则遵循的是独立论。

（三）会计年度中不均匀发生的费用的确认和计量

现行准则规定，企业在会计年度中不均匀发生的费用，应当在发生时予以确认和计量，不应在中期财务报表中预提或者待摊，但会计年度末允许预提或者待摊的除外。

这里的具体含义与季节性、周期性或者偶然性取得收入时的规定类似。

七、中期会计政策变更的处理

企业在中期发生了会计政策变更的，应当按照《企业会计准则第 28 号——会计政策、会计估计变更和差错更正》处理，并在附注中做相应披露。

会计政策变更的累积影响数能够合理确定，且涉及本会计年度以前中期财务报表相关项目数字的，应当予以追溯调整，视同该会计政策在整个会计年度一贯采用；同时，上年度可

比财务报表也应当做相应调整。

在会计实务中，此种情况下通常还需要区分会计政策变更的发生时间是在第一季度，还是在第一季度以外的其他季度。主要区别在于：如果是发生在第一季度，则以前年度比较财务报表的期初留存收益和相关项目的数字需要作出调整；如果是发生在第二、三、四季度，则不仅需要对以前年度的同样作出调整，而且对本年度内变更以前季度的相关项目的数字，也需要作出调整。在附注的披露方面，变更发生在第二、三、四季度时的披露，相比于发生在第一季度时，也要增加披露“当年度会计政策变更前各季度损益的影响数”。

与会计政策变更不同的是，如果发生了会计估计变更，则变更发生时的中期财务报告应当反映该会计估计变更后的金额，但对以前中期财务报告项目金额不进行调整。同时，该会计估计变更也应按准则规定在附注中披露。

八、整体论下的会计处理

如前所述，国际上一些国家采用了整体论来处理中期财务报告问题，以下简要论述整体论下常见的一些做法。

(一) 对确认和计量的处理

1. 收入

销售产品或提供劳务所获得的收入，应按整年所用的相同基础在该中期报告期确认。此外，企业在收入方面若有显著的季节性变动，应披露其业务活动的季节性质。

2. 与收入有关的成本

与销售产品或提供劳务有直接关系，或可分配的成本及费用，包括原料成本、直接人工成本及制造费用，对于这些成本及费用，在中期财务报告中的会计处理，也要求与其在年度报告中相同。但却存在一些例外，主要在于确定中期财务报表的销售成本时：

(1) 在中期报告日，采用毛利法估计销售成本的企业，应在中期财务报告内披露这一事实。此外，中期报告期存货估计数与年度实地盘存数之间的任何重大调整，均应披露。

(2) 对存货及销售成本，采用标准成本的公司，通常应比照会计年度的做法，在中期列报标准成本差异；但如果预计的价格差异及数量或效能差异预计可在年底时被消化，则该差异可在中期报告期期末予以递延。

3. 其他成本及费用

产品成本以外的成本及费用，应在发生时计入中期利润，或根据估计的有效时间、受益期间或与该期间有关的活动期间加以分配。公司将特定成本及费用分配给某一个中期报告期的程序，应与其年报列报经营成果的基础一致。然而，在年度报告方面，以费用入账的特定成本或费用，若其受益期在一个中期报告期以上，则该项成本或费用项目应在各中期报告期之间分配。

若发生在一个报告中期的一些成本及费用，不易确定其与其他报告中期的业务活动或受益是否有关，此时，应在发生时记入该报告中期。除非该报告中期及上年度对应的报告中期均含有类似性质的项目，否则应披露这些成本的性质及金额。

任何报告中期发生类似于年底不用递延的利得或损失时，不应将其递延至同一会计年

度内的后一个报告中期。

某些成本及费用金额，即使在报告中期可做合理的近似估计，但在年底时也常应调整。这些调整应在可能范围内加以估计，并将估计成本及费用分配给报告中期，以便报告中期能够合理负担一部分年度预计金额。这类事项包括存货减值、备抵坏账、备抵数量折扣及自由确定的年终奖金等。

4. 所得税费用

公司应在每一报告中期期末，估计其整个会计年度所适用的有效所得税税率。经此确定的税率，应按当年截至该日的基础，计算所得税。该实际所得税税率应能反映预期的该国所得税税率及其他可用的各种税务规则。

比如，在整体论下，对预计的全年的永久性差异，可以在各个中期之间进行分摊。但在独立论下，除非这一永久性差异已经实际发生，此时按实际发生金额记录，否则不能根据预计的情况分摊到各中期。

（二）对会计政策变更的处理

例如，美国财务会计准则委员会在 1974 年发布财务会计准则第 3 号公告《中期财务报表会计变更的报告》，作为会计原则委员会第 28 号意见书的修正，其主要规定如下：

如果累计影响型的会计变更，在企业会计年度的第一个中期报告期发生，则该变更对该会计年度留存收益的累计影响，应包括在第一个报告中期的净利润中（并列入包括第一个报告中期在内的一个完整会计年度的财务报告内）。

如果累计影响型的会计变更，在企业会计年度的第一个报告中期以外的报告中期发生，则该变更的累计影响数不应包括在变更期间的净利润之中，而应将变更会计年度中变更之前的中期财务信息，改用新的会计原则加以重报。至于该变更对年初留存收益的累计影响数，应包括在变更年度第一个报告中期重报后的净利润内（并列入包括第一个报告中期在内而截至当年该日，或截至当日共 12 个月的财务报告内）。不论何时提供包括变更前中期在内的财务信息，均按重报基础列示。

思考题

1. 何谓经营分部？何为业务分部？两者有何差异？
2. 何为报告分部？在确定报告分部时，应采用什么标准？不属于报告分部的如何处理？
3. 简述确定报告分部的判定方法。
4. 分部报告与合并财务报表的理论是否一致？试加以说明。
5. 简述中期财务报告所依据的理论基础。
6. 简述中期财务报告披露的主要内容。
7. 试说明中期财务报表编制独立论和整体论的优劣。

阅读材料

1. 财政部：《企业会计准则第 32 号——中期财务报告》，2006 年。
2. 财政部：《企业会计准则第 35 号——分部报告》，2006 年。
3. 财政部：《企业会计准则解释第 3 号》，2009 年。

4. IASB，2006，IFRS—8，“Operating Segments”，www. iasb. org. uk.

5. FASB，1997，SFAS—131，“Disclosures about Segments of an enterprise and Related Information，American Institute of Certified Public Accountants”，www. fasb. org.

6. IASC，1998，IAS—34，“Interim Financial Reporting”，www. iasb. org. uk.

7. FASB，1974，SFAS—3，“Reporting Accounting Changes in Interim Financial Statements”，www. fasb. org.

练习题

练习一

一、目的：练习报告分部的判断。

二、资料：某汽车集团公司经营三个经营分部：轿车、货车和零配件。各经营分部 2018 年的资料如表 10－19 所示。

表 10－19　某汽车集团公司经营分部的有关资料　　单位：百万元

业务分部资料	轿　车	货　车	零配件
销售收入——对外交易	20 000	400	1 200
销售收入——对其他分部交易	500	100	800
营业利润	6 000	(200)	100
可辨认资产	15 200	2 000	800

其他经营资料如下：

营业利润总额		5 900
减：总公司费用	100	
利息费用	150	
少数股东利润	50	
所得税费用	1 200	1 500
净利润		4 400

三、要求：试按资产、收入、利润的 10%标准，判断哪些经营分部是报告分部(列出算式)。

练习二

一、目的：练习报告分部的判断。

二、资料：甲公司有五个主要的经营分部及四个较小的分部。该公司 2018 年各经营分部对外交易收入和分部间交易收入情况如表 10－20 所示。

表 10－20　甲公司各经营分部的收入情况　　单位：千元

经 营 分 部	对外交易收入	分部间交易收入
采煤	300 000	130 000
发电	1 800 000	260 000
煤化工	1 250 000	100 000

续　表

经营分部	对外交易收入	分部间交易收入
化纤纺织	400 000	—
运输服务	210 000	110 00
其他(四个较小部门)	240 000	—
合　计	4 400 000	600 000

三、要求：按收入判定法(10%标准及其他补充标准)，哪些经营分部可以列为报告分部(列示所有算式)?

练习三

一、目的：练习报告分部的判断。

二、资料：深海石化公司主要包括三个子公司：海洋石油勘探及开采、炼油、化工。三个子公司都独立进行管理，分别承担了不同的风险和报酬。其中，勘探开采子公司所采的原油 80%卖给炼油子公司，20%对外销售，2018 年合计销售额 10 亿元(假设内外销售价格相同)；炼油子公司的产品 60%卖给化工子公司，40%对外销售，2018 年合计销售额 20 亿元(假设内外销售价格相同)；化工子公司的产品全部对外出售，2018 年销售额 30 亿元。因此，深海石化公司 2018 年合计对外的销售收入为 40 亿元。

三、要求：按分部报告准则，深海石化公司是否应当提供分部报告？如应提供，如何划分报告分部?

练习四

一、目的：练习如何披露国内及国外的有关财务信息。

二、资料：某公司的注册地在中国，其主要经营活动在中国，但也在美国、日本、俄罗斯、德国经营。2018 年度与国内外经营有关的资料列示如表 10－21 所示。

表 10－21　　某公司国内外的有关经营资料　　单位：百万元

	中　国	美　国	日　本	俄罗斯	德　国	合　并
销售收入——对外交易	20 000	3 000	10 000	2 500	5 000	40 500
各国分部间交易额	9 000	1 000			2 000	
收入总额	29 000	4 000	10 000	2 500	7 000	40 500
营业利润	4 000	1 000	2 000	1 000	2 000	9 000
非流动资产	40 000	10 000	9 000	8 000	11 000	78 000
资产总额	50 000	15 000	10 000	10 000	13 000	98 000

注：非流动资产不含金融资产、独立账户资产和递延所得税资产。

三、要求：按分部报告准则要求，编表披露公司的国内及国外的有关财务信息。

练习五

一、目的：练习对“中期”和“独立论”概念的理解。

二、资料：蓝莓手机公司 2018 年 5 月进行了一款新品手机的预订活动，共收到订单 50 万份，购机款 10 亿元。该新品手机于 2018 年 8 月正式发布，并对预订的用户进行配送。同时，蓝莓公司在 2018 年 5 月发现库存另一型号的手机因失窃损失 500 万元。

三、要求：根据中期报告准则，分别回答以上资料对蓝莓公司 2018 年二季报、三季报、年报的有关会计数字(如收入、费用、资产)的影响数。

练习六

一、目的：练习对“中期”和“独立论”概念的理解。

二、资料：2018 年 5 月，金山矿业公司因为尾矿库溃坝事件给当地村民造成损失，被诉至当地法院。经律师估计，根据有关规定，将要赔偿原告方 7 000 万～9 000 万元的损失。为此，金山矿业公司在 2018 年 6 月 30 日提出和解建议，原告方初步表示同意。同年 7 月，经过数次调解，双方未达成和解协议。8 月，法院一审判决金山矿业公司赔偿 8 500 万元。金山矿业公司不服判决并提起上诉，12 月，二审维持原判。2019 年 1 月，金山矿业公司被强制执行 8 500 万元赔款。

三、要求：根据中期报告准则，分别回答以上事件对金山矿业公司 2018 年二季报、三季报和年报有关会计数字(如负债、费用)的影响数。

练习七

一、目的：练习中期财务报告附注的编制方法。

二、资料：北方公司为一家渔业生产和销售企业，需要对外提供季度财务报告。该公司的水产品销售主要集中在每年的第三季度。2018 年，北方公司 1 月 1 日至 9 月 30 日间累计实现净利润 500 万元，其中，第一季度和第二季度共亏损 2 000 万元，第三季度盈利 2 500 万元。在第三季度末，该公司尚有存货 180 万元，由于已经错过销售旺季，故计提存货跌价损失 150 万元。

三、要求：试问该公司是否应在 2018 年第三季度财务报告中披露该项存货跌价损失？为什么？

练习八

一、目的：练习中期财务报告中对于季节性、周期性或者偶然性收入的确认与计量方法。

二、资料：上海亿科房地产公司采用滚动开发房地产方式，即开发完成一个房地产项目以后，再开发下一个房地产项目，通常一个项目周期需要 2～3 年。2017 年 1 月 1 日，该公司开始开发一处住宅小区，该项目周期为 2 年。亿科公司采取边开发、边销售的模式。假定 2017 年各季度分别收到楼盘销售款 0 元、0 元、4 000 万元、4 500 万元，为小区建设发生的开发成本分别为 2 000 万元、1 500 万元、1 000 万元、3 000 万元。2018 年，该公司在各季度分别收到楼盘销售款 2 500 万元、3 000 万元、3 000 万元、1 000 万元，为小区建设分别发生开发成本为 1 000 万元、1 500 万元、1 500 万元、500 万元。小区所有商品房于 2018 年 11 月完工，12 月全部交付购房者，并办理完有关产权手续。亿科公司系上市公司，需要定期发布季度报告和半年报。

三、要求：亿科公司在 2017 年和 2018 年各季度末发布季度报告和半年报时，应当如何披露收入和成本？

案例分析题

表 10-22、表 10-23 是美的集团 2015 年、2014 年年报中的分部报告和地区信息。

表 10－22　　分部报告

	空调及零部件分部	冰箱及零部件分部	洗衣机及零部件分部	小家电分部	电机分部	物流分部	其他分部及未分配的金额	分部间抵销	合　计
2015 年度和 2015 年底：									
对外交易收入	71 080 793	12 296 942	13 204 070	36 330 913	3 841 012	1 654 066	939 328	—	139 347 124
分部间交易收入	122 969	10 307	15 951	3 043	2 946 519	2 355 722	1 497 030	(6 951 541)	—
营业费用	(65 239 608)	(11 455 116)	(12 116 092)	(31 891 565)	(6 361 320)	(4 047 728)	(2 493 403)	7 081 701	(126 523 131)
分部利润	5 964 154	852 133	1 103 929	4 442 391	426 211	(37 940)	(57 045)	130 160	12 823 993
其他损益									3 227 361
利润总额									16 051 354
资产总额	82 279 374	9 904 735	14 391 477	39 167 999	7 207 315	3 193 752	50 321 733	(77 624 450)	128 841 935
负债总额	60 595 819	5 630 201	8 366 181	27 112 921	2 578 694	2 254 926	49 467 906	(83 196 335)	72 810 313
资产减值损失(转回)	78 456	(9293)	22 452	(3012)	(4642)	8 422	(2797)	(84 820)	4 766
折旧费用和摊销费	1 316 771	307 836	129 552	509 380	147 637	130 143	310 698	—	2 852 017
2014 年度和 2014 年年末：									
对外交易收入	80 929 082	9 906 284	10 855 702	33 551 078	4 468 630	1 966 345	633 846	—	142 310 967
分部间交易收入	75 865	46 686	24 035	271 235	3 404 503	1 598 214	851 462	(6 272 000)	—
营业费用	(74 272 409)	(9 282 138)	(10 055 396)	(30 369 040)	(7 219 266)	(3 519 965)	(1 345 592)	6 345 011	(129 718 795)
分部利润	6 732 538	670 832	824 341	3 453 273	653 867	44 594	139 716	73 011	12 592 172
其他损益									1 398 512
利润总额									13 990 684
资产总额	66 395 208	8 039 501	11 438 623	24 061 391	7 109 579	5 147 059	57 775 325	(59 674 600)	120 292 086
负债总额	46 164 397	4 620 201	6 249 999	20 286 712	2 853 071	3 994 166	39 539 181	(49 147 095)	74 560 632
资产减值损失(转回)	205 572	4 408	38 221	18 379	24 402	(256)	45 798	13 294	349 818
折旧费和摊销费	1 473 420	402 088	166 493	757 918	138 625	49 397	332 472	—	3 320 413

表 10-23 地区信息

对外交易收入	2015 年度	2014 年度
国内	89 906 850	92 484 771
其他国家/地区	49 440 274	49 826 196
合计	139 347 124	142 310 967
非流动资产总额	2015 年 12 月 31 日	2014 年 12 月 31 日
国内	28 261 309	26 529 163
其他国家/地区	1 698 967	1 900 367
合计	29 960 276	28 429 530

[要求]

试根据上述资料,分析美的集团 2014～2015 年各分部经营状况的变化,以及地区业务的发展变化,并结合美的集团涉及的主要行业或产品市场在 2014～2015 年的发展趋势,对美的集团未来发展动向及其对公司估值的影响进行深入分析。

第三篇

外币业务会计

第十一章

外币业务

学习提要

外币是企业记账本位币之外的货币。外币业务包括外币交易和外币财务报表折算两个方面的内容。

无论是外币交易，还是外币财务报表折算，都需要解决以下三个问题：(1) 确定记账本位币；(2) 选择特定的汇率，将外币折算为记账本位币；(3) 折算差额的处理。

企业应当选择在其所处经营环境中发挥主要作用的货币作为记账本位币。

以记账本位币之外货币即外币计价或结算的交易，称为外币交易。对外币交易，可以选择即期汇率或即期汇率的近似汇率，将外币折算为记账本位币。在资产负债表日，对外币货币性项目，应采用资产负债表日的即期汇率折算。因资产负债表日即期汇率与初始确认时或者前一资产负债表日即期汇率不同而产生的汇兑差额，应视外币交易的性质不同而选择不同的账务处理。

对境外经营的财务报表进行折算时，应当采用现行汇率法进行折算。其中，资产负债表中的资产和负债项目，采用资产负债表日的即期汇率折算，所有者权益项目除"未分配利润"项目外，其他项目采用发生时的即期汇率，即历史汇率折算；利润表中的收入和费用项目，采用交易发生日的即期汇率或近似汇率折算。折算产生的外币财务报表折算差额，在资产负债表中所有者权益项目下单独列示。

有些国家的外币财务报表折算，要视境外经营所处的地位选择相应的折算方法。如境外经营相对独立于母公司或总公司，则应当采用现行汇率法对境外经营的财务报表进行折算，折算差额列示为资产负债表中的所有者权益项目；如境外经营只是母公司或公司经营活动的延伸，则应当采用时态法对外币财务报表进行重新计量，折算差异应当计入当期损益。

境外经营的财务报表应当遵循先折算再合并或汇总的原则。

随着经济的发展，日益扩大的相互依存的全球经济代替了在性质上截然不同的各国经济，各个国家和个别企业不再享有互相隔绝的繁荣或自给自足，各国都从代价昂贵的自给自足转向它们具有相对优势的领域。国际贸易量和国外直接投资额在第二次世界大战后都有大幅度的增长。因此，大多数企业在其经营活动中都会发生诸如商品或劳务的进出口贸易，先进设备和技术的国际让售或引进、国际信贷、投资或其他融资等活动所引起的外币交易。这样，在会计计量中就导入了外国的货币单位，也就是说，这些交易的原始计量单位可能是外币,也可能是本国货币。

除外币交易外,国际直接投资的增长导致了国外经营机构的扩展,表现为分支机构或子公司的国外经营机构通常都以这些机构所在国(东道国)的货币单位来记录经营活动、编制财务报表,而总公司在汇总分支机构的报表以及母公司在合并子公司的报表时,就有必要将这些外币报表折算为总公司或母公司所在国的报告货币。

外币交易本身虽然是以外币来计量的,但会计在计量和记录这些交易时必须将其重新表述为同一的货币计量单位,也就是说,外币交易要进行双重的计量与反映,即需要进行外币折算(foreign currency translation)。

外币折算所涉及的会计规范始于 1939 年美国会计程序委员会(CAP)发布的《会计研究公报第 4 号》,该公告在 1953 年重新发布为《会计研究公告第 43 号》中的第 12 章,在 1973 年美国财务会计准则委员会(FASB)成立之前,外币折算基本上遵照这一公报的要求,即流动项目按现行汇率折算,非流动项目按历史汇率折算。

1973 年,美国财务会计准则委员会成立伊始,便将外币折算列入了最初的议程,同年 12 月,发布了《财务会计准则公告第 1 号——外币折算信息的披露》,但外币折算的基本程序没有发生变化,只是规定了对反映在净利润中折算差额或递延的折算差额进行披露的要求。

1975 年,美国财务会计准则委员会发布了《财务会计准则公告第 8 号——外币交易和外币财务报表的折算》,取代了以前的相关规定。该公告考虑了诸多外币折算方法,如区分流动与非流动项目法、区分货币与非货币项目法、时态法和现行汇率法等,但倾向于时态法。

《财务会计准则公告第 8 号——外币交易和外币财务报表的折算》自颁布以来,一直遭到各方的异议,时态法将折算差额计入当期损益更是争议的焦点所在,很多公司认为,这些损益是与境外经营相始终的,是永远不会实现的。

基于境外经营的不同性质,1981 年,美国财务会计准则委员会发布了《财务会计准则公告第 52 号——外币折算》,允许国外子公司的财务报表折算可以根据国外经营的不同性质采用现行汇率法或时态法进行折算或重新计量。

针对日趋频繁的外币套期及其他衍生工具的兴起,1998 年,美国财务会计准则委员会颁布了《财务会计准则公告第 133 号——衍生工具和套期活动会计》,对外币套期保值等业务进行了规范。

1983 年,国际会计准则委员会颁布了《国际会计准则第 21 号——汇率变动的影响》(1985 年生效),并在 1993 年进行了修订,与美国财务会计准则第 52 号公告的要求基本相同,即将国外经营进行分类,如果国外经营是报告企业经营整体的组成部分,则国外经营财务报表应当根据时态法进行重新计量;如果国外经营是国外实体,国外经营财务报表应当根据现行汇率法进行折算。

我国有关外币折算的会计规范最早始于《中外合资经营企业会计制度》(1983 年),其后,外币折算的会计规范一般散见于相关会计制度的相关章节中,如在《企业会计制度》(2000 年)中,外币折算体现在其中的第九章第 117~120 条。

2006 年,财政部颁布了《企业会计准则第 19 号——外币折算》和相应的《应用指南》,涉及外币借款利息资本化、外币套期保值以及现金流量折算差额的,分别体现在《企业会计准则第 17 号——借款费用》《企业会计准则第 24 号——套期保值》和《企业会计准则第 31 号——现金流量表》中,对外币折算进行了全面的规范。

第一节　记账本位币的确定

一、记账本位币与外币

跨国交易或境外经营会涉及不同的币种，要让不同的币种具有可加性，会计上必须选择其中的某一币种作为基础，再将其他币种折算成这一基础性币种，这一基础性的币种称为记账本位币（bookkeeping base currency），国际会计准则将其称为功能性货币（functional currency）。

很显然，记账本位币是企业经营所处的主要经济环境中的货币。主要经济环境，通常是指企业主要产生和支出现金的环境，使用该环境中货币最能反映企业主要交易的经济结果。例如，我国一些涉外企业，在经营过程中，会涉及诸如美元、日元等币种的交易，但大多数企业主要产生和支出现金的环境在国内，因此，我国企业一般以人民币作为记账本位币。

与一般意义上的外币概念不同，会计中的外币（foreigncurrency）是指记账本位币之外的货币；而一般意义上的外币是指国外货币。

比国外货币更宽泛的概念是外汇。外汇（foreign exchange）的原意是指外国货币，现通常指以外币表示的用于国际结算的支付凭证。国际货币基金组织（IMF）曾将“外汇”一词解释为“货币当局（中央银行、货币机构、外汇平准基金组织及财政部）以银行存款、国库券、长短期政府债券等形式保有的在国际收支逆差时可以使用的债权”。2008 年 8 月 1 日修订并实施的《中华人民共和国外汇管理条例》规定，外汇包括：(1) 外国现钞，包括纸币、铸币；(2) 外币支付凭证或者支付工具，包括票据、银行存款凭证、银行卡等；(3) 外币有价证券，包括债券、股票等；(4) 特别提款权；(5) 其他外汇资产。

在会计上，这些项目构成了外币收支手段、外币债权或债务，以及其他外币资产或负债。

记账本位币的确定涉及企业以及境外经营两个方面。

二、企业记账本位币的确定

《中华人民共和国会计法》（2017 年修订）第十二条规定：“会计核算以人民币为记账本位币。业务收支以人民币以外的货币为主的单位，可以选定其中一种货币作为记账本位币，但是编报的财务会计报告应当折算为人民币。”

企业通常应选择人民币作为企业记账本位币，如果采用人民币之外的其他某一币种作为记账本位币，应当考虑下列因素：

(1) 该货币主要影响商品和劳务的销售价格，通常以该货币进行商品和劳务的计价和结算；

(2) 该货币主要影响商品和劳务所需人工、材料和其他费用，通常以该货币进行上述费用的计价和结算；

(3) 融资活动获得的货币以及保存从经营活动中收取款项所使用的货币。

在确定企业的记账本位币时，上述三项因素的重要程度应视企业具体情况而有所不同，企业管理层应根据实际情况进行判断。一般情况下，综合考虑前两项因素即可确定记账本位币,如若考虑前两项因素后仍不能确定记账本位币时,第三项因素则是一项重要的影响因素了。

尽管企业在经营过程中存在多种不同的币种,但企业管理层确定的记账本位币只有一种,该货币一经确定,不得改变,除非与确定记账本位币相关的企业经营所处的主要经济环境发生了重大变化。

若不另行说明,本书均假定记账本位币为人民币。

三、境外经营记账本位币的确定

(一) 境外经营的含义

境外经营,又称境外实体,通常是指企业[以下简称报告主体(reporting entity)]在境外的子公司、合营企业、联营企业、分支机构等。

当报告主体在境内的子公司、合营企业、联营企业、分支机构等选定的记账本位币不同于企业的记账本位币时,也应当视同境外经营。

因此,上述实体是否在境外,不是区分境外经营的标志。

(二) 境外经营记账本位币的确定

报告主体选定境外经营的记账本位币,应当考虑下列因素:

(1) 境外经营对其所从事的活动是否拥有很强的自主性。例如,某一境外经营只限于销售从报告主体(如母公司或总公司)进口的商品并将收入汇回,此种情况下的境外经营活动从本质上看只是报告主体经营业务的延伸,因此,一般应选择报告主体的货币,即人民币作为记账本位币。但如果境外经营所从事的活动相对于报告主体的活动具有极大的自主性,则应当根据境外经营所处的主要经济环境选择记账本位币,通常选择境外经营所在地的货币作为记账本位币。

(2) 境外经营与报告主体的交易是否在境外经营活动中占有较大比重。如果境外经营与报告主体的交易在境外经营活动中所占比例较高,境外经营应当选择与报告主体记账本位币相同的货币作为记账本位币;反之,则应根据所处的主要经济环境选择记账本位币,通常选择境外经营所在地的货币作为记账本位币。

(3) 境外经营活动产生的现金流量是否直接影响企业的现金流量,是否可以随时汇回。

(4) 境外经营活动产生的现金流量是否足以偿还其现有债务和可预期的债务。

四、记账本位币与外币折算的汇率选择

外币折算是将记账本位币以外的另一种货币计价或计量的金额改用记账本位币进行表述的程序。它是会计上对原有外币金额的重新表述。

外币交易之所以要进行折算,是因为会计计量需要有一个单一的计量尺度。在外币交易中,原始的计量单位是不同的外币,在将这些交易记入账册之前,必须将外币金额折算成本国货币(或特定的外币)等值;否则,用不同货币单位表述的金额是不可能总括反映经济事项和编制财务报表的。

这样,外币交易虽然是以某一外币来计量的,但会计在计量和记录时又要折算成作为同一计量尺度的货币来反映,即对外币交易要进行双重的计量和反映,也就是所谓的复币记账。

外币折算涉及汇率。一般意义上的汇率(exchange rate)是指以一国货币表示另一国货币的价格,即以一国货币折算成另一国货币的比率。外汇是一种特殊的商品,它可以进行买卖,汇率就表现为外汇买卖时的价格,因此,汇率有时也称为汇价。

汇率有直接标价法和间接标价法两种表述方式。我国国家外汇管理局对外公布的外汇牌价,采用的是直接标价法。

直接标价法(direct quoting method)又称应付标价法,是指每单位外币可兑换的本国货币金额。或者说,它是以一定单位的外国货币为标准,来计算应付若干单位的本国货币。

中国人民银行的外汇牌价有买入价、中间价和卖出价。买入价指银行买入其他货币的价格,卖出价指银行出售其他货币的价格,中间价指银行买入价与卖出价的平均价。买入价与卖出价之间的差额,即为银行经营外汇业务的毛利。

外币折算涉及不同的汇率选择。

1. 即期汇率

即期汇率(spot rate)是指立即交付所兑换的货币适用的汇率。即期汇率是相对于远期汇率而言的。为简化处理,除外币兑换业务外,会计中的折算汇率采用现汇牌价中的中间价。如 2018 年 6 月 23 日,人民币对美元的外汇现汇的中间牌价为 $1=￥6.480 4。

2. 远期汇率

远期汇率(forwardrate)是指在未来某一日交付时的结算价格。

利率差别通常是决定远期汇率高低的最重要因素。其原因是,倘若存在利息收入差别,则外汇交易者就会从事套利活动,即如果利率差别超过汇率差别,他们就会卖出一种货币而换成另一种货币,然后在后一种货币上进行投资,其结果是利率或汇率达到一个均衡点。

3. 套算汇率

企业发生的外币交易只涉及人民币与美元、欧元、日元、港元等之间折算的,可直接采用中国人民银行每日公布的人民币汇率的中间价作为即期汇率进行折算;企业发生的外币交易涉及人民币与其他货币之间折算的,应按照国家外汇管理局公布的各种货币对美元折算率采用套算的方法进行折算;企业发生的外币交易涉及人民币以外的货币之间折算的,可直接采用国家外汇管理局公布的各种货币对美元折算率进行折算。

【例 1】 甲企业要将 10 000 美元兑换成港元。当天中国人民银行公布的外汇牌价如下:

	买入价	中间价	卖出价
US$100=	￥650.85	￥652.15	￥653.45
HK$100=	￥83.97	￥84.14	￥84.31

根据上述汇率,可以计算出美元对港元的套算汇率是:

$$\frac{￥650.16}{US\$100}=\frac{￥84.31}{HK\$100}\Rightarrow US\$100=HK\$771.15$$

注意,上面的计算中,美元采用的是买入价,而港元采用的则是卖出价,即假定先将美元兑换成人民币,再将兑换出的人民币兑换成港元。

如果不是兑换业务,则套算时应采用中间价。如某项交易是采用塔吉克斯坦的索莫尼(TJS)计价的,记账本位币是人民币,但人民币对索莫尼没有公开的直接报价,这时就可以采用索莫尼对美元的报价将其换算成美元,再将美元换算为人民币。

4. 即期汇率的近似汇率

当汇率变动不大时,为简化核算,企业在外币交易日或对外币财务报表的某些项目进行折算时,也可以选择即期汇率的近似汇率折算。即期汇率的近似汇率是按照系统、合理的方法确定的,与交易日即期汇率近似的汇率。通常是指当期平均汇率或加权平均汇率等,其中,加权平均汇率需要采用外币交易的外币金额作为权重进行计算。有些企业会采用当月1日的汇率,作为即期汇率的近似汇率。

即期汇率的近似汇率是一种备选方法,如果采用即期汇率的近似汇率,需要在财务报表附注中披露近似汇率的确定方法。

5. 现行汇率

现行汇率(current rate),又称期末汇率(closing rate),是资产负债表日的即期汇率。

6. 平均汇率

平均汇率(average rate)是会计上为了处理的简便,而将现行汇率或历史汇率进行了简单的或者加权平均后的汇率。一般用于利润表项目的折算。

7. 历史汇率

历史汇率(historical rate)是指最初取得外币资产或最初承担外币负债时的汇率。

现行汇率和历史汇率只是相对的术语,在取得外币资产或承担外币负债之日就是资产负债表编制之日时,现行汇率和历史汇率实际上是指同一汇率。在记录外币原始交易之日,应用的折算汇率就是现行汇率。但只要过了此日,这一汇率就成为历史汇率了。所以,现行汇率与历史汇率,一般是相对于资产负债表编制日而言的。

五、记账本位币变更的会计处理

如前所述,记账本位币一经确定,不得改变。但因企业经营所处的主要经济环境发生重大变化,确实需要变更记账本位币的,应当采用变更当日的即期汇率将所有项目折算为变更后的记账本位币,折算后的金额作为新的记账本位币的历史成本。同时,如果要编制比较财务报表,比较财务报表应当以可比当日的即期汇率折算所有的资产负债表和利润表项目。

由于采用同一即期汇率进行折算,因此,不会产生折算差额。企业需要在财务报表附注中说明变更记账本位币的理由。

第二节　外币交易的会计处理

一、外币交易的类型

外币交易(foreign currency transactions),是指以外币计价或者结算的交易。这里所指的"外币"是企业记账本位币(功能性货币)以外的货币。外币交易可以有多种多样的形式,常见的外币交易包括:

(1) 买入或者卖出以外币计价的商品或者劳务;

(2) 借入或者借出外币资金;

(3) 其他以外币计价或者结算的交易。

对企业发生的外币交易,会计上主要需要解决以下问题:

(1) 交易发生时应以哪一种汇率予以记录;

(2) 资产负债表编制日外币资产和负债余额应如何记录;

(3) 外汇汇兑差额应如何处理;

(4) 外币应收款和应付款在结算日应如何记录。

二、外币交易的初始确认与计量

企业发生的外币交易,应在初始确认时,采用交易日的即期汇率或即期汇率的近似汇率将外币金额折算为记账本位币金额。

【例 2】 甲企业的记账本位币为人民币,外币交易采用交易日的即期汇率折算。12 月 8 日,甲企业以赊销方式向美国乙企业销售商品一批,计 \$10 000,当天的汇率为 \$1=￥6.500。合同约定以美元计价和结算。假定不考虑增值税,在交易日,甲企业应当编制会计分录如下:

借:应收账款——乙企业(\$)(\$10 000×6.5)　　￥65 000

　贷:营业收入　　￥65 000

外币交易的即期汇率,一般是外汇牌价的中间价,但也有一些例外。

企业收到投资者以外币投入的资本,由于涉及法律中注册资本以及未来期间的损益分配,不宜采用备选的方法,因此,无论是否有合同约定汇率,均不采用合同约定的汇率和即期汇率的近似汇率,只允许采用交易日的即期汇率折算,折算后的金额计入实收资本,超过注册资本的部分,计入资本公积(资本溢价)。

企业发生的外币兑换(conversion)业务,涉及外币的,应当以交易日的即期汇率或即期汇率的近似汇率折算,但兑入或兑出的人民币金额,应当按照银行买入价或卖出价折算。

【例 3】 因业务需要,甲企业需要将银行账户中的 100 000 欧元兑换为人民币。当天欧元对人民币的汇率为:买入价€ 1=￥7.16,中间价€ 100=￥7.195,卖出价€ 1=￥7.23。

甲企业的记账本位币为人民币,外币交易采用交易日的即期汇率折算。对此项兑换业务,甲企业应编制会计分录如下:

借:银行存款——人民币(€ 100 000×7.16)　　￥716 000

　　汇兑损益——汇兑差额　　￥3 500

　贷:银行存款(€)(€ 100 000×7.195)　　￥719 500

三、结算时的会计处理

以外币表述的债权或债务,结算(settlement)时的即期汇率与初始确认时的即期汇率会有变动,就会导致同一外币金额表达的记账本位币初始计量与结算时的计量产生了差额,这一差额称为汇兑差额。

对汇兑差额如何进行会计处理,存在两种不同的观点,即单一交易观点与两项交易观点。

(一) 单一交易观点

单一交易观点(single-transaction perspective),又称一笔业务交易观点,即将销售或购货及随后的账款结算视为一项单一的交易,而销售或购货及随后的账款结算则被认为这一单一交易的两个阶段。在这种观点下,汇率变动的影响应处理为对原先入账的销售收入或购货成本的调整,也就是说,对以外币标价的购、销交易,必须在结算后才算完成,按记账本位币计量的销售收入和购货成本最终应决定于结算日的汇率。

【例 4】 12 月 14 日,甲企业以赊购方式向美国乙企业购入商品一批,计 \$100 000,双方约定以美元结算货款。交易当日的汇率为 \$1=￥6.500。12 月 24 日,甲企业支付了该笔购货款,当日的即期汇率为 \$1=￥6.600。

甲企业的记账本位币为人民币,对外币交易采用交易日的即期汇率折算。在单一交易观点下,甲企业的会计处理如下:

(1) 12 月 14 日,按交易当日的汇率记录购货(不考虑相关税费)。

借:存货　　￥650 000

　贷:应付账款——乙企业(\$)(\$100 000×6.500)　　￥650 000

(2) 12 年 24 日,按结算日的即期汇率调整购货成本和应付账款,然后再结清应付账款。

借:存货　　￥10 000

　贷:应付账款——乙企业(\$)[\$100 000×(6.600−6.500)]　　￥10 000

借:应付账款——乙企业(\$)(\$100 000)(\$100 000×6.600)　　￥660 000

　贷:银行存款(\$)(\$100 000×6.600)　　￥660 000

可以看出,在单一交易观点下,外币汇兑差额被视为购货成本的调整。

同理,如为销售业务,则外币汇兑差额就被视为销售收入的调整。

除极少情况外,单一交易观点现已被两项交易观点所取代。单一交易观点在理论上虽然符合在取得时确认资产价值,即在购买时确认购货成本的公认会计原则,但从实务上讲,单一交易观点并不可行。

仍以上述资料为例,倘若上述所购商品在结算日尚未售出,则上述会计处理尚看不出有多大的问题;但倘若上述所购商品在该日之前就已全部售出,那么结算日的折算差额(￥10 000)又该调整什么呢?更何况在购货当年,货品已经销售,但结算却在次年的情况下,汇兑差额更是难以找到调整的对象,在本期并没有购、销商品的情况下调整销售收入或销售成本的做法是很难令人信服的。并且,在单一交易观点下,无法反映出外币汇率变动的风险程度,即提供这样的信息可能无益于企业管理层的决策。

(二) 两项交易观点

两项交易观点(two-transaction perspective),又称两笔业务交易观点,是指将交易的发生作为交易完成的标志,即将交易的发生和随后货款的结算视为两项不同的交易。

在这种观点下,购货成本或销售收入均按交易发生时的汇率(即期汇率或即期汇率的近似汇率)将外币应收或应付账款金额折算成记账本位币,而与以后货款的结算无关。在交易中形成的应收或应付外币账款将承受汇率变动的风险,也就是说,确认的销售收入或购货成本取决于销售或购货发生日的汇率,汇兑差额单独确认为当期损益。

续例 4 中的资料,在两项交易观点下,甲企业的会计处理如下:

(1) 12 月 14 日,按交易当日的汇率记录购货(不考虑相关税费)。

借:存货　　￥650 000

　贷:应付账款——乙企业(\$)(\$100 000×6.500)　　￥650 000

(2) 12 年 24 日,按结算日的即期汇率结清应付账款。

借:应付账款——乙企业($)($100 000×6.600)　　¥660 000

　贷:银行存款($)($100 000×6.600)　　¥660 000

(3) 结平应付账款账户,确认汇兑差额的影响。

借:汇兑损益——汇兑差额　　¥10 000

　贷:应付账款——乙企业　　¥10 000

由于两项交易观点处理比较简单,并且能够反映企业遭受外汇汇率变动的风险,两项交易观点已为包括我国在内的世界上多数国家的会计准则所采纳。

四、资产负债表日的调整

前述例子中的汇兑差额假定交易发生与其后的结算都发生在同一期间,但如果交易与结算分属两个不同的会计期间,即在资产负债表日应收、应付款项尚未结算,那么,包括应收、应付在内的外币性资产和负债应当以什么样的量度反映呢?

在早期,会计上严格遵守历史成本原则,在期末(资产负债表编制日)不反映外部环境的变化对会计主体的影响。如对外币银行存款(如 1 000 美元),就采用与存货相似的会计处理方法,即将外币银行存款视为存货,外币单位(1 000 美元)视为存货的数量,取得时的汇率(假定为¥6.500/$1)视为存货的单价,然后采用先进先出法或后进先出法等处理外币银行存款的收付事宜,因此,就不会产生汇兑差额问题,也就不存在资产负债表日的期末调整。

但在决策有用观下,资产负债表应当反映企业面临的风险与机会,因此,现时价值计量成为当今会计的主流,对于外币货币性项目等按期末现行汇率折算,以反映汇率变动的风险和期末现时成本计价,成为各国会计准则普遍认可的方法。

期末,企业应当分别外币货币性项目和外币非货币性项目进行相应的会计处理。

(一) 货币性项目

货币性项目是企业持有的货币以及将以固定或可确定金额的货币收取的资产或者偿付的负债。

货币性项目分为货币性资产和货币性负债,其中,货币性资产主要包括库存现金、银行存款、应收账款、长期应收款等,货币性负债主要包括应付账款、短期借款、长期借款、应付债券、长期应付款等。

期末,企业应当以期末现行汇率对外币货币性项目进行折算。

(二) 非货币性项目

非货币性项目是货币性项目以外的项目,如存货、预付账款、预收账款、长期股权投资、交易性金融资产等。

对非货币性项目,应区分不同情况进行折算。

(1) 以历史成本计量的外币非货币性项目,已在交易日按当日即期汇率折算,资产负债表日不应改变其原记账本位币金额,不产生汇兑差额。

(2) 以成本与可变现净值孰低法计量的存货,如果其可变现净值以外币确定,则在确定存货的期末价值时,应先将可变现净值折算为记账本位币,再与以记账本位币反映的存货成本进行比较,比较的差额按存货会计准则进行处理。

(3) 以公允价值计量的金融资产等,如在香港联交所购入的股票确认为交易性金融资产,应当先将该股票的期末市价按当日的即期汇率折算为记账本位币,再与原记账本位币的金额进行比较,比较的差额按金融工具会计准则进行处理。

五、汇兑差额的确认

(一) 汇兑差额与汇兑损益

按不同的汇率将同样数量单位的一种外币折算成记账本位币所产生的差额,称为汇兑差额(exchange difference)。具体而言,汇兑差额因结算、期末调整以及外币财务报表折算时选择的汇率与初始确认时的汇率不同而产生。

汇兑差额确认为损益时称为汇兑损益(exchange gains and losses),它是外汇汇兑损失和利得的简称。汇兑损益源于汇率的变动。狭义上的汇兑损益不包括非货币性项目的调整损益,如前述以外币计价的交易性金融资产的汇率变动的影响。

例如,我国某出口商向美国出口了一批货物,售价为 \$100 000,款项尚未收到。原始交易日的汇率为￥6.600/\$1,结算时的汇率为 \$1=￥6.560。这样,由于汇率的变动,就会形成一笔￥4 000 元[\$100 000×(￥6.600/\$1-￥6.560/\$1)]的汇兑损益。

上述 4 000 元的汇兑损益通常有两种表现方式。如果在结算日,出口商将美元兑换成人民币,这便是实际意义上的外汇兑换损益(本例为损失);如果在结算日,出口商直接将美元存储于银行而不将其兑换成人民币,在会计上同样要将这笔美元折算成人民币等值,这便是所谓的折算损益(本例为损失)。显然,兑换损益不同于折算损益,但会计上对其并不加以区分,而是将其全部反映为汇兑损益。

上述兑换损益和折算损益都可归于交易损益(transaction gains and losses)。除交易损益外,为汇编或合并目的而对外币报表进行折算时还可能形成另一种折算损益,即所谓的报表折算损益(statements translation gains and losses)。报表折算损益将在下一节阐述。

对于交易损益,还可以将其区分为已结算交易损益和未结算交易损益两种。

已结算交易损益(gains and losses on settled on transactions)是由于记录原始交易时应用的汇率不同于记录结算时应用的汇率而形成的。如上例中的 4 000 元,就是已结算交易损益。倘若原始交易日和结算时日跨越了两个会计期间,那么,为了在前一个会计期间编制财务报表的需要,对尚未结算的应收账款的余额按报表编制日期的本国货币等值来表述,这种在交易结算日之前为编制财务报表而产生的损益,称为未结算交易损益(gains and losses unsettled transactions)。假定上例中的外币业务跨越了两个会计期间,即在结算之前需要编制财务报表,假定报表编制日的汇率为 \$1=￥6.570,则在财务报表编制日应存在一笔￥3 000[\$100 000×(￥6.600/\$1-￥6.570/\$1)]的未结算交易损益。

图 11-1 列示了汇兑损益的不同类型。

(二) 未结算交易损益的处理方法

如果汇兑损益是已实现的交易损益(即已结算交易损益),则会计上的处理就极为简单,因为这项损益已经发生,会计上自然应将其计入当期损益(特定情况除外,如开办期间以及用于建造固定资产的外币借款)。

如前所述,在资产负债表日,企业应当对外币货币性项目按照期末现行汇率进行折算,但折算所形成的汇兑差额是未结算交易损益,未结算交易损益应当归属于哪个期间,则存在不同的处理方法。一是将资产负债表编制日的外币折算损益递延至应收账款或应付账款结

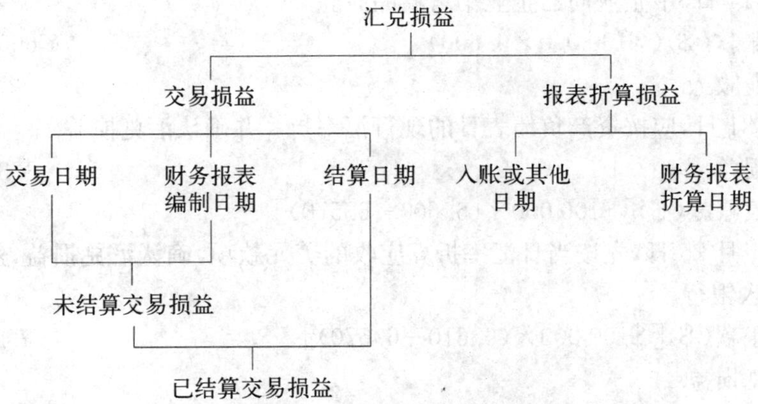

图 11-1 汇兑损益的类型

算日实现，二是在资产负债表编制日确认外币折算损益。

1. 将折算损益递延至结算日实现

【例 5】 12 月 14 日，甲企业向美国乙企业出口了一批货物，售价为 \$100 000，款项尚未收到。双方约定 1 个月后结算。当日的汇率为 \$1=￥6.600，12 月 31 日的即期汇率为 \$1=￥6.570，次年 1 月 25 日结算时的汇率为 \$1=￥6.610。

甲企业的记账本位币为人民币，对外币交易采用交易日的即期汇率折算。对上述业务，甲企业的会计处理如下：

(1) 12 月 14 日，甲企业向乙企业销售商品时。

借：应收账款(\$)(\$100 000×6.600)　　￥660 000

　贷：营业收入　　￥660 000

(2) 12 月 31 日，应按资产负债表日的现行汇率将未结算交易的汇兑损益予以递延。

借：递延汇兑损益　　￥3 000

　贷：应收账款(\$)[\$100 000×(6.600−6.570)]　　￥3 000

(3) 次年 1 月 25 日，先按当日汇率调整应收的美元款项和递延外汇汇兑损益，然后再将收讫的应收账款存入银行。

借：应收账款(\$)[\$100 000×(6.610−6.570)]　　￥4 000

　贷：递延汇兑损益　　￥4 000

借：银行存款(\$)(\$100 000×6.610)　　￥661 000

　贷：应收账款(\$)(\$100 000×6.610)　　￥661 000

(4) 将递延外汇汇兑损益结转为已实现的汇兑损益。

借：递延汇兑损益　　￥1 000

　贷：汇兑损益　　￥1 000

2. 在资产负债表编制日确认外币折算损益

在这种方法下，倘若资产负债表编制日发生在交易日和结算日之间，则应将交易日和资产负债表编制日之间因汇率变动而产生的汇兑损益在资产负债表编制日予以确认，而资产负债表编制日至结算日之间因汇率变动而产生的汇兑损益则在结算日予以确认。

续用例 5 中的资料，上述业务的会计分录可编制如下：

(1) 12月14日,甲企业向乙企业销售商品时。

借:应收账款($)($100 000×6.600)　　¥660 000

　贷:营业收入　　¥660 000

(2) 12月31日,应按资产负债表日的现行汇率折算并确认汇兑损益。

借:汇兑损益　　¥3 000

　贷:应收账款($)[$100 000×(6.600−6.570)]　　¥3 000

(3) 次年1月25日,先按当日汇率折算应收的美元款项,确认汇兑损益,然后再将收讫的应收账款存入银行。

借:应收账款($)[$100 000×(6.610−6.570)]　　¥4 000

　贷:汇兑损益　　¥4 000

借:银行存款($)($100 000×6.610)　　¥661 000

　贷:应收账款($)($100 000×6.610)　　¥661 000

可以看出,前者将所有的折算差额全部计入结算当期的损益(利得1 000元);后者则将其归属于两个不同的会计期间,分别为损失3 000元,利得4 000元。

我国外币折算会计准则要求采用在资产负债表日确认折算损益的方法,即应按期末现行汇率对外币货币性项目进行折算,该项目因当日即期汇率不同于该项目初始入账时或前一期期末即期汇率而产生的汇兑差额,计入当期损益或其他项目。

(三) 汇兑差额的确认

一般情况下,汇兑差额应计入当期汇兑损益。我国相关会计规范将其列为财务费用的一个子目,为方便说明,本章直接将其列为汇兑损益项目。

除列为汇兑损益外,汇兑差额还应当视情况确认计入不同的项目。

1. 外币专门借款及其利息的汇兑差额

外币借款及其利息因初始确认与结算存在时间上的不一致,会产生汇兑差额。为简化账务处理,外币一般借款及其利息的汇兑差额直接计入当期损益。

企业为购建或生产符合资本化条件下的资产所借入的外币专门借款,其借款本金及其利息上的汇兑差额,在购建或生产的对象达到预定可使用或可销售状态之前,应当予以资本化。如建造固定资产,汇兑差额应计入在建工程,形成固定资产的成本;如用于研究与开发,汇兑差额应计入研发支出,并视情况转入管理费用或无形资产成本;如用于生产周期1年以上的存货制造(如建造合同),汇兑差额应计入生产成本。

【例6】 2017年1月1日,为建造A项固定资产,甲企业从银行取得了专门借款2 000万美元,借款年利息率为6%,借款期限2年,到期还本付息。假定不考虑存款利息收入因素。

甲企业的记账本位币为人民币,外币交易采用业务发生时的汇率折算。

建造期间发生的资产支出和汇率如下(假定所有支出均用美元银行存款支付):

(1) 2017年1月1日,支出400万美元;当天的汇率为$1=¥6.209 3。

(2) 2017年7月1日,支出600万美元;当天的汇率为$1=¥6.114 9。

(3) 2017年12月31日,支出400万美元;当天的汇率为$1=¥6.493 6。

(4) 2018年1月1日,支出400万美元;当天的汇率为$1=¥6.493 6。

2018年6月30日,A项固定资产达到预定可使用状态,当天的汇率为$1=¥6.700 0。

根据上述业务，甲企业应编制会计分录如下(单位：万元)：

(1) 2017 年 1 月 1 日，取得外币专门借款时。

借：银行存款($)($2 000×6.209 3)　　12 418.60

　贷：长期借款($)　　12 418.60

(2) 2017 年 1 月 1 日，将外币银行存款用于固定资产建造时。

借：在建工程　　2 483.72

　贷：银行存款($)($400×6.209 3)　　2 483.72

(3) 2017 年 7 月 1 日，将外币银行存款用于固定资产建造时。

借：在建工程　　3 668.94

　贷：银行存款($)($600×6.114 9)　　3 668.94

(4) 2017 年 12 月 31 日，将外币银行存款用于固定资产建造时。

借：在建工程　　2 597.44

　贷：银行存款($)($400×6.493 6)　　2 597.44

(5) 2017 年 12 月 31 日，应计外币借款利息时。

借：在建工程　　779.23

　贷：应付利息($)($2 000×6%×6.493 6)　　779.23

(6) 2017 年 12 月 31 日，确认外币借款汇兑差额时。

借：在建工程　　568.60

　贷：长期借款($)[$2 000×(6.493 6−6.209 3)]　　568.60

(7) 2017 年 12 月 31 日，确认外币银行存款汇兑差额时(计算见表 11-1)。

借：银行存款($)　　227.66

　贷：汇兑损益　　227.66

(8) 2018 年 1 月 1 日，将外币银行存款用于固定资产建造时。

借：在建工程　　2 597.44

　贷：银行存款($)($400×6.493 6)　　2 597.44

(9) 2018 年 6 月 30 日，应计外币借款利息时。

借：在建工程　　402.00

　贷：应付利息($)($2 000×6%×6/12×6.700 0)　　402.00

(10) 2018 年 6 月 30 日，确认外币借款本金利息的汇兑差额时。

借：在建工程　　437.57

　贷：应付利息($)[$2 000×(1+6%)(6.700 0−6.493 6)]　　437.57

(11) 结转固定资产时。

借：固定资产　　13 534.94

　贷：在建工程　　13 534.94

(12) 2018 年 6 月 30 日，确认外币银行存款汇兑差额时(计算见表 11-1)。

借：银行存款($)　　41.28

　贷：汇兑损益　　41.28

表 11-1 列示了甲企业外币银行存款美元户的明细账户，其中包括了期末汇兑差额的调整。需要注意的是，该明细账户中，既体现了外币(美元)，又体现了记账本位币(人民币)，

以及两者之间的折算汇率,此种表达方式称为复币记账。

表 11-1　　甲企业银行存款(美元户)明细账　　单位:万元

2017年		摘要	借方			贷方			余额		
月	日		美元	汇率	人民币	美元	汇率	人民币	美元	汇率	人民币
1	1	期初余额							0		0
	1	取得专门借款	2 000	6.209 3	12 418.60				2 000		12 418.60
	1	在建工程支出				400	6.209 3	2 483.72	1 600		9 934.88
7	1	在建工程支出				600	6.114 9	3 668.94	1 000		6 265.94
12	31	在建工程支出				400	6.493 6	2 597.44	600		3 668.50
	31	汇兑差额调整数			227.66				600	6.493 6	3 896.16
1	1	在建工程支出				400	6.493 6	2 597.44	200		1 298.72
6	30	汇兑差额调整数			41.28				200	6.700 0	1 340.00

注:为说明目的,2018 年 6 月 30 日进行了汇兑差额的调整。

2. 以公允价值计量的外币非货币性项目的汇兑差额

对于以公允价值计量的外币非货币性项目,如股票、基金等,如果期末的公允价值以外币反映,应当先将该外币按照期末现行汇率将其折算为记账本位币金额,再与原记账本位币金额进行比较,其差额确认为公允价值变动损益或其他综合收益。

【例 7】 甲企业的记账本位币为人民币,外币业务按照交易当日的即期汇率折算。12 月 9 日,以每股 8.00 港元的价格购入乙企业的 A 股票 10 000 股,确认为交易性金融资产,当天的汇率为 HK \$1=¥0.850 0,款项以港元支付。12 月 31 日,A 股票市价为每股 8.80 港元,当天的汇率为 HK \$1=¥0.860 0。

假定不考虑相关税费,对上述业务,甲企业应编制会计分录如下:

(1) 1 月 9 日,取得交易性金融资产时。

借:交易性金融资产(HK \$)——成本(10 000×8.00×0.850 0)　　68 000

　贷:银行存款(HK \$)　　68 000

(2) 12 月 31 日,由于难以区分公允价值变动和汇率变动的影响,根据重要性原则,应将该项交易性金融资产价值上的所有变化全部确认为其他综合收益。

借:交易性金融资产(HK \$)——公允价值变动　　7 680

　贷:公允价值变动损益(10 000×8.80×0.860 0−68 000)　　7 680

假定次年年初,甲企业将该项交易性金融资产全部出售,售价为每股 9.00 元,当天的汇率为 HK \$1=¥0.870 0。出售时,也不区分公允价值变动与汇率变动的影响,全部确认为投资收益。

借:银行存款(HK \$)(10 000×9.00×0.870 0)　　78 300

　　公允价值变动损益　　7 680

　贷:交易性金融资产——成本　　68 000

　　　　　　　　——公允价值变动　　7 680

　　投资收益　　10 300

3. 以成本与可变现净值孰低计量的存货的汇兑差额

以成本与可变现净值孰低计量的存货，如果其可变现净值以外币确定，在确定存货的期末价值时，应先将可变现净值折算为记账本位币，再与以记账本位币反映的存货进行比较，若出现减值损失，应确认资产减值损失。

【例8】 12月5日，甲企业用欧元从德国乙企业购入A商品10 000件，每件价格为5欧元，当天的汇率为€1=¥7.080，12月31日的汇率为€1=¥7.040。甲企业以人民币作为记账本位币，存货计价采用成本与可变现净值孰低法计价。A商品只有欧元报价。

假定不考虑相关税费，甲企业应编制会计分录如下：

(1) 12月5日，购入A商品时。

借：库存商品——A　　354 000

　贷：银行存款(€)(10 000×5×7.080)　　354 000

(2) 12月31日，确认资产减值损失时。

借：资产减值损失　　2 000

　贷：存货跌价准备(354 000−10 000×5×7.040)　　2 000

与此相类似，上例中，如果甲企业存货尚未购入，但与乙企业的A商品10 000件的合同是不可撤销的合同，则甲企业在12月31日应确认该项待执行亏损合同的损失，编制会计分录如下：

借：营业外支出　　2 000

　贷：预计负债　　2 000

上面例示了汇兑差额的不同确认方法，在实务中，还与根据业务类型寻找恰当的处理方法。如企业在筹建期间发生的不能资本化的汇兑差额，因企业尚无利润表，因此，汇兑差额只能确认为长期待摊费用，在企业开始营业时，一次性计入当期损益。

有关外币套期保值的会计处理，参见衍生工具章节的说明。

第三节　外币财务报表折算

一、外币财务报表折算概述

(一) 记账本位币的确定

受当地法律的要求，境外经营实体的财务报告应当是当地货币，但境外经营实体的记账本位币可以是当地货币，也可以是报告主体的货币，甚至还可以是第三国或地区的货币。

境外经营记账本位币的确定需要考虑的因素见第一节的说明。

外币财务报表折算就是将境外经营实体的财务报表折算为报告主体财务报表的程序，而这一折算程序与境外经营实体所选择的记账本位币有一定的关系。

(二) 外币财务报表折算的方法

尽管外币财务报表折算只是将以外币表示的资产、负债和收入、费用项目乘以汇率，但时至今日，世界各国对外币财务报表的折算方法还未能形成统一的惯例。由于汇率变化不一，在外币财务报表折算的历史发展过程中就衍生出多种性质不同的方法，主要有流动与非流动项目法、货币性与非货币性项目法、时态法和现行汇率法四种。此外,还派生出一些与流动与非流动项目法、货币性与非货币性项目法稍有差别的混合变种。

1. 区分流动与非流动项目法

根据流动与非流动项目法的区分,境外经营的财务报表也必须区分为流动与非流动两大类。其中,流动资产和流动负债按现行汇率折算为合并财务报表的报告货币,非流动资产和非流动负债则按历史汇率进行折算。利润表项目除折旧费用和诸如无形资产这样一些摊销费用按历史汇率折算外,均按每一营业期间的平均汇率或以整个报告期的加权平均汇率为基础进行折算。对折算净损失,直接计入报告主体的当期损益;对折算利得,则予以递延。

从外币报表折算方法的演变进程来看,区分流动与非流动项目法是早期普遍采用的折算方法。但遗憾的是,人们找不出充分的理由来说明为什么流动与非流动项目的分类与采用不同的汇率有关。

例如,按期末现行汇率折算流动资产,意味着货币性资产(如现金和应收账款)和存货都同样承受着汇率波动的风险,但这对以历史成本计价下的存货项目来说是不恰当的。因为,同固定资产一样,存货在按取得日的历史成本以历史汇率折算后,就已与日后汇率的波动无关了。并且,在这种折算方法下,基于稳健性考虑,对于折算净损失,需计入以母公司报告货币表述的当期合并收益之中;而对于折算利得则予以递延,用于抵销未来会计期间可能发生的折算损失。这样,波动的汇率导致的折算结果,可能歪曲了各会计期间的经营成果。例如,一家企业将某一年度的折算利得予以递延,而下一年度由于汇率波动出现了折算损失,这时,由于相互抵销的结果,将会使这两个会计年度的收益都出现很稳定的表象。许多人认为,这与现实情况不符。

2. 区分货币性与非货币性项目法

像区分流动与非流动项目法一样,区分货币性与非货币性项目法也利用资产负债表的分类组合来确定应选择的适当汇率。这一概念所依据的理由是汇率波动对企业资产和负债的影响程度应是选择折算汇率的基础。所以,应将境外经营的资产和负债区分为货币性和非货币性两大类。

由于货币性资产和负债所代表的是在未来期间收到或付出一笔固定或相对固定的外币金额的权利和义务,它自然会受到汇率波动的影响。也就是说,货币性资产和负债要遭受汇率变动的风险,因此,要按现行汇率进行折算;而非货币性项目则不受汇率变动的影响,应按历史汇率进行折算。对于所有者权益部分,境外经营的投入资本部分总是以投入资本时的历史汇率折算的,因此可以将其归为非货币性项目,但留存收益则是轧算的平衡数字。

在这一概念下,利润表项目的折算程序与前述的区分流动与非流动项目法中的程序类同。

由于这一折算方法将折算汇率的选择与汇率变动对企业资产和负债的影响联系在一起,许多人认为,这样折算的结果能更及时地反映汇率变动对报告主体的影响。

尽管如此,由于在折算时人们所关注的是计量而不是分类,例如,某些在财务报表中分类为货币性资产或负债的项目,与其计量属性多少是不太一致的,因此,这些计量属性并不一定与所选用的静态的折算汇率相关。例如,非货币性资产和负债项目在会计上可采用不同的计量基础,如可采用原始成本计量,也可采用现时成本计量。而在区分货币性与非货币性项目法下,对非货币性项目都采用了历史汇率折算,但若某一非货币性项目本身就以现行市价表述(如以成本与可变现净值孰低法表述的存货以及以公允价值计量的交易性金融资产等),那么按历史汇率折算就不可能得出合理的结果。理想的情况是应根据不同的计量属性选择不同的折算汇率。

3. 时态法

时态法(temporal method)也称时间性量度法,是奥纳德·洛伦森于1972年在其研究报告中针对货币性与非货币性项目法的缺陷而提出的。时态法的实质是,应该在折算后的财务报表上保留境外经营在其自己的资产负债表上对资产和负债所用的计价方法,也即资产负债表上资产和负债项目采用的计价方法不同,为合并报表目的进行折算而选用的汇率也应有所不同。

例如,资产负债表上资产项目的计价方法一般有原始成本、重置成本、可变现净值、现值和公允价值五种。为合并报表目的进行折算时,对于上述五种计量属性,可分别确定一个与国外主体资产计价的货币金额相关的日期,从而确定折算中应使用的汇率的日期及相应的汇率。

对以原始成本计量的资产,显然应按历史汇率进行折算。

对以重置成本、可变现净值、现值及公允价值计量的资产,则应按期末现行汇率进行折算。

在时态法下,对外币报表的折算程序如下:

(1) 现金和应收账款、应付账款等流动性货币性外币资产和负债,不论在原始成本计量模式下还是在现时成本计量模式下,都应按期末现行汇率进行折算。以原始成本表述的非货币性资产可按历史汇率进行折算,以现时成本表述的非货币性资产要按现行汇率进行折算。对于所有者权益,境外经营的实收资本总是按投入资本时的历史汇率进行折算,留存收益则为轧算的平衡数字。

(2) 收入和费用项目从理论上讲应以交易发生日的即期汇率折算,但由于导致收入和费用的交易是经常且大量发生的,为简化起见,通常用平均汇率予以折算。不过,对于折旧费用及诸如无形资产之类的摊销费用,则应按有关固定资产和无形资产取得日的历史汇率折算。而销售成本则要在对年初存货、本年购货和年末存货按不同的适用汇率折算后算出。

(3) 外币资产负债表和收益表项目的折算过程中所形成的折算损益,均应计入当期损益。

除涉及折算所关注的是计量这一根本性问题外,采用时态法的另一个重要理由是,合并报表是将母、子公司作为一个完整的实体,而不是用个别企业的集成来编制的。因此,境外附属公司、分支机构都被认为是报告主体业务的延伸。这样,一切交易自然都应作为报告主体所在国的货币发生的。

但是,如果当某一境外经营的经营活动相对自主,且在某一境外(其所在的东道国)形成一个整体而独立于母公司的经营活动之外时,恰当地反映境外经营的独立经营活动成果可能更加有意义。为使境外经营主体的经营成果不被歪曲以及财务报表中所有的财务关系都能得到维持,可采用单一的汇率即所有项目都按现行汇率进行折算。

4. 现行汇率法

现行汇率法(current rate method),也称期末汇率法,是指外币报表中的所有资产和负债项目都按期末的现行汇率进行折算。现行汇率法是一种单一汇率法。

在现行汇率法下,外币报表中的所有资产和负债项目都按期末现行汇率进行折算,而对于收入和费用项目,从理论上讲,也应按确认这些项目时的即期汇率进行折算,即在编制合并报表时应按历史汇率折算。但由于导致收入和费用的交易是经常且大量发生的,为简便起见,对于收入和费用项目通常按当期平均汇率进行折算。这样,对外币报表的所有项目,实际上都是乘上一个常数,因而它是一种最简便的折算方法。只有国外主体的实收资本项目,仍是按投入资本时的历史汇率折算,以此为基础,将折算过程中形成的差额确认为"报表折算差额",并在所有者权益部分单列一项。

折算差额之所以计入所有者权益,是因为这一方法的目的就在于折算不能改变国外主体财务报表中原有的财务关系,即折算不能改变外币报表的性质,它仅是财务报表表现方式的改变。

为了更好地说明上述四种基本折算方法的应用,现举一简例予以说明。

【例9】 2017年12月31日,中国甲企业(母公司)的某国乙企业(子公司)取得的资产和发生的负债如表11-2的第一栏所示。为便于说明,假定该乙企业在2018年度没有发生任何交易,这样,2018年12月31日,以当地货币(假定为FC)表述的乙企业的资产负债表(根据原始成本计价)与上一年(即2017年12月31日)的财务报表数字完全相同。表11-2列示了上述四种基本折算方法下乙企业资产负债表是如何折算的。

表11-2　　资产负债表项目各种折算方法的不同结果　　单位:元

2017年及2018年12月31日乙企业资产负债表		流动/非流动项目法		货币性/非货币性项目法		时态法		现行汇率法	
		适用汇率	折算金额	适用汇率	折算金额	适用汇率	折算金额	适用汇率	折算金额
应收账款	FC2 000	CR9.00	¥18 000	CR9.00	¥18 000	CR9.00	¥18 000	CR9.00	¥18 000
存货	2 000	CR9.00	18 000	HR10.00	20 000	CR9.00	18 000	CR9.00	18 000
固定资产	1 000	HR10.00	10 000	HR10.00	10 000	HR10.00	10 000	CR9.00	9 000
资产合计	5 000		46 000		48 000		46 000		45 000
流动负债	1 000	CR9.00	9 000	CR9.00	9 000	CR9.00	9 000	CR9.00	9 000
长期负债	1 800	HR10.00	18 000	CR9.00	16 200	CR9.00	16 200	CR9.00	16 200
负债合计	2 800		27 000		25 200		25 200		25 200
股本	2 000	HR10.00	20 000	HR10.00	20 000	HR10.00	20 000	HR10.00	20 000
资本公积	200	HR10.00	2 000	HR10.00	2 000	HR10.00	2 000	HR10.00	2 000
折算差额			(3 000)		800		(1 200)		(2 200)
股东权益合计	FC2 200		¥19 000		¥22 800		¥20 800		¥19 800

注:(1) 假定2017年12月31日的汇率(历史汇率HR)为FC1=\$10.00,2018年12月31日的汇率(现行汇率CR)为£1=\$9.00。

(2) 假定2018年度乙企业未发生任何交易,存货采用成本与可变现净值孰低法计价。

从表11-2中可以看出,不同的折算方法下,折算差额表现迥异,有表现为损失的,也有表现为利得的。这正是外币财务报表折算引人入胜之处。采用时态法对外币报表进行折算会使折算结果不仅不能保持境外经营财务报表中原有的比例关系，甚至还会出现将亏损折算为利润或将利润折算为亏损的异事。而采用现行汇率法则可避免这一缺陷。在现行汇率法下，由于所有的项目都采用相同的汇率进行折算，折算后的财务报表总是以外币表述的财务报表的翻版。

对于时态法的缺陷，时态法的推崇者自有其辩解的理由。他们认为，折算的目的在于编制合并财务报表。作为一般原则，折算后的境外经营子公司的资产、负债、收入及费用的数字要在合并财务报表上加计至母公司财务报表中的有关项目，境外经营子公司这个独立的主体就不再在合并财务报表中单独出现。因此，境外经营主体作为独立主体所具有的负债权益比率从合并财务报表的角度而言是不相关的。至于将亏损折算为利润的现象，则是源于某些资产如固定资产是按历史汇率折算的结果。事实上，这些资产确实是由母公司在过去的某个年份里提供的，其量度就是以资金提供时的母公司的本国货币来表述的，在编制合并财务报表时，自然要求将这些资产以原始成本予以反映。也就是说，应采用历史汇率对这些资产进行折算。在境外经营子公司的货币相对升值的情况下，自然也就会出现将亏损折算为利润的现象。

会计总是存在于一定的社会经济环境之中，不可避免地要受到社会经济环境的影响和制约，在当今的浮动汇率体制下，汇率多变，走向各异，各国的经济环境和政治体制等各具特征，各类产业的资本结构也有很大差别，因此，单一的折算方法并不能适用于不同情况和不同目的。

各国会计准则制定机构在选择外币财务报表折算方法时，尽管都强调恪守概念依据，但在实施过程中，还是较多地考虑了如何尽量避免汇率波动产生剧烈的会计影响。这样，允许采用一些变异的方法对外币财务报表进行折算也就顺理成章了。

实际上，跨国公司往往也根据其自身的特定经营环境和管理要求，采用了与上述四种方法略有变异或相互交叉的方法。例如，一些采用时态法重新计量的企业，对存货则采用历史汇率法进行折算；一些采用现行汇率法折算的企业，当固定资产所占比重较大时，为减轻现行汇率波动的影响，则对固定资产项目采用历史汇率进行折算。

表 11－3 列示了在不同折算方法下为特定资产负债表项目折算所选用的汇率。

表 11－3　　不同折算方法下为特定资产负债表项目所选用的汇率

资产负债表项　目	区分流动与非流动项目法	区分货币性与非货币性项目法	时态法	现行汇率法	变异方法		
					1	2	3
现金	C	C	C	C	C	C	C
应收账款	C	C	C	C	C	C	C
存货							
按成本	C	H	H	C	C	H	C
按市价	C	H	C	C	C	H	C
长期投资							
按成本	H	H/C	H	C	H	H	C
按市价	H	H/C	C	C	H	H	C

续 表

资产负债表项 目	区分流动与非流动项目法	区分货币性与非货币性项目法	时态法	现行汇率法	变异方法		
					1	2	3
固定资产	H	H	H	C	H	H	H
其他资产	H	H	H	C	H	H	C
应付账款	C	C	C	C	C	C	C
长期负债	H	C	C	C	C	H	C
股本	H	H	H	H	H	H	H
留存收益	※	※	※	※	※	※	※

注：C代表现行汇率；H代表历史汇率；※为轧差的平衡数字，其中，在现行汇率法下，为利润表和所有者权益变动表折算后的结果，再通过轧算平衡得出累计折算调整数额。

二、外币财务报表折算方法的选择

(一) 境外主体、境外经营与功能性货币的选择

正因为不同的折算方法存在比较大的差异，有关外币财务报表折算方法的会计规范也一直处在变化之中。美国财务会计准则委员会发布的第 52 号准则(1981 年)以及国际会计准则第 21 号准则(1983 年)巧妙地使用了功能性货币(记账本位币)的择定概念，来最终确定外币报表到底是按现行汇率法折算还是按时态法进行重新计量。

如前所述，功能性货币的择定与境外主体经营活动所处的地位是直接关联的。

对境外主体来说，功能性货币可以是境外主体所在国或地区的货币，也可以不是境外主体所在国或地区的货币。相应地，合并或汇总财务报表主体所选择的功能性货币，可以是控股公司所在国的货币，也可以是境外主体所在国或地区的货币。一般情况下，合并或汇总报表主体所选择的功能性货币通常就是母公司或总公司所在国的货币。

当某一境外主体的经营活动相对自主，且在某一外国或地区(其所在的东道国)形成一个整体，而独立于母公司的经营活动之外时，国际会计准则将其定义为国外主体(foreign entity)，在我国，称之为境外主体，它所选择的功能性货币通常就是当地货币(对母公司而言即为外币)。这时，母公司的报告货币(即母公司所在国的货币)就不宜作为境外主体的功能性货币，但若要编制合并财务报表，境外主体的财务报表就必须折算为母公司的报告货币。由于为境外主体创造现金流量和确定其经营成果的功能性货币就是境外主体所在国或地区的当地货币，而外币财务报表折算的结果也必须能够反映这一现实，因此，折算的结果应保持境外主体外币财务报表原先表述的财务关系和结果不变，这样，采用单一的期末现行汇率对所有资产和负债项目进行折算是合适的，由此而形成的折算调整额就不应作为折算损益计入当期损益，而应将其作为所有者权益的调整数。这时，母公司所关注的不过是其投资净额折算为其报告货币的金额，也就是它在境外主体所有者权益中所占份额折算为其报告货币的金额。

当某一境外主体的经营活动不过是母公司经营活动的延伸，就像母公司自己直接从事这样的国外经营业务一样时，国际会计准则将其称为国外经营(foreign operation)，我国称之为境外经营，境外主体所选择的功能性货币将是母公司的报告货币。在这种环境下，境外

主体一切交易的处理就应作为母公司所在国的货币发生，也就是说，境外主体财务报表上的所有项目都应按项目发生或确认时的汇率进行折算，并将折算损益计入合并损益。在这种情况下，如果按单一的现行汇率进行折算，就会使所得出的折算金额变得毫无意义，因为这个金额既不是以母公司所在国货币表示的历史成本，也不是以外币表示的历史成本；既不是现时重置成本，也不是可变现净值。

在境外经营的条件下，如果境外主体的会计记录以及财务报告就是母公司的报告货币，就不存在外币财务报表的折算问题了。但倘若为记录方便而选择了境外主体的当地货币，那么境外主体在会计记录中所使用的当地货币就不是功能性货币。因此，在编制合并财务报表时，就应根据母公司的报告货币进行重新计量。所谓“重新计量”(re-measurement)，是指通过折算把计量单位从外币转变为功能性货币的程序，即通过折算来对境外主体以当地货币(外币)编制的财务报表进行重新计量。这种情况下，为折算而选择的汇率对各项目都有所不同，即应采用多种汇率法进行折算，所有资产负债表项目和利润表项目折算过程中所形成的折算损益都应计入当期损益。

(二) 外币财务报表折算或重新计量的程序

折算的目的是把外币财务报表重新表述为共同的报告货币。如前所述，将外币财务报表折算为共同的报告货币的程序，不仅取决于为这一国外主体所规定的功能性货币是什么，而且还取决于它是否本来就是用功能性货币进行会计记录的。图 11－2 列示了外币财务报表折算或重新计量的一般程序。

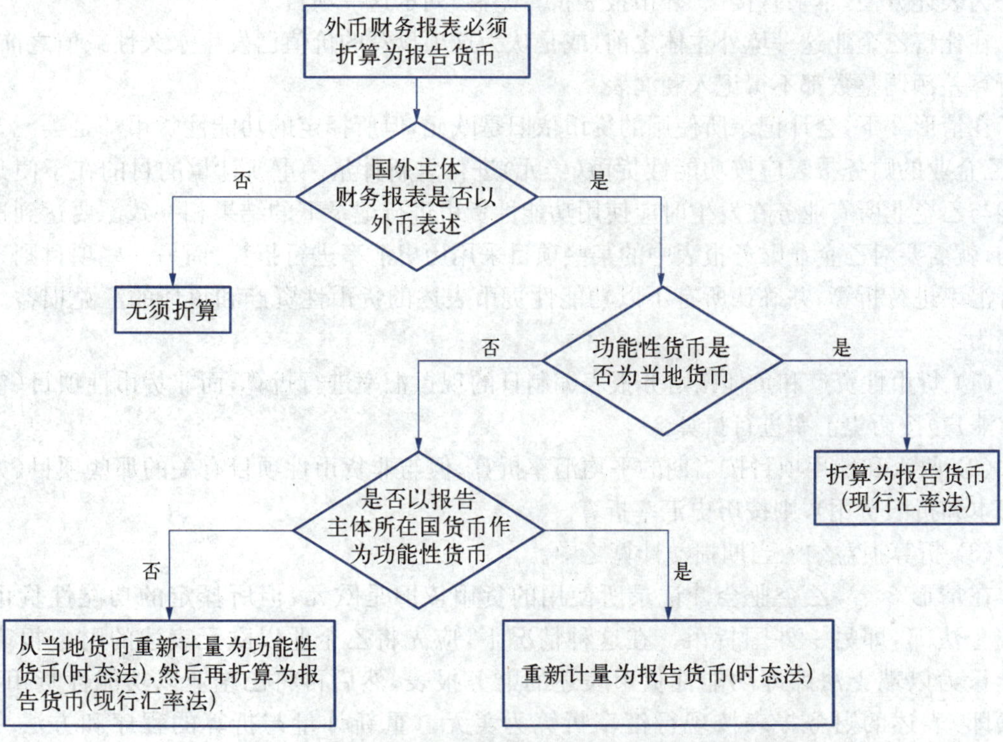

注：图中的报告货币指母公司所在国的货币，当地货币指子公司所在国的货币。

图 11－2　外币财务报表折算或重新计量的程序

现用一简例来说明不同情况下外币财务报表的折算或重新计量的程序。

例如,美国的母公司甲企业拥有设在欧洲的子公司乙企业。乙企业对功能性货币的择定、会计记录所使用的货币以及编制合并财务报表时应如何折算或重新计量等情况如表11-4所示。

表11-4 国外主体功能性货币的择定与外币财务报表折算或重新计量程序

情形	功能性货币的择定	会计记录所使用的货币	合并时所要求的程序
1	欧元	欧元	折算
2	美元	欧元	重新计量
3	瑞士法郎	欧元	先重新计量再折算

在情形1下,乙企业以欧元记账,这也是该公司所择定的功能性货币。根据前述折算程序,这时,乙企业应以现行汇率法进行折算,其具体程序为:

(1) 乙企业所有的资产和负债都按资产负债表编制日的现行汇率折算为美元,所有者权益账户则按历史汇率折算,若有差额,即为外币报表折算差额。

(2) 收入和费用项目按交易日的现行汇率折算为美元,但为简便起见,通常采用当期加权平均汇率进行折算。

(3) 折算损益应在合并所有者权益中的"其他综合收益项目"中单设"外币报表折算差额"项目列示。

为表述方便,本书直接以"外币报表折算差额"列示这一项目。

在让售乙企业这一境外主体之前,或是认为这项投资的价值已发生永久性减值之前,外币折算差额调整数都不得记入利润表。

在情形2下,会计记录所使用的货币依旧是欧元,但所择定的功能性货币却是美元。这时,乙企业的财务报表应按功能性货币(美元)进行重新计量。重新计量的目的在于使其结果能与乙企业所有业务在发生时应使用功能性货币进行记录下的结果相一致。要达到这一目的,就需要对乙企业财务报表中的某些项目采用历史汇率进行折算,而另一些项目则采用现行汇率进行折算,并确认所有不以功能性货币表述的货币性资产和负债的汇兑损益。其程序为:

(1) 货币性资产和负债按财务报表编制日的现行汇率进行折算,而非货币性项目(包括资本账户)按历史汇率进行折算。

(2) 收入和费用项目按当期的平均汇率折算,但与非货币性项目有关的那些项目(如销货成本和折旧费用),则按历史汇率折算。

(3) 折算损益纳入当期损益计算之中。

在情形3下,乙企业会计记录所使用的货币依旧是欧元,但所择定的功能性货币却为瑞士法郎,即另一外国货币。在这种情况下,应先将乙企业以欧元表述的财务报表重新计量为以瑞士法郎即功能性货币表述的财务报表,然后再将乙企业以功能性货币(瑞士法郎)表述的财务报表按现行汇率折算为美元。重新计量与折算的程序和方法一如前述。

我国外币折算会计准则要求对境外经营的外币财务报表折算时,采用现行汇率法进行折算。

三、现行汇率法对外币财务报表的折算

跨国公司为扩大经营范围，往往采用企业合并的方式与其他公司合并经营。在合并日，境外主体的所有资产和负债项目均应按合并日的现行汇率折算为母公司的报告货币予以表述。对于权益结合方式下的企业合并，由于未涉及实在的资产交易，故可直接按国外主体账面所记录的资产和负债项目进行折算；对于购受方式下的企业合并，由于涉及实在的资产交易，故应先将国外主体的账面记录调整到公允价值，然后再按购受日的现行汇率予以折算。根据企业合并的一般会计处理方法，投资成本与被购并企业净资产公允价值的差额应确认为商誉。同样，当合并境外主体时，投资成本与被购受企业净资产按公允价值折算的差额也应确认为商誉。

合并境外主体外币财务报表必须遵循先折算后合并的原则。

下面举例说明外币财务报表的折算程序。

【例 10】 假定中国的母公司甲企业在 2017 年 12 月 31 日以 \$500 000 购入美国乙企业的所有股份，购买日的汇率为 \$1＝\$6.600，该日乙企业的资产负债表如表 11－5 所示。假定乙企业资产负债表各项目的金额就是购买日各项目的公允价值，但以整体而论，甲企业对乙企业长期股权的投资成本为 \$500 000，其超出乙企业净资产公允价值的部分即为商誉。

表 11－5　　乙企业资产负债表

2017 年 12 月 31 日　　单位：元

项　目	金额（\$）	折算汇率	金额（￥）
银行存款	140 000	6.60	924 000
应收账款	40 000	6.60	264 000
存货（成本）	120 000	6.60	792 000
固定资产	100 000	6.60	660 000
减：累计折旧	20 000	6.60	132 000
资产合计	380 000		2 508 000
应付账款	30 000	6.60	198 000
应付债券	100 000	6.60	660 000
股本	200 000	6.60	1 320 000
资本公积	20 000	6.60	132 000
盈余公积	20 000	6.60	132 000
未分配利润	10 000	6.60	66 000
负债和所有者权益合计	380 000		2 508 000

2018 年度，美元相对升值，到 2018 年年末，汇率为 \$1＝￥6.800，年平均汇率为 \$1＝￥6.700。2018 年度，甲企业与乙企业之间只发生两笔业务：一是当汇率为 \$1＝￥6.600 时，乙企业向甲企业预付一笔￥448 800（\$68 000）的货款；二是在 12 月 1 日（此日的汇率为 \$1＝

￥6.750),乙企业向甲企业支付了 $30 000 的现金股利。

乙企业提取盈余公积 $20 000。

假定乙企业所择定的记账本位币为美元,这意味着乙企业的经营活动是相对独立于母公司即甲企业的。对乙企业而言,以人民币表示的预付账款就是外币。因此,2018 年年末,乙企业预付账款就应按期末现行汇率进行调整,以反映汇率波动所产生的影响,其折算差额应计入当期损益。2018 年年末,乙企业调整分录为:

借:汇兑损益　　$2 000

　贷:预付账款(￥)(￥448 800/6.800－$68 000)　　$2 000

经上述调整后,乙企业预付账款的余额就为 $66 000,同时,汇兑损益也出现了借方发生额 $2 000。

母公司(甲企业)在编制合并报表之前,应将乙企业以美元表述的试算平衡表折算为母公司(甲企业)的报告货币(人民币)。乙企业未分配之前的试算平衡表折算工作底稿见表 11－6。

表 11－6　　乙企业结账前试算平衡表折算工作底稿

2018 年 12 月 31 日　　单位:元

科 目 名 称	余额($)	折算汇率	折算后余额(￥)
借方科目			
银行存款	82 000	6.800	557 600
应收账款	90 000	6.800	612 000
预付账款	66 000	6.800	448 800
存货(先进先出)	120 000	6.800	816 000
固定资产	100 000	6.800	680 000
营业成本	300 000	6.700	2 010 000
折旧费用	10 000	6.700	67 000
管理费用	100 000	6.700	670 000
所得税费用	20 000	6.700	134 000
股利	30 000	6.700	201 000
汇兑损益	2 000	6.700	13 400
借方科目合计	920 000		6 209 800
贷方科目			
累计折旧	30 000	6.800	204 000
应付账款	40 000	6.800	272 000
应付债券	100 000	6.800	680 000
股本	200 000	6.600	1 320 000
资本公积	20 000	6.600	132 000

续　表

科目名称	余额($)	折算汇率	折算后余额(￥)
盈余公积	20 000	6.600	132 000
未分配利润	10 000	6.600	66 000
营业收入	500 000	6.700	3 350 000
外币报表折算差额			53 800
贷方科目合计	920 000		6 209 800

如前所述，当境外主体以当地货币作为功能性货币时，应采用现行汇率法进行折算。在现行汇率法下，所有资产和负债项目均按结账日的现行汇率(即期末汇率)折算，利润表中的所有项目均按该期间的平均汇率折算，而股利则按股利发放日的汇率折算(有时为简便起见，也可采用平均汇率折算)。

在现行汇率法下，境外主体的股东权益不应按期末汇率折算，即股本、资本公积和留存收益余额应按投入资本时的汇率折算。不过，购受日后各期资产负债表中的留存收益则是购受日留存收益加上以后各期利润减去股利后的余额。

在将财务报表项目折算完之后，为使试算平衡表余额相等，需插入一个折算调整数即“外币报表折算差额”项目。以母公司报告货币表述的境外主体的财务报表就可直接根据试算平衡表来编制。表 11－7 和表 11－8 分别列示了以人民币表述的乙企业的利润表和资产负债表。

表 11－7　　乙企业利润及利润分配表(简表，折算后以人民币表述)

2018 年度　　单位：元

项　　目	折算前金额($)	折算汇率	折算后金额(￥)
营业收入	500 000	6.70	3 350 000
减：营业成本	300 000	6.70	2 010 000
折旧费用	10 000	6.70	67 000
管理费用	100 000	6.70	670 000
汇兑损益	2 000	6.70	13 400
所得税费用	20 000	6.70	134 000
净利润	68 000		455 600
减：提取盈余公积	20 000	6.70	134 000
分配现金股利	30 000	6.70	201 000
加：年初未分配利润	10 000		66 000
年末未分配利润	28 000		186 600

表 11-8　　乙企业资产负债表(折算后以人民币表述)

2018 年 12 月 31 日　　单位：元

项　目	折算前金额($)	折算汇率	折算后金额(¥)
银行存款	82 000	6.800	557 600
应收账款	90 000	6.800	612 000
预付账款	66 000	6.800	448 800
存货	120 000	6.800	816 000
固定资产	100 000	6.800	680 000
减：累计折旧	30 000	6.800	204 000
资产合计	428 000		2 910 400
应付账款	40 000	6.800	272 000
应付债券	100 000	6.800	680 000
股本	200 000	6.600	1 320 000
资本公积	20 000	6.600	132 000
盈余公积	40 000		266 000①
未分配利润	40 000		186 600②
外币报表折算差额			53 800③
负债和所有者权益合计			2 910 400

注：① 为上期折算后余额(132 000)+本期提取盈余公积的折算数(134 000)。
② 为表 11-7 最后一行金额。
③ 为资产负债表轧差平衡数字。

甲企业以成本法记录对乙企业的投资业务，母公司(甲企业)在 2018 年 12 月 1 日收到乙企业支付的现金股利时，应编制会计分录如下：

借：银行存款($)(30 000×6.700)　　201 000

　贷：投资收益　　201 000

在编制合并财务报表时，甲企业应当在工作底稿上将成本法调整为权益法，因此，根据折算后的利润表，甲企业应在合并财务报表工作底稿中，编制调整和抵销分录如下：

(1) 将成本法调整为权益法。

借：长期股权投资　　254 600

　贷：投资收益(455 600−201 000)　　254 600

借：长期股权投资　　53 800

　贷：外币报表折算差额　　53 800

严格地讲，外币报表折算差额应确认为其他综合收益。但为方便说明，本书直接确认为外币报表折算差额。

上述会计分录也可合并编制如下：

借：长期股权投资　　308 400

　贷：投资收益　　254 600

　　外币报表折算差额　　53 800

由于甲企业拥有乙企业的全部股权，所以，甲企业就应记录乙企业账面所有的收益或损失。表 11－7 和表 11－8 列示了乙企业的利润和其他综合收益（外币报表折算差额）分别为 455 600 元和 53 800 元。诚如分录所示，甲企业所记录的投资应为这两项之和。

（2）抵销期初长期股权投资和乙企业的净权益。

借：股本　　1 320 000

　资本公积　　132 000

　盈余公积　　132 000

　未分配利润　　66 000

　商誉　　1 650 000

　贷：长期股权投资　　3 300 000

（3）抵销本期长期股权投资和投资收益的增加额。

借：投资收益　　455 600

　贷：长期股权投资　　254 600

　　分配现金股利　　201 000

（4）调整本期商誉减值。

在购受日，乙企业的账面净值为 $250 000（见表 11－5），而投资成本为 $500 000，因此，产生了商誉 $250 000。2018 年年末，经过减值测试，假定商誉减值了 10%。在现行汇率法下，商誉减值损失会随汇率的变动而变动，即应按平均汇率折算，而投资则要按期末现行汇率折算，两者之间的差额也应作为折算调整数调整“外币报表折算差额”项目。其计算程序见表 11－9。

表 11－9　　商誉减值损失及折算计算表

项　目	初始计量的商誉额（2018 年 1 月 1 日）	本期减值额	减值后的商誉额（2018 年 12 月 31 日）
美元（$）表述	250 000	25 000	225 000
汇　率	×6.60	×6.70	×6.80
人民币（¥）表述	1 650 000	167 500	$1 530 000

根据表 11－9 的计算结果，应将商誉从 1 650 000 元销记至 1 530 000 元，即应调整 120 000 元；其中，因商誉减值确认资产减值损失 167 500 元，差额部分应作为折算调整数调整“外币报表折算差额”。调整分录如下：

借：资产减值损失　　167 500

　贷：商誉（减值准备）　　120 000

　　外币报表折算差额　　47 500

在现行汇率法下，购受日被投资单位可辨认净资产公允价值超过账面价值部分的本期摊销数也应进行与上面类似的处理（本例未涉及）。

(5)抵销乙企业本期提取的盈余公积。

借：盈余公积　　134 000

　贷：提取盈余公积　　134 000

(6)抵销本期乙企业折算差额对长期股权投资的影响。

借：外币报表折算差额　　53 800

　贷：长期股权投资　　53 800

(7)抵销集团内部的债权债务。

借：预收账款　　448 800

　贷：预付账款　　448 800

表 11-10 列示了甲、乙企业外币报表折算后的合并程序。

表 11-10　　甲、乙企业合并财务报表工作底稿

截至 2018 年 12 月 31 日　　单位：元

	甲企业	乙企业	调整与抵销分录 借方		调整与抵销分录 贷方		合并主体
利润表							
营业收入	15 000 000	3 350 000					18 350 000
营业成本	6 000 000	2 010 000					8 010 000
折旧费用	400 000	67 000					467 000
管理费用	1 201 000	670 000					1 871 000
汇兑损益		13 400					13 400
资产减值损失			(4)	167 500			167 500
所得税费用	2 000 000	134 000					2 134 000
投资收益	201 000		(3)	455 600	(1)	254 600	
净利润	5 600 000	455 600					5 687 100
净权益变动表(部分)							
本期净利润	5 600 000	455 600					5 687 100
加：年初余额	600 000	66 000	(2)	66 000			600 000
可供分配的利润	6 200 000	521 600					6 287 100
减：提取盈余公积	110 000	134 000			(5)	134 000	110 000
分配现金股利	500 000	201 000			(3)	201 000	500 000
未分配利润	5 590 000	186 600					5 677 100
资产负债表							
银行存款	3 000 000	557 600					3 557 600
应收账款	1 500 000	612 000					2 112 000
预付账款		448 800			(7)	448 800	

续　表

	甲企业	乙企业	调整与抵销分录				合并主体
			借　方		贷　方		
存货	3 000 000	816 000					3 816 000
固定资产	4 000 000	680 000					4 680 000
减：累计折旧	1 000 000	204 000					1 204 000
固定资产净值	3 000 000	476 000					3 476 000
长期股权投资	3 300 000		(1)	308 400	(2)	3 300 000	
					(3)	254 600	
					(6)	53 800	
商誉			(2)	1 650 000	(4)	120 000	1 530 000
资产合计	13 800 000	2 910 400					14 491 600
应付账款	140 000	272 000					412 000
预收账款	448 800		(7)	448 800			
应付债券	1 121 200	680 000					1 801 200
股本	5 000 000	1 320 000	(2)	1 320 000			5 000 000
资本公积	1 000 000	132 000	(2)	132 000			1 000 000
盈余公积	500 000	266 000	(2)	132 000			500 000
			(5)	134 000			
未分配利润	5 590 000	186 600					5 677 100
外币报表折算差额		53 800	(6)	53 800	(1)	53 800	101 300
					(4)	47 500	
负债和所有者权益合计	13 800 000	2 910 400		4 868 100		4 868 100	14 491 600

根据表 11－10“合并主体”栏中的有关数字，可直接编制合并利润表、合并所有者权益变动表和合并资产负债表(见表 11－10 中最后一列数字)。

表 11－10 中的“外币报表折算差额”这一折算调整数，在母公司让售子公司或认为这一投资净额已经永久减少之前，都应作为合并资产负债表中所有者权益的一个独立项目，即作为“外币报表折算差额”项目反映在所有者权益中，并进行专门的披露。

四、时态法对外币财务报表的重新计量

当境外主体以母公司报告货币作为功能性货币而会计记录却为子公司当地货币时，根据前述程序，应采用时态法将子公司的账面记录重新计量为功能性货币。重新计量过程中形成的折算差额，计入当期损益。

重新计量的目的是使重新计量结果与子公司若当时就按功能性货币记账的结果相同。

续用例 9 中的资料,假定子公司乙企业所择定的功能性货币为母公司甲企业的报告货币人民币,但为了实务的便利,乙企业会计记录所使用的货币为当地货币美元。在合并日,子公司的所有资产和负债项目均应按合并日(2017 年 12 月 31 日)的实际汇率($1=¥6.600)折算,也即在合并日,境外主体不论是以当地货币作为功能性货币,还是以母公司的报告货币作为功能性货币,所选定的折算汇率和折算结果是完全相同的(见表 11-5)。不过,在时态法下,合并中形成的商誉在合并日后均应按历史汇率进行重新计量。

乙企业预付给甲企业的¥448 800 货款对母、子公司而言都不是外币交易,因为该预付款是以人民币表述的,而人民币既是母公司甲企业的功能性货币,又是子公司乙企业的功能性货币。因此,乙企业账面上的预付账款就不需进行调整。除预付账款外,其他所有账户的余额与表 11-6 所列示的余额相同,但其折算(重新计量)的程序与现行汇率法却有明显的不同。重新计量的工作底稿见表 11-11。

表 11-11　　乙企业结账前试算平衡表折算工作底稿

2018 年 12 月 31 日

科目名称	余额($)	折算汇率		折算后余额(¥)
借方科目				
银行存款	82 000	C	6.800	557 600
应收账款	90 000	C	6.800	612 000
预付账款	66 000	R		448 800
存货(先进先出)	120 000	H	6.80	816 000
固定资产	100 000	H	6.60	660 000
营业成本	300 000	H	见表 11-12	1 986 000
折旧费用	10 000	H	6.60	66 000
管理费用	100 000	A*	6.70	670 000
所得税费用	20 000	A*	6.70	134 000
股利	30 000		R	201 000
借方科目合计	920 000			6 151 400
贷方科目				
累计折旧	30 000	H	6.60	198 000
应付账款	40 000	C	6.80	272 000
应付债券	100 000	C	6.80	680 000
股本	200 000	H	6.60	1 320 000
资本公积	20 000	H	6.60	132 000
盈余公积	20 000	H	6.60	132 000
未分配利润	10 000	H	6.60	66 000
营业收入	500 000	A	6.70	3 350 000

续 表

科目名称	余额($)	折算汇率		折算后余额(¥)
汇兑损益				1 400
贷方科目合计	920 000			6 151 400

注：C表示现行汇率，H表示历史汇率，A表示平均汇率，R表示往来账户。
* 假定是在2018年内用现金平均支付的。

从表11-11中可以看出，在时态法下，除母、子公司间的交易外，子公司的所有货币性项目均按现行汇率进行重新计量。本例中的货币性项目包括银行存款、应收账款、应付账款和应付债券。很显然，对这些项目进行重新计时和用现行汇率法进行折算的结果是相同的。母、子公司内部交易事项，包括乙企业向甲企业预付的货款和支付的股利与作为功能性货币的人民币金额是互为相反的往来关系，因此，就直接重新表述为功能性货币——人民币。

存货和营业成本的重新计量程序见表11-12。其中，为方便说明，假定购货是在2018年度内平均发生的，2018年度的平均汇率为$1=¥6.70，存货计价采用先进先出法，期末存货是2018年12月15日购进的，当日的汇率为$1=¥6.80。

表11-12　存货和营业成本的重新计量程序　单位：元

项　目	金额($)	折算汇率	金额(¥)
期初存货(2017年12月31日)	120 000	H　6.60	792 000
本期购货(2018年度)	300 000	A　6.70	2 010 000
可供销售存货成本	420 000		2 802 000
期末存货(2018年12月31日)	120 000	H　6.80	816 000
营业成本(2018年度)	300 000		1 986 000

由于本期未发生固定资产的增减变动业务，因此，固定资产和折旧费用均按$1=¥6.60的历史汇率折算；如若本期增加了固定资产，则所增加的固定资产及相应的折旧费用就应当按该项固定资产取得日的实际汇率(在折算时即为历史汇率)进行折算。

在时态法下，所有涉及流动性项目的费用均按平均汇率予以折算；而涉及非流动性项目的费用，如固定资产折旧费用及无形资产摊销等费用，则应按历史汇率予以折算。如若某一费用项目同时涉及流动性和非流动性项目，则必须详加分析，而不能只按单一的汇率进行折算。

收入项目应按平均汇率折算。

股本、资本公积和期初留存收益应按历史汇率折算，这与现行汇率法下的折算完全相同，而期末未分配利润则是通过计算而不是通过折算得出的。

当除汇兑损益之外的所有项目都重新计量完毕之后，再将所有借方科目和贷方科目分别相加，如若两项合计数不相等，其差额即为汇兑损益。若贷方合计数小于借方合计数，则为利得；反之，则为损失。本例为汇兑收益101 800元，该项汇兑损益应计入本期损益。之所以将重新计量所产生的汇兑损益计入本期损益，是因为除母、子公司间互为往来的交易业务外,其余的业务均被解释为外币交易。根据外币交易的一般会计处理原则,不论是已实现的汇兑损益,还是未实现的汇兑损益,均作为当期损益处理。需要注意的是,母、子公司间互为往来的交易业务,不应出现汇兑损益。

折算后的乙企业的资产负债表和利润表见表 11-13。

甲企业对乙企业的长期股权投资应按成本法核算,在编制合并财务报表时应当将其调整为权益法。在合并财务报表工作底稿上,应当编制调整与抵销分录如下:

(1) 将成本法调整为权益法。

根据表 11-13 中的乙企业利润表,折算后乙企业实现的净利润为 495 400 元,成本法已经确认 201 000 元,应调整 294 400 元。

借:长期股权投资　　294 400

　贷:投资收益　　294 400

(2) 抵销期初长期股权投资和乙企业净权益。

借:股本　　1 320 000

　资本公积　　132 000

　盈余公积　　132 000

　未分配利润　　66 000

　商誉　　1 650 000

　贷:长期股权投资　　3 300 000

(3) 抵销长期股权投资和投资收益的本年增加数。

借:投资收益　　495 400

　贷:长期股权投资　　294 400

　　分配现金股利　　201 000

(4) 确认以历史汇率折算的商誉减值损失。

借:资产减值损失　　165 000

　贷:商誉(减值准备)　　165 000

(5) 抵销乙企业本期提取的盈余公积。

借:盈余公积　　134 000

　贷:提取盈余公积　　134 000

(6) 抵销母、子公司间债权与债务。

借:预收账款　　448 800

　贷:预付账款　　448 800

重新计量后的合并报表的编制同国内母、子公司合并报表的编制并没有什么不同,可以根据合并工作底稿上的“合并主体”一栏直接编制合并利润表、合并所有者权益变动表以及合并资产负债表。

尽管重新计量程序较折算程序稍显复杂,但其抵销程序却要比现行汇率法下的抵销程序简单得多,因为在重新计量程序下的合并报表不会出现“外币报表折算差额”这一权益调整数。

重新计量程序下合并报表编制的工作底稿见表 11-13。

表 11－13　　甲、乙企业合并财务报表工作底稿

截至 2018 年 12 月 31 日　　单位：元

项　目	甲企业	乙企业	调整与抵销分录				合并主体
			借　方		贷　方		
利润表							
营业收入	15 000 000	3 350 000					18 350 000
营业成本	6 000 000	1 986 000					7 986 000
折旧费用	400 000	66 000					466 000
管理费用	1 201 000	670 000					1 871 000
汇兑损益		1 400					1 400
资产减值损失			(4)	165 000			165 000
所得税费用	2 000 000	134 000					2 134 000
投资收益	201 000		(3)	495 400	(1)	294 400	
净利润	5 600 000	495 400					5 729 400
净权益变动表(部分)							
本期净利润	5 600 000	495 400					5 729 400
加：年初余额	600 000	66 000	(2)	66 000			600 000
可供分配利润	6 200 000	561 400					6 329 400
减：提取盈余公积	110 000	134 000			(5)	134 000	110 000
分配现金股利	500 000	201 000			(3)	201 000	500 000
未分配利润	5 590 000	226 400					5 719 400
资产负债表							
银行存款	3 000 000	557 600					3 557 600
应收账款	1 500 000	612 000					2 112 000
预付账款		448 800			(6)	448 800	
存货	3 000 000	816 000					3 816 000
固定资产	4 000 000	660 000					4 660 000
减：累计折旧	1 000 000	198 000					1 198 000
固定资产净值	3 000 000	462 000					3 462 000
长期股权投资	3 300 000		(1)	294 400	(2)	3 300 000	
					(3)	294 400	
商誉			(2)	1 650 000	(4)	165 000	1 485 000
资产合计	13 800 000	2 896 400					14 432 600
应付账款	140 000	272 000					412 000

续 表

项 目	甲企业	乙企业	调整与抵销分录				合并主体
			借 方		贷 方		
预收账款	448 800		(6)	448 800			
应付债券	1 121 200	680 000					1 801 200
股本	5 000 000	1 320 000	(2)	1 320 000			5 000 000
资本公积	1 000 000	132 000	(2)	132 000			1 000 000
盈余公积	500 000	266 000	(2)	132 000			500 000
			(5)	134 000			
未分配利润	5 590 000	226 400					5 719 400
负债和所有者权益合计	13 800 000	2 896 400		4 691 300		4 691 300	14 432 600

五、现行汇率法与时态法下合并财务报表的差异

表 11 - 14 和表 11 - 15 分别列示了现行汇率法(折算程序)和时态法(重新计量程序)下合并报表的差异。

表 11 - 14 甲、乙企业合并利润表

2018 年度 单位:元

项 目	现行汇率法(折算)	时态法(重新计量)
营业收入	18 350 000	18 250 000
营业成本	8 010 000	7 986 000
折旧费用	467 000	466 000
管理费用	1 871 000	1 871 000
汇兑损益	13 400	1 400
资产减值损失	167 500	165 000
所得税费用	2 134 000	2 134 000
净利润	5 687 100	5 729 400

表 11 - 15 甲、乙企业合并资产负债表

2018 年 12 月 31 日 单位:元

项 目	现行汇率法(折算)	时态法(重新计量)
银行存款	3 557 600	3 557 600
应收账款	2 112 000	2 112 000
存货	3 816 000	3 816 000
固定资产	4 680 000	4 660 000

续　表

项　　目	现行汇率法(折算)	时态法(重新计量)
减：累计折旧	1 204 000	1 198 000
固定资产净值	3 476 000	3 462 000
商誉	1 530 000	1 485 000
资产合计	14 491 600	14 432 600
应付账款	412 000	412 000
应付债券	1 801 200	1 801 200
股本	5 000 000	5 000 000
资本公积	1 000 000	1 000 000
盈余公积	500 000	500 000
未分配利润	5 677 100	5 719 400
外币报表折算差额	101 300	
负债和所有者权益合计	14 491 600	14 432 600

从表 11－14 和表 11－15 中可以看出，时态法下的利润要高，而净资产则是在现行汇率法下要高一些。形成差异的最重要因素是：在折算程序下，为保持子公司财务报表的原有比例关系不变，将折算过程中形成的折算差额作为所有者权益的调整数；而在重新计量程序下，该差额是直接作为当期损益处理的。并且，这笔折算差额还包括非流动性项目上未确认的折算损失，而在重新计量程序下则不确认非流动性项目上的汇兑损益。

2006 年，财政部颁布的《企业会计准则第 19 号——外币折算》要求采用现行汇率法对外币财务报表进行折算。具体要求包括：

(1) 资产负债表中的资产和负债项目，采用资产负债表日的即期汇率折算，所有者权益项目除“未分配利润”项目外，其他项目采用发生时的即期汇率折算。

(2) 利润表中的收入和费用项目，采用交易发生日的即期汇率折算，也可以采用按照系统合理的方法确定的、与交易发生日即期汇率近似的汇率折算。

(3) 以上两项折算产生的外币财务报表折算差额，在资产负债表中的所有者权益项目下单独列示。

根据合并报表的经济实体理论，少数股东应分担外币报表折算差额。对少数股东应分担的外币报表折算差额，应并入少数股东权益列示于合并资产负债表。

尽管我国的会计准则要求采用现行汇率法对外币财务报表进行折算，但其中也能看出有时态法的影子。例如，以母公司或子公司的货币作为功能性货币反映的、实质上构成对子公司净投资的外币货币性项目，在编制合并财务报表时，除抵销长期应收，应付项目外，还应将其产生的汇兑差额转入“外币报表折算差额”项目；以母公司或子公司之外的货币作为功能性货币反映的、实质上构成对子公司净投资的外币货币性项目，在编制合并财务报表时，除抵销长期应收、应付项目外，对母、子公司此项外币货币性项目产生的汇兑差额，在进行相互抵销后，若有差额，才转入“外币报表折算差额”项目。

思考题

1. 什么是外币？什么是记账本位币？企业在选择记账本位币时应当考虑哪些因素？
2. 什么是境外经营？在选择境外经营记账本位币时应当考虑哪些因素？
3. 简述汇兑损益的类型。
4. 简单评述外币交易处理的一笔交易观点和两笔交易观点。
5. 汇兑差额存在哪些不同的确认方法？试举例说明。
6. 外币交易的初始计量与期末调整有什么不同？
7. 简述区分流动与非流动项目法的一般程序与其合理性。
8. 简述区分货币性与非货币性项目法的一般程序与其合理性。
9. 什么是时态法？简述时态法的一般程序与其合理性。
10. 境外主体所选择的功能性货币(记账本位币)一定是境外主体的当地货币吗？为什么？
11. 简述国际会计准则对外币折算的方法以国外主体与国外经营作为选择依据的合理性。
12. 用图式简述外币报表折算和重新计量的一般程序。
13. 简述现行汇率法的折算程序及其适用性。
14. 对我国外币折算会计准则进行简要评述。

阅读材料

1.《中华人民共和国外汇管理条例》,2008 年。

2. 财政部:《企业会计准则第 19 号——外币折算》,2006 年。

3. 财政部:《企业会计准则第 19 号——外币折算》应用指南,2006 年。

4. 国际会计准则理事会(IASB),IAS 21,*The Effects of Changes in Foreign Exchange Rates*,2005。

5. Barry J. Epstein 等著,曲晓辉等译:《国际财务报告准则(IFRS)解释与应用》(修订版),人民邮电出版社 2008 年版。

6. 美国财务会计准则委员会(FASB),财政部会计司翻译:《财务会计准则第 52 号公告——外币折算》,中国财政经济出版社 2004 年版。

7. 国际会计准则理事会,财政部会计司译:《国际财务报告准则(2008)》,中国财政经济出版社 2008 年版。

8. Frederick D. S. Choi 等著,周晓苏等译:《国际会计学》,东北财经大学出版社 2000 年版。

练习题

练习一

一、目的:练习外币交易的会计处理。

二、资料:我国甲企业与美国乙企业发生了如下经济业务:

(1) 12 月 1 日,甲企业向乙企业出售了价值 \$20 000 的货品,当天的即期汇率为￥6.650 0/ \$1。双方约定货款于次年 2 月 10 日结算。

(2) 12 月 31 日的即期汇率为￥6.600 0/ \$1。

(3) 次年 2 月 10 日,乙企业和甲企业如约结清货款。当日的即期汇率为￥6.700 0/ \$1。

(4) 甲企业、乙企业双方即期汇率的近似汇率均为￥6.660 0/ \$1。

三、要求：

(1) 假定甲、乙企业双方约定以美元结算，分别即期汇率和即期汇率的近似汇率为甲企业编制必要的会计分录。甲企业的记账本位币为人民币。

(2) 假定甲、乙企业双方约定以人民币结算，分别即期汇率和即期汇率的近似汇率为乙企业编制必要的会计分录。乙企业的记账本位币为美元。

练习二

一、目的：练习单一交易观点的会计处理。

二、资料：见练习一。

三、要求：假定该交易采用美元结算，甲企业的记账本位币采用人民币，外币交易采用即期汇率折算。用单一交易观点为甲企业编制必要的会计分录。

练习三

一、目的：练习两项交易观点的会计处理。

二、资料：见练习一。

三、要求：假定该交易采用美元结算，甲企业的记账本位币采用人民币，外币交易采用即期汇率折算。用两项交易观点分别下列要求，为甲企业编制必要的会计分录：

(1) 将折算损益递延至结算日实现；

(2) 在资产负债表编制日确认折算损益。

练习四

一、目的：练习外币交易的会计处理。

二、资料：一家美国的甲企业本年度发生以下外币交易或事项：

(1) 1 月 8 日，从英国购入价值 10 000 英镑的商品。该货款需用英镑结算，货款尚未支付。交易日的即期汇率为 \$1.50/£1。

(2) 7 月 1 日，支付上述款项。当天的即期汇率为 \$1.48/£1。

(3) 10 月 1 日，向德国一公司出售价值为 30 000 欧元的商品。当天的即期汇率为 \$1.28/€1。货款尚未收到。

(4) 10 月 29 日，收到德国公司欧元货款。当天的即期汇率为 \$1.30/€1。

(5) 11 月 16 日，向德国一企业出售价值为 50 000 欧元的商品。双方约定货款结算日为 60 天后。交易日的即期汇率为 \$1.29/€1。

(6) 12 月 31 日，即期汇率为 \$1.285/€1。

三、要求：假定甲企业的功能性货币为美元，根据以上业务，为甲企业编制必要的会计分录。

练习五

一、目的：练习外币财务报表折算的一般概念和程序。

二、资料：美国的甲企业为合并目的对国外子公司(乙企业)的财务报表进行折算。2018 年 12 月 31 日，甲企业应收乙企业的长期应收款为 1 500 000 A(A 为乙企业所在国当地货币)，应付乙企业的长期债务为 2 400 000 A。上述债权和债务形成时的实际汇率为 A2/\$1；2018 年 12 月 31 日的即期汇率为 A1.5/\$1。

三、要求：分别现行汇率法和时态法计算折算后上述外币性债权和债务的金额，并说明折算差额应当如何处理。

练习六

一、目的：练习外币财务报表折算的一般概念与计算。

二、资料：乙企业为甲企业在国外的子公司，其所择定的记账本位币和账面记录均为乙企业所在国的货币。2018 年 12 月 31 日，乙企业相关账户及用相关汇率折算后的金额如下所示：

	按现行汇率折算	按历史汇率折算
应收账款(流动)	200 000	220 000
应收账款(非流动)	100 000	110 000
预付费用	50 000	55 000
商誉	80 000	85 000

三、要求:

(1) 计算上述账户余额在母公司合并财务报表中的总计数。

(2) 假定乙企业所择定的记账本位币为母公司所在国的货币,而账面记录仍为乙企业所在国的货币,计算上述账户余额在母公司合并财务报表中的总计数。

练习七

一、目的:练习外币财务报表折算的概念。

二、资料:一家美国跨国公司的曼谷子公司的账面上记录了原价为750万泰铢的固定资产。其中1/3是在两年前购入的,当时的汇率是THB 24= $1(B为泰国货币单位铢的符号);其余的固定资产是在去年购入的,当时的汇率是THB 26= $1。所有固定资产都采用直线法计提折旧,预计有效使用年限为20年。本年内的相关汇率为:年末汇率为THB 32= $1,全年平均汇率为THB 29= $1。

三、要求:

(1) 假定泰铢是子公司的记账本位币,计算子公司折算后当年的折旧费用。

(2) 假定美元是子公司的记账本位币,计算子公司重新计量后当年的折旧费用。

(3) 简述折算与重新计量对子公司财务状况和经营成果的影响。

练习八

一、目的:练习外币财务报表折算的会计处理。

二、资料:美国的甲公司于2016年1月1日以$3 000 000的价格购入英国乙公司所有发行在外的股份。当天的即期汇率为$1.5000/£1。购并日,乙公司的股东权益构成情况是:股本£1 000 000,留存收益£600 000。购并日,乙公司可辨认净资产的账面价值与公允价值相同,甲公司购买价格超过乙公司账面净资产的部分$600 000(£400 000)均为商誉。

乙公司择定的功能性货币为英镑(£)。

2016年1月2日,甲公司向乙公司预付了一笔$474 000(£316 000)的款项(当天的汇率为$1.500 0/£1)。该笔短期性的款项在乙公司是以美元表述的。2016年6月30日,乙公司向甲公司支付股利£90 000(当日的汇率为$1.600 0/£1)。2016年度的平均汇率和年末汇率分别为$1.540 0/£1和$1.580 0/£1。

2016年12月31日,经调整后的乙公司试算表资料如表11-16所示。

表11-16　　乙公司试算表　　单位:元

借方科目	金额(£)	贷方科目	金额(£)
现金	666 000	应付账款	240 000
应收账款(净)	100 000	其他负债	100 000
存货	300 000	预收甲公司款	300 000
固定资产(净)	1 800 000	汇兑损益(预收款)	16 000
营业成本与费用	300 000	股本	1 000 000

续　表

借方科目	金额(£)	贷方科目	金额(£)
股利	90 000	留存收益,1月1日	600 000
		营业收入	1 000 000
借方科目合计	3 256 000	贷方科目合计	3 256 000

三、要求:

(1) 根据上述资料,为乙公司编制将英镑折算成美元的工作底稿。

(2) 根据上述业务,为甲公司编制有关长期股权投资的会计分录。

练习九

一、目的:练习外币财务报表折算的会计处理。

二、资料:2015年1月1日,美国的甲公司购入了国外乙公司全部发行在外的股份。表11-17列示的是乙公司资产负债表中的相关资料。这些资料都是以乙公司所在国的货币表述的。假定其货币单位为A。

表11-17　　乙公司资产负债表的相关资料　　单位:元

项　　目	2016年12月31日	2015年12月31日
应收账款(净额,2015年和2016年坏账准备余额分别为2 000元和2 200元)	40 000	35 000
存货(成本)	80 000	75 000
固定资产(净值,2015年和2016年的累计折旧额分别为14 000元和31 000元)	163 000	150 000
长期负债	100 000	120 000
股本(核定10 000股,每股面值10元,2015年和2016年发行在外的股份均为5 000股)	50 000	50 000

其他资料如下:

(1) 汇率。

2015年1月1日至7月31日	A2.0/$1
2015年8月1日至10月31日	A1.8/$1
2015年11月1日至2016年6月30日	A1.7/$1
2016年7月1日至12月31日	A1.5/$1
2015年平均	A1.9/$1
2016年平均	A1.6/$1

(2) 应收账款详细资料。

应收账款	2016年	2015年
年初余额	37 000	
销货(2016年每月36 000元,2015年每月31 000元)	432 000	372 000
收款	423 600	334 000
坏账(2016年3月和2015年12月)	3 200	1 000
年末余额	42 200	37 000

(3) 坏账准备详细资料。

坏账准备	2016 年	2015 年
年初余额	2 000	
计提坏账准备	3 400	3 000
销记坏账(2016 年 3 月和 2015 年 12 月)	3 200	1 000
年末余额	2 200	2 000

(4) 先进先出法下存货详细资料。

	2016 年	2015 年
存货,年初余额	75 000	
购货(2016 年 6 月和 2015 年 6 月)	335 000	375 000
可供销售的存货	410 000	375 000
存货,年末余额	80 000	75 000
营业成本	330 000	300 000

(5) 2015 年 1 月 1 日,乙公司购入了土地和设备,其价款分别为 24 000 元和 140 000 元。2016 年 7 月 4 日,又以 30 000A 购入了另一台设备。上述设备均按直线法计提折旧,折旧年限为 10 年,无残值。无论自何月购入,均全年计提折旧。

(6) 2015 年 1 月 15 日,乙公司发行了面值为 120 000 元、利率为 7%的债券。该债券每年付息两次,付息日分别为 7 月 15 日和 1 月 15 日。第一期付息日为 2015 年 7 月 15 日。

(7) 乙公司择定的功能性货币为美元。

三、要求:根据上述资料,为乙公司分别编制 2015 年和 2016 年重新计量的工作底稿。

练习十

一、目的:练习外币财务报表的折算方法。

二、资料:2015 年 1 月 1 日,美国 A 公司以 2 000 万欧元在德国设立了一家全资子公司(简称 S 公司)。尽管 A 公司控制了 S 公司的财务和经营政策,但 S 公司仍主要从德国银行筹集资金,所有的收入与现金支出都以欧元收取或支付,S 公司的账簿与会计记录也是以欧元记录的。

S 公司 2015 年 12 月 31 日的资产负债表以及该年度的利润与利润分配表以欧元列示,见表 11-18 和表 11-19。

表 11-18 **S 公司资产负债表**

2015 年 12 月 31 日 单位:万欧元

资 产	金额(€)	负债和所有者权益	金额(€)
银行存款	500	应付账款	300
应收账款	200	预收账款	100
固定资产	6 000	长期应付款	4 000
减:累计折旧	100	股本	400
固定资产净值	5 900	资本公积	1 600
		留存收益	200
资产合计	6 600	负债和所有者权益合计	6 600

表 11－19　　S公司 2015 年度利润与利润分配表　　单位：万欧元

营业收入	2 000
减：营业成本与费用(包括折旧费用€ 100)	1 700
净利润	300
加：期初留存收益	0
减：股利	100
留存收益(2016 年 12 月 31 日)	200

假设 2015 年度的各相关汇率如下：

(1) € 1＝ $0. 90：2015 年 1 月 1 日的汇率(此时发行普通股,并通过融资租赁方式取得固定资产时的汇率)；

(2) € 1＝ $1. 05：2015 年度加权平均汇率；

(3) € 1＝ $1. 10：宣告分派现金股利及预收账款日的汇率；

(4) € 1＝ $1. 20：2015 年 12 月 31 日的汇率。

三、要求：根据上述资料，编制 S 公司折算后的资产负债表、利润及利润分配表。

练习十一

一、目的：练习外币财务报表的折算方法。

二、资料：续用练习十中的资料，假设 S 公司 2016 年 12 月 31 日的资产负债表、2016 年度的利润与利润分配表如表 11－20 和表 11－21 所示。

表 11－20　　S公司资产负债表

2016 年 12 月 31 日　　单位：万欧元

资　　产	金额(€)	负债和所有者权益	金额(€)
银行存款	1 000	应付账款	500
应收账款	0	预收账款	0
固定资产	6 500	长期应付款	4 500
减：累计折旧	200	股本	400
固定资产净值	6 300	资本公积	1 600
		留存收益	300
资产合计	7 300	负债和所有者权益合计	7 300

表 11－21　　S公司 2016 年度利润与利润分配表　　单位：万欧元

营业收入	2 200
减：营业成本与费用(包括折旧费用€ 100)	1 700
净利润	500
加：期初留存收益	200
减：股利	400
留存收益(2016 年 12 月 31 日)	300

假设2016年度的各相关汇率如下：

(1) €1= $1.20：2016年1月1日的汇率；

(2) €1= $1.16：2016年度加权平均汇率；

(3) €1= $1.10：宣告分派2016年度现金股利以及以融资租赁方式租入固定资产500万欧元时的汇率；

(4) €1= $1.08：2016年12月31日的汇率。

三、要求：

(1) 编制S公司2016年折算后的资产负债表、利润与利润分配表、现金流量表。

(2) 假定A公司对S公司的投资采用成本法核算，为A公司编制2015年至2016年有关对S公司投资业务的会计分录。

(3) 编制母公司合并报表中的相关调整与抵销分录。

案例分析题

2015年11月30日，某国甲公司主席海因茨应公司董事会要求回答有关问题。本次会议的主要目的是确定是否应该结束海因茨的任职。海因茨被要求解释甲公司在购买美国波音公司客机过程中的外汇风险管理问题。2014年1月，在海因茨的主持下，甲公司从波音公司购买了20架737客机。合同的总金额达到5亿美元，货款在1年后(即2016年1月)用美元支付。由于这段时间美元对该国货币持续升值，至2016年1月，1美元差不多可兑换3.2吉林特(当地货币单位名称)。如果美元继续上涨，甲公司购买客机的成本将大幅增加。海因茨在外汇汇率的决策上有自己的主见或想法。像当时有些人的看法一样，他相信随着美元的持续上涨，到2018年1月，美元价格也许会出现回落。但他并不是完全拿自己的钱做赌注，而是采用了一个折中方案，即以3.2吉林特等于1美元的价格购入2.5亿远期美元，剩下的2.5亿美元则放任自流。

甲公司和海因茨可以采用下列几种外汇管理方案：

(1) 不从事风险规避方案；

(2) 采用远期外汇买卖的方法；

(3) 一部分采用风险规避的方法，另一部分放任自流；

(4) 采用外汇期权的方法；

(5) 现时买入美元，一直持有到付款日。

由于事先不知道每一种方案的最终花费是多少，因为每种方案的最终结果与未来汇率的变化息息相关。当然，对于一般的公司来说，若不采用如远期或期权等金融合同，最常见的规避外汇风险的方法是公司外汇现金流的配对。在正常情况下，如果甲公司在美国出售机票时采用美元，公司就有美元的流入。尽管这种方法正好通过美元的流入与购买波音客机的美元流出配对在理论上是行得通的，但实际情况却非常复杂，常常是现金流不匹配，因为甲公司在其美元的收入中，一年甚至是几年达到5亿美元几乎是不可能的。甲公司和海因茨的具体措施可以有以下几种：

(1) 不从事风险规避。不从事风险规避是风险最大的方法。它一方面有可能带来最大的收益(如果美元对吉林特贬值)，但也有可能带来潜在的亏损(如果美元对吉林特升值)。如果外汇的汇率2018年1月降到1美元=2.2吉林特，则购买波音737的货款仅为11亿吉林特。当然，如果2018年1月，1美元=4吉林特，总货款将高达20亿吉林特。

(2) 完全规避风险的远期外汇买卖。如果甲公司对风险非常敏感而希望完全消除外汇风险，其可以购买5亿美元的远期外汇合同。假定合同的价格为1美元=3.2吉林特，则总成本为16亿吉林特。

(3) 部分规避风险的远期外汇买卖。这种方法只是对外汇头寸中的风险做一部分的补偿，而剩下的部分不做任何风险规避。海因茨预测美元将会下跌，所以他希望甲公司从没有规避的外汇头寸中间获得收益。这种策略在某种程度上来说有点主观臆断，但无论如何决定正确的头寸有很多种方法，如20%—80%、40%—60%、50%—50%等，如果采用50%—50%的策略，则2.5亿美元以1美元兑换3.2吉林特的远期外汇买卖的合约，剩下的2.5亿美元在期末按照当时的市场价格购买。

(4) 外汇期权交易。外汇期权交易是一种极为常见的外汇风险管理办法。如果海因茨以1美元＝3.2吉林特的价格购买看跌期权，他就能使很多人相信这是目前最好的方法。如果美元持续上涨到1美元＝3.2吉林特，购买5亿美元的成本将会锁定16亿美元加上期权费用。与此同时，如果美元按照海因茨的预测出现下跌，甲公司在合约期满时将放弃期权，而在即期市场上以较低的价格购买美元。在这个例子中，海因茨将不得不以1美元＝3.2吉林特的执行价格总计16亿美元购买看跌期权。2014年1月1日，海因茨选择吉林特的看跌期权费用大约为合同金额的6%，也就是9 600万吉林特或者3 000万美元，购买这单期权的总成本将会是11.6亿吉林特。

(5) 购入即期现汇。购入即期现汇是在外汇市场上采用一定的金额进行套期保值：首先购入5亿美元，然后据此成立一个基金账户，其期限直至付款日。尽管这种方法可以消除外汇风险，但是需要该公司现在拿出所有资金，购买波音公司的客机必须跟该公司的融资计划一起付诸实践。因此，到2016年1月，应该不可能从资本市场上筹集到资金。另外值得该公司关注的是，在其财务收支平衡表中，对外汇付账的数量和准备有很多非常严格的限制。

尽管海因茨的确相信美元在今后的一年里将会下跌，但是他相信，如果完全不进行外汇头寸的规避管理，将会对该公司产生很大风险。按照近期的统计资料，运用技术分析方法，美元在今后的3年里有可能对吉林特出现加速上涨。因为海因茨本人强烈地感到今后美元将会下跌，于是他选择了部分套期保值策略，即选择50%的外汇头寸运用远期外汇合约的方法(1年的远期汇率的价格为1美元＝3.2吉林特)，另外50%未做任何风险管理。由于外汇期权对于绝大多数公司还是一种非常新的外汇风险管理办法，而且此方法需要大量的前端费用，所以，外汇期权的方法没有被采用。

海因茨的方法既有对的方面，又有错的方面。他的预测100%正确，美元在后来的几个月里连续下跌，一直到2018年初。事实上，美元不仅越来越弱，而且出现了大跳水，到2016年1月，当该公司支付波音公司货款时，市场上的即期汇率下跌到1美元兑换2.3吉林特。这种市场上的即期价格无疑对该公司非常有利。坏消息是由于50%外汇头寸的套期保值的总成本为13.75亿吉林特，比不套期保值要多2.25亿吉林特，而且比采用外汇期权合约总成本要多1.29亿吉林特。

甲公司内外的海因茨政治对手对此并不是十分高兴，他们控告海因茨无视该公司的利益，主观臆断而招致损失。海因茨被控告犯了下列四个错误：

(1) 购买波音公司客机的时间错误。在购买的过程中即2014年1月份，美元的价格一直处在最高峰。

(2) 当其预测美元的价格下跌而采用50%外汇头寸的套期保值时，如果他始终坚持他的观点而对所有外汇头寸不采取套期保值，则效果更佳。

(3) 选择采用远期外汇合约而不采用期权合约来作为套期保值的工具。

(4) 始终坚持购买波音公司的客机。他应当尝试购买空中客车公司的客机，通过波音公司在长途空中运输客机制造方面的最大的竞争对手的询价，可以部分降低采购成本。

[要求]

请根据上述资料，回答下列问题：

(1) 以上这些批评能否作为该董事会辞退海因茨主席的理由？海因茨应该怎样为自己的行为辩解？

(2) 什么是远期外汇交易？什么是外币期权交易？试比较两者的异同。

(3) 美国某公司将在未来1个月内收到10 000英镑的货款，该公司经理估计未来1个月英镑可能贬值3%，也可能升值2%，出现第一种情况的可能性是60%，出现第二种情况的可能性是40%。

目前英镑的即期汇率为1英镑＝1.55美元，1个月的远期汇率为1.515美元，如从证券公司购买英镑期权，合同汇率为1英镑＝1.645美元，期权费为1英镑＝0.025美元，交割期为1个月以后。该公司属于规模小的个人公司，公司资本有限，同时获得贷款的能力也比较弱。那么，该公司是否应该采取避险措施？如果避险，应当采用怎样的避险措施？

第四篇

其他专题

第十二章

合 伙

学习提要

合伙企业，是指由各合伙人订立合伙协议，共同出资、合伙经营、共享收益、共担风险，并对合伙企业债务承担无限连带责任的营利性组织。合伙是企业组织形式之一。

合伙的会计处理除与合伙资本以及损益分配有关的问题之外，与其他组织形式的企业相似。合伙人资本及损益的分配，应按合伙协议处理；若无合伙协议，应按有关法律规定处理。

合伙协议应以书面形式订立，而且应包括有关投入资本的金额与计价、增资、减资，与合伙人的债务往来，损益分配方法，合伙权益的变动及其他各种事项。

会计人员的主要任务在于，在制定合伙协议时，为各合伙人公平分配其资本及利润提供建议。合伙协议一经订立，会计人员的作用在于解释合伙协议，并按此协议来处理合伙企业的各项业务，包括设立、经营、增资、减资、伙权变更、损益分配及解散清算等。

合伙清算涉及非现金资产的变现、清算期间损益的确认、清偿债务、最后将现金分配给合伙人。简单清算是指在现金分配给合伙人之前，已将所有资产变现。

合伙采取分期清算形式时，在所有债务均已清偿而所有清算损益尚未完全确认以前，可将富余的现金预先分配给合伙人。为预防现金的超额分配，有两种主要的方法计算每期安全偿付给合伙人的金额，即定期编制安全清偿表和编制现金预分计划，供整个清算期间采用。

公司、独资和合伙是三种主要的企业组织形式，在资产计价和损益确定方面并没有什么区别，主要的差异在所有者权益以及利润分配方面。在《中级财务会计》以及本书其余各章，均以公司组织为会计主体论述财务会计问题，本章讨论合伙企业的会计处理，尤其是利润分配和权益变动的会计处理。

第一节　合伙企业概述

一、合伙企业的性质

合伙企业，是指由各合伙人订立合伙协议，共同出资、合伙经营、共享收益、共担风险，并对合伙企业债务承担无限连带责任的营利性组织。

尽管对合伙有着不同的理解,但一般认为,合伙是一种以合同关系为基础的企业组织形式。现代社会,合伙不是普遍存在的企业组织形式。然而,在一些特殊的职业性行业,这一组织形式却又极为常见,如律师事务所、会计师事务所和医师诊所等。许多小企业,尤其是家族式的经营企业,通常也会采用这种组织形式。

合伙可分为普通合伙和特殊合伙。

普通合伙是指全体合伙人共同出资、共同经营、共享收益和共担风险,对合伙债务承担无限连带责任的合伙。

特殊合伙主要包括隐名合伙和有限合伙。

隐名合伙是指当事人约定一方对他方经营的事业出资,分享营业所得收益及分担营业所受损失,但不参与他方经营活动的合伙。其中,出资但不参与经营的一方称为隐名合伙人,经营事业的他方称为营业人。

有限合伙是指一名以上普通合伙人与一名以上有限合伙人组成的合伙。其中,普通合伙人执行合伙事务,对外代表合伙组织,并对合伙的债务承担无限责任;有限合伙人不执行合伙事务,不对外代表组织,只按出资比例享受利润分配和分担亏损,并仅以其出资额为限对合伙的债务承担有限责任。

根据 1997 年 2 月 23 日通过、自 1998 年 8 月 1 日开始施行的《中华人民共和国合伙企业法》(以下简称《合伙企业法》)的规定,我国的合伙均为普通合伙。随着我国经济环境的变化,2006 年 8 月 27 日,全国人大对该法律进行了修订,并从 2007 年 6 月 1 日开始施行。修订后的《合伙企业法》规定,合伙企业既可以是普通合伙企业,也可以是有限合伙企业。

我国《合伙企业法》规定,有限合伙企业由 2 个以上、50 个以下合伙人设立(法律另有规定的除外)。有限合伙企业至少应当有 1 个普通合伙人。自然人、法人或其他组织可以依照法律规定设立有限合伙企业,但国有独资公司、国有企业、上市公司以及公益性的事业单位、社会团体不得成为有限合伙企业的普通合伙人。

我国《合伙企业法》还规定,以专业知识和专门技能为客户提供有偿服务的专业服务机构,可以设立为特殊的普通合伙企业。对于特殊的普通合伙企业,一个合伙人或者数个合伙人在执业活动中因故意或者重大过失造成合伙企业债务的,应当承担无限责任或者无限连带责任,其他合伙人以其在合伙企业中的财产份额为限承担责任;而合伙人在执业活动中非因故意或者重大过失造成的合伙企业债务以及合伙企业的其他债务,由全体合伙人承担无限连带责任。

在特殊的普通合伙企业中,合伙人执业活动中因故意或者重大过失造成的合伙企业债务,以合伙企业财产对外承担责任后,该合伙人应当按照合伙协议的约定对给合伙企业造成的损失承担赔偿责任。

应当注意的是,在会计上,合伙企业被视为一个独立于其所有者之外的经营个体;但在法律上,合伙企业并不独立于其所有者,合伙人必须共同或单独对营业个体的活动负责,即合伙企业的财产不属于营业个体,而属于全体合伙人,除非另有规定,否则每个合伙人都对营业个体的债务承担无限责任。

二、合伙企业的特征

合伙企业大体有以下几个特征：

(1) 非独立法人。如前所述，在会计上可以把合伙企业视为一个独立于其所有者之外的经营个体；但在法律上，合伙企业并不独立于其所有者，合伙企业是依附合伙人而存在的，合伙企业均以合伙人个人名义开展对外事务。

(2) 寿命有限。合伙企业的法定经营期会随着新合伙人的入伙，或原合伙人的退伙、死亡，以及合伙企业的破产、解散等原因而终止。需要注意的是，除合伙企业的散伙之外，即使原合伙企业经营终止而代之以新的合伙企业，只要合伙企业的经营还继续保持下去，会计上依然采用持续经营观念。

(3) 互为代理。合伙企业的另一种重要法律特征是互为代理。在普通合伙情况下，每一个合伙人均被认为是所有合伙业务的代理人，其代表合伙企业所做的行为，对其他所有合伙人均有约束力。

(4) 无限责任。对普通合伙人，不论其投资金额多少，均应对合伙企业的债务负全部清偿责任，包括动用个人的资产来清偿其他合伙人所承诺的合伙债务。此外，合伙人如不将其退伙的正式通告公之于众，其对退伙后所发生的债务仍负有责任。当然，如果合伙人以其个人财产偿还了合伙企业的债务，他就有权要求其他合伙人偿还其所垫付的款项。

(5) 共有财产、共享收益、共担风险。合伙人将其资产投资于合伙企业后，即对该资产丧失了要求权，而对合伙企业所有的资产取得了所有权。此外，合伙企业中每一个合伙人对合伙盈利也具有所有权(或承担发生的亏损)。合伙企业存续期间，合伙人的出资和所有以合伙企业名义取得的收益均为合伙企业的财产。合伙企业的财产由全体合伙人共同管理和使用。

(6) 非纳税主体。合伙企业不是法人，而是自然人，因此不是所得税的纳税主体。不过，合伙企业还是应当填报所得税申报资料，其中应列明合伙企业的收入、费用、净利润及其在合伙人之间的分配情况。例如，2000 年，财政部、国家税务总局颁布的《关于个人独资企业和合伙企业投资者征收个人所得税的规定》第 20 条就规定："投资者应向企业实际经营管理所在地主管税务机关申报缴纳个人所得税。投资者从合伙企业取得的生产经营所得，由合伙企业向企业实际经营所在地主管税务机关申报缴纳投资者应纳的个人所得税，并将个人所得税申报表抄送投资者。"合伙人应将其个人在合伙企业正常净利润中所占的份额以及股利等列入其个人所得税申报表，以申报缴纳个人所得税。

2008 年，《财政部、国家税务总局关于合伙企业合伙人所得税问题的通知》(财税〔2008〕159 号)规定，有限合伙企业的法人合伙人，应就其享有的合伙企业的所得缴纳企业所得税。企业法人出资设立合伙企业，对于企业法人本身而言应属于投资行为。因此，有限合伙企业中确认为企业法人享有的所得，在企业法人的所得税纳税申报表中应反映为投资所得，并缴纳企业所得税。

三、合伙协议

如前所述，合伙企业是一种以合同关系为基础的企业组织形式，尽管普通合伙企业可以因口头协议或成员之间的默契而成立，但正规的商业运作还是要求将合伙协议写成书面形式。我国《合伙企业法》规定,合伙人应当遵循自愿、平等、公平、诚实信用原则订立合伙协议、设立合伙企业,合伙协议应当由全体合伙人协商一致,以书面形式订立。

合伙协议应当载明下列事项:

(1) 合伙企业的名称和主要经营场所的地点;

(2) 合伙目的和合伙经营范围;

(3) 合伙人的姓名或者名称、住所;

(4) 合伙人的出资方式、数额和缴付期限;

(5) 利润分配、亏损分担方式;

(6) 合伙事务的执行;

(7) 入伙与退伙;

(8) 争议解决办法;

(9) 合伙企业的解散与清算;

(10) 违约责任。

对于有限合伙企业,《合伙企业法》规定,合伙协议还应载明下列事项:

(1) 普通合伙人和有限合伙人的姓名或者名称、住所;

(2) 执行事务合伙人应具备的条件和选择程序;

(3) 执行事务合伙人权限与违约处理办法;

(4) 执行事务合伙人的除名条件和更换程序;

(5) 有限合伙人入伙、退伙的条件、程序以及相关责任;

(6) 有限合伙人和普通合伙人相互转变程序。

此外,合伙协议可以载明合伙企业的经营期限和合伙人争议的解决方式。合伙协议须经全体合伙人签名、盖章后生效。合伙人依照合伙协议享有权利,承担责任。

在合伙企业存续期内,经全体合伙人协商一致,可以修改或者补充合伙协议。

需要注意的是,合伙协议虽不能防止日后发生的所有争议,但却为解决争议提供了合约基础。

四、合伙企业财务报告

合伙企业的财务报告主要用于满足合伙人、合伙企业债权人和税务机构这三类使用者的需要。为了解合伙企业的经营状况和财务状况,以决定是否追加投资或退伙,合伙人也需要综合性的会计信息,除非合伙协议中另有规定,否则任何一个合伙人均有权查阅合伙企业会计账簿等财务资料。

银行或其他金融机构在审核合伙的借款申请表时,也需要合伙企业的财务报告。

尽管合伙企业是非纳税主体,但如何知晓每一合伙人在合伙企业中的收入,对税收征管部门来说,通过阅读合伙企业提供的财务报告也许是最好的途径。

除此之外,其他方面的人士对合伙企业的财务报告并不感兴趣,因此,合伙企业很少编制供公众使用的年度财务报告。

普通合伙企业的财务报告主要有利润表及利润分配表、合伙人资本状况变动表(合伙人权益变动表)、资产负债表和现金流量表等。

五、合伙企业会计的基本特征

合伙企业的会计处理大多与独资企业相同，不同的是所有者增多了，所以要为每一个合伙人设立一个单独的投资(合伙人资本)账户和提款(合伙人提款)账户。

需要注意的是，若合伙人仅是暂时性地借款给合伙企业，应作为合伙企业的一项负债，而不能增加合伙人资本；有时，合伙人可能从合伙企业提取一笔金额巨大的款项，并且准备偿还，则应作为合伙企业的一项债权，而不能作为合伙人提款。

第二节 合伙企业的设立

一、设立合伙企业应当具备的条件

在我国，设立合伙企业，应当具备下列条件：

(1) 有两个以上合伙人。合伙人为自然人的，应当具有完全民事行为能力。

(2) 有书面合伙协议。

(3) 有合伙人认缴或者实际缴付的出资。

(4) 有合伙企业的名称和生产经营场所。

(5) 法律、行政法规规定的其他条件。

根据《合伙企业法》的要求，有限合伙企业由 2 个以上、50 个以下合伙人设立，有限合伙企业至少应当有 1 个普通合伙人。

二、合伙人的投资

合伙人可以用货币、实物、土地使用权、知识产权或者其他财产权利出资；法律要求上述出资应当是合伙人的合法财产及财产权利。

对货币以外的出资需要评估作价的，可以由全体合伙人协商确定，也可以由全体合伙人委托法定评估机构进行评估。

经全体合伙人协商一致，合伙人也可以用劳务出资，其评估办法由全体合伙人协商确定，并在合伙协议中载明。不过，法律规定有限合伙人不得以劳务出资。

合伙人应当按照合伙协议约定的出资方式、数额和缴付出资的期限，履行出资义务。

各合伙人按照合伙协议实际缴付的出资，是合伙人对合伙企业的出资。

三、合伙人投资的会计处理

合伙企业应设置“合伙人资本”账户，分别不同的合伙人，反映各合伙人出资、提款、利润分配(亏损分担)及退伙等业务或事项。

【例 1】 张三与李四分别以现金 50 000 元和固定资产 50 000 元(公允价值)投入共同设立的合伙企业，双方出资比例各为 50%。对此项业务，应编制会计分录如下：

借：银行存款	50 000
固定资产	50 000

贷：合伙人资本——张三　　50 000
　　　　　　　——李四　　50 000

本例中，若李四出资的固定资产的公允价值不是 50 000 元，而是 60 000 元，他又不可能将该项固定资产拆掉一部分，这样，问题就出现了：若按实际出资额入账，就不能满足事先约定的各 50%出资比例；若按事先约定的出资比例出资，这一合伙企业可能就会胎死腹中。

解决这一问题的基本原则是，必须保证合伙时各合伙人的出资比例与合伙协议中约定的比例相符。基于这一原则，在会计上有两种方法可资选择：红利法和商誉法。

(一) 红利法

红利法是指不调整资产价值而仅按交易本身来调整有关合伙人资本比例的一种会计处理方法，即高于出资比例的出资人向低于出资比例的出资人支付一笔红利。

续例 1，两位合伙人的出资金额总计为 110 000 元，按合伙协议的规定，应各自出资 55 000 元，而实际情况却并非如此。为保证合伙协议中所约定的出资比例，两位合伙人的出资额均应为 55 000 元，即出资人李四向张三支付了 5 000 元的红利。

对上述业务，若按红利法，应编制会计分录如下：

借：银行存款　　50 000
　　固定资产　　60 000
　贷：合伙人资本——张三　　50 000
　　　　　　　　——李四　　60 000
借：合伙人资本——李四　　5 000
　贷：合伙人资本——张三　　5 000

(二) 商誉法

商誉法又称重估法，是指不按交易本身调整出资比例，而通过调整资产价值的方式来调整出资比例的一种会计处理方法，即按每一合伙人出资除以约定的出资比例，以所推定的整体资产的最高价值作为入账基础，整体价值超过个别可辨认资产价值总和的部分确认为商誉。

续用上例，两位合伙人的出资总额虽为 110 000 元，但李四的出资额却为 60 000 元，按约定的出资比例，可以推定合伙企业的整体价值为 120 000 元(60 000÷50%)，但可辨认资产价值只有 110 000 元，还有 10 000 元为不可辨认资产价值，即商誉，这应该归属张三所有，同时增加其资本。

对上述业务，在商誉法下，投入资本的第一笔分录与上述红利法下的相同，但第二笔分录应改为：

借：商誉　　10 000
　贷：合伙人资本——张三　　10 000

究竟是采用红利法还是商誉法，合伙人在签订合伙协议时，都应有充分的估计，并在合伙协议中加以明确。

第三节　合伙企业的经营

合伙企业在经营过程中，会发生诸如增资与减资、合伙人提款、合伙人损益及其分配和合伙企业所有权的变更等情况。其中,合伙企业所有权的变更将在第四节中单独说明。

一、增资与减资

在合伙企业的经营过程中,各合伙人在严格遵守合伙协议的基础上,可以增资或减资。

增资时的会计处理,与前述合伙企业设立时合伙人的投资相同。

减资时的会计处理,则编制与增资相反的会计分录,即借记“合伙人资本”账户,贷记相关资产账户。

二、合伙人提款

合伙企业应设置“合伙人提款”或“业主往来”账户,反映合伙人暂时性的资本变化,包括合伙人从企业的提款数、暂时性存入款、应得工资和应得的净利润等。合伙人从企业的提款数、取用商品,以及企业为合伙人代付的私人债务,均应在该账户的借方反映;合伙人在本期应得的工资和利润,以及企业代合伙人个人收取的款项,均应在该账户的贷方反映;期末,该账户应全部结转至“合伙人资本”账户。

需要注意的是,若合伙人仅是临时从合伙企业借入款项或暂时性地贷款给合伙企业,应通过应收或应付项目核算,不应通过“合伙人提款”账户核算。

此外,由于合伙企业不是纳税主体,合伙人应得工资是合伙企业的一项利润分配,不应作为费用处理,但合伙企业雇员的工资则应作为合伙企业的一项费用,计列于利润表。

三、合伙人损益及其分配

合伙企业是由合伙人共同经营、共享收益、共担风险的营利性组织,企业的盈利或亏损均应由合伙人共同享受或分担。

损益的分配方法应当在合伙协议中做出明确规定。最常见的分配方法是平均分配或按其他约定比例分配。除此之外,有时为公平起见,损益的分配方法还必须考虑到资本及合伙人对合伙企业投入时间、精力等方面的因素。合伙人对损益的分配方法主要有:

(1) 平均分配或按其他约定比例分配;

(2) 以特定时日合伙人资本账户余额或1年中资本账户的平均余额为基础分配;

(3) 先按特定时日合伙人资本余额或某一期间的平均余额计算资本利息,再以某一特定比率分配剩余损益;

(4) 向合伙人支付工资,再以某一特定比率分配剩余损益;

(5) 以收益为标准向合伙人支付红利;

(6) 向合伙人支付工资,按资本账户(平均)余额计算利息后,再按某一特定比例分配剩余损益。

我国《合伙企业法》规定,合伙企业的利润分配、亏损分担,按照合伙协议的约定办理;合伙协议未约定或者约定不明确的,由合伙人协商决定;协商不成的,由合伙人按照实缴出资比例分配、分担;无法确定出资比例的,由合伙人平均分配、分担。此外,法律还规定,合伙协议不得约定将全部利润分配给部分合伙人或者由部分合伙人承担全部亏损。

(一) 平均分配或按约定比例分配损益

合伙损益可以平均分配给合伙人,而在没有规定损益分配方法及协商不成的情况下也应平均分配给各合伙人。更多的情况是，在综合考虑各合伙人的出资情况、对合伙企业的贡献大小等因素后，各合伙人可以事先约定损益的分配比率，这一约定比率应在合伙协议中加以规定。

(二) 以特定时日合伙人资本账户余额或1年中资本账户的平均余额为基础分配损益

此法是以合伙人出资额的大小，即出资比例，作为合伙人分配损益的基础。具体又有期初资本余额比例法、期末资本余额比例法、资本平均余额比例法三种。

1. 期初资本余额比例法

期初资本余额比例法以合伙人期初投入资本的比例作为损益分配的标准。

【例2】 甲、乙、丙三人合伙创立合伙企业，2018年年初，三人的资本账户余额分别为500 000元、400 000元和100 000元，合伙协议中约定按期初资本余额分配损益。假定2018年度合伙企业的净利润为500 000元，则分配结果如表12-1所示。

表12-1　　甲、乙、丙合伙企业损益分配表　　单位：元

合伙人	期初资本余额	比　例	分配金额
甲	500 000	50%	250 000
乙	400 000	40%	200 000
丙	100 000	10%	50 000
合　计	1 000 000	100%	500 000

根据表12-1，甲、乙、丙合伙企业应编制会计分录如下：

借：本年利润　　500 000
　贷：合伙人资本——甲　　250 000
　　　　　　　　——乙　　200 000
　　　　　　　　——丙　　50 000

企业也可以先将分配结果记入“合伙人提款”账户，到期末一并结转至“合伙人资本”账户。

采用此法分配损益，虽然较为简单，但未考虑合伙人在本期的提款及增资和减资等情况，因此，其分配结果不够合理。

2. 期末资本余额比例法

期末资本余额比例法是根据各合伙人期末资本余额的比例来分配当期损益，其中期末余额考虑了本期合伙人的提款数。

续例2，假定合伙人丙2018年度投入合伙企业固定资产300 000元。另外，各合伙人2018年提款账户的发生额情况分别是甲借方发生额155 000元、乙贷方发生额100 000元和丙贷方发生额5 000元。

2018年度，甲、乙、丙合伙企业的净利润为500 000元。

据此，先应计算出2018年年末各合伙人资本账户的余额：

甲：345 000元(500 000－155 000)

乙：500 000元(400 000＋100 000)

丙：405 000元(100 000＋300 000＋5 000)

根据上述结果，各合伙人的损益分配情况如表 12－2 所示。

表 12－2　　甲、乙、丙合伙企业损益分配表　　单位：元

合伙人	期末资本余额	比　例	分配金额
甲	345 000	27.6%	138 000
乙	500 000	40%	200 000
丙	405 000	32.4%	162 000
合　计	1 250 000	100%	500 000

按期末资本余额比例法分配损益，其优点是考虑了原始投资和会计期内的增资、减资及提款业务，但未考虑会计期内增资、减资及合伙人提款的时间，因此，在一定程度上影响了利润分配的合理性。

3. 资本平均余额比例法

按资本平均余额比例法分配合伙损益是以会计期内平均资本余额的比率为依据的，它既考虑了合伙人投资额的大小，还考虑了合伙人资本投资于合伙企业的时间。投资数额大，供企业使用时间长的，所分配的损益自然大；反之，则较小。

续用上述甲、乙、丙合伙企业为例，2018 年度，甲、乙、丙合伙企业有关资本业务和损益分配情况如表 12－3 所示。

表 12－3　　甲、乙、丙合伙企业资本平均余额计算表

截至 2018 年 12 月 31 日　　单位：元

合伙人	日　期	资本增加（减少）[①]	资本账户余额	资本余额未变动部分占一年的比重	资本账户平均余额
甲	1月1日	500 000	500 000	6/12	250 000
	7月1日	(155 000)	345 000	6/12	172 500
					422 500
乙	1月1日	400 000	400 000	3/12	100 000
	4月1日	100 000	500 000	9/12	375 000
					475 000
丙	1月1日	100 000	100 000	3/12	25 000
	4月1日	5 000	105 000	3/12	26 250
	7月1日	300 000	405 000	6/12	202 500
					253 750
合　计					1 151 250
损益分配	甲：500 000×422 500/1 151 250				183 496
	乙：500 000×475 000/1 151 250				206 298
	丙：500 000×253 750/1 151 250				110 206
	合　计				500 000

注：① 包括合伙人提款。

需要注意的是,上例中的合伙人提款均假定发生在每月的月初,但这种情况在实务中是极其罕见的。倘若真的按实际日期(天数)加权平均计算资本余额,却又过于繁琐,实务上通常假定凡在每月 15 日之前(含 15 日)投资或提款的,按全月计算;每月 15 日之后(不含 15 日)投资或提款的,则当月不算,应自下月起计算。为防止出现诸如此类的分歧,此种计算方法应在合伙协议中加以明确。

(三) 根据合伙人资本账户余额计算资本利息,再以某一特定比率分配剩余损益

按资本账户余额分配损益是建立在投入资本是合伙企业成功的决定性因素的假设基础之上的。而在许多情况下,投入资本的数量仅仅只是企业成功的一个因素,因此,许多合伙企业选择只将一部分损益按资本账户余额计算资本利息,余下的部分再按约定的比率分配,如平均分配或按某一特定比例分配。

在合伙协议中,应明确规定分配利润的利息率和分配基础的计算方法,如是依据期初资本余额,还是期末资本余额或加权平均资本余额等。

续用前述甲、乙、丙合伙企业的例子来说明这一分配方法。假定甲、乙、丙合伙协议约定按加权平均资本余额的 10%计算资本利息,剩余部分再平均分配,则 2018 年度甲、乙、丙合伙企业的利润分配情况如表 12 - 4 所示。

表 12 - 4　　甲、乙、丙合伙企业损益分配表　　单位:元

	甲	乙	丙	合 计
根据平均资本账户余额计算的利息:				
甲:422 500×10%	42 250			42 250
乙:475 000×10%		47 500		47 500
丙:253 750×10%			25 375	25 375
小 计	42 250	47 500	25 375	115 125
余额均分(500 000－115 125)	128 292	128 292	128 291	384 875
合 计	170 542	175 792	153 666	500 000

有时,还会遇到特殊的例子,即合伙企业本期发生了亏损时,按资本余额计算利息的方法,则无论是盈利还是亏损,首先均应当计算资本利息所得,然后再按约定比例分摊最终的亏损。

续用上例,假定该合伙企业本期亏损 20 000 元,则分配结果如表 12 - 5 所示。

表 12 - 5　　甲、乙、丙合伙企业损益分配表　　单位:元

	甲	乙	丙	合 计
根据平均资本账户余额计算的利息:				
甲:422 500×10%	42 250			42 250
乙:475 000×10%		47 500		47 500
丙:253 750×10%			25 375	25 375

续 表

	甲	乙	丙	合 计
小 计	42 250	47 500	25 375	115 125
余额均分(－20 000－115 125)	(45 042)	(45 042)	(45 041)	(135 125)
合 计	(2 792)	2 458	(19 666)	(20 000)

根据表 12－5 中的计算结果,应编制会计分录如下:

借:合伙人资本——甲　　2 792
　　　　　　　——丙　　19 666
　贷:本年利润　　20 000
　　　合伙人资本——乙　　2 458

甲、乙、丙合伙企业 2018 年度发生的 20 000 元净损失导致了合伙人乙资本的增加,合伙人甲、丙资本的减少,从表面上看这有点不太合理,但却是合乎逻辑的。合伙人乙比其他两位合伙人投入了更多的资本,而这些资本是用来进行经营的,没有理由将合伙企业的亏损归咎于合伙人投入了更多的资本。

在合伙人共同经营合伙企业的情况下,这一分配方法具有很明显的合理性。

需要注意的是,以合伙人的资本计算的利息是不能作为合伙企业的费用的,但合伙人贷款给合伙企业所支付的利息,则应作为合伙企业的利息费用。

(四) 向合伙人支付工资,再以某一特定比率分配剩余损益

为了公平分配合伙损益,合伙协议有时会按合伙人投入到合伙企业的时间多寡给予合伙人工资津贴,当合伙人均将时间投入合伙企业时,还可按合伙人的才能差异给予各合伙人各不相等的工资津贴。

续用上例,假定合伙人乙将主要精力都放在合伙企业之中,而合伙人甲则仅将部分精力放在合伙企业之中。丙是有限合伙人,按法律规定,有限合伙人不执行合伙事务,不得对外代表有限合伙企业。合伙协议约定,无论合伙企业的经营结果如何,先给予乙和甲 40 000 元和 10 000 元的工资津贴,然后再均分剩余的净损益。假定本期未扣除工资津贴之前的利润为 500 000 元,则分配结果如表 12－6 所示。

表 12－6　　甲、乙、丙合伙企业损益表　　单位:元

	甲	乙	丙	合 计
工资津贴	10 000	40 000	—	50 000
余额均分(500 000—50 000)	150 000	150 000	150 000	450 000
合 计	160 000	190 000	150 000	500 000

需要注意的是,假定两位合伙人的工资津贴超过了未扣除工资津贴之前的利润,也应先按合伙协议分配工资津贴,然后再分担由此而引发的损失,就像前面所提到的按资本余额计算资本利息时一样。

尽管支付给合伙人的工资是作为利润的分配项目,但在考核合伙企业的经营业绩时,人

们更多地将合伙人的工资津贴视作费用。

(五) 以收益为标准向合伙人支付红利

在有些情况下,合伙协议可能会规定按利润的一定比例给进行管理的合伙人以红利。需要注意的是,合伙协议可以规定将红利作为费用,并以减去这一费用的数字作为计算红利的基础,也可以规定直接以减去红利的收益作为计算红利的基础。

【例 3】 假定某合伙企业由丙和丁两位合伙人组成,主要由丙负责管理,合伙协议约定,按合伙企业净利润的 20%先向丙支付红利,余者均分。假定本期的净利润为 300 000 元,则丙先应分得 60 000 元,余下的 240 000 元二人均分,各为 120 000 元。这样,丙共分得 180 000 元,丁分得 120 000 元。

如果合伙协议规定以扣除红利后利润的 20%作为红利给丙,那么红利的计算如下:

设 x=红利,则:

$x=(300\,000-x)\times 20\%$

$x=50\,000$(元)

根据协议,扣除红利后余额均分,各得 125 000 元。这样,分配给丙的利润总额为 175 000 元(50 000+125 000),分配给丁的利润为 125 000 元。

(六) 向合伙人支付工资,按资本账户(平均)余额计算利息后,再按某一特定比例分配剩余损益

许多普通合伙企业分配损益时,允许先向合伙人支付工资,再按资本账户(平均)余额计算利息,然后再按某一特定比例分配剩余损益。在有些时候,可能还会涉及红利。这样做的目的在于体现公平性,因为不同的合伙人对合伙企业的贡献是各不相同的,有的合伙人投入更多的是资本,而有些合伙人投入更多的是时间,还有些合伙人则带来了更多的客户,因此,损益的分配应当体现出这些差异。

这一分配方法除程序上有些不同之外,其他与上面的例子没有多大差别,此处不再赘述。

有时,为了保证某一合伙人的最低利润分享额,其他合伙人应对该合伙人的利润分享额予以担保。例如,甲、乙、丙一起合伙经营,按 3∶2∶1 的比例分配损益,但对丙提供每年最低 80 000 元的担保。假定某年该合伙企业的利润为 600 000 元,则丙应分得的利润为 100 000 元,超过了最低的担保额;若某一年的利润为 300 000 元,丙只能分得 50 000 元,与担保额相差 30 000 元,这一差额应由甲、乙按损益比例承担,其中,甲分担 18 000 元,乙分担 12 000 元。若合伙协议中约定全部由甲担保,则 30 000 元的差额全部由甲承担。

第四节 合伙人所有权的变更

在合伙企业的经营过程中,总会伴随着合伙人所有权变更情况的发生。不过,大多数普通合伙企业所有权的变更并不影响合伙企业的运营。例如,当一家合伙企业的合伙人一致同意某一雇员为新合伙人时,虽然从法律角度上讲,应是原合伙企业的解散和新合伙企业的成立,但合伙企业的财务与日常经营并不会有重大变化。

合伙人所有权变更的主要原因是新合伙人的入伙和原合伙人的退伙。

一、新合伙人的入伙

合伙企业在设立后，若有局外人加入合伙组织成为新合伙人，则称为入伙。新合伙人入伙的主要方式有两种：一是从原有合伙人中取得部分或全部合伙伙权，二是向合伙企业投资取得伙权。

新合伙人入伙，除合伙协议另有约定外，应当经全体合伙人一致同意，并依法订立书面入伙协议。如果从原有合伙人中取得部分或全部合伙伙权，原合伙人必须在征得其他合伙人同意后，才能将伙权转让给新合伙人。新合伙人若以投资合伙企业的方式取得伙权，也应经原合伙人同意。需要注意的是，我国《合伙企业法》规定，新合伙人对入伙前合伙企业的债务，应与原合伙人共负无限连带责任。此外，原合伙人退伙时，应向所有债权人予以公告，否则，该合伙人即使已经退伙，依然要承担无限连带责任。

订立入伙协议时，原合伙人应当向新合伙人如实告知原合伙企业的经营成果和财务状况。除另有约定外，入伙的新合伙人与原合伙人享有同等权利，承担同等责任。

（一）新合伙人从原合伙人中取得部分或全部伙权

在征得原合伙人的一致同意后，新合伙人可以从原合伙人中取得部分或全部伙权。具体做法是，新合伙人私下向原合伙人支付款项，以取得在合伙企业中的伙权。由于这一做法并不导致合伙企业资本总额的增减变动，因此，合伙企业对这一业务只需记录变更合伙人的会计分录即可，而与合伙人支付款项的多少无关。

【例 4】 甲、乙两位合伙人创立某合伙企业，至年末，乙合伙人的资本余额为 50 000 元。在征得甲合伙人同意之后，乙将其伙权全部转让给丙。不论丙私下向乙支付了多少款项，如 70 000 元或 45 000 元，均不影响合伙企业的资产与权益数额，合伙企业只需做变更合伙人的明细分录如下：

借：合伙人资本——乙	50 000	
贷：合伙人资本——丙		50 000

（二）新合伙人投入资本取得伙权

经原合伙人一致同意，新合伙人可通过向合伙企业投入资本的方式取得伙权。由于原合伙企业已经过一段时期的经营，各项资产的账面价值与新合伙人入伙时的公允价值往往不相一致，为使各合伙人有一个公平的基础，应将新合伙人的入伙视为合伙企业的一个新起点，即应对原合伙企业的财产进行重估，以避免新合伙人因公允价值与账面价值不一致而遭受损失或引发不当得利。此外，还会由于原合伙企业账务处理错误或会计政策运用方面的问题导致一些差错，也要求合伙企业对其资产进行重估。

对合伙企业资产重估中的增值与减值，应按原先约定的损益分配比例在原合伙人之间进行分配。

在将原合伙企业的资产进行重估并入账后，新合伙人可能会以等于或高于或低于公允价值的代价取得伙权。如若以等于公允价值的代价取得伙权，则会计处理就较为容易；但若以高于或低于公允价值的代价取得伙权，则有商誉法和红利法可资选择。

1. 商誉法

商誉法强调合伙企业所有权结构变更在法律上的重要性，即新成立的合伙企业应按公允价值记录资产的价值，该公允价值不仅包括各单项资产，还包括原合伙人为企业带来的商誉,或新合伙人为新合伙企业带来的商誉。

【例 5】 至 2018 年年末,林氏合伙企业在林雪入伙前的有关资料见表 12-7。

表 12-7　林氏合伙企业资本余额及损益分配比例　　单位:元

合伙人	资本余额	损益分配比例
林　海	70 000	50%
林　山	30 000	50%
合　计	100 000	100%

2018 年年初,林海与林山同意了林雪的入伙请求(伙权为 20%)。为公平起见,对林氏合伙企业的资产进行了重估。有关资产的重估增值如下(单位:元):

存货	4 000
固定资产	6 000
合计	10 000

对此结果,合伙企业应编制会计分录如下:

借:存货　　4 000
　固定资产　　6 000
　贷:合伙人资本——林海　　5 000
　　　　　　　——林山　　5 000

假定林雪以 30 000 元的现金取得了林氏合伙企业 20%的伙权,在商誉法下,可以推断出林氏合伙企业资产的整体价值为 150 000 元(30 000÷20%),但林氏合伙企业各单项净资产的公允价值之和为 140 000 元(100 000+10 000+30 000),即原合伙企业存在没有记录的商誉价值 10 000 元,应按损益比例在原合伙人之间进行分配。对此结果,合伙企业应编制会计分录如下:

借:商誉　　10 000
　贷:合伙人资本——林海　　5 000
　　　　　　　——林山　　5 000
借:银行存款　　30 000
　贷:合伙人资本——林雪　　30 000

假定林雪以 25 000 元取得了林氏合伙企业 20%的伙权,在商誉法下,可以推断林氏合伙企业资产的整体价值为 137 500 元[(100 000+10 000)÷80%],林雪应支付的入伙金额应为 27 500 元(137 500×20%),除支付银行存款 25 000 元外,还为合伙企业带来了商誉,其商誉数为 2 500 元(27 500−25 000)。对此结果,合伙企业应编制会计分录如下:

借:商誉　　2 500
　银行存款　　25 000
　贷:合伙人资本——林雪　　27 500

需要说明的是,除非有明显的证据表明新合伙人有卓越的经营才能,否则就不应将商誉作为新合伙人投资。一般情况下,上例中的差额部分应视为原合伙人向新合伙人支付了红利。

2. 红利法

红利法是在新合伙人入伙时，只按交易本身来调整有关合伙人资本，而不调整合伙人隐含商誉的一种会计处理方法。显然，红利法是将合伙企业看成持续经营的。

续用例5，若林雪以30 000元取得了20%的伙权，则合伙企业的净伙权为140 000元，林雪只占20%的伙权，原则上林雪只应出资 28 000 元(140 000×20%)，其多出的 2 000 元(30 000－28 000)应被视为向合伙企业原合伙人支付了红利。按原来的损益分配比例，应编制会计分录如下：

借：银行存款	30 000	
贷：合伙人资本——林雪		28 000
——林海		1 000
——林山		1 000

若林雪以25 000元取得了20%的伙权，按上述原则，应视为原合伙人向林雪支付了2 000元的红利。应编制会计分录如下：

借：银行存款	25 000	
合伙人资本——林海	1 000	
——林山	1 000	
贷：合伙人资本——林雪		27 000

二、合伙人的退伙

现有合伙人退出合伙企业，称为退伙。按我国《合伙企业法》的规定，合伙协议约定合伙企业的经营期限的，有下列情形之一时，合伙人可以退伙：

(1) 合伙协议约定的退伙事由出现；

(2) 经全体合伙人同意退伙；

(3) 发生合伙人难以继续参加合伙企业的事由；

(4) 其他合伙人严重违反合伙协议约定的义务。

如合伙协议未约定合伙企业的经营期限的，合伙人在不给合伙企业事务执行造成不利影响的情况下，可以退伙，但应当提前30日通知其他合伙人。

此外，因合伙人死亡或被依法宣告死亡等原因，应视其为当然退伙；因合伙人故意或者重大过失给合伙企业造成损失等原因，可以决议将其除名而强制其退伙。

退伙有两种方式：一是可将伙权出售给其他合伙人(包括新合伙人)，二是可以从合伙企业抽出资本。在前一种情况下，通常是一种私下让渡，合伙企业只需调整资本明细账即可。

当合伙人抽出资本而退伙时，要求对合伙企业的资产进行评估。资产评估的增值与减值包括会计差错的更正，均应按合伙协议中约定的损益分配比例进行分配，并调整各合伙人(包括退伙人)的资本账户。

在进行资产评估后，各合伙人应协商支付给退伙人款项的多少以及支付的方式。退伙人在合伙企业中财产份额的退还办法，应由合伙协议约定或者由全体合伙人决定，可以退还货币，也可以退还实物。

有时，经过资产评估后，准备退伙的合伙人的资本账户余额可能会出现红字(借方余额),而该合伙人又无个人财产,在这种情况下,应按原合伙协议中的损益比例在存续合伙人之间进行分摊。

若最终支付的金额等于退伙人账面资本余额,则会计处理比较简单;当最终支付的金额大于或小于退伙人账面资本余额时,对这一差额的处理又涉及商誉法与红利法的选择。

【例6】 甲、乙、丙合伙企业中的合伙人丙因某种原因要求退伙。经协商,其他合伙人均同意其退伙。退伙时,丙合伙人的资本账户余额为 500 000 元,原合伙协议中约定的损益分配比例为 3∶2∶5。假定合伙企业最终向丙合伙人支付了退伙款 550 000 元,在商誉法下,应确认商誉 50 000 元;而在红利法下,应视为甲、乙两位合伙人向原合伙人丙共支付了 50 000 元的红利。

在商誉法下,合伙企业应编制会计分录如下:

借:合伙人资本——丙	500 000	
商誉	50 000	
贷:银行存款等		550 000

在红利法下,合伙企业应编制会计分录如下:

借:合伙人资本——丙	500 000	
——甲	30 000	
——乙	20 000	
贷:银行存款等		550 000

从逻辑上讲,因原合伙人退伙而再行确认商誉多少有些勉强,而且不符合商誉确认的传统观念,因为向丙合伙人多支付的 50 000 元实实在在地是由甲和乙支付的,是他们俩资本的减少。因此,本例采用红利法比较合理。

第五节　合伙企业的解散与清算

一、合伙企业解散与清算的含义、原因及程序

(一) 合伙企业解散与清算的含义

合伙企业解散是指合伙人之间的合伙关系改变,从而使作为法律主体的合伙的终止。法律意义上的合伙企业在解散之后,还可继续经营,也可就此终止合伙关系并解散企业主体。在前一种情况下,会计主体依然存在;而在后一种情况下,会计主体也将终止,需进入清算程序。而一般意义上的解散,多指后面一种。因终止合伙关系并解散合伙企业主体所涉及的结束合伙的事务,通常就称为合伙清算。

(二) 合伙企业解散的原因

合伙企业有下列情形之一的,应当解散:

(1) 合伙协议约定的经营期限届满,合伙人不愿继续经营的。

(2) 合伙协议约定的解散事由出现。

(3) 全体合伙人决定解散。

(4) 合伙人已不具备法定人数满 30 天。

(5) 合伙协议约定的合伙目的已经实现或者无法实现。

(6) 被依法吊销营业执照、责令关闭或者被撤销。

(7) 出现法律、行政法规规定的合伙企业解散的其他原因。

(三) 合伙企业清算的一般程序

合伙企业解散后应当进行清算，并通知和公告债权人。合伙企业解散，清算人由全体合伙人担任；未能由全体合伙人担任清算人的，经全体合伙人过半数同意，可以自合伙企业解散后 15 日内指定一名或者数名合伙人，或者委托第三人，担任清算人。

15 日内未确定清算人的，合伙人或者其他利害关系人可以申请人民法院指定清算人。

清算人在清算期间执行下列事务：

(1) 清理合伙企业财产，分别编制资产负债表和财产清单；

(2) 处理与清算有关的合伙企业未了结的事务；

(3) 清缴所欠税款；

(4) 清理债权、债务；

(5) 处理合伙企业清偿债务后的剩余财产；

(6) 代表合伙企业参与民事诉讼活动。

合伙企业财产在支付清算费用后，按下列顺序清偿：

(1) 合伙企业所欠招用的职工工资和社会保险费用；

(2) 法定补偿金以及合伙企业所欠税款；

(3) 合伙企业的债务；

(4) 返还合伙人的出资。

合伙企业财产按上述顺序清偿后仍有剩余的，应按合伙企业设立之时所约定的比例进行分配；如当时未做规定，则应平均分配。

合伙企业清算时，其全部财产不足清偿其债务的，各合伙人应当承担无限连带清偿责任，即由各合伙人按合伙企业设立之时所约定的比例，用其在合伙企业出资以外的财产承担清偿责任。

合伙人由于承担连带责任，所清偿数额超过其应当承担的数额时，有权向其他合伙人追偿。

合伙企业中某一合伙人的债权人，不得以该债权抵销其对合伙企业的债务。

合伙人个人负有债务，其债权人不得代位行使该合伙人在合伙企业中的权利。

合伙人个人财产不足清偿其个人所负债务的，该合伙人只能以其从合伙企业中分取的收益用于清偿；债权人也可以依法请求人民法院强制执行该合伙人在合伙企业中的财产份额用于清偿。对该合伙人的财产份额，其他合伙人有优先受让的权利。

二、全部非现金资产变现后一次性总付清算

尽管一次性总付清算的情况并不多见，但对理解清算程序颇有帮助。还有，若清算变现收入超过资产的账面价值，则其清算程序也就十分简单。因此，清算中最重要的问题就是发生了清算损失情况下的不同情形，兹分述如下：

(一) 所有合伙人的伙权均足以承担清算损失

【例 7】 张三与李四平均分享收益或共担损失。假定他们决定清算他们经营的合伙企

业。清算前的资产负债表资料见表 12－8。

表 12－8　　张、李合伙企业资产负债表

2018 年 8 月 31 日　　单位：元

资　产	金　额	负债和合伙人资本	金　额
现金	60 000	负债	70 000
非现金资产	80 000	应付李四贷款	10 000
		合伙人资本——张三	38 000
		——李四	22 000
合　计	140 000	合　计	140 000

假定非现金资产变现得款为 30 000 元，且清偿债务后剩余财产按资本余额比例分配给合伙人，则张三和李四合伙企业的变现与清算表如表 12－9 所示。

表 12－9　　张、李合伙企业变现与清算表

2018 年 9 月 1 日至 12 月 1 日　　单位：元

项　　目	资　产		负　债	应付李四贷款	合伙人资本	
	现　金	其　他			张　三	李　四
清算前余额	60 000	80 000	70 000	10 000	38 000	22 000
变现损失(50 000)	30 000	(80 000)			(25 000)	(25 000)
余额	90 000		70 000	10 000	13 000	(3 000)
偿付债权人	(70 000)		(70 000)			
余额	20 000			10 000	13 000	(3 000)
将李四贷款抵销其资本红字				(3 000)	13 000	3 000
余额	20 000			7 000	13 000	
偿付合伙人	(20 000)			(7 000)	(13 000)	
余额	0	0	0	0	0	0

应注意的是，本例中，对合伙人债权的偿付应次于合伙企业的一般债权人，也就是说，在偿付一般债权人债权后，应视合伙人资本账户余额是否存在红字(借方余额)，若有，应先将该合伙人的债权(贷款账户)予以对冲，然后再予偿付。实际上，在偿付之时，尽管合伙人的债权要优先于合伙人资本，但结果应同时支付。所以，后面的例子不再区分合伙人资本与债权(贷款)项目，均只列示合伙人资本项目。不过，在合伙企业的账户中，合伙人资本与应付合伙人贷款账户还应严格区分开来。

(二) 某一合伙人的伙权不足以承担清算损失

在某些情况下，当对非现金资产变现时发生的损失按损益分配比例分配后，会导致某一合伙人的资本出现红字。在此情况下，该合伙人应将其个人财产抵充这一红字；若该合伙人没有可以抵充的个人财产，则这一红字应按损益分配比例在其他合伙人之间进行分配。

【例 8】 清算前甲、乙、丙合伙企业的资产负债表见表 12－10（损益分配比例分别为 20%、40%和 40%，剩余财产按资本余额比例分配）。

表 12－10　甲、乙、丙合伙企业资产负债表

2018 年 8 月 31 日　　单位：元

资　产	金　额	负债和合伙人资本	金　额
现金	60 000	负债	70 000
非现金资产	80 000	合伙人资本——甲	30 000
		——乙	29 000
		——丙	11 000
合　计	140 000	合　计	140 000

假定非现金资产的变现收入为 30 000 元，丙合伙人的资本红字由个人财产抵充，则甲、乙、丙合伙企业的变现与清算表如表 12－11 所示。

表 12－11　甲、乙、丙合伙企业变现与清算表

2018 年 9 月 1 日至 12 月 1 日　　单位：元

项　目	资　产		负　债	合伙人资本		
	现　金	其　他		甲	乙	丙
清算前余额	60 000	80 000	70 000	30 000	29 000	11 000
变现损失（50 000）	30 000	(80 000)		(10 000)	(20 000)	(20 000)
余额	90 000		70 000	20 000	9 000	(9 000)
偿付债权人	(70 000)		(70 000)			
余额	20 000			20 000	9 000	(9 000)
合伙人丙交付现金	9 000					9 000
余额	29 000			20 000	9 000	
偿付合伙人	(29 000)			(20 000)	(9 000)	
余额	0	0	0	0	0	0

若合伙人丙没有个人财产可以抵充，则合伙人丙的资本红字 9 000 元应由其他合伙人承担，即应按损益分配比例在甲、乙两位合伙人之间进行分配，即甲应承担 3 000 元，乙应承担 6 000 元。分配之后，甲、乙两位合伙人的资本账户余额分别为 17 000 元和 3 000 元，正好等于尚未分配的现金。

（三）两位合伙人的伙权不足以承担清算损失

在有些情况下，当某一合伙人的资本红字分配给其他合伙人时，还会导致其他合伙人的资本出现红字，见表 12－12。

表 12-12　　甲、乙、丙合伙企业变现与清算表

2018 年 9 月 1 日至 12 月 1 日　　单位：元

项　目	资　产		负　债	合伙人资本		
	现　金	其　他		甲	乙	丙
清算前余额	60 000	80 000	70 000	34 000	25 000	11 000
变现损失(50 000)	30 000	(80 000)		(10 000)	(20 000)	(20 000)
余额	90 000		70 000	24 000	5 000	(9 000)
偿付债权人	(70 000)		(70 000)			
余额	20 000			24 000	5 000	(9 000)
分配丙资本红字				(3 000)	(6 000)	9 000
余额	20 000			21 000	(1 000)	
分配乙资本红字				(1 000)	1 000	
余额	20 000			20 000		
偿付合伙人	(20 000)			(20 000)		
余额	0	0	0	0	0	0

(四) 合伙企业无偿债能力，但合伙人有偿债能力

在有些情况下，合伙企业资产变现后的全部现金尚不足以支付债权人的债务，这就意味着某些甚至全部的合伙人资本账户会出现借方余额。然而，合伙企业的债权人并不在乎合伙企业是否有偿债能力，因为合伙企业并不是一个独立实体，它会要求合伙人以个人财产支付其债务。这时的清算过程见表 12-13。

表 12-13　　甲、乙、丙合伙企业变现与清算表

2018 年 9 月 1 日至 12 月 1 日　　单位：元

项　目	资　产		负　债	合伙人资本		
	现　金	其　他		甲	乙	丙
清算前余额	20 000	120 000	70 000	34 000	25 000	11 000
变现损失(80 000)	40 000	(120 000)		(16 000)	(32 000)	(32 000)
余额	60 000		70 000	18 000	7 000	(21 000)
偿付债权人	(60 000)		(60 000)			
余额	0		10 000	18 000	(7 000)	(21 000)
乙、丙交付现金	28 000				7 000	21 000
余额	28 000		10 000	18 000		
偿付债权人	(10 000)		(10 000)			
余额	18 000			18 000		
偿付债权人	(18 000)			(18 000)		
余额	0	0	0	0	0	0

（五）合伙企业与合伙人均无偿债能力

有些情况下，合伙企业已经资不抵债，且一个或更多的合伙人也资不抵债。这种情况下，会产生两组不同债权人之间的相关权利问题。一是合伙企业的债权人，二是合伙人的债权人。按一般惯例，合伙企业的资产最先偿付合伙企业的债权人，而合伙人的资产最先偿付合伙人自身的债权人。当合伙企业的债务清偿之后，合伙人的债权人有权要求从合伙企业分得合伙企业资产（仅以该合伙人资本余额贷方数为限）。

此外，合伙人的债权人从合伙企业资产中获得全部偿付后，由于合伙企业各合伙人负有无限连带责任，因此，该合伙人的任何剩余资产都应偿付合伙企业的债权人，而不管该合伙人的资本账户余额是借余还是贷余。

【例 9】 甲有较充裕的个人财产且无个人债务，乙的个人财产恰好等于个人债务，丙的个人财产不足以支付巨额的个人债务，其他资料见表 12－14。

表 12－14　　甲、乙、丙合伙企业变现与清算表

2018 年 9 月 1 日至 12 月 1 日　　单位：元

项　目	资　产		负　债	合伙人资本		
	现　金	其　他		甲	乙	丙
清算前余额	20 000	120 000	70 000	5 000	26 000	39 000
变现损失(80 000)	40 000	(120 000)		(16 000)	(32 000)	(32 000)
余额	60 000		70 000	(11 000)	(6 000)	7 000
偿付债权人	(60 000)		(60 000)			
余额	0		10 000	(11 000)	(6 000)	7 000
甲偿付合伙债权人①			(10 000)	10 000		
余额				(1 000)	(6 000)	7 000
分配乙资本红字②				(2 000)	6 000	(4 000)
余额				(3 000)		3 000
甲交付现金	3 000			3 000		
余额	3 000					3 000
偿付合伙人丙资本	(3 000)					(3 000)
余额	0	0	0	0	0	0

注：① 只有甲尚有个人财产，且甲为资本红字。

② 因乙已无个人财产，应由甲与丙分担损失。

三、分次付款清算

上述一次性总付清算有一个假定，即合伙企业的所有非现金资产均被变现，且在分配清算损失后才偿付债权人和合伙人。而实际上，有些合伙企业的清算可能历经较长时期，当所有的债务清偿之后，即使一些非现金资产尚未变现，但已有一些现金可分配给各合伙人。在这种情况下，合伙人通常希望将可分配的现金先进行分配，而不必等到所有的非现金资产均被变现之时才进行分配。

一般而言，当合伙企业保证其债务全部能得到清偿，并且没有合伙人获得超额偿付时，通过分次付款方式进行清算是可行的。

在分次付款清算方式下,应确定到底有多少现金可以安全地分配给各合伙人。对此,可以通过编制安全清偿表的方式来进行。

(一) 安全清偿表的编制

【例 10】 甲、乙、丙合伙企业于 2018 年 9 月 15 日进入清算程序。该日的资产负债表如表 12 - 15 所示(合伙人资本后括号内数字代表损益分配比例)。

表 12 - 15　　甲、乙、丙合伙企业资产负债表

2018 年 9 月 15 日　　单位:元

资　产		负债和合伙人资本	
现金	120 000	负债	90 000
非现金资产	120 000	合伙人资本——甲(20%)	18 000
		——乙(30%)	60 000
		——丙(50%)	72 000
合　计	240 000	合　计	240 000

9 月 15 日,甲、乙、丙合伙企业可编制安全清偿表,见表 12 - 16。

表 12 - 16　　甲、乙、丙合伙企业安全清偿表

2018 年 9 月 15 日　　单位:元

项　目	可能的最大损失	甲资本(20%)	乙资本(30%)	丙资本(50%)
合伙人伙权		18 000	60 000	72 000
非现金资产的可能损失	120 000	(24 000)	(36 000)	(60 000)
必须留存的现金	10 000	(2 000)	(3 000)	(5 000)
余额		(8 000)	21 000	7 000
分配甲可能的损失		8 000	(3 000)	(5 000)
余额			18 000	2 000

通过安全清偿表(表 12 - 16)可知,在清算之时,可将富余的现金 20 000 元分别偿付给乙和丙(分别为 18 000 元和 2 000 元)。支付债权人 90 000 元以及乙和丙 20 000 元现金后的资产负债表如表 12 - 17 所示。

表 12 - 17　　甲、乙、丙合伙企业资产负债表

2018 年 9 月 15 日　　单位:元

资　产		负债和合伙人资本	
现金	10 000	合伙人资本——甲(20%)	18 000
非现金资产	120 000	——乙(30%)	42 000
		——丙(50%)	70 000
合　计	130 000	合　计	130 000

假设该合伙企业非现金资产的变现情况如表12-18所示。

表12-18　　甲、乙、丙合伙企业资产变现情况表　　单位：元

日　期	变现资产的账面价值	变现金额	变现损失
9月20日	20 000	12 000	8 000
10月15日	60 000	36 000	24 000
11月5日	40 000	22 000	18 000
合　计	120 000	70 000	50 000

当9月20日变现第一笔非现金资产取得现金收入12 000元后，发生变现损失8 000元，应按损益分配比例在各合伙人之间进行分配。分配损益后的资产负债表见表12-19。

表12-19　　甲、乙、丙合伙企业资产负债表

2018年9月20日　　单位：元

资　产		负债和合伙人资本	
现金	22 000	合伙人资本——甲(20%)	16 400
非现金资产	100 000	——乙(30%)	39 600
		——丙(50%)	66 000
合　计	122 000	合　计	122 000

如何分配12 000元的富余现金，仍然需要编制安全清偿表，见表12-20。

表12-20　　甲、乙、丙合伙企业安全清偿表

2018年9月20日　　单位：元

项　目	可能的最大损失	甲资本(20%)	乙资本(30%)	丙资本(50%)
合伙人伙权		16 400	39 600	66 000
非现金资产的可能损失	100 000	(20 000)	(30 000)	(50 000)
必须留存的现金	10 000	(2 000)	(3 000)	(5 000)
余额		(5 600)	6 600	11 000
分配甲可能的损失		5 600	(2 100)	(3 500)
余额			4 500	7 500

根据安全清偿表(表12-20)，富余的12 000元现金应分别支付给合伙人乙和丙(分别为4 500元和7 500元)。

现将上述结果通过一个连续的变现与清算表表述，见表12-21。

表 12-21　　甲、乙、丙合伙企业变现与清算表

2018 年 9 月 15 日至 11 月 30 日　　单位：元

项目	资产		负债	合伙人资本		
	现金	其他		甲(20%)	乙(30%)	丙(50%)
清算前余额(9 月 15 日)	120 000	120 000	90 000	18 000	60 000	72 000
支付债权人	(90 000)		(90 000)			
支付合伙人现金[①]	(20 000)				(18 000)	(2 000)
余额	10 000	120 000		18 000	42 000	70 000
变现损失(8 000)(9 月 20 日)	12 000	(20 000)		(1 600)	(2 400)	(4 000)
余额	22 000	100 000		16 400	39 600	66 000
支付合伙人现金[②]	(12 000)				(4 500)	(7 500)
余额	10 000	100 000		16 400	35 100	58 500
变现损失(24 000)(10 月 15 日)	36 000	(60 000)		(4 800)	(7 200)	(12 000)
余额	46 000	40 000		11 600	27 900	46 500
支付合伙人现金[③]	(36 000)			(1 600)	(12 900)	(21 500)
余额	10 000	40 000		10 000	15 000	25 000
变现损失(18 000)(11 月 5 日)	22 000	(40 000)		(3 600)	(5 400)	(9 000)
余额	32 000			6 400	9 600	16 000
支付合伙人现金	(32 000)			(6 400)	(9 600)	(16 000)
余额	0	0	0	0	0	0

注：① 见安全清偿表(表 12-16)；② 见安全清偿表(表 12-20)；③ 见安全清偿表(表 12-22)。

表 12-22　　甲、乙、丙合伙企业安全清偿表

2018 年 10 月 15 日　　单位：元

项目	可能的最大损失	甲资本(20%)	乙资本(30%)	丙资本(50%)
合伙人伙权		11 600	27 900	46 500
非现金资产的可能损失	40 000	(8 000)	(12 000)	(20 000)
必须留存的现金	10 000	(2 000)	(3 000)	(5 000)
余额		1 600	12 900	21 500

(二) 现金预分计划的编制

从例 10 可以看出，尽管可以采用编制安全清偿表的方式防止现金的过量分配，但在变现次数频繁、变现周期较长的情况下，这一方式显得十分繁琐，并且在清算开始时难以显示有多少现金可以分配给合伙人。正因为如此，更为有效的方法是事先准备一个完整的现金预分计划，以显示清算中有多少现金可用于分配。在这一计划下，资产变现所得现金就可以按计划中指定的数额立即支付给合伙企业的债权人和合伙人。

现金预分计划的编制步骤如下：

1. 对各合伙人易受损害程度进行排序

续用例10，清算前，甲、乙、丙合伙企业各合伙人的资本数额分别为18 000元、60 000元和72 000元，其损益分配比例分别为20%、30%和50%，则甲、乙、丙易受损害程度排序结果如表12-23所示。

表12-23　易受损害程度排序表

合伙人	合伙人伙权(元)	损益分配比例	可吸收的最大损失(元)	易受损害程度
甲	18 000	20%	90 000	1
乙	60 000	30%	200 000	3
丙	72 000	50%	144 000	2

注：1为最易受损害者。此例中，当合伙企业的清算损失达到90 000元时，合伙人甲就不能从合伙企业分得现金。

2. 编制合伙人假定损失吸收表

编制此表的目的在于，假定合伙企业出现清算损失时，每一合伙人可吸收的最大损失是多少。显然，最易受损害的合伙人所吸收的损失是最少的，而处在最后位置的合伙人，其所吸收的损失是最多的。换言之，若有富余现金，应先分配给吸收损失最多的合伙人。合伙人假定损失吸收表见表12-24。

表12-24　合伙人假定损失吸收表　单位：元

项　目	甲	乙	丙	合　计
清算前伙权	18 000	60 000	72 000	150 000
吸收甲的假定损失	(18 000)	(27 000)	(45 000)	(90 000)
余额		33 000	27 000	60 000
吸收丙的假定损失		(16 200)	(27 000)	(43 200)
余额		16 800		16 800

3. 编制现金预分计划

通过假定损失吸收表，可以看出，当合伙企业支付合伙企业的债务后，最先应向合伙人乙支付16 800元，在余下的43 200元中，按30%：50%的比例分配给乙和丙，若再有剩余，应按损益分配比例在所有合伙人之间进行分配。具体的现金预分计划见表12-25。

表12-25　现金预分计划　单位：元

支付次序	金　额	负　债	甲	乙	丙
1	90 000	100%			
2	16 800			100%	
3	43 200			30%	50%
4	任何金额		20%	30%	50%

根据现金预分计划编制出的变现与清算表(表 12－26)的结果,与采用安全清偿方式下的基本上相同。

表 12－26　　　　甲、乙、丙合伙企业变现与清算表

2018 年 9 月 15 日至 11 月 30 日　　　　单位:元

项　目	资　产		负　债	合伙人资本		
	现　金	其　他		甲(20%)	乙(30%)	丙(50%)
清算前余额(9 月 15 日)	120 000	120 000	90 000	18 000	60 000	72 000
支付债权人	(90 000)		(90 000)			
支付合伙人现金①	(16 800)				(16 800)	
支付合伙人现金②	(3 200)				(1 200)	(2 000)
余额	10 000	120 000		18 000	42 000	70 000
变现损失(8 000)(9 月 20 日)	12 000	(20 000)		(1 600)	(2 400)	(4 000)
余额	22 000	100 000		16 400	39 600	66 000
支付合伙人现金②	(12 000)				(4 500)	(7 500)
余额	10 000	100 000		16 400	35 100	58 500
变现损失(24 000)(10 月 15 日)	36 000	(60 000)		(4 800)	(7 200)	(12 000)
余额	46 000	40 000		11 600	27 900	46 500
支付合伙人现金②	(28 000)③				(10 500)	(17 500)
支付合伙人现金④	(8 000)			(1 600)	(2 400)	(4 000)
余额	10 000	40 000		10 000	15 000	25 000
变现损失(18 000)(11 月 5 日)	22 000	(40 000)		(3 600)	(5 400)	(9 000)
余额	32 000			6 400	9 600	16 000
支付合伙人现金	(32 000)			(6 400)	(9 600)	(16 000)
余额	0	0	0	0	0	0

注:① 全部支付给乙。
② 按 30%∶50%的比例分配给乙和丙。
③ 28 000＝43 200－3 200－12 000。
④ 按 20%∶30%∶50%的比例分配给甲、乙和丙。

思考题

1. 简述合伙企业的性质。合伙企业有哪些特征?

2. 在合伙协议中确定损益分配比例时,应考虑哪些因素?在以合伙形式设立的会计师事务所中,你认为哪个因素最重要,并说明理由。

3. 在记录新合伙人入伙时,有哪些方式可供选择?你倾向于采用哪一种方法?为什么?

4. 当普通合伙人退伙或新合伙人入伙时,合伙企业的资产应否调整到当前的公允价值?请说明原因。

5. 当合伙人退伙时,如若支付的退伙款大于该合伙人在合伙企业中的伙权,为什么说采用商誉法是不恰当的?

6. 合伙解散与合伙清算有何不同?

7. 简述合伙清算时合伙企业资产的分配顺序。

8. 当某一合伙人个人无偿债能力或仍有偿债能力时,其资本账户的借方余额应如何处理?

9. 为什么在分期清算时要编制安全清偿表?为什么说更有效的方法是编制现金预分计划表?

10. 在何种情况下,分期付款清算可直接根据损益分配比例分配可供分配的现金?

阅读材料

1.《中华人民共和国合伙企业法》,1997 年,2006 年。

2. 财政部、国家税务总局关于印发《关于个人独资企业和合伙企业投资者征收个人所得税的规定》的通知,财税〔2000〕91 号,2000 年。

3. 全国人大常委会法工委:《中华人民共和国合伙企业法释义》,2006 年。

4.《国务院关于修改〈中华人民共和国合伙企业登记管理办法〉的决定》,中华人民共和国国务院令第 497 号,2007 年 5 月。

练习题

练习一

一、目的:练习合伙人资本变动表的编制。

二、资料:甲、乙、丙三人合伙协议规定,损益分配的情况如下:

(1) 甲因管理企业可得工资津贴 10 000 元;

(2) 合伙人可得平均资本余额 10%的利息补贴;

(3) 其余损益按 30%、30%、40%分配给甲、乙、丙三人。

2016 年 1 月 1 日,合伙人甲的资本余额为 64 000 元,至 2016 年 12 月 31 日,提款账户的借方发生额为 8 000 元(假定为年内平均发生);合伙人乙在 2016 年 1 月 1 日的资本余额为 90 000 元,2016 年 9 月 1 日增资 30 000 元;合伙人丙的年初资本余额为 110 000 元,7 月 1 日减资 10 000 元,10 月 1 日增资 20 000 元。

2016 年度,合伙净损失为 12 000 元,会计人员分配净损失如下:甲 200 元净利润,乙 4 800 元净损失,丙 7 400 元净损失。

三、要求:

假定不考虑合伙人提款。

(1) 编制 2016 年度合伙企业的正确损益分配表;

(2) 编制 2016 年度合伙人资本变动表;

(3) 若已结账,试编制 2016 年 12 月 31 日合伙企业账上的更正分录。

练习二

一、目的:练习合伙企业损益分配。

二、资料:2016 年度,甲、乙、丙合伙企业的资本账户变动情况(未将本期损益结转到资本账户)如表 12-27 所示。

三、要求:根据下列假设,确定 2016 年度的损益分配:

(1) 合伙企业净利润为 48 000 元,按平均资本余额分配;

(2) 合伙企业净利润为 50 000 元,甲因管理企业而有 10%的红利,其余部分按期初资本余额分配;

(3) 合伙企业净损失为 35 000 元,每个合伙人按期初资本余额的 10%给予利息补贴,其余部分平均分配。

表 12-27　　甲、乙、丙合伙企业的资本账户变动情况　　单位:元

	甲	乙	丙	资本总额
1月1日余额	80 000	80 000	90 000	250 000
4月1日投资	20 000			20 000
5月1日减资		(15 000)		(15 000)
7月1日减资	(10 000)			(10 000)
9月1日减资	—	—	(30 000)	(30 000)
	90 000	65 000	60 000	215 000

练习三

一、目的:计算资本账户余额。

二、资料:2014 年 1 月 2 日,甲、乙、丙各投资 30 000 元设立合伙企业,利润、增资、减资情况见表 12-28。

表 12-28　　合伙企业的有关财务信息　　单位:元

年　度	净利润	减　资		增　资	
2014	19 000	4 000 5 000	乙 甲	5 000	丙
2015	22 000	8 000 3 000	丙 乙	5 000	甲
2016	29 000	2 000 4 000	丙 乙	6 000	丙

合伙协议规定,合伙人能得到期初资本余额 10%的利息补贴,甲得到 7 000 元的工资津贴,其余损益平均分配。

2016 年 12 月 31 日,结账后发现每年折旧低估 2 000 元,2014 年 12 月 31 日取得的存货低估 8 000 元。

三、要求:

(1) 计算 2016 年 12 月 31 日未调账之前三个资本账户余额;

(2) 2016 年 12 月 31 日三个资本账户余额应各为多少?

(3) 编制 2016 年 12 月 31 日的更正分录。

练习四

一、目的:练习商誉法或红利法下的会计处理。

二、资料:2015 年 12 月 31 日,甲、乙、丙合伙人资本余额及损益分配率如下:

合伙人资本——甲	80 000	50%
——乙	40 000	10%
——丙	80 000	40%
合　计	200 000	

三、要求：假定新合伙人企业约定的原合伙人的资本比例与最初设立时保持一致，并假定此比例与损益分配比例一致。在下列假设下，试编制丁于 2016 年 1 月 1 日加入合伙的会计分录：

(1) 丁直接付给甲 50 000 元，以购得其合伙权益的一半。

(2) 丁从每一位合伙人购买资本及利润分配权的 1/4，其付给原合伙人 60 000 元，合伙资本重估(账面各单项资产价值与其公允价值相当，下同)。

(3) 丁投资 70 000 元现金于合伙企业，以取得资本及利润分配权的 25%，合伙资本重估。

(4) 丁投资 45 000 元于合伙企业，以取得资本及利润分配权的 20%，而合伙资本将重估，以反映丁所带来的无形资产。

(5) 丁投资 45 000 元于合伙企业，以取得资本及利润分配权的 25%，而合伙资本不重估。

练习五

一、目的：练习商誉法和红利法的会计处理。

二、资料：三个合伙人甲、乙、丙 2015 年 12 月 31 日的资本余额如下：

甲	144 000	损益分配率	40%
乙	216 000	损益分配率	50%
丙	90 000	损益分配率	10%

2016 年 1 月 1 日，丁以 85 080 元投资于合伙企业，取得了 1/6 资本及损益分配权。

三、要求：

(1) 分别用商誉法和红利法编制丁加入合伙企业的分录(账面各单项资产价值与其公允价值相当，下同)。

(2) 若丁并非付给企业 85 080 元，而是向每一个合伙人购买 1/6 的伙权，分别用商誉法和红利法编制丁加入合伙企业的会计分录。

练习六

一、目的：练习损益分配表的编制。

二、资料：甲、乙、丙合伙企业成立于 2016 年 1 月 1 日，其初始投资额如下(单位：元)：

甲	80 000
乙	120 000
丙	180 000

根据合伙协议，各合伙人损益分配如下(单位：元)：

工资：	
甲	12 000
乙	10 000
丙	8 000

利息：甲、乙、丙期末平均资本余额(考虑合伙人提款)的 8%。

其余损益平均分配。

其他资料如下：

(1) 2016 年度，合伙企业净利润为 69 000 元。

(2) 2016 年 7 月 1 日，甲增资 20 000 元。

(3) 2016 年 10 月 1 日，丙减资 30 000 元。

(4) 2016 年，甲、乙、丙每人提款均为 10 000 元(假定为平均发生)。

三、要求：假定以期末资本余额计算，并考虑合伙人提款。

(1) 编制三个合伙人损益分配表。

(2) 编制 2016 年 12 月 31 日合伙人资本变动表。

练习七

一、目的：练习分配现金的会计处理。

二、资料：甲、乙、丙为合伙人，其企业正在清算中。2016 年 1 月 1 日，分类账上显示下列余额(单位：元)：

现金	15 000	合伙人资本——甲	62 000
存货	72 000	——乙	28 000
物料用品	18 000	——丙	15 000

2016 年 1 月 1 日，分配现金给合伙人。2016 年 2 月 9 日，存货和物料用品以总价 81 000 元出售。而在 2016 年 2 月 10 日企业最后清算时，将库存现金分配给合伙人。假定损益平均分配。

三、要求：

(1) 编制 2016 年 1 月 1 日分配现金的分录，并加以适当说明。

(2) 编制适当分录，记录资产的出售及分配损益给合伙人资本账户。

(3) 编制分录来记录 2016 年 2 月 10 日企业最后清算时，分配现金的分录。

练习八

一、目的：练习现金预分计划的编制。

二、资料：2015 年 12 月 31 日，甲、丙和丁合伙企业的资产负债表以及损益分配情况如表 12－29 所示。

表 12－29　甲、丙和丁合伙企业的资产负债表以及损益分配情况　单位：元

资产		负债和合伙人权益	
库存现金	60 000	应付账款	90 000
应收账款	120 000	应付合伙人贷款——丙	50 000
存货	150 000	合伙人资本——甲(20%)	95 000
应收合伙人借款——甲	15 000	——丙(30%)	160 000
其他资产	255 000	——丁(50%)	205 000
合　计	600 000	合　计	600 000

2016 年 1 月 1 日之后，合伙人决定尽快将合伙企业解散，而且将现金分配。

三、要求：编制现金预分计划表。

练习九

一、目的：练习合伙企业清算表的编制。

二、资料：甲、乙、丙为一家具店的合伙人，此店于 2016 年 1 月 1 日开始清算，此时分类账上的余额如表 12－30 所示。

表 12 - 30　　甲、乙、丙合伙企业分类账余额　　单位：元

会计科目	借方余额	贷方余额
库存现金	15 000	
应收账款	20 000	
存货	65 000	
固定资产——建筑物	150 000	
累计折旧——建筑物		40 000
固定资产——办公设备	50 000	
累计折旧——办公设备		30 000
应付账款		80 000
合伙人资本——甲(20%)		40 000
——乙(30%)		60 000
——丙(50%)		50 000
合　计	300 000	300 000

其他资料如下：

(1) 1 月，出售存货，得款 20 000 元，应收账款收现 14 000 元，偿付应付账款 40 000 元。

(2) 2 月，将成本为 40 000 元的建筑物以 60 000 元出售，其余建筑物售得 40 000 元，收回剩余应收账款，一半变现，其余一半无法变现。

(3) 3 月，清偿剩余债务，将现金分配给各合伙人。

三、要求：编制甲、乙、丙合伙企业清算表。

练习十

一、目的：练习合伙企业清算表的编制。

二、资料：甲、乙、丙合伙企业的损益分配率各为 30%、30%和 40%。2016 年 1 月 1 日，合伙企业解散时的资产负债表如表 12 - 31 所示。

表 12 - 31　　甲、乙、丙合伙企业的资产负债表　　单位：元

资　产		负债和合伙人权益	
库存现金	20 000	负债	40 100
其他资产	130 000	应付合伙人贷款——甲	5 000
应收合伙人借款——乙	10 000	合伙人资本——甲	9 900
		——乙	45 000
		——丙	60 000
合　计	160 000	合　计	160 000

2016 年 1 月间，企业出售资产的一半，收到现金 40 000 元。2 月间，剩余资产出售，售得 21 000 元。假设在 1 月底和 2 月底，将现金分配给适当的关系人。

三、要求：编制合伙企业清算表。

练习十一

一、目的：练习现金分配表的编制。

二、资料：甲、乙、丙、丁合伙企业的合伙人决定解散合伙关系。他们计划逐渐出售资产，以减少损失。损益分配率如下：甲 40%、乙 35%、丙 15%、丁 10%。2016 年 9 月 1 日，开始清算时合伙企业的试算表如表 12 - 32 所示。

表 12 - 32　　合伙企业的试算表　　单位：元

会计科目	借方余额	贷方余额
库存现金	200	
应收账款	25 900	
存货——2016 年 9 月 1 日	42 600	
固定资产(净值)	19 800	
应付账款		3 000
应付合伙人贷款——甲		6 000
——乙		10 000
合伙人资本——甲		20 000
——乙		21 500
——丙		18 000
——丁		10 000
合　计	88 500	88 500

三、要求：

(1) 编制一张 2016 年 9 月 1 日的报表，显示如何将可分配现金分次分配给合伙人。

(2) 2016 年 9 月 30 日，有现金 12 700 元可分配给债权人及合伙人，列示这笔现金将如何分配。

(3) 若合伙企业不解散，而继续营运并有利润 23 625 元，除前述的利润分配方案外，丁可获营运净利的 5% 为红利，且红利视为一项费用，则各合伙人应分得多少？

案例分析题

2016 年年初，甲、乙、丙、丁共同投资设立了 A 有限合伙企业(以下简称 A 企业)。合伙协议约定：甲、乙为普通合伙人，分别出资 10 万元；丙、丁为有限合伙人，分别出资 15 万元；甲执行合伙企业事务，对外代表 A 企业。2016 年 A 企业发生下列事实：

2 月，甲以 A 企业的名义与 B 公司签订了一份 12 万元的买卖合同。乙获知后，认为该买卖合同损害了 A 企业的利益，且甲的行为违反了 A 企业内部规定的甲无权单独与第三人签订超过 10 万元合同的限制，遂要求各合伙人作出决议，撤销甲代表 A 企业签订合同的资格。

8 月，丁退伙，从 A 企业取得退伙结算财产 12 万元。

9 月，A 企业吸收庚作为普通合伙人入伙，庚出资 8 万元。

10 月，A 企业的债权人 C 公司要求 A 企业偿还 6 月份所欠款项 50 万元。

11 月，丙因所设个人独资企业发生严重亏损而不能清偿 D 公司到期债务，D 公司申请人民法院强制执行丙在 A 企业中的财产份额用于清偿其债务。人民法院强制执行丙在 A 企业中的全部财产份额后，甲、乙、庚决定 A 企业以现有企业组织形式继续经营。

经查，A 企业内部约定，甲无权单独与第三人签订超过 10 万元的合同，B 公司与 A 企业签订买卖合同时，不知 A 企业该内部约定。

［要求］

根据上述材料，回答下列问题：

(1) 甲以 A 企业的名义与 B 公司签订的买卖合同是否有效？并说明理由。

(2) 合伙人对撤销甲代表 A 企业签订合同的资格事项作出决议，在合伙协议未约定表决办法的情况下，应当如何表决？

(3) 如果 A 企业的全部财产不足以清偿 C 公司的债务，对不足清偿的部分，哪些合伙人应当承担清偿责任？如何承担清偿责任？

(4) 人民法院强制执行丙在 A 企业中的全部财产份额后，甲、乙、庚决定 A 企业以现有企业组织形式继续经营是否合法？并说明理由。

(5) 丁退伙时会遇到什么样的会计问题？应当如何解决？

(6) 吸收庚作为普通合伙人时会遇到哪些会计问题？应当如何解决？

第十三章

租　赁

学习提要

租赁是现代企业一项重要的融资活动，它与传统意义上的分期付款购买和贷款行为有着明显的区别。租赁一般可分为融资租赁和经营租赁两种。融资租赁是指出租人实质上将与资产所有权相始终的风险和报酬实质上转移给了承租人的一种租赁；与租赁资产所有权有关的风险和报酬实质上并未转移给承租人的租赁，是经营租赁。

对于融资租赁，承租人应按租赁资产的公允价值记录为资产和负债，且还需要单独揭示为租赁资产；对于经营租赁，通常情况下，承租人只需于每期支付租金时将其记录为费用，而无须记录资产和负债。

融资租赁和经营租赁都应按租赁会计准则进行处理。

根据租赁关系及其经济结果，在出租人方面可将租赁划分为经营租赁、直接融资租赁和销售型租赁等类型。租赁类型不同，会计处理也不尽相同。由于出租人所收回的不仅包括投资的本金，还包括投资的利息，对于利息，应按一定的方法在租赁期间内予以确认。

在确定租赁关系和进行会计处理时，一般会涉及余值问题。余值的担保与否，会引起会计处理上的差异。

某些特殊类型的租赁，如标杆租赁等，在会计处理上也不尽相同。

租赁业务应在财务报表中进行充分的披露。

租赁(lease)是指在约定的期间内，出租人将资产使用权让与承租人，以获取租金的协议。它是现代企业一项重要的融资活动。租赁与传统意义上的分期付款购买和贷款行为有着显著的区别。随着社会经济的发展和分工的细化，租赁这一重要的财务活动越来越多，而其中的会计问题也日益复杂。

本章讨论租赁业务中承租人和出租人的会计。

第一节　租赁概述

一、租赁的性质

租赁是出租人在承租人给予一定报酬(通常为定期支付的租金)的条件下，授予承租人在约定的期限内占有和使用租赁财产(不动产或动产)权利的一种协议。人们习惯上将这种协议称为租约,租约上的权利称为租赁权。

租赁有狭义和广义之分。狭义的租赁又称现代租赁,是指以融资为主要目的,以设备等资产为主要对象,各方均应履行租约中约定义务的租赁。广义的租赁则泛指一切财产使用权的有偿转让活动,它不仅包括现代租赁,还包括为满足短期、临时需要,或以不动产为对象、不立协议的财产使用权的转让活动。

会计中所讨论的租赁主要指狭义概念上的租赁。

租赁的实质就是一种契约关系。在这种契约关系中,一般涉及三个当事人:出租人、承租人和供货商。其中,出租人根据承租人的要求购入租赁资产出租给承租人,在租赁期间,出租人拥有该租赁资产的所有权,并定期收取租金,只是所收取的租金中既包含购买租赁资产的本金,还包含为承租人提供购买租赁资产的资金而应收取的利息;承租人拥有租赁资产的使用权,并定期向出租人支付租金;而供货商则根据承租人的特定要求生产租赁资产,并将租赁资产提供给出租人。

从租赁关系中可以看出,租赁可以被看成是一种特殊形式的分期付款购买行为。然而,租赁同分期付款购买行为还是有着一些明显的区别。

从业务关系方面分析,分期付款购买是买卖双方的关系,而租赁则涉及出租人、承租人和供货商三方面的关系,一些复杂的租赁协议还涉及长期贷款人,如银行等金融机构。

从法律关系方面分析,分期付款购买是一种买卖行为,当商品交付购货方时,便表明商品已经出售给买方,商品应归买方所有。只是在货款尚未付清之前,买方承担了一笔债务,并以所购入的商品作为债务的担保物,当货款全部付清之后,买方也就取得了商品的所有权。而租赁则不同,在租赁期间,资产的所有权仍归出租人所有,出租行为是出租人行使所有权的表现。承租人对租赁资产只有使用权,即未经出租人同意,承租人不得做出任何侵犯所有权的行为。如果有侵犯所有权的行为发生,出租人有权终止租约,并要求承租人承担自违约时起至租赁期限届满时止的各期租金。

由于租赁中不仅含有融资行为,还含有融物行为,因此,租赁虽然具有出租人向承租人提供资金的特征,但同一般意义上的贷款行为还是有着明显的区别。

二、租赁的分类

租赁可按不同的标志进行分类。对租赁的正确分类,有助于加深对租赁性质的理解,以有效地利用各种租赁形式,充分发挥租赁的作用。

(一) 租赁的基本分类

根据租赁资产所有权上的风险和报酬是否实质上从出租人转移给承租人,可以将租赁分为融资租赁和经营租赁两大类。

所谓“与租赁资产所有权有关的风险”,是指由于生产能力的闲置或工艺技术的陈旧所可能造成的损失,以及由于经济情况变动所可能造成的收入变动。所谓“与租赁资产所有权有关的报酬”,是指在资产的有效使用年限内直接使用租赁资产而可能获取的利益,以及因资产升值或变卖余值所可能取得的收入。

融资租赁(financing lease),也称资本租赁(capital lease),是指出租人(lessor)实质上将

与资产所有权相始终的风险和报酬实质上转移给了承租人(lessee)的一种租赁。至于名义上的所有权,最终可以转移,也可以不转移。

经营租赁(operating lease)是指与租赁资产所有权有关的风险和报酬实质上并未转移给承租人的租赁。

一项租赁是否归类为融资租赁,不在于租约的形式,而在于租约的性质。即如果一项租赁已将租赁资产所有权上的风险和报酬实质上转移给了承租人,或承租人将最终取得租赁资产的所有权,那么无论租约采用什么形式,都可将该租赁归类为融资租赁。具体分类标准和承租人对租赁资产的会计处理流程如图 13-1 所示。

图 13-1 中所列各项标准的含义将在第二节和第三节中详细讨论。

由于出租人和承租人的权利和义务是以签订的租赁协议为基础的,因此,出租人和承租人所采用的分类方法应当一致。

从承租人角度出发,根据图 13-1 中的标准,可将某项租赁归类为融资租赁或经营租赁。由于承租人和出租人的租赁协议是相同的,因此,承租人和出租人原则上应当采用相同的分类基础。但由于出租人面临的风险实际上要远远大于承租人,因此,对出租人而言,如果同时存在:(1) 不能确保收取租赁款项;(2) 由出租人承担的重要的非补偿性的费用不可预计,通常可认为租赁资产所有权上的风险和报酬实质上还并未转移。因此,对出租人而言,除图 13-1 所注明的五条标准外,如果不同时存在上述(1)和(2)两种情况,才可将某项租赁归类为融资租赁,否则就应归类为经营租赁。

出租人还可将融资租赁分为直接融资租赁和销售型租赁。这种分类的唯一标志是在租赁开始日,出租人是否存在出售损益。如果某项租赁在租赁开始日能给出租人带来损益,则该项租赁可归类为销售型租赁,否则就为直接融资租赁。

(二) 租赁的其他分类

1. 按租赁资产对象分类

尽管租赁资产一般为长期资产,但长期资产种类繁多,为简化处理,会计上通常按租赁资产的对象将租赁分为不动产租赁和动产租赁等。前者如土地租赁、建筑物租赁,后者如各种设备租赁等。

2. 按租赁资产投资来源分类

租赁还可按投资来源将其分为直接租赁、售后租回(回租)、杠杆租赁、转租赁(转租)和委托租赁等。

直接租赁是指购置租赁资产所需的资金全部由出租人垫付的租赁。需要注意的是,直接租赁下,尽管购置资产所需的资金全部由出租人垫付,但这并不是说,这些资金均为出租人的自有资金。即使所垫付的资金是从银行等金融机构借入的,只要供资的银行等金融机构不是租赁关系中的当事人,则该项租赁都应归类为直接租赁。

将自制或外购的资产售出后再租赁回来的行为,称为售后租回交易,简称回租。在回租方式下,将资产售出是为了利用购买者的资金,而购买者将购入的资产租出则是其投资方式的选择。

当出租人利用财务杠杆原理,用较少的投资来组织一项较大金额的租赁时,则此项租赁称为杠杆租赁。当承租人将租入的资产转租给第三方时,则此项租赁称为转租。

本章第四节将专门讨论杠杆租赁。

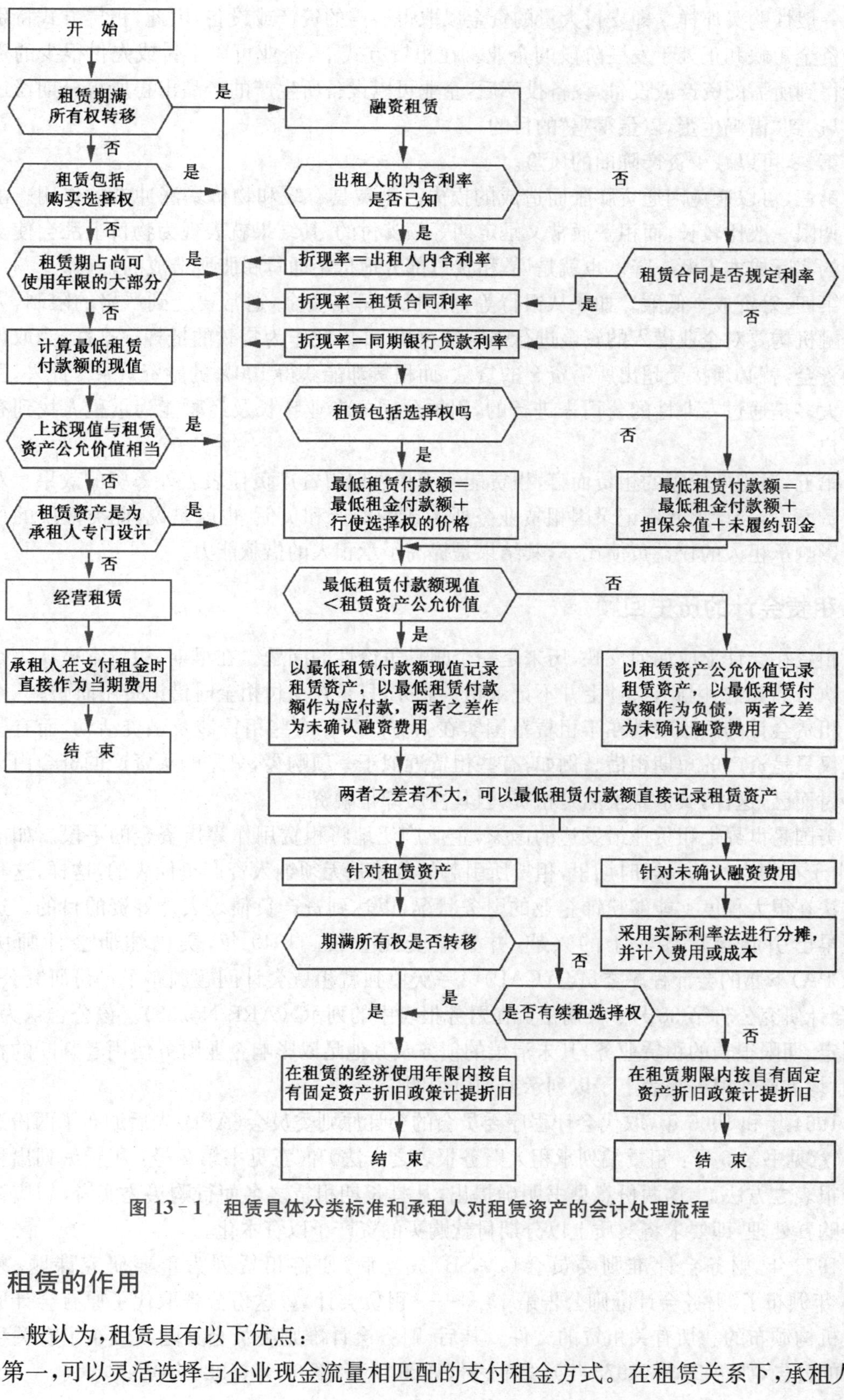

图 13－1 租赁具体分类标准和承租人对租赁资产的会计处理流程

三、租赁的作用

一般认为，租赁具有以下优点：

第一，可以灵活选择与企业现金流量相匹配的支付租金方式。在租赁关系下，承租人不必像一般性购买那样立即支付大量的资金以取得所需的资产或设备,因此,租赁方式特别适合于资金短缺和正处于发展阶段的企业。在租赁方式下,企业可以不付或先付很少的资金就能得到所需的资产或设备,设备投产后,企业可以设备所生产的产品出售所得分期偿还租金,以达到"借鸡生蛋,以蛋得鸡"的目的。

第二,可以减少资产陈旧的风险。

第三,可以避免因通货膨胀而造成的损失。租赁具有缓和物价暴涨冲击的作用。由于租赁期限一般比较长,而租费通常又是定期等额支付的,其结果就表现为物价上涨会使支付租费的实际成本不断下降。也就是说,租赁可部分地抵销通货膨胀所造成的影响。

第四,筹资成本低廉。如果从银行等金融机构筹措资金,通常要受到严格的限制,大多数金融机构要对企业借入的资金进行强制性存款,并以此作为贷款的抵押。这样,为取得必要的资金,就必须接受超出所需资金的贷款,而租赁却能获得100%的融资效果。此外,租赁业务大多是通过专业性的公司来进行的,租赁公司的专业特长及经验能为承租人找到有利的客户。

第五,对租期较短的租赁而言,租赁能使承租人取得资产负债表表外筹资的效果。对经营租赁而言,会计上并不记录因租赁业务所形成的资产和负债,也就是说,此类性质的租赁不会影响承租人的权益负债比率,其结果是提高了承租人的借款能力。

四、租赁会计的历史回顾

租赁在会计上应如何反映,历来是一个颇具争论性的问题。在早期,租赁常被认为是一项待执行的契约,因此,会计上并不记录租赁业务,只是在支付租金时借记费用而已。

租赁会计的困难之处在于租赁范围实在太宽广了。有些租赁涉及融资活动,而有些租赁仅仅只是资产的短期租借。例如,有些租赁近似于一项购买,只是购买资产的资金由出租人垫付而已,这样,其形式虽然是租赁,但其性质却是融资。

美国是世界上租赁业最发达的国家,企业广泛地将租赁用作筹措资金的手段。如前所述,由于在相当长的一段时期里,租赁所引起的负债是无须纳入资产负债表的,这样,这种融资方法在很大程度上能够粉饰企业的财务状况,以达到资产负债表表外筹资的目的。这一问题早已引起会计界人士的兴趣,并日益受到重视。1949 年,美国注册会计师协会(AICPA)下属的会计程序委员会(CAP)第一次单独就租赁会计问题颁布了一份研究公告,即《会计研究公告第 38 号:长期租赁在财务报表中的列示》(ARB No. 38)。该公告认为,租金固定、期限很长的租赁业务,其未清偿的债务及其他足以影响企业财务使用者判断的相关事项,均需要在财务报表上予以列示或加以说明。

1964 年和 1966 年,取代会计程序委员会的会计原则委员会(APB)先后颁布了两份意见书:《意见书第 5 号:租赁编列承租人财务报表之方法》和《意见书第 7 号:租赁编列出租人财务报表之方法》。这两份意见书明确提出,凡具长期租赁之名而行购买之实者,均应视为资产购置处理,即要求将实质上以分期付款购买的资产予以资本化。

1973 年,财务会计准则委员会(FASB)成立后,便将租赁列为重要研究课题,并于 1976 年颁布了《财务会计准则公告第 13 号——租赁会计》。这份公告取代了原有会计原则制定机构颁布的一切有关租赁的文件。其后,财务会计准则委员会又陆续颁布了有关租赁业务的公告,如第 23 号(1978 年)、第 91 号(1986 年)和第 98 号(1988 年)。

上述公告不仅直接影响了美国的会计实务,也间接影响了该国租赁业的发展。同时,这些公告也成为世界各国制定租赁会计准则的范本。1976 年以来,英国、日本、澳大利亚、加拿大等国先后借鉴了美国的租赁会计准则,颁布了各自的租赁会计准则。

1982 年,国际会计准则委员会颁布了《国际会计准则第 17 号——租赁会计》,并在 1997 年做了大幅度修订。2005 年,国际会计准则理事会颁布了第 17 号国际财务报告准则,即租赁会计准则,取代了以前的租赁会计准则。

我国在相当长的时期内,不存在以融资为主要目的的现代租赁业务,因此,有关租赁业务的处理十分简单,即仅要求在备查登记簿中记录租赁资产,而不列入承租人的资产负债表,也无须确认相应的负债,各期所付租金于当期确认为费用。自 1985 年起,财政部陆续颁布了《中外合资经营工业企业会计科目和会计报表》《关于国营工业企业租赁费用财务处理的规定》和《关于国营工业企业固定资产有关会计处理问题的规定》,首次根据国际通行的租赁会计规范,要求记录以融资方式租入的固定资产并确认相应的债务,但上述文件均未明确规定属于融资租赁范畴的业务应具备哪些条件。

由财政部于 1992 年颁布并于 1993 年 7 月 1 日施行的《企业会计准则》中明确规定,融资租入的固定资产应当比照自有固定资产处理,并在财务报表附注中予以说明。

2001 年 1 月 18 日,财政部以财会〔2001〕7 号文件的方式印发了《租赁会计准则》,并要求自 2001 年 1 月 1 日起施行。

2006 年 2 月 15 日,根据与国际会计准则趋同的需要,财政部颁布了《企业会计准则第 21 号——租赁》,全面规范了租赁业务的确认、计量以及相关信息的列报。

针对租赁会计准则在实务中出现的新问题,财政部还颁布了一些企业会计准则解释公告,以规范租赁会计的处理。

为达成与国际财务报告准则的趋同,2018 年 1 月 8 日,财政部颁布了《企业会计准则第 21 号——租赁(修订)(征求意见稿)》,建议承租人不用区分经营租赁与融资租赁,除一些特例之外,均按融资租赁处理租赁业务。

第二节 承租人会计

一、承租人租赁的分类

租赁协议规定的不可撤销的租赁期间,称为租赁期。如果承租人有权选择续租该资产,并且在租赁开始日就可以合理确定承租人将会行使这种选择权,不论是否再支付租金,续租期也包括在租赁期之内。

租赁双方所签订的租约不可撤销,在租赁协议日与租赁各方就主要条款做出承诺日中的较早日期,称为租赁开始日。在租赁开始日,倘若某项租赁协议能够满足下述一组标准中的任何一条标准,承租人就可以将该项租赁归类为融资租赁,否则就将其归类为经营租赁。这一组标准共有五条,分别是:

(1) 在租赁届满时,资产的所有权转移给承租人。

(2) 承租人有优惠购买租赁资产的选择权。

(3) 租赁期占租赁资产使用寿命的大部分。

(4) 最低租赁付款额的现值几乎相当于租赁资产的公允价值。

(5) 租赁资产性质特殊,如果不做较大修整,只有承租人才能使用。

对上述五条标准,说明如下:

1. 所有权的转移

租赁期届满时,租赁资产的所有权转移给承租人。如果租赁协议中存在这一条标准,就意味着该项租赁与分期付款购买没有任何实质上的区别,承租人应当将其确认为资产和负债。

2. 优惠购买选择权

所谓优惠购买选择权(bargain purchase option),是指承租人有购买租赁资产的选择权,所订立的购买价格预计远低于行使选择权时租赁资产的公允价值,因而在租赁开始日就可以合理地确定承租人将会行使这种选择权。

例如,某企业租入了1台为期3年且每月支付1 000元租金的机器。在租赁开始日,预计租赁期届满时该台机器的公允价值约为10 000元,而租赁协议中约定的购买价格仅为500元甚至更低(这一价格是象征意义上的,因此,人们更多地将其称为名义价格),倘若如此,可以合理地认为企业会在租赁期届满时行使这种购买选择权。

不过,有些时候这一标准却很难应用于实践,租赁期限较长或所租赁资产更新频率较快时就是如此。

3. 租赁期占租赁资产使用寿命的大部分

这里的"大部分",是指租赁期限等于或超过租赁开始日租赁资产尚可使用寿命的75%。如果某项租赁条款符合这条标准,则此项租赁就可归类为融资租赁。之所以采用这一标准,是因为人们相信,一项资产的使用价值大多消耗在其最初的75%年限内。

一般认为,租赁条款是固定的和不可撤销的。然而,如果租赁协议中包含了续租选择权,那么,租赁期限是可以延展的。所谓"续租选择权",是指租赁期届满时,出租人允许承租人以远低于公允租金的价格继续承租租赁资产的权利。在租赁开始日,预计的公允租金要远高于续租选择权的租金,因此,在租赁期届满时,可以合理预计承租人会行使这种权利。

基于上述原因,当租赁协议中含有续租选择权时,人们通常将初始租赁和后续的租赁视为一笔租赁协议,即如果承租人有权选择续租该租赁资产,并且在租赁开始日就可以合理确定承租人将会行使这种选择权,不论是否再支付租金,续租期也包括在租赁期之内。

如果租赁开始日发生于该项资产使用寿命最后的25%年限内,则不必使用这一标准来区分某一项租赁是融资租赁还是经营租赁。即在这种情况下,无论其他条件是否具备,该项租赁均应归类为经营性租赁。

4. 租赁投资的回收

融资租赁是一项融资活动,出租人的投资成本应当得到回收。如果承租人的最低租赁付款额的现值等于或超过被租赁资产公允价值的90%,则该项租赁就能够使出租人的租赁投资得到回收,出租人不仅可以收回投资的本金,还可以收回垫付本金的利息,因此,承租人可将其归类为融资租赁。

5. 租赁资产的专用性

租赁资产性质特殊,如果不做较大修整,只有承租人才能使用。这条标准指租赁资产是出租人根据承租人对资产型号、规格等方面的特殊要求专门建造或购买的，具有专用性。这些租赁资产如果不做较大的重新改制，其他企业通常难以使用，因此，该项租赁资产本质上已经归属于承租人。

二、融资租赁的会计处理

(一) 初始确认与计量

对租赁开始日分类为融资租赁的租赁，所谓“租赁期开始日”，是指承租人有权行使其使用租赁权利的日期，表明租赁行为的开始。

在租赁期开始日，承租人应当对租入的资产、最低租赁付款额和未确认融资费用进行初始确认与计量。具体地说，在租赁期开始日，承租人应当将租赁开始日租赁资产公允价值与最低租赁付款额现值两者中的较低者作为租赁资产的入账价值，将最低租赁付款额作为长期应付款的入账价值，其差额作为未确认融资费用，即承租人在租赁期内所承担的资金成本总和。

承租人的融资租赁的会计处理中，有一个十分重要的概念，即最低租赁付款额的现值，它是最低租赁付款额的折现值。其中的“最低”，是指承租人在租赁开始日预计至少可能支付的金额之和。

1. 最低租赁付款额

最低租赁付款额(minimum lease payment)，是指在租赁期内，承租人应支付或可能被要求支付的款项，以及由承租人或与其有关的第三方担保的资产余值。具体包括以下内容：

(1) 最低租金付款额

最低租金付款额(minimum rental payment)是承租人根据租赁协议每期向出租人支付的租金总额。

需要注意的是，在计算最低租赁付款额时，不应包括履约成本和或有租金。

履约成本(executory costs)，又称使用成本，是指租赁期内为租赁资产支付的各种使用费用，如技术咨询和服务费、人员培训费、维修费、保险费以及一些与行使所有权相关的费用等。

履约成本通常包括在租金之中，但其实质并不是租金，在计算最低租金付款额时应当将其剔除，并在实际发生履约成本时计入当期损益。

或有租金，是指金额不固定、以时间长短以外的其他因素，如销售量、使用量、物价指数等为依据计算的租金。

由于或有租赁金额不固定，无法采用系统合理的方法在租赁期内进行分配，因此，或有租赁应在实际发生时，直接计入当期损益。

(2) 行使优惠购买选择权而支付的价款

诚如前述，租赁协议中如果包含了优惠购买选择权，所订立的购买价款预计远低于行使选择权租赁资产的公允价值，因此，可以合理确定承租人支付的款项中包括了行使优惠购买选择权而支付的任何价款。

某些租赁协议约定，在租赁期届满时，承租人可以约定的价格或名义价格购买所租赁的资产，即一切剩余利益完全归于承租人。所谓“名义价格”，就是承租人以1元或若干元的极微小的价格购入租赁资产，以完成将租赁资产所有权从出租人转移给承租人的法律手续。

即便是约定的价格,也要求它明显低于租赁期届满时该资产的公允价值。

(3) 承租人或与承租人有关的第三方担保余值

如果租赁协议中未包含优惠购买选择权,为促使承租人谨慎地使用租赁资产,尽量减少出租人自身的风险和损失,出租人通常要求承租人或其他当事人对租赁资产的余值进行担保。

所谓“余值”(residual value),也称残值,是指在租赁开始日估计的租赁期届满时租赁资产的公允价值。由于未来具有高度的不确定性,对承租人或与承租人有关的第三方担保的余值,意味着在租赁期届满时很可能是承租人将要支付的一笔款项,根据谨慎原则,承租人应当确认为一项负债,计入最低租赁付款额之中。

担保的余值(guaranteed residual value)至少为某一确定的金额,它可以表现为承租人在租赁期届满时有义务以这一确定的金额购入这一余值,也可以表现为出租人或某一第三方保证承租人在租赁期届满时能够实现这一确定金额。

租赁期届满时,倘若实际余值低于所担保的余值,承租人就必须向出租人支付这一差额;如果实际余值大于所担保的余值,出租人在租赁期届满时就有一个利得,一般要求在签订租赁协议时就应确定这一利得的处置方法。

综上所述,在租赁合同含有优惠购买选择权的条件下,最低租赁付款额通常为最低租金付款额与行使购买选择权而支付的价款之和;在租赁期届满时,租赁资产归还出租人的条件下,最低租赁付款额通常为最低租金付款额与承租人以及与承租人有关的第三方担保余值之和。

在计算最低租赁付款额时,不应包括履约成本和或有租金。

2. *最低租赁付款额的现值*

承租人融资租赁的最低租赁付款额是一项非流动负债,根据重要性原则,应当以现值列示,因此,应当采用一定的折现率将其折算成现值。

由于出租人获得的报酬率就是承租人所承担的资金成本,因此,承租人计算最低租赁付款额的现值时,如果知悉出租人的租赁内含利率,应当采用出租人的租赁内含利率作为折现率;否则,应当采用租赁合同规定的利率作为折现率;如果出租人的租赁内含利率和合同规定的利率均无法知悉,应当采用同期银行贷款利率作为折现率。

所谓“出租人的租赁内含利率”,是指在租赁开始日,能够将出租人的未来可收回金额折现等于净投资成本的折现率。其中,出租人的未来可收回金额为最低租赁收款额与未担保余值之和,出租人的投资净额为租赁资产的公允价值与初始直接费用之和。

出租人的租赁内含利率的具体计算,详见本章第三节的说明。

按一定的折现率将最低租赁付款额折算成的现值,即入承租人融资租入资产的入账价值,与其最低租赁付款额(终值)的差额部分,即为未确认融资费用。

由于资产不能按超过其公允价值的价格来记录,因此,记录租赁资产及负债的量度自然就是取以下两项金额中的较低者:(1) 最低租赁付款额(不包括履约成本)的现值;(2) 租赁开始日租赁资产的公允价值。

如果计算出的最低租赁付款额的现值大于租赁资产的公允价值,则应以租赁资产的公允价值作为承租人租赁资产的入账价值,即在不考虑出租人租赁资产的附带成本的情况下,租赁资产的入账价值不得大于租赁资产的公允价值。

例如，甲公司融资租入一项专用设备，最低租赁付款额为1 000万元，采用一定的折现率折算的现值为600万元，该租赁资产的公允价值为650万元。此外，承租人还另行支付了运输等杂项费用60万元，则甲公司对租入的专用设备，应编制会计分录如下(单位：万元)：

借：固定资产——融资租入固定资产 660

未确认融资费用 400

贷：长期应付款——应付融资租赁款 1 000

银行存款 60

注意，分录中的贷方银行存款60万元是与租赁业务无关的附带支出，不影响融资租赁资产的初始确认与计量。

根据重要性原则，如果最低租赁付款额的终值与现值相差不大时，可直接以最低租赁付款额的终值作为固定资产的入账价值。

(二) 后续计量

在租赁期开始日，承租人对融资租赁资产进行了初始确认与计量后，在租赁期内，需要解决最低租赁付款额的支付、未确认融资费用的分摊、融资租入固定资产折旧的计提等问题。

1. 最低租赁付款额的支付

通常情况下，承租人在支付每期租金时，借记"长期应付款"科目，贷记"银行存款"科目即可。

如果租金中包含了履约成本，由于履约成本并未包含在最低租赁付款额之中，因此，承租人在支付每期租金时，将所有支付的款项贷记"银行存款"科目，将履约成本借记"管理费用"等科目，将不包含履约成本的租金部分借记"长期应付款"科目。

发生或有租金支出时，应直接借记"相关费用"科目，贷记"银行存款"科目。

2. 未确认融资费用的分摊

在融资租赁下，承租人向出租人支付的租金中，包含了本金和利息两部分。对其中的利息部分，承租人应当采用合理和系统的方法将其分摊到各个期间的成本或费用。

根据租赁会计准则的规定，承租人应当采用实际利率法分摊未确认融资费用。

根据租赁开始日租赁资产和负债的入账基础不同，未确认融资费用的分摊率也不尽相同，具体包括以下几种情况：

(1) 以出租人的租赁内含利率作为折现率将最低租赁付款额折现，并将该现值作为租赁资产入账价值的，应当将出租人的租赁内含利率作为未确认融资费用的分摊率。

(2) 以合同规定的利率作为折现率将最低租赁付款额折现，并将该现值作为租赁资产入账价值的，应当将合同规定的利率作为未确认融资费用的分摊率。

(3) 以同期银行贷款利率作为折现率将最低租赁付款额折现，并将该现值作为租赁资产入账价值的，应当将同期银行贷款的利率作为未确认融资费用的分摊率。

(4) 以租赁资产公允价值作为入账价值的，应当重新计算承租人融资租赁的内含利率，并以该内含利率作为未确认融资费用的分摊率。

对每期分摊的未确认融资费用，应借记"财务费用"或"在建工程中"等科目，贷记"未确认融资费用"科目。

未确认融资费用应当在租赁期内分摊完毕,即使租赁合同包含了优惠购买选择权或包含了承租人以及与承租人有关的第三方担保余值时也是如此。

如果分摊计算的结果相差不大时,为简化处理,可以采用与实际利率法近似的方法,如年数总和法、直线法等,分摊未确认融资费用。

3. 融资租入固定资产折旧的计提

承租人对融资租入固定资产折旧的计提,主要涉及两个方面的问题:一是折旧政策,二是折旧期间。

(1) 折旧政策

承租人应当采用与自有固定资产相应的折旧政策对融资租入固定资产计提折旧。折旧方法一般有直线法(平均年限法、工作量法等)和加速折旧法(双倍余额递减法、年数总和法等)。如果承租人或与其有关的第三方对租赁资产的余值提供了担保,则可折旧的基础是固定资产的入账价值(原始成本)减去承租人或与其有关的第三方担保的余值,否则,固定资产的可折旧基础即为租赁开始日固定资产的入账价值。

(2) 折旧期间

由于融资租赁标准影响到租赁资产折旧期间的确定,因此,在不同的租赁协议下,租赁资产折旧期间的确定是不相同的。如果租赁符合上述确定融资租赁五条标准中的第一条或第二条,那么就必须以租赁资产的使用寿命(自然寿命和经济寿命的较短者)作为租赁资产的折旧期间。之所以如此,是因为如果租赁满足第一条或第二条标准,那么就有理由认为承租人最终将购入这一租赁资产,也就是说,承租人将拥有该项资产的全部使用年限。如果不符合上述五条标准的第一条或第二条,但却符合第三条或第四条标准,那么就应以租赁期间作为租赁资产的折旧期间。因为在这种情况下,承租人拥有该项资产全部使用年限的可能性并不太大,所有的成本应在租赁期内收回。

因此,融资租入固定资产的折旧期间,除考虑一般性要求的物理与经济损耗外,还要考虑租赁合同的规定。如果能够合理确定租赁期届满时承租人将会取得租赁资产的所有权,即应以租赁开始日该项租赁资产的可使用寿命作为固定资产的折旧期间;如果无法合理确定租赁期届满时承租人是否能够取得该项租赁资产的所有权,则应以租赁期与租赁资产使用寿命两者中的较短者作为折旧期间。

在实务中,因当月增加固定资产当月不计提折旧,如果租赁期开始日是在期初,折旧期间应当是上述两种情况下的折旧期间减 1 个月。

需要注意的是,如果出租人提供了免租期,即使没有支付租金费用,但在免租期内,承租人仍然要分摊免租期内的折旧费用和相应的未确认融资费用的分摊额。

(三) 租赁期届满时的会计处理

租赁期届满时,承租人对租赁资产的处理通常包括三种情况,即返还、优惠续租和留购。

在租赁期届满时,如果向出租人归还的租赁资产包括了承租人或与承租人有关的第三方担保的余值,则应当将上述两项担保余值部分支付给出租人,借记"长期应付款"科目,借记"累计折旧"科目,贷记"固定资产"科目。在有担保余值的情况下,租赁期届满时,租赁资产的账面价值应当等于承租人或与承租人有关的第三方的担保余值。

如果承租人行使了优惠续租选择权,应视同该项租赁一直存在而做出相应的账务处理,即租赁期间包括了续租期间。

需要注意的是，倘若租赁合同约定租赁期届满时，承租人必须续租或将租期延展，而承租人到期却未能履约，承租人就要向出租人支付未能续约或延长租赁期限的违约金，支付的违约金应计入营业外支出项目。

如果租赁合同中包含了优惠购买选择权，则在租赁期届满，支付购买价款时，除借记“长期应付款”科目，贷记“银行存款”科目外，还需要将固定资产从“融资租入固定资产”明细科目转入诸如“生产用固定资产”之类的明细科目。

(四) 承租人对融资租入固定资产的会计处理举例

下面分别承租人或与承租人有关的第三方是否存在担保余值，说明承租人对融资租赁的会计处理。

【例 1】 2016 年 1 月 1 日，甲公司(出租人)和乙公司(承租人)签订了一份租赁合同，该合同于同日生效。该租赁合同有关条款如下：

(1) 租赁期限为 5 年，租赁合同不可撤销，乙公司(承租人)于每年年末等额支付 28 379.75 元的租金。

(2) 租赁开始日，租入设备的公允价值为 100 000 元，该设备估计使用寿命为 5 年，无余值。

(3) 除每年 2 000 元的保险费直接包含在每年支付的租金当中外，所有其他履约成本均由承租人直接支付给第三方。

(4) 租赁未含续租选择权，租赁期届满时，设备归还给甲公司(出租人)。

(5) 乙公司对租赁资产采用与自有资产相同的折旧方法。假定乙公司采用双倍余额递减法计提折旧。

(6) 甲公司(出租人)的租赁内含利率为 10%。

分析上述租赁条款，可将该租赁归类为融资租赁。理由在于：(1) 5 年租赁期限满足第二条标准，即租赁期间超过租赁资产使用寿命的 75%；(2) 最低租赁付款额现值(计算见下)超过租赁资产公允价值(100 000 元)的 90%。

乙公司最低租赁付款额总计为 131 898.75 元[(28 379.75－2 000)×5]，记录为租赁资产的数额应为其现值。最低租赁付款额的现值为 100 000 元，计算如下：

最低租赁付款额的现值＝(28 379.75－2 000)×5 年期年利率 10%的年金现值系数

＝26 379.75×3.790 79

＝100 000(元)

对于租赁资产，应按最低租赁付款额的现值入账，但对应付租赁款的入账金额则有总价法和净价法之分。在净价法下，租赁资产和租赁负债均以净值入账；而在总价法下，固定资产按净值(现值)入账，应付租赁款则按总价入账，两者的差额记入“未确认融资费用”科目。

本书按照我国租赁会计准则的规定，采用总价法进行会计处理。

(1) 2016 年 1 月 1 日，租赁期开始日，乙公司(承租人)应对租赁资产进行初始确认与计量，编制会计分录如下：

借：固定资产——融资租入固定资产	100 000.00
未确认融资费用	31 898.75
贷：长期应付款——应付融资租赁款	131 898.75

需要注意的是,分录中的租赁资产是按现值记录的,而租赁负债是按终值记录的。

(2) 后续计量

乙公司在取得租赁资产后,应采用实际利率法,分摊确认各期的利息费用。

在实际利率法下,应摊销的未确认融资费用等于期初未偿还租赁负债额(长期应付款余额——未确认融资费用余额)乘以实际利息率(本例为出租人的租赁内含利率)。

乙公司租赁摊销表见表 13-1。

表 13-1　乙公司(承租人)租赁摊销表

单位:元

年　份	年租金付款额 (1)	履约成本 (2)	利息费用 (3)	租赁负债的偿还 (4)	租赁负债总额 (5)	未确认融资费用余额 (6)	租赁负债净额 (7)
2016 年 1 月 1 日					131 898.75	31 898.75	100 000.00
2016 年 12 月 31 日	28 379.75	2 000.00	10 000.00	16 379.75	105 519.00	21 898.75	83 620.25
2017 年 12 月 31 日	28 379.75	2 000.00	8 362.03	18 017.73	79 139.25	13 536.73	65 602.53
2018 年 12 月 31 日	28 379.75	2 000.00	6 560.25	19 819.50	52 759.50	6 976.47	45 783.03
2019 年 12 月 31 日	28 379.75	2 000.00	4 578.30	21 801.45	26 379.75	2 398.17	23 981.58
2020 年 12 月 31 日	28 379.75	2 000.00	2 398.17	23 981.58	0.00	0.00	0.00
合　计	141 898.75	10 000.00	31 898.75	100 000.00	—	—	—

注:(1) 租赁合同所要求的年付款额。

(2) 包含于租金付款额中的履约成本。

(3) =上期的(7)×10%。

(4) =(1)-(2)-(3)。

(5) =上期的(5)-[(1)-(2)]。

(6) =上期的(6)-本期的(3)。

(7) =(5)-(6)。

最后一年的利息费用含尾差调整 0.01 元。

2016 年 12 月 31 日,乙公司(承租人)应确认的利息费用为 10 000 元,应编制会计分录如下:

借:财务费用　　10 000

　贷:未确认融资费用　　10 000

2016 年 12 月 31 日,乙公司(承租人)在支付第一笔租赁付款额时,应编制会计分录如下:

借:长期应付款——应付融资租赁　　26 379.75

　　管理费用——保险费　　2 000.00

　贷:银行存款　　28 379.75

在其后每年支付的 28 379.75 元租金付款额中,实际上有三个构成项目:(1) 偿还租赁负债本金;(2) 支付融资费用(利息费用);(3) 履约成本(保险费)。租赁期间利息费用总计为 31 898.75 元,即租赁资产现值 100 000 元和支付的租赁付款额总数 131 898.75 元(不包括保险费)的差额。

因租赁协议未含续租选择权,乙公司将租赁资产的折旧年限确定为 5 年,并采用与自有固定资产相同的折旧方法即双倍余额递减法计提折旧,则 2016 年度的折旧额为 40 000 元

(100 000÷40%)。2016 年 12 月 31 日,乙公司还应编制会计分录如下(为简化起见,假定当月增加固定资产当月计提折旧):

借:制造费用　　40 000

　贷:累计折旧　　40 000

从上面的分录可以看出,在租赁期开始日以后,租赁资产和租赁负债的会计处理就相互分开了。与此相对应,为使资产负债表中的租赁负债得到充分披露,应将租赁负债区分为流动负债和非流动负债两部分予以陈报。此例中,2016 年 12 月 31 日的租赁负债净额为 83 620.25 元,根据表 13-1 可知,流动负债部分为 26 379.75 元。

据此,2016 年 12 月 31 日,乙公司资产负债表中有关租赁负债的信息应做如下披露:

流动负债:

　1 年内到期的长期负债　　26 379.75

非流动负债:

　长期应付款

　其中:应付融资租赁款　　57 240.50

除上述列示外,承租人还应在附注中披露与融资租赁有关的下列信息:

(1) 各类租入固定资产的期初和期末原价、累计折旧额。

(2) 资产负债表日后连续 3 个会计年度每年将支付的最低租赁付款额,以及以后年度将支付的最低租赁付款总额。

(3) 未确认融资费用的余额,以及分摊未确认融资费用所采用的方法。

在租赁期届满时,租赁资产已全部折旧完毕,租赁负债也已全部清偿。若在租赁期届满时,乙公司按租赁合同的约定,将该租赁设备归还给甲公司,则乙公司应将账面有关记录予以销记,即编制会计分录如下:

借:累计折旧　　100 000

　贷:固定资产　　100 000

在租赁期届满时,倘若乙公司以 8 000 元的价格购入了这一设备,且该设备还可使用 2 年,则乙公司应编制会计分录如下:

借:固定资产　　8 000

　　累计折旧(租赁资产)　　100 000

　贷:固定资产　　100 000

　　银行存款　　8 000

【例 2】 2016 年 1 月 1 日,甲公司(出租人)和乙公司(承租人)签订了一份租赁合同,该合同于同日生效。该租赁合同有关条款如下:

(1) 租赁期限为 4 年,租赁合同不可撤销,乙公司(承租人)于每年年末等额支付 27 000 元的租金。

(2) 租赁开始日,租入设备的公允价值为 100 000 元,该设备估计使用寿命为 5 年。

(3) 除每年 2 000 元的保险费直接包含在每年支付的租金当中外,所有其他履约成本均由承租人直接支付给第三方。

(4) 租赁未含续租选择权,租赁期届满时,设备归还给甲公司(出租人)。

(5) 乙公司对租赁资产采用与自有资产相同的折旧方法,即直线法计提折旧。

(6) 租赁合同规定的利率为8%。

(7) 租赁届满时,租赁资产的余值为10 000元,由乙公司担保。

在租赁开始日,对照租赁分类标准,此项租赁可分类为融资租赁。

租赁期开始日,乙公司最低租赁付款额总计为110 000元[(27 000－2 000)×4＋10 000],记录为租赁资产的数额应为其现值。由于不知道甲公司租赁内含利率,因此,应当采用合同规定的利率8%作为折现率计算最低租赁付款额的现值。计算如下:

最低租赁付款额的现值＝(27 000－2 000)×4年期年利率10%的年金现值系数＋10 000×4年期年利率8%的现值系数

＝25 000×3.312 13＋10 000×0.735 03

＝90 153.55(元)

乙公司租赁摊销表见表13－2。

表13－2　　乙公司(承租人)租赁摊销表　　单位:元

年　份	年租金付款额	履约成本	利息费用	租赁负债的偿还	租赁负债总额	未确认融资费用余额	租赁负债净额
	(1)	(2)	(3)	(4)	(5)	(6)	(7)
2016年1月1日					110 000	19 846.45	90 153.55
2016年12月31日	27 000	2 000	7 212.28	17 787.72	85 000	12 634.17	72 365.83
2017年12月31日	27 000	2 000	5 789.27	19 210.73	60 000	6 844.90	53 155.10
2018年12月31日	27 000	2 000	4 542.41	20 747.59	35 000	2 592.49	32 407.51
2019年12月31日	27 000	2 000	2 592.49	22 407.51	10 000		10 000
合　计	108 000	8 000	19 846.45	90 153.55	—	—	—

注:(1) 租赁合同所要求的年付款额。
(2) 包含于租金付款额中的履约成本。
(3) ＝上期的(7)×8%。
(4) ＝(1)－(2)－(3)。
(5) ＝上期的(5)－[(1)－(2)]。
(6) ＝上期的(6)－本期的(3)。
(7) ＝(5)－(6)。
最后一年的利息费用含尾差调整0.11元。

乙公司的会计处理与例1基本相同,只是在租赁期届满时,向出租人返还租赁资产时,乙公司应当编制会计分录如下:

借:长期应付款——应付融资租赁款　　10 000.00
　　累计折旧　　80 153.55
　贷:固定资产——融资租入固定资产　　90 153.55

需要注意的是,如果在租赁期届满时,担保余值的公允价值不足10 000元,如只有4 000元,则乙公司应向甲公司支付差额6 000元,并将其记入营业外支出项目;如果担保余值的公允价值超过10 000元,假定为16 000元,超出部分应按租赁合同约定的方式处理,一般应采用利益均沾的原则,则由甲公司返还超出部分的50%给乙公司,乙公司收到3 000元款项时,应记入营业外收入项目。

三、经营租赁的会计处理

如前所述，在租赁开始日，若租赁资产所有权上的风险和报酬本质上未从出租人转移到承租人，则该租赁可以归类为经营租赁。在经营租赁下，由于承租人不承担租赁资产的风险，租赁期间较短，而且还可以中途通知出租人撤销租赁合同，因此，承租人不需要将租赁资产资本化，而只需将支付或应付的租金作为当期费用处理即可。

假定例 1 中的租赁合同是一项经营租赁，则承租人于每年 12 月 31 日支付租金时，应编制会计分录如下：

借：制造费用　　26 379.75

　　管理费用　　2 000.00

　贷：银行存款　　28 379.75

如果承租人在租期开始时，一次性预付了多年的租金，承租人应当将预付的租金借记“长期待摊费用”科目，并在租赁期内按合理和一致的方法将其确认为租赁各期的费用。

需要注意的是，有些经营租赁，出租人会向承租人提供免租期，在这种情况下，承租人应当在不扣除免租期的整个租赁期内，按直线法或其他合理的方法分摊租金总额，即免租期内也要确认租金费用。

租入的资产连同租入资产而引起的非流动负债，在资产负债表上都不需要列示。但是，为保证租赁资产的安全和有效使用，承租人应设置“经营租赁资产”备查簿做备查登记，以反映和监督租赁资产的使用、结存和归还情况。倘若是一项不可撤销的租赁合同且租赁期超过 1 年以上，那么，该项租赁应在资产负债表的附注中予以说明。

四、融资租赁与经营租赁的比较

如前所述，例 1 中的租赁倘若归类为经营租赁，则第 1 年所记录的租金费用为 26 379.75 元；倘若归类为融资租赁，则第 1 年所记录的费用总数为 50 000 元，其中，折旧费用 40 000 元（双倍余额递减折旧法下），利息费用 10 000 元。表 13－3 列示了两种租赁条件下每年的费用额及其差异。

表 13－3　　融资租赁和经营租赁下费用比较一览表　　单位：元

年 份	融 资 租 赁			经营租赁	差 异
	折旧费用	利息费用	费用合计		
2016	40 000	10 000.00	50 000.00	26 379.75	23 620.25
2017	24 000	8 362.03	32 362.03	26 379.75	5 982.28
2018	14 400	6 560.25	20 960.25	26 379.75	(5 419.50)
2019	10 800	4 578.30	15 378.30	26 379.75	(11 001.45)
2020	10 800	2 398.17	13 198.17	26 379.75	(13 181.58)
合 计	100 000	31 898.75	131 898.75	131 898.75	0.00

从表 13－3 中可以看出，在最初的 2 年里，相对于经营租赁而言，融资租赁下的费用要高，而在最后的 3 年里，情况却正好相反。

除此之外,在融资租赁下,必须同时记录租赁资产和租赁负债;而在经营租赁下,则无须做这样的记录。这样,倘若一项经营租赁业务归入融资租赁,其结果就会:(1) 增加了负债(流动和非流动);(2) 增加了资产(特别是长期资产);(3) 租赁早期收益和留存收益较低。有鉴于此,许多企业认为,倘若将一项租赁合同反映为融资租赁,就会对企业的财务状况和经营成本产生不利的影响,因为如若做这样的处理,就会提高企业的权益负债比率和降低资产报酬率,就会影响企业的融资能力。正因为如此,很多企业不愿意将租赁业务做融资租赁处理;而租赁会计的会计准则则朝着相反的方向发展,即尽量减少融资租赁和经营租赁分类的任意性,国际会计准则发布的《国际财务报告准则第 16 号——租赁》已明确不再区分融资租赁和经营租赁,即所有租赁都应列入承租人的资产负债表。

2016 年 1 月 13 日,国际会计准则理事会发布了《国际财务报告准则第 16 号——租赁》(IFRS16)。新的租赁准则将于 2019 年 1 月 1 日起生效。

新的租赁准则适用几乎所有资产类型的租赁安排,以下资产类型的租赁安排除外:

(1) 对于出租人而言的无形资产的租赁。

(2) 自然资源的开采和使用权的租赁。

(3) 生物资产的租赁。

新的租赁准则的主要变化包括:

第一,大多数租赁安排中,承租人将同时确认一项资产和负债。

第二,与现行《国际会计准则第 17 号——租赁》规定不同,对于承租人而言,新的租赁准则不再区分经营租赁和融资租赁。在新的租赁准则下,承租人的会计确认和计量概括如下:

(1) 会计确认。当一项合同建立于使用一项已辨认资产(无论使用条款是否明确),或者当承租人根据合同有权决定该项可辨认资产的使用以及有权获取与使用该项资产相关的几乎所有的经济利益时,承租人可以根据 IFRS16 确认一项租赁安排。

(2) 初始计量。承租人根据租赁付款额现值来对使用权资产和租赁负债进行初始计量。

(3) 后续计量。承租人通常使用直线法对使用权资产进行折旧,折旧年限为租赁期和使用权资产的使用寿命中较短者;承租人根据租赁期开始日确定的折现率,使用利率法确认每个资产负债日的租赁负债。

第三,低值资产和短期租赁安排中,承租人对租赁安排可选择不同的确认和计量方法。

对于低值资产的租赁和对于租赁期不超过 12 个月的短期租赁安排,承租人可以选择按照直线法直接确认租赁费用。国际会计准则理事会讨论了价值 5 000 美元以下的相关资产可能被认为是低值资产。

五、售后租回交易的会计处理

售后租回(sale-leaseback)交易,是指卖方将一项资产出售后又将这同一资产租赁回来的交易。由于卖方在将资产出售后又将这一资产租赁回来,此处的卖方既是销售者又是承租人。从本质上讲,这项交易是一项融资行为,即出售与租回是一笔交易,换言之,就是将出售的资产视为抵押,向购买方取得了借款(销售所得金额),再通过支付租赁款的方式分期偿还借款(包括本金和利息),因此,在此项交易发生时,不应确认资产的出售损益。

可用一简例予以说明。假定卖方将一项成本为 100 000 元的设备以 150 000 元的价格出售,同时又以公允价值 150 000 元从买方将其租回,并在未来 4 年内,每年支付 50 000 元的租金。这时,如果只看销售业务,可以认为卖方有一笔 50 000 元的销售毛利;但是,如果再看租赁业务,就可以发现,这 150 000 元的销售款将在租赁期间分期归还给出租人。其结果是卖方只是简单地从出租人那里借入了 150 000 元的资金,然后在承担利息 50 000 元(50 000×4－150 000)的前提下,于未来租赁期间内将这一借入资金归还给出租人。

从上面的例子中可以看出,售后租回交易是一揽子买卖,即资产的出售和租回实质上是同一项交易。

(一) 售后租回交易形成融资租赁

售后租回交易形成融资租赁的,出售资产的损益应当予以递延,并在未来的期间内,按照该项资产的折旧进度进行分摊,作为折旧费用的调整。

所谓"按折旧进度进行分摊",是指在对该项租赁资产计提折旧时,按与该项资产计提折旧所采用的折旧率相同的比例对未实现售后租回损益进行分摊。

【例 3】 2018 年 1 月 1 日,甲公司将成本为 600 000 元的设备以 800 000 元的价格出售给乙公司,并立即以 800 000 元的价格将其租回,所签订租赁协议的有关条款如下:

(1) 租赁期为 5 年,租赁协议不可撤销,要求承租人在每年年末等额支付租金,每期租金数为 200 000 元。

(2) 设备的公允价值为 800 000 元,经济寿命为 5 年。

(3) 所有使用成本归承租人支付。

(4) 承租人的折旧方法为直线折旧法。

(5) 出租人的内含利率为 7.931%。

从上面的租赁协议中可以看出,此项租赁在承租人方面可以归类为融资租赁。假定租赁款回收的可能性很高,且出租人应尽的义务大多已经履行,在出租人方面可以归类为直接融资租赁——因为该项租赁的租赁期超过租赁资产经济寿命的 75%,且租赁付款额的现值超过租赁资产公允价值的 90%。

对此项售后租回交易,2018 年度,甲公司(承租人)相应的会计处理如下(其他年度的会计处理从略)。

(1) 2018 年 1 月 1 日,销售和租赁时:

借:银行存款	800 000	
贷:固定资产清理		600 000
递延收益		200 000
借:固定资产	800 000	
未确认融资费用	200 000	
贷:长期应付款		1 000 000

(2) 2018 年 12 月 31 日,支付第一期租赁款时:

借:长期应付款	200 000	
贷:银行存款		200 000

(3) 计提 2018 年折旧时:

借:制造费用(800 000÷5)	160 000	
贷:累计折旧		160 000

(4) 摊销 2018 年递延收益时:

借：递延收益(200 000÷5)　　40 000

　贷：制造费用　　40 000

上述处理的结果，相当于甲公司将成本 600 000 元的设备作为固定资产，并采用直线法计提折旧，每年的折旧费用为 120 000 元[(160 000−40 000)=600 000÷5]。

(5) 确认 2018 年度利息费用时：

借：财务费用(800 000×7.931%)　　63 448

　贷：未确认融资费用　　63 448

(二) 售后租回交易形成经营租赁

售后租回交易形成经营租赁的，应当视情况分别处理。在有确凿证据表明售后租回交易是按照公允价值达成的，售价与资产账面价值之间的差额应当计入当期损益。如果售后租回交易不是按照公允价值达成的，有关损益应于当期确认；但如果该损失将由低于市价的未来租赁付款额补偿，则应当将其递延，并按与确认租金费用相一致的方法于预计的资产使用期限内予以摊销；如果售价高于公允价值的，其高于公允价值的部分应当予以递延，并在预计的使用期限内摊销。

在经营租赁下，售后租回交易产生的递延损益应当采用每期支付租金占总租金的比率进行摊销。

第三节　出租人会计

一、出租人租赁的分类

租赁开始日，出租人应当将租赁认定为融资租赁或经营租赁，并确定在租赁期开始日应确认的金额。

在租赁开始日，作为当事人之一的出租人，若其租赁合同满足下述第一组标准中的任何一条和第二组标准的全部，则该租赁可归类为融资租赁。

(一) 第一组

第一组的分类标准与承租人租赁的分类标准相同，具体如下：

(1) 租赁资产所有权上的风险和报酬本质上已让渡给承租人。

(2) 租赁合同中含有优惠购买选择权。

(3) 租赁期限等于或超过租赁资产预计使用寿命的 75%。

(4) 最低租赁收款额(不包括使用成本)现值等于或超过租赁资产公允价值的 90%。

(5) 租赁资产是按照承租人的需要专门购买或建造的。

(二) 第二组

相对于承租人而言，租赁业务中，出租人面临的风险实际上要远高于承租人，如果租金的可收回性具有很大的不确定性或出租人存在大量非补偿性的支出，就有理由相信租赁资产所有权上的风险和报酬并未在本质上从出租人转移给承租人。这是实质重于形式会计原则在租赁中的具体运用。因此，在承租人租赁分类的基础上，还应同时具备以下两项标准：

(1) 向承租人很可能收回租金，收取租金的可能性能够可靠地估计。

(2) 租赁协议中不含有重要的由出租人承担的非补偿性的费用，即出租人应尽的义务基本上已经履行或未来发生的成本可以合理预计。

我国租赁会计准则采用了承租人与出租人相同的分类标准，即对出租人的租赁分类，没有使用第二组标准，但在后续计量中，要求出租人的租金如不能得到收回，则应当终止租赁收入的确认，同时对不包括未确认融资收益（利息）的应收租赁款计提资产减值损失。

对分类为融资租赁的租赁业务，还可再区分直接融资租赁（direct financing leases）与销售型租赁（sale-type leases）。区分直接融资租赁与销售型租赁的唯一标志是在租赁开始日是否有损益的发生。

如果某项租赁条款中，出租人仅仅只为承租人租赁资产提供资金，则这种融资租赁就称为直接融资租赁。在直接融资租赁下，由于租赁付款额的现值等于出租人在该资产中的净投资额，因此，在租赁开始日，出租人未取得（销售）收益或发生损失。出租人在该租赁中唯一的收益就是租赁期间的利息收入。

大多数直接融资租赁都涉及诸如租赁公司、保险公司这样的金融机构，这些金融机构通常并不销售这些被租赁的资产，而仅仅只为承租人提供租赁资产所需的资金，并在其后的期间里取得利息收入。

如果某项租赁除为承租人提供资金外，出租人还通过将资产转移（销售）给承租人来赚取利润，则这种租赁就可归类为销售型租赁。在销售型租赁下，出租人有两个盈利来源，即：(1) 将资产销售给承租人而取得的利润或损失；(2) 在租赁期间中的利息收入。

大多数销售型租赁都涉及既从事资产销售又从事资产租赁的公司，如设备制造厂或供货商，这些公司（出租人）不仅向承租人销售资产，而且还为承租人就该项销售提供资金。

如果某项直接融资租赁涉及承租人、出租人和一个或多个长期贷款人，而这些长期贷款人提供了取得租赁资产所需的大部分资金，并且对出租人通常又没有一般的追索权，则这种租赁习惯上称为杠杆租赁。

所有不能归类为直接融资租赁和销售型租赁的租赁，统称为经营租赁。

需要注意的是，如果出租人将已出租的房屋建筑物以及土地使用权归类为投资性房地产项目，则此类出租业务应当根据投资性房地产会计准则进行会计处理。

二、直接融资租赁的会计处理

(一) 初始确认与计量

对租赁开始日分类为融资租赁的租赁，在租赁期开始日，出租人应当对租出的资产、最低租赁收款额、未担保余值、未确认融资收益进行初始确认与计量。

在直接融资租赁下，出租人应设置“长期应收款”账户反映应收取的租金等款项。直接融资租赁下的会计处理，涉及以下相关概念及金额的计算问题：

1. 投资总额（应收租赁款）

投资总额（应收租赁款）为最低租赁收款额加上未予担保的租赁期限届满时预计余值。在出租人支付初始直接费用的情况下，投资总额还应当包括出租人初始直接费用。

其中，最低租赁收款额是指承租人最低租赁付款额加上独立于承租人和出租人，但在财务上有能力担保的第三方对出租人担保的资产余值。初始直接费用是指在租赁谈判和签订租赁合同的过程中发生的可直接归属于租赁项目的支出，如佣金、律师费、差旅费、谈判费等。

出租人投资总额的具体计算如表 13－4 所示。

表 13－4　　出租人投资总额的构成内容

<table>
<tr><th colspan="3">租赁条款包括的内容</th><th>租赁协议中含购买选择权时</th><th>租期届满时租赁资产归还出租人时</th></tr>
<tr><td rowspan="5">出租人投资总额</td><td rowspan="4">最低租赁收款额</td><td rowspan="2">承租人最低租赁付款额</td><td>租金付款额(不包括履约成本)</td><td>租金付款额(不包括履约成本)</td></tr>
<tr><td>行使购买选择权的价款</td><td>承租人及与承租人有关的第三方担保余值</td></tr>
<tr><td>无关第三方担保余值</td><td></td><td></td></tr>
<tr><td>支付的初始直接费用</td><td></td><td></td></tr>
<tr><td colspan="2">未担保余值</td><td></td><td></td></tr>
</table>

2. 投资净额

所谓"出租人投资净额",是指出租人在租赁业务中所有垫付的资金。该数额通常等于租赁资产的公允价值,但如果发生了直接归属于融资租赁的初始直接费用,则投资净额还应包括出租人的这项支出。

3. 未实现融资收益(未获利息收入)

未实现融资收益(未获利息收入)的数额为投资总额与投资净额的差额,即出租人投资的现值与终值的差额。

出租人投资总额、投资净额和未实现融资收益之间的关系可用会计分录表述如下:

借:长期应收款(最低租赁付款额加上无关第三方担保余值)　　×××
　　未担保余值　　×××
　贷:融资租赁资产(公允价值)　　×××
　　　银行存款(初始直接费用)　　×××
　　　未实现融资收益　　×××

分录中的借方之和为出租人的投资总额,贷方中融资租赁资产与银行存款为出租人的投资净额,两者之差为出租人的未实现融资收益。

需要注意的是,无论资产的余值是否被担保,都应当是出租人投资净额的一部分,都应当在租赁期届满时予以收回。出租人之所以要求承租人对租赁资产的预计余值予以担保,是因为这样做可以促使承租人谨慎使用租赁资产,从而使出租人能避免因承租人过量使用租赁资产而可能遭受的损失,以使出租人全额实现租赁资产净投资上的收益。

很显然,资产余值的担保与否对出租人投资净额的收取程度会产生直接影响。与余值未被担保的情况相比,余值被担保的情况下的投资净额被全额收回的可靠性程度明显就要高一些;换言之,出租人所承担的风险就要小一些。因此,在确定内含利率时,报酬率也就要低一些,其结果是所确定的租金收款额也低一些。

不过,倘若报酬率一定,那么,无论余值是否被担保,所计算出的租金收款额应当相同。

(二)后续计量

1. 租赁收入的确认

在租赁期内,出租人应采用实际利率法将未实现融资收益确认为租赁收入,出租人每期实现的租赁收入为投资净额乘以出租人租赁内含利率。

2. 应收租赁款坏账准备的计提

在租赁期内，出租人应当定期根据承租人的财务和经营管理情况，以及租金逾期期限等因素，分析应收租赁款的风险程度和回收的可能性，对应收租赁款合理计价，并据此计提坏账准备。

需要注意的是，计提坏账的基础是出租人未收回的投资净额，即应收融资租赁款减未实现融资收益的部分，也即出租人尚未收回的投资本金。

计提坏账准备的方法由出租人根据制定的本身的会计政策确定，一般采用单项计提的方式确定，一经确定，不得随意变更。

应收租赁款的坏账处理与通常的应收账款坏账处理相同，本书从略。

3. 未担保余值的复核及处理

由于未担保余值的金额决定了租赁内含利率的大小，从而决定了未实现融资收益的分配，因此，在未担保余值发生减少和已确认损失的未担保余值得以恢复的情况下，均应当重新计算租赁内含利率，以后各期应根据修正后的租赁投资净额和重新计算的租赁内含利率确定租赁收入。

出租人至少应当于每年年度终了时，对未担保余值进行复核。在发生未担保余值预计可收回金额低于其账面价值时，应将其差额借记"资产减值损失"科目，贷记"未担保余值减值准备"科目。由于未担保余值是促成租赁业务而发生的，应当由以后各期的租赁收入来承担，因此，还需要编制借记"未实现融资收益"科目、贷记"资产减值损失"科目的会计分录。

租赁期内发生的或有租金收入，应确认为发生当期的租赁收入。

(三) 租赁期届满时的会计处理

租赁期届满时，出租人应区别以下情况进行会计处理：

1. 出租人收回租赁资产

根据租赁合同的不同，出租人在收回租赁资产时，因余值的担保与否或不同，可能会出现以下三种情况：

(1) 资产余值未予担保

出租人收到承租人交还的未担保余值时，应借记"融资租赁资产"科目，贷记"未担保余值"科目。

(2) 资产余值全部予以担保

在资产余值全部予以担保的情况下，包括承租人或与承租人有关的第三方担保，以及与承租人和出租人无关，但有能力的第三方担保，出租人收到承租人交还的担保余值时，应借记"融资租赁资产"科目，贷记"长期应收款"科目。

如果收回租赁资产的价值低于担保余值，则应向承租人或第三方收取价值损失补偿金，借记"银行存款"或"其他应收款"科目，贷记"营业外收入"科目。

(3) 资产余值部分予以担保

此种情况下，出租人的会计处理是上述(1)与(2)的组合。

2. 出租人出售资产

如果租赁合同包括了优惠购买选择权，在租赁期届满时，承租并行使了购买选择权，出租人应根据行权价款，借记"银行存款"科目，贷记"长期应收款"科目。

3. 优惠续租租赁资产

如果承租人行使了优惠续租选择权,出租人应视同该项租赁一直存在而做出相应的账务处理,如继续分配确认续租期的未实现融资收益。

如果承租人未行使优惠续租选择权,根据租赁合同约定,承租人支付了违约金,出租人应将其计入营业外收入项目。

(四) 出租人融资租赁会计处理举例

下面举例说明出租人融资租赁的会计处理。

【例 4】 2014 年 1 月 1 日,甲公司(出租人)和乙公司(承租人)签订了一份租赁合同,该合同于同日生效。该租赁合同有关条款如下:

(1) 租赁期限为 5 年,租赁合同不可撤销,乙公司(承租人)于每年年末等额支付 27 000 元的租金。

(2) 租赁开始日,租入设备的公允价值为 100 000 元,该设备估计使用寿命为 6 年。

(3) 除每年 2 000 元的保险费直接包含在每年支付的租金当中外,所有其他履约成本均由承租人直接支付给第三方。

(4) 租赁未含续租选择权,租赁期届满时,设备归还给甲公司(出租人)。

(5) 租赁届满时,租赁资产的余值为 10 000 元,其中,由乙公司担保的余值为 5 000 元,未担保余值为 5 000 元。

(6) 甲公司以银行存款 980 元支付了与该项租赁业务相关的初始直接费用。

在租赁开始日,对照租赁分类标准,此项租赁可分类为融资租赁(直接融资租赁)。甲公司的投资总额为 135 000 元[(27 000－2 000)×5＋10 000],其中,计入长期应收款的金额为 130 000 元[(27 000－2 000)×5＋5 000],未担保余值为 5 000 元;投资净额为 100 980 元,其中,租赁资产的公允价值为 100 000 元,支付的初始直接成本为 980 元;未确认融资收益为 34 020 元(135 000－100 980)。

采用内插法,可知甲公司的租赁内含利率为 10%。

在租赁期开始日,甲公司应编制会计分录如下:

借:长期应收款——应收融资租赁款　　130 000
　　未担保余值　　5 000
　贷:融资租赁资产　　100 000
　　　银行存款　　980
　　　未实现融资收益　　34 020

在租赁期间内,出租人应采用实际利率法确认各期的租赁收入。甲公司租赁摊销表如表 13－5 所示。

表 13－5　　甲公司(出租人)租赁摊销表　　单位:元

年　份	年租金收款额	履约成本	租赁收入	租赁收款额的回收	应收租赁款总额	未担保余值	未实现融资收益余额	应收租赁款净额
	(1)	(2)	(3)	(4)	(5)	(6)	(7)	(8)
2014 年 1 月 1 日					130 000	5 000	34 020.00	100 980.00
2014 年 12 月 31 日	27 000	2 000	10 098.00	14 902.00	105 000	5 000	23 922.00	86 078.00

续 表

年 份	年租金收款额	履约成本	租赁收入	租赁收款额的回收	应收租赁款总额	未担保余值	未实现融资收益余额	应收租赁款净额
	(1)	(2)	(3)	(4)	(5)	(6)	(7)	(8)
2015年12月31日	27 000	2 000	8 607.80	13 692.20	80 000	5 000	15 314.00	69 685.80
2016年12月31日	27 000	2 000	6 968.58	18 031.42	55 000	5 000	8 345.60	51 654.40
2017年12月31日	27 000	2 000	5 165.44	19 834.56	30 000	5 000	3 180.20	31 819.80
2018年12月31日	27 000	2 000	3 180.18	21 819.82	5 000	5 000	0	10 000.00
合 计	135 000	10 000	28 803.70	90 980.00	5 000	5 000	0	10 000.00

注：(1) 租赁合同所约定的年收款额。
(2) 包含于租金付款额中的履约成本。
(3) ＝上期的(7)×10%。
(4) ＝(1)－(2)－(3)。
(5) ＝上期的(5)－[(1)－(2)]。
(7) ＝上期的(7)－本期的(3)。
(8) ＝(5)＋(6)－(7)。
最后一期的租赁收入含1.8元的尾差调整。

2014年12月31日，收到第1期租金时，甲公司应编制会计分录如下：

借：银行存款　　27 000
　贷：长期应收款——应收融资租赁款　　25 000
　　其他应付款(或其他应收款)　　2 000

根据表13-5，确认2014年度租赁收入时，甲公司应编制会计分录如下：

借：未实现融资收益　　10 098
　贷：租赁收入　　10 098

2018年12月31日，收回租赁资产时，甲公司应编制会计分录如下：

借：融资租赁资产　　10 000
　贷：长期应收款——应收融资租赁款　　5 000
　　未担保余值　　5 000

其中，长期应收款部分表示的是所有被担保的资产余值(本例为承租人担保的资产余值)。

出租人至少应当于每年年度终了时，对未担保余值进行复核。假定2016年12月31日，甲公司对未担保资产余值进行复核，确认未担保资产余值发生减值损失4 000元。则2016年12月31日，甲公司应编制会计分录如下：

借：资产减值损失　　4 000
　贷：未担保余值减值准备　　4 000
借：未实现融资收益　　4 000
　贷：资产减值损失　　4 000

在未担保余值发生减值后，甲公司应当重新计算租赁内含利率，以后各期应根据修正后的租赁投资净额和重新计算的租赁内含利率确定租赁收入。

根据内插法，调整后的租赁内含利率为5.36%。即

$$25\,000\times(P/A,\ r,\ 2)+(5\,000+1\,000)\times(P/F,\ 2,\ r)=51\,654.40$$

$r=5.36\%$

根据修正后的租赁内含利率编制的租赁摊销表,如表13-6所示。

表13-6　　甲公司(出租人)租赁摊销表　　单位:元

年 份	年租金收款额	履约成本	租赁收入	租赁收款额的回收	应收租赁款总额	未担保余值	未实现融资收益余额	应收租赁款净额
	(1)	(2)	(3)	(4)	(5)	(6)	(7)	(8)
2017年1月1日					55 000	1 000	4 345.60	51 654.40
2017年12月31日	27 000	2 000	2 768.68	22 231.32	30 000	1 000	1 576.90	29 423.10
2018年12月31日	27 000	2 000	1 576.92	23 423.08	5 000	1 000	0	6 000.00
合 计	54 000	4 000	4 345.60	45 654.40	5 000	1 000	0	6 000.00

注:(1) 租赁合同所约定的年收款额。
(2) 包含于租金付款额中的履约成本。
(3) =上期的(7)×5.36%。
(4) =(1)-(2)-(3)。
(5) =上期的(5)-[(1)-(2)]。
(7) =上期的(7)-本期的(3)。
(8) =(5)+(6)-(7)。
最后一期的租赁收入含0.15元的尾差调整。

从表13-6中可以看出,未担保余值减值损失4 000元,通过重新计算租赁内含利率,在未来期间作为租赁收入的减少,即2017年减少2 396.76元(5 165.44-2 768.68),2018年减少1 603.26元(3 180.18-1 576.92),共计减少4 000元(有尾差0.02元调整)。

如果已确认损失的未担保余值得以恢复,应在原已确认损失金额内予以转回,借记"未担保余值减值准备"科目,贷记"资产减值损失"科目。同时,将未担保余值恢复额与由此所产生的租赁投资净额的增加额的差额,借记"资产减值损失"科目,贷记"未实现融资收益"科目。

三、销售型租赁的会计处理

如前所述,出租人区分直接融资租赁与销售型租赁的唯一标志是在租赁开始日是否有损益发生。如果租赁资产的公允价值等于出租人账面所记录的成本,则此项租赁就归类为直接融资租赁,否则就归类为销售型租赁。

销售型租赁的会计处理涉及以下各项计算:

(1) 投资总额。该数额为最低租赁收款额加上租赁期限届满时归属于出租人的未担保余值之和。

(2) 未实现融资收益。该数额为投资总额减去租赁资产的公允价值。

(3) 资产销售价格。该数额为最低租赁收款额的现值,即租赁资产的公允价值。

(4) 销售成本。该数额为租赁资产的成本减去未担保余值的现值。

诚如前述,余值不论担保与否,出租人的投资总额和未实现融资收益都是相同的,但在记录销售收入和销售成本时却存在着差别。担保余值被认为风险报酬实质上已经转移,符合收入确认的条件,因此,它是销售收入的一个组成部分;相反,在余值未担保的情况下,实现与否很不确定,风险报酬实质上并未转移,不符合收入确认的条件。但不论担保与否,出租人的投资总额和毛利额是相同的。

续用例3中的资料，假定出租人租赁资产的账面成本为80 000元，租赁届满时，租赁资产的余值为10 000元。

下面分别以余值担保说明销售型租赁的差异。租赁期届满时，余值10 000元，租赁内含利率10%时的现值为7 350.30元，租赁期届满时的实际余值为6 000元。

显然，该项租赁可归类为销售型租赁。

相关数额的计算如下(单位：元)：

	余值担保的情况下	余值未担保的情况下
投资总额	135 000 (25 000×5+10 000)	135 000
未实现融资收益	34 020 (135 000－100 980)	34 020
资产销售价格	100 000.00	92 649.70 (100 000－7 350.30)
销售成本	85 000	77 649.70 (85 000－7 350.30)
销售毛利	15 000	15 000

从上述计算可以看出，不论担保与否，出租人的投资总额和毛利是相同的，但销售收入与销售成本却存在着差异。

在有余值的情况下，出租人销售型租赁的主要会计分录如下：

余值担保的情况下			余值未担保的情况下		
(1) 租赁期开始日(2014年1月1日)：					
借：长期应收款	135 000		借：长期应收款	125 000.00	
营业成本	85 000		未担保余值	10 000.00	
贷：营业收入		100 000	营业成本	77 649.70	
未实现融资收益		35 000	贷：营业收入		92 649.70
融资租赁资产		85 000	未实现融资收益		35 000.00
			融资租赁资产		85 000.00
(2) 收到第1笔租金时(2014年12月31日)：					
借：银行存款	27 000		借：银行存款	27 000	
贷：长期应收款		25 000	贷：长期应收款		25 000
其他应付款等		2 000	其他应付款等		2 000
(3) 确认2014年租赁收入时：					
借：未确认融资收益	10 000		借：未确认融资收益	10 000	
贷：租赁收入		10 000	贷：租赁收入		10 000
(4) 租赁期届满收到余值时：					
借：融资租赁资产	6 000		借：融资租赁资产	6 000	
银行存款	4 000		营业外支出	4 000	
贷：长期应收款		10 000	贷：未担保余值		10 000

我国租赁会计准则只规定承租人(出租人)的最低租赁付(收)款额现值的比较基础为(几乎相当于)租赁资产的公允价值。由于公允价值被定义为"计量日市场参与者之间的有序交易中,出售一项资产所收到的或转让一项负债所支付的对价",它既可以是公开市价,也可以是账面价值,因此,出租人的融资租赁既可能被归类为直接融资租赁,也可能被归类为销售型租赁。

四、经营租赁的会计处理

在经营租赁下,出租人收取的租金应当在租赁期内按直线法确认为各期租赁收入。租赁资产根据出租人的折旧政策计提折旧,以使折旧费用和租金收入相匹配。除折旧费用外,其他在租赁协议中规定应由出租人负担的支出,如修理费等使用成本等,均应在支出发生时作为费用处理。向独立第三方所支付的款项,如评估费用、咨询费用,也应作为当期费用处理。

在某些情况下,出租人可能对经营租赁提供激励措施,如免租期、承担承租人某些费用等。在出租人提供了免租期的情况下,出租人应将租金总额在包括免租期的整个租赁期内,按直线法或者其他合理的方法进行分配,即免租期内应当确认租赁收入;在出租人承担了承租人某些费用的情况下,出租人应将该费用从租金总额中扣除,并将租金余额在租赁期内进行分配。

出租人应当在财务报表附注中披露每类租出固定资产在资产负债表日的账面价值。

第四节　杠 杆 租 赁

一、杠杆租赁的概念及特点

杠杆租赁(leveraged leases),是指出租人利用财务杠杆原理,用较少的投资来组织一项较大金额的租赁。在杠杆租赁中,会涉及三个当事人:出租人、承租人和贷款人。其中,出租人投入只占租赁资产 20%~50%(至少为 20%)的资金,就可作为该项租赁资产的所有者,其余资金则由第三者(贷款人)如银行或其他金融机构等提供 50%~80%的贷款。并且贷款人对出租人无追索权,而仅以租赁资产为抵押及租金支付的转让为担保。三者之间的关系可用图 13-2 表示。

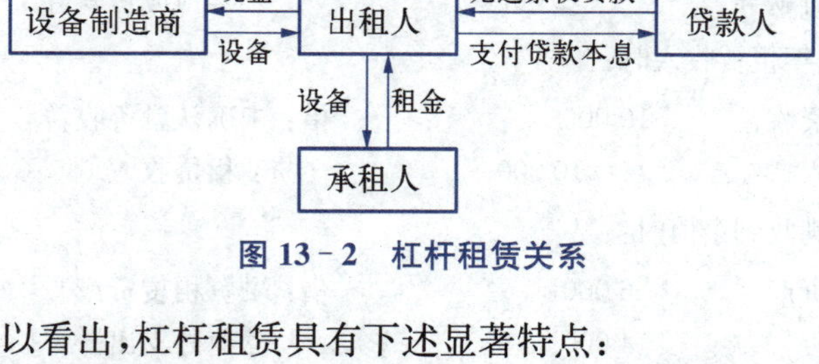

图 13-2　杠杆租赁关系

从图 13-2 中可以看出,杠杆租赁具有下述显著特点:

第一,出租人购入承租人所需的资产。购买资产所需资金大部分从金融机构(贷款人)借入,并且贷款人对出租人没有追索权,而仅以租赁资产为抵押或以租金支付的转让为担保。

第二,出租人向承租人租赁资产。出租人通常会取得以下纳税上的好处:(1) 租赁资产折旧的扣除(一般会采用加速折旧法)。(2) 金融机构的利息费用扣除。

第三,从税务角度而言,利息费用和折旧费用在租赁期的前段时期数额较大,如果因此发生的亏损可以抵免从其他来源得到的应税所得并导致一笔税后现金节余额,这实际上就相当于政府向出租人提供了一笔无息贷款,从而使出租人可获得较高的投资报酬率。

第四,在租赁前期,由于出租人向承租人收取的租金用于偿还金融机构的贷款本息后尚有剩余,又由于计提的利息费用和折旧费用较高(这些费用不需要支付现金),可使纳税收入减少并进而使应纳所得税减少,结果是在租赁前期现金流入量大于现金流出量。

第五,在租赁后期,由于折旧费用以及利息费用的递减而使所得税逐渐增加,出租人的现金呈流入量小于流出量的现象。

第六,出租人的现金流入量包括应收租金总额、租赁资产的预计余值和投资减税额,出租人的现金流出量包括长期借款的本息和购置租赁资产时出租人所出的资金部分。以上现金流入量减去现金流出量的累计数,即为出租人从杠杆租赁中所获得的利益(需考虑货币的时间价值)。

对承租人而言,杠杆租赁与前述融资租赁或经营租赁并无区别,可根据租赁分类标准分别做融资租赁和经营租赁处理。杠杆租赁会计问题主要集中在出租人方面。

从出租人角度看,杠杆租赁的分类标准除最低租赁付款额现值等于或超过租赁资产公允市价的 90%这一条外,其他均符合直接融资租赁的各项条件。因此,可将其归类为直接融资租赁。但是,用一般的直接融资租赁会计处理方法来处理杠杆租赁,既不能正确反映租赁期间内的收益,也不能反映出租人投资的真正变化。如前所述,由于杠杆租赁的性质,在租赁前期,出租人的现金流入量要大于现金流出量,租赁后期则正好相反。可以看出,出租人投资的变化是受多种因素影响的,而不仅仅取决于租赁付款额的收回。因此,应当采取特定的方法确认和分配杠杆租赁下的收益。也正因为如此,杠杆租赁被认为是直接融资租赁中的一个特殊类别。

二、杠杆租赁的会计处理

【例 5】 某一杠杆租赁的相关资料如下:

(1) 2016 年 1 月 1 日,甲公司(出租人)以 1 000 000 元的价格购入设备一台,该设备经济寿命约为 5 年,预计余值为零。

(2) 甲公司为购入这台设备,向金融机构借入资金 800 000 元,借款利率为 12%,并于每年年末等额支付本息 221 928 元。贷款人对出租人无追索权。

(3) 出租人享受设备成本 10%的政府补助,并可采用加速折旧法计提折旧。出租人所采用的折旧方法为年数总和法。所得税税率为 25%。

(4) 出租人于购买当日将上述设备租赁给承租人,约定于每年年末等额收取 275 000 元的租金。

杠杆租赁会计的第一步是编制一张借款本金偿还及利息摊还表,见表 13 - 7(为简化起见,金额计算保留到元)。

表 13-7　　借款本金偿还及利息摊还表　　单位：元

年　份	年偿还本息数	利息费用	本金偿还数	借款本金余额
	(1)	(2)=(4)×12%	(3)=(1)-(2)	(4)=上期(4)-(3)
2016 年 1 月 1 日				800 000
2016 年	221 928	96 000	125 928	674 072
2017 年	221 928	80 889	141 039	533 033
2018 年	221 928	63 964	157 964	375 069
2019 年	221 928	45 008	176 920	198 149
2020 年	221 928	23 779	198 149	—
合　计	1 109 640	309 640	800 000	

第二步，编制年现金流量分析表，见表 13-8。

表 13-8　　杠杆租赁下年现金流量分析表　　单位：元

年　份	租赁收入	折旧费用	利息费用	偿还本金数	费用合计	应税所得(损失)	所得税(费用)	年现金流量	累积现金流量
	(1)	(2)	(3)	(4)	(5)	(6)	(7)	(8)	(9)
2016 年 1 月 1 日	初始投资							(200 000)	(200 000)
2016 年 1 月 1 日	政府补助							100 000	(100 000)
2016 年	275 000	333 333	96 000	125 928	429 333	(154 333)	38 583	91 655	(8 345)
2017 年	275 000	266 667	80 889	141 039	347 556	(72 556)	18 139	71 211	62 866
2018 年	275 00	200 000	63 964	157 964	263 964	11 036	(2 759)	50 313	113 179
2019 年	275 000	133 333	45 008	176 920	178 341	96 659	(24 165)	28 907	142 086
2020 年	275 000	66 667	23 779	198 149	90 446	184 554	(46 139)	6 934	149 020
合　计	1 375 000	1 000 000	309 640	800 000	1 309 640	65 360	(16 340)	149 020	

注：(1) 为已知数。
(2) 为年数总数法下的年折旧额。
(3) 见表 13-7。
(4) 见表 13-7。
(5) =(2)+(3)。
(6) =(1)-(5)。
(7) =(6)×25%。
(8) =(1)+(7)-221 928。
(9) =上期(9)+(8)。

现金流量分析表(表 13-8)可用简化的现金流量表(表 13-9)和利润表(表 13-10)重新表述如下：

表 13-9 **现金流量表** 单位：元

现金流入量：	
租金收入(275 000×5)	1 375 000
政府补助	100 000
现金流入量合计	1 475 000
现金流出量：	
设备购置支出	200 000
偿还贷款本息(221 928×5)	1 109 640
所得税支出	16 340
现金流出量合计	1 325 980
现金流量净额	149 020

表 13-10 **利润表** 单位：元

一、收入	
租金收入	1 375 000
收入合计	1 375 000
二、费用	
折旧费用	1 000 000
利息费用	309 640
费用合计	1 309 640
三、税前利润	65 360
减：所得税费用	16 340
四、税后利润	49 020
加：政府补助	100 000
五、净利润	149 020

第三步，编制将现金流量分摊于投资及收益的计算表(见表 13-11)。

表 13-11 **现金流量分摊于投资及收益的计算表** 单位：元

年份	年初投资净额	年现金流量			租赁投资收益的构成			本期净利
		总数	分配于投资部分	分配于投资收益部分	租赁投资税前收益	所得税费用	政府补助收益	
	(1)	(2)	(3)	(4)	(5)	(6)	(7)	(8)
2016	200 000	191 655	111 295	80 360	35 246	8 812	53 926	80 360
2017	88 705	71 211	35 569	35 642	15 633	3 908	23 918	35 643
2018	53 136	50 313	28 963	21 350	9 364	2 341	14 327	21 350
2019	24 173	28 908	19 195	9 713	4 260	1 065	6 517	9 712

续 表

年份	年初投资净额	总数	年现金流量		租赁投资收益的构成			本期净利
			分配于投资部分	分配于投资收益部分	租赁投资税前收益	所得税费用	政府补助收益	
	(1)	(2)	(3)	(4)	(5)	(6)	(7)	(8)
2020	4 978	6 933	4 978	1 955	857	214	1 312	1 955
合计		349 020	200 000	149 020	65 360	16 340	100 000	149 020

注:(1) =上一行的(1)-上一行的(3)。
(2) 表 13-8 中的第(8)栏,其中 2016 年还应加上政府补助现金流量 100 000 元。
(3) =(2)-(4)。
(4) =(1)×40.18%。40.18%是通过内插法计算得出的,公式为:
$200\,000=191\,655/(1+r)+71\,211/(1+r)^2+50\,313/(1+r)^3+28\,908/(1+r)^4+6\,933/(1+r)^5$
(5) 表 13-12 中的第(4)栏。
(6) =(5)×25%。
(7) 表 13-12 中的第(7)栏。
(8) =(5)-(6)+(7)。
最后一年分配于投资与投资收益部分含尾差调整。

从表 13-11 中可以看出,该项杠杆租赁所取得的净收益为 149 020 元,而这项净收益可分别归属于政府补助收益和租赁投资税前收益,其中,投资减税收益总计为 100 000 元,租赁投资税前收益为 65 360 元(租赁投资税后收益为 49 020 元)。会计上,这两项收益都应分配至具体的年份,具体要求采用分阶段法(separate phase method)予以确认。在这种方法下,要确定一个报酬率或分配率,并用这一分配率将 149 020 元的总收益分配到期初投资额为正数的那些年份中。如果期初投资额为负数,则不予分配。通过计算可知,上例中的报酬率约为 40.18%,其所做的分配见表 13-11。

根据表 13-11 中所分配的净收益占总收益的比重,再将政府补助收益总额和租赁投资税前收益总额分配至具体的年份并予以确认,具体见表 13-12。

表 13-12　　租赁投资收益及政府补助收益分配表　　单位:元

年份	出租人年初投资净额	按净投资计算的每期净收益	百分比(%)	会计确认的租赁收益			
				租赁投资税前收益	所得税费用	租赁投资税后收益	政府补助收益
	(1)	(2)	(3)	(4)	(5)	(6)	(7)
2016	200 000	80 360	53.93	35 246	8 812	26 434	53 926
2017	88 705	35 642	23.92	15 633	3 908	11 725	23 918
2018	53 136	21 350	14.33	9 364	2 341	7 023	14 327
2019	24 173	9 712	6.52	4 260	1 065	3 195	6 517
2020	4 978	1 956	1.31	857	214	643	1 312
合计		149 020	100.00	65 360	16 340	49 020	100 000.00

注:(1) 为表 13-11 中的第(1)栏。为简化起见,作尾差调整。
(2) 为表 13-11 中的第(8)栏。
(3) =(2)÷149 020×100%。
(4) =65 360×(3)。
(5) =(4)×25%。
(6) =(4)-(5)。
(7) =100 000×(3)。

根据表 13－11 中所做的分配,甲公司(出租人)的相关会计处理如下:

(1) 2016 年 1 月 1 日,租赁期开始日:

借:长期应收款 265 360
　　其他应收款——应收补贴款 100 000
　贷:未实现融资收益 165 360
　　　银行存款 200 000

其中:

长期应收款为应收租赁款净额＝应收租金总额－应付借款本息

＝1 375 000－1 109 640＝265 360(元)

未实现融资收益＝租赁投资税前收益＋政府补助

＝65 360＋100 000＝165 360(元)

(2) 2016 年 12 月 31 日,收到第一期租赁款净额时:

借:银行存款 53 072
　贷:长期应收款 53 072

其中:

应收租赁款净额＝应收租金款－应付借款本息

＝275 000－221 928＝53 072(元)

(3) 收到政府补助 100 000 元时:

借:银行存款 100 000
　贷:其他应收款——应收补贴款 100 000

(4) 2016 年 12 月 31 日,确认应于 2016 年度实现的税前收益和政府补助收益时:

借:未实现融资收益 89 172
　贷:租赁收入 35 246
　　　营业外收入——已实现政府补助收益 53 926

(5) 2016 年 12 月 31 日,确认杠杆租赁所引起的所得税影响时:

借:所得税费用 8 812
　贷:递延所得税负债 8 812

第五节 租赁在财务报告中的披露

如前所述,租赁种类繁多,方式多样,各国会计准则制定机构对租赁业务在财务报告中应如何披露也规定得较为具体。现将其归纳如下:

一、租赁在承租人财务报告中的披露

承租人应当在资产负债表中,将与融资租赁相关的长期应付款减去未确认融资费用的差额,分别在长期负债和 1 年内到期的长期负债项目下列示。

承租人应当在附注中披露与融资租赁有关的下列信息:

(1) 各类租入固定资产的期初和期末原价、累计折旧额。

(2) 资产负债表日后连续3个会计年度每年将支付的最低租赁付款额,以及以后年度将支付的最低租赁付款额总额。

(3) 未确认融资费用的余额,以及分摊未确认融资费用所采用的方法。

承租人对于重大的经营租赁,应当在附注中披露下列信息:

(1) 资产负债表日后连续3个会计年度每年将支付的不可撤销经营租赁的最低租赁付款额。

(2) 以后年度将支付的不可撤销经营租赁的最低租赁付款额总额。

二、租赁在出租人财务报告中的披露

出租人应当在资产负债表中,将应收融资租赁款减去未实现融资收益的差额,作为长期债权列示。

出租人应当在附注中披露与融资租赁有关的下列信息:

(1) 资产负债表日后连续3个会计年度每年将收到的最低租赁收款额,以及以后年度将收到的最低租赁收款额总额。

(2) 未实现融资收益的余额,以及分配未实现融资收益所采用的方法。

出租人对经营租赁,应当披露各类租出资产的账面价值。

此外,对售后租回交易,承租人和出租人应当披露各售后租回交易以及售后租回合同中的重要条款。

思考题

1. 何谓租赁?为什么说它不同于分期付款购买业务?
2. 现代租赁具有哪些优点?
3. 划分融资租赁和经营租赁的标准有哪些?
4. 承租人的最低租赁付款额是如何确定的?
5. 简述承租人融资租赁会计处理的一般原则。
6. 出租人的租金付款额是如何确定的?
7. 与承租人相比,为什么出租人在划分融资租赁和经营租赁时还要附带第二组标准?
8. 区分直接融资租赁和销售型租赁的标志是什么?
9. 简述余值与租金付款额确定的关系。
10. 出租人所发生的初期直接费用在会计上应如何处理?
11. 售后租回业务中于出售时产生的损益在会计上应如何处理?
12. 简述杠杆租赁下,出租人现金流量的特征。
13. 租赁在承租人和出租人的财务报告中应如何列示?

阅读材料

1. 财政部:《企业会计准则第21号——租赁》,2006年。
2. 财政部:《企业会计准则第21号——租赁》应用指南,2006年。
3. 财政部:《企业会计准则解释第1号》,2007年11月16日。
4. 财政部会计司编写组:《企业会计准则讲解(2008)》,人民出版社2008年版。
5. 国际会计准则理事会(IASB):IAS 17,*Leases*,2005年。

6. Barry J. Epstein 等著，曲晓辉等译：《〈国际财务报告准则(IFRS)〉解释与应用》(修订版)，人民邮电出版社 2008 年版。

7. 美国财务会计准则委员会(FASB)，财政部会计司译：《财务会计准则第 13 号公告——租赁》，中国财政经济出版社 2004 年版。

8. 财政部：《企业会计准则第 21 号——租赁(修订)(征求意见稿)》，2018 年 1 月 8 日。

练习题

练习一

一、目的：练习承租人融资租赁的会计处理。

二、资料：甲公司为租入一台制造产品用设备，与乙公司在 2016 年 7 月 1 日签订了一项租赁协议，该协议于签订日生效。租赁协议有关内容如下：

(1) 租约不可撤销，期限 3 年，无续租选择权，无余值要求。甲公司于每年 7 月 1 日等额支付租金 98 700.80 元，第一次付款日期为 2016 年 7 月 1 日。

(2) 租赁开始日被租赁设备的公允价值为 290 000 元，预计经济寿命为 3 年，无余值。租赁设备在租赁期限届满时归还给出租人乙公司。

(3) 甲公司采用的折旧方法为直线法。

(4) 租赁合同约定的利率为 10%。

三、要求：为甲公司编制 2016 年 7 月 1 日至 2019 年租赁协议届满时止的会计分录。

练习二

一、目的：练习承租人包含履约成本和未担保余值的融资租赁的会计处理。

二、资料：2016 年 1 月 1 日，甲公司与乙公司签订了一份不可撤销的租赁协议，租赁期为 10 年。租赁协议中的一些重要条款如下：

(1) 在每年 1 月 1 日等额支付租金 70 054.49 元，第一期租金已于 2016 年 1 月 1 日支付。

(2) 2016 年 1 月 1 日，租赁资产(行政管理用设备)的公允价值为 440 000 元。

(3) 租赁资产的预计经济寿命为 12 年，预计余值为 10 000 元，未予担保。甲公司采用的折旧方法为直线法。

(4) 租赁条款中未含续租选择权。租赁期限届满时，租赁资产归还乙公司。

(5) 租赁合同约定的利率为 12%。

(6) 甲公司每年支付的租金中含有财产税(履约成本)525 元。

三、要求：为甲公司编制 2016 年和 2017 年的相关会计分录。

练习三

一、目的：练习含优惠购买选择权的直接融资租赁的会计处理。

二、资料：2016 年 1 月 1 日，甲公司(承租人)与乙公司(出租人)签订了一份租赁行政管理用设备协议，协议有关条款如下：

租赁资产的公允价值(2016 年 1 月 1 日)	80 000 元
出租人租赁内含利率	10%
租赁期限	5 年
租赁资产经济寿命	5 年
每年末等额支付租金	21 087.4 元

此外，租金收取的可能性可合理预计，在未来期间不存在由出租人承担的重要的非补偿性的费用。所

有履约成本均由承租人承担,租赁期届满时,承租人可以100元购买此项资产。

三、要求:

(1) 说明该项租赁对承租人甲公司而言,应归入哪一种类型。

(2) 说明该项租赁对出租人乙公司而言,应归入哪一种类型。

(3) 为出租人计算出租赁开始日的投资总额。

(4) 为出租人计算出租赁开始日的投资净额。

(5) 为甲、乙两家公司分别编制租赁摊销表。

(6) 为甲、乙两家公司编制2016年和2017年的相关会计分录(为简化起见,金额列示到元)。

练习四

一、目的:练习经营租赁的会计处理。

二、资料:2016年1月1日,甲公司将一幢房屋出租给乙公司,出租时的相关资料如下:

(1) 租赁期限为10年。

(2) 租赁资产的成本为4 000 000元。

(3) 甲公司的折旧方法均采用直线折旧法。该幢房屋的预计经济寿命为50年。

(4) 每年的租金额为200 000元,支付日期为每年年末。

(5) 甲公司在2016年1月1日支付了房产税40 000元、保险费8 000元。

三、要求:

假定甲公司未将该幢房屋归类为投资性房地产:

(1) 为甲公司编制2016年的会计分录。

(2) 为乙公司编制2016年的会计分录。

(3) 假定甲公司为寻找合意的承租人,在2016年1月1日还向某咨询机构支付了30 000元的佣金,试问甲公司在2016年对此项支出应如何处理?

练习五

一、目的:练习售后回租业务的会计处理。

二、资料:2016年1月1日,甲公司将一设备出售给乙公司并即刻将其租回。其相关资料如下:

(1) 甲公司账面所记录的设备成本为600 000元。

(2) 租约不可撤销,期限为10年。租赁期限届满时,设备所有权转移给甲公司。

(3) 甲公司应于每年年末等额支付租金110 666.81元。

(4) 租约中所披露的乙公司预期的投资报酬率为10%。

(5) 2016年1月1日,租赁设备的公允价值为680 000元,预计经济寿命为10年。

(6) 甲公司每年需支付6 200元的履约成本。

三、要求:为甲公司和乙公司分别编制2016年1月1日出售和租回时的会计分录。假定不存在重要的不确定性因素,租金的收取情况也很肯定。

练习六

一、目的:练习售后回租业务的会计处理。

二、资料及要求:试回答下述四项互不关联的问题:

(1) 2015年12月31日,甲公司将一台设备出售给乙公司并立即将其租回,租期为10年。该设备的现行销售价格为500 000元,甲公司账面所记录的成本为410 000元,预计剩余经济寿命尚有12年。试确定出甲公司在出售该台设备时应予递延的收益数。

(2) 2015年12月31日,甲公司将一台设备出售给乙公司并立即将其租回,租期为12年。该设备的现行销售价格为480 000元,甲公司账面所记录的成本为430 000元,预计经济寿命为14年,应支付的租金付款额的现值为350 000元。试确定出甲公司在出售该台设备时应予递延的收益数。

(3) 2016 年 1 月 1 日，甲公司将一台预计使用寿命为 10 年的设备出售给乙公司并立即将其租回，租期为 10 年。该设备的现行销售价格为 500 000 元，甲公司账面所记录的成本为 390 000 元，年租金付款额为 73 975.22 元。甲公司对该设备的折旧方法采用年数总和法。试问 2016 年财务报表中应陈报的销售利得是多少？

(4) 2016 年 1 月 1 日，甲公司将一台预计使用寿命为 5 年的设备出售给乙公司并立即将其租回，租期为 2 年。甲公司将此项租赁归类为经营租赁。该设备的现行售价为 212 700 元，甲公司账面所记录的成本为 310 000 元，每月应支付的租金为 6 000 元，租金付款额的现值为 115 573 元。试问 2016 年度甲公司利润表中应列示的与此项售后租回业务有关的项目有哪些，数额又为多少？

练习七

一、目的：练习余值的会计处理。

二、资料：甲公司与乙公司签订了一份租赁协议，其相关条款如下：

租赁开始日	2016 年 1 月 1 日
年租金付款额(于每年年初等额支付，第一期租金支付日为 2016 年 1 月 1 日)	92 773.52
租赁期限届满时由承租人担保的预计余值	45 000.00
租赁期限	6 年
租赁资产预计经济寿命	6 年
租赁资产公允价值(2016 年 1 月 1 日)	450 000
出租人内含利率	12%

此外，承租人同意支付所有的使用成本，预计每年的使用成本为 4 000 元。租赁期限届满时，租赁资产将归还给出租人。承租人对租入的资产采用直线法计提折旧。

三、要求：

(1) 为承租人编制租赁摊销表。

(2) 为承租人编制 2016 年和 2017 年的相关会计分录。

练习八

一、目的：练习融资租赁的会计处理。

二、资料：2015 年 12 月 30 日，甲公司与乙公司签订了一份租赁合同，合同主要条款如下：

(1) 租赁标的物：成套专用设备，估计使用期限 5 年。

(2) 租赁期开始日：2016 年 1 月 2 日。

(3) 租赁期：自租赁期开始日起 3 年。

(4) 租金支付方式：自租赁期开始日起，每年年末等额支付租金 1 000 000 元。

(5) 租赁期开始日，该成套专用设备的公允价值为 2 600 000 元。

(6) 租赁合同规定的利率为 8%。

(7) 租赁期届满时，租赁资产归乙公司。

(8) 2017 年和 2018 年，甲公司每年按该专用设备所生产产品(A 产品)的销售收入的 2%向乙公司支付经营分享收入。

2017 年和 2018 年，甲公司 A 产品的销售收入分别为 4 000 000 元和 8 000 000 元。

甲公司还发生另行支付该项固定资产的调试费 10 000 元，乙公司发生可归属于租赁项目的初始直接成本 24 300 元。上述款项假定均以银行存款支付。

三、要求：

(1) 假定甲公司采用实际利率法确认各期的未确认融资费用，采用直线法计提折旧，为甲公司编制 2016 年及租赁期届满时与租赁业务相关的会计分录(金额计算至元)。

(2) 假定乙公司采用实际利率法确认租赁收入,为乙公司编制2016年及租赁期届满时与租赁业务相关的会计分录(金额计算至元)。

练习九

一、目的:练习融资租赁的会计处理。

二、资料:2016年1月3日,甲公司(承租人)与乙公司(出租人)签订了一份租赁合同,合同主要条款如下:

(1) 租赁标的物:行政管理用工具。

(2) 租赁期开始日:2016年1月3日。

(3) 租赁期:自租赁期开始日起5年。

(4) 租金支付方式:自租赁期开始日起,每年年末等额支付租金100 000元。

(5) 租赁期开始日,该成套专用设备的公允价值为400 000元。

(6) 该设备可使用6年,租赁期届满时,租赁资产归乙公司,余值估计为100 000元,其中,承租人担保余值为50 000元,未担保余值为50 000元。

甲公司还发生另行支付该项固定资产的调试费5 000元,乙公司发生可归属于租赁项目的初始直接成本6 000元。上述款项假定均以银行存款支付。

租赁期届满时,租赁资产按时归还乙公司。

三、要求:

(1) 假定甲公司采用实际利率法(出租人租赁内含利率)确认各期的未确认融资费用,采用直线法计提折旧,为甲公司编制与2016年租赁业务相关的会计分录。

(2) 假定乙公司采用实际利率法确认租赁收入,为乙公司编制2016年与租赁业务相关的会计分录。

(3) 假定2018年12月31日通过复核,未担保余值发生减值损失30 000元,试编制与2018年资产减值相关的会计分录以及2019年确认租赁收入的会计分录。

练习十

一、目的:练习杠杆租赁的会计处理。

二、资料:2016年1月1日,出租人甲公司以25 000万元的价格购买了一台设备,并签订了一项杠杆租赁协议。协议条款及其他假设条件如下(单位:万元):

设备成本	25 000
租赁期限	4年
年租金付款额(于每年年末支付)	8 000
设备预计经济寿命	4年
设备预计余值	2 500
供资情况:	
出租人投资(成本的20%)	5 000
长期无追索权债务	20 000
年债务付款额(4年,年利率10%)	
200 000÷4年期利率为10%的年金现值	
200 000÷3.169	96 309
为纳税目的的出租人折旧方法	年数总和法
出租人适用税率	25%
归出租人所持有的投资减税额	
设备成本的10%,于第一年年末收到	2 500

三、要求:

(1) 编制借款本金偿还及利息摊还表。

(2) 编制年现金流量分析表。

(3) 编制现金流量分摊于投资及收益计算表。

(4) 编制租赁当年的会计分录。

(金额计算至万元,金额单位以万元表示。)

案例分析题

在今天这个 IT 技术日新月异的时代,不少企业的首席信息官(CIO)都遇到过这样一个令人头疼的问题:企业原有的 IT 设备还没到国家规定的折旧期,但已经无法满足业务发展的需要了。不断积累的过时固定资产给资产管理带来了极大困难,而一次性采购又给有限的流动资金造成了较大压力,更何况采购计划还需要履行层层审批的复杂手续。

有没有一个两全其美的解决办法呢?当然有。来自国内某电信企业的经验告诉我们,与租赁公司合作就是一个相当不错的选择。

这家电信企业现下辖 20 多家分公司,盈利能力位居全国前列。但由于分公司众多,企业 IT 资产的管理一直是一件让人头疼的事情。多年来,他们努力寻找一种更好的管理方法,直到 IBM 租赁公司进入他们的视野。

2016 年年初,这家企业通过租赁采购的 800 台 PC 和 500 台笔记本电脑陆续摆上了员工的办公桌面和营业大厅。随后,旗下多家分公司也开始陆续采用了这种方式,每家分公司采购的 PC 数量都在数百台以上。这样,企业不必一次性支付大笔费用就让员工用上了最新的 PC,而且可以分期支付租金并享受较低的利率。到 3 年租约期满时,企业还可以选择结束合约、续租、购买、以旧换新等多种灵活的方式处置即将过时的设备。

作为一家电信运营商,这家企业对业务效率的要求非常高,甚至开机速度都会直接影响服务效率,因此,对 IT 产品的性能和配置要求近乎苛刻。企业的一位 IT 经理表示,现在还有用了五六年的 PC"沉睡"在库房里,根本没用却又不能扔掉,因为它是固定资产。

具体来讲,如果采用直接购买的方式,按照国家和该企业的有关规定,超过 2 500 元以上的机电产品必须计入固定资产。由于企业每年都有固定资产的投资预算,而且第二年的预算是根据前一年的预算做出来的,这就导致了预算不准确,无法及时购置新设备。现在采用租赁的方式,不但可以促进设备的更新换代,提高工作效率,促进业务发展,而且更重要的是,通过与租赁公司的合作,可以使固定资产投资合理化,进而实现固定资产的轻松管理。

2016 年年底,这家电信企业向国内外多家知名 IT 厂商发出了邀标信。最终,全球某一知名租赁公司以租赁总价、电脑配置、服务等各项指标均名列第一的优势脱颖而出,成功夺标。

事实证明,租赁的采购方式帮助这家电信企业对其 IT 设备实现了更好的控制和管理。由于采用了租赁的方式,原本属于固定资产的电脑设备一瞬间"变"没了,公司资产负债表上也没有了 PC 这一项,租金则被列入了管理费用的支出表。企业在管理这些 PC 时,已经不是对固定资产进行管理,从而避免了购入、清理等诸多麻烦事宜。同时,从工作效率的角度来讲,由于采用了租赁的方式,企业可以自己确定设备的更新年限,进而确定租赁期限,这样,员工就可以用到主流的 IT 产品,感受最新的 IT 技术为工作带来的便利。

[要求]

根据以上资料,回答下列问题:

(1) 对承租人而言,除案例资料中所述及的优点外,租赁还具有哪些优点?

(2) 应当如何保证案例企业中的信息安全?

(3) 本案例中的租赁是否适用于一般性的企业?为什么?

(4) 站在出租企业角度,应当如何对该项租赁进行管理?

第十四章

衍生工具

学习提要

衍生工具，亦称衍生金融工具，是根据货币利率或债务工具的价格、外汇汇率、股价或股票指数、商品期货价格等基础金融资产价格走势的预期而定值，并从这些基础金融产品的价值中派生出自身价值的金融工具。它是以支付少量保证金签订远期合同或互换不同金融产品的交易合同。

衍生工具主要包括金融远期合同、期货合同、期权、互换，以及具有远期合同、期货合同、互换和期权中一种或一种以上特征的金融工具等。

远期合同，是指规定合同双方同意在将来某一特定日期按照事先约定的价格（如汇率、利率或股票价格等），以预先确定的方式买卖约定数量的某种金融工具的合同。金融远期合同在现代国际金融市场上发挥的重要作用至今仍是其他衍生金融产品无法替代的。

期货合同，是指买卖双方在有组织的交易所内，以公开竞价的方式达成协议，约定在未来的某一特定时间交割标准数量特定金融工具的交易行为。金融期货交易实质上就是在期货交易所内进行的标准化合同的金融远期交易。

金融期权是期权的一种，是指投资者按一定价格购买期权合同，进而获得在规定的时间内以约定价格买入或卖出某种金融工具的权利。金融期权最大的特点，是不对称的风险收益机制。

互换，是指交易双方根据互换合同，按照事先约定的公式，交换未来各自债务现金流量的一种金融交易方式。其实质是一种一系列远期合同的组合，它可以被认为是对期货交易、期权交易和远期合同交易的一种扩展。相对于其他衍生工具来说，互换更适合于长期资本的避险和管理，并且它充分利用了市场交易双方的优势，使市场资源得到了更有效的配置。

持有衍生工具的主要目的包括投资或投机获利和套期保值。

套期，也称套期保值，是指企业为管理外汇风险、利率风险、价格风险、信用风险等特定风险引起的风险敞口，指定金融工具为套期工具，以使套期工具的公允价值或现金流量变动，预期抵销被套期项目全部或部分公允价值或现金流量变动的风险管理活动。

为运用套期会计方法，按照套期关系（即套期工具和被套期项目之间的关系）可划分为公允价值套期、现金流量套期和境外经营净投资套期。

所有的衍生工具，除了用于有效套期的衍生工具外，在财务报表中一般应该归类为交易性金融资产或金融负债，并按公允价值进行计量，公允价值变动计入当期损益。如果衍生工具是有效现金流量或境外经营净投资套期的一部分，则有效套期部分的公允价值变动应计入其他综合收益。

规避风险是推动衍生工具发展的最基本原因。20 世纪后半叶，世界经济出现日益增强的全球化发展趋势，给企业、政府和个人增加了更多的风险；特别是 20 世纪 70 年代布雷顿森林体系的崩溃，加剧了汇率的动荡，导致企业、政府和个人的财务风险加剧，促进了衍生工具的发展；80 年代以来的金融自由化进一步推动了衍生工具的发展，金融机构的利润驱动是衍生工具的产生和迅速发展的又一个重要原因，新技术革命为金融衍生工具的产生和发展提供了物质基础和手段。但是，衍生工具是一把“双刃剑”，也会给企业、政府和个人带来负面影响。例如，2008 年，美国经济在次贷的影响下出现了危机，结束了美国长达几十年的经济繁荣。这次危机波及全球，衍生工具在其中发挥了较大的影响。在会计上如何反映金融衍生工具的风险和报酬，是近年来会计准则重点关注的问题之一。

本章主要讨论远期合同、期货合同、期权和互换的会计问题，以及运用衍生工具进行套期的相关会计问题。

第一节 衍生工具概述

一、衍生工具的概念和特征

（一）衍生工具的概念

衍生工具（derivative instrument），亦称衍生金融工具，是指根据货币利率或债务工具的价格、外汇汇率、股价或股票指数、商品期货价格等基础金融资产价格走势的预期而定值，并从这些金融产品的价值中派生出自身价值的金融工具。

衍生工具是以支付少量保证金签订远期合同或互换不同金融产品的交易合同。

衍生工具是与基础金融产品相对应的一个概念，它是建立在基础产品或基础变量之上，其价格取决于后者价格（或数值）变动而派生出的金融产品。衍生工具也可以理解为一种双边合同或付款交换协议，其价值派生于相关标的商品或资产的价格及其变化。简单地说，衍生工具是指价值派生于某些标的物价格的金融工具。其中，标的项目包括债券、商品、利率、汇率和某种指数等，即股票的股票。

（二）衍生工具的基本特征

衍生工具的基本特征可以概括如下：

（1）其价值随特定利率、金融工具价格、商品价格、汇率、价格指数、费率指数、信用等级、信用指数或其他变量的变动而变动；变量为非金融变量的，该变量不应与合同的任何一方存在特定关系。

（2）不要求初始净投资，或者与对市场因素变化预期有类似反应的其他合同相比，要求较少的初始净投资。正因为如此，衍生工具通常具有较高的杠杆效应，在杠杆效应下，投资者的收益和风险被同时放大。

（3）在未来某一日期结算。衍生工具需对未来市场进行分析和预期，并在未来期间交割。如期权就是对未来交易的一项选择权。

二、衍生工具的分类

(一) 按原生产品的不同分类

按原生产品的不同,衍生工具可分为远期合同、期货合同、期权、互换。其中,远期合同是其他三种衍生工具的始祖,期货、期权、互换可以认为是远期合同的延伸或变形。

(二) 按交易场所的不同分类

按交易场所不同,衍生工具可分为场内交易衍生工具和场外交易衍生工具。场内交易是指在交易所的场内交易市场上进行集中竞价交易,场外交易是指在交易所的场内交易市场以外的市场(柜台市场)上分散地进行交易。场内交易和场外交易的主要区别见表 14-1。

表 14-1　　场内交易与场外交易的主要区别

项　目	场内交易	场外交易
交易场所	交易所场内	交易所以外
交易品种	期货、期权	远期、互换
交易规则	交易所统一制定	规则交易双方自定
交易方法	公开竞价	双方议价
交易合同	事先制定标准的统一格式	没有标准的统一格式
保证金	有	通常无,以信用为保证

(三) 按交易双方风险收益的不同分类

按交易双方风险收益的不同,衍生工具可分为两类:一类是交易双方的风险收益对称,即交易双方都负有在将来某一日期按照一定条件进行交易的义务,如远期合同、期货、互换等;另一类是交易双方的风险收益不对称,合同购买方有权选择是否履行合同,包括期权及期权的变形如认股权证等。

(四) 按衍生工具形式的不同分类

按形式的不同,衍生工具可分为两类:一类是普通型衍生工具,也称第一代衍生工具,即指远期合同、期货、期权、互换,这些衍生工具的结构与定价方式已基本标准化和市场化;另一类是复合型的衍生工具,它将各种普通型衍生工具组合在一起,形成一种特制的产品。复合型衍生工具大多是银行专门为满足客户的特殊需要或出于自身造市获利及推销包装的目的,根据银行对金融市场走势的判断,运用数学模型进行推算而制作的。由于复合型衍生工具的内部结构一般被视为一种"知识产权"而不向外界透露,因而其价格与风险难以从外部加以判断与分析。

三、衍生工具会计处理的一般原则

持有或发行衍生工具的主要目的包括投资获利和套期。除了用于有效套期的衍生工具外,衍生工具一般应该归类为交易性金融资产或金融负债,而后按照交易性金融资产或金融负债的核算规则进行会计处理。对所有衍生金融工具的会计处理,归纳起来主要包括以下几项原则：

第一，在企业成为合同的一方时，进行初始确认，将衍生金融工具在资产负债表中确认为一项资产或负债。

第二，按公允价值计量所有的衍生工具，包括初始计量和后续计量。

第三，对于所有用于投资的衍生工具，资产负债表日公允价值的变动额计入当期损益；而用于套期的衍生工具，依照套期的不同类型，资产负债表日公允价值的变动额或者计入当期损益，或者计入所有者权益(其他综合收益)。

第四，衍生工具终止确认时，其公允价值与初始入账金额之间的差额确认为投资收益，并调整公允价值变动损益。

套期的会计处理将在本章的最后一节专门讨论，接下来的会计处理，均针对企业用于投资以期获得风险收益的衍生工具。根据上面归纳的几项原则，在进行此类衍生金融工具的账务处理时，均应通过“交易性金融资产”或“交易性金融负债”或单设“衍生工具”账户进行核算。而对于具体某种衍生工具所使用的二级明细账户，我国会计准则并没有硬性规定，下面涉及的相应明细账户只是为了便于说明。

四、嵌入衍生工具的指定与分拆

实务中，存在着衍生工具嵌入到非衍生工具(即主合同)中的情形，称之为嵌入衍生工具，其与主合同共同构成混合工具。

嵌入衍生工具(embedded derivative)，是指嵌入到非衍生工具(即主合同)中，使混合工具的全部或部分现金流量随特定利率、金融工具价格、商品价格、汇率、价格指数、费率指数、信用等级、信用指数或其他类似变量的变动而变动的衍生工具。嵌入衍生工具与主合同构成混合工具。

混合合同包含的主合同属于金融工具会计准则分类的金融资产(包括以摊余价值计量的金融资产、以公允价值计量且变动计入当期损益的金融资产，以及以公允价值计量且变动计入其他综合收益的金融资产)时，企业不应从该混合合同中分拆嵌入衍生工具，而应当将该混合合同作为一个整体进行相应的会计处理。

混合合同包含的主合同不属于金融工具会计准则分类的资产，且同时符合下列条件的，企业应当从混合合同中分拆嵌入衍生工具，将其作为单独存在的衍生工具处理：

(1) 嵌入衍生工具的经济特征和风险与主合同不紧密相关。

(2) 与嵌入衍生工具具有相同条款的单独工具符合衍生工具的定义。

(3) 该混合不是以公允价值计量且其变动计入当期损益进行会计处理。

嵌入衍生工具是从混合合同中分拆的，企业应当按照相关规定，对混合合同的主合同进行会计处理。企业无法根据嵌入衍生工具的条款和条件对嵌入衍生工具的公允价值进行可靠计量的，应当根据混合合同公允价值和主合同公允价值之间的差额确定。

在使用了上述方法后，该嵌入衍生工具在取得日或后续资产负债表日的公允价值仍然无法单独计量的，企业应当将该混合合同整体指定为以公允价值计量且其变动计入当期损益的金融工具。

图 14－1 的决策树说明了是否需要将衍生工具从主合同中予以分拆的一般流程。

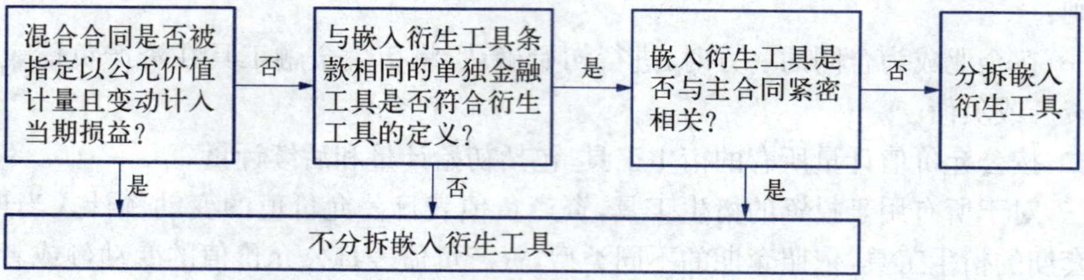

图 14-1　嵌入衍生工具是否与主合同分拆的决策树

第二节　金融远期合同

一、金融远期合同的性质与特点

金融远期(financial forward)合同是远期合同的一种。远期合同,是指交易双方达成的,在未来某一时间按照确定的价格,以事先确定的方式购买或出售约定数量的某项资产的合同。远期合同中用于交易的资产称为标的资产或基础资产;约定的标的资产交割时间称为到期日;约定的价格称为交割价格;承诺在到期日以交割价格买入标的资产的一方称为多头,而承诺在到期日以交割价格卖出资产的一方称为空头。根据标的资产的不同,远期合同可以分为商品类远期合同和金融类远期合同。

作为远期合同的一种,金融远期合同是指规定合同双方同意在将来某一特定日期按照事先约定的价格(如汇率、利率或股票价格等),以预先确定的方式买卖约定数量的某种金融工具的合同。

按照金融远期交易标的物分类,金融远期合同主要有远期外汇合同、远期利率协议和远期股票合同等。

金融远期合同通常在两个金融机构之间或者金融机构与其客户之间签署,其交易一般也不在规范的交易所内进行,所以,金融远期合同的交易一般规模较小,形式也较为灵活,交易双方也比较容易按照各自的意愿对合同条款进行磋商。

远期市场的交易机制可以归纳为两大特征:分散的场外交易和非标准化合同。因此,金融远期合同具有以下一些特征:

(1) 金融远期合同是非标准化的。与期货合同不同,金融远期合同的内容是根据交易双方的需要而特别制定的,合同的交易对象、数量、价格、交割时间和其他交易条件都是由交易双方协商决定,没有统一的标准和限制。因此,金融远期合同的灵活性较大,但是达成交易的成本相对较高,由于不易找到合适的转让者,流通性也较差。

(2) 金融远期合同属于场外交易。金融远期交易没有统一的交易场所和清算机构,主要在银行之间或者银行与企业之间进行,个人和小企业参与交易的机会很少。相对于交易所交易,这是一种场外交易,也被称为柜台交易。它是一个相对私密化的市场,所受的监管程度较低,但也导致更高的违约风险。

(3) 金融远期合同不实行保证金制度。除了银行对小客户收取一点保证金外,绝大多数金融远期合同均无须缴纳保证金，合同到期的履行取决于交易双方的信用，因此信用风险较大。

(4) 大部分金融远期合同要进行实物交割。由于金融远期合同流通性较差，通常 90% 以上的合同要按照约定的时间进行实物交割，这与期货合同大多在交割日之前进行对冲截然不同，也使得远期合同的投机程度相对较低，交易的活跃程度有限。

尽管金融远期合同的非标准化、流通性差、大多需要进行实物交割等特性，制约了金融远期合同的发展、交易的活跃程度以及在金融市场中的影响力，但是，由于金融远期合同能够满足银行等专业机构的需要，在 20 世纪七八十年代国际金融市场价格出现大幅度波动后，金融远期交易得到了进一步的迅速发展，并显示出强大的生命力。金融远期合同在现代国际金融市场上发挥的重要作用至今仍是其他衍生金融产品无法替代的。

决定金融远期合同的价值的主要依据是对预期未来现金流量的折现。这一过程主要包括两个步骤：第一，根据可以得到的信息以及合理的假设和预测，估计未来可能产生的现金流量；第二，运用适当的折现率计算估计现金流量的现值。在金融远期合同的交易要素约定中，交割价格显然具有非常重要的作用，因为它直接决定了金融远期合同每个时点的价值。因此，在签订金融远期合同并确定交割价格时，合同的任何一方所认定的自身拥有的权利和承担的义务相等，也就是说，在签订金融远期合同时，交易双方确定的交割价格应当使得该合同的价值在签订时为零。这也就意味着，交易双方无须任何成本就可以签订远期合同，成为多头方或者空头方。从合同签订到合同到期的这段时间内，合同的价值是由标的资产的市场价格决定的。若该段期间内标的资产的价格上涨，则远期合同多头方的价值由零变为正值，而空头方的价值由零变为负值；若该段期间内标的资产的价格下降，则多头的价值由零变为负值，空头的价值由零变为正值。图 14－2 列示了金融远期合同的盈亏原理。

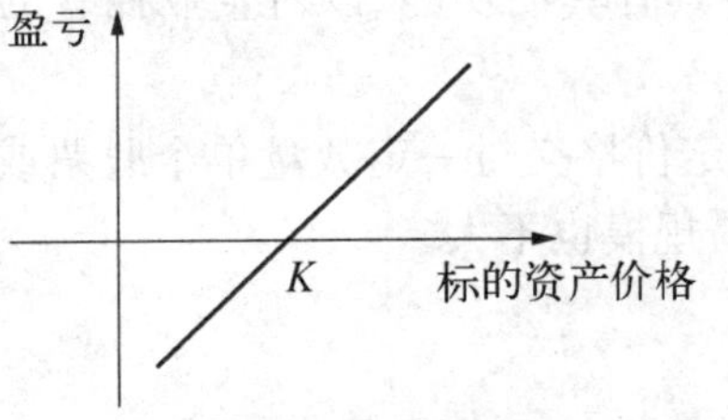

(a) 远期多头的到期盈亏

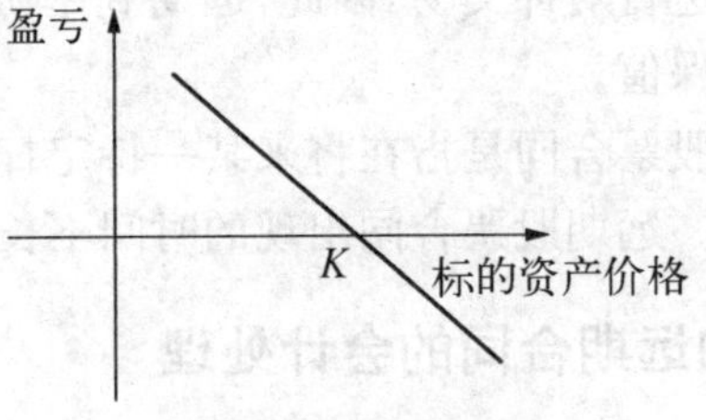

(b) 远期空头的到期盈亏

说明：如果到期标的资产的市场价格高于交割价格 K，远期多头就盈利而空头就会亏损；反之，远期多头就亏损而空头就会盈利。

图 14－2　金融远期合同的盈亏原理

二、金融远期合同的主要类型

按照标的资产的不同分类，金融远期合同主要有远期外汇合同、远期利率协议和远期股票合同等。

远期外汇合同，是交易双方签订的，在约定的未来日期按约定的远期汇率将一种货币兑换成另一种货币的协议。合同的标的资产通常是可自由兑换的货币。在衍生工具的庞大市场中，远期外汇合同是出现最早、发展最为成熟的衍生工具，在国际金融市场上已有百余年的历史。远期外汇合同通过固定未来某一日的汇率，为进出口商、外汇银行以及套利者提前锁定远期外汇收付的换汇成本,从而达到规避汇率变动风险或获取风险收益的目的。

远期利率协议是一种买卖双方同意从未来某一商定的时刻开始,在某一特定时期内按协议利率借贷一笔数额确定、以特定货币表示的名义本金的协议。合同中最重要的条款要素为协议利率,通常称之为远期利率,即现在时刻的将来一定期限的利率。远期汇率市场报价规则一般为"$m\times n$,$a\%\sim b\%$",如"6×9,8.00%~8.06%",即表示自交易日后6个月末为起息日,交易日后的9个月末为到期日的3个月期限的远期利率,8.00%是指银行的买价,8.06%则是银行的卖价。具体来说,远期利率协议是双方协定以未来一定期间、一定名义的本金额为计算基础,将约定利率与约定期间开始日的市场利率之差形成的利息差额的现值,由一方支付给另一方的合同。大多数情况下,市场利率的参考为该币种的英国伦敦银行同业拆放利率(London InterBank Offered Rate, LIBOR)、美国基准利率(prime rate)等主要市场利率。

从本质上看,远期利率协议可以看作交易双方达成的在未来某个时间按照事先约定的固定利率进行借贷款的协议,但是交易双方并不进行贷款本金的实际交付,本金只是一种用于计算利息的名义本金,双方交付的只是利息差额,所交付的利息差额也是以贴现方式在约定期间开始日支付的。例如,某投资者希望锁定未来借款的远期利率成本,就可以买入一个远期利率协议。如果借款日的利率高于约定利率,投资者可以收到利息差额,用于补偿较高的实际利率贷款引起的损失;同样,如果借款日的利率下降,则该投资者虽然需要支付利息差额,但可以在市场上获得较低利率的贷款,从而将利息费用限定在预计的范围内。需要强调的是,远期利率协议是一种"远期对远期"的合同,即其利率期间是从未来某一时点开始的一段期间,涉及的利息差额就在该时点(远期利率协议到期日)以贴现形式支付。远期利率协议不能进行对冲交易,因此,远期利率协议主要具有套期功能,以对企业拥有的其他金融工具进行保值。

远期股票合同是指在将来某一特定日期按特定价格交付一定数量单个股票或一揽子股票的协议。远期股票合同出现的时间不长,总交易规模也不大。

三、金融远期合同的会计处理

在各种衍生工具的核算过程中,最关键的是确定衍生工具的价值。远期外汇合同的公允价值,在考虑时间价值的影响后,应当按照各计量时点的远期外汇汇率进行折算。因此,远期外汇合同的公允价值确认需要三个方面的信息:(1) 合同约定汇率,即远期合同达成时的市场远期汇率;(2) 现行远期汇率,即各计量时点的市场远期汇率;(3) 折现率,通常使用企业的增量借款利率。

现举例说明远期外汇合同的会计处理。

【例1】 2017年10月1日,国内甲企业与某外汇银行签订了一份6个月期、购买1 000 000欧元的远期合同(到期日为2018年3月31日,至该日期的远期汇率为1 €=￥9.000 0,即为合同约定的远期汇率),双方约定在交割日以净额现金交割。各相关时点的远期合同的即期汇率和远期汇率如表14-2所示。

假设甲企业的增量借款利率为8%,各时点远期合同的公允价值计算如表14-3所示。

表 14-2　　远期合同相关时点的即期汇率和远期汇率

日　期	即期汇率(RMB/1€)	至交割日 2018 年 3 月 31 日欧元兑换人民币的远期汇率(RMB/1€)
2017 年 10 月 1 日	9.204 9	9.000 0
2017 年 12 月 31 日	8.786 1	8.700 0
2018 年 3 月 31 日	8.650 0	8.650 0

表 14-3　　各时点远期合同的公允价值　　单位：元

日　期	远期合同约定汇率	市场远期汇率	差异	名义本金	预计交割的现金流量	折现因子	估计公允价值的变动额
2017 年 12 月 31 日	9.00	8.70	−0.30	1 000 000	−300 000	1.027	−292 113
2018 年 3 月 31 日	9.00	8.65	−0.35	1 000 000	−350 000	1	−350 000

其中，2017 年 12 月 31 日的折现因子是通过对增量借款利率（折现率）进行月度复利计算得到的，即$(1+8\%/12)^3=1.027$。而其公允价值变动额 292 113 元则是用预计交割的现金流量除以折现因子得到的，即 300 000÷1.027=292 113(元)。

对上述远期合同，甲企业的相关会计处理如下：

(1) 2017 年 10 月 1 日，签订远期外汇合同。因公允价值为零，也未发生初始投资成本，因此，不需要编制会计分录，但需要登记备忘。

(2) 2017 年 12 月 31 日，记录远期外汇合同的价值变动。

借：公允价值变动损益——远期欧元　　292 113

　贷：交易性金融负债——远期欧元　　292 113

(3) 2018 年 3 月 31 日，将衍生工具调整至公允价值。

借：公允价值变动损益——远期欧元(350 000−292 113)　　57 887

　贷：交易性金融负债——远期欧元　　57 887

(4) 远期合同交割时：

借：交易性金融负债——远期欧元　　350 000

　贷：银行存款　　350 000

(5) 确认投资收益时：

借：投资收益——远期欧元　　350 000

　贷：公允价值变动损益——远期欧元　　350 000

本例中，甲公司签订的远期外汇合同，共发生损失 350 000 元，即合同签订时的 6 个月远期汇率（9.000RMB/1€）和 6 个月后实际汇率（8.650RMB/1€）的差额，乘以合同的名义本金 1 000 000 欧元。此损失需要在 2 年内分别确认，其中，2017 年确认损失 292 113 元，2018 年确认损失 57 887 元。

如果 6 个月后实际汇率比合同约定的汇率要高，则甲公司通过该项远期外汇合同，可以取得投资收益。

第三节　金融期货合同

一、金融期货合同的性质和特点

金融期货合同,或称金融期货(financial future),是指在交易所交易的、协议双方约定在将来某个日期按事先确定的条件(包括交割价格、交割地点和交割方式等)买入或卖出一定标准数量的特定金融工具的标准化协议。

从本质上说,金融期货与前述的金融远期完全是相同的,都是在当前时刻约定未来的各交易要素。

金融期货与金融远期的重要区别就在于交易机制的差异。与场外交易的非标准化金融远期合同相反,期货是在交易所内交易的标准化合同。交易所同时还规定了一些特殊的交易和交割制度,如每日盯市结算和保证金制度等。

与金融远期不同,金融期货是标准化合同,具有较强的流动性,绝大多数合同在到期前被平仓,到期交割的比例很小。并且还由于保证金制度的存在,金融期货具有较强的杠杆效应。所以,相对于衍生工具早期形式的金融远期而言,金融期货具有更有效的制度、更活跃的市场和更大的投机性。

金融期货具有如下主要特点:

1. 集中交易与统一清算

期货市场的第一个运行特征是在有组织的交易所内集中进行,交易双方并不直接接触,交易所和清算机构充当所有期货买方的卖者和所有期货卖方的买者,匹配买卖,撮合成交,集中清算。这种交易方式克服了远期交易信息不充分和违约风险较大的缺陷,在很大程度上提高了市场流动性和交易效率,降低了违约风险。这一特点成为金融远期交易进化到金融期货交易的一个关键。

期货市场中的交易所是一个投资者根据预先制定的交易制度进行集中交易的场所。交易所本身不参加期货交易,其主要职能包括:(1) 提供交易场地或交易平台;(2) 制定标准交易规则;(3) 负责监督和执行交易规则;(4) 制定标准的期货合同;(5) 解决交易纠纷等。

2. 交易的对象是特殊“商品”——标准化的合同

特定期货合同的合同规模、交割日期和交割地点等都是标准化的,在合同上均有明确规定,无须双方再商定,价格是期货合同的唯一变量。

常见的标准期货合同条款包括以下内容:(1) 交易单位。交易所对每个期货产品都规定了统一的数量和数量单位,统称“交易单位”或“合同规模”。不同交易所、不同期货品种的交易单位规定都各不相同。(2) 到期时间。到期时间是交易所为期货合同规定的另一个标准化条款。(3) 最小价格波动值。期货合同中通常还规定了最小的价格波动值,或称为摆动值(tick size)。期货交易中,买卖双方每次报价时价格的变动必须是这个最小变动价位的整数倍。(4) 每日价格波动限制与交易中止规则(熔断)。(5) 交割条款。期货合同的到期交割通常有现金交割与实物交割两种方式。

金融期货合同完全采用标准化的形式,从而具有较强的流动性,易于买卖和转让,同时也降低了交易成本，避免交易双方对合同条款的理解不同而产生争议和纠纷。

3. 合同最终进行实物交割的比例很小

金融期货合同的目的一般不是未来让渡金融资产的使用权和所有权，而是为规避风险或进行投机，因此，绝大多数合同在到期前会选择有利时机转手平仓。期货交易由期货结算机构进行统一结算，交易双方各自的权利和义务都转向了结算机构，彼此互无关系。期货结算机构既是期货交易买方的卖方，同时也是期货交易卖方的买方。

4. 保证金制度与每日盯市制度

在期货交易开始之前，期货的买卖双方都必须在经纪公司开立专门的保证金账户，并存入一定数量的保证金，这个保证金也称为初始保证金。保证金的数目因合同而不同，也可能因经纪人而不同。初始保证金通常为交易合同价值的5%～10%。

在每天期货交易结束后，交易所与清算机构都要进行结算和清算，按照每日确定的结算价格计算每个交易者的浮动盈亏并相应调整该交易者的保证金账户头寸。这就是每日盯市制度。

在盯市结算完成以后，如果交易者保证金账户的余额超过初始保证金水平，交易者可随时提取现金或用于开新仓。但交易者取出的资金额不得使保证金账户中的余额低于初始保证金水平。而当保证金账户的余额低于交易所规定的维持保证金水平时(维持保证金水平通常低于初始保证金水平)，经纪公司就会通知交易者限期内把保证金水平补足到初始保证金水平，否则就会被强制平仓。这一要求补充保证金的行为，称为保证金追加通知。交易者必须存入的额外金额，称为变动保证金。维持保证金一般为初始保证金的70%～80%。

期货交易实行的是严格无负债的运行机制，这一点几乎从根本上保证了期货不太可能出现违约现象。

期货交易所对参与期货交易的单位实行会员制。作为一般性企业，想要进行期货交易，必须通过委托会员单位(如期货经纪公司)代理实施。在进行交易前，会员单位需缴纳一笔结算准备金，作为交易结算预先准备的款项，这部分款项必须是没有被合同占用的保证金，作为期货交易的初始保证金。

例如，投资者甲购买某种资产的期货合同3份，每份合同的交易数量为100单位的该资产。当时的期货价格为200元，若初始保证金比率为5%，则需存入初始保证金3 000元(200×100×3×5%)。交易的第二天，期货价格为198元，则投资者甲损失了600元[(200－198)×100×3]，其保证金账户的余额将变为2 400元(3 000－600)。假定交易所规定的维持保证金为2 500元，投资者就必须追加存入保证金账户600元，使之达到初始保证金水平，这600元就是追加保证金。假设后来期货价格上升到202元，甲可以从保证金账户中提出超过初始保证金水平的部分即600元。一般情况下，追加保证金以货币资金的形式缴纳，在货币资金不足的情况下也可以采用质押形式，但如果将来无力追加保证金，则质押到期后交易所有权变现质押品。

在签订期货合同后，平仓的方式一般以对冲为主，即在同一期货交易所，通过进行相反的买卖操作，也就是买入(卖出)相同交割月份的期货合同来结清之前卖出(买入)的合同。而对于合同到期前尚未对冲平仓的期货合同，应当通过实物交割的形式进行平仓。交割时，先按照结算价格对冲平仓，再进行交割。在实务中，金融期货通过实物交割的方式进行平仓的情况非常罕见。当投资者违反相关规定时，如逾期不缴纳追加保证金等，则交易所有权对其持有的期货合同实施强制平仓。

二、金融期货的主要类型

按照合同标的物的不同,金融期货可以分为外汇期货、利率期货和股票指数期货等。

(一) 外汇期货

外汇期货(foreign exchange future),是指交易双方在有组织的交易场所,按照交易规则,通过公开竞价,买卖特定货币、特定数量、特定交割期的标准合同的交易。同远期外汇合同一样,外汇期货是浮动汇率制度的产物,合同的标的是各种可以自由兑换的货币,用于规避汇率变动的风险或利用汇率变动获取风险收益。但与远期外汇交易不同的是,外汇期货合同是标准化的,流动性很强,持有者可以在合同到期前随时将合同转让平仓,不必到期进行实物交割,这弥补了远期外汇合同的不足,使市场更加活跃,但是也大大加重了市场投机的氛围。

(二) 利率期货

利率期货(interest rate future),其基本特征同外汇期货一样,只是利率并不是一种特定的商品,而是资金的价格,因此,利率本身并不能作为利率期货合同的交易标的。利率期货合同的标的物通常是各种利率的载体,通常包括商业票据、定期存单、国债以及其他政府公债等。通过这些特定利率工具价格的变化,间接反映出未来某一时期的市场利率水平。与远期利率协议的作用一样,利率期货也是通过签订远期利率的协议,使投资者能够锁定未来的利率水平,实现套期保值;而由于利率期货市场的流动性强,它的投机程度也远高于远期利率协议。利率期货合同可分为中长期利率期货和短期利率期货两大类。这两类合同的主要区别在于期限、报价方式以及交割方式的不同,但是两类合同的价格决定因素基本相同。利率期货因其直接标的物的不同,通常又被人们称为国债期货、欧洲美元期货等。实际上,当人们谈到中长期国债期货时,与中长期利率期货是同一个概念;在谈到短期国债期货或欧洲美元期货时,就是指短期利率期货。大多数利率期货合同按照点数计价,即合同面值分为100点,每一点代表合同面值的1%。中长期国债期货通常最小的变动价位有1/32点、1/64点、1/128点,且最终会进行实物交割。短期利率期货报价通常采用100减去年贴现率表示,并且合同以每变动0.01(即每个基点)为基础来进行现金结算。欧洲美元(ED)期货合同是最著名的短期利率期货合同,每份合同的基础资产为一种3个月期限、面值100万美元的工具,因此,一个基点的价值折算为25美元。

(三) 股票指数期货

股票指数期货(stock-index future),简称股指期货,合同的标的物是某个股票市场的股票价格指数。股票价格指数是当期股票价格平均值与基期股票价格平均值相比得到的,并不是一种实实在在的金融资产,因此无法进行实物交割,只能通过现金进行结算和交割。股票指数期货合同以指数报价,合同的价格按指数的点数与一个固定金额相乘计算得出。例如,标准普尔指数期货合同的价值为标准普尔股票指数乘以250美元,其最小价格变动为0.10,即25美元。股票指数期货的产生,为防范股票市场的系统风险提供了有效的手段。目前,世界主要的股票指数都存在相应的股指期货交易,包括道—琼斯指数期货、标准普尔500种股票价格综合指数期货、金融时报指数期货、日经平均指数期货、恒生指数期货等。

我国于2010年4月16日推出了沪深300股指期货,首批上市四个沪深300股票指数期货合同为 2010 年 5 月合同(IF1005)、6 月合同(IF1006)、9 月合同(IF1009)和 12 月合同(IF1012),挂盘基准价均为 3399 点。合同标的为沪深 300 股指,合同乘数为每点 300 元,报价单位为股点数,最小变动价位为 0.2 点,最低保证金为合同价格的 12%,每日价格最大波动为上一个交易日结算价的±10%,交割日期同最后交易日,交割方式为现金交割。

三、金融期货合同的会计处理

除了用于有效套期的衍生工具以外,衍生工具一般应该归类为交易性金融资产或金融负债或衍生工具进行会计核算,对于金融期货交易的会计处理也是如此。下面以股指期货为例,说明金融期货交易的会计处理方法。

【例 2】 6 月 1 日,甲企业在 2 700 点时购入沪深 300 股指期货合同 10 份,每份合同价值为 810 000 元(2 700×300),6 月 30 日,沪深 300 指数为 2 560 点,7 月 31 日,沪深 300 指数为 2 780 点,8 月 3 日,甲公司在沪深 300 指数为 2 800 点时,卖出持有的合同。初始保证金的比率为交易金额的 12%。

假定只在资料上列出的日期进行结算,根据上述业务,甲企业应编制会计分录如下(假定不考虑相关税费):

(1) 6 月 1 日,存入期货交易保证金 972 000 元(2 700×300×10×12%),并支付相关税费 1 000元时:

借:交易性金融资产——成本 972 000
　　投资收益 1 000
　贷:银行存款 973 000

(2) 6 月 30 日,结算后,记录期货合同的公允价值损益,同时记录追加期货保证金 420 000 元[(2 560−2 700)×300×10]时:

借:公允价值变动损益 420 000
　贷:交易性金融资产——公允价值变动 420 000
借:交易性金融资产——成本 420 000
　贷:银行存款 420 000

(3) 7 月 31 日,结算后记录期货合同的公允价值变动损益 660 000 元[(2 780−2 560)×300×10]时:

借:交易性金融资产——公允价值变动 660 000
　贷:公允价值变动损益 660 000

(4) 8 月 31 日,记录平仓结算损益 60 000 元[(2 800−2 780)×300×10],同时收回保证金时:

借:交易性金融资产——公允价值变动 60 000
　贷:公允价值变动损益 60 000
借:银行存款 1 692 000
　　公允价值变动损益 300 000
　贷:交易性金融资产——成本 1 392 000
　　　　　　　　　——公允价值变动 300 000
　　投资收益 300 000

甲企业在该股指期货交易中实现投资收益 299 000 元,其中,合同本身的损益为 300 000 元,相关税费为 1 000 元。

第四节　金融期权

一、金融期权的性质与特点

期权(options)是一种证券化契约,赋予买方在合同到期日或到期日之前,以执行价格向卖方买入或卖出一定数量的商品及有价证券的权利。它是一种选择权,买方有权利根据市场行情的变化决定是否履行合同。而卖方在买方提出履约要求时,只有义务接受买方的要求,进行出售或购买。

对期权合同,买方为了取得履约选择权必须支付给卖方的费用,称为权利金,又称期权价格或期权费。它是买方获取权利所付出的代价,同时也是卖方可能要履行义务得到的补偿。权利金的价格受市场供求情况及其他经济情况的影响,但不论如何变动,买方可能遭受的最大损失为支付给卖方的权利金。由于买方所承担的风险是有限的,因此,不必缴纳保证金便可从事期权交易;而卖方因随时有履约的义务,所承担的风险难以预料,因此,必须缴足保证金,以担保其履约能力。

期权有看涨期权与看跌期权两种。看涨期权(call options)是指在到期日或到期日之前,按照敲定价格,买入事先约定数量商品的权利;看跌期权(put options)是指在到期日或到期日之前,按照敲定价格,卖出事先约定数量商品的权利。敲定价格(strike price)是指期权合同所规定买入或卖出交易商品及有价证券的价格,又称执行价格或行权价格(exercise price)。

期权的买方可在到期日为止前的任何时间内行使权利的期权,称为美式期权;只在到期日才能行使权利的期权,称为欧式期权。值得注意的是,美式期权和欧式期权的区别仅在于执行期的不同,与地理位置无关。

金融期权(financial options)是期权的一种,是指投资者按一定价格购买期权合同,进而获得在规定的时间内以约定价格买入或卖出某种金融工具的权利。

金融期权交易是指以金融期权合同为对象进行的流通转让活动。金融期权合同也是由交易双方订立的,合同的买入者在支付了期权费以后,就有权在合同所规定的某一特定时间或一段时期,以事先确定的价格向卖出者买进或卖出一定数量的某种金融商品或者金融期货合同,当然他也可以不行使这一权利。金融期权合同实际上是在规定日期或规定期限内按约定价格购买或出售一定数量的某种金融工具的选择权。

与其他衍生工具相比,金融期权具有以下特点:

(1) 金融期权最突出的特点是交易双方的权利和义务不对等、风险和收益不对称。期权合同的卖方将选择权赋予买方,买方可以根据市场形势是否对自己有利来决定行使或是放弃其买权或卖权。当期权买方要求行使其权利时,卖方只有应买方要求履行合同的义务,没有拒绝对方选择的权利。买方为此要向卖方支付期权价格或期权费,不管其是否行使权利,都不能收回期权费。期权买方承担的风险仅限于损失期权费,而其盈利可能是无限的

(如购买看涨期权),也可能是有限的(如购买看跌期权)。期权卖方可能获得的盈利是有限的,即其收取的期权费,而亏损风险可能是无限的(如卖出无担保的看涨期权),也可能是有限的(如出售看跌期权或有担保的看涨期权)。

(2) 金融期权交易是就期权的价格达成协议,而不是像金融期货交易那样就金融工具的合同价格达成协议。金融期权合同中金融工具的价格是敲定不变的,作为标准化的一个细则存在,合同双方是根据这一敲定价格与市价的关系,并考虑时间价值,商定权利金的多少,即就期权的价格达成协议。

(3) 金融期权的创新性非常大。由于金融期权合同可以就敲定价格、涨跌种类、到期月份的不同组合创造出不同的标准合同,其创新性要大大优于期货合同,可以使投资者拥有更多的选择。

(4) 金融期权通常在有组织的交易所进行,合同也相应采用标准的格式。早期的金融期权主要采取场外交易的方式,而现代金融期权则是在具有严格制度、完备系统的交易所内,并采用标准合同与公开竞价的方式进行。相应地,现代金融期权合同具有较好的流动性,交易成本也较低。从交易量上来看,场内交易已经远远超出场外交易。

金融期权相对金融期货更具有创新性,它不仅为具有不同风险偏好的投资者提供了更多的选择,为金融市场参与者规避风险和进行投机提供了更广阔的渠道,而且经过迅速的发展,金融期权除了外汇期权、利率期权、股票期权、股票指数期权外,还出现了可转换债券、认股权证等其他期权衍生工具。这些期权工具不仅被用于传统的套期保值和投资,还逐步应用到公司筹资以及激励机制中,为衍生工具的应用打开了新的领域。

投资者要进行期权交易,必须首先在各自的经纪公司开立账户,使之成为自己进行期权交易的经纪人。在准备买入或卖出期权时,企业向经纪人下达交易指令,说明要买入或卖出的合同种类、执行价格、限价、期权类型等。经纪人向场内经纪人传达交易指令,场内经纪人进入相应的位置并在其感兴趣的期权品种内寻求报价。造市商报出其买入或卖出的期权价格。场内经纪人在交易所内相互寻求信息、协商确定交易价格,并将协定价格向经纪人汇报,经纪人向企业汇报协定价格,企业同意价格后,交易谈妥。参与交易的双方向清算所汇报交易信息,并登记交易。买方通过其经纪人向清算所缴纳权利金,清算所发出期权;卖方通过其经纪人向清算所缴纳保证金。至此,期权买卖交易完成。

期权交易买卖完成后,期权买卖双方会每日关注自己买入或卖出的期权市价,计算所持有的期权损益,期权卖出方还必须依据期权市价与清算所计算调整期权保证金。

期权到期前或到期时,其履约有以下三种情况:第一,对冲。在有效期内不希望进行实物交割的,交易双方可以通过对冲的方式了结合同。第二,在有效期内履行合同。如果买方选择履行合同,此时期权卖方有义务而且必须接受该选择。第三,买方到期放弃权利,合同失效。

二、金融期权的主要类型

由于金融期权的种类极为丰富,除根据期权买方获得的权利分为看涨期权和看跌期权外,还可按行使期权的时限分为欧式期权和美式期权,根据期权交易的场所分为场内期权和场外期权。不同的期权品种可加以组合,进而创造出具有特殊风险收益特征的组合期权。因此,金融期权交易的种类繁多,这里侧重介绍按期权标的物的分类。

按照标的物的不同,期权合同可分为外汇期权、利率期权、股票期权、股票指数期权等。

(一)外汇期权

外汇期权(foreign exchange options),是以外汇为标的物的期权交易,即在合同买方支付权利金的前提下,赋予买方在规定期限内按合同双方约定的价格购买或出售一定数量外汇的权利,合同卖方在收取权利金后,有义务在买方要求履约时进行相应的出售或购买。外汇期权又分为外汇现货期权和外汇期货期权。以某种外国货币为标的物的是外汇现货期权,而以外汇期货合同为标的物的是外汇期货期权。参与外汇期权交易的主要是进出口公司、银行、跨国公司等。

(二)利率期权

利率期权(interest rate options),是以各种利率相关商品(包括国债、商业票据、定期存单或其他政府公债等)和利率期货合同为标的物的期权。利率期权经过发展进化,出现了利率上限、利率下限和利率上下限等期权形式。利率上限是双方就未来一定时间商定一个固定利率作为利率上限,如果市场利率超过该上限,则由卖方将产生的利息差额支付给买方,当然买方在签订合同时需支付一定的权利金。利率上限可用来固定最高利率,将利率上升的风险锁定在一定的限度内,主要为浮动利率的债务管理人及固定利率的资产管理人所使用。相反,利率下限是商定一个底限,如果市场利率低于该下限,则由卖方将利息差额支付给买方,同样买方需支付一定的权利金。利率下限可以用来固定最低利率,将利率下降的风险锁定在一定的范围内。对于投资于利率产品的资产管理人来说,利率下限期权可以提供收益保障;固定利率的债务管理人也可以通过利率下限弥补利率下降的损失。利率上下限则是在买入一个利率上限的同时,出售一个利率下限,即将上限和下限组合起来,通过出售利率下限,获取一定的权利金,从而降低利率上限的成本。

(三)股票期权

股票期权(stock options),是以一定数量的某种股票为标的物的期权。在合同买方支付权利金的前提下,股票期权赋予买方在一定期限内按合同双方约定的价格购买或者出售一定数量的某种股票的权利,合同卖方在收取权利金后,有义务在买方要求履约时进行相应的出售或购买。

(四)股票指数期权

股票指数期权(stock-index options),是以某种股票指数或股票指数期货为标的物的期权,又称股指期权。与上面三种期权不同的是,股票指数期权合同的价格是以指数衡量的,这一点与股指期货非常相似,即合同价格是按指数的点数与一个固定的金额相乘计算的,最终合同实际交割的是现金。以股票指数为标的物的是股票指数现货期权,履约时按市场价格与协定价格之差进行结算;而以股指期货合同为标的物的股指期货期权,履约时买卖双方交割股票指数期货合同。

如前所述,除了外汇期权、利率期权、股票期权和股票指数期权以外,在金融期权发展的过程中还出现了一些与基础金融工具结合而成的新兴金融工具,如可转换债券、认股权证、认沽权证等。可转换债券是以企业债券为载体,允许持有人在规定时间内按规定价格转换为发债公司或其他公司股票的金融工具。认股权证则是企业发行的一种票证,它赋予持有者在未来某一时间或某一时间段内以事先约定的价格购买一定数量股票的权利。可转换债券、认股权证相当于一种看涨期权,企业可以利用其在筹集资金的同时降低筹资成本,具有较高的灵活性，因而也得到了广泛的应用。

三、金融期权交易的会计处理

（一）期权的价值

根据期权的执行价格与基础资产价格之间的当期关系，可以把期权描述为“价内期权”“面值期权”和“价外期权”三种。以看涨期权为例，假定某项期权的执行价格为20元，而该项期权基础资产的价格为25元，则该项期权就称为价内期权；如果两者相等，均为20元，该项期权就被称为面值期权；如果基础资产的价格低于期权的执行价格，则该项期权就被称为价外期权。看跌期权则与此相反。

期权价格等于内在价值与时间价值之和。

内在价值（intrinsic value）是期权合同本身所具有的价值，即期权购买者如果立即执行该期权时获得的收益。其大小取决于该期权的执行价格与标的物的市场价格之间的关系，但期权的内在价值必然大于等于零。

时间价值（time value）也称外在价值，是指期权的购买者所实际支付的期权费超过该期权内在价值的部分。期权的购买者之所以愿意支付这部分费用，是希望随着时间的推移和标的物市场价格的波动，期权合同的内在价值会增加，但时间价值会逐渐趋向于零。

期权价格可用公式表述如下：

$$\begin{aligned}\text{期权价格}(P) &= \text{内在价值}(I) + \text{时间价值}(T)\\ &= \text{最大值}[(\text{基础资产价格} - \text{执行价格}), 0] + \text{时间价值}(T)\end{aligned}$$

（二）相关会计处理

对于在交易所交易的期权，市场价格是期权公允价值计量的最好工具；而对于场外交易的期权，交易方的报价则是期权公允价值计量的较好选择；如果交易方的报价无法取得，则只能通过相关定价模型来确定期权的价值。而期权的内在价值一般都能够单独计量，所以期权的公允价值一般都能够表示为内在价值金额与时间价值金额之和。

在进行会计处理时，只有当期权合同被指定为有效套期工具时，才有必要将期权的内在价值和时间价值分开核算。其他情况下，也就是利用期权作为投机工具获取风险收益时，期权合同在资产负债表上都是按照整体公允价值报告的，并且整体公允价值的变动均应计入当期损益。

【例3】 2017年12月4日，甲公司购入乙公司发行的以自身普通股为标的的看涨期权（欧式期权）。根据双方期权合同，如果甲公司行权，甲公司有权以每股20元的价格从乙公司购入普通股10 000股。合同还约定，双方可以以现金净额结算。

其他有关资料如下：

(1) 合同签订日为2017年12月4日。

(2) 行权日为2018年7月31日。

(3) 2017年12月4日，普通股每股市价17元。

(4) 2017年12月4日，每份期权公允价值3元。

(5) 2017年12月31日，普通股每股市价21元。

(6) 2017年12月31日，每份期权公允价值6元。

(7) 2018 年 7 月 31 日,普通股每股市价 25 元。

(8) 2018 年 7 月 31 日,每份期权公允价值 5 元。

根据上述资料,甲公司应编制会计分录如下:

(1) 2017 年 12 月 4 日,合同签订日,甲公司购买看涨期权时:

借:交易性金融资产——衍生工具	30 000	
贷:银行存款		30 000

(2) 2017 年 12 月 31 日,资产负债表编制日:

借:交易性金融资产——衍生工具	30 000	
贷:公允价值变动损益		30 000

(3) 2018 年 7 月 31 日行权时:

先确认公允价值变动损益:

借:公允价值变动损益	10 000	
贷:交易性金融资产——衍生工具		10 000

【情形 1】 假定以现金净额结算:

借:银行存款	50 000	
贷:交易性金融资产——衍生工具		50 000
借:公允价值变动损益	20 000	
贷:投资收益		20 000

【情形 2】 假定以普通股结算:

借:交易性金融资产——甲股票	250 000	
公允价值变动损益	50 000	
贷:交易性金融资产——衍生工具		50 000
银行存款		200 000
投资收益		50 000

第五节 金融互换

一、金融互换的性质与特点

金融互换(swap),是指交易双方按照预先规定的条件就未来交换债务或现金流量的交易所达成的一种协议。交换的现金流量可以是用不同货币定值的,这种互换称为货币互换;也可以是用相同货币定值的,但一方的计息基础是固定利率,而另一方的计息基础则是浮动利率,这种互换称为利率互换。当然,金融互换也可以是货币互换和利率互换的结合,即以一种货币定值的固定利率现金流量去交换另一种货币定值的浮动利率现金流量。

金融互换的实质是一种债务多头与另一种债务空头的组合,或是一种一系列远期合同的组合,它可以被认为是对期货、期权和远期合同交易的一种扩展。

在国际金融市场上,1981 年首先出现了货币互换交易,1982 年出现了利率互换交易,此后得到迅猛增长,至 1995 年,其交易额就已达到 12.81 万亿美元,以至于西方大银行在投资业务中“言必谈互换”，使互换市场迅速扩大成长。当前全球互换交易每年签约金额达数十万亿美元之巨。因此，互换被公认为20世纪80年代最重大的金融创新工具之一。

我国的人民币利率互换市场于2006年2月建立。2006年2月9日，央行批准人民币利率互换交易开始试点，国家开发银行和中国光大银行当日完成了首笔人民币利率互换交易。在7个月之后，首笔保险机构之间的人民币利率互换交易由中国银行与中国人保资产完成。

2007年1月，为指导货币市场产品定价，培养货币市场基准利率，SHIBOR（上海银行间同业拆借利率，Shanghai Interbank Offered Rate）开始对外发布。同年7月，交易中心又发布通知，报价机构分别以SHIBOR_O/N（银行间隔夜同业拆借利率）、SHIBOR_1W（银行间1周同业拆借利率）和SHIBOR_3M（银行间3个月同业拆借利率）为基准报出共计33个品种的报价，丰富了SHIBOR利率体系，促进了我国货币市场和衍生品市场的发展。

2008年1月，中国人民银行正式发布《中国人民银行关于开展人民币利率互换业务有关事宜的通知》，对两年来的试点交易工作进行了总结，并做出了一些重要改动。随后，《人民币利率互换交易操作规程》（中国外汇交易中心发布）等一系列政策法规陆续出台，规范了利率互换市场的交易机制，参与机构从原来试点的部分商业银行和保险公司拓展到所有银行间债券市场参与者。至此，人民币利率互换交易全面铺开，开展当月人民币利率互换交易名义本金总额就达到了310.16亿元，2008年第一季度的交易额就已达到840亿元人民币。

经过近十年的发展，国内利率互换市场的规模取得了大幅拓展。截至2014年7月，已有115家机构在中国银行间市场交易商协会备案，利率互换交易在2013年的成交量达到2.7万亿元（以名义本金计）。

人们之所以如此青睐金融互换，究其原因，主要有三个方面：

第一，金融互换可以降低筹资成本。可举例说明。

【例4】 假设有甲、乙两家公司，其信用等级及各自在固定利率市场和浮动利率市场上的借款成本如表14－4所示。

表14－4　　甲、乙公司信用等级及利率

	甲公司	乙公司
信用等级	AAA	BBB
固定利率	8%	9.5%
浮动利率	6.2%	6.5%

从表14－4可以看出，甲公司由于信用等级高，在浮动利率市场和固定利率市场都有优势，但是，不难发现两家公司的固定利率之差为1.5%，而浮动利率之差仅为0.3%。因此，可以认为，甲公司在固定利率市场具有比较优势。假设甲公司根据资产匹配的要求希望支付浮动利率利息而乙公司希望支付固定利率利息，如果两家公司按照各自原本的借款成本借款，总成本为：6.2%＋9.5%＝15.7%。根据双方的比较优势，甲公司借入固定利率贷款，乙公司借入浮动利率贷款，然后再进行互换，总成本为：8%＋6.5%＝14.5%。很显然，相对于不进行互换而言，共节省成本1.2%。假定通过中介银行撮合这项互换交易，中介银行一次性收取甲、乙公司各0.1%的服务费，甲、乙公司双方可以按照事先确定的比例分享这部分节省下来的成本。比如，按照利益均分原则，每一方就可以节省0.5%。即相当于甲公

司按浮动利率5.7%(6.2%−0.5%)取得了贷款,乙公司按9%(9.5%−0.5%)的固定利率取得了贷款,中介机构取得了0.2%的服务收入。

假定按利益均分原则,乙公司应当承担甲公司利率2.4%。计算如下:

设乙公司应当承担甲公司的利率为X,则:

$8\% - X + 0.1\% = 5.7\%$

$X = 2.4\%$

换言之,甲公司的实际利率等于甲公司借入的固定利率(8%)减去乙公司承担的利率(2.4%)加上支付给中介机构的服务费(0.1%),即5.7%(8%−2.4%+0.1%)。

乙公司的实际利率水平9%(6.5%+2.4%+0.1%),比自己直接借入固定利率低0.5%。

中介机构实际收入等于0.2%。

同时,银行的利率并没有减少。银行本来的利率是甲公司的固定利率(8%)和乙公司的浮动利率(6.5%),合计为14.5%,互换后的利率是甲公司的5.6%(5.7%−0.1%)和乙公司的8.9%(9%−0.1%),合计仍然为14.5%。

从例4中可以看出,金融互换可以降低筹资成本。

第二,互换可以规避因利率、汇率变动可能带来的风险损失。例如,一家信用等级不高的企业用浮动利率借入一笔资金,在未来支付利息时就会面临较大的政策风险,如果将其互换为固定利率,就可以锁定该企业未来利率变动的风险。此外,利率互换不涉及本金,双方仅是互换利率,风险也仅限于应付利息部分,鲜有投机因素,因此,风险相对较小。

第三,企业可以通过互换对季节性波动的现金流量进行管理。很多企业的现金流量具有很强的季节性,如冷饮业、旅游业等。这类企业常常会经历其现金流量在某一期间剧增,然后又急剧下降的变化,如果与其他企业支付日不同的利率进行互换,即将原本在现金流量急剧下降时支付利息的借款与其他企业进行互换,就便于在现金流量充裕时支付利息。这样,通过互换可以对波动的现金流量进行管理。

相对于其他的衍生金融工具,金融互换具有以下特点:

(1) 金融互换合同的标的是用于交换的两种不同金融工具,交换的金融工具可以是不同的货币,也可以是计息方式不同的同种货币,而其他衍生工具的标的是某一种金融工具。

(2) 绝大部分金融互换的期限较长,一般为2~10年,少数交易还可能更长。而其他衍生工具的到期日大多在1年以内。

(3) 金融互换合同为满足参与者的特殊需要,通常进行具体的设计,呈现出量身定做的特性,这使得金融互换合同具有较强的灵活性,但同时也提高了金融互换的成本。近年来在一些国际组织的努力下,美元利率互换合同已有了标准形式,但总的来说,互换合同是非标准化的。金融互换属于场外交易,大多数交易是经中介人进行中介互换。由于互换合同缺乏标准形式,难以进行交易所的集中交易。

(4) 金融互换是利用交易双方各自对所交换的不同金融工具的优势进行的,交换的结果对双方均有利,因而是一种充分发挥资源优势的"双赢"交易方式。而其他衍生金融工具均是单方获利的模式。

(5) 金融互换的目的主要在于降低筹资成本和规避利率汇率变动风险,很少用于投机,这方面的特点使金融互换的市场风险较小。

由此可见，金融互换非标准化的合同虽然相对增加了交易成本，但是相对其他衍生工具来说，它更适合于长期资本的避险和管理，并且它充分利用了市场交易双方的优势，使市场资源得到了更有效的配置。

二、金融互换的主要类型

如前所述，金融互换一般可分为利率互换和货币互换两大类。

（一）利率互换

利率互换，是指计息方法不同或利率水平不同的同种货币的债权或债务之间进行的转换。最基本的利率互换形式是固定利率对浮动利率的互换。一方想用固定利率债务换取浮动利率债务，支付浮动利率；另一方想用浮动利率债务换取固定利率债务，支付固定利率，双方利用互换均能降低筹资成本。利率互换一般期初或期末都没有实际本金的互换，只是在协议约定的各个期间互换因利率不同而产生的利息差额，因此，利率互换的资金流动只发生在计息日，而且由于是净额结算，所以资金的流动是单向的。

降低筹资成本的需要是利率互换产生的主导因素。固定市场中的投资者对某个特定发行者所要求的溢价，可能会与浮动市场中的投资者对同一发行者所要求的溢价不同，因此发行者发现，可以通过在具有比较优势的市场上发行债务工具，然后与其他市场上具有比较优势的另一方互换未来利息现金流来降低发行成本，并能规避交易双方的利率风险。

前面的例 4 说明了利率互换的机制。

（二）货币互换

货币互换，是一种货币表示的一定数量的资本额及在此基础上产生的利息支付义务，与另一种货币表示的相应数量的资本额及在此基础上产生的利息支付义务进行相互交换。货币互换的前提是要存在两个在期限和金额上利益相同却对货币种类需求相反的双方。货币互换的双方按预先约定的汇率进行资本额的互换，互换后，每年以约定利率和资本额为基础进行利息支付的互换。协议到期后，再按照原约定的利率将原资本额换回。也就是说，货币互换要在期初、计息日、到期日发生多次资金流动，而且资金的流动是双向的。

货币互换产生于市场交易者改变债务的货币结构、进行资产负债管理、降低筹资成本等方面的需要。由于不同的市场交易者在不同的货币市场上具有各自筹资的比较优势，因此，不同发行者可以通过在自己拥有比较优势的货币市场上发行债务工具，然后与其他货币市场上具有比较优势的另一方互换利息，使双方都可以降低筹资成本，并规避汇率风险。

【例 5】 甲、乙两家公司可按固定利率获得美元借款和英镑借款，假定汇率为 1 英镑兑换 1.5 美元，甲公司筹措 5 年期、1 500 万美元，乙公司筹措 5 年期、1 000 万英镑，两者的借款利率如表 14－5 所示。

表 14－5　　甲、乙公司借款利率表

项目 公司名称	美元	英镑
甲公司	1.0%	1.350%
乙公司	1.2%	1.400%

表 14－5 中,甲公司在美元债务市场筹资成本比乙公司低 0.2%(1.2%－1.0%)的利息支出,具有比较优势;乙公司在英镑债务市场比甲公司只多支付 0.05%(1.40%－1.35%)利息支出,比其在美元债务市场具有比较优势。这笔货币互换交易的潜在总收益为 0.15%[(1.2%－1.0%)－(1.4%－1.35%)]的利息收入。即如果甲公司借入英镑,乙公司借入美元,双方的利率合计为 2.55%(1.2%＋1.35%)。假定中介机构丙银行介入后,分别与甲、乙两家公司签订互换合同,并向甲、乙公司各一次性收取 0.01% 的服务费用。扣除共计 0.02%的服务费用后,余下的好处(0.13%)按利益均分的原则,甲公司和乙公司各享受 0.065%的好处。互换后甲、乙公司的现金流量如表 14－6 所示。

表 14－6　　甲、乙公司货币互换的现金流量情况

甲公司现金流量		乙公司现金流量	
1	借入 5 年期、1 500 万美元,并按年利率 1.0% 支付利息	1	借入 5 年期、1 000 万英镑,并按年利率 1.4% 支付利息
2	互换开始,以 1 500 万美元换入 1 000 万英镑	2	互换开始,以 1 000 万英镑换入 1 500 万美元
3	互换期内,每年收取 15 万美元(1 500×1.0%)利息	3	互换期内,每年收取 14 万英镑(1 000×1.4%)利息
4	互换期内,每年支付 12.85 万英镑(1 000×1.285%)利息	4	互换期内,每年支付 17.025 万美元(1 500×1.135%)利息
5	互换结束,支付 1 000 万英镑本金并收回 1 500 万美元本金	5	支付 1 500 万美元本金,并收回 1 000 万英镑本金

三、金融互换交易的会计处理

下面以利率互换为例,说明对金融互换交易的会计处理。

互换也是衍生工具的一种,其会计处理与前述衍生工具一样,只不过互换的公允价值确定相对更加复杂。从交易安排的实质上看,互换合同其实是由一系列远期合同组成的。因此,互换的公允价值等于合同未来每期的收益(或支付)净额的贴现值,即先计算每期交换的净现金流量的现值,然后将所有各期的净现金流量的现值加总。互换比远期合同复杂的是,在确定互换的公允价值时,必须估计各期期初的远期利率,并用这些估计的远期利率贴现各期的净现金流量。实务操作中,可以采用市场收益率曲线来估计远期利率。市场收益率曲线将利率与借款期限的长短联系起来,水平的市场收益率曲线说明长期与短期的贷款利率相等,向上倾斜的收益率曲线说明长期贷款利率高于短期贷款利率,向下倾斜的收益率曲线说明长期贷款利率低于短期贷款利率。为了简化计算和说明问题,这里在计算互换的公允价值时,一律假设市场收益率曲线是水平的,即无论时间长短,利率都是一样的,因此,预期未来每期的收益率等于现在的收益率。那么,在每一个时点上,互换公允价值的计算就只需要对预期收益(或支付)净额按现行利率折现即可。

【例 6】 2017 年 1 月 1 日,甲公司与某金融机构签订了一项 2 年期的利率互换合同。双方约定,A 公司将向金融机构支付名义本金为 10 000 000 美元、浮动利率为 LIBOR＋0.5%的浮动利息,以前一个支付日的 LIBOR 为准,而金融机构向 A 公司支付名义本金相等、固定利率为4.50%(年利率)的利息。利息每半年交换一次。表14－7是互换合同期间的LIBOR利率(这是全球贷款方及债券发行人的普遍参考利率,是目前国际上最重要和最常用的市场利率基准)。

表14－7　　甲公司利率互换期间的LIBOR

日　期	LIBOR年利率(%)
2017年1月1日	4.00
2017年6月30日	3.75
2017年12月31日	4.05
2018年6月30日	4.15
2018年12月31日	4.10

甲公司在互换期间的现金流量和互换的公允价值计算如表14－8所示。

表14－8　　现金流量和互换的公允价值计算

日　期	浮动利率＝LIBOR＋0.5%	固定利率与浮动利率的差额	实际收取(支付)的现金(元)	互换的公允价值—以LIBOR＋0.5%折现的净现值(元)	互换的公允价值变动额(元)
2017年1月1日	4.50%	0	0	0	0
2017年6月30日	4.25%	0.25%	0	35 961	35 961
2017年12月31日	4.55%	－0.05%	12 500	(4 843)	(40 804)
2018年6月30日	4.65%	－0.15%	(2 500)	(7 330)	(2 487)
2018年12月31日			(7 500)	0	7 330

每期的公允价值都在期初时进行确认,但双方实际的交换行为却发生在期末。

以2017年6月30日为例,说明互换公允价值的计算方法:

$$35\,961=\frac{12\,500}{(1+4.25\%/2)^{1}}+\frac{12\,500}{(1+4.25\%/2)^{2}}+\frac{12\,500}{(1+4.25\%/2)^{3}}$$

同理,2017年12月31日的互换公允价值是以每年支付2 500元和2.275%(4.55%÷2)的贴现率折现(每半年复利,共两期)计算得到的。

根据上面的计算,甲公司在互换期间应编制会计分录如下:

2017年1月1日,由于互换公允价值为零,所以不需编制会计分录,但应进行登记备忘。

(1) 2017年6月30日,记录互换合同公允价值的变动。

借:交易性金融资产——利率互换　　35 961

　贷:公允价值变动损益　　35 961

(2) 2017年12月31日,记录互换公允价值的变动以及根据互换合同收到的现金。

借:公允价值变动损益　　40 804

　贷:交易性金融资产——利率互换　　40 804

借：银行存款　　12 500
　贷：财务费用　　12 500

(3) 2018 年 6 月 30 日，记录互换公允价值的变动以及根据互换合同支付的现金。

借：公允价值变动损益　　2 487
　贷：交易性金融资产——利率互换　　2 487
借：财务费用　　2 500
　贷：银行存款　　2 500

(4) 2018 年 12 月 31 日，记录互换合同到期以及根据互换合同支付的现金。

借：交易性金融资产——利率互换　　7 330
　贷：公允价值变动损益　　7 330
借：财务费用　　7 500
　贷：银行存款　　7 500

第六节　套　　期

一、套期概述

套期(hedging)，也称套期保值，是指企业为管理外汇风险、利率风险、价格风险、信用风险等特定风险引起的风险敞口，指定金融工具为套期工具，以使套期工具的公允价值或现金流量变动，预期抵销被套期项目全部或部分公允价值或现金流量变动的风险管理活动。

套期定义中的外汇风险，也称汇率风险，是指因汇率变化而产生的利润和财富方面的风险。利率风险是指企业借出或借入资金时，面临的因市场利率变动导致企业实际收到或支付的利息高于或者低于预期值的不确定性。商品价格风险、股票价格风险均是针对价格变化的不确定性的风险。信用风险是指交易对方不还债或者逾期还债所产生的风险。这些风险的主要特征是将会影响企业的经营状况，增大企业经营业绩的波动性。套期业务对企业的影响主要有两个方面：一是可以降低企业经营活动的风险，以及回避境外投融资活动的风险；二是给企业管理人员以选择盈利模式的可能，不进行套期，公司可能会面临高风险、高收益的情况，而进行套期一般都能降低风险，但同样也可能减少潜在的超额收益。

可以从下面三个方面理解套期的概念。

(1) 套期是指金融工具之间或金融工具与非金融工具之间的一种特殊关系，套期行为可以理解为指定套期工具和被套期项目的过程，即建立一种套期关系。

(2) 套期保值可以减少甚至消除风险，降低特定风险暴露可能形成的不利影响。套期保值的作用机制是针对被套期项目，购入或售出一项或多项衍生工具或非衍生工具(特定情况)，使其公允价值或未来现金流量的变动方向与被套期项目相反、金额相当，以全部或部分抵销特定风险所导致的被套期项目价值或现金流量变动所带来的损失。

(3) 套期与投机有本质区别。投机是买空卖空，利用市场上金融工具或非金融工具的价格差别来获取风险收益。套期则着重于缓解风险，尽可能规避价格等因素的波动可能给企业带来的不利影响。当然，从实际交易的结果看，套期在规避风险的同时，也可能有部分损失或全部受损。

二、套期的分类

企业为规避与资产、负债、确定承诺(firm commitment)、极可能发生的预期交易或在境外经营的净投资有关的外汇风险、利率风险、股票价格风险、信用风险等,会开展相应的套期业务。为确定套期的会计方法,按照套期关系(即套期工具和被套期项目之间的关系),套期可分为公允价值套期、现金流量套期和境外经营净投资套期三类。

(一) 公允价值套期

公允价值套期,是指对已确认资产或负债、尚未确认的确定承诺,或上述项目组成部分的公允价值变动风险敞口进行的套期。该公允价值变动源于特定风险,且将影响企业的损益或其他综合收益。其中,影响其他综合收益的情形,仅限于企业对指定为以公允价值计量且其变动计入其他综合收益的非交易性权益工具投资的公允价值变动风险敞口进行的套期。

例如,企业对承担的固定利率负债使用利率互换避险,属于公允价值套期。又如,航空公司签订了一项 3 个月后以固定外币金额购买飞机的合同(未确认的确定承诺),为了规避外汇风险使用远期外汇或外汇期货对该确定承诺的外汇风险进行套期,也属于公允价值套期。

(二) 现金流量套期

现金流量套期,是指对现金流量变动风险敞口进行的套期。该现金流量变动源于与已确认资产或负债、极可能发生的预期交易,或与上述项目组成部分有关的特定风险,且将影响企业的损益。

例如,企业对承担的浮动利率债务的现金流量变动风险进行套期,属于现金流量套期。又如,航空公司为规避 6 个月后预期极有可能发生的购买飞机有关的现金流量变动风险进行套期,也属于现金流量套期。

公允价值套期与现金流量套期的区别主要表现在以下四个方面:

(1) 两者所规避风险的经济性质不同。公允价值套期是对已确认的资产和负债、未确认的确定承诺和这些资产及负债确定承诺中的可辨认部分的公允价值变动风险进行套期,即公允价值套期规避的是价格风险。现金流量套期是对现金流动性风险的套期,即规避的是未来现金流量风险。

简言之,公允价值套期与现金流量套期的区别主要是时点问题,即企业可以在整个业务的任意时点进行套期,当然也可以不进行套期。会计上认为,企业在资产计量结束前进行套期保值活动的,属于公允价值套期;在资产计量结束后进行套期保值活动的,则属于现金流量套期。

(2) 两者的适用范围不同。公允价值套期主要适用于对现有资产、负债以及这些现有资产和负债中可辨认部分的公允价值变动风险进行套期,而确定承诺的套期也适用于公允价值套期。

例如,美国 A 公司与英国 B 公司签订购货合同,于 6 个月后从英国 B 公司购入专用设备一台,购价 8 000 英镑,美国 A 公司将受汇率变动影响。因此,在交易完成以前,其未来的英镑价格可能会升高或降低,于是,美国 A 公司购买了 6 个月后交割的等值英镑对此确定承诺进行套期,对此外币确定承诺的套期可用公允价值套期会计进行核算。

而现金流量套期主要适用于对预期交易的套期。例如,某A公司预期将在4个月后购买现价为100 000美元的固定资产,同时为了避免固定资产未来价格的上升,与某B公司签订了出售等值的固定资产的4个月远期合同。假设此远期合同在签订时未发生成本,年末该固定资产涨价5 000美元,远期合同升值6 000美元,那么,A公司便可采用现金流量套期的会计处理进行核算。

(3) 公允价值套期改变了被套期项目的会计处理,现金流量套期改变了套期工具的会计处理,从而使套期工具和被套期项目的利得或损失在同一期间配比,反映出套期会计的实际抵销结果。

由于套期工具基本上是衍生工具,它通常被划分为交易性金融资产,所以,对公允价值套期运用套期会计实际上并未改变套期工具的会计处理,而是改变了某些被套期项目的会计处理。当套期工具和被套期项目都按公允价值计量,且相应利得都计入当期损益(企业对指定为以公允价值计量且其变动计入其他综合收益的非交易性权益工具投资的公允价值变动风险敞口进行的套期除外),则不需要套期会计,因为利得和损失已在同一期配比。当被套期项目以摊余成本或成本计量,或以公允价值计量但归属于被套期风险的利得或损失未确认或在所有者权益中确认时,套期工具或被套期项目的利得或损失未在同一期间配比,传统会计未能反映出抵销结果,故按被套期项目(包括按成本与可变现净值孰低进行后续计量的存货、按摊余成本进行后续计量的金融资产或可供出售金融资产)因被套期风险形成的利得或损失应当计入当期损益,同时调整被套期项目的账面价值的原则处理。

而现金流量套期会计实际上并未改变被套期项目的会计处理,只是改变了套期工具的会计处理。因为套期工具的利得或损失并未在当期全部计入损益,而是分为有效部分和无效部分分别进行会计处理。待到被套期项目影响企业损益的相同期间时,将所有者权益(其他综合收益)部分转出计入当期损益,使得套期工具的利得或损失与被套期项目的利得或损失在确认时间上一致,以反映出现金流量套期对损益的抵销或对冲结果。但在预期交易的套期后导致确认非金融资产或非金融负债时,现金流量套期会计确实也可能影响被套期项目所产生的负债或资产的账面价值。

(4) 两者的会计核算不同。公允价值套期与现金流量套期是企业分别对未来的公允价值和现金流量变动风险的套期。两者总的核算原则是一致的,即在同一会计期间确认套期工具和被套期项目的利得或损失,以体现套期会计的本质,反映出套期的对冲结果和有效性。

尽管如此,公允价值套期和现金流量套期的界限并不是绝对的,两者有时可以转化。例如,对于确定承诺外汇风险套期作为何种套期处理,在国际会计界就存在争议。美国的会计准则将其作为公允价值套期处理,而国际财务报告准则认为确定承诺外汇风险套期既可以作为公允价值套期进行处理,也可以作为现金流量套期进行处理。因为外汇风险既影响被套期项目的现金流,也影响被套期项目的公允价值。因此,对确定承诺的外汇风险进行的套期,企业既可以作为现金流量套期,也可以作为公允价值套期。

(三) 境外经营净投资套期

境外经营净投资套期,是指对境外经营净投资外汇风险敞口进行的套期。境外经营净投资,是指企业在境外经营净资产中的权益份额。该种套期主要考虑对境外净投资可能因汇率变动而给企业带来的风险。

若企业拥有既无计划也无可能在可遇见的未来会计期间进行结算的长期外币货币性应收项目(包括贷款),应当视同境外经营净投资的组成部分。但是,因销售商品或提供劳务等形成的期限较短的应收账款等项目,不构成境外经营净投资。

三、套期工具和被套期项目

套期工具和被套期项目是企业管理者为适应风险管理策略需要开展保值业务而指定的套期关系中最重要的两个因素。

(一) 套期工具

套期工具(hedging instrument),是指企业为进行套期而指定的、其公允价值或现金流量变动预期可抵销被套期项目的公允价值或现金流量变动的金融工具。

1. 可以作为套期工具的金融工具

可用于套期工具的金融工具包括:

(1) 以公允价值计量且其变动计入当期损益的衍生工具,但签出期权除外。企业只有在购入期权(包括嵌入在混合合同中购入的期权)进行套期时,签出期权才可以作为套期工具。嵌入在混合合同中但未分拆的衍生工具,不能作为单独的套期工具。

衍生工具包括远期合同、期货合同、互换和期权,以及具有远期合同、期货合同、互换和期权中一种或一种以上特征的工具。例如,企业为规避库存铜价格下降的风险,可以卖出一定数量的铜期货合同。其中,铜期货合同即套期工具。

(2) 以公允价值计量且其变动计入当期损益的非衍生金融工具,包括非衍生金融资产和负债。

但指定以公允价值计量且其变动计入当期损益,且其自身信用风险变动引起的公允价值引起的公允价值变动计入其他综合收益金融负债的除外。

需要注意的是,企业自身的权益工具,如普通股,不属于企业的金融资产或金融负债,不得作为套期工具。

对于外汇风险套期,企业可以将非衍生金融资产(选择以公允价值计量且其变动计入其他综合收益的非交易性权益性工具投资除外)或非衍生金融负债的外汇风险成分指定为套期工具。

在理解套期工具概念时,需要注意以下几点:

(1) 衍生工具如无法有效地对冲被套期项目的风险,则不能作为套期工具。例如,企业发行的期权(签出期权)就不能作为套期工具,因为该期权的潜在损失可能远远超过被套期项目的潜在利得,从而不能有效地对冲被套期项目的风险,因此,发行的期权不能作为套期工具。相反,购入期权的一方可能承担的损失最多也就是期权费(权利金),而可能取得的利得通常等于或远远超过被套期项目的潜在损失,即能够有效地对冲被套期项目的风险,因而购入期权的一方可以将购入的期权作为套期工具。

(2) 非衍生金融资产或非衍生金融负债只有用于对外汇风险进行套期时,才能被指定为套期工具。比如,某种外币借款可以作为对同种外币结算的销售承诺的套期工具;又如,持有至到期的债权投资可以作为规避外汇风险的套期工具。

(3) 无论是衍生工具还是某些非衍生金融资产或非衍生金融负债,其作为套期工具的基本条件就是公允价值能够可靠计量。因此,在活跃市场上没有报价的权益投资工具,以及与该权益挂钩并须通过该权益工具进行结算的衍生工具,由于其公允价值难以可靠地计量,不能作为套期工具。企业自身的权益工具既非企业的金融资产也非金融负债,因而也不能作为套期工具。

(4) 在运用套期会计方法时,只有涉及报告主体以外的主体的工具才能作为套期工具。这里所指的"报告主体",是指企业集团或企业集团内的各企业,也指提供分部会计信息的各分部。因此,在分部或集团内各企业的财务报告中,只有涉及这些分部或企业以外的主体的工具及相关套期指定,才能在符合套期保值准则规定条件时运用套期会计方法,而在集团合并报表中,如果这些套期工具及相关套期指定并不涉及集团外的主体,则不能对其运用套期会计方法进行处理。

2. 对套期工具的指定

(1) 对于期权,企业可以将期权的内在价值和时间价值分开,只将期权的内在价值变动指定为套期工具。

(2) 对于远期合同,企业可以将远期合同的远期要素和即期要素分开,只将即期要素的价值变动指定为套期工具。

(3) 对于金融工具,企业可以将金融工具的外汇基差单独分拆,只将排除外汇基差后的金融工具指定为套期工具。

(4) 企业可以将套期工具的一定比例指定为套期工具,但不可以将套期工具剩余期限内某一时段的公允价值变动部分指定为套期工具。

需要说明的是,单项衍生工具通常被指定为对一种风险进行套期。但是,附有多种风险的衍生工具也可以被指定为对一种以上的风险进行套期,前提是可以清晰地辨认这些被套期风险,并且可以证明套期有效性,同时可以确保该衍生工具与不同风险头寸之间存在具体指定关系。

例如,某企业的记账本位币是人民币,发行了一批5年期美元浮动利率债券。为规避该金融负债的外汇风险和利率风险,该企业与某金融机构签订一项交叉货币利率互换合同,并将其指定为套期工具,定期收取浮动利率美元利息,支付固定利率人民币利息。执行此合同后,该企业将从金融机构定期收到浮动利率美元利息,以支付给债券持有者,并按固定利率支付人民币利息给金融机构。在此例中,该企业将浮动利率美元利息转化成为固定利率人民币利息,从而规避了美元对人民币的汇率及美元利率变动的风险。

企业也可以将两项或两项以上衍生工具的组合或该组合的一定比例指定为套期工具。对于外汇风险套期,企业可以将两项或两项以上非衍生工具的组合或该组合的一定比例,或将衍生工具和非衍生工具的组合或该组合的一定比例指定为套期工具。但是,对于利率上下限期权或由一项发行的期权和一项购入的期权组成的期权,其实质相当于企业发行的一项期权(即企业收取了净期权费),不能将其指定为套期工具。

(二) 被套期项目

被套期项目(hedged item)是指使企业面临公允价值或现金流量变动风险,且被指定为被套期对象的、能够可靠计量的项目。

1. 可以作为被套期项目的项目

企业可以将下列单个项目、项目组合或其组成部分指定为被套期项目:

（1）单项已确认资产、负债、未确认的确定承诺、极可能发生的预期交易，或境外经营净投资；

（2）一组具有类似风险特征的已确认资产、负债、确定承诺、极可能发生的预期交易，或境外经营净投资；

（3）利率风险公允价值组合套期中分担同一被套期利率风险的金融资产或金融负债组合的一部分。

其中，未确认的确定承诺是指在未来某特定日期或期间，以约定价格交换特定数量资源、具有法律约束力的协议。预期交易是指尚未承诺但预期会发生的交易。

项目组成部分是指小于项目整体公允价值或现金流量变动的部分。企业只能将下列项目的组成部分或其组合指定为被套期项目：

（1）项目整体公允价值或现金流量变动中仅由某一个或多个特定风险引起的公允价值或现金流量变动部分（风险成分）。根据在特定市场环境下的评估，该风险成分能够单独识别并可靠计量。

（2）一项或多项选定的合同现金流量。

（3）项目名义金额的组成部分。即项目整体金额或数量的特定部分，它可以是项目整体的一定比例，也可以是项目整体的某一层级部分。

除上述项目或项目组成部分或之外，企业还可以将以下项目指定为被套期项目：

（1）将符合被套期项目条件的风险敞口与衍生工具组合形成的汇总风险敞口指定为被套期项目。

（2）当企业出于风险管理目的对一组项目进行组合管理且组合中的每一个项目（包括其组成部分）单独都属于符合条件的被套期项目时，可以将该项目组合指定为被套期项目。

（3）在现金流量套期中，企业对一组项目的风险净敞口（存在风险头寸相互抵销的项目）进行套期时，仅可以将外汇风险净敞口指定为被套期项目，并且应当在套期指定中明确预期交易预计影响损益的报告期间，以及预期交易的性质和数量。

2. 被套期项目的指定

在指定被套期项目时，应注意以下几点：

（1）对持有至到期的债权投资的指定。对于企业的持有至到期的债权投资，如果被套期风险是外汇风险或信用风险，则该投资可以指定为被套期项目；如果被套期风险是利率风险或提前还款风险，则该投资不能指定为被套期项目。

（2）对集团内部交易项目的指定。一般而言，只有涉及主体以外的其他方的资产、负债、确定承诺、极可能发生的预期交易，才能被指定为被套期项目。但是，企业集团内部交易形成的货币性项目的汇兑损益，不能在合并报表中全额抵销的，该货币性项目的外汇风险可以在合并报表中指定为被套期项目。企业内部很可能发生的预期交易，按照进行此项交易的主体的记账本位币以外的货币标价，且相关的外汇风险将影响合并利润或损失的，该外汇风险可以在合并报表中被指定为被套期项目。

（3）对金融项目和金融项目组的指定。对于与金融资产或金融负债现金流量或公允价值的一部分相关的风险，其套期有效性可以计量的，企业可以就该风险将金融资产或金融负债指定为被套期项目。把具有类似风险特征的金融资产或金融负债组合在一起作为一个资产组或负债组进行套期的条件有两个：一是组合中的各单项金融资产或单项金融负债共同承担被套期风险;二是组合内各单项金融资产或单项金融负债由被套期风险引起的公允价值变动,预期与该组合由被套期风险引起的公允价值整体变动基本成比例。

(4) 对非金融项目的指定。非金融资产或非金融负债被指定为被套期项目的,被套期风险应当是该非金融资产或非金融负债相关的全部风险或外汇风险。这样规定的原因在于,非金融资产或非金融负债除外汇风险以外的特定风险所引起的现金流量或公允价值变动部分难以合理分离和计量。

(5) 对现金流量的指定。企业可以将金融资产或金融负债的全部指定为被套期项目,但金融资产或金融负债现金流量的一部分被指定为被套期项目的,被指定部分的现金流量应当少于该金融资产或金融负债现金流量总额。

(6) 企业将一组项目名义金额的组成部分指定为被套期项目时,应当分别满足以下条件:

第一,企业将一组项目的一定比例指定为被套期项目时,该指定应当与该企业的风险管理目标相一致。所谓"套期风险管理目标",是指企业在某一特定套期关系层面上,确定如何指定套期工具和被套期项目,以及如何运用指定的套期工具对指定为被套期项目的特定风险敞口进行套期。

第二,企业将一组项目的某一层级部分指定为被套期项目时,应当同时满足以下条件:

① 层级能够单独识别并可靠计量。

② 企业的风险管理目标是对该层级进行套期。

③ 该层级所在的整体项目组合中的所有项目均面临相同的被套期风险。

④ 对于已经存在的项目(如已确认资产或负债、尚未确认的确定承诺)进行的套期,被套期层级所在的整体项目组合可识别并可追踪。

⑤ 该层级包含提前还款权的,应当符合《企业会计准则第 24 号——套期会计》第 9 条项目名义金额的组成部分中的相关要求。

四、运用套期保值会计的条件

套期会计方法,是指在相同会计期间将套期工具和被套期项目公允价值变动的抵销结果计入当期损益或其他综合收益以反映企业风险管理活动的方法。

套期会计是一种特殊的会计处理方法,它将套期工具和被套期项目作为一个经济业务组合来进行会计处理,改变了套期工具和被套期项目的常规的确认和计量程序。套期会计产生的根本原因是在常规会计方法下对套期工具和被套期项目的会计处理存在确认脱节和计量脱节。

所谓"确认脱节",是指在常规会计下,套期工具及其产生的损益已经在资产负债表或利润表中得到确认,而被套期项目以及对冲损益却不能确认。比如,企业利用外汇远期合同来对其以外币结算的预期销售进行套期时,常规会计要求远期合同的损益应立即在当期利润表中反映,而预期销售却还未发生,因此,不能在当期确认对冲损益。

所谓"计量脱节",是指在常规会计下,作为套期工具的衍生工具以公允价值来计量,而被套期项目却很可能不是以公允价值计量的其他金融工具(如持有至到期的债权投资等金融资产等),甚至是非金融工具(如确定承诺、预期交易等),从而造成计量属性上的不匹配。实施套期会计的目的就是要改变这种不合理的脱节,使得套期工具和被套期项目的价值变动能够联系在一起反映。

公允价值套期、现金流量套期或境外经营净投资套期必须同时满足一定条件，才能作为套期保值工具并采用相应的套期会计方法进行处理。这些条件具体如下：

(1) 套期关系仅由符合条件的套期工具和被套期项目组成。

(2) 在套期开始时，企业正式指定了套期工具和被套期项目，并准备了关于套期关系和企业从事套期的风险管理策略和风险管理目标的书面文件。该文件至少载明了套期工具、被套期项目、被套期风险的性质以及套期有效性评估方法(包括套期无效部分产生的原因分析以及套期比率确定方法)等内容。

(3) 套期关系符合套期有效性要求。

五、套期有效性及评估

(一) 套期有效性

套期有效性，是指套期工具的公允价值或现金流量变动能够抵销被套期风险引起的被套期项目公允价值或现金流量变动的程度。套期工具的公允价值或现金流量变动大于或小于被套期项目的公允价值或现金流量变动的部分，为套期无效部分。

套期同时满足下列条件的，企业应当认定套期关系符合套期有效性要求：

(1) 被套期项目和套期工具之间存在经济关系。该经济关系使得套期工具和被套期项目的价值因面临相同的被套期风险而发生方向相反的变动。

(2) 被套期项目和套期工具经济关系产生的价值变动中，信用风险的影响不占主导地位。

(3) 套期关系的套期比率，应当等于企业实际套期的被套期项目数量与对其进行套期的套期工具实际数量之比。

(二) 套期有效性的评估

企业应当在套期开始日及以后期间持续地对套期关系是否符合套期有效性要求进行评估，尤其应当分析在套期剩余期限内预期将影响套期关系的套期无效部分产生的原因。企业至少应当在资产负债表日及相关情形发生重大变化，将影响套期有效性要求时，对套期关系进行评估。

六、套期的确认与计量

套期工具的初始计量、后续计量按照金融工具的确认和计量处理。

对于不同套期类型的套期事项，适用不同的会计处理程序，兹分述之。

(一) 公允价值套期的会计处理

在财务报告期间内，公允价值套期符合运用套期会计方法的条件的，应当按照以下规定进行处理：

(1) 套期工具产生的利得或损失应当计入当期损益。如果套期工具是对选择以公允价值计量且其变动计入其他综合收益的非交易性权益工具投资(或其组成部分)进行套期的，套期工具产生的利得或损失应当计入其他综合收益。

(2) 被套期项目因被套期风险敞口形成的利得或损失应当计入当期损益，同时调整未以公允价值计量的已确认被套期项目的账面价值。被套期项目如分类为以公允价值计量且其变动计入其他综合收益的金融资产(或其组成部分)的,其因被套期风险敞口形成的利得或损失应当计入当期损益,其账面价值已经按公允价值计量,不需要调整;被套期项目为企业选择以公允价值计量且其变动计入其他综合收益的权益工具投资(或其组成部分)的,其因被套期风险敞口形成的利得或损失应当计入其他综合收益,其账面价值已经按公允价值计量,不需要调整。

被套期项目为尚未确认的确定承诺(或其组成部分)的,其在套期关系指定后因被套期风险引起的公允价值累计变动额应当确认为一项资产或负债,相关的利得或损失应当计入各相关期间损益。当履行确定承诺而取得资产或承担负债时,应当调整该资产或负债的初始确认金额,以包括已确认的被套期项目的公允价值累计变动额。

(3) 公允价值套期中,被套期项目为以摊余成本计量的金融工具(或其组成部分)的,企业对被套期项目账面价值所做的调整应当按照开始摊销日重新计算的实际利率进行摊销,并计入当期损益。该摊销可以自调整日开始,但不应当晚于对被套期项目终止进行套期利得和损失调整的时点。被套期项目为按照《企业会计准则第 22 号——金融工具确认和计量》第 18 条分类为以公允价值计量且其变动计入其他综合收益的金融资产(或其组成部分)的,企业应当按照相同的方式对累计已确认的套期利得或损失进行摊销,并计入当期损益,但不调整金融资产(或其组成部分)的账面价值。

套期满足下列条件之一的,企业应终止使用公允价值套期会计:

(1) 套期工具已到期、被出售、合同终止或已行使。但是,套期工具展期或被另一项套期工具替换时,展期或替换是企业正式书面文件所载明的套期策略组成部分的,不作为已到期或合同终止处理。

(2) 该套期不再满足运用套期会计方法的条件。

(3) 企业撤销了对套期关系的指定。

下面举例说明对公允价值套期的会计处理。

【例 7】 7 月 1 日,甲公司为规避所持有 A 存货的公允价值变动风险,与某金融机构签订了一项衍生工具合同 B,并将其指定为下半年 A 存货价格变化引起的公允价值变动风险的套期。衍生工具 B 的标的资产与被套期项目 A 存货在数量、质次、价格变动和产地方面相同。

甲公司采用比率分析法评价套期有效性,即通过比较衍生工具 B 和 A 存货的公允价值变动来评价套期有效性。甲公司预期该套期完全有效。

7 月 1 日,被套期的 A 存货账面价值和成本均为 200 万元,公允价值为 210 万元,衍生工具 B 的公允价值为零。12 月 31 日,A 存货的公允价值上升了 20 万元,衍生工具 B 的公允价值下降了 20 万元。当日,甲公司将 A 存货出售,并将衍生工具 B 结算。

假定不考虑其他因素,甲公司对此业务的账务处理如下:

(1) 7 月 1 日,与某金融机构签订衍生工具合同 B 时:

借:被套期项目——A 存货	2 000 000	
贷:库存商品——A 存货		2 000 000

(2) 12 月 31 日:

借:被套期项目——A 存货	200 000	
贷:套期损益		200 000

借：套期损益　200 000
　贷：套期工具——衍生工具 B　200 000
借：银行存款　2 300 000
　贷：营业收入　2 300 000
借：营业成本　2 200 000
　贷：被套期项目——A 存货　2 200 000
借：套期工具——衍生工具 B　200 000
　贷：银行存款　200 000

本例中，尽管 A 存货的公允价值上升了 20 万元，但由于甲公司对存货的公允价值进行了套期保值，最后存货出售时的毛利仍然是 10 万元(210－200＝230－220)，套期损益与被套期项目损益 100%抵销，属于完全有效套期保值。

【例 8】 2017 年 8 月 1 日，甲公司买入 A 股票，共 200 000 股，每股市价 20 元，并将其归入交易性金融资产。2017 年 12 月 31 日，A 股每股市价为 25 元。为规避股价可能下跌的风险，甲公司于 2017 年 12 月 31 日支付权利金(期权费)200 000 元，买入 2 年后到期的看跌期权(欧式)，标的物为 200 000 股 A 股票，该期权的行权价格为每股 25 元。同时，甲公司将该看跌期权指定为 A 股票的套期工具，套期的有效性以投资的公允价值变动和看跌期权的内在价值的变动作为评估基础，即不考虑期权的时间价值变化。套期期间的股票和期权价格变化如表 14－9 所示。假定 2019 年 12 月 31 日，A 股票市价为每股 17 元，甲公司行使该期权，同时对套期业务进行处理。

表 14－9　套期期间的股票和期权价格变化　单位：元

		2017 年 12 月 31 日	2018 年 12 月 31 日	2019 年 12 月 31 日
A 股票	每股价格	25	23	17
	数量(股)	200 000	200 000	200 000
	总价值	5 000 000	4 600 000	3 400 000
卖出的看跌期权	内在价值	0	400 000	1 600 000
	时间价值	200 000	80 000	0
	总价值	200 000	480 000	1 600 000

对此项业务，甲公司的账务处理如下：

(1) 2017 年 8 月 1 日，对证券投资业务按公允价值进行初始计量。
借：交易性金融资产——A 股票　4 000 000
　贷：银行存款(200 000×20)　4 000 000

(2) 2017 年 12 月 31 日，确认股价公允价值上升。
借：交易性金融资产——A 股票　1 000 000
　贷：公允价值变动损益(200 000×25－4 000 000)　1 000 000

(3) 指定 A 股票为被套期项目，购入看跌期权并指定为套期工具。
借：被套期项目——A 股票　5 000 000
　贷：交易性金融资产——A 股票　5 000 000

借：套期工具——看跌期权　200 000
　贷：银行存款　200 000

(4) 2018 年 12 月 31 日，确认套期工具和被套期项目的公允价值变动(注意要区分期权内在价值和时间价值变动的不同处理)。

借：套期损益[(25－23)×200 000]　400 000
　贷：被套期项目——A 股票　400 000
借：套期工具——看跌期权　400 000
　贷：套期损益(内在价值变动)[(25－23)×200 000]　400 000
借：套期损益(时间价值变动)(200 000－80 000)　120 000
　贷：套期工具——看跌期权　120 000

(5) 2019 年 12 月 31 日，确认套期工具和被套期项目的公允价值变动，同时确认行使看跌期权。

借：套期损益[(23－17)×200 000]　1 200 000
　贷：被套期项目——A 股票　1 200 000
借：套期工具——看跌期权　1 200 000
　贷：套期损益(内在价值变动)[(23－17)×200 000]　1 200 000
借：套期损益(时间价值变动)　80 000
　贷：套期工具——看跌期权　80 000
借：银行存款(200 000×25)　5 000 000
　贷：套期工具——看跌期权 [(25－17)×200 000]　1 600 000
　　被套期项目——A 股票(200 000×17)　3 400 000
借：公允价值变动损益　1 000 000
　贷：投资收益　1 000 000

从上述会计处理的结果可以看出，甲公司通过公允价值套期业务，在套期日将持有的交易性金融资产的公允价值盯死在当日的公允价值即每股 25 元上，从而规避了其后公允价值涨跌的风险。

持有该金融资产在最终处置时的收益即为此公允价值 5 000 000 元(200 000×25)与初始投资成本 4 000 000 元(200 000×20)的差额，即 1 000 000 元，在处置时，直接计入投资收益。

甲公司发生套期业务，共支付了 200 000 元的期权费用，应当在持有期间作为套期损益根据该期权时间价值的变动分次计入各期间的套期损益，分别为 120 000 元和 80 000 元。

(二) 现金流量套期的会计处理

在财务报告期间内，现金流量套期满足运用套期会计方法条件的，其会计处理规则如下：

(1) 套期工具产生的利得或损失中属于套期有效的部分，作为现金流量套期储备，应当计入其他综合收益。现金流量套期储备的金额，应当按照下列两项的绝对额中较低者确定：

① 套期工具自套期开始的累计利得或损失；

② 被套期项目自套期开始的预计未来现金流量现值的累计变动额。

每期计入其他综合收益的现金流量套期储备的金额，应当为当期现金流量套期储备的变动额。

(2) 套期工具产生的利得或损失中属于套期无效的部分(即扣除计入其他综合收益后的其他利得或损失),应当计入当期损益。

现金流量套期储备的金额,其会计处理规则如下:

(1) 被套期项目为预期交易,且该预期交易使企业随后确认一项非金融资产或非金融负债的,或者非金融资产或非金融负债的预期交易形成一项适用于公允价值套期会计的确定承诺时,企业应当将原在其他综合收益中确认的现金流量套期储备金额转出,计入该资产或负债的初始确认金额。

(2) 对于不属于上面述及的现金流量套期,企业应当在被套期的预期现金流量影响损益的相同期间,将原在其他综合收益中确认的现金流量套期储备金额转出,计入当期损益。

(3) 如果在其他综合收益中确认的现金流量套期储备金额是一项损失,且该损失全部或部分预计在未来会计期间不能弥补的,企业应当在预计不能弥补时,将预计不能弥补的部分从其他综合收益中转出,计入当期损益。

【例9】 1月5日,甲公司与乙公司签订一项备忘协议,约定在6月30日向乙公司销售1 000吨A商品,商品销售价格按销售日的实际价格结算。为规避该项预期销售有关的现金流量变动风险,1月5日,甲公司与某金融机构签订了一项衍生工具合同D,且将其指定为对该预期商品销售的套期工具。衍生工具D与甲公司所销售商品在数量、质次、产地、生产批号上完全一致。该衍生工具的结算日与销售日期相同。

1月5日,衍生工具D的公允价值为零,商品的预期销售价格为2 000元/吨。

6月30日,衍生工具的公允价值上涨了100 000元,预期销售价格下降了100 000元。当日,甲公司将A商品销售,同时,将衍生工具D结算。

假定不考虑相关税费,甲公司的账务处理如下:

(1) 1月5日,甲公司签订衍生工具合同D时,因公允价值为零,不需要进行正式账务处理,但需要登记备忘。

(2) 6月30日。

借:套期工具——衍生工具D	100 000	
贷:其他综合收益		100 000
借:银行存款	1 900 000	
贷:营业收入		1 900 000
借:银行存款	100 000	
贷:套期工具——衍生工具D		100 000
借:其他综合收益	100 000	
贷:营业收入		100 000

通过该套期业务,甲公司将此项商品销售的现金流量锁定在每吨2 000元上,销售A商品的营业收入为2 000 000元(1 000×2 000)。

(三) 境外经营净投资套期的会计处理

对境外经营净投资的套期,包括对作为净投资的一部分进行会计处理的货币性项目的套期,应当按照类似于现金流量套期会计的规定处理:

(1) 套期工具形成的利得或损失中属于套期有效的部分,应当计入其他综合收益。

全部或部分处置境外经营时,上述计入其他综合收益的套期工具利得或损失应当相应转出,计入当期损益。

(2) 套期工具形成的利得或损失中属于套期无效的部分,应当计入当期损益。

(3) 境外经营净投资也要按照现时汇率(公允价值)进行计量,汇率变动产生的损益(即折算调整金额)列入所有者权益,并于境外经营处置时转出,计入当期损益。

【例 10】 2017 年 9 月 30 日,甲公司在其境外子公司有一项境外净投资,价值 1 000 万美元,此时美元对人民币的汇率为 6.70 RMB/USD。为规避境外经营净投资的外汇风险,甲公司与某境外金融机构签订了一项外汇远期合同,约定 2018 年 4 月 1 日卖出美元 1 000 万元,约定汇率为 6.685 RMB/USD。该企业每个季度对境外净投资余额进行检查,并根据检查结果调整对净投资价值的套期。2017 年 12 月 31 日,即期汇率为 6.62 RMB/USD;2018 年 3 月 31 日,即期汇率为 6.60 RMB/USD。企业在评价套期有效性时,将远期合同的时间价值排除在外,得到 2017 年 12 月 31 日和 2018 年 3 月 31 日远期合同的公允价值分别为 65 万元和 85 万元。假定上述套期满足运用套期会计方法的所有条件。

对此项业务,甲公司的账务处理如下:

(1) 2017 年 9 月 30 日,由于外汇远期合同的公允价值为零,不做处理,仅记录境外净投资业务。

借:被套期项目——境外经营净投资　　67 000 000

　贷:长期股权投资　　67 000 000

(2) 2017 年 12 月 31 日,确认远期合同的公允价值变动以及对子公司净投资的汇兑损益。

借:套期工具——远期外汇合同　　650 000

　贷:其他综合收益　　650 000

借:其他综合收益　　800 000

　贷:被套期项目——境外经营净投资　　800 000

(3) 2018 年 3 月 31 日,确认远期合同的公允价值变动,对子公司净投资的汇兑损益,以及远期外汇合同的结算。

借:套期工具——远期外汇合同　　200 000

　贷:其他综合收益　　200 000

借:其他综合收益　　200 000

　贷:被套期项目——境外经营净投资　　200 000

与现金流量套期会计处理相类似,境外经营净投资套期产生的利得在所有者权益中列示,直到子公司被处置时,转入当期损益。

表 14-10 简要总结了对公允价值套期保值、现金流量套期保值和境外经营净投资套期保值的会计处理方法及要点。

表 14-10　三种套期类型的会计处理方法比较

套期类型	套期关系	资产负债表	因被套期风险形成的利得或损失
公允价值套期	套期工具	调整账面金额,以公允价值计量	确认当期公允价值变动损益①
	被套期项目	调整账面金额,以公允价值计量	确认抵销的利得或损失,计入当期损益②

续 表

套期类型	套期关系	资产负债表	因被套期风险形成的利得或损失
现金流量套期	套期工具	公允价值计量	无效套期部分，确认为当期公允价值变动损益；有效套期部分，确认为递延利得或损失（所有者权益项目），在被套期项目影响损益的相同期间等比例转入当期损益
	被套期项目	套期期间不处理	常规方法确认
境外经营净投资套期	套期工具	公允价值计量	无效套期部分，确认为当期公允价值变动损益；有效套期部分，递延利得或损失（所有者权益项目），在境外经营机构处置时转入当期损益
	被套期项目	即期汇率计量	递延处理，处置时转入损益

注：① 如果套期工具是对选择以公允价值计量且其变动计入其他综合收益的非交易性权益工具投资（或其组成部分）进行套期的，套期工具产生的利得或损失应当计入其他综合收益。

② 被套期项目为企业选择以公允价值计量且其变动计入其他综合收益的非交易性权益工具投资（或其组成部分）的，其因被套期风险敞口形成的利得或损失应当计入其他综合收益。

企业在对套期关系做出再平衡时，应当在调整套期关系之前确定套期关系的套期无效部分，并将相关利得或损失计入当期损益。

套期关系再平衡可能会导致企业增加或减少指定套期关系中被套期项目或套期工具的数量。企业增加了指定的被套期项目或套期工具的，增加部分自指定增加之日起作为套期关系的一部分进行处理；企业减少了指定的被套期项目或套期工具的，减少部分自指定减少之日起不再作为套期关系的一部分，作为套期关系终止处理。

思考题

1. 什么是衍生工具？它具有哪些基本特征？它有哪些基本的类别？请简单描述每一类别衍生工具业务运作的基本流程。
2. 简述衍生工具会计处理的一般原则。
3. 什么是嵌入衍生工具？简述嵌入衍生工具的会计处理原则。
4. 简述金融期货合同的特点和种类。
5. 简述金融远期合同的特点和种类。
6. 简述金融期权的风险与收益不对称的特点。
7. 简述互换能够实现的基本原理和现金流动过程。
8. 什么是套期？它有哪些类别？企业进行套期的目的何在？
9. 简要说明哪些金融工具可以作为套期工具，哪些项目可以作为被套期项目。
10. 如何评估套期的有效性？
11. 简要介绍套期保值的三种类型和相应的套期会计处理的一般原则。
12. 你认为套期损益应直接计入当期损益还是应当计入其他综合收益？为什么？

阅读材料

1. 陈信华编著：《金融衍生工具》，上海财经大学出版社 2004 年版。

2.《企业会计准则第 22 号——金融工具确认和计量》。
3.《企业会计准则第 23 号——金融资产转移》。
4.《企业会计准则第 24 号——套期保值》。
5.《企业会计准则第 37 号——金融工具列报》。
6. [英] 考马克·巴特勒著,丛晓红、王振林译:《金融工具会计》,大连出版社 2009 年版。
7. Statement of Financial Accounting Standards No. 133, *Accounting for Derivative Instruments and Hedging Activities*. Financial Accounting Standard Board, 1998.
8. International Financial Reporting Standard No. 32, *Financial Instruments: Recognition and Measurement*. International Accounting Standard Board, 2003.
9. International Financial Reporting Standard No. 39, *Financial Instruments: Recognition and Measurement*. International Accounting Standard Board, 2004.
10. Statement of Financial Accounting Standards No. 161, *Disclosures about Derivative Instruments and Hedging Activities*. Financial Accounting Standard Board, 2008.

练习题

练习一

一、目的:练习利用外汇远期交易进行投机获利的会计处理。

二、资料:2015 年 9 月 30 日,甲公司与某金融机构签订一份 6 个月期限的外汇远期合同,双方约定在合同到期日,甲公司以€ 1=¥8.300 0 的价格买入 10 000 000 欧元,以期投机获益。双方在到期日将以净额结算。在远期合同期间,欧元兑换人民币的价格变动如表 14-11 所示。

表 14-11　欧元兑换人民币的价格变动

日　期	即期汇率	2016 年 3 月 31 日交割的外汇汇率
2015 年 9 月 30 日	9.132 9	8.300 0
2015 年 12 月 31 日	8.806 5	8.521 5
2016 年 3 月 31 日	8.658 5	8.658 5

三、要求:假定甲公司的增量借款年利率为 10%,为甲公司编制相关会计分录。

练习二

一、目的:练习利用外汇期货交易进行投机获利的会计处理。

二、资料:1 月 1 日,国内甲企业通过经纪公司在交易所以 0.580 RMB/1FC 的交易价,卖出 8 月份到期的 1 000 000 FC(外币)的期货合同,缴纳初始保证金为交易金额的 10%,维持保证金为 50 000 元。当日持仓的清算价为 0.590 RMB/1 FC,其后平仓的交易价为 0.578 RMB/FC。

三、要求:根据上述业务,为甲企业编制相关会计分录(甲企业以人民币为记账本位币)。

练习三

一、目的:练习利用股票期权交易进行投机获利的会计处理。

二、资料:2015 年 11 月 1 日,S 公司在股票市场上的交易价格为 20 元,同日,A 公司以每份 2 元的价格买入 20 000 份 S 公司的欧式看涨期权,每份期权可以买入一股 S 公司股票,执行价格为 23 元。该期权的到期日为 2016 年 1 月 31 日。2015 年 12 月 31 日,S 公司股票价格为 27 元,每份期权的市场价格为 4.50 元。到期日,S 公司股票的价格为 28 元,每份期权的市场价格为 5 元。A 公司在当天执行期权。

三、要求：根据上述业务，为A公司编制相关会计分录。

练习四

一、目的：练习利用利率互换交易进行投机获利的会计处理。

二、资料：2015年1月1日，甲公司与某金融机构签订了一项2年期的利率互换合同。双方约定甲公司将向金融机构支付名义本金为10 000 000美元、浮动利率为LIBOR+0.5%的浮动利息，以前一个支付日的LIBOR为准，而金融机构向甲公司支付名义本金相等、固定利率为4.515%(年利率)的利息。利息每半年交换一次。表14-12所列示的是互换合同期间的LIBOR利率。

表14-12　　互换合同期间的LIBOR

日　期	LIBOR年利率(%)
2015年1月1日	4.015
2015年6月30日	3.95
2015年12月31日	4.05
2016年6月30日	4.25
2016年12月31日	4.15

三、要求：假设市场收益率曲线是水平的，为甲公司编制相关会计分录。

练习五

一、目的：练习公允价值套期的会计处理。

二、资料：1月1日，甲公司为规避所持有某种存货的公允价值变动风险，与某金融机构签订了一项衍生工具合同，并将其指定为上半年该存货价格变化引起的公允价值变动风险的套期工具。衍生工具的标的资产与被套期项目的存货在数量、质量、价格变动和产地方面相同。甲公司预期该套期完全有效。

1月1日，衍生工具的公允价值为0，被套期项目(存货)的账面价值和成本均为1 000 000元，公允价值为1 100 000元。6月30日，衍生工具的公允价值上涨了25 000元，存货的公允价值下降了25 000元。当日，甲公司将存货售出，并结算用于套期的衍生工具合同。假定不考虑衍生工具的时间价值、商品销售相关的税费及其他因素。

三、要求：为甲公司编制与上述业务相关的会计分录。

练习六

一、目的：练习现金流量套期的会计处理。

二、资料：1月1日，甲公司预期将在6月30日销售一批商品，数量为500 000件。为规避该预期销售有关的现金流量变动风险，1月1日，甲公司与某金融机构签订了一项衍生工具合同，合同结算日同样为6月30日，并将其指定为对该预期商品销售的套期工具。甲公司预期该套期完全有效。

1月1日，衍生工具的公允价值为0，商品的预期销售价格为10元/件。6月30日，衍生工具的公允价值上涨了50 000元，商品的预期销售价格下降为9元/件。当日，乙公司将商品售出，并结算衍生工具合同。

三、要求：编制上述业务的会计分录。

练习七

一、目的：练习公允价值套期和现金流量套期的会计处理。

二、资料：2015年11月1日，甲公司与境外乙公司签订合同，约定于2016年1月30日以外币(FC)每吨60元的价格购入100吨A商品。甲公司为规避购入A商品的外汇风险，于当日与某金融机构丙签订了一项3个月到期的远期外汇合同，约定汇率为1 FC=4.5元人民币，合同金额为FC 60 000。2016年1月

30 日,甲公司以净额结算该远期合同,并购入 A 商品。

假定:(1) 2015 年 12 月 31 日,1 个月 FC 对人民币的远期汇率为 1 FC=4.48 元人民币,人民币的市场利率为 6%;(2) 2016 年 1 月 30 日,FC 对人民币的即期汇率为 1 FC=4.46 元人民币;(3) 该套期符合套期保值准则规定的运用套期会计的条件;(4) 不考虑相关税费。

三、要求:

(1) 假定甲公司将上述套期划分为公允价值套期,为甲公司编制相关会计分录。

(2) 假定甲公司将上述套期划分为现金流量套期,为甲公司编制相关会计分录。

练习八

一、目的:练习境外经营净投资套期的会计处理。

二、资料:2015 年 9 月 1 日,国内甲企业投资 5 000 000 美元成立了一家位于美国的全资子公司,其功能性货币为美元,当日的汇率为 \$1=￥6.812 6。为了规避因美元贬值而发生的折算损失,甲企业签订了一项金额为 5 000 000 美元的外汇衍生工具合同,将其指定为对境外经营净投资的套期工具,并预期该套期完全有效。该衍生工具合同在签订日的公允价值为 0,到期日为 2016 年 6 月 30 日。2015 年 12 月 31 日的市场汇率为 \$1=￥6.622 7,衍生工具的公允价值为 95 000 元。2016 年 6 月 30 日的市场汇率为 \$1=￥6.520 0,衍生工具的公允价值为 235 000 元。当日,甲企业结算该衍生工具合同。

三、要求:为甲企业编制上述业务的会计分录。

案例分析题

甲公司在开业时假定只有存货一项资产,价值为 1 000 万元,净权益为 1 000 万元,没有负债。在买入存货的 3 个月后,存货的价值上升了 100 万元,为规避风险,甲公司决定签订一份远期合同来锁定该 100 万元的利润。

根据远期合同,存货出售时的价格无论如何波动,公司都会按照 1 100 万元的价格在某个固定的日期出售该存货,即存货的毛利都能保持在 100 万元以上。因此,当存货价格上升时,远期合同就会亏损;当存货价格下跌时,远期合同就会盈利。

对于这项业务,如果你身处其中,你会认为它是套期。但更多情况下,你却是局外人,这样,该公司就会采用会计准则的灵活性来选择对管理层有利的会计政策。例如,该公司将远期合同分类为投机业务,这样,远期合同上的损益就要及时地反映在当期的利润表中,而存货的潜在损益就反映在利润表中,特别是当远期合同有盈利时,即要求当期确认,而存货的潜在损失(不是减值损失)却未及时反映,这样,管理层就会在损失未现实发生时,得到高额的薪酬,而让损失由股东承担。

[要求]

根据以上资料,回答下列问题:

(1) 在减少企业管理层机会主义行为方面,会计准则应当发挥怎样的作用?

(2) 如果你是局外人,如何判断该交易的经济本质?

(3) 为什么会计准则对套期的会计方法会有如此多的规定?

第十五章

企业年金基金与设定受益计划

学习提要

企业年金基金，是指根据企业年金计划筹集的资金及其投资运营收益形成的企业补充养老保险基金。企业年金基金的运行将涉及委托人、受托人、账户管理人、托管人、投资管理人以及其他中介机构等多方当事人。

《企业会计准则第 10 号——企业年金基金》明确了企业年金基金作为一种信托财产，独立于委托人、受托人、账户管理人、托管人、投资管理人和其他为企业年金基金提供服务的自然人、法人或其他组织的固有财产及其管理的其他财产，并应当作为独立的会计主体，进行确认、计量和披露。企业年金基金的会计核算主要包括企业年金基金缴费、投资运营、收入、费用和给付等相关内容。考虑到企业年金基金作为职工的养老金，为了保证其稳健性和流动性，监管部门对企业年金基金的投资渠道进行了严格的规范。企业年金基金所投资的金融产品应当以公允价值计量，会计核算适用《企业会计准则第 22 号——金融工具确认和计量》。

资产负债表日，企业年金基金将当期企业年金基金各项收入和费用结转至净资产，并根据企业年金计划按期将运营收益分配计入企业和职工个人账户。

根据现行法规规定，受托人负责编制和对外报告企业年金基金的财务会计报告。企业年金基金财务报表包括资产负债表、净资产变动表以及相关附注。

设定受益计划，是指除设定提存计划以外的离职后福利计划。不同于设定提存计划下企业向独立的基金缴存固定费用后不再承担进一步支付义务，在设定受益计划下，企业需按照计划在职工离职后支付其约定的离职后福利，即职工未来获得的离职后福利是确定的，而企业需要支付的提存金是不确定的。2014 年修订的《企业会计准则第 9 号——职工薪酬》规定，企业应根据预期累计福利单位法，采用无偏且相互一致的精算假设对有关人口统计变量和财务变量等做出估计，计量设定受益计划所产生的义务，并确定相关义务的归属期间；报告期期末，企业应当将设定受益计划产生的职工薪酬成本确认为以下三项之一：(1) 服务成本（包括当期服务成本、过去服务成本和结算利得或损失）；(2) 设定受益计划净负债或净资产的利息净额（包括计划资产的利息收益、设定受益计划义务的利息费用以及资产上限影响的利息）；(3) 重新计量设定受益计划净负债或净资产所产生的变动。除非其他会计准则要求或允许职工福利成本计入资产成本，上述第(1)、(2)项应计入当期损益；第(3)项应计入其他综合收益，并且在后续会计期间不允许转回至损益，但企业可以在权益范围内转移这些在其他综合收益中确认的金额。

第一节 企业年金基金

一、企业年金基金概述

(一) 企业年金的产生与发展

1. 企业年金的起源

企业年金,是指企业及其职工在依法参加养老保险的基础上,自愿建立的补充养老保险制度,是社会保障体系的重要组成部分。企业年金采取自愿原则,实行完成积累制,采用个人账户管理和市场化运作,其费用由企业和个人共同缴纳。企业年金是企业向职工提供的养老金或者退休金,这与政府强制实施的公共养老金或者国家基本养老保险在养老金的缴纳、管理、给付等方面存在重大区别。实际上,企业年金是企业根据自身经济实力和经济状况,自愿建立的补充性养老金计划,旨在为本企业职工提供一定程度的退休收入保障。它是我国社会养老保障的重要组成部分,也是国家实施多层次、多支柱养老保障的一项重要制度,还是企业员工福利制度的重要组成部分之一。在国外,企业年金也称雇主年金、职业年金、私人养老金计划、公司年金计划等。

企业年金源自市场经济比较发达的国家。最早的企业年金计划是美国运通公司于1875年建立的企业补充养老保险计划。经过100多年的发展,企业年金已经成为发达国家养老保险体系中的一个重要支柱。20世纪70年代以后,工业化国家普遍陷入因人口老龄化和经济衰退而造成的社会保障危机之中。英、法等国家在70年代时GDP增长率保持在2.6%～4.6%,而社会保障支出增长率在5.9%～9.6%,超过前者一倍多。80年代以来,各国通过立法以及相应的税收优惠政策大力刺激企业年金的发展,以弥补国家社会保障支出的不足。企业年金由此进入一个"黄金发展期"。例如,从1987年到1995年,英国企业年金规模从2 700亿英镑增长到5 750亿英镑,翻了一番。1990年美国企业年金规模为3.352万亿美元,2003年为9.057万亿美元,年均增长7.95%。[①] 企业年金已经成为发达国家养老保障体系中非常重要的一个组成部分。

2. 我国企业年金的发展

面对我国社会、经济结构的变迁和日益迫近的老龄化问题,老年人的社会保障问题逐渐成为政府和民众关心的一个重大问题。各国的经验以及我国的现实情况均提醒我们,目前以国家养老保险为单一支柱的养老保险制度模式将难以彻底解决日益严重的老年保障问题。我国在调整和改革原先社会保障体系的过程中,正开始着手构建多支柱的混合养老保险体系,企业年金开始纳入养老保险制度的范畴。

我国企业年金自诞生以来,发展很快。2000年我国企业年金基金规模仅191亿元,2005年末为680亿元,2012年末为4 821亿元,2015年末上升至9 526亿元,15年内基金规模累计增长近50倍。截至2016年第三季度末,建立企业年金基金的企业数量达76 058家,

---

① 统计数据来自中国国家发展和改革委员会网站中关于企业年金的市场发展概况介绍。具体参见:http://www.sdpc.gov.cn/jyysr/zhdt/t20061024_89530.html。

参加企业年金的职工人数为 2 324 万人,积累基金 10 666 亿元。世界银行预测,至 2030 年,中国企业年金规模将高达 15 万亿元人民币,成为世界第三大企业年金市场。[①]

(二) 企业年金基金

企业年金基金,是指根据依法制定的企业年金计划筹集的资金及其投资运营收益形成的企业补充养老保险基金。我国劳动和社会保障部于 2003 年 12 月 30 日通过了《企业年金试行办法》,自 2004 年 5 月 1 日起施行。该办法规范了我国企业年金的管理制度。根据该办法,企业年金基金由企业缴费、职工个人缴费和企业年金基金投资运营收益组成。企业年金基金实行完全积累,采用个人账户方式进行管理。企业年金基金可以按照国家规定投资运营,投资运营收益并入企业年金基金。企业缴费应当按照企业年金方案规定比例计算数额,并记入职工企业年金个人账户;职工个人缴费额记入本人企业年金个人账户;企业年金基金投资运营收益,按净收益率记入企业年金个人账户。职工在达到国家规定的退休年龄时,可以从本人企业年金个人账户中一次或定期领取企业年金。职工未达到国家规定的退休年龄的,不得从个人账户中提前提取资金。

为了规范企业年金基金管理,劳动和社会保障部、中国银行业监督管理委员会、中国证券监督管理委员会和中国保险监督管理委员会四部委联合于 2004 年 2 月 23 日发布了《企业年金基金管理试行办法》,并于 2004 年 5 月 1 日起施行。根据该办法,我国的企业年金基金采用信托型管理模式,设立企业年金的企业及其职工作为委托人与企业年金理事会或法人受托机构(以下简称受托人)建立书面合同关系。受托人与企业年金基金账户管理机构(以下简称账户管理人)、企业年金基金托管机构(以下简称托管人)和企业年金基金投资管理机构(以下简称投资管理人),也需按照国家有关规定建立书面合同关系。在企业年金的运行体系中,涉及的主要当事人包括委托人、受托人、账户管理人、托管人、投资管理人和中介服务机构等。受托人、托管人和投资管理人根据各自的职责,设置相应的会计科目和账户,对企业年金基金交易或者事项进行会计处理。

按照监管机构的要求,企业年金基金应该具有以下特征:一是企业年金基金具有长期性、安全性、稳定性,以及追求长期稳定的投资回报;二是企业年金基金只能用于履行企业补充养老保险的义务,不能支付给企业自己的债权人,也不能返还给企业;三是企业年金基金必须存入企业年金专户,企业年金基金通过管理、运用或其他情形取得的财产和收益,应当归入企业年金基金;四是企业年金基金不属于委托人等各管理当事人的清算财产;五是企业年金基金不得与各管理当事人自身债务相抵销。

我国企业年金采用信托型管理模式,实行以信托关系为核心,以委托代理关系为补充的治理结构。企业和职工作为委托人将企业年金基金财产委托给受托人管理运作,是一种信托行为。我国于 2006 年 2 月颁布的《企业会计准则第 10 号——企业年金基金》(以下简称企业年金基金准则),明确了企业年金基金作为一种信托财产,独立于委托人、受托人、账户管理人、托管人、投资管理人和其他为企业年金基金提供服务的自然人、法人或其他组织的固有财产及其管理的其他财产,应当作为独立的会计主体,进行确认、计量和披露。

根据《企业年金基金管理试行办法》和企业年金基金准则,各当事人的主要职责如下:

---

① 统计数据来自中国国家发展和改革委员会网站中关于企业年金的市场发展概况介绍。具体参见:http://www.sdpc.gov.cn/jyysr/zhdt/t20061024_89530.html。

1. 企业年金基金委托人

企业年金基金委托人,是指设立企业年金基金的企业及其职工。企业和职工是企业年金计划参与者,作为缴纳企业年金计划供款的主体,按规定缴纳企业年金供款,并作为委托人与受托人签订书面合同,将企业年金基金财产委托给受托人管理运作。

2. 企业年金基金受托人

企业年金基金受托人,是指受托管理企业年金基金的企业年金理事会或符合国家规定的养老金管理公司等法人受托机构,是编制企业年金基金财务报表的法定责任人。

受托人的主要职责有:选择、监督、更换账户管理人、托管人、投资管理人以及中介服务机构;制定企业年金基金投资策略;编制企业年金基金管理和财务会计报告;根据合同对企业年金管理进行监督;根据合同收取企业和职工缴费,并向受益人支付企业年金待遇;接受委托人、受益人查询,定期向委托人、受益人和有关监管部门提供企业年金基金管理报告等。

3. 企业年金基金账户管理人

企业年金基金账户管理人,是指受托管理企业年金基金账户的专业机构。

账户管理人的主要职责有:建立企业年金基金企业账户和个人账户;记录企业、职工缴费以及企业年金基金投资收益;及时与托管人核对缴费数据以及企业年金基金账户财产变化状况;计算企业年金待遇;提供企业年金基金企业账户和个人账户信息查询服务;定期向受托人和有关监管部门提交企业年金基金账户管理报告等。

4. 企业年金基金托管人

企业年金基金托管人,是指受托提供保管企业年金基金财产等服务的商业银行或专业机构。托管人的主要职责有:安全保管企业年金基金财产;以企业年金基金名义开设的资金账户和证券账户;根据受托人指令,向投资管理人分配企业年金基金财产;根据投资管理人投资指令,及时办理清算、交割事宜;负责企业年金基金会计核算和估值,复核、审查投资管理人计算的基金财产净值;及时与账户管理人、投资管理人核对有关数据,按照规定监督投资管理人的投资运作;定期向受托人提交企业年金基金托管报告和财务会计报告;定期向有关监管部门提交企业年金基金托管报告;保存企业年金基金托管业务活动记录、账册、报表和其他资料等。

5. 企业年金基金投资管理人

企业年金基金投资管理人,是指受托管理企业年金基金投资的专业机构。投资管理人的主要职责有:对企业年金基金财产进行投资;及时与托管人核对企业年金基金会计核算和估值结果;建立企业年金基金投资管理风险准备金;定期向受托人和有关监管部门提交投资管理报告;保存企业年金基金会计凭证、会计账簿、年度财务会计报告和投资记录等。

6. 中介服务机构

企业年金基金中介服务机构,是指为企业年金基金管理提供服务的投资顾问公司、信用评估公司、精算咨询公司、会计师事务所、律师事务所等专业机构。

图 15-1 比较全面地反映了企业年金基金的运营情况。

为了促进企业年金基金市场的健康有序发展,受托人、账户管理人、托管人、投资管理人开展企业年金基金管理相关业务,应当接受劳动保障行政部门的监管,相应业务资格的获得也需要获得劳动保障行政部门的行政许可。

我国劳动和社会保障部于 2005 年和 2007 年先后批准了两批具有企业年金管理资格的

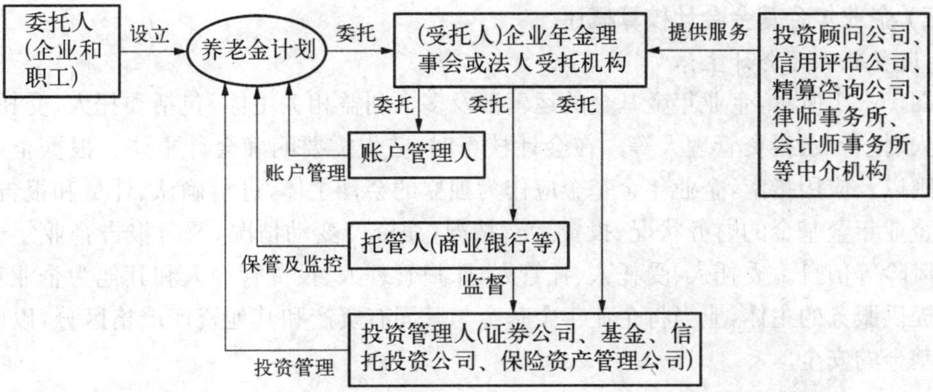

资料来源：海富通基金网站。

图 15-1　企业年金基金的运营

机构(如表 15-1 所示)。其后,劳动和社会保障部分别在 2011 年、2013 年和 2014 年等多次对企业年金基金管理资格有效期满、提出延续申请的机构进行评审,部分机构放弃延续申请,少数机构的管理资格在集团内部调整,具有企业年金基金管理资格的机构名单略有变化,截至 2017 年 1 月末的具备管理资格的最新名单如表 15-1 所示。

表 15-1　　具有企业年金基金管理资格的机构名单(截至 2017 年 1 月)

受托人(10 家)	账户管理人(17 家)	托管人(10 家)	投资管理人(20 家)
华宝信托	工商银行	工商银行	海富通基金
中信信托	交通银行	建设银行	华夏基金
平安养老保险	浦发银行	中国银行	南方基金
太平养老保险	招商银行	交通银行	易方达基金
长江养老保险	光大银行	招商银行	嘉实基金
中国人寿养老保险	中信银行	光大银行	招商基金
泰康养老保险	建设银行	中信银行	富国基金
建设银行	民生银行	浦发银行	博时基金
工商银行	中国银行	农业银行	银华基金
招商银行	农业银行	民生银行	国泰基金
	华宝信托		工银瑞信
	新华人寿保险		中国国际金融公司
	中国人寿养老保险		中信证券
	泰康养老保险		华泰资产管理
	平安养老保险		中国人保资产管
	长江养老保险		泰康资产管理
	太平养老保险		中国人寿养老保险
			平安养老保险
			太平养老保险
			长江养老保险

(三) 企业年金基金会计核算概述

1. 设置独立的会计主体

如图 15－1 所示,企业年金基金的运营涉及多个利益相关主体,包括委托人、受托人、账户管理人、托管人、投资管理人等。在会计核算时,首先需要明确会计主体。根据企业年金基金准则以及应用指南,企业年金基金应作为独立的会计主体,进行确认、计量和报告,以真实反映企业年金基金的财务状况、投资运营情况、净资产变动情况,及时报告企业年金基金的管理风险等信息。委托人、受托人、托管人、账户管理人、投资管理人和其他为企业年金基金管理提供服务的主体,应当将企业年金基金与其固有资产和其他资产严格区分,以确保企业年金基金的安全。

2. 受托人是企业年金基金财务报表的法定责任人

根据《企业年金基金管理试行办法》的相关规定,受托人负责编制企业年金基金财务会计报告。受托人,通常是企业年金理事会或者养老金公司等,是对企业年金基金进行会计核算和编报企业年金基金财务报表的法定责任人,并根据企业年金基金准则的相关规定,负责编制和对外报告企业年金基金财务报表。

根据现行规定,受托人应于年度结束后 45 日内向委托人和监管机构提交经会计师事务所审计的企业年金基金财务报告。

3. 企业年金基金会计科目设置

企业年金基金作为一个会计主体涉及的会计科目名称和编号如表 15－2 所示。

表 15－2　　企业年金基金会计科目名称和编号

序　号	编　号	会计科目名称
一、资产类		
1	101	银行存款
2	102	结算备付金
3	104	交易保证金
4	113	应收利息
5	114	应收股利
6	115	应收红利
7	118	买入返售证券
8	125	其他应收款
9	128	交易性金融资产
10	131	其他资产
二、负债类		
11	201	应付受益人待遇
12	204	应付受托人管理费
13	205	应付托管人管理费

续　表

序　号	编　号	会 计 科 目 名 称
14	216	应付投资管理人管理费
15	217	应交税费
16	218	卖出回购证券款
17	221	应付利息
18	223	应付佣金
19	229	其他应付款
三、共同类		
20	301	证券清算款
四、基金净值类		
21	401	企业年金基金——
		个人账户结余
		企业账户结余
		净收益
		个人账户转入
		个人账户转出
		支付受益人待遇
22	410	本期收益
五、损益类		
23	501	存款利息收入
24	503	买入返售证券收入
25	505	公允价值变动收益
26	531	投资收益
27	533	其他收入
28	534	交易费用
29	539	受托人管理费
30	540	托管人管理费
31	541	投资管理人管理费
32	552	卖出回购证券支出
33	566	其他费用
34	570	以前年度损益调整

二、企业年金基金缴费及其会计处理

企业年金基金由企业缴费、职工个人缴费和企业年金基金投资运营而形成的收益组成。企业年金基金形成的基础是企业和职工的补充养老保险缴费。作为企业年金基金的委托人,设立企业年金基金的企业及其职工定期向企业年金基金缴费。

自 2004 年 5 月 1 日起施行的《企业年金试行办法》规定,企业年金所需费用,由企业和职工个人共同缴纳的补充养老保险缴费提供,企业缴费的列支渠道按国家有关规定执行,职工个人缴费可以由企业从职工个人工资中代扣;企业缴费每年不超过本企业上年度职工工资总额的 1/12,企业和职工个人缴费合计一般不超过本企业上年度职工工资总额的 1/6。

根据国家的有关规定,补充养老保险的企业缴费总额在工资总额 4%以内的部分,从成本(费用)中列支。① 企业缴费总额超出规定比例的部分,不得由企业负担,企业应当从职工个人工资中扣缴。个人缴费则全部由个人负担,企业不得提供任何形式的资助。

由企业缴费与职工缴费共同形成的补充养老保险基金,即企业年金基金,属于参加补充养老保险计划的职工所有,应当单独设立账簿,与本企业及其他当事人的资产、业务严格分开。企业应当依法委托具有相应资质的基金管理机构对补充养老保险基金实施管理,并定期向职工公开补充养老保险基金的相关财务状况和会计信息。

企业年金基金作为独立的会计个体,需要设置“企业年金基金”“银行存款”等会计科目予以核算。

“企业年金基金”科目核算企业年金基金资产的来源和用途,应按个人账户结余、企业账户结余、净收益、个人账户转入、个人账户转出以及支付受益人待遇等设置相应明细科目;本科目期末贷方余额,反映企业年金基金净值。

收到企业及职工个人缴费时,按实际收到的金额,借记“银行存款”科目,贷记“企业年金基金——企业账户结余”“企业年金基金——个人账户结余”科目。

【例 1】 东亚公司与职工协商后于 2018 年 1 月 1 日设立了企业年金基金,并委托安平信托公司管理。2018 年 7 月 8 日,该企业年金基金收到缴费 500 万元,其中,企业缴费 300 万元,职工个人缴费 200 万元,存入企业年金账户。实收金额与提供的缴费账单经核对无误。按照该企业年金计划约定,企业缴费的 300 万元中,归属个人账户的金额为 250 万元,另外 50 万元的权益归属条件尚未实现。根据上述事项,该企业年金基金于 2018 年 7 月 8 日需编制会计分录如下:

借:银行存款	5 000 000	
贷:企业年金基金——个人账户结余(个人缴费)		2 000 000
——个人账户结余(企业缴费)		2 500 000
——企业账户结余(企业缴费)		500 000

需要说明的是,企业年金基金的资金存放于托管人处,由投资管理人运营,由账户管理人进行账户处理。这样的分工,符合“钱账分离”的原则,可以有效保护企业年金基金资产的

① 参考《财政部、国家税务总局关于完善城镇社会保障体系试点中有关所得税政策问题的通知》(财税〔2001〕9 号)、《国务院关于印发完善城镇社会保障体系试点方案的通知》(国发〔2000〕42 号)、《财政部关于企业新旧财务制度衔接有关问题的通知》(财企〔2008〕34 号)等文件。

安全。

三、企业年金基金投资运营

(一) 企业年金基金投资运营的原则和范围

企业年金基金的受托人在接受委托后,首先需要选择合适的投资管理人对企业年金基金进行投资运营。企业年金基金资产作为退休职工的养老金,需要保障其安全性和流动性。为此,相关监管机构对企业年金基金的投资渠道进行了明确的规定。根据《企业年金基金管理试行办法》,企业年金基金财产的投资,按市场价计算应当符合下列规定:

(1) 投资于银行活期存款、中央银行票据、短期债券回购等流动性产品及货币市场基金的比例,不低于基金净资产的20%。

(2) 投资于银行定期存款、协议存款、国债、金融债、企业债等固定收益类产品及可转换债、债券基金的比例,不高于基金净资产的50%。其中,投资于国债的比例不低于基金净资产的20%。

(3) 投资于股票等权益类产品及投资性保险产品、股票基金的比例,不高于基金净资产的30%。其中,投资于股票的比例不高于基金净资产的20%。

需要指出的是,企业年金基金的投资产品范围及其比例可能会随着金融市场的变化,由监管部门做出相应的调整。但是,总的投资原则仍然以保障企业年金基金的安全性和流动性为首要目标。

根据企业年金基金的运营规则,投资管理人将根据受托人的要求对企业年金基金进行投资运作,并进行估值,由账户管理人将基金投资运营的收益记入企业年金基金企业账户和个人账户。

(二) 企业年金基金投资运营的会计核算

根据《企业会计准则第10号——企业年金基金》的规定,企业年金基金应当分别资产、负债、收入、费用和净资产进行确认和计量。企业年金基金缴费及其运营形成的各项资产包括货币资金、应收证券清算款、应收利息、买入返售证券、其他应收款、债券投资、基金投资、股票投资、其他投资等。企业年金基金运营形成的各项负债包括应付证券清算款、应付受益人待遇、应付受托人管理费、应付托管人管理费、应付投资管理人管理费、应缴税金、卖出回购证券款、应付利息、应付佣金和其他应付款等。

企业年金基金在运营中根据国家规定的投资范围取得的国债、信用等级在投资级以上的金融债和企业债、可转换债、投资性保险产品、证券投资基金、股票等具有良好流动性的金融产品,其初始取得和后续估值应当以公允价值计量,具体方法如下:

(1) 初始取得投资时,应当以交易日支付的成交价款作为其公允价值。发生的交易费用直接计入当期损益。

(2) 估值日对投资进行估值时,应当以其公允价值调整原账面价值,公允价值与原账面价值的差额计入当期损益。

1. 企业年金基金投资与估值的会计核算

根据企业年金基金投资运营的一般情况,在会计核算中需要设置"交易性金融资产""公允价值变动收益""证券清算款""结算备付金""交易保证金""投资收益""交易费用""应收利息""应收股利""应收红利""本期收益"等科目,用于反映企业年金基金的投资运营。

【例 2】 张江公司企业年金基金 2018 年 7 月进行投资的相关资料如下：

(1) 7 月 1 日，从二级市场上购入松涛公司的分期付息、到期还本的公司债 3 000 张，每张面值 100 元，面值总额为 300 000 元，买入价为 315 000 元(其中含已到付息期但尚未领取的利息 15 000 元)。另外，还发生佣金、印花税等相关费用 1 000 元。该公司债的票面利率为 5%，每年 6 月 30 日为计息日。

(2) 7 月 8 日，从二级市场上以每股 15 元购入南方公司股票 200 000 股，成交金额为 3 000 000 元，另外发生佣金、印花税等相关费用 8 000 元。

(3) 7 月 31 日为估值日，松涛公司的债券价格为 110 元(面值 100 元)，南方公司的股票价格为每股 13 元。

(4) 8 月 3 日，卖出南方公司股票 100 000 股，每股价格 16 元，成交金额 1 600 000 元，另发生佣金、印花税等 4 000 元。

对上述业务，企业年金基金的账务处理如下：

(1) 7 月 1 日，购入松涛公司债券。

借：交易性金融资产——成本(松涛公司债券)　　300 000
　　应收利息　　15 000
　　交易费用　　1 000
　贷：证券清算款　　316 000

(2) 7 月 2 日，与证券登记结算机构结算交易资金。

借：证券清算款　　316 000
　贷：银行存款　　316 000

(3) 7 月 8 日，购入南方公司股票。

借：交易性金融资产——成本(南方公司股票)　　3 000 000
　　交易费用　　8 000
　贷：证券清算款　　3 008 000

(4) 7 月 9 日，与证券登记结算机构结算交易资金。

借：证券清算款　　3 008 000
　贷：银行存款　　3 008 000

(5) 7 月 31 日，估值日，以公允价值计价，如有差额，计入当期损益。松涛公司债券的公允价值变动损益为 30 000 元[3 000 张×(110 元－100 元)]。南方公司股票的公允价值变动损益为损失 400 000 元[200 000 股×(13 元－15 元)]。

借：交易性金融资产——公允价值变动(松涛公司债券)　　30 000
　　公允价值变动收益　　370 000
　贷：交易性金融资产——公允价值变动(南方公司股票)　　400 000

(6) 8 月 3 日，出售股票，与证券登记结算机构清算应收证券款。已经出售的股票其账面净值为 1 300 000 元(1 500 000 元初始购买成本－200 000 元的公允价值变动损益)，股票出售获得的投资收益金额为 100 000 元(出售价款 1 600 000 元－账面净值 1 300 000 元－属于出售部分股票的公允价值变动损益为损失 200 000 元)。

借：证券清算款　1 596 000
　交易费用　4 000
　交易性金融资产——公允价值变动(南方公司股票)　200 000
　贷：交易性金融资产——成本(南方公司股票)　1 500 000
　　公允价值变动收益　200 000
　　投资收益　100 000

(7) 8月4日，与证券登记结算机构结算交易资金。

借：银行存款　1 596 000
　贷：证券清算款　1 596 000

2. 企业年金基金收入的会计核算

企业年金基金运营形成的各项收入包括：

(1) 利息收入，包括存款利息收入、债券利息收入、买入返售金融资产收入。

(2) 投资收益，包括股票投资收益、债券投资收益、股利收益、基金投资。

(3) 公允价值变动收益。

企业年金基金每日或者每周计算、确认收入，并进行账户处理。在上述收入项目中，除了返售金融资产收入的核算比较特殊，其余收入类的会计核算与一般企业相同，此处不再阐述。此处着重介绍买入返售金融资产的账务处理方法。

下面以债券为例，介绍返售金融资产的业务处理过程。所谓"返售"，也即回购，可以区分为买断式回购与质押式回购。债券买断式回购交易是指债券持有人(正回购方)在将一笔债券卖给债券购买方(逆回购方)的同时，交易双方约定在未来某一日期，再由卖方(正回购方)以约定价格从买方(逆回购方)购回同等数量同种债券的交易行为。通过这一买断式回购或者质押式回购过程，债券持有人获得所需的资金，并承担一定的费用。

债券质押式回购交易，是指正回购方(卖出回购方、资金融入方)在将债券质押给逆回购方(买入返售方、资金融出方)融入资金的同时，双方约定在将来某一指定日期，由正回购方按约定回购利率计算的资金额向逆回购方返还资金，逆回购方向正回购方返还原出质债券的融资行为。正回购方是指在债券回购交易中融入资金、出质债券的一方，逆回购方是指在债券回购交易中融出资金、享有债券质权的一方。

与质押式回购不同，买断式回购的区别在于初始交易时债券持有人(正回购方)是将债券"卖"给债券购买方(逆回购方)，而不是质押冻结，债券所有权随交易的发生而转移。该债券在协议期内可以由债券购买方(逆回购方)自由支配，即债券购买方(逆回购方)只要保证在协议期满能够有相等数量的同种债券卖给债券持有人(正回购方)。

逆回购方需要设置"买入返售金融资产"科目，核算按照返售协议约定先买入再按约定价格返售的证券等金融资产所融出的资金。另外，还需要设置"利息收入"科目，核算买入返售金融资产所获得的收益。根据购买时签订的不同协议，可将买入返售金融资产分别按照"质押式"和"买断式"进行明细核算。

买入返售金融资产账务处理的具体内容如下：

(1) 基金根据返售协议买入证券等金融资产，按应付或实际支付的金额，借记"买入返售金融资产"科目，贷记"证券清算款"或"银行存款"等科目；资金交收日，按实际交收金额，借记"证券清算款"等科目，贷记"银行存款"或"结算备付金"科目。

(2) 返售前,按合同利率逐日计提利息时,借记"应收利息"科目,贷记"利息收入(买入返售金融资产收入)"科目。

(3) 返售日,按应收或实际收到的金额,借记"证券清算款"或"银行存款"等科目;按其账面余额,贷记"买入返售金融资产"科目和"应收利息"科目;按其差额,贷记"利息收入"科目。资金交收日,按实际收到金额,借记"银行存款"或"结算备付金"科目,贷记"证券清算款"等科目。

(4) 发生买断式融券业务时,应在备查簿中登记约定到期应支付的证券净价、利息及数量。从事买断式融券回购业务,在合约到期前,出售或再质押相关债券时,应在交易日按应收取或实际收取的款项,借记"证券清算款"或"银行存款"科目;按上述金额,贷记"买入返售金融资产"科目。

(5)"买入返售金融资产"科目的期末借方金额,反映了未到期的买入返售金融资产价款。

与买入返售金融资产相对应,卖出返售金融资产的会计核算方法如下:

(1)"卖出返售金融资产"科目可按卖出回购证券的类别,分别就"质押式"和"买断式"进行明细核算。

(2) 企业年金基金根据回购协议卖出证券,按应收或实收的金额,借记"证券清算款"或"银行存款"等科目,贷记"卖出返售金融资产"科目。

(3) 融资期限内,采用合同利率逐日计提融资利息支出,借记"利息支出"科目,贷记"应付利息"科目。

(4) 到期购回时,按账面余额,借记"卖出返售金融资产"科目;按已提未付利息,借记"应付利息"科目;按应付或实际支付的金额,贷记"证券清算款"或"银行存款"等科目;按其差额,借记"利息支出"科目。

(5) 发生买断式回购时,应在备查簿中登记约定到期应购回的证券净价、利息及数量。

(6)"卖出返售金融资产"科目期末贷方余额,反映未到期的卖出回购金融资产价款。

【例3】 A企业年金基金需要融入资金,与B企业年金基金进行券款对付的结算方式、回购期限为7天的买断式回购交易。A企业年金基金拟于9月2日向B企业年金基金卖出10付息国债05(债券品种),面值60 000 000元,年利率为2.996 2%。9月9日,A企业年金基金回购这批债券。

本例中,B企业年金基金为返售证券买入方,其账户处理如下:

(1) 9月2日,买入10付息国债05。

借:买入返售金融资产(买断式)　　60 000 000
　贷:银行存款　　60 000 000

(2) 9月3日至9月8日,逐日计息,每日利息金额为4 925.26元(60 000 000元×2.996 2%÷365天)。每日账务处理相同,累计应收利息为29 551.5元(4 925.26元×6天):

借:应收利息　　4 925.26
　贷:利息收入　　4 925.26

(3) 9月9日,卖出回购债券,并收取款项。

借:银行存款　　60 034 476.82

　贷:应收利息　　29 551.56

　　利息收入　　4 925.26

　　买入返售金融资产(买断式)　　60 000 000

A企业年金基金为返售证券卖出方,其账务处理如下:

(1) 9月2日,卖出10付息国债05。

借:银行存款　　60 000 000

　贷:卖出返售金融资产(买断式)　　60 000 000

(2) 9月3日至9月8日,逐日计息,每日利息金额为4 925.26元(60 000 000元×2.996 2%÷365天)。每日账务处理相同,累计应付利息为29 551.5元(4 925.26元×6天)。

借:利息支出　　4 925.26

　贷:应付利息　　4 925.26

(3) 9月9日,回购债券,并支付利息。

借:卖出返售金融资产(买断式)　　60 000 000

　　应付利息　　29 551.56

　　利息支出　　4 925.26

　贷:银行存款　　60 034 476.82

3. 企业年金基金费用的会计核算

企业年金基金运营发生的各项费用及其主要的核算原则包括:

(1) 交易费用,包括支付给代理机构、咨询机构、券商的手续费和佣金及其他必要支出,按照实际发生的金额确定。

(2) 受托人管理费、托管人管理费和投资管理人管理费,是指根据企业年金计划或者合同文件规定的比例,提取的相应管理费。

(3) 卖出回购证券支出,在融资期限内按照卖出回购证券价款和协议约定的利率确定的利息支出(前文已阐述)。

(4) 其他费用,指除了上述项目以外的费用,按照实际发生的金额确定。

与企业年金基金收入核算相同,企业年金基金每日或者每周计算、确认基金的相关费用,并进行账户处理。交易费用、受托人管理费、托管人管理费、投资管理人管理费、利息支出(卖出回购证券支出)等费用账户的核算规则如下:

(1) 交易费用。企业年金基金应设立“交易费用”会计科目,核算企业年金基金在投资运营中所发生的手续费、佣金以及相关税费等其他必要支出。在实际发生交易费用时,按照实际发生的金额,借记“交易费用”科目,贷记“银行存款”等科目。

(2) 受托人管理费、托管人管理费和投资人管理费。企业年金基金应设立“受托人管理费”“托管人管理费”“投资管理人管理费”以及“应付受托人管理费”“应付托管人管理费”“应付投资管理人管理费”等科目,进行相应的会计核算。当企业年金基金计提相关费用时,按照实际应予支付的金额,借记“受托人管理费”“托管人管理费”“投资管理人管理费”科目,同时确认负债,贷记“应付受托人管理费”“应付托管人管理费”“应付投资管理人管理费”等科目。待实际支付相应金额时，借记“应付受托人管理费”“应付托管人管理费”“应付投资管理人管理费”等科目，贷记“银行存款”科目。

根据《企业年金基金管理试行办法》的规定，受托人、托管人提取的管理费均不得高于企业年金基金净值的 0.2%，投资管理人提取的管理费不得高于企业年金基金净值的 1.2%。

(3) 卖出回购证券支出。该项内容可参见返售金融资产业务处理的会计核算。

【例 4】 根据签订的受托管理合同、托管合同以及投资管理合同，A 企业年金基金的受托人管理费、托管人管理费和投资管理年费率分别为基金净值(市值)的 0.18%、0.18%和 1%，按日估值，一年按照 365 天计算。10 月 15 日，A 企业年金基金市值为 2 500 万元。相关费用计算如下：

当日应计提的受托人管理费＝基金净值×年费率÷365

＝25 000 000×0.18%÷365＝123.29(元)

当日应计提的托管人管理费＝基金净值×年费率÷365

＝25 000 000×0.18%÷365＝123.29(元)

当日应计提的投资管理费＝基金净值×年费率÷365

＝25 000 000×1%÷365＝684.93(元)

相应的账务处理如下：

借：受托人管理费——××受托人	123.29	
贷：应付受托人管理费		123.29
借：托管人管理费——××托管人	123.29	
贷：应付托管人管理费		123.29
借：投资管理人管理费——××投资管理人	684.93	
贷：应付投资管理人管理费		684.93

四、企业年金待遇给付及企业年金基金净资产

(一) 企业年金待遇给付及其账务处理

企业年金待遇，是指企业年金计划受益人符合退休年龄等法定条件时，应当享受的企业年金养老待遇。企业年金计划受益人，是指参加企业年金计划并享有受益权的职工及其继承人。企业年金待遇给付方式，由企业年金计划约定，分次或一次支付。

企业及其职工设立企业年金的目的就是通过投资管理获得收益，保障职工的退休金。一般而言，企业年金养老待遇支付水平受到缴费金额、缴费时间、投资运营收益情况等因素的影响。缴费金额越多，缴费时间越长，投资运营收益情况越好，企业年金养老待遇给付水平越高；反之，则给付水平越低。

我国的企业年金计划设立较晚，现在尚未出现养老待遇给付的情况。根据我国企业年金的相关管理规定以及企业会计准则，企业年金待遇给付的一般流程应包括以下步骤：

(1) 委托人向受托人发送企业年金待遇支付或转移的通知。

(2) 受托人通知账户管理人计算支付企业年金待遇。

(3) 账户管理人将计算支付企业年金待遇结果反馈给受托人，并与受托人核对。

(4) 受托人核对后通知托管人和投资管理人进行份额赎回。

(5) 受托人根据账户管理人提供的待遇支付表，通知托管人支付或转移金额(如受托财产托管专户有足够余额，可直接支付或转移；若余额不足，受托人可调减委托投资托管专户，并转入受托财产托管专户)，托管人将相应资金划入受托人指定专用账户，并向受托人和账户管理人报告。

(6) 受托人指令账户管理人进行待遇支付的账户处理，账户管理人与托管人提供的支付结果进行核对，然后扣减个人账户资产，并向受益人提供年金基金的最终账户数据或向新年金计划移交账户资料。

需要指出的是，当委托人需要向受益人支付企业年金待遇时，受托人不一定必须要求投资管理人进行份额赎回。仅当财产托管专户资金不够时，受托人才需要进行赎回。

为了详细核算企业年金待遇给付业务，企业年金基金需要设置"企业年金基金——支付受益人待遇""应付受益人待遇"等科目，并按受益人设置明细账进行账务处理。给付企业年金待遇时，按应付金额，借记"企业年金基金——支付受益人待遇"科目，贷记"应付受益人待遇"科目；支付款项时，借记"应付受益人待遇"科目，贷记"银行存款"科目。

【例5】 12月31日，某企业年金基金根据企业年金计划和委托人指令，支付退休人员张晓雪和李清雨企业年金待遇各5 000元，金额共计10 000元。该企业年金基金账务处理如下：

(1) 计算、确认给付企业年金待遇时：

借：企业年金基金——支付受益人待遇	10 000	
贷：应付受益人待遇——张晓雪		5 000
——李清雨		5 000

(2) 支付受益人待遇时：

借：应付受益人待遇——张晓雪	5 000	
——李清雨	5 000	
贷：银行存款		10 000

(3) 按照受益人明细账户，扣减企业年金基金结余时：

借：企业年金基金——个人账户结余——张晓雪	5 000	
——个人账户结余——李清雨	5 000	
贷：企业年金基金——支付受益人待遇		10 000

(二) 企业年金基金净收益、净资产及其账务处理

1. 净收益

与一般工商企业相同，每逢资产负债表日，企业年金基金应当结转各项收入和费用等形成净收益，并根据企业年金计划将此项净收益分配记入企业账户和职工个人账户。企业年金基金净收益是企业年金基金在一定会计期间内已经实现的经营成果，其金额等于本期收入减去本期费用后的余额。

为了核算净收益，企业年金基金需要设置"本期收益"会计科目，核算本期实现的净收益或者净亏损。到了会计期末，企业年金基金需要将收入类科目的余额结转至"本期收益"科目的贷方，将费用类科目的余额结转至"本期收益"科目的借方。"本期收益"科目的余额，反映了企业年金基金的净收益，如果余额在贷方则为净收益，余额在借方则为净亏损。企业年金基金结转出净收益后,还需要根据企业年金计划的约定分配记入个人账户和企业账户。

【例6】 某企业年金基金在某年度共取得存款利息收入200万元,买入返售证券收益100万元,公允价值变动损益1 500万元,投资收益500万元,其他收入150万元,收入合计2 450万元;本年度共发生交易费用15万元,受托人管理费10万元,托管人管理费10万元,投资管理人管理费50万元,其他费用15万元,费用合计100万元。根据企业年金计划的约定,企业年金基金在本期取得的净收益中提取20%记入企业年金基金的企业账户,另外80%记入企业年金基金的个人账户。

根据上述资料,该企业年金基金的相关账务处理如下:

(1) 结转本期收入,共计2 450万元。

借:存款利息收入	2 000 000	
买入返售证券收入	1 000 000	
公允价值变动收益	15 000 000	
投资收益	5 000 000	
其他收入	1 500 000	
贷:本期收益		24 500 000

(2) 结转本期费用,共计100万元。

借:本期收益	1 000 000	
贷:交易费用		150 000
受托人管理费		100 000
托管人管理费		100 000
投资管理人管理费		500 000
其他费用		150 000

(3) 结转本期净收益,并转入企业年金基金,共计2 350万元。

借:本期收益	23 500 000	
贷:企业年金基金——净收益		23 500 000

(4) 将转入企业年金基金的净收益根据企业年金计划分配至企业账户和个人账户。

借:企业年金基金——净收益	23 500 000	
贷:企业年金基金——企业账户结余		4 700 000
——个人账户结余		18 800 000

2. 净资产

企业年金基金的净资产,又称企业年金基金净值,是指企业年金基金受益人在企业年金基金财产中享有的经济利益,其金额等于企业年金基金资产减去负债后的余额。投资运营产生的收益、企业与个人的缴费以及个人账户的转入将增加企业年金基金的净资产,而支付受益人待遇将减少企业年金基金的净资产。企业年金基金期末的净资产可用以下公式计算得到:

企业年金基金期末净资产 = 期初净资产 + 本期净收益 + 收取企业缴费 + 收取职工个人缴费 + 个人账户转入 − 支付受益人待遇 − 个人账户转出

此外,根据企业年金基金准则的规定,因职工调离企业而发生的个人账户转出金额,相应减少基金净资产;因职工调入企业而发生的个人账户转入金额,相应增加基金净资产。企业年金基金应设置“企业年金基金——个人账户转入”“企业年金基金——个人账户转出”等科目,按受益人设置明细账进行账务处理。

五、企业年金基金财务报表

(一) 企业年金基金的财务报表

根据现行会计准则,企业年金基金应当作为一个独立的会计主体进行列报,提供财务报表,包括资产负债表、净资产变动表和附注。资产负债表反映企业年金基金在某一特定日期的财务状况,按照资产类、负债类和净资产类项目分别列示。净资产变动表反映企业年金基金在一定会计期间的净资产增减变动情况,列示期初净资产、本期净资产增加数、本期净资产减少数和期末净资产等信息。除了资产负债表与净资产变动表以外,通常在实务工作中,企业年金基金还提供经营业绩表,以对一定时期内净资产变动中的本期收入和本期费用进行更加详细的披露。

1. 资产负债表

(1) 资产负债表格式。

【例7】 某企业年金基金在2018年6月30日编制的半年度中期财务报表,具体见表15-3、表15-4和表15-5。通常情况下,在财务报表中还需要提供附注,对资产负债表、经营业绩表和净资产变动表中列示的项目进行文字描述或者提供更加明细的资料,并对未能在报表中列示的其他业务或者事项进行说明。为节省篇幅,这里省略了附注的具体内容。

表15-3 资产负债表

年金基金名称:×××× 2018年6月30日 币种:人民币 单位:元

	期初余额	期末余额		期初余额	期末余额
资产:			负债:		
银行存款	215 155 059.80	99 504 374.01	卖出回购金融资产款	0.00	0.00
结算备付金	86 495.72	26 451.49	应付证券清算款	0.00	2 756 407.85
存出保证金	55 533.07	82 663.48	应付受益人待遇	0.00	0.00
交易性金融产品	283 955 655.51	350 862 624.83	应付管理人报酬	4 159 635.59	4 676 961.91
其中:股票投资	87 136 084.81	44 760 137.03	应付托管费	70 887.74	148 486.71
债券投资	188 098 720.70	306 102 487.80	应付交易费用	836 844.74	876 529.40
基金投资	8 720 850.00	0.00	应交税费	0.00	0.00
买入返售金融资产	0.00	95 000 342.50	应付利息	0.00	0.00
应收证券清算款	5 537 194.05	0.00	其他负债	12 500.00	0.00
应收利息	4 039 328.16	4 530 804.57	负债合计	5 198 014.27	8 705 863.68

续　表

	期初余额	期末余额		期初余额	期末余额
应收股利	0.00	0.00	净资产：		
其他资产	0.00	0.00	企业年金基金净值	503 631 252.04	541 301 397.20
资产总计	508 829 266.31	550 007 260.88	负债和净资产总计	508 829 266.31	550 007 260.88

(2) 资产负债表编制说明。

上述资产负债表中具体项目的编制方法说明如下：

① 表 15－3 反映一定时点资产、负债和所有者权益的情况。表 15－3 中的资产总计等于负债加所有者权益总计。

② 表 15－3“期初余额”栏内各项目数字，应根据上期末(2017 年 12 月 31 日)资产负债表“期末余额”栏内所列数字填列。如果本期资产负债表规定的各个项目的名称和内容与上期不一致，应对上期期末资产负债表各项目的名称和数字按照本期的规定进行调整，填入本表“期初余额”栏内。

③ 表 15－3 内“期末余额”各项目的内容及填列方法如下：

“银行存款”项目，反映期末存放在商业银行的各种款项。本项目应根据“银行存款”科目的期末余额填列。

“结算备付金”项目，反映期末存放在证券登记结算机构的款项。本项目应根据“结算备付金”科目的期末余额填列。

“存出保证金”项目，反映交存的存出保证金期末数。本项目应根据“存出保证金”科目的期末余额填列。

“交易性金融资产”项目，反映期末年金基金持有的以公允价值计量且变动计入当期损益的金融资产的公允价值。本项目应根据“股票投资”“债券投资”和“基金投资”等科目的期末余额合计计算填列。其中，“股票投资”“债券投资”项目，应分别根据“股票投资”“债券投资”科目的期末余额计算填列。

“买入返售金融资产”项目，反映已经买入但尚未到期的返售证券所融出的资金。本项目应根据“买入返售金融资产”科目的期末余额填列。

“应收证券清算款”项目，反映期末尚未收回的证券清算款。本项目应根据“证券清算款”科目所属明细科目的期末借方余额填列。

“应收利息”项目，反映期末尚未收回的债券投资、资产支持证券投资、买入返售金融资产、银行存款、结算备付金、存出保证金利息等各项利息。本项目应根据“应收利息”科目的期末余额填列。

“其他资产”项目，反映期末除上述资产以外的其他资产，包括其他应收款和待摊费用等项目的总额。本项目应根据有关科目的期末余额合计填列。其他资产数额较大的，应在会计报表附注中披露其内容和金额。

“卖出回购金融资产款”项目，反映已经卖出但尚未到期回购的证券款。本项目应根据“卖出回购金融资产款”科目的期末余额填列。

“应付证券清算款”项目，反映期末应付未付的证券款。本项目应根据“证券清算款”科目所属明细科目的期末贷方余额填列。

"应付受益人待遇"项目，反映期末尚未支付的受益人待遇。本项目应根据"应付受益人待遇"科目的期末余额填列。

"应付管理人报酬"项目，反映期末尚未支付给基金管理人的报酬。本项目应根据"应付管理人报酬"科目的期末余额填列。

"应付托管费"项目，反映期末尚未付给基金托管人的托管费。本项目应根据"应付托管费"科目的期末余额填列。

"应付交易费用"项目，反映期末尚未支付的佣金等交易费用。本项目应根据"应付交易费用"科目的期末余额填列。

"应付利息"项目，反映期末尚未支付的各项利息。本项目应根据"应付利息"科目的期末余额填列。

"其他负债"项目，反映除上述负债以外的其他负债，包括其他应付款、预提费用等项目的总额。本项目应根据有关科目的期末余额填列。其他负债数额较大的，应在会计报表附注中披露其内容和金额。

2. 经营业绩表

(1) 经营业绩表格式。

表15－4列示了某企业年金基金的经营业绩表的一般格式。

表15－4　　　　**经营业绩表**

年金基金名称：××××　　2018年6月30日　　币种：人民币　　单位：元

项　目	本期金额	本年累计金额
一、收入	−8 987 697.84	−5 939 069.16
1. 利息收入	2 901 342.44	5 146 684.74
其中：存款利息收入	317 258.75	624 157.26
债券利息收入	2 520 122.61	4 458 566.40
买入返售金融资产收入	63 961.08	63 961.08
2. 投资收益	2 244 217.41	11 986 377.62
其中：股票投资收益	2 207 905.06	6 283 278.39
债券投资收益	787 672.26	1 533 967.13
股利收益	426 683.54	426 683.54
基金投资	−1 178 043.45	3 742 448.56
3. 公允价值变动收益	−14 133 257.69	−23 072 131.52
4. 其他收入	0.00	0.00
二、费用	838 048.25	2 786 607.01
1. 管理人报酬	517 326.32	2 120 131.14
2. 托管费	77 598.97	148 486.71
3. 销售服务费	129 331.61	285 151.81

续 表

项　　目	本期金额	本年累计金额
4. 交易费用	108 228.85	222 734.35
5. 利息支出	0.00	0.00
其中：卖出回购金融资产支出	0.00	0.00
6. 其他费用	5 562.50	10 103.00
三、利润总额	−9 825 746.09	−8 725 676.17

(2) 经营业绩表编制说明。

经营业绩表(表 15－4)中具体项目的编制方法说明如下：

① 表 15－4 反映一定期间内年金基金实现的利润情况。

② 表 15－4“本期金额”栏反映各项目的本期实际发生数，即 2018 年 6 月份各项目的实际发生数。“本年累计金额”栏反映了 2018 年 1～6 月份各项目累计发生的金额。

③ 表 15－4“本期金额”栏各项目的内容及其填列方法如下：

“利息收入”项目，反映本期年金基金实现的利息收入。本项目应根据“利息收入”科目期末结转“本期利润”科目的数额合计计算填列。

“投资收益”项目，反映本期年金基金实现的证券投资收益和股利收益等。本项目应根据“投资收益”科目期末结转“本期利润”科目的数额合计计算填列。

“公允价值变动净收益”项目，反映本期产生的公允价值变动损益。本项目应根据“公允价值变动损益”科目借贷方发生额计算填列。若为公允价值变动损失，应以“－”号填列。

“其他收入”项目，反映除上述收入以外的其他各项收入。本项目应根据“其他收入”科目期末结转“本期收益”科目的数额填列。若为其他损失，应以“－”号填列。

“投资人管理费”“托管人管理费”项目分别反映按照基金合同和招募说明书的规定计提的基金管理人报酬、托管费、销售服务费。本项目应分别根据“投资人管理费”“托管人管理费”等科目期末结转“本期收益”科目的数额填列。

“交易费用”项目，反映在非货币市场基金运作过程中发生的各项交易费用。本项目应根据“交易费用”科目期末结转“本期收益”科目的数额填列。

“利息支出”项目，反映年金基金运作过程中发生的各项利息支出。本项目应根据“利息支出”科目期末结转“本期收益”科目的数额填列。其中，“卖出回购金融资产支出”项目，应根据“利息支出”明细科目“卖出回购金融资产支出”期末结转“本期收益”科目的数额填列。

“其他费用”项目，反映在年金基金运作过程中发生的除上述费用支出之外的其他各项费用，包括信息披露费、审计费、账户维护费、持有人大会费、证券开户费等。本项目应根据“其他费用”科目期末结转“本期收益”科目的数额填列。

“利润总额”项目，反映本期基金利润总额。若为亏损总额，应以“－”号填列。

3. 净资产变动表

(1) 净资产变动表格式。

表 15－5 列示了某企业年金基金的净资产变动表。

表 15－5　净资产变动表

年金基金名称：××××　2018 年 6 月 30 日　币种：人民币　单位：元

项　目	本 期 金 额	本年累计金额
一、期初净资产	503 631 252.04	468 611 849.48
二、本期净资产增加数	38 508 193.41	75 476 154.73
(一) 本期收入	－8 987 697.84	－5 939 069.16
1. 存款利息收入	317 258.75	624 157.26
2. 债券利息收入	2 520 122.61	4 458 566.40
3. 买入返售证券收入	63 961.08	63 961.08
4. 公允价值变动收益	－14 133 257.69	－23 072 131.52
5. 投资处置收益	2 244 217.41	11 986 377.62
6. 其他收入	0.00	0.00
(二) 收取缴费	47 495 891.25	81 415 223.89
(三) 收取职工个人缴费	0.00	0.00
(四) 个人账户转入	0.00	0.00
三、本期净资产减少数	838 048.25	2 786 607.01
(一) 本期费用	838 048.25	2 786 607.01
1. 交易费用	108 228.85	222 734.35
2. 受托人管理费	129 331.61	285 151.81
3. 托管人管理费	77 598.97	148 486.71
4. 投资管理人管理费	517 326.32	2 120 131.14
5. 卖出回购证券支出	0.00	0.00
6. 其他费用	5 562.50	10 103.00
(二) 支付受益人待遇	0.00	0.00
(三) 个人账户转出	0.00	0.00
四、期末净资产	541 301 397.20	541 301 397.20

(2) 净资产变动表编制说明。

净资产变动表(表 15－5)中具体项目的编制方法说明如下：

① 表 15－5 反映一定时期企业年金基金净资产增减变动的情况。

② 表 15－5 各项目应当根据期初企业年金基金净资产、本期经营活动产生的净值变动(基金净利润)、本期应缴费、个人账户转入以及支付受益人待遇、个人账户转出等原因产生的基金净资产变动、期末净资产等情况列示。该表中"本期金额"栏反映 2018 年 6 月份各项目的发生金额,"本年累计金额"栏反映 2018 年度 1～6 月份各项目累计发生的金额。

③ 表 15－5"本期金额"栏各项目的内容及其填列方法如下：

其中涉及收入与费用类项目的编制方法与经营业绩表相同。

"收取缴费"项目,反映本期收到的企业缴费,应根据"企业年金基金"及其明细科目的余额分析填列。

"收取职工个人缴费"项目,反映本期收到的职工个人缴费,应根据"企业年金基金"及其明细科目的余额分析填列。

"个人账户转入"项目,反映本期从其他企业调入本企业职工个人账户转入的金额,应根据"企业年金基金——个人账户转入"科目的余额填列。

"支付受益人待遇"项目,反映本期支付受益人待遇的金额,应根据"企业年金基金"及其明细科目的期末余额填列。

"个人账户转出"项目,反映本期企业职工调出、离职等原因从个人账户转出的金额,应根据"企业年金基金——个人账户转出"科目的期末余额填列。

(二)企业年金基金财务报表的编制主体与信息披露方式

《企业年金基金管理试行办法》明确规定了企业年金基金财务报表编制的主体及其相应的信息披露内容与方式。根据该办法第 13 条第(3)款,受托人负责编制企业年金基金管理报告和财务会计报告,即受托人是企业年金基金财务报表的编报主体和法定责任人。

当然,因为企业年金基金的规范运行涉及受托人、账户管理人、托管人和投资管理人等相关方,这些相关方也应当向监管部门报告企业年金基金的管理情况,并对所报告内容的真实性、完整性负责。

根据《企业年金基金管理试行办法》关于信息披露的规定,受托人应当在每季度结束后 15 日内向委托人提交季度企业年金基金管理报告;并应当在年度结束后 45 日内向委托人提交年度企业年金基金管理报告,其中,年度企业年金基金财务会计报告须经会计师事务所审计。账户管理人应当在每季度结束后 10 日内向受托人提交季度企业年金基金账户管理报告,并应当在年度结束后 30 日内向受托人提交年度企业年金基金账户管理报告。托管人应当在每季度结束后 10 日内向受托人提交季度企业年金基金托管和财务会计报告,并应当在年度结束后 30 日内向受托人提交年度企业年金基金托管和财务会计报告,其中,年度财务会计报告须经会计师事务所审计。投资管理人应当在每季度结束后 10 日内向受托人提交经托管人确认的季度企业年金基金投资组合报告,并应当在年度结束后 30 日内向受托人提交经托管人确认的年度企业年金基金投资管理报告。

第二节 设定受益计划

2011 年 6 月 16 日,国际会计准则理事会(IASB)正式发布修订的《国际会计准则第 19 号——雇员福利》(以下简称 IAS19),其中对于雇员福利中的设定受益计划进行了较大的修改。在此背景下,2014 年 1 月 27 日,财政部颁发了《关于印发修订〈企业会计准则第 9 号——职工薪酬〉的通知》。新的职工薪酬准则的一个较大的变化就是拓展了我国企业离职后福利计划的内容,原准则关于离职后福利计划只规范了设定提存计划,而新准则明确了离职后福利计划包括设定提存计划和设定受益计划,并对设定受益计划的确认、计量进行了相应规范,以满足企业职工薪酬形式日益多样化特别是离职后福利计划的发展需要,同时也提高了我国企业会计信息质量。

一、我国养老金计划的现状及准则修订前的会计处理方法

（一）我国养老金计划的现状

迄今为止，我国养老金制度采用的是三支柱模式。其中，第一支柱是基本养老金制度，分为基础养老金和个人账户两部分；第二支柱是企业年金；第三支柱是个人自愿性储蓄。我国当前基本养老金制度是企业、个人共同缴费，其个人账户部分是基金制，基础养老金是现收现付制。

我国的法律法规对养老金目前还没有设定受益计划的规定。在实务中，企业建立的基本养老保险和企业年金，大多是每期按照固定金额或工资总额的一定比例支付，属于设定提存计划。由社保机构作为主体的基本养老保险是设定提存计划和设定受益计划的结合，从企业的角度看缴费时属于设定提存计划，而社保机构向职工发放养老金时则类似于设定受益计划，只不过设定受益的风险承担者不是企业而是政府。例如，基本养老保险的社会统筹部分的计算方法是基础养老金按当地平均工资的20%计算，凡按规定缴费且缴费年限满15年的都可以享受这项待遇。社保机构目前尚未考虑对缴费实行精算，提存金额多少的确定缺乏科学性，造成实际发放养老金数额与缴存的养老金数额及其收益之间不匹配。

随着我国市场经济的发展和社会保障法律体系逐步完善，企业向职工提供福利的形式不断丰富，一些有条件的企业开始实施设定受益计划，作为对设定提存计划的补充，以便更好地激励企业职工努力工作。据不完全统计，截至2016年底，我国已有30多家上市公司实施并披露了设定受益计划的会计信息。

（二）我国职工薪酬准则修订前养老金计划的会计处理

2006年发布的《企业会计准则第9号——职工薪酬》在相关法律法规的框架下，对基本养老保险和补充养老保险等类似于国际准则中设定提存计划的内容做出了规范。在现行养老金制度下，养老金由企业缴存和职工工资代扣代缴两部分组成。企业对养老金（包括基本养老金和企业年金）的会计处理非常简单，即企业应每月计提企业缴存部分，根据职工的岗位不同分别记入相关成本和期间费用科目。

随着企业向职工提供离职后福利的形式多样化特别是设定受益计划的推出，对职工薪酬的会计处理及相关信息披露提出了新的挑战和要求。2014年我国职工薪酬准则修订正是为了完善和规范企业离职后福利的会计处理和信息披露。

二、设定受益计划概述

2014年新修订的职工薪酬准则首次提出“离职后福利计划”（post-employment benefits plans）的概念。所谓“离职后福利计划”，是指企业与职工就离职后福利达成的协议，或者企业为向职工提供离职后福利制定的规章或办法等。按照新的职工薪酬准则，企业应当将离职后福利计划分类为设定提存计划（defined contribution plans）和设定受益计划（defined benefit plans）。其中，设定提存计划，是指企业向独立的基金（如企业年金基金）缴存固定费用（即提存金）后，企业不再承担进一步支付义务的离职后福利计划。如企业年金计划是一种典型的设定提存计划，在企业年金计划中根据一定的标准，企业单方或与职工共同承担每期固定缴费金额，而未来支付给职工的离职福利不确定，同时也不提供最低保证。职工在退休时，每期所能获得的离职福利主要包括企业和职工的缴费金额以及企业年金基金投资运

营产生的投资收益,这一投资收益的投资风险由企业职工承担。设定提存计划的基本特点是企业提存的金额固定,但未来支付的金额不固定。

在国际准则和我国准则中,设定受益计划属于剩余类别,其被定义为"除设定提存计划以外的离职后福利计划"。因此,除非企业(即雇主,下同)的法定或推定义务是以其同意向计划支付的提存金为限,否则该计划就为设定受益计划。其基本特点是企业提存的金额不固定,但未来支付的金额固定。以下是养老金计划因企业的义务未被限定而属于设定受益计划的情况的一些例子:

(1) 计划的福利公式不是仅与提存金额相连接,并且如果计划资产不足以满足计划福利公式中的约定福利,则要求企业提供进一步的提存款项;

(2) 企业间接通过一项计划或者直接保证提存款项取得特定的回报;

(3) 由非正式的惯例所产生的推定义务,比如,即使在没有法定义务的前提下,企业有为了与通货膨胀保持同步而增加福利的历史。

与设定提存计划相比,设定受益计划的风险承担主体不同。在设定提存计划下,企业向基金等机构定期支付固定金额后,如果该机构未来没有足够资产进一步支付退休职工理应享有的离职后福利,企业也不再负有任何法定义务或推定义务。即在设定提存计划下,不足以支付职工离职后福利的风险由中介运行机构或者职工自行承担,与企业无关。而在设定受益计划下,企业有义务保证职工在离职后能获得约定的离职后福利,如果到期没有足够的资产支付,则企业有义务进一步注入资金以确保与职工约定的离职后福利。即在设定受益计划下,到期不足以支付职工离职后福利的风险由企业承担。其次,两者在支付方式上也有着本质上的不同。在设定提存计划下,企业同意根据事先确定的缴费水平定期向中介运行机构支付确定数额的提存金,但职工未来所能获得的离职后福利并不确定,而是取决于离职时累积的提存金及其投资收益情况,通货膨胀、投资风险等与离职后福利相关的风险完全由职工自行承担,即在设定提存计划下,企业的提存金是确定的,而职工的提取金(福利)是不确定的。而在设定受益计划下,企业必须承诺确保满足职工离职后福利是确定的,也就是说,职工未来获取的离职后福利是确定的,相关的风险全部由企业承担,即在设定受益计划下,企业的提存金是不确定的,但职工的提取金(福利)是确定的。

设定提存计划的会计处理采取当期确认法,管理成本较低且简单易行,但职工退休后福利待遇不确定且风险由职工自己承担。设定受益计划可以真正体现养老金作为"递延工资"的性质,可以保障企业职工退休后的福利待遇,但是设定受益计划的会计处理操作比较复杂,要不断进行测算。近年来,美国企业提供给职工的养老金计划正在从传统的设定受益计划,即企业承担履行福利承诺的风险,转向由职工承担更多风险的设定提存计划。因为后者的成本更低,一般不超过工资总额的3%,而设定受益计划的成本占工资总额的5%～6%。

三、设定受益计划的会计处理

(一) 基本原则

设定受益计划的会计处理比较复杂,因为必须采用精算假设及估值方法来计量资产负债表中的负债和利润表中的费用。确认的费用不一定等于该期间内提存的金额。IAS19的首要目标是确保当职工以提供服务换取在未来支付的福利时,企业的财务报表将其反映为一项负债。设定受益计划分为未拨入资金计划(unfunded plan)和资金拨入计划(funded plan)。前者指企业没有为未来的负债拨出计划资产，而是在退休金负债到期时，以其自身资源支付的计划；后者指企业拨出计划资产由独立的第三方(基金)持有或购买符合条件的保险单，在退休金负债到期时，以计划资产优先支付的计划。在未拨入资金计划的情况下，企业的设定受益计划义务以精算基础计算并予以折现，在资产负债表上将设定受益义务确认为负债(即计划负债)。在资金拨入计划的情况下，计划资产在每个资产负债表日应以公允价值计量，而设定受益计划义务以精算基础计算并予以折现，两者的差额可能为盈余或赤字，其在满足一定条件下，在企业资产负债表中确认为资产或负债。换言之，在资金拨入计划的情况下，设定受益计划负债在资产负债表上是以净额列示的，即列示为净设定受益负债或净设定受益资产(如果净额为负数)。这种列示方法称为“净额法”。也有人认为，企业应该在资产负债表上独立报告设定受益义务和计划资产(这种列示法称为总额法)。但 IASB 没有采纳总额法，因为设定受益义务与计划资产的抵销列示与其《金融工具：列示》准则关于什么情况下资产与负债应该以净额列示的规定一致。[①]

(二) 计划资产的辨认

设定受益计划资产(plan assets)的会计处理与其他非计划资产的投资的会计处理差异极大，所以，辨认计划资产是相当重要的。在资产负债表中，计划负债扣除计划资产得出设定受益净负债(资产)；在利润表中，退休金费用的组成包括设定受益计划净负债(资产)的净利息费用(收入)，而其他综合收益也受到计划资产实际回报率的影响。

IAS19 定义计划资产为下列之一：

(1) 长期职工福利基金持有的资产。除了报告主体(即计划的发起人)所发行的不可转让金融工具之外，这些资产是：(a) 由在法律上独立于报告主体的主体(基金)持有，且该主体存在的目的仅是为了支付职工福利或为职工福利提供资金；并且(b) 仅用于支付福利或为职工福利提供资金，不能用于支付报告主体自身的债权人(即使在破产的情况下)，也不能返还给报告主体，除非该基金的剩余资产仍足够承担该计划或报告主体的所有相关职工福利义务，或者资产返还给报告主体是为了偿还其已经支付的职工福利。

(2) 符合条件的保险单。该保险单由报告主体的非关联方承保人签发，而且保险单的给付款项仅用于支付设定受益计划下的职工福利或为其注入资金；该保险单不可用于支付给报告主体自身的债权人(即使在破产的情况下)，也不能支付给报告主体，除非该保险给付款项为不需要用于支付与保险单相关的所有职工福利义务的盈余资产，或者该保险给付款项返还给报告主体是为了偿还其已经支付的职工福利。需要说明的是，只有保险单不是由独立的职工福利基金持有的情况下，才必须考虑保险单是否为符合条件的保险单。

根据计划资产定义的原则要求，所持有的资产必须不受报告主体的控制，从而使得无论报告主体的财务状况如何，这些资产均可用于满足职工福利义务。例如，主体 A 设立子公司主体 B 作为其子公司，且是其唯一的股东。主体 B 的公司章程规定，其组织性质是一项退休金计划，且其唯一的目的是为收取主体 A 提存的退休金并进行投资以及根据约定的设定受益退休金计划的条款向主体 A 的以前职工支付退休金。由于主体 A 能够控制主体 B，比如改变主体 B 的公司章程及其存在目的，从而要求主体 B 在向其现在及以前的职工支付所有

① 《国际会计准则——第 32 号：金融工具：列示》规定，当满足下列条件时，金融资产和金融负债可以相互抵销，并以净额在资产负债表上列示：(a) 具有抵销已确定金额的法定执行权；(b) 企业拟以净额为结算基础，或计划同时变现资产并结算相关负债。

的退休金福利前返还资产。因此,主体B所持有的资产不是报告主体的设定受益计划资产。主体A应当合并主体B,在主体A的合并资产负债表中,主体B所持有的资产应被归类可供出售金融资产,而设定受益义务将被确认为一项单独的负债。又如,实务中,一些保险公司为其职工福利安排设立了单独的法律主体,诸如信托,这些主体持有由雇主发行的保险单。无论其是否满足划分为计划资产的全部其他条件,此类保险单为"由报告主体发行的不可转移金融工具",而不满足IAS19中计划资产的定义。

(三) 设定受益义务的辨认

设定受益义务(defined benefit obligation)是指用于结算因获得当期和前期的职工服务所产生的义务的预期未来支付额。设定受益义务不仅包括由计划的正式条款下的法律义务,而且包括企业(雇主)的非正式惯例中所产生的推定义务。在实务中,一项推定义务可能比法定义务更加难以识别,因为其产生于雇主的行为,并且需要运用判断来确定是否已经形成一项义务。在主体的非正式惯例的变化应该会导致其与职工之间的关系产生不可接受的损害的情况下,即产生一项推定义务。

例如,在过去十年中,主体A每年使用目前仍在执行的职工医疗计划来支付已退休职工的医疗费用。主体A支付了所有退休人员的医疗费用,并且未进行任何沟通以表明这只是一项有限的行为,雇主并没有承诺将来继续执行。此例中,尽管主体对其退休人员的医疗费用不负有任何法律义务,但其行为形成了对其将继续支付这些费用的预期,因而产生了一项推定义务,并且应当将其提供的医疗费用作为一项设定受益计划进行会计核算。

(四) 设定受益计划的确认和计量

准则要求企业将设定受益义务和计划资产的所有变动在综合利润表中确认,因为在综合利润表中即时确认这些变动可以向财务报表使用者提供更具可理解性和有用性的信息。企业应当将设定受益计划的负债和资产各组成部分的不同性质的变化额在综合利润表中的不同部分列示。具体如下:

1. 服务成本

服务成本(service cost),一般包括当期服务成本和过去服务成本。其中,当期服务成本,是指职工当期提供服务所导致的设定受益计划义务现值的增加额;过去服务成本,是指设定受益计划修改所导致的与以前期间职工服务相关的设定受益计划义务现值的增加或减少。我国会计准则将设定受益计划的结算利得或损失也作为服务成本的一部分。

(1) 当期服务成本。

企业根据预期累积福利单位法(the projected unit credit method),采用无偏且相互一致的精算假设,对有关人口统计变量和财务变量等做出估计,计量设定受益计划所产生的义务,并确定相关义务的归属期间。企业按照一定的折现率将设定受益计划所产生的义务(包括预期在职工提供服务的年度报告期间结束后的12个月内支付的义务)予以折现,以确定设定受益计划义务的现值和当期服务成本。折现时所采用的折现率应当根据资产负债表日与设定受益计划义务期限和币种相匹配的国债或活跃市场上的高质量公司债券的市场收益率确定。①

① 折现率反映的是基于福利支付的预期时点的货币时间价值。折现率既不反映投资风险,也不反映精算风险——因为其他的精算假设会涉及这些因素。而且,折现率既不反映与报告主体的业务相联系的特定风险,也不反映未来的经验可能与精算假设不同的风险。

养老金计划涉及非常复杂的数学计算，通常情况下，企业需要聘请精算师以确保员工养老金计划的适当性。精算师根据精算假设估算职工提供服务所赚取的未来福利金额。精算假设是指企业对确定提供离职后的最终义务的各种变量的最佳估计。精算假设应当是客观公正和相互可比，无偏且相互一致的。精算假设包括人口统计假设和财务假设，前者包括职工流动率、死亡率、寿命年限等，后者包括折现率、通货膨胀率、预期的福利计划资产回报率等。这些精算假设因素主要用于衡量影响应计福利的预计未来职工薪酬的增长，以及企业预期未来需要偿付的设定受益计划义务的变动。例如，计量离职后的医疗福利时应当考虑通货膨胀、未来医疗技术的发展、健康保障方案的变动等因素引起的未来医疗费用的变化，并且企业的偿付金额还与参与福利计划职工的健康状况、性别、年龄等因素密切相关。精算技术的使用使得企业能够合理可靠地估算设定受益计划义务。设定受益计划的会计处理高度依赖于精算师的预测和信息。

在预期累积福利单位法下，每一服务期间会增加一个单位的福利权利，并且需对每一个单位单独计量，以形成最终义务。企业应当将福利归属于提供设定受益计划的义务发生的期间，这一期间是指从职工提供服务以获取企业在未来报告期间预计支付的设定受益计划福利开始，至职工的继续服务不会导致这一福利金额显著增加之日。即企业应将设定受益计划义务归属于职工能够获得离职后福利而提供服务的期间，而不是离职前为企业提供服务的所有期间。例如，一项计划规定，为企业服务满 10 年以上的职工，将会在退休后每年获得 10 000 元的福利补助，预计某职工将在 15 年后退休，则其 15 年后所能获得的每年 10 000 元福利（折现后）应平均归属于其提供服务的最初 10 年。换言之，该职工第 11～15 年的服务不会导致企业的该计划义务显著增加。

企业应当根据预期累积福利单位法确定的公式，将设定受益计划产生的福利义务归属于职工提供服务的期间。当职工后续年度的服务将导致其享有的设定受益计划福利水平显著高于以前年度时，企业应当按照直线法，将累积设定受益计划义务分摊确认于职工提供服务而导致企业第一次产生设定受益计划福利义务，至职工继续提供服务不再导致该福利义务显著增加的期间。例如，甲企业实施一项退休金计划，该计划为最初 3 个服务年度每年支付 100 元的退休金，第 4～6 年的服务每年支付 500 元，第 7～9 年的服务每年支付 2 400 元。因此，每位职工在服务 9 年后将有权获得 9 000 元（100×3＋500×3＋2 400×3）。9 年之后的进一步服务将不会产生额外的退休金。该例中，甲企业职工在后期各年度的服务将导致其福利水平显著高于在前期的各年度，故甲企业应按直线法将福利归属于职工的服务初次导致其获得该计划福利之日起的后面 9 年，即将 1 000 元（9 000 元除以 9，暂不考虑折现）归属于该 9 年的每一个年度，而非遵循该计划中的归属公式。

在确定设定受益计划产生的福利义务归属期间时，不应考虑仅因未来工资水平提高而导致设定受益计划义务显著增加的情况。例如，甲公司的设定受益计划为每个服务满 20 年的职工在退休时支付一笔其最终薪金 50％的退休金，员工张三 55 岁时已经满足服务满 20 年的要求，他可以在退休时按照退休前薪金的 50％领取退休金。张三在甲公司继续工作至 60 岁退休，那么他服务的最后 5 年中薪金的增长将会影响他最后领取的退休金，进而影响他之前工作的 20 年中每年的服务成本，但是最后 5 年的薪金增长不会形成额外的义务，即这 5 年不属于设定服务义务的归属期。在退休日的实际最终薪金与计算设定受益义务中所使用的估计值之间的差额是由于一项精算估计的变更所产生的，所以应将其反映为一项重新计量。

(2) 过去服务成本。

IAS19 将过去服务成本定义为:由于计划修改(一项设定受益计划的引入、取消或者变更)或者缩减(企业大幅减少参与福利计划的职工人数)所导致的职工前期服务的设定受益义务现值的变化。当企业大幅减少养老金计划所包含的职工数量时,即发生了计划缩减(curtailment),缩减可能产生于一个单独的事件,诸如工厂的倒闭、一个经营的终止或一项计划的终止或搁置。福利的变动,既可以导致与在职职工相关的未来服务成本增加(表现为每年较高的当期服务成本),也可以导致与目前和以前职工相关的过去服务的负债增加(表现为过去服务成本)。

表 15-6 列示了过去服务成本的一般类型。

表 15-6　　过去服务成本的一般类型

过去服务成本(计入当期损益)	
计划修改: ◇ 引入一项计划 ◇ 取消一项计划 ◇ 修改一项计划	计划缩减: ◇ 设定受益计划所涵盖的职工数量显著减少

我国会计准则规定,在设定受益计划下,企业应当在下列日期孰早日将过去服务成本确认为当期费用:(1) 修改设定受益计划时;(2) 企业确认相关重组费用或辞退福利时。

例如,甲公司执行一项退休金计划,对每一年度的服务提供最终薪金 1%的养老金,要求最低服务年限为 5 年。2017 年 1 月 1 日,甲公司将养老金提高到对每一年度的服务提供最终薪金的 1.25%,追溯适用以前年度。甲公司设定受益义务的现值因此增加 1 000 000 元(见表 15-7)。

表 15-7　　设定受益义务增加的计算　　单位:元

2017 年 1 月 1 日,服务超过 5 年的职工	600 000
2017 年 1 月 1 日,服务少于 5 年的职工(平均服务了 3 年,因而还需提供 2 年服务才能获得)	400 000
设定受益义务增加数	1 000 000

因此,甲公司应立即在利润表中确认 1 000 000 元的过去服务成本。其中,设定受益义务增加的 400 000 元是过去服务成本中的尚未既得(unvested)部分,因为这些职工服务未满 5 年,在计算该义务时应包括一项假设,即其中有多少人在达到 5 年的可行权条件前离职,从而丧失其福利。

需要说明的是,过去服务成本既可能是费用,也可能是收益。具体而言,当计划中引入新的福利或者现有福利发生变更,导致设定受益义务的现值增加时,过去服务成本为正(费用);当现有福利发生变更,导致设定受益义务的现值减少时,过去服务成本为负(收益)。大多数养老基金的构成意味着现有的福利减少较为少见,因此,负的过去服务成本非常罕见。在出现“负的”过去服务成本(即收益)的情况下,其处理方法与上述过去服务成本的正常处理相同。

(3) 结算利得或损失。

设定受益计划结算，是指企业为了消除设定受益计划所产生的部分或所有未来义务进行的交易，而不是根据计划条款和所包含的精算假设向职工支付福利。设定受益计划结算利得或损失是下列两项的差额：(a) 在结算日确定的设定受益计划义务现值；(b) 结算价格，包括转移的计划资产的公允价值和企业直接发生的与结算相关的支付。

2. 设定受益计划净负债或净资产的利息净额

设定受益计划存在资产的(即资金拨入计划的情形)，企业应当将设定受益计划义务现值减去设定受益计划资产公允价值所形成的赤字或盈余确认为一项设定受益计划净负债或净资产。其中，设定受益计划存在盈余的，企业应当以设定受益计划的盈余和资产上限两项的孰低者计量设定受益计划净资产。其中，资产上限(asset ceiling)，是指企业可从设定受益计划退款或减少未来对设定受益计划缴存资金而获得的经济利益的现值。对设定受益计划净资产的确认加入限制，是为了保证确认为资产的金额不能超过其可收回金额，因为设定受益计划存在盈余并不表示企业可以无条件获得资金的返还或减少未来对计划缴存资金。

在我国会计准则中，设定受益计划净负债或净资产的利息净额，包括计划资产的利息收益、设定受益计划义务的利息费用以及资产上限影响的利息。IAS19 将设定受益净负债(资产)的净利息定义为“随着时间的推移，设定受益净负债(资产)在期间内的变动”。净利息费用可以视为由计划资产的理论利息收益(即期望利息收益)、设定受益义务的利息费用(即代表计划义务折现的展开)以及资产上限影响所产生的利息组成。设定受益净负债(资产)的净利息是由报告年度期初所确定的设定受益净负债(资产)乘以报告年度期初确定的折现率计算得出的，并考虑设定受益净负债(资产)在此期间由于提存和福利支出而产生的任何变化。

净利息＝(设定受益义务×折现率)－(计划资产×折现率)

这个折现率就是计算设定受益义务现值时的折现率。因为养老金负债是递延支付的，所以企业以现值为基础记录养老金负债。因此，负债的利息会在职工的服务年限内(随时间的推移)不断滋生，其本质上还是利息费用(负债的利息)。类似地，企业通过计划资产获得收益，即企业假设获得的利息收入等于折现率乘以计划资产。虽然 IASB 认识到计划资产的实际收益可能不低于计算的假定的利息收入，但是他们相信计划资产的收益可以分成两部分，即资金的时间价值和其他价值变化。后面还会提到，计划资产的与资金的时间价值无关的价值变化被作为重新计算计入其他综合收益中。因此，计划资产的增长应该可以反映设定受益义务的增长。换言之，计划资产的基于时间价值假定的利息收入抵销了设定受益义务的利息费用。

【例 8】 假定某公司于 2018 年 10 月 1 日制订了一项设定受益计划，并同时开始实施，内容如下：向公司部分员工提供额外退休金，这些员工在退休后每年可以额外获得 10 万元退休金。员工获得该额外退休金基于其自计划开始日起为公司提供的服务，而且必须为公司服务到退休。假定符合计划条件的员工为 20 人，当前平均年龄为 51 岁，退休年龄为 60 岁(预计这部分员工可为公司平均服务 10 年，退休后的平均计划寿命为 10 年)。假定适用的折现率为 10%，不考虑未来通胀、离职等因素。请列示设定受益计划的计算过程及会计分录。

(1) 计算在退休日的退休金义务的现值。

$P=20\times10\times(P/A,10\%,10)=1\ 228.92$(万元)

设定受益计划的收付形式如图15-2所示。

图15-2　设定受益计划的服务期和支付期

(2) 计算服务期间每期服务成本及设定受益计划义务

服务期间每期服务成本及设定受益计划义务,如表15-8所示。

表15-8　服务期间每期服务成本及设定受益计划义务

年　度	1	2	3	4	5	6	7	8	9	10
简单平均	122.89	122.89	122.89	122.89	122.89	122.89	122.89	122.89	122.89	122.89
期初义务	0	52.12	114.66	189.2	277.49	381.54	503.62	646.31	812.5	1 005.47
当期利息	0	5.12	11.47	18.92	27.75	38.15	50.36	64.63	81.25	100.55
当期成本	52.12	57.33	63.07	69.37	76.3	83.93	92.33	101.56	111.72	122.89
期末义务	52.12	114.66	189.2	277.49	381.54	503.62	646.31	812.5	1 005.47	1 228.92

注:① 第1年当期成本:$122.89\times(P/F,10\%,9)=52.12$,第2年当期成本:$122.89\times(P/F,10\%,8)=57.33$,其余以此类推;② 每年的期末义务=期初义务+当期利息+当期成本,当年期初义务=上年期末义务;③ 当期利息=期初义务×10%;④ 因四舍五入的原因,第10年的期末义务存在尾差。

(3) 根据计算结果,编制相应的会计分录(单位:万元)。

第1年:

借:管理费用(或资产成本)——当期服务成本　　52.12

　贷:应付职工薪酬——设定受益计划义务　　52.12

第2年:

借:管理费用(或资产成本)——当期服务成本　　57.33

　贷:应付职工薪酬——设定受益计划义务　　57.33

借:管理费用(或资产成本)——利息费用　　5.21

　贷:应付职工薪酬——设定受益计划义务　　5.21

第3～10年,会计分录以此类推。

3. 重新计量利得或损失

重新计量设定受益计划净负债或净资产所产生的变动包括下列三部分:

(1) 精算利得或损失,即由于精算假设和经验调整导致之前所计量的设定受益计划义务现值的增加或减少。

精算损失(或利得)容易与过去交易成本混淆,但是区分两者之间的差别非常重要。例如,用于计算退休金的薪金较预期大幅增长会引起与过去服务相关的计划负债增加。这是精算损失而不是过去服务成本,因为它是对根据最终薪金支付退休金福利的现有承诺的重新计量。类似地，高于预期的退休金支付的成本通常被视为精算损失，这是雇主对提供生活成本增加的现有承诺的重新计量。另一方面，为了应对通货膨胀的影响而引入一项新的承诺或增加承诺，在这些承诺以前都不存在的情况下，将会产生过去服务成本，这是因为这些退休金增长事先并未允许在计划负债的估值中考虑。简言之，过去服务成本是源自计划的修改或缩减而产生的新承诺，而精算损失（或利得）是源自对现有承诺的重新计量。

产生精算利得和损失的原因包括：当年发生的实际事项与先前估值中的精算假设不同而产生的经验利得和损失（如出乎意料的较高或较低的员工流动率、提前退休率或死亡率，或者是未预计的过高或过低的薪金、福利或医疗费用的增长率）；前后期间精算假设变更的影响（如未来反映延长的预期寿命而变更假设）；折现率的变化。

（2）计划资产回报，扣除包括在设定受益计划净负债或净资产的利息净额中的金额。

计划资产通常是公司为了赚取合理回报而持有的股票、债券、其他证券、不动产投资等。计划资产是按照公允价值计量的。上文已提及，公司一般通过一个以管理职工福利计划作为唯一目的而设立的独立法律主体（一家养老金基金）持有这些资产。因此，公司自身债权人对养老金基金持有的这些资产是不具有索取权的（即使在公司破产情形下）。雇主缴纳提存金和计划资产的实际回报会增加养老金计划资产。计划资产的实际回报，是指由利息、股利、已实现和未实现的计划资产公允价值的变动而引起的养老金基金资产的增加。向退休职工支付福利会导致计划资产减少。公司可以在计划资产的期末与期初变动额的基础上调整本期缴付的提存金和支付的福利，计算得到本期计划资产的实际回报。

计划资产实际回报＝（计划资产期末余额－计划资产期初余额）－（本期缴存额－本期支付的福利）

例如，甲公司2018年1月1日有设定受益计划资产380万元。2018年12月，甲公司缴付提存金190万元，支付了退休职工福利160万元。2018年12月31日，该计划资产的公允价值为460万元。那么，2018年甲公司设定受益计划资产的实际回报为50万元，计算如下（单位：万元）：

2018年12月31日计划资产		460
2018年1月1日计划资产		(380)
计划资产公允价值增加额		80
减：向计划基金缴付的提存金	190	
加：支付退休职工的福利	160	(30)
计划资产实际回报		50

根据我国企业会计准则的规定，计划资产实际回报中包含的利息收入即按照折现率乘以期初计划资产余额（如期初发生提存金缴付或福利支付应予以调整）之积，作为计划资产的期望回报，计入设定受益计划净负债或资产的净利息，构成服务成本的一部分；而计划资产实际回报扣除其利息收入的剩余部分，则作为计划资产的非期望回报，计入重新计量利得或损失。上例中，如果甲公司的设定受益计划的折现率为10%，计划资产实际回报50万元中38万元（380万元×10%）计入设定受益计划净负债或资产的净利息中，而12万元（50万元－38万元）计入重新计量利得。需要指出的是，如果企业计划基金缴付提存金或支付职工退休福利是发生在年中而非年末，那么，计算计划资产的利息收入不能直接以期初计划资产金额乘以折线率，而应根据时间调整期初计划资产规模。

(3) 资产上限影响的变动,扣除包括在设定受益计划净负债或净资产的利息净额中的金额。

资产上限影响的变动的情形与计划资产回报相似,即资产上限影响的变动中的利息收入即"期望"回报,等于年初资产上限影响乘以(计算设定受益计划义务的)折现率,计入服务成本,包括在设定受益计划净负债或净资产的利息净额中;而资产上限影响的变动中的其他部分,计入重新计量利得。

根据我国企业会计准则,除非其他会计准则要求或允许职工福利成本计入资产成本,上述服务成本和设定受益计划净负债或净资产的利息净额应计入当期损益;重新计量利得或损失应计入其他综合收益,并且在后续会计期间不允许转回至损益,但企业可以在权益范围内转移这些在其他综合收益中确认的金额。

图 15-3 列示了设定受益计划费用(利得或损益)的划分与归类。

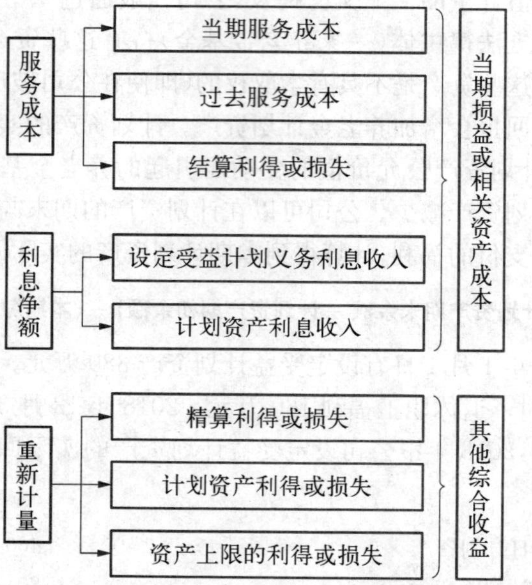

图 15-3 设定受益计划费用(利得或损益)的划分与归类

(五) 设定受益计划工作底稿的运用

企业通常会利用一张工作底稿来记录设定受益计划相关信息。正如名称所提示,工作底稿是一种表格工具。但工作底稿不是一种正式的会计记录,它既不属于日记账,也不属于总分类账的一部分。工作底稿只是使编写分录和编制财务报表更加简单的工具。在现行准则下,设定受益计划是以计划净负债或净资产列示于资产负债表中,在设定受益计划存在拨入资金的情况下,使用工作底稿记录计划义务和计划资产的变动是非常必要的,因为在工作底稿中分别登记设定受益计划负债和计划资产,可以减少差错。

设定受益计划工作底稿如表 15-9 所示,由两部分组成:"总分类账"和"备忘记录"。"总分类账"包括年度养老金费用(在我国计入管理费用等费用或相关资产成本)、银行存款、其他综合收益、设定受益计划资产/负债,均为财务报表项目;"备忘记录"分别为企业的累积设定受益计划义务和设定受益计划资产,两者的差额构成设定受益计划净负债/净资产。

表 15－9　　设定受益计划工作底稿格式

项　目	总　分　类　账				备　忘　记　录	
	年度养老金费用	银行存款	其他综合收益——利得/损失	设定受益计划资产/负债	设定受益计划义务（负债）	设定受益计划资产

下面举例说明如何利用工作底稿登记设定受益计划的相关业务。

【例 9】　假设甲公司 2018 年的设定受益计划的相关资料如下：2018 年 1 月 1 日设定受益计划义务（即负债）为 150 000 元，设定受益计划资产的公允价值为 100 000 元；2018 年度的服务成本为 12 000 元，公司当年缴存提存金 8 000 元，支付退休职工福利 7 200 元；折现率为 10%。

表 15－10　　甲公司 2018 年设定受益计划工作底稿　　单位：元

项　目	总　分　类　账				备　忘　记　录	
	年度养老金费用	银行存款	其他综合收益——利得/损失	设定受益计划资产/负债	设定受益计划义务（负债）	设定受益计划资产
2018 年 1 月 1 日余额				5 000 Cr	150 000 Cr	100 000 Dr
当期服务成本	12 000 Dr				12 000 Cr	
利息费用	15 000 Dr				15 000 Cr	
利息收入	10 000 Cr					10 000 Dr
缴付提存金		8 000 Cr				8 000 Dr
支付福利					7 200 Dr	7 200 Cr
2018 年入账金额	17 000 Dr	8 000 Cr		9 000 Cr*		
2018 年 12 月 31 日余额				59 000 Cr**	184 200 Cr	125 200 Dr

注：Dr、Cr 分别表示借记、贷记相关账户；* 9 000＝17 000－8 000；** 59 000＝184 200－125 200。

如表 15－10 所示，甲公司该设定受益计划属于拨入资金计划，第 1 行列示了设定受益计划净负债 2018 年年初余额 5 000 元、设定受益计划义务 150 000 元、设定受益计划资产 100 000 元，第 2～4 行记录了当期服务成本、设定受益计划义务（负债）产生的利息费用、设定受益计划资产产生的利息收入，第 5～6 行记录了甲公司当年缴付的计划提存金和从设定受益计划资产中支付给退休职工的福利,第7行汇总了2018年各总分类账的年度发生额。2018年甲公司的当期服务成本导致养老金费用增加了17 000元,而公司缴付了8 000元至养老金计划,费用超过缴付提存金,从而使得甲公司设定受益计划负债增加9 000元。2018年,甲公司为该设定受益计划应编制会计分录如下:

借:管理费用等(或资产成本科目) 17 000

贷:银行存款 8 000

应付职工薪酬——设定受益计划义务 9 000

【例10】 续例9,假设甲公司2019年1月1日修改设定受益计划授予职工过去服务的福利为98 000元(现值);2019年当期服务成本为13 000元,公司当年缴存提存金25 000元,支付退休职工福利9 000元;折现率为10%。

表15-11　　甲公司2019年设定受益计划工作底稿　　单位:元

项目	总分类账				备忘记录	
	年度养老金费用	银行存款	其他综合收益——利得/损失	设定受益计划资产/负债	设定受益计划义务(负债)	设定受益计划资产
2018年12月31日余额				59 000 Cr	184 200 Cr	125 200 Dr
额外的过去服务成本	98 000 Dr				98 000 Cr	
2019年1月1日余额					282 200 Cr	
当期服务成本	13 000 Dr				13 000 Cr	
利息费用	28 220 Dr				28 220 Cr	
利息收入	12 520 Cr					12 520 Dr
缴付提存金		25 000 Cr				25 000 Dr
支付福利					9 000 Dr	9 000 Cr
2019年入账金额	126 700 Dr	25 000 Cr		101 700 Cr		
2018年12月31日余额				160 700 Cr	314 420 Cr	153 720 Dr

表15-11记录了2019年甲公司与设定受益计划相关账户的发生额以及设定受益计划义务(负债)、设定受益计划资产的变动。2019年,甲公司应编制设定受益计划的会计分录如下:

借:管理费用等(或资产成本科目) 126 000

贷:银行存款 25 000

应付职工薪酬——设定受益计划义务 101 700

【例11】 续例10,2020年甲公司当年服务成本为14 000元,公司当年缴存提存金20 000元,支付退休职工福利12 000元;折现率为10%;设定受益计划资产的实际回报为

20 000 元；由于精算假设变化导致 2020 年末甲公司的设定受益计划义务变为 360 840 元。

表 15－12　　甲公司 2020 年设定受益计划工作底稿　　单位：元

项　目	总分类账				备忘记录	
	年度养老金费用	银行存款	其他综合收益——利得/损失	设定受益计划资产/负债	设定受益计划义务（负债）	设定受益计划资产
2020 年 1 月 1 日余额				160 700 Cr	314 420 Cr	153 720 Dr
当期服务成本	14 000 Dr				14 000 Cr	
利息费用	31 440 Dr				31 440 Cr	
利息收入	15 372 Cr					15 372 Dr
缴付提存金		20 000 Cr				20 000 Dr
支付福利					12 000 Dr	12 000 Cr
计划资产利得			4 628 Cr			4 628 Dr
计划负债损失			12 980 Dr		12 980 Cr	
2019 年入账金额	30 068 Dr	20 000 Cr	8 352 Dr	18 420 Cr		
2018 年 12 月 31 日余额				179 120 Cr	360 840 Cr	181 720 Dr

由表 15－12 可见，2020 年，甲公司设定受益计划资产的实际回报为 20 000 元，而该设定受益计划资产的利息收入（即期望回报）为 15 372 元，利息收入计入养老金费用，而非预期收入即设定受益计划资产的利得或损失，等于设定受益计划资产的实际回报与利息收入的差额 4 628 元计入其他综合收益。同时，由于精算假设的变化导致 2020 年末甲公司承担的设定受益计划义务变为 360 840 元，比变化前增加了 12 980 元，也计入其他综合收益。2020 年，甲公司应编制会计分录如下：

借：管理费用等（或资产成本科目）　　30 068
　　其他综合收益——设定受益计划损益　　8 352
　贷：银行存款　　20 000
　　　应付职工薪酬——设定受益计划义务　　18 420

四、设定受益计划的信息披露

与设定提存计划相比，设定受益计划更加复杂，对于企业而言具有更大的不确定性，企业承担了较多的中长期风险。例如，在计量设定受益计划义务和服务成本时运用了精算假设和会计估计，其最终计量金额受到许多变数的影响，如最终薪资水平、职工离职率与死亡率、医疗成本趋势以及通货膨胀率等，这些不确定性将导致企业承担投资风险与精算风险。因此，出于保护投资者利益的考虑，准则对设定受益计划的信息披露要求更为严格，该披露应当具有有用性和可理解性，并能使报表使用者充分了解设定受益计划形成的资产和负债对企业财务报表整体构成的财务影响。

首先,企业应当如实披露设定受益计划的特征及其相关风险。例如,企业提供的福利计划的性质和计划条款包含的经济含义;描述企业在该计划中承担的义务,是否有特定的福利计算公式或依据,以及企业因实施该计划是否产生重大或特有的风险敞口等。其次,解释设定受益计划在财务报表中的确认金额及其变动。这一项与其他会计科目的要求一致。最后,企业应当针对设定受益计划的特殊性,在附注中披露该计划对企业未来现金流量金额、时间和不确定性的影响,以及设定受益计划义务现值所依赖的重大精算假设及有关敏感性分析的结果等内容。使用统计假设和财务假设对计划义务进行估值时会产生较大的不确定性,因此,对于企业精算假设过程的披露至关重要。以通货膨胀率为例,企业不但要披露计量过程中采用的预估未来通胀率的大小,还应披露预估的未来通胀率每增加一个百分点将对企业产生多少经济影响。披露以上的会计信息,一方面可以使报表使用者对企业所承担的义务和提存的准备金额有清晰直观的认识,另一方面也便于报表使用者通过核查企业采用的精算假设条件对其财务数据的真实性和可靠性做出评价。

思考题

1. 试分析委托人、受托人、账户管理人、基金托管人、投资管理人在企业年金基金运营过程中的作用及其相互之间的关系。

2. 企业年金基金在会计核算中的会计主体是什么?该会计主体编制的财务报表的内容和格式与一般工商企业有何不同?

3. 试分析为何相关监管机构要对企业年金基金的投资渠道进行严格的规定。

4. 企业年金基金在投资运营过程中如何确认和计量取得的金融产品?收入和费用主要包括哪些内容?收益如何核算?

5. 试分析设定受益计划与设定提存计划的联系与区别。

6. 设定受益计划形成的职工薪酬成本中的服务成本和设定受益计划净负债(或净资产)净利息计入当期损益(或相关产品成本),而重新计量损益计入其他综合收益,这样处理的理论依据是什么?

阅读材料

1. 财政部:《企业会计准则第 10 号——企业年金基金》,2006 年。

2. 财政部:《企业会计准则第 9 号——职工薪酬》,2014 年。

3. 财政部:《企业会计准则讲解》,2010 年。

4. 中国证券业协会:《证券投资基金会计核算业务指引——中证协发〔2007〕56 号》,2007 年。

5. 中华人民共和国劳动和社会保障部、中国银行业监督管理委员会、中国证券监督管理委员会、中国保险监督管理委员会:《企业年金基金管理试行办法》,2004 年。

6. 中华人民共和国劳动和社会保障部:《企业年金试行办法》,2004 年。

7. 中华人民共和国发展和改革委员会网站,http: //www. sdpc. gov. cn。

8. 财政部、国家税务总局:《财政部、国家税务总局关于完善城镇社会保障体系试点中有关所得税政策问题的通知》(财税〔2001〕9 号),2001 年。

9. 国务院:《国务院关于印发完善城镇社会保障体系试点方案的通知》(国发〔2000〕42 号),2000 年。

10. 财政部:《财政部关于企业新旧财务制度衔接有关问题的通知》(财企〔2008〕34 号),2008 年。

练习题

练习一

一、目的：练习企业年金基金综合业务相关会计分录的编制。

二、资料：2018 年 1 月 15 日，武川公司设立企业年金计划，并委托投资管理人管理。该公司按年金计划向企业和员工收取年金缴费，合计 2 000 000 元。2018 年 3 月 1 日，投资管理人用企业年金以交易为目的购买万安公司股票 100 000 股，每股价格 10.6 元(含已宣布但尚未发放的现金股利 0.60 元)，同时支付相关税费 10 000 元。4 月 26 日，收到万安公司发放的现金股利。5 月 30 日，万安公司股票价格涨到每股 13 元。7 月 17 日，投资管理人以每股 15 元将股票全部售出。2018 年，该年金基金每月缴存基金 60 000 元，截至 12 月 31 日共有 600 000 元到账。年末，根据合同计提投资管理费 12 000 元；决定向受益人支付年金待遇，总额 300 000 元。12 月 31 日，将各项收入、费用同时转入企业年金基金净资产账户。

三、要求：根据上述内容，为该企业年金基金编制相应的会计分录。

练习二

一、目的：练习企业年金基金投资运营相关会计分录的编制。

二、资料：2018 年 3 月 1 日，某企业年金基金通过证券交易所购入分期付息、到期一次还本国债 6 000 张，每张债券面值为 100 元，成交金额 700 000 元(含已到付息期但尚未领取的利息 50 000 元)，另发生手续费、佣金等相关税费 2 000 元。票面年利率 5.65%，每日计息。

三、要求：根据上述内容，为该企业年金基金编制相应的会计分录。

练习三

一、目的：练习企业年金基金投资运营相关会计分录的编制。

二、资料：2018 年 6 月 1 日，东方企业年金基金通过证券交易所以 20.3 元的价格购买科敏公司股票 50 000 股(其中每股含已经宣告但尚未发放的现金股利 0.3 元)，成交金额 1 015 000 元，另发生券商佣金、印花税等 2 000 元。

2018 年 6 月 5 日，东方企业年金基金收到购买科敏公司股票时已宣告的现金股利，该上市公司发放现金股利每股 0.3 元，合计 15 000 元。

2018 年 6 月 30 日，东方企业年金基金持有的科敏公司股票，证券交易所收盘价为每股 21 元。东方企业年金基金需要对投资资产进行估值，并编制半年度报表。

2018 年 7 月 10 日，该企业年金基金出售科敏公司股票 40 000 股，每股市价 23 元，成交总额为 920 000 元，另发生券商佣金、印花税等 1 800 元。

三、要求：根据上述内容，编制相应的会计分录。

练习四

一、目的：练习企业年金基金投资运营和净收益结转相关会计分录的编制。

二、资料：2019 年 4 月 1 日，明月公司委托投资管理人用企业年金以交易为目的购买红枫公司股票 50 000 股，每股 10 元，手续费 1.5‰；以交易为目的购买蓝桉股票投资基金 200 000 份，每份 3 元，手续费 1.5‰；以交易为目的按面值购入信用等级在投资级以上、2019 年 1 月 1 日发行的 3 年期按年付息的黑松公司债券，面值为 100 元，5 000 张，共计 50 万元，利率 8%，手续费 1.5‰。

2019 年 4 月 30 日，收到红枫公司 2018 年现金股利，每股分配现金股利为 0.5 元，该股利到达托管账户。

2019 年 6 月 1 日为估值日，红枫公司平均每股价格为 13.2 元，蓝桉股票投资基金每份平均价格为 3.5 元，黑松公司债券市场平均交易价格为 98 元。

2019年12月30日,确认黑松公司债券利息收入,并到达托管账户,金额为40 000元。

2019年12月30日,红枫公司宣告分派2019年度现金股利,每股分配现金股利0.3元(所分配股利假设均为2019年经营所得),并到达托管账户。

2019年12月31日,投资管理人以13.5元/股的价格在证券市场上卖出所持有的红枫公司股票,以每张105元的价格售出黑松公司债券,实际利率与票面利率相同,不考虑相关税费。

2019年12月31日,将各项收入、费用同时转入企业年金基金净资产账户。

三、要求:根据上述内容,编制相应的会计分录。

练习五

一、目的:练习设定受益计划义务、服务成本的计算和会计处理。

二、资料:甲公司在2018年1月1日设立了一项设定受益计划,并于当日开始实施。该设定受益计划的具体规定如下:

(1) 甲企业向所有管理人员提供统筹外补充退休金,这些职工在退休后每年可以额外获得10万元退休金,直至去世。

(2) 职工获得该额外退休金基于自该计划开始日期为公司提供的服务,而且应当自该设定受益计划开始日期起一直为公司服务至退休。为简化核算,假定符合计划的职工为200人,当前平均年龄为45岁,退休年龄为65岁,还可以为公司服务20年。假定在退休前无人离职,退休后平均剩余寿命为10年,适用的折现率为10%,并且假定不考虑未来通货膨胀影响等其他因素(已知期限为10年、利率为10%的年金现值系数为6.144 6)。

三、要求:

(1) 计算设定受益计划义务及其现值,直接将相关金额填入表15-13(无须列示计算过程)。

表15-13 设定受益计划义务及其现值计算表 单位:元

	退休后第1年	退休后第2年	退休后第3年	……	退休后第9年	退休后第10年
(1) 当年支付				……		
(2) 折现率				……		
(3) 复利现值系数				……		
(4) 退休时点现值 =(1)×(3)				……		
(5) 退休时点现值合计		——	——	——	——	——

(2) 计算职工服务期间每期服务成本,将相关金额填入表15-14(无须列示计算过程)。

表15-14 职工服务期间每期服务成本计算表 单位:元

年度	2018年	2019年	2020年	……	2033年	2037年
福利归属于						
——以前年度				……		
——当年				……		
——以前年度+当年				……		

续 表

年　　度	2018 年	2019 年	2020 年	……	2033 年	2037 年
期初义务				……		
利率为 10%的利息				……		
当期服务成本				……		
期末义务				……		

注：① 期初义务是归属于以前年度的设定受益义务的现值。
② 当期服务成本是归属于当年的设定受益义务的现值。
③ 期末义务是归属于当年和以前年度的设定受益义务的现值。

(3) 编制 2018 年和 2019 年有关会计分录。

(答案中的金额单位用万元表示，计算结果保留两位小数)

练习六

一、目的：练习设定受益计划工作底稿的运用。

二、资料：甲公司提供了以下有关 2018 年度设定受益计划的相关信息(单位：元)：

当期服务成本	110 000
过去服务成本	25 000
向计划缴付提存金	65 000
计划资产的实际回报	60 000
支付福利	45 000
2018 年 1 月 1 日计划资产	680 000
2018 年 1 月 1 日累积设定受益计划义务	890 000
2018 年发生精算损失	78 000
折现率	10%

三、要求：

(1) 计算甲公司 2018 年设定受益计划费用；

(2) 采用设定受益计划工作底稿登记甲公司 2018 年的设定受益计划相关业务。

案例分析题

联想集团实施企业年金计划

一、联想集团有限公司实施企业年金的背景

联想集团有限公司(以下简称联想)实施企业年金是由于内外各方面因素共同作用的结果。首先，实施企业年金是联想的国际化战略的需要。联想通过收购 IBM 的 PC 部门一跃成为全球性 PC 领导企业之后，国内外员工退休保障的巨大差异，让联想的管理层意识到了中国员工养老问题的重要性和紧迫性。在欧美、日本、中国香港等地，员工都有配套的补充养老机制，如中国香港的强积金计划，而中国内地员工的补充养老却是一片空白。

其次，现有的社会保障无法满足联想退休员工的生活水平需求。在建立企业年金之前，联想已经为员工建立了优厚的福利保障制度，但是一直以来联想员工退休前后的收入差距问题没有得到解决——员工在职期间收入越高，退休后的生活落差将越大。

再次，联想保留和吸引员工的需要。联想成功的关键是人才。联想之所以能够一步一步走到今天，正是因为联想一直都注重对优秀人才的发现和保留,注重激发员工的工作积极性。联想企业年金的建立有利于激发内部员工的工作积极性,吸引外界优秀人才加盟,为公司的长远发展提供坚实的保障。

最后,国家对企业年金法律、法规体系的完善,为联想解决薪酬结构性问题提供了思路。《企业年金试行办法》的颁布,为联想探索补充养老方式提供了思路和解决方案。

2005 年 6 月,联想的企业年金计划在内部正式立项,经确立方案,并通过甄选供应商、员工沟通等途径实施高效有序的推进,2006 年 4 月通过劳动和社会保障部年金方案备案,同年 6 月又通过了基金合同报备。至此,联想的企业年金计划成为《企业年金试行办法》颁布之后,劳动和社会保障部全国第 0001 号备案的企业年金计划。

正是在这些相关政策的指导下,联想的企业年金计划才得以如此顺利地进行。可以说,联想企业年金计划的实施是联想国际化人力资源战略的一个重要组成部分,不仅对保留和激励现有员工将起到巨大的作用,而且对吸引外界的优秀人才加盟,尤其是国际化人才的加盟,都将起到重要的作用。

二、联想企业年金计划的主要内容

1. 运作机制。联想依据年金管理的相关政策法规,本着公平、公正、公开的原则,对获得企业年金资格的专业服务机构进行了公开招标。最终,平安养老保险公司成为联想企业年金计划的受托人,招商银行成为联想企业年金计划的账户管理人和基金托管人,嘉实基金成为联想企业年金计划的投资管理人。

2. 缴费方式。联想的企业年金计划属于缴费确定型计划(DC),公司与员工共同缴费。企业缴费部分按国家规定从公司福利费中列支,员工以个人定级工资为缴费基数,税后缴纳;企业缴费每年不超过本企业上年度职工工资总额的 1/12,企业和职工个人缴费合计不超过本企业上年度职工工资总额的 1/6。公司缴费比例与公司上年度的经营业绩挂钩。联想集团所有符合加入资格的正式员工均可自愿加入。对工龄超过 3 年以上的员工,联想还在计划启动当期为其启动了一次性特别缴费,以奖励他们对联想的历史贡献。

3. 投资策略。联想年金的投资策略主要是以员工自愿为原则,具有安全性、稳定性和收益性的特点。也就是说,要在保证年金基金安全的前提下,保证年金基金运作的稳定性和收益性。因此,在投资品种上,根据我国政府对年金投资的严格限量监管模式,进行差异化的投资比例限制,并为不同风险偏好和收益追求的员工设计了两种不同风险与收益的组合以供选择:保本组合和稳定增长组合。由公司来设计具体投资组合,员工可以根据自己的风险偏好自由选择,最大化满足了不同员工的需求和风险承受能力。

4. 收益测算。在实行企业年金计划之后,联想员工退休后收入将达到退休前 3 年平均工资的 60%~70%,即替代率为 60%~70%。例如,假如一个员工在退休之前他的平均工资为 6 000 元/月,如果未加入联想年金计划,他每个月能得到的养老金可能只有 1 320 元(22%的替代率)。但是,如果他加入联想年金计划,他退休之后预计每个月大约可以拿到 3 960 元/月(66%的替代率);这个替代率水平已经达到国际上公认的比较令人满意的水平。一般来说,替代率达到 60%以上才能保证退休前的生活水平不下降。(注:以上数据仅仅是预期估计测算,不代表真实达到的水平。)

资料来源:中国养老金网,http://www.cnpension.net。

[要求]

根据上述资料,回答以下问题:

(1) 对于员工来说,参加企业年金计划的收益是什么,成本是什么?在什么情况下,参加企业年金计划的员工是获益的?

(2) 如何保证企业年金计划实施过程中的安全性、稳定性与收益性?

(3) 与企业股权激励制度相比,企业年金计划在保障员工长远利益、实现企业价值最大化等方面存在什么样的差别?

(4) 您有什么好的建议来进一步改进这项企业年金计划?

第十六章

债务重组、企业重整与破产清算

学习提要

债务企业若无法从内部解决其财务困难问题，则可以通过与债权人直接协商而获得救济，即债务重组或企业重整，也可以向人民法院提出自愿性破产申请，或者由债权人向人民法院提出强制性破产申请，即进入破产清算程序。

《企业会计准则第 12 号——债务重组》将债务重组定义为债权人按照其与债务人达成的协议或法院的裁决同意债务人修改债务条件的事项，具体包括：(1) 转移现金等资产以清偿债务；(2) 发行权益证券以清偿债务；(3) 修改其他债务条件等。从理论上说，债务重组对债权人和债务人均可能会产生损益。

企业重组有三层含义：一是一家企业或企业集团财务结构发生重大变化，从而使股东和债权人的利益有所变更；二是管理层的调整或变动；三是经营方针或生产方法或交易方法的重大变动。对财务困难的企业而言，企业重组与《企业破产法》中的重整概念相似。重整会计的一个重要问题是重整后的企业是否应重新建立新的计价基础，即是保留原有的账面价值基础，还是重新确定重整企业的价值，并在账面上加以调整。这取决于重整后的企业是否实质上符合新设会计的条件。

企业因经营管理不善造成严重亏损，不能清偿到期债务的，依法宣告破产。管理人将接管破产企业的财产，其会计处理主要涉及结转期初余额、处理破产财产、支付破产费用、转让土地使用权、支付职工费用、清偿债务、结转清算损益，主要编制清算资产负债表、清算财产表、清算损益表和债务清偿表等。

在竞争激烈的市场经济条件下，有些企业可能陷入财务困难的境地，其中，一些企业可以通过改变企业内部经营及政策从而摆脱财务困境，而有些企业则存在更严重的财务问题，被迫寻求其他补救办法。通常，这些补救办法主要包括与债权人直接协议进行债务重组、企业重整，或进入破产清算程序。

当一家企业无力偿付到期债务，或者其负债总额超过其资产的公允价值时，此企业被视为无偿债能力。《中华人民共和国企业破产法》(以下简称《企业破产法》)第 7 条规定：“债务人不能清偿到期债务，债权人可以向人民法院提出对债务人进行重整或者破产清算的申请。”由此可见，重整或破产的标志是丧失清偿能力，然而不是指资金周转不灵而暂时延期支付。然而在有些国家，破产的标志是资不抵债，即债务企业的负债总额超过其资产公允价值,这也称为破产的无偿债能力(bankruptcy insolvency),而将债务企业在其负债到期时无力偿债称为周转不灵的无偿债能力(equity insolvency)。属于周转不灵的无偿债能力公司,可以与债权人协议以避免破产程序,这就是债务重组;属于破产的无偿债能力公司,通常在法院指定的管理人的监督下进行重整或破产清算。

1986 年全国人大颁布的《中华人民共和国企业破产法(试行)》仅适用于全民所有制企业,非全民所有制企业法人破产偿债程序执行《民事诉讼法》,以后有关法律在不断完善之中。1993 年全国人大颁布的《中华人民共和国公司法》第八章规定了公司的破产、解散和清算,1997 年财政部发布的《国有企业试行破产有关会计处理问题暂行规定》对国有企业试行破产的会计处理做了规定。2006 年 8 月,《中华人民共和国企业破产法》由中华人民共和国第十届全国人民代表大会常务委员会第二十三次会议通过,自 2007 年 6 月 1 日起施行。针对《企业破产法》在执行过程中出现的新问题和新情况,最高人民法院分别于 2011 年 8 月和 2013 年 9 月发布了《最高人民法院关于适用〈中华人民共和国企业破产法〉若干问题的规定》(一)和(二)。

本章讨论企业在发生财务困难时的债务重组、企业重整和破产清算。

第一节 债务重组

为规范债务重组业务的会计处理,1998 年财政部第一次颁布了《债务重组》会计准则,2001 年又根据需要对该准则做出了重大修改。为适应与国际财务报告准则趋同的需要,2006 年 2 月,财政部颁布了《企业会计准则第 12 号——债务重组》。本节讨论债务重组的概念、债务人和债权人的会计处理。

一、债务重组的概念及方式

《企业会计准则第 12 号——债务重组》第 2 条指出,债务重组是指“在债务人发生财务困难的情况下,债权人按照其与债务人达成的协议或法院的裁定做出让步的事项”。其中,“让步”指债权人同意发生财务困难的债务人现在或将来以低于重组债务账面价值的金额偿还债务。例如,债务人欠债权人 10 万元,现因发生财务困难,经协商,债权人同意债务人支付 8 万元结清该项债务,在这里债权人对债务人做出了 2 万元的让步。因此,从概念上说,《企业会计准则第 12 号——债务重组》并不规范债权人不做让步的债务重组。

债务重组可以发生在企业正常的生产经营过程中,也可以发生在债务人处于破产清算状态或企业发生重大重组之时。值得注意的是,财政部颁布的《企业会计准则第 12 号——债务重组》主要涉及持续经营条件下的债务重组业务。处于破产清算状态或企业重大改组时发生的债务重组,主要在财政部 1997 年 7 月颁布的《国有企业试行破产有关会计处理问题暂行规定》和其他规定中涉及。本节主要讨论持续经营条件下债务重组的会计处理。

债务重组有以下几种方式:

(1) 以低于债务账面价值的现金清偿债务;

(2) 以非现金资产清偿债务,比如以存货、短期投资、固定资产、长期投资、无形资产等清偿债务;

（3）以权益证券清偿债务，即将债务转为资本，从债权人看，债权变为股权；

（4）修改其他债务条件，如降低债务利率、延长债务偿还期限、降低债务本金或利息等；

（5）以上两种或两种以上方式的组合，简称“混合重组方式”。

不论是债务人的债务重组，还是债权人的债权重组，均称为债务重组。以下分债务人和债权人两个方面说明。

二、债务人的会计处理

按照传统会计理论，债务企业与其债权人的交易（包括债务清偿）所产生的损益应当计入当期损益，当债务人以低于债务账面价值的资产全额清偿债务时，所发生的差额应当计入当期利润。例如，某企业欠债权人 10 000 元，现债权人同意以 9 000 元结清该债务，那么少付的 1 000 元应当计入债务企业当期的利润。

在企业以非现金资产清偿债务时，该债务账面价值超过其所转移资产公允价值的部分，确认为债务重组利得。所转移资产的账面价值与其公允价值若有差额，应确认为资产处置损益。由于两者性质的差异，债务重整损益和资产处置损益应当单独在利润表中列示，以供报表使用者分析利润的构成和性质。

债务人以发行权益证券的方式清偿债务的，权益证券的公允价值低于债务账面价值的差额，应当确认为债务重组利得。

在修改其他债务条件时，若未来付款额的现值低于债务的账面价值，差额应确认为债务重组利得；若未来付款额的现值大于债务的账面价值，则不做会计处理，但需重新计算实际利率。

我国债务重组中有关债务人的会计处理一直处于变化过程中，1998 年财政部颁布的《债务重组》会计准则基本上体现了上述理论要求，但是，由于当时我国一些企业存在比较严重的关联交易，公允价值较难确定，以及一些上市公司利用债务重组操纵利润，2001 年修改后的有关准则几乎排斥了确认债务重组利得，但允许确认债务重组损失，同时也排斥了公允价值的应用。2006 年颁布的《企业会计准则第 12 号——债务重组》则体现了国际趋同的思想，又恢复至 1998 年《债务重组》会计准则，具体规定如下：

（1）以现金清偿债务的，债务人应将重组债务的账面价值与实际支付现金之间的差额，计入当期损益。

（2）以非现金资产清偿债务的，债务人应将重组债务的账面价值与转让的非现金资产公允价值之间的差额，计入当期损益。转让的非现金资产公允价值与其账面价值之间的差额，计入当期损益。

（3）以债务转为资本清偿债务的，债务人应将债权人放弃债权而享有股份的面值总额确认为股本（或实收资本），股份的公允价值总额与股本（或实收资本）之间的差额确认为资本公积。重组债务的账面价值与股份的公允价值总额之间的差额，计入当期损益。

（4）以修改其他债务条件进行债务重组的，债务人应将修改其他债务条件后债务的公允价值作为重组后债务的入账价值。重组债务的账面价值与重组后债务的入账价值之间的差额，计入当期损益。

修改后的债务条款如涉及或有应付金额，且该或有应付金额符合有关预计负债确认条件的，债务人应将该或有应付金额确认为预计负债。重组债务的账面价值与重组后债务的入账价值和预计负债金额之和的差额，计入当期损益。

(5) 以混合重组方式进行债务重组的，债务人应分别按以下情况处理：

① 以现金、非现金资产方式的组合清偿某项债务的，债务人应先以支付的现金冲减重组债务的账面价值，再按以非现金资产清偿债务的规定予以处理。

② 以现金、非现金资产、债务转为资本方式的组合清偿某项债务的，债务人应先以支付的现金、非现金资产的公允价值冲减重组债务的账面价值，再按以债务转为资本清偿债务的方式进行处理。

③ 以现金、非现金资产、债务转为资本方式的组合清偿某项债务的一部分，并对该债务的另一部分以修改其他债务条件进行债务重组的，债务人应先以支付的现金、非现金资产的公允价值、债权人享有股份的公允价值冲减重组债务的账面价值，再按以修改其他债务条件的方式进行处理。

债务转为资本时，债务人可能会发生一些税费，如印花税等。通常这些费用应在发生时，计入当期损益。

债务人应当披露下列与债务重组有关的信息：① 债务重组方式；② 确认的债务重组利得总额；③ 将债务转为资本所导致的股本(或实收资本)增加额；④ 或有应付金额；⑤ 债务重组中转让的非现金资产的公允价值、由债务转成股份的公允价值和修改其他债务条件后债务的公允价值的确定方法及依据。

三、债权人的会计处理

债权人与债务企业的交易所产生的损益，从会计理论上说，也应当计入当期损益。例如，债权人借款给债务企业10 000元，在以后收回11 000元，其中10 000元是本金，1 000元则是利息收入；若在以后仅收回9 000元，则少收的1 000元为损失。关于债权人对债务重组的会计处理，财政部颁布的《企业会计准则第12号——债务重组》基本上体现了这一理论要求，具体规定如下：

(1) 以现金清偿债务的，债权人应将重组债权的账面价值与收到的现金之间的差额，确认为当期损益。

(2) 以非现金资产清偿债务的，债权人应对受让的非现金资产按其公允价值入账，重组债权的账面价值与受让的非现金资产的公允价值之间的差额，计入当期损益。

(3) 以债务转为资本清偿债务的，债权人应将享有股份的公允价值确认为对债务人的投资，重组债权的账面余额与股份的公允价值之间的差额，计入当期损益。

(4) 以修改其他债务条件进行债务重组的，债权人应将修改其他债务条件后的债权的公允价值作为重组后债权的账面价值，重组债权的账面余额与重组后债权的账面价值之间的差额，计入当期损益。

修改后的债务条款涉及或有应收金额的，债权人不应确认或有应收金额，不得将其计入重组后债权的账面价值。

(5) 以混合重组方式进行债务重组的，债权人应依次以收到的现金、接受的非现金资产公允价值、债权人享有股份的公允价值冲减重组债权的账面余额，再按修改其他债务条件的规定处理。

债权人应当披露下列与债务重组有关的信息：① 债务重组方式；② 确认的债务重组损

失总额；③ 债权转为股份所导致的长期投资增加额及长期投资占债务人股权的比例；④ 或有收益。

需要注意的是，无论是债权人还是债务人，债务重组业务应当在重组日确认。

所谓“债务重组日”，也称债务重组完成日，即债务人履行协议或法院裁定，将相关资产转让给债权人、将债务转为资本或修改后的偿债条件开始执行的日期。在实务中，应视债务重组的实际情况确定债务重组日，具体包括以下各种情况：

(1) 以现金资产进行债务重组的，以款项到账日为债务重组日；

(2) 以存货进行债务重组的，通常以开具发票日为债务重组日；

(3) 以房产进行债务重组的，通常以房产过户手续办妥日为债务重组日；

(4) 以无形资产进行债务重组的，通常以法律交接手续办妥日为债务重组日；

(5) 以债转股方式进行债务重组的，通常以增资手续办妥日为债务重组日；

(6) 以修改债务条件方式进行债务重组的，以新的偿债条件正式执行日为债务重组日；

(7) 以混合清偿方式进行债务重组的，以最终解除债务手续日为债务重组日。

四、债务重组业务举例

以上论述了债务人和债权人对债务重组会计处理的基本原理及我国有关会计准则的规定，以下举例说明债务人和债权人的具体会计处理。

【例 1】 假定宏达公司发生财务困难，2017 年 12 月 31 日的资产负债表如表 16－1 所示。

表 16－1　　**资产负债表**

编制单位：宏达公司　　2017 年 12 月 31 日　　单位：元

项　目	账面价值
货币资金	5 000
应收账款	28 000
减：坏账准备	(3 000)
应收账款净额	25 000
存　货	60 000
固定资产——厂房及设备(净)	360 000
资产合计	450 000
应付账款	72 500
应付票据(2017 年 12 月到期，利率 8%)	50 000
其他利息——应付票据利息	4 000
长期借款(2019 年 1 月 1 日到期，利率 10%)	100 000
应付利息——应付长期借款利息	5 000
股本，面值 1 元	100 000
资本公积	80 000

续 表

项 目	账面价值
盈余公积	20 000
未分配利润	18 500
负债和所有者权益合计	450 000

(一) 转移资产以清偿债务

2018 年 1 月初,宏达公司与其供应商之一的大华公司达成债务重组协议,支付 3 000 元银行存款,全额结清所欠的 3 500 元应付账款。债务企业宏达公司应编制会计分录如下:

借:应付账款　　3 500
　贷:银行存款　　3 000
　　营业外收入——债务重组利得　　500

该项债务在债权企业大华公司的账上已提取 350 元坏账准备,故大华公司应编制会计分录如下:

借:银行存款　　3 000
　坏账准备　　350
　营业外支出——债务重组损失　　150
　贷:应收账款　　3 500

需要注意的是,该项债权的账面价值指应收账款减去相关坏账准备后的余额。同样,固定资产的账面价值也应当指原始成本减去累计折旧及减值准备后的净值。

此外,宏达公司还与另一供应商申华公司达成了债务重组协议,申华公司同意宏达公司以账面价值 25 000 元的存货清偿所欠的 42 000 元应付账款。该批产品的不含税售价为 32 000 元,增值税税率为 17%。申华公司对 42 000 元应收账款提取了 2 100 元的坏账准备。这项债务重组业务因涉及存货和增值税,应视同存货销售。分别分析两家企业的损益如下:

宏达公司:	
重组债务的账面价值	42 000
减:所转让存货的公允价值	32 000
增值税销项税额(32 000×17%)	5 440
计入当期损益	4 560

根据这一计算结果,宏达公司应编制会计分录如下:

借:应付账款　　42 000
　贷:营业收入　　32 000
　　应交税费——应交增值税(销项税额)　　5 440
　　营业外收入——债务重组利得　　4 560
借:营业成本　　25 000
　贷:库存商品　　25 000

债务重组所获得的债权人对债务人的让步,属于非正常收益,因此,在营业外收入反映,而存货账面价值与公允价值的差额则通过成本结转体现在营业利润中，属于正常经营活动的收益。

如果非现金资产为固定资产或无形资产的，则视同固定资产或无形资产处置，账面价值与公允价值的差额确认为营业外收支；如果非现金资产为股权或债权投资的，该投资的公允价值与账面价值的差额，并扣除直接相关费用后的余额，计入投资损益。

申华公司相应的会计分录则为：

借：库存商品	32 000	
应交税费——应交增值税（进项税额）	5 440	
坏账准备	2 100	
营业外支出——债务重组损失	2 460	
贷：应收账款		42 000

（二）发行权益证券以清偿债务

发行权益证券以清偿债务，对债务人而言即债务转资本，对债权人而言即债权转股权。以债务转为资本用于清偿债务，公司组织的企业在法律上有一定的限制。例如，我国《公司法》规定，公司发行新股必须具备一定的条件。因此，公司只有在满足法律规定条件的情况下，才能采用将债务转为资本的方式进行债务重组。

【例 2】　假定在本例中经批准允许宏达公司增发股份以清偿债务，经与票据持有人中华公司协商，允诺进行债务重组。宏达公司发出 20 000 股股份（公允价值 50 000 元）给中华公司，以偿还全部的应付票据及应付利息。该应付票据面值为 50 000 元，利率为 8%，1 年到期。债务重组双方分别用银行存款支付交易费用 200 元。

对上述债务重组业务，宏达公司应编制会计分录如下：

借：应付票据	50 000	
应付利息	4 000	
贷：股本		20 000
资本公积——资本溢价		30 000
营业外收入——债务重组利得		4 000
借：管理费用	200	
贷：银行存款		200

债权人中华公司应编制会计分录如下：

借：长期股权投资	50 200	
营业外支出——债务重组利得	4 000	
贷：应收票据		50 000
应收利息		4 000
银行存款		200

（三）修改其他债务条件

修改其他债务条件，通常指延长债务偿还期限、延长债务偿还期限并加收利息、延长债务偿还期限并减少债务本金或债务利息等。其中，延长债务偿还期限并减少债务本金或债务利息，既包括在重组日债权人豁免债务人的债务本金或债务利息，也包括重组日之后债权人豁免债务人的债务本金或债务利息。

【例3】 续用例1,光华银行是宏达公司长期借款的债权人,同意修改债务条件：长期借款的本金在2021年1月1日归还,即延长2年,并减少至80 000元;豁免2017年12月31日所欠的债务应计利息5 000元;自2018年1月1日起,利率降至6%,每年付息一次。假定银行没有对该项贷款计提贷款呆账准备,市场利率为10%。宏达公司在修改债务条件后,债务的公允价值可计算如下：

本金的现值=本金×3年期的现值系数=80 000×0.751 3=60 104(元)

利息的现值=利息×3年期的年金现值系数=80 000×6%×2.486 9=11 937(元)

重组后债务的公允价值=60 104+11 937=72 041(元)

此数小于该项债务本息和105 000元,宏达公司应编制如下会计分录,以反映债务重组及产生的损益：

借：长期借款	100 000	
应付利息	5 000	
贷：长期借款——重组债务		72 041
营业外收入——债务重组利得		32 959

2018年年末,宏达公司按10%的市场利率确认利息费用,但应付利息按照双方约定的利率6%确认,差额调整"长期借款——重组债务"账户,会计分录为：

借：利息费用(72 041×10%)	7 204	
贷：应付利息		4 800
长期借款——重组债务		2 404

这笔会计分录的原理与应付债券的折价摊销相同。经过上述分录,"长期借款——重组债务"账户的余额将增加到74 445元(72 041+2 404),2019年和2020年年末宏达公司确认利息费用的分录如下：

	2019年	2020年
借：利息费用	7 445(74 445×10%)	7 709(77 090×10%)
贷：应付利息	4 800	4 800
长期借款——重组债务	2 645	2 909

2020年年末,宏达公司"长期借款——重组债务"账户的余额为80 000元(尾差不计),正好是2021年1月1日宏达公司支付给光华银行的约定本金数。

光华银行2018年计算债务重组损失以及此后各年年末确认利息收入的有关分录如下：

借：长期贷款——重组债权	72 041	
营业外支出——债务重组损失	32 959	
贷：长期贷款		100 000
应收利息		5 000

	2018年		2019年		2020年	
借：应收利息	4 800		4 800		4 800	
长期贷款——重组债权	2 404		2 645		2 909	
贷：利息收入		7 204		7 445		7 709

若债权人已提取贷款呆账准备,则本金和利息的现值可能会大于重组债权的账面价值,

这时债权人就不需要确认债务重组损失，但需要重新计算有效利率，以确认以后各期的实际利息收入。

第二节　企业重整

一、企业重整的概念

企业重整（reorganization），也称为企业重组。我国有关法规对重整或重组尚无明确的定义。美国颇有影响的《柯勒会计师词典》对此有三种解释：一是一家企业或企业集团的财务结构发生重大变化，从而使股东和债权人的利益有所变更；二是管理层的调整或变动；三是经营方针或生产方法或交易方法的重大变动。对照上述解释，企业收购兼并，国有企业改制为股份有限公司，原集体所有制的乡镇企业改制为经营者控股经营的民营企业，企业因经营管理不善导致更换大股东和管理层等，均属于企业重整行为。重组既可能发生在经营良好的转制企业，如许多国有企业改制为股份有限公司；也可能发生在经营管理不善的财务困难企业，如发生在2000年的国内著名的郑百文重组，以及其他一些ST公司的重组，但困难企业的重组按照我国《企业破产法》的规定，应该称为重整。企业重组，不仅可能导致大股东的换手、高层管理人员的更迭，还可能包含债务重组和大规模的资产置换。本节仅讨论财务困难企业的重组（即重整）以及会计处理。

二、《企业破产法》中的重整

我国《企业破产法》在第八章“重整”中规定：“债务人或者债权人可以依照本法规定，直接向人民法院申请对债务人进行重整。债权人申请对债务人进行破产清算的，在人民法院受理破产申请后、宣告债务人破产前，债务人或者出资额占债务人注册资本1/10以上的出资人，可以向人民法院申请重整。企业由债权人申请破产的，在人民法院受理案件后三个月内，被申请破产的企业的上级主管部门可以申请对该企业进行整顿，整顿的期限不超过两年。”

在重整期间，经债务人申请，人民法院批准，债务人可以在管理人的监督下自行管理财产和营业事务。管理人负责管理财产和营业事务的，可以聘任债务人的经营管理人员负责营业事务。

债务人或者管理人应当自人民法院裁定债务人重整之日起6个月内，同时向人民法院和债权人会议提交重整计划草案。若规定的期限届满，经债务人或者管理人请求，有正当理由的，人民法院可以裁定延期3个月。

债务人或者管理人未按期提出重整计划草案的，人民法院应当裁定终止重整程序，并宣告债务人破产。债务人自行管理财产和营业事务的，由债务人编制重整计划草案。管理人负责管理财产和营业事务的，由管理人编制重整计划草案。

重整计划草案应当包括下列内容：(1) 债务人的经营方案；(2) 债权分类；(3) 债权调整方案；(4) 债权受偿方案；(5) 重整计划的执行期限；(6) 重整计划执行的监督期限；(7) 有利于债务人重整的其他方案。

重整计划中的债权一般分为：(1) 对债务人的特定财产享有担保权的债权；(2) 债务人所欠职工的工资和医疗费、伤残补助、抚恤费用，所欠的应当划入职工个人账户的基本养老保险、基本医疗保险费用，以及法律、行政法规规定应当支付给职工的补偿金；(3) 债务人所欠税款；(4) 普通债权。债权人应分组对重整计划草案进行表决。

人民法院应当自收到重整计划草案之日起30日内召开债权人会议，对重整计划草案进行表决。出席会议的同一表决组的债权人过半数同意重整计划草案，并且其所代表的债权额占该组债权总额的2/3以上的，即为该组通过重整计划草案。

经表决批准的重整计划由债务人负责执行。人民法院裁定批准重整计划后，已接管财产和营业事务的管理人应当向债务人移交财产和营业事务，并由管理人监督重整计划的执行。在监督期内，债务人应当向管理人报告重整计划执行情况和债务人财务状况。

三、重整企业的会计和报告

《企业破产法》中并没有规定重整企业的会计处理，其他有关法规条例也没有提到财务困难企业重整的会计处理，所以以下论述具有探讨性，仅具参考意义。

通常，重整涉及负债和资本类账户的重大变化，并可能对资产进行评估。对于上市公司而言，重整可能意味着大股东变更，甚至公司名称都有了变化。由于公司的资本有了重大变化，部分债权人成为股东，公司的章程都会修改。

会计上，一个重要的问题是重整后的企业是否应重新建立计价基础，即是保留原有的账面价值基础，还是重新确定重整企业的价值，并在账面上加以调整。例如，若郑百文重整成功，三联集团作为大股东入主，重整后的郑百文是否要改变会计计价基础？争论的实质为：重整企业是持续经营还是中止经营？如果参照国有企业改制为股份有限公司的做法，似乎应当采用新的计价基础，即按公允价值调账；如果重整仅仅涉及债务重组、大股东的更换和大规模资产置换等，现行的一般做法是不改变计价基础，即账面价值基本上保持不变。此外，若认为重整后的企业有了新的开端，那么原有的留存收益都应当注销。

美国会计界对这一问题的回答是，重整计划被法院批准的公司的财务报告取决于重整后的企业在实质上是不是一个符合新设会计(fresh start reporting)条件的新公司。美国注册会计师协会的立场公告(statement of position)规定了新设会计的两个条件：

(1) 重整后公司在重整计划批准日之前的重整价值小于重整申请后发生的负债和申请前认可的债权。重整价值指该主体扣除负债后的公允价值。

(2) 在重整计划批准之前现有的有投票表决权股票的持有人收到重组后公司的股票不足50%，这种控制权的丧失必须是实质性的，而不是暂时的。

新设会计导致了新会计主体的产生，不再有留存收益或未弥补亏损。它要求按照企业合并的购买法将公司的重整价值分摊到各项资产，若有超额数，则单独列为“重整价差”，并采用与商誉相同的方法处理；负债应当按重整计划批准日的现时价值报告。原有主体在重整计划批准日或提供该期的终结报表时，也应当披露采用新设会计对各项资产和负债账户的影响；财务报表还应当反映债务豁免的影响；原主体的期末资产负债表余额应当等于新主体的期初资产负债表，包括留存收益或未弥补亏损余额为零。

在重整后企业初始财务报表的注释中应当披露：(1) 对各项资产和负债原始数据的调整额；(2) 债务豁免的金额；(3) 被注销的以前留存收益或亏损的金额；(4) 确定与重整价值

有关的重要因素。

显然，采用新设会计后新主体的财务报表与重整计划批准前原企业编制的财务报表已不具可比性。

如果不符合新设会计的条件，则会计处理比较简单，在此忽略不论。

四、企业重整会计举例

【例 4】 2018 年 1 月 3 日，甲公司因财务发生重大困难，向法院提出重整申请，寻求保护。当时，甲公司资产负债表的有关项目如表 16－2 所示。

表 16－2　　甲公司资产负债表有关项目

2018 年 1 月 3 日　　单位：元

项　　目	金　额
货币资金	25 000
应收账款(净)	200 000
其他应收款	15 000
存货	120 000
固定资产——厂房(净)	280 000
——设备(净)	100 000
——其他(净)	40 000
无形资产	60 000
资产合计	840 000
短期借款	124 000
应付账款	270 000
应交税费	10 000
应付利息	36 000
长期借款——厂房抵押	
股本，面值 1 元	200 000
未分配利润	(280 000)
负债和所有者权益合计	840 000

法院同意受理，所有债权均得到确认，要求公司在 6 个月内提出重整计划，并由公司和债权人会议商定，给予 6 个月的重整期限。若重整失败，则转入破产程序。由于尚在经营，在提出重整申请后甲公司又发生了 12 000 元损失，增加了未弥补亏损，未分配利润红字为 292 000 元，应付职工薪酬、其他应付款也因此分别增加 8 800 元和 3 200 元。在 6 个月内，经与公司各利益关系集团协商，同意公司的重整价值为 900 000 元，并提出重整方案如下：

(1) 长期借款的债权人乙银行同意，200 000 元转为甲公司 200 000 股股份，200 000 元转为有优先偿还权、利率 6%的长期应付债券，其余部分在 2017 年 12 月 31 日支付 40 000 元现金。

(2) 有优先偿还权的应交税费 10 000 元,经法院认定应在重整计划批准时立即予以支付。

(3) 其余 430 000 元申请前债权系既无担保品,又无优先权的普通债权,以如下办法解决:

① 应付账款 270 000 元的债权人丙公司将收到 140 000 元普通债权和 56 000 股股份;

② 36 000 元应付利息被豁免;

③ 短期借款 124 000 元的债权人丁将得到 68 000 元普通债权和 24 000 股股份。

(4) 公司原股东将得到重整后公司 40 000 股股份。

根据上述资料,首先应确定该项重整是否符合新设会计的条件,可将重整价值与申请重整后的负债和被认可的债权进行比较(单位:元):

重整申请后的负债	12 000
重整申请前被认可的债权	920 000
重整方案提交日负债合计	932 000
减:重整价值	900 000
负债大于重整价值的差额	32 000

这说明该项重整满足了新设会计的第一个条件。此外,本次重整使原股东只能拥有 40 000 股股份,而重整后公司的股份数为 320 000 股(200 000+56 000+24 000+40 000),不足 50%,这就满足了新设会计的第二个条件。因此,本例应采用新设会计处理。

假定 1 月 31 日债权人会议批准了公司的重整计划,并得到法院的确认。甲公司沿用原来的账册采用新设会计对重整计划涉及的业务记录如下:

(1) 反映债务重组。

借:短期借款(申请前)	124 000	
应付账款(申请前)	270 000	
应付利息(申请前)	36 000	
长期借款——厂房抵押(申请前)	480 000	
贷:应付债券——6%,优先偿还		200 000
其他应付款——优先偿还		40 000
应付账款——普通债务		140 000
短期借款——普通债务		68 000
股本		280 000
资本公积——债务重组利得		182 000

(2) 反映新旧股份的置换。

借:股本(旧)	200 000	
贷:股本(新)		40 000
资本公积——换股溢价		160 000

2018 年 1 月 31 日,甲公司账面价值和公允价值不一致的有关资产资料如下(单位:元):

	账面价值	公允价值	差　额
存　货	120 000	130 000	10 000
固定资产——厂房(净)	280 000	300 000	20 000
——设备(净)	100 000	85 000	(15 000)
——其他(净)	40 000	45 000	5 000
无形资产	60 000	20 000	(40 000)
	600 000	580 000	(20 000)

(3) 根据上述资料，调整公允价值与账面价值的差额，以反映企业有了新的开端。

借：存货　10 000
　　固定资产——厂房(净)　20 000
　　　　　　——其他(净)　5 000
　　资本公积——资产评估减值　20 000
　贷：固定资产——设备(净)　15 000
　　　无形资产　40 000

(4) 抵销未弥补亏损及企业重组中的资本公积，反映企业新设。

借：资本公积——债务重组利得　182 000
　　　　　　——换股溢价　160 000
　贷：资本公积——资产评估减值　20 000
　　　未分配利润　292 000
　　　资本公积——重整新创　30 000

根据上述分录，甲公司可以编制新设之后的资产负债表，如表16-3所示。

表16-3　**甲公司资产负债表**

2018年1月31日(重整后)　单位：元

资　　产	金　额	负债和股东权益	金　额
货币资金	25 000	应付职工薪酬	8 800
应收账款(净)	200 000	应交税费	10 000
其他应收款	15 000	其他应付款	3 200
存货	130 000	其他应付款，优先偿还	40 000
固定资产——厂房(净)	300 000	应付账款——普通债务	140 000
——设备(净)	85 000	短期借款——普通债务	68 000
——其他(净)	45 000	应付债券——6%，优先偿还	200 000
无形资产	20 000	股本	320 000
		资本公积——重整新创	30 000
资产合计	820 000	负债和股东权益合计	820 000

表16-3的资产负债表既是原会计主体的终结资产负债表，又是新会计主体开端的期初资产负债表。

第三节 破 产 清 算

一、对破产清算的法律规定

从现有的法律体系看,《企业破产法》和《公司法》对企业的破产清算做了明确的规定。《企业破产法》第7条规定:"企业法人不能清偿到期债务,并且资产不足以清偿全部债务或者明显缺乏清偿能力的,可以向人民法院提出重整、和解或者破产清算申请。""债务人不能清偿到期债务的,债权人可以向人民法院提出对债务人进行重整或者破产清算的申请。"

企业因资不抵债而清算的案件,若由债务人向法院提出申请,则为自愿性申请;若由债权人提出破产申请,则为非自愿性申请。根据我国《企业破产法》的规定,债务人自行提出破产申请时,还应当向人民法院提交财产状况说明、债务清册、债权清册、有关财务会计报告、职工安置预案以及职工薪酬的支付和社会保险费用的缴纳情况。债权人提出破产申请时,应当提供关于债权数额、有无财产担保以及债务人不能清偿到期债务的有关证据。

在提出破产申请后,法院如受理破产清算案件,通常按下列程序进行:法院指定破产事务管理人、通知债权人申报债权、召开债权人会议、确认债务人财产、确认破产债权、拨付破产费用、确定破产财产清偿顺序、破产清算的结束。具体分述如下:

(一)指定破产事务管理人

人民法院裁定受理破产申请的,应当同时指定管理人。债权人会议认为管理人不能依法、公正执行职务或者有其他不能胜任职务情形的,可以申请人民法院予以更换。管理人依照《企业破产法》规定执行职务,向人民法院报告工作,并接受债权人会议和债权人委员会的监督。管理人应当列席债权人会议,向债权人会议报告职务执行情况,并回答询问。管理人可以由有关部门、机构的人员组成的管理人或者依法设立的律师事务所、会计师事务所、破产清算事务所等社会中介机构担任。

管理人履行下列职责:(1)接管债务人的财产、印章和账簿、文书等资料;(2)调查债务人财产状况,制作财产状况报告;(3)决定债务人的内部管理事务;(4)决定债务人的日常开支和其他必要开支;(5)在第一次债权人会议召开之前,决定继续或者停止债务人的营业;(6)管理和处分债务人的财产;(7)代表债务人参加诉讼、仲裁或者其他法律程序;(8)提议召开债权人会议;(9)人民法院认为管理人应当履行的其他职责。

(二)通知债权人申报债权

人民法院受理破产申请后,应当确定债权人申报债权的期限。债权申报期限自人民法院发布受理破产申请公告之日起计算,最短不得少于30日,最长不得超过3个月。

债权人应当在人民法院确定的债权申报期限内向管理人申报债权。债权人申报债权时,应当书面说明债权的数额和有无财产担保,并提交有关证据。管理人收到债权申报材料后,应当登记造册,对申报的债权进行审查,并编制债权表。债权表和债权申报材料由管理人保存,供利害关系人查阅。

(三)召开债权人会议

依法申报债权的债权人为债权人会议的成员,有权参加债权人会议,享有表决权。债权尚未确定的债权人，除人民法院能够为其行使表决权而临时确定债权额的外，不得行使表决权。

债权人会议行使下列职权：(1) 核查债权；(2) 申请人民法院更换管理人，审查管理人的费用和报酬；(3) 监督管理人；(4) 选任和更换债权人委员会成员；(5) 决定继续或者停止债务人的营业；(6) 通过重整计划；(7) 通过和解协议；(8) 通过债务人财产的管理方案；(9) 通过破产财产的变价方案；(10) 通过破产财产的分配方案；(11) 人民法院认为应当由债权人会议行使的其他职权。

第一次债权人会议由人民法院召集，自债权申报期限届满之日起 15 日内召开。以后的债权人会议，在人民法院认为必要时，或者管理人、债权人委员会、占债权总额 1/4 以上的债权人向债权人会议主席提议时召开。债权人会议的决议，由出席会议的有表决权的债权人过半数通过，并且其所代表的债权额占无财产担保债权总额的 1/2 以上。债权人会议的决议对全体债权人均有约束力。

(四) 确认债务人财产

债务人财产，也称破产财产，指企业被宣告破产后用来进行财产清算和清偿的全部财产。主要包括：(1) 宣告破产时破产企业经营管理的全部财产；(2) 破产企业在破产宣告后至破产程序终结前所取得的财产；(3) 应当由破产企业行使的其他财产权利。

已作为担保物的财产，不属于债务人财产；但担保物的价款超过其所担保的债务数额的，超过部分属于债务人财产。

破产企业内属于他人的财产，应由该财产的权利人通过管理人取回。此外，管理人对于破产企业发生的被法院宣布无效的、损害债权人利益的行为，有权向人民法院申请将该企业非法处分的财产追回，如债务人的董事、监事和高级管理人员利用职权获取的绩效奖金之类的非正常收入等，并入债务人财产。

(五) 确认破产债权

破产债权是指宣告破产前就已成立的、对债务人发生的、依法申报确认并从破产财产中获得公平清偿的可强制性执行的财产请求权。主要包括：

(1) 宣告破产前成立的无财产担保的债权和放弃优先受偿权利的有财产担保的债权。

(2) 宣告破产时未到期的债权，视为已到期债权，但是应当减去至到期日的利息。

(3) 宣告破产前成立的有关财产担保的债权，债权人享有就该担保物优先受偿的权利。如果该项债权数额超过担保物价款的，未受清偿的部分作为破产债权。债权人参加破产程序的费用，不得作为破产债权。

债权人申报其债权，应当说明债权的有关事项，并提供证明材料。管理人应当对债权进行登记。债权与破产债权是有区别的。债权是当事人依照合同规定或法律规定所享有的权利，而破产债权是指只能通过破产程序而受到清偿的债权；债权不受债务人财产的限制，必须如数履行，而破产债权受债务人破产财产的限制，有可能不如数履行或根本不能履行。债权是取得破产债权的前提和条件，破产债权是由于破产宣告前的原因所产生的财产请求权。

有财产担保的债权对于债权人来说是一种排他的保障权利，债权人有权在债务人不履行债务时对担保物进行处分，以实现自己的债权。它是有保障的债权，有优先受到清偿的权利，所以不属于破产债权。

(六) 拨付破产费用

破产费用指在破产程序中为维护破产债权人的共同利益而从破产财产中支付的费用,主要包括以下内容:

(1) 破产财产的管理、变卖和分配所需要的费用。破产财产的管理是指对破产程序进行清理。变卖是指对破产财产的估价并按一定的方式出卖。分配是指根据已确定的分配方案,对破产财产按法定顺序进行清偿。管理人对破产财产进行管理、变卖和分配过程中所支付的一切费用,均属破产必须支付的费用。

(2) 破产案件的诉讼费用。它指法院审理破产案件所征收的各项费用,包括破产案件受理费和破产程序中必须实际支付的费用。

(3) 管理人执行职务的费用、报酬和聘用工作人员的费用。

为了对处理各项破产问题创造必要的工作条件,保障破产费用的及时支付,破产费用应当从破产财产中优先拨付。在进行破产处理之前,管理人应先做破产费用的预算,如果破产财产较少,不足以支付破产费用,便不能按法定程序进行破产处理,管理人应尽快将此情况通知债权人会议,并报人民法院裁定;经人民法院查证属实,即可宣告破产程序终结。

(七) 确定破产财产清偿顺序

管理人提出债务人财产分配方案,经债权人会议讨论通过,报请人民法院裁定后执行。债务人财产在优先拨付破产费用后,按照下列顺序清偿:

(1) 破产人所欠职工的工资和医疗费、伤残补助、抚恤费用,所欠的应当划入职工个人账户的基本养老保险、基本医疗保险费用,以及法律、行政法规规定应当支付给职工的补偿金;

(2) 破产人欠缴的除前项规定以外的社会保险费用和破产人所欠税款;

(3) 普通破产债权。

只有清偿完第一顺序后,才能清偿第二顺序,以此类推。破产财产不足清偿同一顺序的清偿要求的,按照比例分配。破产财产清偿到某一顺序而全部用完时,破产程序就此终结。规定这一清偿程序,目的是在保障职工的基本生活条件和国家税收的前提下,使破产债权人对破产财产获得平均受偿的权利,维护债权人的利益。

(八) 破产清算的结束

破产财产分配完毕是破产程序终结的法定条件和标志。所以,破产财产分配完毕,管理人即应提交破产清算结束报告,并出具清算期内的各种报表连同各种财务账册;在中国注册会计师验证后,提请人民法院终结破产程序,经人民法院做出破产程序终结的裁定,破产程序即告终结;最后,再向工商行政管理部门和税务部门办理注销登记并公告公司终止。

二、破产清算的会计处理

(一) 破产清算的会计主体

破产清算的会计主体是管理人。

对破产清算的会计处理主要涉及破产企业和管理人两个方面。

1. 破产企业

破产企业在宣告破产后,应协助管理人对企业的各项资产进行全面的清理登记,编造清册;同时,对各项资产损失、债权债务进行全面核定查实。

破产企业应于法院宣告破产日，按照办理年度决算的要求，进行财产清查，计算完工产品和在产品成本、结转各损益类科目、结转利润分配等，进行相关的账务处理。在此基础上编制宣告破产日的资产负债表、自年初起至破产日的利润表，以及科目余额表，并将编制的会计报表报送主管财政机关、同级国有资产管理部门和企业主管部门。

破产企业在按规定编制会计报表后，应向管理人办理会计档案移交手续。

2. 管理人

管理人应当接管属于破产企业的财产，并对破产清算过程中的有关事项（如清算、变卖和财产分配等）加以如实记录。

（二）破产清算的编制基础与计量属性

破产企业会计确认、计量和报告以非持续经营为前提。

企业经法院宣告破产的，应当按照法院或债权人会议要求的时点（包括破产宣告日、债权人会议确定的编报日、破产终结申请日等，以下简称破产报表日）编制清算财务报表，并由破产管理人签章。

破产企业在破产清算期间的资产，应当以破产资产清算净值计量。这里所称的"资产"，是指破产法规定的债务人（破产企业）财产。

破产资产清算净值，是指在破产清算的特定环境下和规定时限内，最可能的变现价值扣除相关的处置税费后的净额。最可能的变现价值应当为公开拍卖的变现价值，但是债权人会议另有决议或国家规定不能拍卖或限制转让的资产除外；债权人会议另有决议的，最可能的变现价值应当为其决议的处置方式下的变现价值；按照国家规定不能拍卖或限制转让的，应当将按照国家规定的方式处理后的所得作为变现价值。

破产企业在破产清算期间的负债，应当以破产债务清偿价值计量。

破产债务清偿价值，是指在不考虑破产企业的实际清偿能力和折现等因素的情况下，破产企业按照相关法律规定或合同约定应当偿付的金额。

（三）破产清算的确认与计量

破产企业被法院宣告破产的，应当按照破产资产清算净值对破产宣告日的资产进行初始确认计量；按照破产债务清偿价值对破产宣告日的负债进行初始确认计量；相关差额直接计入清算净值。

破产企业在破产清算期间的资产，应当按照破产资产清算净值进行后续计量，负债按照破产债务清偿价值进行后续计量。破产企业应当按照破产报表日的破产资产清算净值和破产债务清偿价值，对资产和负债的账面价值分别进行调整，差额计入清算损益。

破产清算期间发生资产处置的，破产企业应当终止确认相关被处置资产，并将处置所得金额与被处置资产的账面价值的差额扣除直接相关的处置费用后，计入清算损益。

破产清算期间发生债务清偿的，破产企业应当按照偿付金额，终止确认相应部分的负债。在偿付义务完全解除时，破产企业应当终止确认该负债的剩余账面价值，同时确认清算损益。

破产清算期间发生各项费用、取得各项收益，应当直接计入清算损益。

在破产清算期间，破产企业按照税法规定需缴纳企业所得税的，应当计算所得税费用，并将其计入清算损益。所得税费用应当仅反映破产企业当期应交的所得税。

破产企业因盘盈、追回等方式在破产清算期间取得的资产，应当按照取得时的破产资产清算净值进行初始确认计量，初始确认计量的账面价值与取得该资产的成本之间存在差额的，该差额应当计入清算损益。

破产企业在破产清算期间新承担的债务，应当按照破产债务清偿价值进行初始确认计量，并计入清算损益。

(四) 清算财务报表的列报

破产企业应当向法院、债权人会议等报表使用者反映破产企业在破产清算过程中的财务状况、清算损益、现金流量变动和债务偿付状况。

破产企业的财务报表包括清算资产负债表、清算损益表、清算现金流量表、债务清偿表及相关附注。

法院宣告企业破产的，破产企业应当以破产宣告日为破产报表日，编制清算资产负债表及相关附注。

法院或债权人会议等要求提供清算财务报表的，破产企业应当根据其要求提供清算财务报表的时点确定破产报表日，编制清算资产负债表、清算损益表、清算现金流量表、债务清偿表及相关附注。

向法院申请裁定破产终结的，破产企业应当编制清算损益表、债务清偿表及相关附注。

清算资产负债表反映破产企业在破产报表日资产的破产资产清算净值，以及负债的破产债务清偿价值。资产项目和负债项目的差额在清算资产负债表中作为清算净值列示。

清算损益表反映破产企业在破产清算期间发生的各项收益、费用。清算损益表至少应当单独列示反映下列信息的项目：资产处置净收益(损失)、债务清偿净收益(损失)、破产资产和负债净值变动净收益(损失)、破产费用、共益债务支出、所得税费用等。

清算现金流量表反映破产企业在破产清算期间货币资金余额的变动情况。清算现金流量表应当采用直接法编制，至少应当单独列示反映下列信息的项目：处置资产收到的现金净额、清偿债务支付的现金、支付破产费用的现金、支付共益债务支出的现金、支付所得税的现金等。

债务清偿表反映破产企业在破产清算期间发生的债务清偿情况。债务清偿表应当根据破产法规定的债务清偿顺序，按照各项债务的明细单独列示。债务清偿表中列示的各项债务至少应当反映其确认金额、清偿比例、实际需清偿金额、已清偿金额、尚未清偿金额等信息。

破产企业应当在清算财务报表附注中披露下列信息：

(1) 破产资产明细信息；

(2) 破产管理人依法追回的账外资产明细信息；

(3) 破产管理人依法取回的质物和留置物的明细信息；

(4) 未经法院确认的债务的明细信息；

(5) 应付职工薪酬的明细信息；

(6) 期末货币资金余额中已经提存用于向特定债权人分配或向国家缴纳税款的金额；

(7) 资产处置损益的明细信息，包括资产性质、处置收入、处置费用及处置净收益；

(8) 破产费用的明细信息，包括费用性质、金额等；

(9) 共益债务支出的明细信息，包括具体项目、金额等。

三、破产清算会计举例

甲公司成立于2000年，虽然也有过短暂的辉煌，但从2016年以来，公司经历了经营滑坡，并在2017年遭受了严重的亏损。2018年3月，公司提出的重组方案被债权人会议否决，经人民法院调停无效，宣告该企业破产。

在法院宣告破产清算后不久(2018年3月31日)，经过财产清查等必要的手续后，甲公司编制的资产负债表如表16-4所示。此外，甲公司还按规定编制了自年初起至破产日的利润表以及科目余额表，在法院指定管理人后，公司向后者办理了会计档案移交手续。由于破产企业在破产日前的会计处理和会计报表编制与持续经营条件下的相同，在此不再阐述。以下重点介绍管理人的会计处理及报表编制。

表16-4　　甲公司资产负债表

2018年3月31日　　单位：元

项　目	金　额
货币资金	3 000
交易类证券	7 000
应收账款净额	25 000
存货	50 000
预付款项	4 000
固定资产——房屋(净)	55 000
——设备(净)	30 000
无形资产	6 000
资产合计	180 000
应付账款	65 000
应付职工薪酬	13 000
应交税费	2 000
应付票据	32 000
长期借款——抵押借款	55 000
股本	100 000
资本公积	60 000
盈余公积	40 000
未分配利润	(187 000)
负债和所有者权益合计	180 000

(一) 清算资产负债表的编制

在清算开始时，管理人应当将甲公司的科目余额转入有关新账(分录略)，并编制清算资产负债表。甲公司的资产预计在两个月内转换为现金，其预计可变现价值如下(单位：元)：

货币资金	3 000
交易类证券	7 000
应收账款	22 000
存货(可变现净值)	55 000
预付款项	4 000
固定资产	72 000
无形资产	0
合　计	163 000

根据上述有关资料,管理人为甲公司编制清算资产负债表,如表16-5所示。

表 16-5　甲公司清算资产负债表

2018年3月31日　　单位:元

资　产	期末数	负债及清算净值	期末数
货币资金	3 000	负债:	
应收票据		借款	55 000
应收账款	22 000	应付票据	32 000
其他应收款		应付账款	65 000
预付款项	4 000	预收款项	
存货	55 000	其他应付款	4 000
金融资产投资	7 000	应付债券	
长期股权投资		应付破产费用	
投资性房地产		应付共益债务	
固定资产	72 000	应付职工薪酬	13 000
在建工程		应交税费	2 000
无形资产		……	
……		负债合计	171 000
		清算净值:	
		清算净值	(8 000)
资产总计	163 000	负债及清算净值总计	159 000

(二)变现、清算业务的记录

在清算期间,破产企业会发生各种费用和负债,并产生新的债权,为与破产日前的债权和债务相区别,清算时产生的债权和债务应加上"新"字。

假设甲公司自2018年4月份起进行清算,当月发生的业务及会计处理如下:

(1)收到以前未记录的水电费账单。

借:其他费用　　500

　贷:其他应付款——水电费(新)　　500

(2) 金融资产 6 000 元因无变现价值,予以冲销。

借:资产处置净损益　6 000

　贷:金融资产投资　6 000

(3) 全部存货出售得款 57 000 元,其中,9 000 元为增值税销项税;收到银行存款 39 000 元,18 000 元尚未收到货款。

借:银行存款　39 000

　　应收账款(新)　18 000

　　资产处置净损益　2 000

　贷:存货　50 000

　　　应交税费——增值税(新)　9 000

(4) 账面价值 30 000 元的设备出售,得到 15 000 元银行存款。

借:银行存款　15 000

　　资产处置净收益　15 000

　贷:固定资产——设备(净)　30 000

(5) 支付宣告破产时所欠的应付职工薪酬及应交税费。

借:应付职工薪酬　13 000

　　应交税费　2 000

　贷:银行存款　15 000

(6) 出售剩余固定资产,收到银行存款 60 000 元,应缴纳相关税费 1 000 元,同时支付了长期借款 55 000 元。

借:银行存款　60 000

　贷:固定资产——房屋(净)　42 000

　　　应交税费(新)　1 000

　　　资产处置净损益　17 000

借:借款　55 000

　贷:银行存款　55 000

(7) 取消宣告破产后的保险合同,并按规定退回 1 000 元款项。

借:银行存款　1 000

　　其他费用　3 000

　贷:预付账款　4 000

(8) 甲公司原来的应收账款收回 21 000 元,剩余的 4 000 元无法收回。

借:银行存款　21 000

　　资产处置净损益　4 000

　贷:应收账款　25 000

(9) 以收到的应收账款 21 000 元支付应付银行票据。

借:应付票据　21 000

　贷:银行存款　21 000

(10) 支付清算期间职工生活费 2 900 元、诉讼费 400 元、设备设施维护费 1 200 元、审计评估费 300 元、财产保管费 200 元。

借:破产费用　　　　　　　　　　　　　　　　　　　　　　5 000

　贷:银行存款　　　　　　　　　　　　　　　　　　　　　　5 000

将4月份的所有变现、清算业务记入账册后,管理人可以根据法院的规定或需要编制清算损益表和清算资产负债表,分别见表16-6和表16-7。

表16-6　　甲公司清算损益表

2018年4月1日至4月30日　　单位:元

项　目	金　额
一、清算收益	
(一)资产处置净收益	-10 000
(二)债务清偿净收益	
(三)破产资产和负债净值变动净收益	
(四)其他收益	
小　计	-4 000
二、清算费用	
(一)破产费用	5 000
(二)共益债务支出	
(三)其他费用	3 500
小　计	8 500
三、清算净收益	-18 500

表16-7　　甲公司清算资产负债表

2018年4月30日　　单位:元

资　产	期末数	负债及清算净值	期末数
货币资金	43 000	负债:	
应收票据		借款	0
应收账款	15 000	应付票据	11 000
其他应收款		应付账款	65 000
预付款项		预收款项	
存货	5 000	其他应付款	4 500
金融资产投资	1 000	应付债券	
长期股权投资		应付破产费用	
投资性房地产		应付共益债务	
固定资产	0	应付职工薪酬	0
在建工程		应交税费	10 000
无形资产		……	
……		负债合计	90 500

续　表

资　产	期末数	负债及清算净值	期末数
		清算净值:	
		清算净值	(26 500)
资产总计	64 000	负债及清算净值总计	159 000

(三) 清算业务的终结

2018 年 5 月,管理人收回应收账款 15 000 元,金融资产投资出售得 2 000 元,存货出售所得 6 960 元(其中含增值税销项税额 960 元)。其他应付款 500 元的债权人放弃债权。此外,按规定应优先偿付应交税费,其余货币资金归还其他债权人。管理人对这些业务的会计处理如下:

(1) 全额收回应收账款。

借:银行存款　　15 000

　贷:应收账款(新)　　15 000

(2) 出售持有的金融资产,并收到银行存款。

借:银行存款　　2 000

　贷:金融资产投资　　1 000

　　资产处置净损益　　1 000

(3) 出售存货。

借:银行存款　　6 960

　贷:存货　　5 000

　　资产处置净损益　　1 000

　　应交税费　　960

(4) 记录债权人放弃的债权 500 元。

借:其他应付款　　500

　贷:债务清偿净损益　　500

(5) 缴纳增值税等税款。

借:应交税费(新)　　10 960

　贷:银行存款　　10 960

在将上述分录记入有关账户后,管理人相关账户余额如下(单位:元):

	借　方	贷　方
货币资金	56 000	
应付票据		11 000
应付账款		65 000
其他应付款		4 000
清算净值	24 000	
合计	80 000	80 000

这时剩余的货币资金为 56 000 元,债务为 80 500 元,由于这些债权处于同一清偿顺序

中,应按比例加以分配,清偿比例为70%(56 000÷80 000×100%)。记录按比例清偿债务的分录为:

借:应付票据　　7 700
　　应付账款　　45 500
　　其他应付款　　2 800
　贷:银行存款　　56 000

破产财产分配完毕,由管理人提请人民法院终结破产程序。破产程序终结后,未得到清偿的债权不再清偿,除非债务企业出现以下情况:(1) 隐匿、私分或者无偿转让财产;(2) 非正常压价出售财产;(3) 对原来没有财产担保的债务提供财产担保;(4) 对未到期的债务提前清偿;(5) 放弃自己的债权。若债务企业有这些行为之一,自破产程序终结之日起一年内被查出的,由人民法院追回财产,并按规定偿还给债权人。破产程序终结时,管理人应编制会计分录如下:

借:应付票据　　3 300
　　应付账款　　19 500
　　其他应付款　　1 200
　贷:债务清偿净损益　　24 000

在编制这一分录后,管理人的账户已全部结平。

清算期间,管理人需要编制清算现金流量表(见表16-8)。

表16-8　　甲公司清算现金流量表

2018年4月1日至5月31日　　单位:元

项　目	本期数(略)	累计数
一、期初货币资金余额		3 000
二、清算现金流入		
(一) 处置资产收到的现金净额		158 960
(二) 收到的其他现金		1 000
清算现金流入小计		159 960
三、清算现金流出		
(一) 清偿债务支付的现金		157 960
(二) 支付破产费用的现金		5 000
(三) 支付共益债务的现金		
(四) 支付所得税费用的现金		
(五) 支付的其他现金		
清算现金流出小计		162 960
四、期末货币资金余额		0

根据规定,管理人尚需编制债务清偿表,债务清偿表的格式见表16-9,具体编制从略。

表 16－9　　　　**甲公司债务清偿表**

2018 年 5 月　　　　单位：元

债务项目	期末数	经法院确认债务的金额	清偿比例	实际需清偿的金额	已清偿金额	尚未清偿金额
	①	②	③	④＝②×③	⑤	⑥＝④－⑤
有担保的债务：						
××银行						
××企业						
……						
小计						
普通债务：						
第一顺序：劳动债务						
其中：应付职工薪酬						
……						
……						
第二顺序：国家税款债务						
其中：应交税费						
……						
……						
第三顺序：普遍债务						
其中：借款						
××银行						
××企业						
应付债务工具						
××银行						
××企业						
应付票据						
应付款项						
××银行						
××企业						
小计						
合计						

思考题

1. 陷入财务困难的企业有哪几种解救方式？

2. 周转不灵的无偿债能力与破产无偿债能力有何不同?

3. 试比较财政部1998年、2001年和2006年《债务重组》会计准则对债务重组的定义,并说明修改定义的原因。

4. 债务重组有哪几种方式?

5. 试从理论上说明债务人和债权人对债务重组的会计处理,并解释财政部有关《债务重组》会计准则规定债务人会计处理几次变动的原因。

6. 什么是债务重组日?针对不同的债务重组方式,债务重组日是怎样确定的?

7. 什么是企业重整?你认为我国《企业破产法》所称的“重整”概念与重组有区别吗?为什么?

8. 重整后的企业在会计上是否应当改变计价基础?本书第二节的阐述对我国近年来企业改制、资产重组等现象出现的会计问题是否有借鉴作用?为什么?

9. 试说明我国企业被宣告破产清算后的工作程序。

10. 简述我国《企业破产法》中规定管理人的职责。

11. 试说明我国债权人会议的性质及作用。

12. 简述破产企业和管理人的会计处理。

13. 试说明清算资产负债表的结构及其作用。

阅读材料

1. 财政部:《企业会计准则第12号——债务重组》,2006年。

2. 财政部:《企业会计准则——债务重组》(2001年修订),2001年。

3. 财政部:《企业会计准则——债务重组》,1998年。

4. 中华人民共和国第十届全国人民代表大会常务委员会第二十三次会议于2006年8月27日通过:《中华人民共和国企业破产法》。

5. 中国证监会2008年10月13日发布:《关于破产重整上市公司重大资产重组股份发行定价的补充规定(征求意见稿)》。

6. 最高人民法院:《最高人民法院关于适用〈中华人民共和国企业破产法〉若干问题的规定(一)》,2011年。

7. 最高人民法院:《最高人民法院关于适用〈中华人民共和国企业破产法〉若干问题的规定(二)》,2013年。

8. 财政部:《企业破产清算有关会计处理规定》,2016年12月20日。

练习题

练习一

一、目的:练习债务重组的会计处理。

二、资料:3月10日,广陵公司销售一批材料给远东公司,不含税价格为100 000元。同年7月15日,远东公司发生财务困难,无法按合同规定偿还债务,双方经协商,广陵公司用产品抵偿货款,该批产品市价为78 000元(不含税),成本为65 000元。远东公司为转让的产品计提了存货跌价准备400元,广陵公司为债权计提了坏账准备500元。两家公司的增值税税率均为16%。除增值税外,不考虑其他税费。

三、要求:为广陵公司和远东公司编制债务重组的有关分录。

练习二

一、目的:练习债务重组的会计处理。

二、资料：2月1日，鸿祥公司销售一批材料给开开公司，当时收到开开公司签发并承兑的面值为400 000元、年利率为8%、6个月到期、一次还本付息的票据。8月1日，开开公司发生财务困难，无法兑现票据，经双方协商，鸿祥公司同意开开公司用一台设备抵偿该票据，该设备原始成本700 000元，累计折旧170 000元，曾计提减值准备15 000元，发生清理费用2 000元，鸿祥公司未对债权计提坏账准备。假定不考虑相关税费。假定该设备的公允价值为300 000元，增值税税率为16%，假定该设备的增值税在鸿祥公司可予抵扣。

三、要求：为鸿祥公司和开开公司编制债务重组的分录。

练习三

一、目的：练习债务重组的会计处理。

二、资料：3月5日，华源公司销售一批材料给沪东公司，收到后者签发的一张面值为150 000元、年利率为8%、6个月到期、一次还本付息的票据；9月5日，沪东公司与华源公司协商，以其面值1元的15 000股股份抵偿票据款，该股票的每股市价为9.5元。假定印花税税率为0.1%，其他税费忽略不计。华源公司将收到的股票确认为可供出售金融资产。

三、要求：为华源公司和沪东公司编制债务重组的有关分录。

练习四

一、目的：练习满足新设会计条件的判断。

二、资料：华山公司因经营管理不善发生财务困难，经法院调解，于当年3月31日提出企业整体重整计划，并得到各利益方面的确认。公司估计的重整价值为1 400 000元，当时该公司资产负债表的有关数据如表16-10所示。

表16-10　　重整日华山公司资产负债表的有关数据　　单位：元

项　目	金　额
流动资产	350 000
固定资产	1 400 000
资产合计	1 750 000
申请重组后债务	560 000
申请重组前认可的债务	700 000
全额担保的债务	420 000
股本，面值1元	420 000
未分配利润	(350 000)
负债和所有者权益合计	1 750 000

按照重组计划，申请重整前认可的债务700 000元将需要支付70 000元现金，发出140 000元应付票据，以及175 000股面值1元的股份。

三、要求：

(1) 根据重整价值判断，本项重组是否符合新设会计的条件？

(2) 新设会计还必须符合哪些其他条件？

练习五

一、目的：练习企业重整的会计处理。

二、资料：1月4日，嘉丰公司的债权人向法院提出破产申请，经法院调解，债权人同意该公司在6个月内提交重整方案。经过努力，6月30日，嘉丰公司提交了重整方案。破产申请日及重整方案提交日该公司的资产及权益数据如表16-11所示。

破产申请日的债务均得到认可。公司各利益集团在7月1日同意了重整计划，法院也认为该重整计划比较公平，并于7月8日批准了该重整计划，公司改名为金丰公司。根据重整计划，重整价值为480 000元，重组的具体方案如下：

(1) 破产申请后发生的应付账款90 000元和应付职工薪酬30 000元将按全额支付现金予以清偿；

(2) 破产申请前所欠的应付账款30 000元和应付职工薪酬15 000元按80%支付现金，余额不再清偿；

(3) 破产申请前的应付票据(本息)持有人将按80%的比例得到60 000元票据和60 000股面值1元的股票，余额不再清偿；

(4) 长期借款的债权人将按80%的比例得到54 000元票据和90 000股面值1元的股票，余额不再清偿；

(5) 嘉丰公司的原股东将得到60 000股面值1元的股票。

表16-11　　嘉丰公司的资产和权益数据　　单位：元

项　目	1月4日	6月30日	
		账 面 价 值	预计公允价值
货币资金	6 000	201 000	201 000
应收账款(净)	24 000	30 000	30 000
存货	60 000	48 000	60 000
预付款项	15 000	—	—
固定资产——房屋(净)	150 000	147 000	80 000
——设备(净)	60 000	56 000	54 000
——其他(净)	30 000	28 000	25 000
无形资产	75 000	60 000	0
资产合计	420 000	570 000	450 000
应付账款	30 000	120 000	
应付职工薪酬	15 000	45 000	
应付票据(含15 000元利息)	150 000	150 000	
长期借款(设备抵押)	180 000	180 000	
股本	210 000	210 000	
未分配利润	(165 000)	(135 000)	
负债和所有者权益合计	420 000	570 000	

7月1日至7月8日，资产和负债没有任何变化。

三、要求：

(1) 该项重组是否符合新设会计的条件？请列出算式。

(2) 根据重组计划编制有关分录。

(3) 为嘉丰公司编制新设会计下的资产负债表(6月30日)。

练习六

一、目的：联系我国证券市场发展的现状，解决企业重组实际问题。

二、资料：2000年以来，我国证券市场上一些财务困难的上市公司被戴上“PT”“ST”的帽子，如郑百文、猴王，有的甚至被勒令退市，如水仙。一些公司在进行企业重组，其中包含了债务重组和资产置换。

三、要求：

(1) 至少收集一家上市公司2015年后的资料，对企业发生财务困难的原因进行分析；

(2) 对重组计划进行描述，并进行必要的会计处理。

练习七

一、目的：练习破产财产的分配。

二、资料：金海公司已被法院宣告破产，所有财产被转化为货币资金，总计486 850元可用于偿付以下债权：

(1) 管理人为接管企业和清算资产所发生的管理费16 250元；

(2) 供货方债权人128 700元；

(3) 政府应收税款9 100元；

(4) 无担保的银行贷款44 850元，其中，本金39 000元，利息5 850元；

(5) 未支付的职工工资和解散生活费62 400元；

(6) 预收货款债权人1 950元；

(7) 以房地产为担保的抵押借款债权人297 050元，其中，本金286 000元，利息11 050元；房地产出售得款312 000元。

三、要求：

(1) 根据《企业破产法》的规定，确定债务清偿的先后顺序；

(2) 金海公司最后清算时有多少现金可用于分配？是如何分配的？

练习八

一、目的：练习破产清算的会计处理。

二、资料：海虹公司成立于2003年，2014年起经历了经营滑坡，2015年遭受了严重亏损，2016年6月初公司提出的重整方案被债权人会议否决，人民法院调停无效，宣告该企业破产。2016年5月31日该公司的资产负债表如表16-12所示。

表16-12　海虹公司资产负债表

2016年5月31日　单位：元

资　产	金　额	负债和所有者权益	金　额
货币资金	24 000	短期借款——银行	315 000
交易性金融资产	56 000	应付账款	570 000
应收账款净额	200 000	应付职工薪酬	167 000
存货	400 000	应交税费	136 000
预付款项	32 000	应付票据——客户	240 000
固定资产——房屋(净)	440 000	长期借款——抵押借款	880 000
——设备(净)	240 000	负债合计	
——其他(净)	100 000	股本	1 000 000

续 表

资　产	金　额	负债和所有者权益	金　额
无形资产——土地使用权	600 000	资本公积	600 000
——商标权	16 000	未分配利润	(1 800 000)
		所有者权益合计	(200 000)
资产合计	2 108 000	负债和所有者权益合计	2 108 000

破产清算工作预计在3个月内结束,其他有关资料如下:

(1) 房屋和土地使用权是长期借款的抵押物,设备是短期借款的抵押物。

(2) 2016年6月初,各项资产的预计可变现价值如下(单位:元):

货币资金	24 000
交易性金融资产	60 000
应收账款	180 000
存货(扣除销售费用后净额)	440 000
预付款项	12 000
固定资产——房屋	480 000
——设备	220 000
——其他	90 000
无形资产——土地使用权	720 000
——商标权	0
合计	2 226 000

(3) 假设6、7、8月份分别发生以下清算业务:

6月份:

短期投资出售净得款59 000元;账面价值为160 000元的存货出售应收190 000元,其中,增值税销项税额12 000元,尚未收款;预付款项实际收回8 000元;房屋和土地使用权出售分别得款460 000元和700 000元,需缴纳税金28 000元,归还银行长期借款,并按规定支付退休职工的退休费和医疗保险费160 000元,向自谋职业的职工一次性支付200 000元安置费;支付诉讼费8 000元、设备设施维护费13 000元、审计评估费3 000元、管理人财产保管费等7 500元;支付应付职工薪酬167 000元。

7月份:

宣告破产时的应收账款净额200 000元收回185 000元;账面上的存货全部出售得款280 000元,其中,增值税销项税额18 000元;设备出售净得款225 000元,并将款项归还短期借款;其他固定资产被出售,净得款96 000元;注销无形资产商标权;支付管理人有关费用5 000元。

8月份:

6月份出售存货的款项已全部收回;支付管理人有关费用2 000元;上缴各项税金;余额按比例支付给债权人;破产清算终结。

三、要求:

(1) 为管理人编制清算过程以及清算终结的有关分录;

(2) 为管理人编制必要的清算资产负债表、清算损益表和债务清偿表。

案例分析题

华源股份于1996～1997年发行A、B股上市,现总股本为6.29亿股,控股股东华源集团的持股比例为

24.6%。自2005年华源集团资金链断裂而陷入困境后，华源股份的经营迅速恶化，不到3年就逼近破产边缘。*ST华源已经连续亏损3年，2005～2007年度亏损额分别为4.95亿元、13.58亿元和10.12亿元。2008年5月19日，*ST华源和*ST华源B已经被上交所实施暂停上市。根据*ST华源公布的第三季度报告显示，2008年前三个季度亏损3.576亿元人民币，如果2008年不能扭亏，将被摘牌。

在对外负债方面，在*ST华源已申报的债权人中，共有148家的债权得到确认，总额约为23亿元，其中，普通债权人146家，债权金额约22亿元；为*ST华源提供担保的债权人3家，债权金额8 754万元；拖欠员工工资福利等的劳动债权3 850万元；税款债权1 916万元。

据上海上会资产评估有限公司的评估，以2008年9月27日为评估基准日，*ST华源实际可处置资产的评估价值约为1.68亿元。如果*ST华源破产清算，债权人所得清偿微乎其微。

解救*ST华源的措施是：破产重整→打造净壳→引入重组方并注入营利性优质资产。几经周折，2008年6月底，华源集团债权人委员会有条件同意*ST华源破产重整。重整预案的主要内容是：*ST华源全体股东都将按照25%同比例缩减股本，缩减后*ST华源总股本将由6.29亿股减少至4.72亿股。在缩股的基础上，全体股东还将按一定比例让渡其持有的股票。考虑到华源集团对造成*ST华源当前局面负主要责任，作为大股东，其股权让渡比例高于其他股东，华源集团让渡持有的87%*ST华源股票（相当于缩股前的90%），共计让渡1.01亿股；其他股东分别让渡其持有的24%华源股份股票，共计让渡约8 541.09万股。全体股东共让渡股票约18 650.41万股，均用于清偿债权及由重组方有条件受让。计算下来，每100元债权将约分得3.8股*ST华源股份，以停牌前一日4.37元的收盘价为测算依据，普通债权清偿比例将达到约16.61%，这显然比破产清算更加划算。

2008年11月20日，*ST华源破产重整第一次债权人会议召开。经上海二中院最终审核，148家债权人被确认为四大类，包括代表4.85亿元债权的5家担保类债权人、代表938.48万元债权的2家税款类债权人、代表3 805万元债权的职工债权人、代表16.93亿元债权的134家普通债权人。

投票表决结果显示，*ST华源重整计划方案受阻于普通债权人，因为只有代表8亿元债权的78家普通债权人投了赞成票，不符合“必须超过债权金额总数2/3以上”的通过条件。其他三类债权人均表决通过了这一破产重整计划。

根据我国《企业破产法》的规定，债权人还有第二次投票表决的权利。通过一系列洽谈，银行方面的债权人已经同*ST华源达成一致，2008年12月1日，*ST华源重整计划草案第二次债权人会议普通债权组第二次表决会议以82.56%通过了破产重整草案。

在重整方案获得通过后，*ST华源将尽快引入重组方。方案还承诺，将以定向增发方式注入不低于10亿元且有一定盈利能力的优质净资产，使*ST华源恢复持续经营能力和盈利能力，成为业绩优良的上市公司。

［要求］

结合本文内容和我国《企业破产法》的规定，并上网收集更多的相关资料，回答以下问题：

(1) 如果*ST华源于2008年9月27日宣告破产，其偿债率为多少?

(2) 试分析2008年11月20日第一次债权人会议表决未通过重整方案的原因。

(3) 根据重整方案，试为*ST华源编制有关的分录。

(4) 根据重组进程，试分析重组后的公司是否需要改变会计计价基础，并说明理由。